Dierk Starnitzke

# Diakonie als soziales System

Eine theologische Grundlegung
diakonischer Praxis
in Auseinandersetzung mit Niklas Luhmann

Verlag W. Kohlhammer
Stuttgart Berlin Köln

# Anke zum Dank
# Maik zum Gedenken

Die Deutsche Bibliothek – CIP-Einheitsaufnahme

**Starnitzke, Dierk:**
Diakonie als soziales System : eine theologische Grundlegung
diakonischer Praxis in Auseinandersetzung mit Niklas
Luhmann / Dierk Starnitzke. – Stuttgart ; Berlin ; Köln :
Kohlhammer, 1996
  Zugl.: Bethel, Kirchliche Hochsch., Diss., 1994/95
  ISBN 3-17-014167-8

Alle Rechte vorbehalten
© 1996 W. Kohlhammer GmbH
Stuttgart Berlin Köln
Verlagsort: Stuttgart
Umschlag: Data Images
           audiovisuelle Kommunikation GmbH
Gesamtherstellung:
W. Kohlhammer Druckerei GmbH + Co. Stuttgart
Printed in Germany

# Inhaltsverzeichnis

Vorwort ........................................................................................................... 13

Einführung ....................................................................................................... 15

**1. Kapitel: Die Entwicklung der Diakonie und ihrer theologischen Reflexion nach 1945** ............................................................................ 21
**1.1 Die Entstehung des Diakonischen Werkes der EKD** ............................. 21
1.1.1 Innere Mission und Hilfswerk der EKD als alternative Diakoniekonzepte ........ 21
1.1.2 Die Gründung des Hilfswerkes der EKD .............................................. 25
1.1.3 Die Konstitution des Centralausschusses der Inneren Mission nach 1945 ......... 26
1.1.4 Der Fusionsprozeß von Hilfswerk und Innerer Mission ............................ 27
1.1.5 Diakonie in oder neben der Kirche? .................................................... 30
**1.2 Die Integration des Diakonischen Werkes der EKD in das staatliche Sozialhilfesystem in den 60er Jahren** ............................................... 33
1.2.1 Die Sozialgesetzgebung der BRD 1960/61 ............................................ 33
1.2.2 Die Präzisierung des Status der Diakonie durch die Rechtsprechung des Bundesverfassungsgerichtes ............................................................. 37
**1.3 Diakonie zwischen Kirche und Sozialstaat** ........................................... 39
**1.4 Die theologische Reflexion der diakonischen Entwicklungen nach 1945** .... 41
1.4.1 Die theologische Diskussion um den kirchlichen Status der Diakonie ............. 42
1.4.2 Die theologische Auseinandersetzung um die sozialpolitische Wirksamkeit der Diakonie ................................................................................... 44
1.4.3 Diakonie in der akademischen Theologie .............................................. 46
1.4.3.1 "Christozentrische Diakonie": Paul Philippi ........................................ 47
1.4.3.2 "Gesellschaftliche Diakonie": Heinz-Dietrich Wendland ........................ 50
1.4.3.3 "Soziale Diakonie": Arthur Rich ...................................................... 56
1.4.4 Konsequenzen für die theologische Reflexion der Diakonie ....................... 58
**1.5 Wahrnehmung eines theologischen Defizits** .......................................... 59
1.5.1 Die mangelnde akademische Vertretung der Diakonie in den theologischen Fakultäten ................................................................. 59
1.5.2 Theologische Gründe für die Ausblendung des Themas Diakonie ................ 61

## 2. Kapitel: Neuere Ansätze einer theologischen Reflexion diakonischer Arbeit .................. 67

**2.1 Die wachsende Bedeutung des Themas Diakonie** .................. 67

**2.2 Das Verhältnis der Diakonie zu anderen Gesellschaftsbereichen: einfache Verhältnisbestimmungen** .................. 69

2.2.1 Die theologische Reflexion der Spannungen zwischen Diakonie und Kirche .... 70

2.2.1.1 Die Spannung zwischen Kirche und Diakonie im geschichtlichen und konfessionellen Kontext .................. 70

2.2.1.2 Gemeinde als Leitbegriff der theologischen Integration von Diakonie und Kirche .................. 75

2.2.2 Diakonie und Sozialstaat .................. 80

2.2.3 Diakonie und Recht .................. 84

2.2.3.1 Die grundsätzliche Eigenständigkeit diakonischer Arbeit in verfassungsrechtlicher Hinsicht .................. 85

2.2.3.2 Die verschiedene rechtliche Ausgestaltung diakonischer Arbeit .................. 88

2.2.4 Diakonie und Wirtschaft .................. 90

2.2.5 Diakonie und Wissenschaft .................. 96

2.2.6 Diakonie und Erziehung .................. 101

2.2.6.1 Die traditionell wichtige Bedeutung der Erziehung für die Diakonie .................. 101

2.2.6.2 Erziehung als quantitativ größtes Arbeitsgebiet der Diakonie .................. 103

2.2.6.3 Die Ausbildung der diakonischen Mitarbeiterschaft .................. 105

**2.3 Multirelationale Positionsbestimmungen** .................. 107

2.3.1 Diakonie im Spannungsfeld von Organisation, Sozialwissenschaften, Kirche und Sozialstaat: Horst Seibert .................. 108

2.3.2 Diakonik als interdisziplinäre Wissenschaft: Reinhard Turre .................. 110

2.3.3 Die Außenrelationen der Diakonie als System/Umwelt-Beziehungen: Alfred Jäger .................. 114

**2.4 Argumente für die Berücksichtigung der Systemtheorie Niklas Luhmanns in der diakonischen Theologie** .................. 119

## 3. Kapitel: Niklas Luhmanns Theorie sozialer Systeme und deren theologische Kritik ............ 125

**3.1 Einführung in die Grundbegriffe der Systemtheorie Luhmanns** ............ 125
3.1.1 "Paradigmawechsel" zu selbstreferentiellen sozialen Systemen ............ 125
3.1.2 Funktionale Differenzierung ............ 128
3.1.3 Probleme der Selbstreflexion sozialer Systeme ............ 133
3.1.4 Doppelte Kontingenz als Voraussetzung der Entstehung sozialer Zusammenhänge ............ 134
3.1.5 Kommunikation und Handlung ............ 138
3.1.5.1 Soziale Systeme als Kommunikationssysteme ............ 139
3.1.5.2 Handlung als Selbstbeobachtung sozialer Systeme ............ 140
3.1.6 Die Unterscheidung von sozialen Systemen und Menschen ............ 143
**3.2 Theologische Kritik der allgemeinen Grundlagen von Luhmanns Systemtheorie** ............ 145
3.2.1 Zum Problem der Kompatibilität von Systemtheorie und Theologie ............ 145
3.2.2 Der Aufbau der Theorie Luhmanns und Ansatzpunkte zu deren theologischer Kritik ............ 148
3.2.3 Mensch und System ............ 151
3.2.4 Doppelte Kontingenz und christliche Doppelidentität ............ 158
3.2.5 Die theologische Kritik des Funktionsbegriffes ............ 162
3.2.5.1 Zur Unvereinbarkeit des Funktionalitätsprinzips mit theologischen Prinzipien: Reinhard Marx ............ 163
3.2.5.2 Zur "funktionalen Theorie kirchlichen Handelns": Karl-Wilhelm Dahm ............ 164
3.2.5.3 Universalität des Funktionsprinzips und Pluralität der Erscheinungsformen christlicher Religion: Wolfhart Pannenberg ............ 167
3.2.5.4 Zur Differenz und Konvergenz von funktionaler Analyse und theologischer Reflexion: Eberhard Mechels ............ 170
**3.3 Grundmodelle einer Verhältnisbestimmung von Theologie und Sozialwissenschaften** ............ 173
3.3.1 Das "ancilla-Paradigma" ............ 175
3.3.2 Das "Fremdprophetie-Paradigma" ............ 177
3.3.3 Konvergierende Interessen und Optionen von Theologie und Sozialwissenschaften ............ 178
3.3.4 Diakonik als Grenzgebiet zwischen Theologie und Sozialwissenschaften ............ 180

## 4. Kapitel: Diakonie in systemtheoretischer Perspektive .................... 183
**4.1 Folgen der funktionalen Differenzierung für die christliche Religion ....... 183**
4.1.1 Gesellschaftliche Ausdifferenzierung und Innendifferenzierung
der gesellschaftlichen Teilsysteme ..................................................... 184
4.1.2 Zur Innendifferenzierung des Systems der christlichen Religion ...... 186
4.1.3 Konvergenzen der theologischen und der systemtheoretischen
Beschreibung von Diakonie ............................................................... 193
**4.2 Theologische Beurteilung der systemtheoretischen Thesen zur
Innendifferenzierung des Systems der christlichen Religion .......... 195**
4.2.1 Die Differenzierungsthesen Luhmanns in der theologischen Kritik ... 195
4.2.1.1 Zur These der Unterscheidung von Diakonie und Kirche:
Wolf-Dietrich Bukow und Heinrich-Hermann Ulrich ....................... 196
4.2.1.2 Zur Diskrepanz von Verkündigung und Diakonie:
Karl-Fritz Daiber und Hermann Steinkamp ...................................... 198
4.2.1.3 Systemtheoretische Differenzbildung und theologisches Aushalten
der Differenzen .................................................................................. 204
4.2.2 Die Bedeutung der systemtheoretischen Differenzanalyse
für die diakonische Theologie ........................................................... 207
4.2.2.1 Die theologische Relevanz einer Beachtung der drei
Systemreferenzen Kirche, Theologie und Diakonie .......................... 207
4.2.2.2 Die Relevanz der systemtheoretischen Unterscheidung von
Diakonie und Kirche für die heutige Situation des Christentums .... 211
4.2.2.3 Die Ausdifferenzierung der Diakonie als Verpflichtung
zum Erbarmen .................................................................................... 215
**4.3 Diakonie im Interaktions-, Organisations- und Gesellschaftsbezug .......... 219**
4.3.1 Die Systemtypen Interaktion, Organisation und Gesellschaft in ihrer
geschichtlichen Entwicklung ............................................................. 219
4.3.2 Konsequenzen der fortschreitenden gesellschaftlichen Ausdifferenzierung
der drei Systemtypen für die Gestaltung des Hilfehandelns ............. 220
4.3.3 Konsequenzen der modernen Organisierung von Hilfeleistungen
für die Diakonie ................................................................................. 223
4.3.4 Die Bedeutung der systemtheoretischen Unterscheidung der drei
Systemtypen für die diakonische Theorie und Praxis ....................... 227
4.3.4.1 Diakonische Arbeit auf interaktionaler, organisatorischer
und gesellschaftlicher Ebene ............................................................. 227
4.3.4.2 Zur Schwierigkeit der Vermittlung von Organisations- und
Gesellschaftsbezug in der Diakonie .................................................. 232
4.3.4.3 Zur Notwendigkeit einer Koordination von Interaktions- und
Organisationsbezug in der Diakonie ................................................. 235

## 5. Kapitel: Selbstreferenz, Codierung und diakonische Identität ....... 241

**5.1 Diakonie als polykontextuelles soziales System** ............................. 241
5.1.1 Das Verhältnis von theologischem und systemtheoretischem Diakonieverständnis ............................................................. 243
5.1.2 Die Stellung der Diakonie im Kontext der gesellschaftlichen Funktionssysteme: Entwicklung eines Diakoniemodells ............... 245

**5.2 Abgrenzung nach außen: Diakonieinterne Berücksichtigung von Systemabläufen in der diakonischen Umwelt** .................................. 252
5.2.1 Offenheit und Selbstabschließung des diakonischen Systems ........ 253
5.2.2 Diakonische Wirtschaft ............................................................. 256
5.2.2.1 Möglichkeiten diakonischer Selbstfinanzierung ............................ 256
5.2.2.2 Absicherung des Pflegerisikos für ältere Menschen durch eine eigenfinanzierte Pflegeversicherung ........................................... 259
5.2.3 Diakonisches Recht ................................................................. 263
5.2.3.1 Vor- und Nachteile der verschiedenen Rechtsformen diakonischer Einrichtungsträger ............................................... 263
5.2.3.2 Rechtliche Verselbständigung bei der Neustrukturierung von Diakoniestationen ................................................................... 268
5.2.4 Diakonische Erziehung ............................................................. 272
5.2.4.1 Die Notwendigkeit zur diakonieinternen Ausbildung diakonischer Mitarbeiter ............................................................................ 272
5.2.4.2 Initiativen zu einer diakonieeigenen Ausbildung von Leitungskräften ...................................................................... 274
5.2.5 Diakonische Wissenschaft ........................................................ 278
5.2.5.1 Diakonie und ihre wissenschaftliche Reflexion ............................ 278
5.2.5.2 Entwicklungen im Bereich der diakonischen Theologie ................. 279
5.2.6 Diakonische Politik und diakonische Medizin .............................. 284

**5.3 Orientierung nach innen: Entwicklung eines spezifischen Leitbegriffes diakonischen Handelns** ............................................ 285
5.3.1 Auf der Suche nach einem Leitbegriff des Christentums .............. 286
5.3.2 Der Begriff des Dienstes im Corpus Paulinum ............................. 290
5.3.2.1 Das Selbstverständnis des Paulus ............................................. 291
5.3.2.2 Dienst als Zusammenfassung aller Geistesgaben ........................ 292
5.3.2.3 Die Bedeutung der paulinischen Kollekte ................................... 293
5.3.2.4 Die Maxime christlichen Verhaltens .......................................... 295
5.3.3 Die grundlegende Bedeutung des Dienstes für das Christentum .... 296
5.3.4 Vollmächtiger Dienst/Nichtdienst als spezifische Leitunterscheidung christlich-diakonischen Redens und Handelns .............................. 300

## Zusammenfassung und Ausblick ........................................................ 315

## Verzeichnis der verwendeten Literatur ............................................... 323

# Verzeichnis der Abbildungen

1 Einnahmequellen der Diakonie 1986 nach Goll .................................................. 94
2 Einnahmequellen der Caritas nach Goll ............................................................. 95
3 An diakonischen Prozessen beteiligte Wirkungsgrößen nach Seibert ............... 108
4 Die interdisziplinäre Stellung der Diakonik im Abschluß an Turre ................... 111
5 Grundvorstellung eines zweckorientierten sozialen Systems nach Ulrich ........... 115
6 Die relevanten Umweltbezüge des diakonischen Unternehmens nach Jäger ...... 116
7 Die Stellung der gesellschaftlichen Funktionssysteme innerhalb der modernen Gesellschaft im Anschluß an Luhmann ......................................... 129
8 Drei Ebenen der Systembildung nach Luhmann ................................................ 148
9 Der Zusammenhang von funktionaler Differenzierung der modernen Gesellschaft und Innendifferenzierung der Funktionssysteme im Anschluß an Luhmann ............................................................................... 190
10 Konflikte bei der Identifikation diakonischen Handelns der Gemeinde nach Steinkamp ................................................................................................. 202
11 Die Innendiffenzierung der Theologie unter Berücksichtigung der drei Systemreferenzen Kirche, Diakonie und Theologie ........................................ 209
12 Die am System der christlichen Religion beteiligten Personengruppen ............. 213
13 Interaktionen, Organisationen und Gesellschaften als Konkretisierung sozialer Systembildung (nach Luhmann) .......................................................... 228
14 Die drei Typen diakonischer Systembildung ...................................................... 230
15 Das diakonische System im Kontext der relevanten Funktionssysteme in seiner gesellschaftlichen Umwelt .................................................................. 252
16 Die diakonische Aufnahme und Abgrenzung von Abläufen aus Funktionssystemen in der gesellschaftlichen Umwelt ..................................... 255
17 Die für die Entwicklung einer diakonischen Wissenschaft zu berücksichtigenden Teildisziplinen ...................................................................... 283
18 Codierung und Programmierung der christlichen Religion nach Luhmann ........ 287
19 Codierung und Programmierung der christlichen Religion .............................. 300
20 Der Operationsmodus des diakonischen Systems im Kontext der Systeme in seiner gesellschaftlichen Umwelt .................................................. 305

# Abkürzungsverzeichnis

Die Abkürzungen richten sich im allgemeinen - außer in Zitaten - nach dem Abkürzungsverzeichnis der Theologischen Realenzyklopädie; zusammengestellt von S. Schwertner; Berlin/New York 1976. Besondere Abkürzungen sind im folgenden aufgeführt.

| | |
|---|---|
| BGB | Bürgerliches Gesetzbuch |
| BK | Bekennende Kirche |
| BVerfG | Bundesverfassungsgericht |
| DEK | Deutscher Evangelischer Kirchenbund |
| DPWV | Deutscher Paritätischer Wohlfahrtsverband |
| DWI | Diakoniewissenschaftliches Institut in Heidelberg |
| GG | Grundgesetz der BRD |
| (g)GmbH | (gemeinnützige) Gesellschaft mit beschränkter Haftung |
| HbZDK | Handbuch für Zeugnis und Dienst der Kirche |
| NJW | Neue Juristische Wochenschrift |
| TRE | Theologische Realenzyklopädie |
| WRV | Weimarer Reichsverfassung |

Sämtliche sprachlichen Formen, die im folgenden im maskulinen Genus formuliert sind und inhaltlich Personen beider Geschlechter meinen können, schließen ausdrücklich Frauen und Männer ein. Die Verwendung einer Sprache, die beide Geschlechter jeweils explizit nennt, hätte im Text einen sehr großen Aufwand und viel Platz gefordert. Vor allem die Leserinnen werden dafür um Verständnis gebeten.

# Vorwort

Die folgende Untersuchung beschäftigt sich nicht nur mit Systemen, sie kann in gewissem Sinne auch selbst als System verstanden werden. Sie enthält Kommunikationen, die im Kontext verschiedenster Systeme in ihrer Umwelt entstanden sind und die dabei hoffentlich so etwas wie einen systematischen Zusammenhang entwickelt haben. Auch bestimmte Personen sind für die Entstehung des vorliegenden Systems nicht unwichtig gewesen. Die wichtigsten Systeme und Personen in der Umwelt der vorliegenden Arbeit möchte ich deshalb zunächst nennen und mich bei Ihnen herzlich bedanken.

Da sind zunächst Herr Prof. Dr. Alfred Jäger und Herr Prof. Dr. Niklas Luhmann. Der erste hat mir an der Kirchlichen Hochschule Bethel als sein Assistent die Möglichkeit gegeben, mich nahezu drei Jahre lang intensiv mit dem Thema zu beschäftigen. Er hat mich dabei tief in die spannungsvolle Existenz heutiger Diakonie eingeführt. Menschlich hat er mich in bewegten Zeiten treu begleitet, sachlich ist er ein strenger und deshalb hilfreicher Kritiker meiner Arbeit gewesen. Für beides bin ich ihm dankbar. Der zweite hat mich an der Universität Bielefeld zunächst mit seiner ihm eigenen Gedankenwelt gleichermaßen fasziniert wie irritiert und mir dann mit seiner soziologischen Theorie einen zweiten Blickwinkel neben dem theologischen ermöglicht. Die vorliegende Arbeit ist vor allem in intensiver Auseinandersetzung mit den beiden genannten Personen entstanden.

Ein erstes wichtiges System in der Umwelt dieser Untersuchung war die Kirchliche Hochschule Bethel. Es ist kein Zufall, daß diese umfangreiche Arbeit über Diakonie in Bethel entstand. Die Einrichtungen der v. Bodelschwinghschen Anstalten waren mir beim Schreiben des Textes buchstäblich vor Augen. Die Diskussionen mit den Professoren, den Koleginnen und Kollegen und den Studentinnen und Studenten haben sehr weitergeholfen. Dafür danke ich Ihnen. Begleitet hat mich bei meinen Überlegungen auch die Arbeitsgemeinschaft Systematik. In diesem Kreis durfte ich bei einer Tagung mein erstes Konzept vortragen und diskutieren.

Nicht unwichtig für das Gelingen der Arbeit war das Landeskirchenamt der Evangelischen Kirche von Westfalen, das mich als Vikar für längere Zeit in den wissenschaftlichen Sonderdienst an die Kirchliche Hochschule Bethel entsandt hat. Besonders dem Ausbildungsreferenten Herrn Dr. Stiewe gebürt deshalb mein Dank.

In den Jahren als Gemeindevikar und Pastor habe ich in der Erlösergemeinde Bielefeld verständnisvolle Menschen gefunden, die mein Interesse an Theorie jederzeit toleriert haben und die zugleich dafür gesorgt haben, daß ich gute Erfahrungen in der Gemeindepraxis machen konnte. Vor allem Herrn Pfarrer Papies, Frau Pfarrerin Schlemmer und dem Presbyterium danke ich dafür.

Während der Abfassung des Textes haben mich meine Eltern und meine anderen Verwandten sehr unterstützt. Das hat mir sehr geholfen, am Thema zu bleiben.

Meine anfangs völlig unleserlichen Aufzeichnungen sind von Inge Pautz in die Form eines lesbaren Manuskriptes gebracht worden. Michael Fricke, Eckhard Hagemeier, Martina Holzberg-Bogdan, Thilo Holzmüller und Anke Starnitzke haben den Text geduldig korrigiert.

Finanziell ist der Druck der vorliegenden Arbeit durch großzügige Zuschüsse der Stiftung Alfred Jäger für Diakonie, des Freundeskreises der Kirchlichen Hochschule

Bethel und des Landeskirchenamtes der Evangelischen Kirche von Westfalen ermöglicht worden. Auch dafür bedanke ich mich herzlich.

Die vorliegende Untersuchung ist die für den Druck leicht überarbeitete Fassung meiner Dissertation, die von der Kirchlichen Hochschule Bethel im Wintersemester 1994/95 angenommen wurde. Die Gutachter Alfred Jäger, Eberhard Mechels und Franz-Xaver Kaufmann haben sie wohlwollend beurteilt und mir für die Drucklegung wichtige Hinweise gegeben. Herr Jürgen Schneider vom Kohlhammer-Verlag hat mich dann bei der Veröffentlichung der Arbeit freundlich und gut betreut.

Die wichtigsten Personen in der Umwelt dieser Untersuchung waren jedoch meine Frau und die Kinder Marie und Bruno. Sie haben die erheblichen Stimmungsschwankungen beim Schreiben des Textes und bei der Promotionsprüfung geduldig ertragen. Vor allem haben sie mich des öfteren - völlig konform mit der im folgenden vertretenen Theorie - darauf aufmerksam gemacht, daß man die eigene Psyche von den kommunikativen Zusammenhängen, mit denen man beschäftigt ist, unterscheiden muß. Ohne ihre liebevolle Begleitung wäre diese Arbeit nicht möglich gewesen. Danke.

Bielefeld/Bethel im März 1996                                      Dierk Starnitzke

# Einführung

Die im Diakonischen Werk der EKD zusammengefaßten Initiativen bilden derzeit einen Komplex, der alle anderen Aktivitäten der Kirche quantitativ bei weitem überragt. Über eine Million Menschen werden täglich in der Bundesrepublik von etwa 370.000 hauptamtlichen Mitarbeitern in evangelischen diakonischen Einrichtungen betreut.[1] Innerhalb der katholischen Caritas liegen die entsprechenden Zahlen noch höher. Es sind also ständig in der BRD mehrere Millionen Menschen, entweder als Betreute oder als Betreuende, unmittelbar von der diakonischen Arbeit der beiden großen christlichen Konfessionen betroffen.

Sich die aktuellen Dimensionen diakonischer Arbeit vorzustellen, ist keine Zahlenspielerei. In diesen gewaltigen quantitativen Ausmaßen drückt sich eine gesellschaftliche Relevanz und Akzeptanz christlichen diakonischen Hilfehandelns aus, die zur Zeit wohl von kaum einem anderen Bereich der Kirche erreicht wird. Es ist deshalb ein bemerkenswertes Faktum, daß dieser im 19. Jahrhundert entstandene und vor allem in der Zeit nach 1945 in seiner heutigen Größe ausgeprägte Lebens- und Handlungsbereich des Christentums bisher innerhalb der akademischen Theologie nur wenig berücksichtigt worden ist. Die theologische Beschäftigung mit dem Thema Diakonie beschränkte sich an den theologischen Fakultäten Westdeutschlands bis vor wenigen Jahren auf einen einzigen Lehrstuhl am Diakoniewissenschaftlichen Institut in Heidelberg und in Ostdeutschland auf die sogenannte "Leipziger Konzeption".[2] Auch neuere theologische Bemühungen um die Diakonie innerhalb der letzten Jahre ändern, aufs Ganze gesehen, wenig daran, daß eine der wichtigsten Erscheinungsformen heutigen Christentums einer wissenschaftlich fundierten, theologischen Reflexion noch weitgehend entbehrt. Wenn man an die akademische Theologie den Anspruch stellt, daß sie möglichst die Gesamtheit der Lebensäußerungen christlichen Glaubens in ihrem Lehrsystem zu berücksichtigen hat, und wenn man es außerdem für wichtig hält, daß die diakonische Arbeit auf einem der Komplexität und dem Umfang ihrer Tätigkeiten entsprechenden Niveau theologisch reflektiert wird, ist dieser Zustand auf die Dauer unhaltbar. Das wird in den letzten Jahren sowohl in der akademischen Theologie als auch in der Diakonie zunehmend eingesehen. Es wird einerseits von seiten der Theologie nach Reflexionsmöglichkeiten für diesen wichtigen Bereich christlichen sozialen Handelns gesucht, andererseits wird von seiten der Diakonie angesichts der immer komplexer werdenden Probleme diakonischer Arbeit eine angemessene theoretische Begleitung für wichtig erachtet.

Die folgenden Überlegungen gehen deshalb davon aus, daß die Reflexion diakonischer Arbeit und die Bearbeitung der sich gegenwärtig in der Diakonie stellenden Probleme eine wichtige Aufgabe für die derzeitige theologische Forschung darstellt. Es ist an der Zeit, den immer noch breiten Graben zwischen diakonischer Praxis und theologischer Theorie zu verengen und soweit wie möglich zu überbrücken. Die vor-

---

[1] Laut Statistik des Diakonischen Werkes der EKD waren am 1.1.1994 über 369.460 Mitarbeiter in 30.695 Einrichtungen hauptamtlich in der Diakonie beschäftigt. Die Zahl der Betten und Plätze betrug zu diesem Zeitpunkt 1.021.729. Vgl. Statistische Informationen, hrsg. v. Diakonischen Werk der Evangelischen Kirche in Deutschland, Präsident Karl Heinz Neukamm; Stuttgart, im Juli 1995, S. 3.

[2] Zur Konzeption des diakoniewissenschaftlichen Studiums in Leipzig vgl. H. Wagner: Ein Versuch der Integration der Diakonie in die Praktische Theologie; in: Pastoraltheologie (PTh). Wissenschaft und Praxis in Kirche und Gesellschaft 72 (1983), S. 186-194.

liegende Untersuchung versteht sich deshalb als Versuch, von theologischer Seite der diakonischen Praxis durch intensive Reflexionsbemühungen näher zu kommen. Sie steht im Zusammenhang anderer diakonisch-theologischer Ansätze, die sich vor allem seit Beginn der 80er Jahre mit derselben Problematik befassen und die deshalb im folgenden ausführlich zur Kenntnis zu nehmen sind. Dabei zeigt sich, daß bei der Auseinandersetzung mit den Erscheinungsformen gegenwärtiger diakonischer Arbeit das theologische Begriffssystem an seine Grenzen kommt. Diakonie hat sich im Kontext der bundesrepublikanischen Gesellschaft zu einem derart komplexen Gebilde mit differenzierten Handlungsstrukturen entwickelt, daß die theologische Reflexion dieser Strukturen über ihre eigene theologische Begrifflichkeit hinaus zusätzliches theoretisches Instrumentarium erschließen muß. Eine umfassende und differenzierte Wahrnehmung diakonischen Handelns wird künftig wohl kaum ohne die theologische Berücksichtigung nichttheologischen Theoriegutes auskommen können. Dabei ergeben sich jedoch spezifische Probleme. Fachfremde Theorien haben Implikationen, die mit theologischen Grundannahmen oft nicht in Einklang zu bringen sind oder ihnen sogar widersprechen. Bei einer Berücksichtigung nichttheologischer Theorieansätze für die Weiterentwicklung der diakonischen Theologie müssen deren Implikationen deshalb theologisch kontrolliert werden. Aber auch unter dieser Voraussetzung kann die theologische Forschung fachfremde Aussagen nicht einfach übernehmen. Sie muß ihre eigene Begrifflichkeit vielmehr in Auseinandersetzung mit fachfremder Terminologie präzisieren und weiterentwickeln. Erst dann können Erkenntnisse aus anderen Wissenschaften für die theologische Reflexion der Diakonie eine wichtige Wahrnehmungshilfe sein.

Trotz dieser Risiken und Beschränkungen ist die Berücksichtigung wissenschaftlicher Einsichten aus anderen Fachbereichen für eine Weiterentwicklung der theologischen Reflexion von Diakonie ein permanentes Postulat der neueren diakonisch-theologischen Diskussion. Das geschieht mit Recht, denn Diakonie befindet sich gegenwärtig in einem derart komplizierten Beziehungsgeflecht mit anderen gesellschaftlichen Bereichen, daß wissenschaftliche Theorien, die sich mit den Abläufen in den verschiedenen Teilen der modernen Gesellschaft beschäftigen, von besonderem Interesse für das theologische Nachdenken über Diakonie sein müssen.

Die folgende Untersuchung versucht, sich in dieser Situation mit der Systemtheorie Niklas Luhmanns als einem der prominentesten wissenschaftlichen Konzepte auseinanderzusetzen. Warum für eine Weiterentwicklung der diakonischen Theologie gerade Luhmanns Theorie herangezogen werden soll, wird ausführlich zu begründen sein (vgl. Kap. 2.4). Inwieweit die Berücksichtigung dieser sehr abstrakten und theologisch bisher nicht sehr attraktiv erscheinenden Theorie für die theologische Reflexion, aber auch für die diakonische Praxis wichtig sein kann, wird daran anschließend gründlich zu untersuchen sein (vgl. Kap. 3-5). Daß der Rückgriff auf Luhmann nicht völlig abwegig ist, zeigen einige bereits vorhandene Versuche, die Theorie Luhmanns für das Verständnis aktueller Probleme in der Diakonie heranzuziehen.[3] Solche ersten Ansätze sind jedoch ergänzungsbedürftig. Sie verstehen Luhmanns Ausführungen zu Kirche und Diakonie nicht im Kontext des Gesamtkonzepts

---

[3] Vgl. z.B. R.K.W. Schmidt: Zur Konstruktion von Sozialität durch Diakonie. Eine Untersuchung zur Systemgeschichte des Diakonischen Werkes; Frankfurt/Main und München 1976; H. Steinkamp: Diakonie - Kennzeichen der Gemeinde. Entwurf einer praktisch-theologischen Theorie; Freiburg i.B. 1985; K.-F. Daiber: Diakonie und kirchliche Identität. Studien zur diakonischen Praxis in der Volkskirche; Hannover 1988, besonders S. 15-33.

seiner allgemeinen Theorie sozialer Systeme. Sie enthalten deshalb keine grundsätzlichen theologischen Auseinandersetzungen mit Luhmanns Grundbegriffen, sondern nur eine auf einen engen Bereich beschränkte, mehr punktuelle Rezeption und Kritik der Theorie Luhmanns. Ein partikularer Zugriff auf seine Systemtheorie nutzt jedoch erstens nicht die Chancen, die die Theorie als Ganzes für die theologische Auseinandersetzung mit gegenwärtigen diakonischen Prozessen im Kontext der modernen Gesellschaft bietet, und er steht zweitens in der Gefahr, bei der Konzentration auf einzelne, für die Theologie interessant erscheinende Aspekte die Fülle der in Luhmanns Theorie enthaltenen Implikationen unreflektiert in die Theologie zu übernehmen.

Um also einerseits der oft geäußerten Notwendigkeit einer Berücksichtigung sozialwissenschaftlicher Einsichten für die theologische Reflexion von aktuellen Problemen der Diakonie nachzukommen und mit diesen andererseits theologisch kontrolliert umzugehen, empfiehlt sich methodisch folgendes Vorgehen.

Kapitel 1: Zunächst sind die Entwicklungen der Diakonie in der Bundesrepublik seit Ende des Zweiten Weltkrieges in ihren wichtigsten Zügen nachzuzeichnen und die daraus resultierenden Probleme wahrzunehmen. Im Anschluß daran ist zu fragen, wie sich parallel dazu die diakonische Theologie mit diesen Entwicklungen befaßt hat.

Kapitel 2: Die Darstellung der Genese der Grundstrukturen diakonischer Arbeit nach 1945 muß in eine detaillierte Beschreibung der gegenwärtigen Situation münden. Die aktuelle Position der Diakonie muß theologisch möglichst umfassend und differenziert wahrgenommen werden. Es ist erstens zu beachten, daß sich Diakonie in einem nur schwer durchschaubaren Beziehungsgeflecht zu verschiedenen Wirkungsgrößen in ihrem gesellschaftlichen und kirchlichen Umfeld befindet. Daraus ergibt sich zweitens, daß die Stellung der Diakonie innerhalb ihrer komplexen gesellschaftlichen Umwelt die Entwicklung entsprechend komplexer diakonischer Handlungsstrukturen bewirkt hat, welche eine differenzierte Beziehung auf die verschiedensten Bereiche in ihrer Umwelt ermöglichen sollen.

Kapitel 3: Aufgrund der genannten Problemkonstellation liegt es für die diakonische Theologie nahe, sich mit Theorien auseinanderzusetzen, die für diese Entwicklung besondere Sensibilität besitzen. Die Theorie sozialer Systeme Luhmanns bietet besondere Möglichkeiten, den aktuellen Entwicklungen in der Diakonie differenziert nachzugehen. Sie ermöglicht erstens eine Rekonstruktion der Funktionsweisen der verschiedenen Gesellschaftsbereiche unter dem Begriff der "Selbstreferenz". Sie bietet zweitens unter dem Stichwort "funktionale Differenzierung" ein Erklärungsmuster für die Zusammenhänge des komplizierten Beziehungsgeflechtes der einzelnen Gesellschaftsbereiche. Sie erscheint deshalb drittens besonders geeignet, den Einfluß der verschiedenen Gesellschaftsbereiche auf die diakonische Arbeit präzise beschreiben zu können. Die Suche nach Rezeptionsmöglichkeiten der Theorie Luhmanns im Bereich der diakonischen Theologie erfordert zunächst eine ausführliche theologische Kritik derselben. Erst auf der Basis einer grundlegenden theologischen Auseinandersetzung kann eine inhaltlich und methodisch kontrollierte Rezeption der Systemtheorie Luhmanns stattfinden. Die theologische Kritik muß sich dabei zunächst an den Grundbegriffen der Theorie Luhmanns orientieren und von daher nach Konvergenzen zwischen sozialwissenschaftlicher und theologischer Sichtweise fragen.

Kapitel 4: Die grundsätzlichen Überlegungen des dritten Kapitels zur Theorie Luhmanns und ihrer theologischen Rezipierbarkeit sind für die im ersten und zweiten Kapitel dargestellte Situation der Diakonie zu konkretisieren. Dabei kann zusätzlich auf Texte zurückgegriffen werden, in denen Luhmann sich mit den Themen Religion, Diakonie, Helfen usw., also mit für die Diakonie relevanten Fragen beschäftigt hat. Die Berücksichtigung der Theorie sozialer Systeme kann dann vor allem für die theologische Wahrnehmung der Divergenzen zwischen Diakonie, Kirche und Theologie sowie von Schwierigkeiten einer Vermittlung zwischen interaktionalem, organisatorischem und gesellschaftsbezogenem Handeln der Diakonie weiterführend sein.

Kapitel 5: Nachdem die aktuelle theologische Sicht der Diakonie bereits im zweiten Kapitel dargestellt worden ist und im vierten Kapitel Diakonie in systemtheoretischer Perspektive beschrieben wurde, soll versucht werden, systemtheoretische und theologische Sichtweise so weit zusammenzuführen, daß sich daraus für die Frage nach dem Spezifikum diakonischer Arbeit neue Perspektiven entwickeln lassen. Der Nachweis und die differenzierte Beschreibung der Fremdeinflüsse durch zahlreiche Systeme in der diakonischen Umwelt provoziert letztlich die Frage, wie Diakonie in Abgrenzung von den verschiedenen Einflußbereichen ihr Proprium, ihre diakonische Identität erhalten und gestalten kann. Die Auseinandersetzung mit Luhmanns "Paradigma" der Selbstreferenz kann in dieser Hinsicht Möglichkeiten zu einem neuen Umgang mit solchen Einflüssen aus der gesellschaftlichen Umwelt aufzeigen. In Aufnahme und Modifikation des systemtheoretischen Gedankens, daß soziale Systeme zu einer selbstreferentiellen Abschließung ihrer Systemoperationen neigen, lassen sich Tendenzen im Bereich der Diakonie wahrnehmen und verstärken, die sich um eine größere Eigenständigkeit diakonischer Arbeit bemühen. Eine deutlichere Profilierung des spezifisch Diakonischen kann dabei auf zwei Wegen erfolgen. Es muß im Außenbezug darum gehen, hinsichtlich der Beziehungen der Diakonie zu Systemen in ihrer Umwelt aufzuzeigen, wie sich Diakonie gegen den unmittelbaren Einfluß dieser Systeme abgrenzen kann, ohne dabei ihre Umweltsensibilität und den für ihre Arbeit notwendigen Bezug auf diese Systeme zu verlieren. Das ist für einige wichtige Außenbezüge der Diakonie (Wirtschaft, Recht, Erziehung und Wissenschaft) auszuführen und anhand von Beispielen zu konkretisieren. Zugleich muß *in Innenbezug* nach einer Gesamtorientierung der Diakonie gesucht werden, durch die sich die diakonische Arbeit so deutlich von ihrer Umwelt abgrenzt, daß ihre besondere Identität klarer als bislang hervortritt.

Der vorliegende Versuch, Diakonie als soziales System zu betrachten, ist sich seiner eigenen Grenzen wohl bewußt. Zahlreiche wichtige Aspekte diakonischer Arbeit bleiben dabei außer Sicht. So wird z.B. die besondere Bedeutung einzelner Persönlichkeiten, die die Gestalt der Diakonie in Geschichte und Gegenwart wesentlich geprägt haben, nicht angemessen gewürdigt. Die persönliche Begegnung zwischen betreuendem und betreutem Menschen, die für das Handeln der Diakonie wesentlich ist, wird nur eingeschränkt, eben unter systemischem Aspekt, wahrgenommen. Die geistigen und geistlichen Ideen, die ohne Zweifel auch heute die Gestaltung der diakonischen Arbeit wesentlich mitbestimmen, bleiben größtenteils außer acht. Vor allem läßt sich das ausgeprägtem Ordnungsdenken nur schwer zugängliche Gewirr der diakonischen Verbände, Werke, Einrichtungen und Teilinstitutionen kaum in ein systemtheoretisches Schema pressen. Die Realität diakonischer Arbeit ist zum Glück vielgestaltiger, farbenfroher, im positiven Sinne unordentlicher und deshalb lebensnaher, als es die systemtheoretische Analyse je zeigen könnte. Insofern ist das in dieser Untersuchung entwickelte Bild von Diakonie unvollständig und reduziert.

Diese Beschränkung des Diakonieverständnisses auf den systemischen Aspekt geschieht jedoch aus guten Gründen. Es sind eben doch auch systemische Abläufe, unter denen diakonische Arbeit gegenwärtig stattfindet und an denen sie sich zu orientieren hat. Diesen Umstand kann man bedauern, man kann ihn ignorieren oder auch zu überwinden versuchen. Das wird jedoch wenig daran ändern, daß diakonisches Handeln, sofern es einen bestimmten Komplexitätsgrad erreicht, im Kontext einer zur sozialen Systembildung neigenden Gesellschaft unweigerlich *auch* Systeme bildet. Die vorliegende Untersuchung will diese Entwicklungen nicht pauschal gutheißen. Sie will vielmehr für Systembildungsprozesse in der Diakonie sensibilisieren und dadurch einen differenzierteren Umgang mit den daraus resultierenden Problemen ermöglichen. In dieser Hinsicht läßt sich von neueren Entwicklungen im Bereich der Systemtheorie durchaus lernen. Diese sehen soziale Systeme nicht mehr, wie die klassische Systemtheorie, als mechanische Gebilde an, die sich durch bestimmte In- und Outputs beliebig steuern lassen. Vielmehr unterstreichen sie mit Begriffen wie Selbstorganisation, Autopoiesis und Selbstreferenz die Fähigkeit sozialer Systeme, sich auch trotz massiven Einflusses von außen selbst zu bestimmen und dabei die eigenen Systemabläufe so zu gestalten, daß die Ausbildung einer eigenen Identität in klarer Abgrenzung zur Umwelt möglich wird. Es geht mir darum, diesen Gedanken in die derzeitige theologische Diskussion um die Identität der Diakonie einzubringen. Dabei soll deutlich werden, welche Möglichkeiten sich der Diakonie nicht nur für das Verständnis der eigenen Situation, sondern auch für die Entwicklung eines diakonischen Selbstverständnisses bieten, wenn sie systemischen Überlegungen nicht ausweicht, sondern diese bewußt für die eigene Identitätsbildung nutzt. Eine systemische Betrachtung der Diakonie engt deshalb nicht nur den Blick ein, sondern sie kann hoffentlich auch neue Wege öffnen.

# 1. Kapitel: Die Entwicklung der Diakonie und ihrer theologischen Reflexion nach 1945

## 1.1 Die Entstehung des Diakonischen Werkes der EKD

Die Entscheidung, bei der Reflexion diakonischer Arbeit mit dem Jahre 1945 zu beginnen, ist zunächst zu begründen, denn Diakonie existiert in ihrer modernen Form spätestens seit Mitte des 19. Jahrhunderts. Mit der Gründung des "Central-Ausschusses für die Innere Mission" 1848 auf dem Wittenberger Kirchentag hat sie sich eine Dachorganisation gegeben, die zunächst als lockerer Zusammenschluß noch kein homogenes Gesamtsystem verkörperte, sich aber schon als relativ klar definierte Organisationsform evangelischer Diakonie bestimmen läßt. Daraus entwickelten sich dann im Kontext der Bismarckschen Sozialgesetzgebung, der Weimarer Republik und des Dritten Reiches fest etablierte Formen evangelischen Hilfehandelns. Fraglos knüpft die Entwicklung der westdeutschen Diakonie nach 1945 an diese geschichtlich gewachsenen Konstellationen an.[1] Es gibt jedoch gute Gründe für die Annahme, daß nach 1945 in der Diakonie eine grundsätzlich neue Phase der Entwicklung begann. Sie ist gekennzeichnet durch das Nebeneinander zweier alternativer Diakoniekonzepte und durch deren feste Einbindung in den Sozialstaat, wie er nach dem Zweiten Weltkrieg in der BRD entstand.

### 1.1.1 Innere Mission und Hilfswerk der EKD als alternative Diakoniekonzepte

*Die Innere Mission* war während der nationalsozialistischen Herrschaft in eine Sonderposition gedrängt worden, die sie bis dahin nicht innegehabt hatte und die sie nach dem Ende des Zweiten Weltkrieges auch alsbald wieder verließ: Aufgrund der politischen Verhältnisse war sie, nach fast einem Jahrhundert selbständiger Existenz neben der verfaßten Kirche, der DEK eingegliedert worden. Unter dem Druck der nationalsozialistischen Gesetzgebung bekam sie damit von kirchlicher Seite zum ersten Mal die Anerkennung als "Wesens- und Lebensäußerung der Kirche", die für die Diakonie nach 1945 konstitutiv werden sollte. "Erst das Ende der Ausschüsse, die Nichtanerkennung kirchenleitender BK-Ersatzgremien durch den Staat, das Scheitern der Kirchenwahlen und der Übergang reichskirchlicher Entscheidungsbefugnisse an die Kirchenkanzlei der DEK ließen die Innere Mission tatsächlich näher an die verfaßte Kirche heranrücken. Den dort erhofften und in vielen Einzelfällen auch gewährten Rechtsschutz benötigte sie dringend, um den Zug um Zug erfolgenden Einschränkungen und Behinderungen ihrer Arbeit begegnen zu können. Der am Ende zurückgezogene Gesetzesentwurf, der 1939 die Übertragung der gesamten Wohlfahrtspflege an einen Staatskommissar (Hilgenfeldt) vorsah, löste zuletzt die förmliche Eingliederung in die Reichskirche aus. Erstmals wurde so der Inneren Mission jene kirchenoffizielle Bestätigung zuteil, die ihr DEK und Landeskirchen seit ihrer Gründung nicht zugestanden hatten. ... Die damit einhergehenden Befug-

---

[1] Vgl. dazu besonders die Studien von Jochen-Christoph Kaiser, z.B.: Sozialer Protestantismus im 20. Jahrhundert; München 1989.

nisse der Kirchenkanzlei und Auflagen für entsprechende Satzungsänderungen kamen während des Krieges nicht mehr zum Tragen: Wieder einmal profitierte allein die Innere Mission von diesem Zweckbündnis auf Zeit. Doch nach Kriegsende präsentierte ihr die neu gegründete EKD in Gestalt von Eugen Gerstenmaiers 'Hilfswerk' die 'Rechnung'. Wenige Jahre lang sah es so aus, als sei die Zeit freier evangelischer Verbände *neben* der verfaßten Kirche nun vorbei."[2]

Mit dem Stichwort "Hilfswerk" ist von Kaiser eine grundsätzliche Neuentwicklung innerhalb der Diakonie benannt, die das Profil der deutschen Diakonie wesentlich verändern sollte. Es entstand nach 1945 zusätzlich zu den traditionellen, im Centralausschuß der Inneren Mission zusammengefaßten diakonischen Einrichtungen eine zweite und von der bisherigen diakonischen Arbeit zu unterscheidende Form von Diakonie: das Hilfswerk der EKD. Der vor dem Zweiten Weltkrieg von der verfaßten Kirche unabhängigen und ihr während des Krieges nur gezwungenermaßen eingegliederten Inneren Mission trat damit in Gestalt des Hilfswerkes ein grundlegend anderes Konzept von Diakonie an die Seite: eine unmittelbar in die verfaßte Kirche integrierte Diakonie. Diese beiden Formen deutscher Nachkriegsdiakonie lassen sich in ihrer *Geschichte*, aber auch in ihrem *theologischen Ansatz* und ihren *Zielsetzungen* unterscheiden. Sie hatten eine grundlegend andere *interne Struktur* und *verschiedene Rechtsformen*.[3]

Die beiden alternativen Diakoniekonzepte sind in ihrer Verschiedenheit wahrzunehmen. Denn die Eigentümlichkeit der evangelischen Diakonie nach 1945 ist wesentlich durch die Unterschiedlichkeit der Konzepte sowie durch die Notwendigkeit zu deren Integration bestimmt.

*Geschichtlich* gesehen stellte das Hilfswerk der EKD eine Neugründung ohne historische Vorläufer dar, die seit 1942 im wesentlichen von Eugen Gerstenmaier, Hans Schönfeld und Theophil Wurm im Geheimen vorbereitet worden war[4] und 1945 auf der Kirchenkonferenz in Treysa als kirchliches Organ beschlossen wurde, um die größte Nachkriegsnot schnellstmöglich zu lindern. Damit war das Hilfswerk eine bereits kurz nach Kriegsende handlungsfähige Organisation, die den "kirchlichen Wiederaufbau" und die "allgemeine Nothilfe"[5] kräftig vorantreiben konnte. Sie mußte sich dafür zunächst zwar auf regionaler und lokaler Ebene meist Einrichtungen der Inneren Mission bedienen, übertraf diese jedoch schon bald an Größe und Effektivität.[6] Die Innere Mission war dagegen eine geschichtlich gewachsene Organisation, die zum Zeitpunkt der Gründung des Hilfswerkes bereits eine fast 100jährige, bewegte Geschichte hinter sich hatte. Sie war im Kontext der Bismarckschen Sozialgesetzgebung und der Weimarer Verfassung innerhalb des öffentlichen Wohlfahrtssystems als Freier Wohlfahrtsverband fest etabliert.[7]

---

[2] J.-Chr. Kaiser: Sozialer Protestantismus im 20. Jahrhundert, S. 452, Hervorhebung von Kaiser.

[3] Vgl. H. Seibert: Diakonie - Hilfehandeln Jesu und soziale Arbeit des Diakonischen Werkes; 2. Aufl. Gütersloh 1985, S. 62ff.

[4] Vgl. J.M. Wischnath: Kirche in Aktion. Das Evangelische Hilfswerk 1945 - 1957 und sein Verhältnis zu Kirche und Innerer Mission; Göttingen 1986, S. 21ff.

[5] Vgl. J.M. Wischnath, a.a.O., S. 87.

[6] Vgl. J.M. Wischnath: Innere Mission - Evangelisches Hilfswerk - Diakonisches Werk seit 1945; in: M. Schick, H. Seibert, Y. Spiegel (Hrsg.): Diakonie und Sozialstaat, Gütersloh 1986, S. 179 f.

[7] Zur Situation der Inneren Mission vor 1945 vgl. Th. Strohm und J. Thierfelder (Hrsg.): Diakonie im "Dritten Reich". Neuere Ergebnisse zeitgeschichtlicher Forschung; Heidelberg 1990.

*Theologisch* war die Innere Mission oft von Einflüssen der Erweckungsbewegung geprägt. Sie orientierte sich meist an Gründervätern und -müttern, die in einer konkreten geschichtlichen und lokalen Situation angesichts spezifischer Nöte bestimmter Personengruppen initiativ geworden waren. Die daraus entstehenden diakonischen Einrichtungen waren jeweils deutlich nach dem theologischen Ansatz der Führungspersönlichkeiten ausgerichtet. Die Palette der theologischen Konzepte reicht hier von der "Christlichen Industrie" Gustav Werners bis zur Mutterhausdiakonie Fliednerscher Prägung. Das Kirchliche Hilfswerk dagegen entstand in einer nationalen Notsituation unter erheblichem Zeitdruck. Klare theologische Programme sind hier nicht auszumachen. Am ehesten noch läßt sich der theologische Ansatz Eugen Gerstenmaiers, des wohl entscheidenden Initiators des Hilfswerkes, als theologische Leitlinie identifizieren. Gerstenmaier hat sein Programm in Anknüpfung an Wicherns Diakoniekonzept "Wichern Zwei" genannt.[8] Es geht dort um eine sozialpolitisch orientierte, nicht nur "rettende" sondern auch "gestaltende Liebe", also im Anschluß an Wichern um eine diakonische Arbeit, die nicht nur die Auswirkungen gesellschaftlicher Not "rettend" zu bekämpfen versucht, sondern sich deren gesellschaftlichen Ursachen "gestaltend" zuwendet.

Allerdings gesteht Eugen Gerstenmaier selbst zu, daß bei der Gründung des Hilfswerks auf der Kirchenkonferenz in Treysa weitaus mehr pragmatische Notwendigkeiten als theologische Konzepte ausschlaggebend waren: "Es ist wahr: Als wir nach Treysa kamen, da brachten wir als vorsichtige Leute gleich gedruckt mit, was dort beschlossen werden sollte. Aber das war weit mehr der unerläßliche organisatorische Rahmenplan als ein ausgedrucktes Programm für eine neue diakonische Epoche unserer Gesamtkirche. Ich lasse dahingestellt, ob wir so etwas damals überhaupt im Kopf hatten."[9]

Dementsprechend differierten auch die *Zielsetzungen* von Innerer Mission und Hilfswerk. Die erste war aufgrund ihrer geschichtlich gewachsenen Struktur an konkreten Notlagen vor Ort orientiert und arbeitete deshalb partikular mit jeweils konkreten Problemgruppen. Aufgrund einer nur lockeren Verbindung der einzelnen Einrichtungen im Centralausschuß der Inneren Mission war sie zu gesamtgesellschaftlich ausgerichteten, übergreifenden Aktionen kaum in der Lage. "Sie wurde auf Reichsebene durch den nur mit geringen Führungskompetenzen ausgestatteten Centralausschuß repräsentiert, während die Einzelvereine der Inneren Mission auf Landes- bzw. Provinzialebene volle Selbständigkeit genossen."[10] Das Hilfswerk wurde jedoch von vornherein zur Bewältigung gesamtgesellschaftlicher Probleme gegründet. Es war deshalb so aufgebaut, daß es seinen beiden zentralen Aufgaben des kirchlichen Wiederaufbaus und der allgemeinen Nothilfe möglichst umfassend nachgehen konnte. "Als zentral geleitetes Hilfswerk vermochte es seine Mittel dort

---

[8] Vgl. E. Gerstenmaier: "Wichern Zwei". Zum Verhältnis von Diakonie und Sozialpolitik; in: H. Krimm (Hrsg.): Das diakonische Amt der Kirche; 2. Aufl. Stuttgart 1965, S. 467-518.

[9] E. Gerstenmaier: 10 Jahre Hilfswerk; in: ders.: Reden und Aufsätze, Bd. 1; Stuttgart 1956, S. 117f.

[10] J.-Chr. Kaiser: Die Innere Mission in der Weimarer Republik; in: Schick, Seibert, Spiegel (Hrsg.): Diakonie und Sozialstaat, S. 77.

zu konzentrieren, wo sie am dringendsten benötigt wurden, und so an Brennpunkten wirkungsvolle Arbeit zu leisten."[11]

Damit unterschieden sich Innere Mission und Hilfswerk auch *strukturell* grundlegend. Die Arbeit des Hilfswerks erforderte einen zentralen Organisationsapparat, der in Form des "Zentralbüros" eingerichtet wurde. "Der Zentralapparat mit einem Zentralbüro in Stuttgart, Außenstellen in Berlin, Hamburg und Baden-Baden sowie weiteren Nebenstellen für Spezialaufgaben übertraf die zentralen Stellen der Inneren Mission an Umfang schon bald bei weitem."[12] Von dort aus waren Gelder und Güter großen Umfanges zu verwalten, was dem Hilfswerk stark "unternehmerische Züge" verlieh.[13] Die Leitungsstruktur der Inneren Mission bestand hingegen aus selbständigen Einzeleinrichtungen, die zwar zu Verbänden zusammengeschlossen waren, deren Arbeit jedoch nicht zentral gesteuert werden konnte.

Diese Unterschiede manifestierten sich schließlich auch in einer verschiedenen *Rechtsform*. Die Einrichtungen der Inneren Mission entstanden wesentlich im Kontext des im 19. Jahrhundert aufkommenden Vereinswesens. Sie entwickelten sich zumeist in einer von der verfaßten Kirche als öffentlich-rechtlicher Institution unterschiedenen Rechtsform. Sie waren damit nicht nur aufgrund ihrer an konkreter sozialer Not orientierten Arbeitsweise abseits der klassischen kirchlichen Arbeitsfelder, sondern auch aufgrund ihres organisatorisch-rechtlichen Status meist *außerhalb* der verfaßten Kirche angesiedelt. Das Hilfswerk der EKD war jedoch seit seinem Gründungsbeschluß auf dem Kirchentag in Treysa eine unselbständige Körperschaft öffentlichen Rechtes, also *innerhalb* der verfaßten Kirche verortet und von ihr selbst ins Leben gerufen.

Die Entscheidung, bei einer theologischen Reflexion der aktuellen Situation der Diakonie mit dem Ende des Zweiten Weltkriegs anzusetzen, liegt also in doppelter Hinsicht nahe. Einerseits befand sich der Centralausschuß der Inneren Mission als Dachverband der damaligen organisierten evangelischen Diakonie ebenso wie die meisten anderen Organisationen am Neuanfang. Und andererseits trat eben zu dieser Zeit neben den seit seiner Gründung 1848 bestimmend gewesenen Centralausschuß mit dem Kirchlichen Hilfswerk eine neue diakonische Organisation, die die Gestalt der evangelischen Diakonie in der Folgezeit entscheidend veränderte. Die Nachkriegsgeschichte der organisierten deutschen evangelischen Diakonie ist seitdem, bis zu deren endgültiger Fusion 1976, durch das Mit-, Neben- und Gegeneinander dieser beiden großen diakonischen Organe gekennzeichnet. Die beiden grundverschiedenen Konzeptionen ließen sich erst in einem drei Jahrzehnte dauernden, komplizierten Fusionsprozeß integrieren. Die entscheidende Frage war dabei in rechtlich-organisatorischer Hinsicht, ob Diakonie wie das Kirchliche Hilfswerk als *innerhalb* der verfaßten Kirche oder wie die Innere Mission als prinzipiell von ihr *unterschieden* oder als zwar von der Kirche *unterschieden, aber dennoch fest mit ihr verbunden* zu organisieren sei.

Die Frage nach dem organisatorisch-rechtlichen Verhältnis der Diakonie zur Kirche ist jedoch nicht nur ein formales, sondern auch ein inhaltlich-konzeptionelles Problem. Geringere Anbindung an die Kirche bedeutet einerseits größere Flexibilität

---

[11] J.M. Wischnath: Innere Mission - Evangelisches Hilfswerk - Diakonisches Werk seit 1945, a.a.O., S. 179f.

[12] Wischnath, a.a.O., S. 180.

[13] H. Seibert: Diakonie - Hilfehandeln Jesu und soziale Arbeit des Diakonischen Werkes, S. 64.

bei der Handhabung der diakonischen Aufgaben, andererseits aber auch wesentlich größere Probleme bei der Zuordnung von kirchlichem und diakonischem Auftrag. Die evangelische Diakonie entschied sich schließlich für den dritten Weg einer Diakonie, die von der Kirche unterschieden und zugleich untrennbar mit ihr verbunden ist. Der komplizierte Zuordnungsprozeß ist, weil er den Status der Diakonie heute entscheidend mitbestimmt, in seinen Grundzügen nachzuvollziehen.

### 1.1.2 Die Gründung des Hilfswerkes der EKD

Es ist nicht ganz zutreffend, das Kirchliche Hilfswerk als festen Bestandteil der EKD aufzufassen. Denn in der Gründungsphase des Hilfswerkes war dessen Verhältnis zur verfaßten Kirche keineswegs geklärt. Vielmehr gab es alsbald Tendenzen, die Eigenständigkeit des Hilfswerkes gegenüber der verfaßten Kirche hervorzuheben - mit entsprechendem kirchlichen Widerspruch. Zu diesen Bestrebungen nach einer Unabhängigkeit der diakonischen Arbeit gehört z.B., daß Eugen Gerstenmaier betont, der Beschluß zur Gründung des Hilfswerkes sei bereits einen Tag *vor* Gründung des Rates der EKD am 29. August 1945 gefaßt worden.[14] "Ehe der Rat (der Evangelischen Kirche in Deutschland; D.S.) auf dem Kirchentag in Treysa gegründet war, habe ich, trotz aller Wirren, einen einmütigen Beschluß zur Gründung des Hilfswerks als der Zusammenfassung der gesamten charitativen und sozialpolitischen Aktivitäten des deutschen Protestantismus herbeiführen können. In dem Trubel der kirchenpolitischen Auseinandersetzung wurde darauf zunächst wohl nicht besonders geachtet."[15] Im Anschluß an diese historische Begründung hat Gerstenmaier als Leiter des Hilfswerks immer wieder auf die Unabhängigkeit des Kirchlichen Hilfswerkes vom Rat der EKD hingewiesen: "Während Gerstenmaier in den folgenden Jahren stets betonte, das Hilfswerk sei in Treysa ausdrücklich aus der Zuständigkeit des Rates herausgenommen worden, läßt sich aus der vorläufigen Ordnung der EKD vom 31. August 1945 das Gegenteil entnehmen. So waren in den ersten Monaten Reibungen unvermeidlich."[16] Bezüglich einer Zuordnung von Hilfswerk und kirchlichen Gremien war zusätzlich unklar, ob sich die Organisation des Hilfswerkes rechtlich direkt auf die Landeskirchen oder auf den zentralen Rat der EKD bezog.[17] Auch die Einbeziehung der Freikirchen in die Organisation des Hilfswerkes sprach eher für ein unklares Verhältnis des Hilfswerkes zur EKD.[18] Das änderte sich jedoch in den folgenden Monaten. "Die bald nach Gründung des Hilfswerkes sichtbar gewordene Spannung zwischen diesem und dem Rat und der Kirchenkanzlei löste sich während des folgenden Jahres zu einem guten Teil auf."[19]

Es war dennoch ein sehr mühsames Unterfangen, die Position des Hilfswerkes zwischen verfaßter Kirche und Innerer Mission exakt zu bestimmen. In äußerst

---

[14] Zum turbulenten Verlauf dieser ersten Kirchenkonferenz nach dem Krieg vgl. J.M. Wischnath: Kirche in Aktion. Das Evangelische Hilfswerk 1945-1957 und sein Verhältnis zu Kirche und Innerer Mission; Göttingen 1986, S.75ff.

[15] Gerstenmaier: in einem Brief an Keller vom 2.7.1946, zitiert bei: J.M. Wischnath, a.a.O., S. 78.

[16] Vgl. J.M. Wischnath, a.a.O., S. 98.

[17] Vgl. Wischnath, a.a.O., S. 100.

[18] Vgl. Wischnath, a.a.O., S. 104-107.

[19] Wischnath, a.a.O., S. 103.

schwierigen und kontroversen Verhandlungen mit der Kirchenleitung und der Inneren Mission entstand im Zusammenhang der Formulierung einer Kirchenverfassung der Artikel 15, Abs. 3 der Grundordnung der EKD, in dem das Hilfswerk eindeutig als kirchliches Werk qualifiziert wird. Dort heißt es: "Das Hilfswerk der Evangelischen Kirche in Deutschland wird von der Evangelischen Kirche in Deutschland, den Gliedkirchen und ihren Gemeinden getragen. Es dient dem kirchlichen Wiederaufbau sowie der Linderung und Behebung der Notstände der Zeit. Die Ordnung des Hilfswerks bedarf eines Gesetzes der Evangelischen Kirche in Deutschland." [20] Aber auch diese eindeutige kirchenrechtliche Charakterisierung steht noch in einer Spannung zu den eigenen Aufgabenstellungen des Hilfswerkes. Das Hilfswerk selbst sah seinen Auftrag primär in der Behebung der sozialen Notstände der Zeit und erst nachrangig im kirchlichen Wiederaufbau. Die kirchenrechtliche Definition in der Grundordnung der EKD von 1948 entspricht also nicht dem Selbstverständnis des Hilfswerkes: "nicht ohne Grund hatte es ja darauf verzichten wollen, den 'kirchlichen Wiederaufbau' in der Grundordnung zu erwähnen, und sich soeben eine Ordnung gegeben, in der diese Erwähnung ebenfalls unterblieben war."[21] Die in der Gründungsurkunde von 1945 festgehaltenen Aufgaben des Hilfswerkes wurden also von der EKD umgestellt. Der kirchliche Aufbau bekam Priorität vor der Bearbeitung der allgemeinen gesellschaftlichen Nöte. Damit wurde der Tätigkeitsbereich des Hilfswerks mehr als bisher auf eigentlich kirchliche Aufgaben eingeschränkt. Das aber entsprach nicht dem breiteren, auch gesellschafts- und sozialpolitisch ansetzenden Diakonieverständnis des Hilfswerks. Gleichwohl war dem Hilfswerk mit dieser kirchlichen Einbindung zunächst eine starke Position garantiert. Sie war die zentrale Hilfsorganisation der Kirche.

### 1.1.3 Die Konstitution des Centralausschusses der Inneren Mission nach 1945

Um die Situation der Inneren Mission bei Kriegsende zu verstehen, muß man sich deren damalige Struktur vor Augen führen.[22] Die Statuten des Centralausschusses der Inneren Mission von 1849 hatten ursprünglich nur wenige organisatorische Bestimmungen enthalten. Der bis dahin recht unverbindliche Zusammenschluß der einzelnen Anstalten und Verbände intensivierte sich erst mit der Satzung von 1928/29. Seitdem hatte der Centralausschuß als "organische Zusammenfassung aller ihm angeschlossenen Verbände, Anstalten und Einrichtungen der Inneren Mission"[23] körperschaftliche Verfassung. 1939 waren dann wegen des Krieges sämtliche Rechte

---

[20] Amtsblatt der Evangelischen Kirche in Deutschland, 2. Jahrgang, 1948, Teil II, S. 234.

[21] Wischnath, a.a.O., S. 208. Vgl. dazu auch die Ordnung des Hilfswerkes, die am 16. Juni 1948, also einen Monat *vor* der verfassungsgebenden Versammlung der EKD in Eisenach verabschiedet wurde. Dort heißt es lediglich: "Das Hilfswerk...ist eine Einrichtung der Kirche zur Erfüllung ihres diakonischen Auftrages." (Mitteilungen aus dem Hilfswerk, Nr.16/17 (Juli/August 1948), Sp. 293.)

[22] Vgl. zum folgenden besonders: H. Talazko: Neubeginn des Central-Ausschusses für die Innere Mission der Deutschen Evangelischen Kirche nach dem Krieg; in: Th. Schober (Hrsg.): Das Recht im Dienst einer diakonischen Kirche, HbZDK III, Stuttgart 1980, S. 111-119.

[23] Vgl. § 1 der Satzung des Central-Ausschusses von 1928, zit. nach: Talazko, a.a.O., S. 111.

und Pflichten des Hauptausschusses und der Mitgliederversammlung auf den Vorstand übertragen worden. Hauptausschuß und Mitgliederversammlung konnten ihre Arbeit erst auf ihrem Zusammentreffen am 30. September 1948 in Bethel wieder aufnehmen.[24] Bis dahin war faktisch längst eine wesentliche Veränderung im Aufbau der Inneren Mission geschehen: die Trennung in einen ostdeutschen und einen westdeutschen Arbeitsbereich. Bereits seit 1945 existierten zwei getrennte Vorstände in Berlin und Bethel bzw. Bremen. "Diese äußere Trennung der beiden Arbeitsgebiete bei aller inneren Verbundenheit hat sich für eine wirklich sachgemäße und fruchtbare Arbeit immer mehr als zweckmäßig und notwendig erwiesen, da die Möglichkeiten, Arbeitsmethoden und auch die politischen Einflußsphären beider Arbeitsgebiete sehr verschieden sind."[25]

Es ist auch dieser nicht völlig intakten Leitungsstruktur des Centralausschusses zuzurechnen, daß sich das Hilfswerk in einem großen Tempo völlig unabhängig von der Inneren Mission zu einer zweiten und in vieler Hinsicht konkurrierenden diakonischen Organisation entwickeln konnte. Erst 1947 wurde im Rahmen eines kleinen, am Rande einer Geschäftsführerkonferenz der Inneren Mission gebildeten Ausschusses darüber nachgedacht, wie diese neueren Entwicklungen zu beurteilen seien. "Durchaus selbstkritisch fragte der Ausschuß, wie es zur Vorbereitung und Gründung des Hilfswerkes ganz ohne Beteiligung der Inneren Mission kommen konnte, und antwortete mit einem zurückhaltenden Hinweis auf die 'damalige uneinheitliche Zusammensetzung' des Centralausschusses."[26] Daraus ergab sich für den Centralausschuß die dringende Frage, wie das Verhältnis der beiden beschriebenen Konzeptionen von Diakonie in Zukunft zu bestimmen sei. In seiner Sitzung vom 27. Oktober 1947 formulierte der eingesetzte kleine Ausschuß dazu abschließend: "Die Evangelische Kirche kann auf die Dauer nicht, ohne selber Schaden zu erleiden, zwei organisierte Liebestätigkeiten nebeneinander in ihrer Mitte haben. Das Ziel der weiteren Entwicklung kann nur sein, daß Innere Mission und Hilfswerk sich angleichen und organisch verbinden, nicht nur im Bereich der Landeskirchen, sondern auch bei den zentralen Stellen."[27] Mit diesem Leitsatz ist von seiten des Centralausschusses der Weg und das Problem beschrieben, mit dem sich die westdeutsche evangelische Diakonie in ihrer Entwicklung in den kommenden drei Jahrzehnten auseinanderzusetzen hatte.

### 1.1.4 Der Fusionsprozeß von Hilfswerk und Innerer Mission

Ein erster Schritt auf dem Wege zur Fusion war die Definition des Verhältnisses von Innerer Mission und Hilfswerk sowie deren Relation zur Kirche. Diese Zuordnung geschah im Rahmen der verfassungsgebenden Kirchenversammlung in Eisenach im

---

[24] Vgl. Talazko, a.a.O., S. 118.

[25] Aus dem Bericht des Centralausschusses West auf der EKD-Synode 1951 in Hamburg, zit. nach: H. Talazko: 45 Jahre Diakonie Evangelischer Kirchen in Ost- und Westdeutschland. Stationen des Mit- und des Nebeneinander, in: Diakonie 16 (1990), Sondernummer: Das gemeinsame Haus der Diakonie. Bewährtes behalten - Neues gestalten, S. 71.

[26] J.M. Wischnath: Kirche in Aktion, S. 191.

[27] Vgl. Leitsätze zum Thema "Innere Mission und Hilfswerk", zit. nach: J.M. Wischnath, a.a.O., S. 192.

Juli 1948. Die in Art. 15 festgehaltene Kompromißformel beschreibt jedoch eher das Problem, als daß es dieses löst. Dort heißt es im ersten Absatz: "Die Evangelische Kirche in Deutschland und ihre Gliedkirchen sind berufen, Christi Liebe in Wort und Tat zu verkündigen. Diese Liebe ... gewinnt in besonderer Weise Gestalt im Diakonat der Kirche; demgemäß sind die diakonisch-missionarischen Werke Wesens- und Lebensäußerung der Kirche."[28] Die Formulierung "Diakonat der Kirche" in der ersten Hälfte des zweiten Satzes war Resultat zäher Bemühungen von seiten des Hilfswerkes.[29] Sie unterstreicht gegen den "erbitterten Widerstand" der Inneren Mission die Untrennbarkeit von Kirche und Diakonie.[30]

Demgegenüber äußerte der Centralausschuß der Inneren Mission: "Der neue Begriff 'Diakonat der Kirche' sei mißverständlich, wenn nicht zweifelsfrei geklärt werde, daß damit die gesamte evangelische Liebestätigkeit und die Gesamtheit ihrer diakonischen und missionarischen Aufgaben gemeint sei."[31] Deshalb wurde von seiten der Inneren Mission die Erläuterung durch die zweite Hälfte des zweiten Satzes für unverzichtbar gehalten. Damit werden einerseits die diakonischen Werke (im Plural!) der Kirche als "Wesens- und Lebensäußerung" zugeordnet und andererseits wird der für die Innere Mission wichtige Zusammenhang von Diakonie und Mission festgeschrieben.

Bei den Verhandlungen um diese Kompromißformel zeigte sich jedoch, daß eine Einigung zwischen den verschiedenen Positionen von Hilfswerk und Innerer Mission nur schwer zu erreichen war. Erst in einem letzten Versuch konnte eine einheitliche Formulierung gefunden werden, die dann der Kirchenkonferenz vorgelegt und von ihr verabschiedet wurde. Speziell das Kirchliche Hilfswerk konnte seine Position nur mit größter Mühe durchsetzen. Die Frage war im folgenden, wie sich auf Grundlage der in Artikel 15 festgehaltenen Formulierung die weitere Entwicklung der beiden diakonischen Dachverbände gestalten würde.

Eine entscheidende Schwächung der Position des Hilfswerkes resultierte aus der Währungsreform vom Juni 1948. Das Hilfswerk konnte sich bei der Vertretung seiner Interessen nun nicht mehr auf seine vermeintlich stärkere wirtschaftliche Stellung zurückziehen. Es galt stattdessen, vor allem die ständigen Finanzierungsschwierigkeiten in irgendeiner Weise zu bewältigen. Hauptproblem war, daß sich seit der Währungsreform die vormals erheblichen Einnahmen des Hilfswerkes aus Spendenmitteln auf etwa 1 % der Geldeingänge reduzierten. Damit war der wesentlich aus diesen Spenden mitfinanzierte Organisationsapparat des Hilfswerkes nicht mehr zu unterhalten. Auch die innerhalb und außerhalb des Hilfswerkes kritisierte Selbstfinanzierung des Hilfswerks durch eigene Wirtschaftsbetriebe versprach keine grundsätzliche Veränderung mehr. Die in der sogenannten "Veredelungswirtschaft GmbH" zusammengefaßten wirtschaftlichen Aktivitäten des Hilfswerkes gerieten aus ökonomischen und inhaltlichen Gründen stark unter Beschuß. "Die allgemeine Verbesserung der wirtschaftlichen Lage in Westdeutschland, die Finanzierungsprobleme des Hilfswerkes und die Tatsache, daß nach der vorläufigen seine endgültige

---

[28] Amtsblatt der Evangelischen Kirche in Deutschland, 2. Jahrgang, 1948, Teil II., S. 234f.
[29] Vgl. Wischnath: Kirche in Aktion, S. 206.
[30] So formuliert in einem Brief Ernst Bergers, des Hauptgeschäftsführers des Hilfswerkes, an Volkmar Herntrich, zit. nach: Wischnath, a.a.O., S. 206.
[31] Wischnath, a.a.O., S. 205.

Ordnung noch ausstand, führten dazu, daß im Laufe des Jahres 1949 die Zukunft des Hilfswerkes immer wieder zur Sprache kam."[32]

Wohl wichtigster Punkt der Überlegungen zur zukünftigen Beschaffenheit der Diakonie war seit dem Frühjahr 1950 die Bildung eines "Diakonischen Beirates", dessen Aufgabe zunächst die Koordinierung und schließlich die Zusammenführung der beiden diakonischen Dachverbände sein sollte. Die Einrichtung dieses Beirates wurde durch Kirchengesetz vom 5. April 1951 beschlossen. Ihm gehörten an: sechs Vertreter der Inneren Mission, sechs Vertreter des Hilfswerkes und drei Vertreter des Rates der EKD sowie drei weitere in der diakonischen Arbeit bewährte Gemeindeglieder. Damit war das für die Herbeiführung der Fusion von frei organisierter und kirchlich gebundener Diakonie entscheidende Gremium konstituiert.

Sowohl Hilfswerk als auch Innere Mission verstanden diesen Beschluß zunächst nicht im Sinne einer anstehenden Veränderung der eigenen Strukturen. Von seiten des Hilfswerkes wurde der Diakonische Beirat lediglich als Koordinationsgremium aufgefaßt. So meinte Paul Collmer, Hauptgeschäftsführer im Zentralbüro des Hilfswerkes: "Es geht um eine mögliche Koordination und Kooperation, aber nicht um eine Vereinigung. Man wird von vornherein den Versuch aufgeben müssen, die rechtlichen und historischen Verschiedenheiten in eine organisatorische Einheit auflösen zu wollen."[33] Und auch von seiten des Centralausschusses fühlte man sich in seinem derzeitigen Status bestätigt. So erklärte Hanns Lilje als Präsident des Centralausschusses seinem Vorstand: "Der Inneren Mission sei ihr freier Status belassen worden und die Versuche in Richtung einer Verbehördlichung könnten als erledigt angesehen werden."[34]

Volkmar Herntrich wurde als Vertreter des Rates der EKD auf der ersten Sitzung zum Vorsitzenden des Diakonischen Beirates gewählt. Es ist unter anderem seiner Entschlossenheit zur Fusion zu verdanken, daß der Diakonische Beirat trotz der Zurückhaltung beider Parteien seine eigentliche Aufgabe, zwischen den beiden Werken eine Vereinigung herbeizuführen, 1953 endlich anging.[35]

Bei den allmählich in Gang kommenden Fusionsverhandlungen trat als entscheidende Frage die Suche nach einer den verschiedenen Konzeptionen und Interessen entsprechenden Rechts- und Organisationsform ins Zentrum. Es ging um das Problem, wie man einerseits, dem bisherigen Status des Hilfswerks entsprechend, die kirchliche Bindung und andererseits, gemäß den Vorstellungen der Inneren Mission, die Unabhängigkeit der Arbeit garantieren könne. Vom Diakonischen Beirat wurde zunächst die Schaffung einer Stiftung "Innere Mission und Hilfswerk der EKD" unter Trägerschaft von EKD, Gliedkirchen und Centralausschuß beschlossen.[36] Dieses Konzept versuchte unter Vermeidung der Vereinsform relative Unabhängigkeit bei zugleich eindeutig kirchlicher Bindung zu gewährleisten. Die Organe von Hilfswerk und Innerer Mission sollten innerhalb der Stiftung weiterbestehen.

Dieser Plan scheiterte jedoch, weil bei der Rechtsform einer Stiftung die Bedenken gegen die damit verbundene staatliche Aufsicht zu groß waren. Zum Alternativ-

---

[32] Wischnath, a.a.O., S. 240.
[33] P. Collmer: Das neue Hilfswerk-Gesetz und der diakonische Beirat; in: Das Hilfswerk, Nr. 50, Mai 1951, S. 11, zitiert nach Wischnath: Kirche in Aktion, S. 321.
[34] Niederschrift der Sitzung vom 28. Mai 1951, zit. nach: J. M. Wischnath: Kirche in Aktion, S. 321.
[35] Vgl. Wischnath, a.a.O., S. 323 ff.
[36] Wischnath, a.a.O., S. 336 ff.

vorschlag entwickelte sich stattdessen die Bildung einer Gesellschaft bürgerlichen Rechts.[37] Dabei war jedoch die Frage, ob der Vertragspartner des Centralausschusses bei Abschluß des Fusionsvertrages das Hilfswerk der EKD oder die EKD selbst sei.[38] Erstes entsprach den Interessen des Hilfswerkes, weil es den Bestand der eigenen Organe garantiert hätte. Die Innere Mission lehnte jedoch schon eine Diskussion dieses Vorschlags ab und legte einen Alternativentwurf für ein Kirchengesetz vor, der einen Vertragsabschluß zwischen Centralausschuß und EKD sowie den Übergang sämtlicher Rechte und Pflichten des Hilfswerkes auf das neu zu errichtende Werk vorsah. Der Diakonische Beirat nahm diesen Entwurf schließlich im Herbst 1956 an. Die Belange des Hilfswerks schienen damit bei den Fusionsverhandlungen so wenig berücksichtigt, daß Otto Dibelius im November 1956 die Verhandlungsergebnisse in einer Denkschrift einer vernichtenden Kritik unterzog. Dibelius beurteilte darin die Resultate als eine "Vereinnahmung des Hilfswerks in die Innere Mission" sowie als "Einebnung eines neuen, zwar bescheidenen, aber immerhin spürbaren diakonischen Willens der Gemeinden in den ruhigen Geschäftsgang einer zentralen Verwaltung".[39]

Aber weder dieses Memorandum noch andere kritische Stellungnahmen konnten verhindern, daß der Entwurf des Diakonischen Beirates auf der EKD-Synode im März 1957 mit geringen Modifikationen als "Ordnung" des neuen Werkes "Innere Mission und Hilfswerk der evangelischen Kirche in Deutschland" verabschiedet wurde. "Als der Centralausschuß und das Zentralbüro im Jahre 1957 endlich zusammengeschlossen werden konnten, war aus der Inneren Mission die stärkere Kraft geworden."[40]

### 1.1.5 Diakonie in oder neben der Kirche?

Diese kurze geschichtliche Darstellung konzentrierte sich nur auf die wichtigsten Gesichtspunkte und Weichenstellungen bis zum Jahr 1957. Damit waren längst nicht alle Probleme der Zusammenführung gelöst. Es dauerte noch fast 20 Jahre, bis das fusionierte Werk 1976 die endgültige Verschmelzung all seiner Einrichtungen in einer Gesamtinstitution "Diakonisches Werk der EKD" feiern konnte. Damit wurde der in der ersten Ordnung des Werkes von 1957 gesetzte, ultimative Zeitrahmen von zwei Jahrzehnten fast völlig ausgeschöpft. Besondere Schwierigkeiten bereitete vor allem die nun endgültig zu bestimmende Satzung des Werkes. "Die Zahl von 9 Entwürfen deutet an, daß auf dem Weg zu einer neuen Satzung Probleme zu lösen waren. Eine der wichtigsten Fragen war die der Rechtsform des neuen Werkes. Die Entscheidung fiel für den Status eines eingetragenen Vereins, weil in dieser Rechtsgestalt die verschiedenen Aufgaben des Werkes am ehesten zu erfüllen sind."[41]

Die juristische Organisationsform des Vereins integrierte folgende Interessenfaktoren:

---

[37] Vgl. Wischnath, a.a.O., S. 339 f.
[38] Vgl. Wischnath, a.a.O., S. 345 f.
[39] Otto Dibelius, zit. nach J.M. Wischnath: Kirche in Aktion, S. 357.
[40] Wischnath, a.a.O., S. 375.
[41] J. Schröder: Arbeit und Bedeutung der Diakonischen Konferenz; in: Th. Schober (Hrsg.): Das Recht im Dienst einer diakonischen Kirche, HbZDK III, Stuttgart 1980, S. 122.

1. die Stellung des Diakonischen Werkes als Spitzenverband der Freien Wohlfahrtspflege,
2. die innerhalb der Diakonie besonders intensive Mitarbeit der Freikirchen,
3. die Gewährung des großen Gestaltungsfreiraums, der sich mit dem Vereinsrecht verbindet,
4. die Möglichkeit, diesen eingetragenen Verein der verfaßten Kirche kirchenrechtlich eindeutig zuzuordnen.[42]

Besonders der letzte Punkt war nicht nur inhaltliches Anliegen einer möglichst engen Verbindung von Diakonie und Kirche, sondern auch eine formale Bedingung der Eintragung ins Vereinsregister von seiten des Registergerichtes. Für das Registergericht waren die der EKD in der Satzung zugesprochenen besonderen Rechte nämlich nur durch die komplizierte juristische Konstruktion einer Mitgliedschaft der EKD innerhalb des Diakonischen Werkes akzeptabel. Die Verbindung der EKD zum Diakonischen Werk wird damit durch den Beitritt der EKD zum Diakonischen Werk als besonders privilegiertes Vereinsmitglied sichergestellt.

Die besonderen Rechte der EKD waren laut der am 26. März 1976 beschlossenen Satzung folgende: Entsendung von 10 Vertretern in die Diakonische Konferenz (§ 8, Abs. 1); der Vertreter des Rates der EKD ist geborenes Mitglied des Diakonischen Rates (§ 11, Abs. 1, Satz 2); Abstimmung von Erklärungen des Diakonischen Rates mit dem Rat der EKD (§ 12, Abs. 2); Vorlage des Wirtschaftsplanes des Diakonischen Werkes bei der EKD vor der Zuleitung an den Diakonischen Rat zur Ermittlung des EKD-Zuschusses (§ 16, Abs. 2); Berichts- und Auskunftspflicht des Werkes gegenüber dem Rat der EKD und Arbeitsbericht auf jeder ordentlichen Synode (§ 17, Abs. 1); Zustimmung des Rates der EKD vor der Übernahme neuer Arbeitsbereiche (§ 17, Abs. 2); Beteiligung des Rates der EKD an Planungen, die die EKD zusätzlich erheblich belasten könnten (§ 17, Abs. 3); unverzügliche Vorlage von Satzungsänderungen beim Rat der EKD (§ 18, Abs. 1) und notwendige Zustimmung der EKD zu satzungsändernden Beschlüssen (§ 18, Abs. 3).[43] Mit dieser gegenseitigen Verschränkung wurde die Verbindung von EKD und Diakonischem Werk also in komplizierter Weise hergestellt. Einerseits hat sich die EKD das Diakonische Werk kraft Kirchenrecht mit Gesetz vom 6. November 1975 als Werk der Kirche zugeordnet, andererseits hat der eingetragene Verein Diakonisches Werk durch seine in der Satzung formulierten Verknüpfungen mit der EKD eine Selbstbindung an die Kirche vorgenommen.

Betrachtet man diesen komplizierten Fusions- und Relationierungsprozeß von Innerer Mission, Kirchlichem Hilfswerk und EKD, so fällt auf, daß der Versuch einer gegenseitigen integrativen Zuordnung von Diakonie und Kirche nur unter größten Schwierigkeiten zu erreichen war. Die viel zitierte Schlüsselformel des Artikels 15 der Grundordnung der EKD ist ein gerade noch zustande gebrachter Kompromiß zwischen zwei grundverschiedenen Auffassungen von Diakonie, einer eindeutig in der Kirche verorteten, zentral organisierten, und einer neben der Kirche arbeitenden, dezentral organisierten, pluralen Form. Artikel 15 markiert deshalb nicht nur, wie meist allzu selbstverständlich angenommen wird, die Identität von Diakonie und Kirche, sondern er bezeichnet vor allem auch das Problem von deren gegenseitiger

---

[42] Vgl. J. Schröder, a.a.O., S. 122 f.
[43] Vgl. dazu J. Schröder, a.a.O., S. 125.

Zuordnung sowie die Schwierigkeit einer einheitlichen Gesamtdefinition der beiden verschiedenen diakonischen Konzepte.

Bei den an die Formulierungen des Artikels 15 anknüpfenden Fusionsbemühungen hat sich das Diakonische Werk in Vereinsform, also in einer von der verfaßten Kirche unterschiedenen Rechtsform etabliert. Der Versuch einer völligen organisatorischen Integration der Diakonie in die Kirche, etwa nach dem Muster des Kirchlichen Hilfswerkes, ließ sich nicht realisieren. Obwohl einerseits eindeutig kirchlich zugeordnet, überwog bei der Konstituierung der Diakonie in ihrer aktuellen Erscheinungsform doch das Konzept des neben der Kirche verorteten, freien Verbandsprinzips. "Die Eigendynamik des Sachbereichs Wohlfahrtspflege führte ... nach Überwindung der Nachkriegsnot wenigstens auf karitativem Sektor zu einem Wiedererstarken des freien Verbandsprinzips, wie es sich mit der Zusammenlegung von Hilfswerk und Innerer Mission zum 'Diakonischen Werk der EKD' inzwischen erneut durchgesetzt hat."[44] Grund für diese Durchsetzung der freieren Organisationsform als Verein neben der verfaßten Kirche war einerseits die schwindende Position des Hilfswerkes in den 50er Jahren. Andererseits war aber ein weiterer wesentlicher Faktor die Integration der Diakonie in das System der staatlichen Sozialversorgung durch die Sozialgesetzgebung von 1960/61. Die Stellung der Diakonie als Spitzenverband der Freien Wohlfahrtspflege förderte zusätzlich die Entwicklung einer von der verfaßten Kirche relativ freien Organisation. Die organisationsrechtliche Verbindung von Kirche und Diakonie mußte dann 1975/76 im Kontext dieser Einbindung in das soziale Hilfesystem in komplizierten juristischen Konstruktionen durch das Kirchengesetz der EKD und die Satzung des Diakonischen Werkes mühsam definiert werden.

Der gegenseitige Zusammenhang von verfaßter Kirche und Diakonischem Werk der EKD ist deshalb nicht, wie oft allzu selbstverständlich gemeint wird, ein von vornherein gegebener, sondern ein im Spannungsfeld kirchlicher und außerkirchlicher Einflüsse mühsam konstruierter. Reinhard K. W. Schmidt hat das Ergebnis dieser Entwicklung der Diakonie in seiner Untersuchung zur Systemgeschichte des Diakonischen Werkes als "kirchliche Zweitstruktur" bezeichnet. Angesichts solcher Entwicklungen hält Schmidt die Zeit für grundsätzliche theologische Überlegungen zum Verhältnis von Diakonie und Kirche sowie zum Verhältnis der Diakonie zu Staat und Gesellschaft für gekommen. "Denn in einer Situation, in der die Diakonie der Kirche als ein Sozialsystem der öffentlichen Wohlfahrt fungiert und als 'Diakonisches Werk' der Kirche von einem eingespielten Konsens in Staat und Gesellschaft lebt, ist besondere theologische Aufmerksamkeit vonnöten. Die Funktionen und Folgen eines spezifischen Sozialsystems Diakonie neben oder außerhalb der Kirche, seine Existenz als kirchliche Zweitstruktur werfen Probleme auf, die das Selbstverständnis der Diakonie als tätige Nächstenliebe berühren und das Thema der sozialen Konstitution von Kirche und Christentum nachhaltig zur Geltung bringen."[45]

Neben der Relation zur Kirche muß deshalb im folgenden auch der Einbindung der Diakonie ins System der staatlichen Sozialhilfe im Kontext der freien Wohlfahrtspflege besondere Aufmerksamkeit gelten. Dabei wird sich zeigen, daß Diako-

---

[44] J.-Chr. Kaiser: Sozialer Protestantismus im 20. Jahrhundert, S. 452 f.
[45] R.K.W. Schmidt: Zur Konstruktion von Sozialität durch Diakonie. Eine Untersuchung zur Systemgeschichte des Diakonischen Werkes; Frankfurt/Main und München 1976, S. 9.

nie in ihrer aktuellen Form theologisch nicht nur in ihrer komplizierten Verbindung zur Kirche, sondern auch von ihrer institutionellen Einbindung in das sozialstaatliche Hilfesystem der westdeutschen Gesellschaft her verstanden werden muß.

## 1.2 Die Integration des Diakonischen Werkes der EKD in das staatliche Sozialhilfesystem in den 60er Jahren

### 1.2.1 Die Sozialgesetzgebung der BRD 1960/61

Die Grundlagen der Arbeit der freien Wohlfahrtspflege und damit auch des Diakonischen Werkes im Rahmen des sozialstaatlichen Hilfesystems wurden mit der Sozialgesetzgebung der BRD von 1960/61 definiert. In diese Sozialgesetzgebung ist die evangelische Diakonie, aber auch die katholische Caritas, nicht einfach integriert worden. Das Diakonische Werk und der Deutsche Caritasverband hatten bereits im Vorfeld der Verabschiedung dieser Gesetze Möglichkeiten zur Einflußnahme. Denn die beiden großen kirchlichen Werke sind, neben anderen Wohlfahrtsverbänden, bereits zu den beiden ersten Referentenentwürfen des Innenministeriums von 1958/59 um Stellungnahme gebeten worden. Speziell von seiten der Caritas wurde dabei eine grundsätzliche Kritik am zweiten Gesetzesentwurf geäußert: "Insbesondere wurde verlangt, den freien Sozialleistungsträgern einen gesetzlichen *Vorrang* bei der Durchführung personaler Hilfen einzuräumen."[46] Die prinzipielle Vorrangigkeit vor den staatlichen Sozialleistungen wurde mit Hilfe des aus der katholischen Soziallehre stammenden Prinzips der *Subsidiarität* begründet. Da dieses Prinzip bei der Bestimmung des Verhältnisses der diakonischen zur staatlichen Hilfe entscheidend war, seien dessen Grundzüge kurz dargestellt.

Das Prinzip wurde 1931 in der päpstlichen Sozialenzyklika "Quadrogesimo anno", also 40 Jahre nach der ersten Sozialenzyklika Leos XIII, formuliert: "Wenn es nämlich auch zutrifft, wie ja die Geschichte deutlich bestätigt, daß unter den veränderten Verhältnissen manche Aufgaben, die früher leicht von kleineren Gemeinwesen geleistet wurden, nur mehr von großen bewältigt werden können, so muß doch alle Zeit unverrückbar jener höchst gewichtige sozialphilosophische Grundsatz festgehalten werden, an dem nicht zu rütteln noch zu deuten ist: wie dasjenige, was der Einzelmensch aus eigener Initiative und mit seinen eigenen Kräften leisten kann, ihm nicht entzogen werden kann und der Gesellschaftstätigkeit zugewiesen werden darf, so verstößt es gegen die Gerechtigkeit, das, was die kleineren und untergeordneten Gemeinwesen leisten und zum guten Ende führen können, für die weitere und übergeordnete Gemeinschaft in Anspruch zu nehmen; zugleich ist es überaus nachteilig und verwirrt die ganze Gesellschaftsordnung. Jedwede Gesellschaft ist ja ihrem

---

[46] Ö. Foss: Die Diakonie der evangelischen Kirche und die Sozialgesetzgebung der Bundesrepublik Deutschland 1960/61, Heidelberg 1985, S. 17, mit Bezug auf die Stellungnahme des Katholischen Büros zu der neuen Gesetzgebung vom 28.4.1959, Schreiben an das Bundesministerium des Inneren, z.Hd. Herrn Ministerialdirektor Duntze, Hervorhebung D.S..

Wesen nach subsidiär; sie soll die Glieder des Sozialkörpers unterstützen, darf sie aber niemals zerschlagen oder aufsaugen."[47]

Dieser "sozialphilosophische Grundsatz" wird nun von seiten der katholischen Caritas für die Regelung des Verhältnisses der kirchlichen diakonischen Arbeit zum Sozialstaat eingebracht. Die Priorität diakonischer *vor* staatlicher Hilfeleistung wird aus der These abgeleitet, daß "das, was die kleineren und untergeordneten Gemeinwesen", also Diakonie und Caritas, an Hilfe leisten können, *vor* der Hilfe der "weiteren und übergeordneten Gemeinschaft", also des Sozialstaates, zu berücksichtigen ist. Diese Argumentation konnte sich auf die bereits im Reichsjugendwohlfahrtsgesetz von 1922 und in den sogenannten Fürsorgepflichtverordnungen festgelegten Regelungen beziehen. "Die Kommunen und Fürsorgeverbände der Länder sollten danach keine neuen Einrichtungen gründen, wenn solche in ausreichender Zahl seitens der anerkannten freien Wohlfahrtsverbände zur Verfügung standen."[48]

Oswald von Nell-Breuning, einer der Mitverfasser und maßgeblicher Interpret der Sozialenzyklika von 1931, hat einerseits die entscheidende Rolle dieses Prinzips für die sozialpolitische Diskussion betont, andererseits aber auf ein gängiges Mißverständnis hingewiesen. Die allzu schematische Übernahme des Prinzips für aktuelle politische Diskussionen verflacht nämlich den eigentlichen Sinn des Grundsatzes:

"*Ein* Lehrstück dieses Abschnittes von QA jedoch, nämlich das *Subsidiaritätsprinzip* wird in den seitherigen lehramtlichen Dokumenten fast bis zur Ermüdung immer wieder herangezogen und eingeschärft und spielt auch in der öffentlichen Diskussion eine überragende Rolle, wobei es allerdings auch nicht bloß von Außenstehenden, sondern auch von katholischen Autoren vielfach so verstanden wird, daß sein Sinn in QA nahezu umgekehrt wird. Das Prinzip handelt von der *Hilfe*, die das Gemeinwesen seinen Gliedern schuldet (subsidium = Hilfeleistung, subsidiarum officium = Pflicht zur Hilfeleistung). Die beste (Gemeinschafts-)Hilfe ist die Hilfe zur *Selbsthilfe*. Alle Hilfe ... soll diesen die eigene Entfaltung durch Regen ihrer *eigenen* Kräfte möglich machen, erleichtern, fördern. Das und nichts anderes fordert das Prinzip der Subsidiarität. Wer stattdessen mit seiner Hilfe sich an die Stelle dessen setzt, dem geholfen werden soll, hilft ihm in Wahrheit nicht, sondern hält ihn in Unmündigkeit und Unselbständigkeit, indem er ihn am Regen der eigenen Kräfte hindert; das ist das genaue Gegenteil von Hilfe und verstößt darum gegen das Prinzip."[49]

Es ist also gerade nicht im eigentlichen Sinne des Subsidiaritätsprinzips, wenn man es in der Diskussion um die feste Etablierung der Diakonie innerhalb der Rangordnung des sozialstaatlichen Hilfesystems als Ordnungsprinzip einführt, auch wenn hier die Vorrangigkeit des "kleineren und untergeordneten Gemeinwesens" festgehalten wird. Den eigentlichen Sinn dieses katholischen Prinzips gemäß der Interpretation von Nell-Breuning trifft eigentlich erst das Zusammenspiel von Hilfe des kleine-

---

[47] Quadrogesimo anno (Pius XI, 1931), im folgenden abgekürzt: QA; Punkt 79; in: Texte zur katholischen Soziallehre, hrsg. v. Bundesverband der katholischen Arbeitnehmerbewegung, 3. Aufl. Kevelaer 1976, S. 120f.

[48] J.-Chr. Kaiser: Die Innere Mission in der Weimarer Republik; in: Schick, Seibert, Spiegel (Hrsg.): Diakonie und Sozialstaat, S. 82.

[49] O. v. Nell-Breuning: Soziallehre der Kirche. Erläuterungen der lehramtlichen Dokumente, hrsg. v. der katholischen Sozialakademie Österreichs; Wien 1977, S. 52 f, Hervorhebungen von Nell-Breuning.

ren Gemeinwesens und Einzelhilfe. Personaler und gesellschaftlich-sozialer Aspekt müssen hier zusammen gesehen werden. Eine Hierarchisierung der Hilfeleistung, die schematisch die *kleinere, kirchliche* der größeren, *staatlichen* Organisation vorordnen möchte, berücksichtigt also nicht angemessen, daß diese gegenseitige Zuordnung auf die individuelle Hilfeleistung gegenüber dem einzelnen hinzielt. Die von seiten der Caritas hervorgehobene *Verpflichtung* gegenüber dem Sozialstaat zur vorrangigen Hilfeleistung gemäß dem Subsidiaritätsprinzip steht damit in einer Spannung zur Verpflichtung zur individuellen Hilfe gegenüber dem einzelnen. Diese Diskrepanz ist deshalb auch von seiten des Diakonischen Werkes gegen den katholischen Vorschlag eingebracht worden. Gegen die Vertreter der Caritas heißt es: "In ihrer Stellungnahme wünschen sie die vorrangige Einschaltung der freien Träger bei der Gewährung personaler Hilfen. So sehr wir für diesen Grundsatz Verständnis haben, so scheint es uns doch bedenklich, im Zusammenhang des Sozialhilfegesetzes diese Aufgabe den Trägern der freien Verbände gesetzlich aufzutragen. Die um der Liebesübung willen notwendige Freiheit der Diakonie sollte nicht dadurch beeinträchtigt werden, daß sie - was bei vorrangiger Einschaltung in den Vollzug eines Rechtsanspruchs vor anderen, insbesondere kommunalen Rechtsträgern, unausweichlich wäre - in doppelter Weise, sowohl von staatlichen Instanzen und Gerichten wie auch von anspruchsberechtigten einzelnen rechtlich abhängig gemacht wird."[50]

Gegenüber dem katholischen sozialethischen Subsidiaritätsprinzip wurde damit von evangelischer Seite - übrigens völlig kongruent zum Text der Sozialgesetze - die unbedingte Verpflichtung der Diakonie gegenüber dem einzelnen Hilfebedürftigen betont.[51] "Einen Vorrang habe nur der Hilfesuchende in seiner Wahlentscheidung, weder dem freien Verband noch dem kommunalen Träger komme in diesem Zusammenhang ein Vorrang zu."[52] Diese Position der Skepsis gegenüber einer durch die Sozialgesetzgebung fixierten sozialstaatlichen Verpflichtung der Diakonie wurde jedoch nicht konsequent durchgehalten. Die Diskrepanz von Verpflichtung gegenüber der hilfebedürftigen Einzelperson und gegenüber dem Sozialstaat wurde nicht weiter thematisiert. Statt einer "Vorrangigkeit" kirchlicher Diakonie gegenüber den Hilfeleistungen von Staat, Land und Kommune wurde auf evangelischer Seite dieses Verhältnis mit den unpräzisen Begriffen "Partnerschaft" bzw. "Zusammenarbeit" beschrieben. Eindeutig theologisch geprägte Termini und Konzepte vermißt man hier.

Trotz der Bedenken von seiten der evangelischen Diakonie setzte sich im weiteren Verlauf das Prinzip der Vorrangigkeit der freien Träger, also die von katholischer Seite favorisierte Auffassung, durch. Es wäre angesichts des Erfolgs des "katholischen" Konzeptes jedoch nicht zutreffend, von einer mangelnden Durchsetzung der evangelischen Ansichten zu sprechen. Denn bereits in den Vorgesprächen zu den Gesetzesentwürfen scheint die Stellung der evangelischen Diakonie zum

---

[50] Stellungnahme der Hauptgeschäftsstelle der Inneren Mission und des Hilfswerks zu den Forderungen des katholischen Büros vom 28.04.1959, zit. nach: Ö. Foss: Die Diakonie der evangelischen Kirche und die Sozialgesetzgebung der Bundesrepublik Deutschland 1960/61, S. 21.

[51] Zur Zentrierung des bundesdeutschen Hilfesystems auf den Hilfebedürftigen vgl.: Das sogenannte Dreiecksverhältnis zwischen Sozialhilfeträger, Sozialempfänger, Einrichtungsträger, hrsg. v. Vorstand evangelischer Einrichtungen für geistig und seelisch Behinderte e.V.; Stuttgart 1987.

[52] Ö. Foss, a.a.O., S. 67, mit Bezug auf Paul Collmers Stellungnahme zu § 10,4 des Bundessozialhilfegesetzes; vgl. ders.: Das Bundessozialhilfegesetz und unsere Arbeit; in: Evangelische Stimmen zum Bundessozialhilfesetz und Jugendwohlfahrtsgesetz; Stuttgart 1962, S. 166.

Prinzip der Vorrangigkeit trotz der Befürchtung von Abhängigkeiten gegenüber dem Staat ambivalent gewesen zu sein. "In der Argumentation Collmers (des damaligen Vizepräsidenten des Diakonischen Werkes, D.S.), sowohl im Dialog mit den katholischen Vertretern als auch vor dem Bundestagsausschuß vom Juni 1960, spürt man eine inhaltliche Inkonsequenz. Es ist nur schwer zu übersehen, daß Collmer de facto und de iure eigentlich für das Subsidiaritätsprinzip plädierte, ohne eine theologische Begründung zu geben. In der gleichen Weise argumentierten Prälat Kunst, Bevollmächtigter des Rates der EKD am Sitz der Bundesregierung, und Oberkirchenrat Ranke, Referent der Kirchenkanzlei der EKD in Bonn. Man sprach von Partnerschaft, wollte aber unbedingt eine Nachrangigkeit der öffentlichen Fürsorge bejahen. 'Wir haben unsere Vorschläge anders begründet als die Katholiken', betonte Kunst, 'aber im abschließenden Urteil über den Regierungsentwurf unterschieden uns nur Nuancen und Akzente'."[53]

Es gab offensichtlich kein evangelisches sozialethisches Prinzip, auf das man sich hier von seiten der evangelischen Diakonie bei der grundlegenden Verhältnisbestimmung von Diakonie und Sozialstaat beziehen konnte. Auch das Konzept des Kirchlichen Hilfswerks der "Hilfe zur Selbsthilfe" [54] wurde nicht grundlegend herangezogen. Stattdessen gab bei den Überlegungen zum Verhältnis von staatlicher und diakonischer Hilfe trotz gewisser Bedenken letztlich die Hauptorientierung das von katholischer Seite eingebrachte Subsidiaritätsprinzip ab, und zwar in einer Version, die zu einseitig das Verhältnis der Diakonie zum Staat hervorhob. Es sei jedoch ausdrücklich darauf hingewiesen, daß das Subsidiaritätsprinzip, obwohl es sicher in den Verhandlungen entscheidend war, nicht explizit in die Gesetzestexte aufgenommen wurde. Vielmehr wird in § 10 Abs. 4 des Bundessozialhilfegesetzes nur vorsichtig formuliert, daß die Träger der öffentlichen Sozialhilfe von eigenen Maßnahmen absehen sollen, sofern die Hilfe bereits durch Träger der freien Wohlfahrtspflege gewährleistet ist. Solche freien Hilfeinitiativen sollen zunächst angemessen unterstützt werden. Damit bezieht man sich auf bisher bewährte Formen der Zusammenarbeit. Eine gewisse Nachrangigkeit der öffentlichen Sozialhilfe ist jedoch insofern gesetzlich festgelegt, als diese nur dann greifen soll, wenn die Hilfe der freien Verbände nicht ausreicht oder nicht ausreichend geschaffen werden kann.

Damit war die feste Einbindung diakonischer Arbeit in das Sozialhilfesystem der Bundesrepublik garantiert. Der exakte Status der Diakonie bedurfte jedoch noch einer präziseren Klärung.

---

[53] Ö. Foss, a.a.O., S. 39, bezogen auf einen Brief des Prälaten Kunst an P. Collmer vom 28.2.1961.

[54] Vgl. dazu R.K.W. Schmidt: Zur Konstruktion von Sozialität durch Diakonie, dort den Abschnitt: "Die Generalisierung des Handelns durch das Hilfswerk: Hilfe zur Selbsthilfe"; a.a.O., S. 13-15, sowie H. Rudolph: Evangelische Kirche und Vertriebene 1945 bis 1972; Bd. 1, Göttingen 1984; S. 32-37.

## 1.2.2 Die Präzisierung des Status der Diakonie durch die Rechtsprechung des Bundesverfassungsgerichtes[55]

Im Anschluß an die Bestimmungen der Sozialgesetzgebung kam es zu einigen charakteristischen Rechtsstreitigkeiten, die das Verhältnis der Diakonie zum Sozialstaat und zur Kirche, aber auch zu anderen gesellschaftlichen Organisationen (andere freie Wohlfahrtsverbände, Gewerkschaften, freie Unternehmen etc.) interpretierten und damit präzise definierten. Besonders die Entscheidungen des Bundesverfassungsgerichtes in den Jahren seit 1966 haben hier grundlegende Bedeutung.[56]

Ein erster Streitpunkt war die prinzipielle verfassungsrechtliche Zuordnung der Diakonie zur verfaßten Kirche (vgl. Kap. 1.1). Im sogenannten "Lumpensammler-Fall" ging es um eine Sammlung des Vereins der katholischen Landjugend. Die veranstaltete Sammlung wurde erstens vom BVerfG als Religionsausübung angesehen und damit unter den in Art. 4 des Grundgesetzes garantierten Schutz gestellt. Zweitens wurde auch der Verein selbst wegen seiner Nähe zur verfaßten Kirche als Träger des Grundrechtes der Religionsfreiheit angesehen.[57] Die Begründung bezieht sich dabei explizit auf das kirchliche Selbstverständnis, demzufolge Diakonie eine wesentliche Äußerung des christlichen Glaubens ist.[58]

Die von Kirche und Diakonie mühsam definierte Verbindung der diakonischen Arbeit zur Kirche wird damit von juristischer Seite grundsätzlich anerkannt. Das gilt auch für diejenigen Vereine, die der verfaßten Kirche nur sehr peripher verbunden sind. Die fehlende organisatorische Einbindung in die katholische Kirche wird durch die personellen und ideellen Verbindungen aufgehoben: "Die Bf. (Beschwerdeführerin, D.S.) ist zwar organisatorisch in die Kirche nicht eingegliedert. Sie ist aber dennoch institutionell verbunden: In allen Führungsgremien wirken katholische Seelsorger kraft ihres Amtes mit... Auch die Ziele der Bf. sind solche des kirchlichen Bereiches."[59] Aus der Verbindung von diakonischem Verein und verfaßter Kirche werden dann mit Bezug auf Art. 4 des Grundgesetzes besondere Privilegien abgeleitet. Zum Beispiel kann, wie im konkreten Fall verhandelt, ein privates gewerbliches Unternehmen keinen Schadenersatz wegen "Sittenwidrigkeit der Wettbewerbshandlung" gegenüber dem Verein geltend machen. Diakonie partizipiert damit, unabhängig von ihrer formalen Organisationsform, juristisch an den Verfassungsrechten der Kirche. Das gilt nicht nur für die katholische Caritas, sondern auch für evangelische diakonische Organisationen.

Ein zweiter exemplarischer Streitfall vor dem BVerfG war die Frage nach dem prinzipiellen Verhältnis von freier Wohlfahrtspflege und öffentlicher Sozialhilfe (vgl. Kap. 1.2.1). Sie wurde im sogenannten "Sozialhilfeurteil" verhandelt.[60] Gegen die Bestimmungen der Sozialgesetzgebung von 1960/61 vertraten einige Kommunen sowie andere Antragsteller die Meinung, "daß die Vorschriften ... in verfassungs-

---

[55] Im folgenden abgekürzt als: BVerfG.
[56] Vgl. A. Frhr. v. Campenhausen/H.-J. Erhardt (Hrsg.): Kirche, Staat, Diakonie. Zur Rechtsprechung des Bundesverfassungsgerichtes im diakonischen Bereich; Hannover 1982, S. 55-139.
[57] Vgl. v. Campenhausen/Erhardt, a.a.O., S. 42.
[58] Vgl. Art. 15 der Grundordnung der EKD und Art. 88 der Pastoralkonstitution "Gaudium et Spes" des Zweiten Vatikanischen Konzils.
[59] BVerfG, Urteil vom 16.10.1968, zit. nach v. Campenhausen/Erhardt, a.a.O., S.80.
[60] Vgl. V. Campenhausen/Erhardt: a.a.O., S. 62-76.

widriger Weise einen Vorrang zugunsten der freien Jugendhilfe und der freien Wohlfahrtspflege schüfen, der zu Lasten der Träger der öffentlichen Jugendhilfe und Sozialhilfe gehe."[61]

Das Bundesverfassungsgericht hielt jedoch diese gesetzlichen Bestimmungen nicht für verfassungswidrig. Das Gericht begründete seine Entscheidung nach Durchsicht des § 5 Abs. 1 u. 3 sowie § 8 Abs. 3 des Jugendwohlfahrtsgesetzes bzw. § 8 Abs. 2 und § 10 Abs. 3 und Abs. 4 sowie § 93 Abs. 1 des Bundessozialhilfegesetzes folgendermaßen: "Auch diese Bestimmungen ... verfolgen nicht den Zweck, der freien Wohlfahrtspflege einen Vorrang vor der öffentlichen Sozialhilfe einzuräumen, sondern sie wollen die längst auch im Fürsorgewesen übliche und bewährte Zusammenarbeit zwischen den öffentlichen Trägern der Sozialhilfe und den freien Wohlfahrtsverbänden gewährleisten...".[62]

Der Konflikt um die Vorrangigkeit der freien Verbände und die damit verbundene Verpflichtung der öffentlichen Sozialhilfe zur Unterstützung der Initiativen der freien Wohlfahrtsverbände wird also mit Verweis auf die im großen und ganzen bereits bewährte Praxis im Sinne einer faktischen Nachrangigkeit der öffentlichen Hilfen entschieden, ohne jedoch daraus ein Prinzip der Subsidiarität abzuleiten und juristisch festzuschreiben.

In einem dritten Rechtsstreit ging es um die Einflußmöglichkeiten arbeitsrechtlicher Bestimmungen des Staates auf interne Angelegenheiten kirchlich diakonischer Arbeit. "Der Rechtsstreit betraf ein katholisches Krankenhaus in Goch, ... das von einer rechtsfähigen Stiftung des Privatrechtes getragen wurde. Ihm war vom Bundesarbeitsgericht letztinstanzlich aufgetragen worden, vorbereitende Maßnahmen für eine Betriebsratswahl zu treffen."[63] Das BVerfG entschied gegen das Bundesarbeitsgericht, die Einrichtung der Caritas, obwohl sie eine selbständige privatrechtliche Stiftung ist, unter das nach Art. 140 des Grundgesetzes in Verbindung mit Art. 137 der Weimarer Verfassung garantierte kirchliche Selbstbestimmungsrecht zu fassen. "Nach Art. 137 III WRV sind nicht nur die organisierte Kirche und die rechtlich selbständigen Teile dieser Organisation, sondern alle der Kirche in bestimmter Weise zugeordneten Einrichtungen ohne Rücksicht auf ihre Rechtsform Objekte, bei deren Ordnung und Verwaltung die Kirche grundsätzlich frei ist, wenn sie nach kirchlichem Selbstverständnis ihrem Zweck oder ihrer Aufgabe entsprechend berufen sind, ein Stück Auftrag der Kirche in dieser Welt wahrzunehmen und zu erfüllen."[64]

Die Rechtsprechung orientierte sich also, ähnlich wie im "Lumpensammlerfall", bezüglich der Zugehörigkeit der jeweiligen diakonischen Institution, am kirchlichen Selbstverständnis. Die Besonderheiten kirchlicher Selbstbestimmung, z.B. im Bereich des Arbeitsrechtes, fanden damit auch im diakonischen Bereich Anwendung. Bezüglich der organisatorischen Zuordnung der jeweiligen Institutionen zur verfaßten Kirche ist die Diakonie also, jedenfalls in verfassungsrechtlicher Sicht, ausgesprochen frei.

Das Selbstbestimmungsrecht nach Art. 140 des Grundgesetzes garantiert der Diakonie damit Schutz gegen Einmischung in Personalangelegenheiten von seiten des

---

[61] BVerfG, Urteil vom 18.7.1967; zit. nach v. Campenhausen/Erhardt, a.a.O., S. 64.

[62] BVerfG, zit. nach v. Campenhausen/Erhardt, a.a.O., S. 66.

[63] V. Campenhausen/Erhardt, a.a.O., S. 49.

[64] BVerfG, Beschluß vom 11.10.1977; zit. nach v. Campenhausen/Erhardt, a.a.O., S. 107.

Staates, aber auch von seiten der Gewerkschaften. Auch darüber gibt es ein Grundsatzurteil des BVerfG, die sogenannte "Volmarstein-Entscheidung", nach der betriebsfremde Gewerkschaftsangehörige in dem Anstaltsbereich kein Zutrittsrecht haben.[65]

Mit den zitierten Entscheidungen wird die Position der Diakonie (und der Caritas) innerhalb der staatlichen Sozialgesetzgebung noch zusätzlich gefestigt. Erstens wird der Diakonie mit den anderen freien Wohlfahrtsverbänden bei der Durchführung sozialer Hilfeleistungen nun endgültig gegenüber Initiativen öffentlicher Träger eine gewisse Priorität eingeräumt. Die vorrangige (finanzielle) Förderung diakonischer Aktivitäten wird somit garantiert. Die Diakonie kann frei, nur am konkreten Hilfebedarf orientiert, tätig werden. Eine formale Einschränkung der Gestaltung ihrer Arbeit und der Wahl ihrer Arbeitsfelder gibt es von staatlicher Seite nicht. Zweitens werden diakonische Aktivitäten, auch wenn sie in relativ frei organisierter Form stattfinden, ausdrücklich durch die Garantie freier Religionsausübung gemäß Art. 4 des Grundgesetzes besonders geschützt. Und drittens partizipiert die Diakonie am kirchlichen Selbstbestimmungsrecht (Art. 140 GG in Verb. m. Art. 137 WRV) und kann damit ihre internen Angelegenheiten relativ selbständig regeln.

## 1.3 Diakonie zwischen Kirche und Sozialstaat

Schon dieser kurze Abriß der Entwicklung der westdeutschen evangelischen Diakonie nach 1945 zeichnet ein recht komplexes Bild. Mit ihrer kirchlichen und sozialstaatlichen Einbindung sind die wesentlichen Rahmenbedingungen aktueller diakonischer Arbeit gesetzt. Auffällig ist dabei - was die prinzipiellen Weichenstellungen betrifft - der Sonderstatus der Diakonie im kirchlichen wie im sozialstaatlichen Bereich.

Aus kirchlicher Perspektive erfordert die Einbindung der Diakonie in das Sozialhilfesystem Zugeständnisse in bezug auf deren unmittelbare kirchliche Anbindung. Die bereits im 19. Jahrhundert gewachsene Konstellation einer von der verfaßten Kirche relativ selbständigen Diakonie stabilisiert sich. Nach einer durch die konkrete politische und soziale Not verursachten kurzen Phase engerer kirchlicher Anbindung während des Nationalsozialismus und in der Nachkriegszeit etabliert sich evangelische Diakonie (wieder) in einer von der verfaßten Kirche recht eigenständigen Form. Die formale Verbindung zur Kirche wird durch komplizierte juristische und organisatorische Querverbindungen hergestellt. Die Selbständigkeit sowohl der einzelnen Einrichtungen als auch der Gesamtorganisation Diakonie gegenüber der Kirche ist also grundsätzlich als recht groß einzuschätzen. Das gilt nicht nur, wie beschrieben, für die Konstitution des diakonischen Dachverbandes "Diakonisches Werk der EKD", sondern auch für die meist als Vereine organisierten Einzeleinrichtungen. Auch diese können gegenüber den Organisationen der verfaßten Kirche ihre Angelegenheiten relativ autonom entscheiden.

In sozialstaatlicher Sicht partizipiert Diakonie an den Sonderrechten der Kirche und genießt deshalb bezüglich der Regelung ihrer internen Angelegenheiten große Unabhängigkeit, obwohl ihr Dachverband "Diakonisches Werk der EKD" als Spit-

---

[65] Vgl. BVerfG, Beschluß vom 17.2.1981; zit. nach: v. Campenhausen/ Erhardt, a.a.O., S. 133-139.

zenverband der freien Wohlfahrtspflege fest in das Sozialhilfesystem integriert ist. Dieser verfassungsrechtlich garantierte Sonderstatus bezieht sich nicht nur auf die diakonischen Dachverbände, er sichert auch den Einzeleinrichtungen, unabhängig von ihrer Rechtsform, eine hohe Autonomie für die Gestaltung der eigenen Arbeit bei gleichzeitig garantierter finanzieller Unterstützung zu. Diese Sonderstellung zwischen Kirche und Sozialstaat bescherte der Diakonie ein in ihrer Geschichte einmaliges quantitatives Wachstum. Die Zahl der hauptamtlichen Mitarbeiter stieg bis 1990 auf über 260.000 in mehr als 27.000 Einrichtungen in den alten Bundesländern der BRD an.[66] Nach der Fusion 1957 betrug die Zahl der Beschäftigten noch 86.000 und wuchs fortan stetig um etwa 3.500 jährlich. Seit 1963 (108.000 Mitarbeiter) läßt sich dann jedoch im Kontext der Etablierung im sozialstaatlichen Hilfesystem eine deutlich höhere Steigerungsrate beobachten. Bereits 1977 hatte sich die Zahl der Beschäftigten mit 210.000 fast verdoppelt.[67] Besonders die Absicherung im Rahmen der staatlichen Sozialgesetzgebung begünstigte also die gewaltige Expansion. Das finanzielle Eigenrisiko bei der Entwicklung neuer Arbeitsbereiche nahm stark ab.[68]

Diakonische Initiativen wurden damit nicht nur rechtlich, sondern auch finanziell zunächst reichlich unterstützt. Das führte trotz der verfassungsrechtlich garantierten Freiräume ökonomisch zu einer zunehmenden Abhängigkeit vom sozialen Hilfesystem. Vor allem durch die knapper werdenden öffentlichen Mittel im Sozialbereich seit den 80er Jahren ist diese latente dann in eine offensichtliche Abhängigkeit von nichtdiakonischen Geldgebern umgeschlagen. Auch bei großzügiger Berechnung liegt heute in manchen wichtigen diakonischen Arbeitsbereichen, wie z.B. in Krankenhäusern und Heimen, der Anteil der Fremdmittel in der Diakonie bei über 95%.[69] "Daraus ergibt sich ein oft die Grenzen des Erträglichen sprengendes Abhängigkeitsverhältnis diakonischer Arbeit von allen möglichen Geldgebern, angefangen von den Sozialversicherungen bis hin zu den Landeskirchen."[70]

Die kirchenrechtlich und verfassungsrechtlich garantierte Verbindung bei gleichzeitiger Unabhängigkeit gegenüber Kirche und Sozialstaat ist also allmählich einer faktischen Abhängigkeit von durch Finanzen gesteuerten Einflußmöglichkeiten gewichen. Diakonie befindet sich damit heute in einem äußerst schwierig zu definierenden Zwischenbereich von Kirche und Sozialstaat, in dem zusätzlich noch weitere Einflußbereiche zu beachten sind.

Bereits der kurze geschichtliche Abriß hat gezeigt, daß für die aktuelle Konstitution organisierter Diakonie dabei nicht nur die Bereiche Kirche und Staat eine wichtige Rolle spielen. Auch Faktoren wie Recht und Finanzen wirken bei der schwierig zu bestimmenden Position der Diakonie in der westdeutschen Gesellschaft zusätzlich mit. Es wäre deshalb, wie die Überlegungen des zweiten Kapitels zeigen wer-

---

[66] Vgl. W. Schmitt: Statistik des diakonischen Werkes der EKD, Stand 1.1.1990; in: Diakonie-Jahrbuch 91, hrsg. v. K.-H. Neukamm, S. 336.

[67] Vgl. E. Beyreuther: Geschichte der Inneren Mission und Diakonie in der Neuzeit; 3. Aufl. Berlin 1983, S. 243.

[68] Vgl. J. Degen: Finanzentwicklung und Finanzstruktur im Bereich der Diakonie. Ein Überblick; in: W. Lienemann (Hrsg.): Die Finanzen der Kirche. Studien zu Struktur, Geschichte und Legitimation kirchlicher Ökonomie; München 1989, S. 257-260.

[69] Vgl. Degen, a.a.O., S. 258, mit Bezug auf G. Thermann: Wie finanziert sich die Diakonie? In: Diakonie im Rheinland 19, 1982, S. 18-21.

[70] M. Rückert: Diakonie und Ökonomie. Verantwortung - Finanzierung - Wirtschaftlichkeit; Gütersloh 1990, S. 205.

den, zu stark vereinfacht, lediglich von einer spannungsreichen Mittelposition der Diakonie zwischen Kirche und Sozialstaat zu sprechen. "Das Adjektiv 'staatlich' unterschlägt die Vielfalt der öffentlichen Sozialleistungsträger und die Differenziertheit der sozialrechtlichen Ausgestaltung ihrer Leistungen."[71] Der Status der Diakonie ist im Anschluß an die Integration in das soziale Hilfesystem der Bundesrepublik Deutschland wesentlich komplizierter. Zusätzlich zu den staatlichen Vorgaben spielen damit noch weitere Einflußfaktoren für die Gestaltung diakonischer Arbeit eine wichtige Rolle. Eine theologische Reflexion, die sich umfassend mit der aus der deutschen Nachkriegsgeschichte entstandenen aktuellen Situation der Diakonie befassen will, wird diese verschiedensten Einflußfaktoren diakonischer Arbeit möglichst detailliert zur Kenntnis nehmen müssen. Es ergibt sich deshalb im folgenden die Frage, wie sich die diakonische Theologie mit dem beschriebenen komplexen Entstehungsprozeß des Diakonischen Werkes der EKD als Zusammenfassung aller diakonischen Aktivitäten auseinandergesetzt hat. Zunächst ist in einem ersten Durchgang festzustellen, welche Resonanz die Entwicklung der Diakonie nach 1945 in der theologischen Diskussion hervorgerufen hat (Kap. 1.4 und 1.5). Dann werden in einem zweiten Durchgang aktuelle theologische Ansätze daraufhin untersucht werden müssen, inwieweit sie in der Lage sind, die geschichtlich gewachsene, schwierig zu bestimmende Mittelposition der Diakonie zwischen der Kirche einerseits und dem Sozialstaat sowie weiteren Gesellschaftsbereichen andererseits zu reflektieren (Kap. 2). Geschah die Einbindung der Diakonie in das soziale Hilfesystem und in die verfaßte Kirche vor allem unter dem Aspekt der Integration, so wird theologisch besonders darauf zu achten sein, welche differenzierten Teilbezüge sich durch diese Einbindung für die diakonische Arbeit ergeben.

## 1.4 Die theologische Reflexion der diakonischen Entwicklungen nach 1945

Die folgenden Überlegungen zur Entwicklung der diakonischen Theologie konzentrieren sich vor allem auf die universitäre, akademische Theologie. Daneben gibt es zahlreiche theologische Veröffentlichungen, die sich zu konkreten Fragestellungen der Diakonie äußern. Diese diakonisch-theologische Literatur in Form von Gelegenheitsschriften und Artikeln in diakonischen Zeitschriften eignet sich jedoch kaum für einen systematischen Überblick, weil sie sich zumeist mit Einzelproblemen beschäftigt und die Entwicklung der Diakonie theologisch deshalb nicht in grundsätzlicher Weise reflektiert. Die Konzentration auf die akademische Theologie geschieht nicht zuletzt auch deshalb, weil sich die an den Universitäten von professionellen Wissenschaftlern betriebene Theologie in besonderer Weise dem Anspruch stellen muß, die Entwicklungen des Christentums und seine Probleme präzise und differenziert zu beschreiben und zu reflektieren. Die akademische Theologie als professionelle Reflexion christlichen Lebens und Handelns muß sich fragen lassen, welche Anstrengungen sie angesichts der enormen Entwicklung der Diakonie nach 1945 für die Reflexion und theologische Begleitung derselben unternommen hat. Sie muß sich mit der Erwartung auseinandersetzen, daß sie wichtige Veränderungen innerhalb des

---

[71] V. Neumann: Rechtsgrundlagen der finanziellen Beziehungen zwischen Sozialstaat und Diakonie; in: W. Lienemann (Hrsg.): Die Finanzen der Kirche; München 1989, S. 277.

Christentums besonders sensibel wahrzunehmen und präzise zu analysieren hat. Sie muß sich deshalb an der Frage messen lassen, welche wissenschaftlichen Kriterien sie für die Reflexion der beschriebenen Position der Diakonie entwickelt hat. Unter diesen Voraussetzungen läßt sich feststellen, daß die theologische Wissenschaft das Thema Diakonie zunächst kaum aufgenommen hat. "Die theologische Reflexion der Diakonie steht in keinem angemessenen Verhältnis zur faktischen Bedeutung der Diakonie für die Volkskirche, ihrer gesellschaftlichen Wirksamkeit und Akzeptanz. Die ungeheure Expansion der Diakonie in der Zeit nach dem Zweiten Weltkrieg war weithin pragmatischen und politischen Faktoren zu verdanken; sie vollzog sich in erster Linie nach der Logik des gesellschaftlichen Differenzierungsprozesses bzw. der Eigendynamik einer Großinstitution. Umgekehrt konzentrierte sich die wissenschaftliche Theologie in ihrem Bemühen, der Bewegung des Wortes Gottes nachzudenken, darauf, den Weg vom biblischen Text zur Verkündigung abzuschreiten, ohne der Übersetzung in nichtverbale Kommunikationsformen und den Handlungsvollzügen des Glaubens besonderes Gewicht beizumessen."[72]

So pauschal diese knappe Stellungnahme G. K. Schäfers auch wirkt, sie beschreibt die Entwicklung der diakonischen Theologie bis zum Beginn der 80er Jahre zutreffend. Es existieren bis dahin nur relativ geringe Initiativen im Bereich der akademischen Theologie, die sich bemühen, den komplizierten Entwicklungsgang der Diakonie nach 1945 nachzuvollziehen. Diesen wenigen Spuren der Entwicklung einer wissenschaftlichen Theologie der Diakonie ist im folgenden nachzugehen.

### 1.4.1 Die theologische Diskussion um den kirchlichen Status der Diakonie

In einer ersten Diskussionsphase läßt sich deutlich beobachten, daß theologische Äußerungen zum Thema Diakonie wesentlich im Zusammenhang mit den dargestellten Abgrenzungs- bzw. Fusionsproblemen der Diakonie nach 1945 stehen. Es geht dort, zeitlich parallel zur organisatorisch-rechtlichen, um die theologische Zuordnung der Diakonie zur verfaßten Kirche. "Die Zeit der Diskussion ... läßt sich genauer eingrenzen: Sie liegt zwischen der in Art. 15,1 der Grundordnung der EKD vom 13.7.1948 geschehenen Fixierung des 'Diakonats der Kirche' als einer 'Wesens- und Lebensäußerung der Kirche' bzw. der in Art. 15,3 bekräftigten Trägerschaft der verfaßten Kirche für das Hilfswerk und der Vereinigung von Hilfswerk und Innerer Mission auf der Berliner Synode 1957. Diese Abgrenzung zeigt zugleich, wie stark diese Diskussion von praktischen und institutionellen Erfordernissen bestimmt war."[73]

Es geht also in der Diskussion nach 1945 vor allem um die theologische Beurteilung der freien und der unmittelbar kirchlich gebundenen Diakonie, wie sie in Form von Innerer Mission und Hilfswerk gegeben waren. Die elementaren strukturellen Veränderungen diakonischer Arbeit, die sich mit der Gründung des Kirchlichen

---

[72] G.K. Schäfer: Aspekte und Linien der theologischen Diskussion um die Diakonie nach 1945. Zur Diskrepanz von Theologie und Diakonie; in: Diakonie-Jahrbuch 1988/89, hrsg. v. K.-H. Neukamm, S. 134.

[73] O. Meyer: "Politische" und "Gesellschaftliche Diakonie" in der neueren theologischen Diskussion; Göttingen 1974, S. 34.

Hilfswerks ergaben, wurden dabei theologisch sehr wohl wahrgenommen: "Zum ersten Mal in der Kirchengeschichte Deutschlands wurde damit der Notwendigkeit zum Einsatz praktisch-tätiger Hilfskräfte im Namen des christlichen Glaubens nicht durch Delegation auf einen ad hoc geschaffenen Zweckverband, sondern durch ein unmittelbares Engagement der verfaßten Kirche selbst entsprochen."[74] Einerseits erscheint damit die kirchlich eingebundene Diakonie des Hilfswerkes als etwas in der Entwicklung der modernen Diakonie Untypisches. Andererseits gibt es aber auch Meinungen, die in dieser Integration diakonischer Arbeit in die Kirche das Zurückfinden zum eigentlich christlichen Prinzip einer direkt an die christliche Gemeinde gebundenen Fürsorge erkennen. So meint Gerhard Noske: "Eine amtlich geordnete Diakonie der tätigen Gemeinde erscheint nach der überwiegend freien, rein vereinsmäßig organisierten Diakonie in der Gemeinde des vorigen Jahrhunderts und der oft völligen diakonischen Passivität der Jahrhunderte vor der Inneren Mission zuweilen immer noch als etwas Neues. Dabei ist sie die Urform aller christlichen Diakonie, die nur in den anderthalb Jahrtausenden staatskirchlicher Unmündigkeit der Gemeinde mit aller sonstigen gemeindlichen Selbsttätigkeit zusammen eingeschlafen war."[75]

Das Grundproblem einer Vereinbarkeit von herkömmlicher, von der verfaßten Kirche unabhängiger diakonischer Arbeit im Rahmen der Inneren Mission und "neuer", in die verfaßte Kirche integrierter Diakonie wurde also theologisch reflektiert. Und es ist deutlich, daß dies im Kontext der damals gerade aktuellen institutionellen Verhältnisbestimmungen geschah. Wichtiges Dokument eines theologischen Integrationsversuches von frei organisierter und kirchlicher Diakonie ist der von H. Krimm herausgegebene Aufsatzband: "Das diakonische Amt der Kirche".[76] Krimm beschreibt die dort behandelte theologische Problematik in seinem Vorwort zur 2. Auflage (1965): "...war es nach der Aussage der Schrift gerechtfertigt, diese neuen Aktivitäten der Diakonie zuzurechnen und, wenn ja, mußte dann der Tätigkeitsbereich der traditionellen Diakonie, wie er sich in dem ersten Jahrhundert der 'Inneren Mission' in Deutschland ergeben hatte, nach dieser Seite hin erweitert werden? Dieser Erweiterung, von deren Notwendigkeit mit vielen anderen auch der Herausgeber überzeugt war, sollte das Buch damals dienen. Es setzte die alten Arbeitsgebiete und -methoden der Diakonie als unbestritten voraus und wollte in seinen verschiedenen Beiträgen nur eine apertura da sinistra vollziehen, wollte veranschaulichen, wieweit über die alte Anstaltsfürsorge hinaus die Diakonie reicht und wie tief sie über die Existenz der verschiedensten Rechtsträger und Vereine hinaus mit der Kirche, und zwar auch mit der sichtbaren, der verfaßten Kirche verbunden ist. Dem Nachweis dieser lange verkannten Zusammenhänge galt damals ... das besondere Interesse des Herausgebers."[77] Die grundsätzlich neuen diakonischen Aktivitäten des Hilfswerkes im Hinblick auf eine auch gesamtgesellschaftlich ausgerichtete und zugleich fest in der Kirche verankerte Diakonie wurden dementsprechend als wertvolle Ausweitung

---

[74] H. Krimm: Art. "Hilfswerk der Ev. Kirche in Deutschland"; in: Religion in Geschichte und Gegenwart, 3. Aufl., Bd. 3; Tübingen 1959, Sp. 323.

[75] G. Noske: Helfende Gemeinde; in: ders. (Hrsg.): Heutige Diakonie in der evangelischen Kirche. Formen und Aufgaben ihrer karitativen und sozialen Arbeit; Berlin 1956, S. 102 f.

[76] H. Krimm (Hrsg.): Das diakonische Amt der Kirche; 1. Aufl. Stuttgart 1953; 2. überarbeitete Aufl. Stuttgart 1965.

[77] Krimm, a.a.O.; 2. Aufl., S. 9 f.

des Diakonieverständnisses aufgenommen. Die Beiträge der ersten Ausgabe von 1953 bemühen sich deshalb, herauszuarbeiten, daß die kirchliche Bindung der Diakonie eine lange diakoniegeschichtliche Tradition und gute theologische Gründe hat. So betont Helmuth Schreiner bei seiner Darstellung der diakonischen Konzepte von Wichern, Löhe und Stöcker, daß diese zwar gemeinsam Diakonie als Lebensäußerung der Kirche angesehen hätten, sich aber "meist im Kampf gegen die 'Behörde' des Kirchentums" befunden hätten.[78] Heinz-Dietrich Wendland versteht Diakonie als eines der drei grundlegenden Ämter der Kirche, die seit dem Anfang der Kirche in der Christusgemeinschaft, im "Sein in Christus" zusammengehören. "Darum ist es richtig, die Diakonie der Kirche und ihr diakonisches Amt, das wir uns heute neu zu verstehen und zu verwirklichen mühen, von vornherein zu jenen Funktionen der Kirche in Beziehung zu setzen, durch die sich ihr Christusdienst realisiert: zur 'Leiturgia' (Gottesdienst) und 'Martyria' (Zeugnis)... Dieses dreifache Handeln der Kirche kann und muß unterschieden, aber keine dieser Handlungsformen darf von der anderen getrennt werden."[79] Auch Eugen Gerstenmaier betont in seinem programmatischen Aufsatz "Wichern II", daß der zweite Aspekt des Diakoniekonzeptes Wicherns, die sozialpolitische Wirksamkeit in Form von Assoziationen, zunächst eine feste Verwurzelung der Diakonie innerhalb der Kirche voraussetze, "denn die Basis einer nicht nur im Sinne von Wichern II, sondern überhaupt jeder schlicht in die Welt hineinwirkenden Diakonie ist eben die gemeindliche, die innerkirchlich bereits wirksame Diakonie."[80] Die im Aufsatzband von Krimm gesammelten Beiträge versuchen in diesem Sinne, die Notwendigkeit einer kirchlichen Anbindung der Diakonie hervorzuheben. Von seiten der Inneren Mission wurde das offenbar anders gesehen. Man wandte ein, die Verfasser des von Krimm herausgegebenen Bandes verstünden nur wenig von Diakonie, sonst hätten sie z.B. die diakonischen Mutterhäuser nicht außer acht gelassen. Krimm entgegnete, die Mutterhäuser seien ohne Frage wichtig, weil sie sich - aufgrund ihrer schwindenden Bedeutung - "aus einer undiskutablen Realität zu einem vieldiskutierten Problem"[81] entwickelt hätten. Man spürt die Spannung dieser theologischen Auseinandersetzung zwischen Anhängern einer "kirchlichen" und einer traditionellen, auf diakonischen Bruder- und Schwesternschaften basierenden Diakonie.

### 1.4.2 Die theologische Auseinandersetzung um die sozialpolitische Wirksamkeit der Diakonie

Neben dem Verhältnis von Diakonie und Kirche war das diakonische Verhältnis zum Sozialstaat oder, noch weiter gefaßt, zur Gesellschaft ein weiterer Schwerpunkt der diakonisch-theologischen Diskussion. Mit der kirchlichen Dimension der Diakonie wird im Kontext der Einbindung in das Sozialhilfesystem der BRD auch die

---

[78] H. Schreiner: Wichern, Löhe und Stöcker; in H. Krimm (Hrsg.): Das diakonische Amt der Kirche; 1. Auflage Stuttgart 1953, S. 319.

[79] H.-D. Wendland: Die dienende Kirche und das Diakonenamt; in: H. Krimm (Hrsg.): a.a.O., S. 444.

[80] E. Gerstenmaier: "Wichern II". Zum Verhältnis von Diakonie und Sozialpolitik; in: H. Krimm (Hrsg.), a.a.O., S. 506.

[81] Krimm, a.a.O.; 2. Aufl. Stuttgart 1965, S. 11.

gesellschaftliche bzw. politische Dimension theologisch entdeckt bzw. wiederentdeckt. Schon Wichern hatte in seiner programmatischen Charakterisierung der Inneren Mission deren Aufgabe in der Bewältigung eines zweifachen Übels gesehen. Sein Diakoniekonzept setzt doppelt bei einer Behebung der kirchlichen und staatlichen Mißstände an. "Ja, die wahrhaftigen Glieder der Kirche werden doppelt zu wirken und zu opfern haben, da die Not des Staates und der Kirche sie trifft und sie mit zur Hilfe ruft."[82]

Diese doppelte Gestalt einer kirchlich und gesamtgesellschaftlich orientierten Diakonie wurde von Eugen Gerstenmaier in Form einer sozialpolitisch wirksamen Diakonie unter dem Titel "Wichern Zwei" wieder aufgenommen. Gerstenmaier sieht die Wichernsche Intention einer kirchlich eingebundenen und zugleich politisch wirksamen Diakonie am ehesten innerhalb des Kirchlichen Hilfswerkes realisiert und stellt damit dessen Arbeit in die Kette einer langen Tradition sozialpolitisch orientierter Diakonie. "Das Hilfswerk ist mit seinen von der Zeit und ihrer Not gebotenen Unternehmungen damit nur das Glied in einer Kette, die von den Tagen Wicherns, Gustav Werners, der evangelischen Arbeitervereine, des Kirchlich-sozialen Bundes und anderer in unsere Zeit reicht."[83] Den ersten Teil des Programms Wicherns, also die diakonische Wirksamkeit innerhalb der Kirche, sieht Gerstenmaier in der bisherigen diakonischen Arbeit der Inneren Mission seit langem realisiert: "Die Kirche hat ... Wichern I willig aufgenommen."[84] Der zweite Teil, also die diakonische Wirksamkeit innerhalb der Gesellschaft, sei demgegenüber von der herkömmlichen Arbeit der Inneren Mission nicht erfüllt worden. Hier sieht Gerstenmaier mit der Etablierung des Kirchlichen Hilfswerkes eine geschichtliche Chance, über die Engführung der bisherigen diakonischen Tätigkeiten hinauszugehen und diese im Sinne eines ihrer Gründer zusätzlich gesamtgesellschaftlich-politisch zu orientieren. "Wichern Zwei" ist in diesem Sinne als ein Appell an die Kirche zu verstehen, diese Chance nicht ungenutzt zu lassen. "Bei allem Respekt vor Wichern: Eine echte evangelisch-kirchliche Legitimation für Wichern Zwei, d.h. die organisierte, unmittelbar sozialpolitisch bzw. politisch wirksame christliche Kampf- und Tatgemeinschaft war im Verlauf der letzten 100 Jahre von der Evangelischen Kirche Deutschlands nicht zu erlangen."[85]

Es läßt sich dann allerdings beobachten, wie bei Gerstenmaier die Vorstellung einer politischen Diakonie, die aus der Kirche heraus in Form politischer Aktivitäten diakonisch wirkt, allmählich mit einer "christlichen Politik" vermischt wurde. Gerstenmaier ging, nachdem er Anfang der 50er Jahre sein Konzept einer kirchlich gebundenen und sozialpolitisch wirksamen Diakonie entwickelt hatte, Mitte der 60er Jahre sogar soweit, "politische Diakonie" als individuelle oder gemeinschaftliche politische Aktivität des Christen unabhängig von der Kirche aufzufassen. Gerstenmaier meinte dann, der Begriff "politische Diakonie" müsse beschränkt werden auf "die Motive, die Gesinnung und die Hingabe..., die einen Christen oder eine Ge-

---

[82] J.H. Wichern: Die innere Mission der deutschen evangelischen Kirche. Eine Denkschrift an die deutsche Nation; in: ders.: Sämtliche Werke, hrsg. v. Peter Meinold; Bd. 1, Berlin und Hamburg 1962, S. 187.
[83] E. Gerstenmaier: "Wichern Zwei". Zum Verhältnis von Diakonie und Sozialpolitik; in: H. Krimm (Hrsg.): Das diakonische Amt der Kirche, 2. Aufl., Stuttgart 1965, S. 475.
[84] Gerstenmaier, a.a.O., S. 468.
[85] Gerstenmaier, a.a.O., S. 468f.

meinschaft von Christen veranlassen, auf eigene Rechnung und Gefahr hin, d.h. ohne Rückendeckung durch die Kirche an der Politik teilzunehmen und, auf das eigene Wagnis hin, nach der Macht zu greifen, ohne die es nicht möglich ist, durchzusetzen, was man für möglich hält."[86]

Es gab also bei der theologischen Beurteilung der Zwischenposition der Diakonie zwischen Kirche und Staat eine große Bandbreite von Positionen, die von einer eindeutig kirchlichen Anbindung über die zusätzliche sozialpolitische Wirksamkeit bis hin zu von der Kirche abgesonderten, rein politischen diakonischen Aktivitäten reichte. Diese verschiedenen theologischen Standortbestimmungen standen im direkten Zusammenhang mit den beschriebenen Problemen, die Stellung der Diakonie nach 1945 neu zu bestimmen. Sie reflektierten die praktisch-organisatorische Frage, wieweit Diakonie in die verfaßte Kirche bzw. in den Sozialstaat zu integrieren sei.

Diese Diskussion ebbte in dem Moment ab, als die Position der Diakonie durch die kirchliche und sozialstaatliche Gesetzgebung grundsätzlich fixiert und die schlimmste Nachkriegsnot bewältigt war. So konnte Herbert Krimm 1965 in der Neuauflage seines 1953 noch heftig diskutierten Aufsatzbandes schreiben: "Das Kirchengesetz zur Vereinigung von Innerer Mission und Hilfswerk vom 5. März 1957 schuf die Voraussetzung für das Zusammenwachsen beider sozial-charitativer Arbeitszweige zu einem großen diakonischen Werk. ... Allein im Bundessozialhilfegesetz von 1961 ist der Diakonie ein Rahmen gesteckt, der sie nicht nur keineswegs autoritär einengt, sondern den sie aus eigenen Kräften kaum zu füllen vermag."[87] Den diakoniepolitisch brennenden Fragen sei ein "fortschreitender Prozeß der Klärung" gefolgt.[88]

Die diakonische Theologie konnte sich damit seit Mitte der 60er Jahre bemühen, ihre Überlegungen "stärker aus ihrer Zeitbedingtheit zu rücken", um dabei "die bleibenden Grundlagen und Wesenszüge der Diakonie noch schärfer hervortreten zu lassen".[89] Eine kurze Darstellung der seitdem entstandenen diakonisch-theologischen Ansätze wird jedoch zeigen, daß das Thema Diakonie sich auch nach der von kirchen- und sozialpolitischen Fragen nach 1945 verursachten Diskussion nicht in der akademischen Theologie hat etablieren können.

### 1.4.3 Diakonie in der akademischen Theologie

Es ist auffällig, daß die nach 1945 so lebhaft diskutierten Fragen einer "kirchlichen" und "politischen Diakonie", also der kirchlichen und gesellschaftspolitischen Bedeutung der Diakonie, nur in wenigen theologischen Konzepten grundsätzlich weiterbedacht wurden.

In der akademischen evangelischen Theologie haben neben Paul Philippis grundlegendem Entwurf einer "Christozentrischen Diakonie" vor allem Heinz-Dietrich

---

[86] E. Gerstenmaier: Staat ohne Kirche? in: K. Aland, W. Schneemelcher (Hrsg.): Kirche und Staat; Festschrift für Hermann Kunst; Berlin 1967, S. 103. Diese Äußerungen sind allerdings im Kontext der persönlichen Entscheidung Gerstenmaiers zu verstehen, aus der diakonischen Arbeit auszuscheiden und sich ganz einem politischen Amt zu widmen.

[87] Krimm: Das diakonische Amt der Kirche; 2. Aufl., S.10f.

[88] Krimm, a.a.O., S.11.

[89] Krimm, a.a.O., S. 11 f.

Wendland im Rahmen seiner "Theologie der Gesellschaft" sowie Arthur Rich unter dem Begriff der "sozialen Diakonie" das Thema Diakonie aufgenommen. Bezeichnend ist dabei, daß H.-D. Wendland in seiner Konzeption einer Theorie der Diakonie zunächst von einem offensichtlichen Mißstand in der diakonischen Theologie ausgeht. In seinen Überlegungen zur theologischen Begründung der Diakonie stellt er 1962 fest: "Wenn wir recht sehen, steht die evangelische Diakonie in der gegenwärtigen Situation in einer doppelten Bedrängnis. Die erste dieser Bedrängnisse ist eine spezifisch theologische, die daraus resultiert, daß diejenigen Disziplinen der Theologie, die Veranlassung und Pflicht gehabt hätten, sich theologisch um die Probleme der Diakonie zu kümmern, nämlich die theologische Ethik einerseits und die sogenannte 'praktische' Theologie andererseits, dieser ihrer Pflicht in den letzten Jahrzehnten in keiner Weise nachgekommen sind, so daß wir uns in dem fatalen und höchst betrüblichen Zustand befinden, einer theologischen Durchdenkung der Grundprobleme evangelischer Diakonie auf das Ganze gesehen entbehren zu müssen, und man konnte natürlich nicht verlangen, daß die Praktiker der Inneren Mission und Diakonie, belastet durch hundertfältige Aufgaben, nun ihrerseits auch noch einer solchen theologischen Aufgabe hätten zeitlich und sachlich gewachsen sein können."[90]

Diese Analyse muß angesichts der Brisanz des theologischen Themas in den Jahrzehnten davor zunächst einmal überraschen. Obwohl es dort um eine grundlegende und elementare Positionsbestimmung christlichen Hilfehandelns im Spannungsfeld von Kirche und Sozialstaat ging, wurden diese Fragen im Bereich universitärer akademischer Theologie, speziell der Ethik und der Praktischen Theologie, kaum diskutiert. Die diakonische Problematik erzeugte also trotz ihrer kirchlichen und gesellschaftlichen Bedeutung universitätstheologisch kaum Resonanz. Dieser ersten theologischen Bedrängnis korrespondiert nach Wendland eine zweite: "...die Bedrängnis der evangelischen Theologie durch die gesellschaftlichen Umwandlungen unserer Tage. Wir befinden uns nicht mehr in der gesellschaftlichen Situation der Gründer und Väter der Diakonie vor 120 und vor 100 Jahren, und wir werden durch die Umwandlungen in die Enge getrieben. Diese doppelte Bedrängnis sollte für uns Veranlassung genug sein, den theologischen Ort der Diakonie neu zu bestimmen und aufzusuchen."[91] Den wenigen Versuchen, in dieser Situation die diakonische Arbeit theologisch angemessen zu reflektieren, ist im folgenden nachzugehen.

### 1.4.3.1 "Christozentrische Diakonie": Paul Philippi

Seinem Vorwort zur ersten umfassenden theologischen Monographie zur Diakonie nach 1945 stellt Paul Philippi die oben zitierten Feststellungen Wendlands voran. Er signalisiert damit, daß die von Wendland beschriebene Situation der diakonischen Theologie für ihn Anlaß war, ein ausdrücklich als "Entwurf" bezeichnetes diako-

---

[90] Zitiert nach H.-D. Wendland: Christos Diakonos, Christos Doulos. Zur theologischen Begründung der Diakonie; in: ders.: Die Kirche in der revolutionären Gesellschaft. Sozialethische Aufsätze und Reden; Gütersloh 1967, S. 181.
[91] Ebd.

nisch-theologisches Konzept vorzulegen.[92] Philippi wollte mit seinem Entwurf einer "Christozentrischen Diakonie" einen ersten Grundstein legen und damit zu weiteren theologischen Veröffentlichungen provozieren, die darauf aufbauen sollten. Diese Hoffnung hat sich nicht erfüllt. Weitere theologische Publikationen zur Diakonie blieben im wesentlichen aus. Bei den Arbeiten zu seinem Entwurf mußte Philippi feststellen, daß für die Beschäftigung mit Diakonie innerhalb der akademischen Theologie bislang "eine solide Grundlegung fehlt".[93] Wer akademisch-theologisch zum Thema Diakonie arbeiten will, muß sich die Basis seiner Überlegungen "notgedrungen selbst erarbeiten".[94] Philippi versucht deshalb, die Stellung der modernen Diakonie im Kontext von Kirche und Sozialstaat in Anknüpfung an die Lehre Luthers von den zwei Regimentern näher zu bestimmen. Ausgehend von der lutherischen These einer Unterscheidung der Wirklichkeit in ein "geistliches" und "weltliches Regiment" meint Philippi zur Diakonie: "Der Grundsatz muß lauten, daß eine Synthese der 'zwei Regimenter' auch hinsichtlich der Diakonie nicht erfolgen kann."[95] Diakonie kann deshalb für Philippi nicht im Zwischenfeld von Kirche und Sozialstaat verortet werden. Auf Grundlage der an Luther anknüpfenden Unterscheidung eines geistlichen und eines weltlichen Bereiches muß Diakonie eindeutig innerhalb der Kirche und in Abgrenzung zur sozialstaatlichen Arbeit aufgefaßt werden.[96]

Diakonie partizipiert damit für Philippi am geistlichen Regiment, welches in der Kirche seine Gestalt findet und unterscheidet sich durch diesen Zusammenhang notwendig von "weltlichem" Hilfehandeln. Ein unmittelbares Zusammenwirken von Diakonie und Sozialstaat ist deshalb nicht möglich. "Die Zusammenarbeit von kirchlicher Diakonie und staatlicher Sozialarbeit kann, von der Diakonie her gesehen, nur auf indirektem Wege unter beiderseitigen Abgrenzungen, das heißt in einer auf Zusammenarbeit angewiesenen 'Koexistenz' erfolgen."[97] Die von Luther abgeleitete Unterscheidung der beiden Regimenter blockiert damit nach Philippi die Möglichkeit eines Zusammenwirkens von kirchlicher Diakonie und Sozialstaat also nicht grundsätzlich. Sie bietet im Gegenteil als Überwindung der Synthese der beiden Regimenter[98] für ihn gerade die Chance, einerseits die Sonderstellung kirchlicher Diakonie innerhalb der staatlichen Sozialarbeit theologisch hervorzuheben und andererseits pragmatisch auf Grundlage dieser Unterscheidung nach neuen Kooperationsmöglichkeiten zu fragen. "Theologisch hat Luther die Synthese der Zwei Reiche gesprengt. Er hat damit den Boden für praktische Lösungen aufgelockert, die er selbst nicht recht vollbringen konnte."[99] Diese Sprengung der Synthese von geistlichem und weltlichem Regiment bei Luther korrespondiert nach Philippi mit den

---

[92] P. Philippi: Christozentrische Diakonie. Ein theologischer Entwurf; 1. Aufl. Stuttgart 1963, 2. Auflage 1975, S. 1.

[93] Philippi, a.a.O., S. 2.

[94] Ebd.

[95] Philippi, a.a.o., S. 309.

[96] Zum Verständnis dieser Unterscheidung der beiden Regimenter bei Luther vgl. Martin Luther: Von weltlicher Obrigkeit: Wieweit man ihr Gehorsam schuldig sei; in: M. Luther, Studienausgabe, hrsg. v. H.-U. Delius, Bd. 3; Berlin 1983, S. 31-71.

[97] Philippi, a.a.O., S. 309.

[98] Zur Charakterisierung dieser kirchengeschichtlichen These vgl. Philippi, a.a.O., S. 306 ff.

[99] Philippi, a.a.O., S. 310.

faktischen Entwicklungen von Kirche und Staat in der modernen Gesellschaft. "Denn - auch darin zeigt sich das grundlegende der Wandlung - die Synthese von Christengemeinde und Bürgergemeinde, Staat und Kirche, ist seit 1789 über 1848 und 1948 von seiten der 'Welt' her gesprengt worden."[100] Unter den Bedingungen der modernen Trennung von "Staat und Kirche" muß sich deshalb die christliche Gemeinde aus sich selbst heraus von der "Bürgergemeinde" unterscheiden.[101] Von dem unterscheidenden Selbstbezug der christlichen Gemeinde ausgehend, kann die Gemeinde jedoch nach Philippi ein neues Verhältnis zur mitmenschlichen Not bekommen, welches eine Wirksamkeit in der "Welt" nicht ausschließt. "Dies 'opus at intra' der Diakonie ... bedeutet nicht eine Herauslösung der Gemeinde aus der 'Welt', sondern einen Auftrag in der Welt und insofern auch an der Welt und für die Welt."[102]

Die diakonische Wirksamkeit der Kirche bleibt damit aufgrund der Selbstbezüglichkeit der Christengemeinde zwar für Philippi untrennbar mit der Gemeinde verbunden, sie kann und muß aber auf Grundlage der Unterscheidung von "Gemeinde" und "Welt" in der "Welt" tätig werden. Diakonie kann dies jedoch nicht tun, indem sie sich an die "Welt" veräußert, sondern indem sie diese in den Wirkungsbereich der Gemeinde hineinzieht. Die diakonische Arbeit bleibt in dieser Hinsicht für ihn immer eine innergemeindliche Angelegenheit, ein christlicher Selbstbezug in Unterscheidung zur Welt. "Denn die Kirche hat der Welt in ihren zwischenmenschlichen Fragen keine andere Antwort zu bieten, als das Gemeindewerden... . Abgekürzt geredet: In der sozialen Frage schuldet die Gemeinde der Welt sich selbst."[103]

Der Selbstbezug der Gemeinde erfordert jedoch als "opus ad extra" auch eine aktive Beteiligung an sozialstaatlichen Initiativen. "Umso weniger wird diese Gemeinde sich der Mitwirkung im staatlichen Bereich entziehen können, so lange sie die bürgerliche Bereitschaft der Kirchenzugehörigkeit durch die Taufe aller Kinder legitimiert und von den Steuern aller lebt. ... Ihre 'Diakonie' erstreckt sich dann wohl auch auf die Mitwirkung bei der Gesetzgebung; mehr noch auf die wissenschaftlich-weltanschaulich-sachliche Klärung von deren Voraussetzungen."[104] Innen- und Außenbezug der Gemeinde korrelieren in dieser Weise und bieten der Diakonie die Möglichkeit zur Wirksamkeit innerhalb des Sozialstaates bei gleichzeitig fester Verankerung in der Kirche. Mit dieser Zuordnung von Diakonie, Kirche und Staat versucht Philippi eine erste diakonisch-theologische Reflexion der Konstitution moderner Diakonie auf der Basis der lutherischen Zweireichelehre. Philippi muß sich bezüglich seiner Unterscheidung in "Gemeinde" und "Welt" jedoch kritisch fragen lassen, ob sich dieser Ansatz zu Recht auf Luther selbst berufen kann. Die Deutung von Luthers Begriffen des geistlichen und weltlichen Regimentes als "Gemeinde" und "Welt" bezieht sich eher auf die Modifikation der Auffassungen Luthers durch die Zweireichelehre des Neuluthertums.[105] Der Terminus "Zweireichelehre" wurde erst in den 30er Jahren des 20. Jahrhunderts unter dem Eindruck der Diskrepanz zwi-

---

[100] Philippi, a.a.O., S. 314.
[101] Ebd.
[102] Philippi, a.a.O., S. 316.
[103] Ebd.
[104] Philippi, a.a.O., S. 317.
[105] Vgl. dazu: Umdeutungen der Zweireichelehre Luthers im 19. Jahrhundert, hrsg. v. U. Duchrow, W. Huber und L. Reith; Gütersloh 1975.

schen der Auffassung Luthers und bestimmter Teile des Luthertums entwickelt.[106] Für Luther selbst wird man davon ausgehen müssen, daß er die Verantwortung für die christlich-diakonische Liebestätigkeit im Gegensatz zu Philippi primär den öffentlichen politischen Einrichtungen zugewiesen hat und damit die Trennung von christlicher Liebestätigkeit und staatlicher Fürsorge im Sinne einer Unterscheidung "geistlicher" und "weltlicher" Angelegenheiten gerade nicht gefördert hat. "Luther hatte ja die Verwirklichung der christlichen Liebe ... in erster Linie auf die öffentlichen und ökonomischen Strukturen (Stände) und erst an zweiter Stelle auf karitative Diakonie bezogen."[107] Auf seiner Suche nach theologischen Grundlagen für die Beschäftigung mit Diakonie entschied sich Philippi also dafür, die neulutherische Konzeption der Zweireichelehre in die diakonische Theologie einzuführen. Diakonie kann von Philippi nur innerhalb der Gemeinde und in Unterscheidung zur Welt angesiedelt werden. Sie wird zu einer speziellen Form des Selbstbezuges der christlichen Gemeinde, die zwar auch mit dem Staat kooperieren kann, die Unterscheidung von Gemeinde und Welt dabei jedoch niemals aufhebt.

### 1.4.3.2 "Gesellschaftliche Diakonie": Heinz-Dietrich Wendland

Im Gegensatz zu Philippis Entwurf versucht Heinz-Dietrich Wendland ein alternatives Konzept diakonischer Theologie im Rahmen seiner "Theologie der Gesellschaft" zu entwickeln, welches die Position der Diakonie zwischen Kirche und Welt beschreiben soll. Wendlands Originalität besteht dabei vor allem darin, daß er sich bei der Entwicklung seiner Sozialethik nicht nur mit der theologischen Tradition, sondern besonders mit den Entwicklungen der Diakonie nach 1945 beschäftigt hat.[108] "Seine eigentlichen Gesprächspartner sind weder die Sozialethiker vergangener Zeiten, noch die Historiker christlicher Soziallehren, noch die Vertreter gegenwärtiger theologischer Richtungen, sondern die Männer, die nach 1945 mit Wort und Tat Vorstöße zu modernem sozial-kirchlichem Handeln unternommen haben."[109] Diakonie wird damit bei Wendland zu einem entscheidenden Aspekt für die Konzeption einer theologischen Sozialethik. Die im Diakonischen Werk der EKD zusammengefaßten diakonischen Initiativen werden für ihn auch und gerade in ihrer institutionalisierten und gesamtgesellschaftlich orientierten Form zum spezifischen Bezug der Kirche auf die moderne Gesellschaft. Wendland geht dabei von der Säkularisierung der modernen (westdeutschen) Gesellschaft aus. Konsequenz dieser Säkularisierung

---

[106] Vgl. besonders H. Diem: Luthers Lehre von den Zwei Reichen, untersucht von seinem Verständnis der Bergpredigt aus. Ein Beitrag zum Problem "Gesetz und Evangelium"; Beiheft 5 zur Zeitschrift "Evangelische Theologie"; München 1938.

[107] W. Huber: Einleitung zu: Die Ambivalenz der Zweireichelehre in den lutherischen Kirchen des 20. Jahrhunderts; hrsg. v. U. Duchrow/W. Huber/L. Reith, a.a.O., S. 9, mit Bezug auf den zweiten Teil von Luthers Schrift "Von der Freiheit eines Christenmenschen".

[108] Zur grundlegenden Bedeutung Wendlands für die diakonische Theologie vgl. Th. Strohm: Heinz-Dietrich Wendland (1900-1992). Sein Beitrag zur theologischen Begründung der Diakonie; in: Zeitschrift für Evangelische Ethik 37 (1993), S. 5-9; vgl. bereits K.-W. Dahm und W. Mahrhold: Theologie der Gesellschaft. Der Beitrag Heinz-Dietrich Wendlands zur Neukonstruktion der Sozialethik; in: Zeitschrift für Evangelische Ethik 34 (1990), S. 174-199.

[109] H.-E. Tödt: Theologie der Gesellschaft oder theologische Sozialethik? In: Zeitschrift für Evangelische Ethik 5 (1961), S. 219.

ist für ihn, daß Kirche ihre Ansprüche auf eine neue Sakralisierung der Gesellschaft "aufgeben muß und künftig zu der Gesellschaft nur eine dienende (diakonische) Gesamthaltung einnehmen kann."[110] Der Diakoniebegriff wird damit gegenüber dem Konzept der "politischen Diakonie" z. B. Gerstenmaiers erheblich ausgeweitet. Diakonie wird zum spezifischen Bezug der Kirche nicht nur auf den Sozialstaat, sondern auf Gesamtgesellschaft überhaupt, also auf die Summe aller gesellschaftlichen Phänomene. Im Gegensatz zu Philippi verortet Wendland Diakonie jedoch nicht innerhalb der Kirche. Die dienende (diakonische) Gesamthaltung der Kirche geht über die Kirche selbst hinaus. Diakonie bekommt eine Position "zwischen Kirche und Welt"[111] oder genauer: zwischen Kirche und moderner Gesellschaft.

Diakonie ist also für Wendland nicht nur ein Aspekt gesellschaftlicher Wirksamkeit der Kirche. Sie ist der Grundcharakter des Gesellschaftsbezuges von Kirche schlechthin. Das Thema Diakonie ist deshalb auch theologisch elementar zu berücksichtigen. Mit Hilfe dieser Vorstellung einer "gesellschaftlichen Diakonie" wird der Diakoniebegriff damit einerseits von Wendland in grundlegender Weise neu eingebracht, er steht aber andererseits auch in der Gefahr, in seiner Weite undifferenziert und nichtssagend zu werden.

Die Kritik Herbert Krimms setzt genau an diesem sehr globalen Bezug Wendlands auf die Gesamtgesellschaft an. Für ihn hat diese Ausweitung des Diakonieverständnisses mit dem neutestamentlichen Diakoniebegriff nur noch wenig zu tun. Krimm meint kritisch, in Wendlands Begriff der "gesellschaftlichen Diakonie" seien vielmehr außerdem eine Vielzahl anderer Aspekte der säkularen modernen Gesellschaft enthalten. Der Begriff werde damit zu pauschal gefaßt und sei mit seiner neutestamentlichen Herkunft nicht mehr vereinbar: "...warum spricht man dann nicht auch von einer medizinischen, von einer soziologischen, von einer pädagogischen, einer ökonomischen, einer politischen oder von einer juristischen Diakonie? Wem wäre ein Dienst damit getan, wenn ein aus neutestamentlichem Urgestein gemeißelter Grundbegriff am Ende so verallgemeinert wird, daß er auf alles und nichts anzuwenden ist?"[112]

Gegenüber dieser viel zu allgemeinen Auffassung müßte Diakonie für Krimm in Abgrenzung zur modernen Gesellschaft konsequent auf den kirchlichen Bereich beschränkt bleiben. "Von keiner Gesellschaftsform wird die Kirche sagen können, daß es die ihre ist und daß auf ihr in besonderer Weise das Wohlgefallen Christi ruht. Niemals wird die Kirche ihre Kinder auf dieses Feld der Gesellschaftspolitik ohne ihren Segen entlassen können, ... niemals wird sie sich mit den Ergebnissen der Arbeit auf diesem Feld identifizieren können."[113] Eine weitere notwendige Einschränkung des Diakoniebegriffs betrifft das Verhältnis von gesellschaftlicher und individueller Diakonie. Gegenüber dem universal ansetzenden Diakoniebegriff Wendlands ist diakonisches Handeln für Krimm letztlich immer individuell orientiert. Er räumt ein, daß es auch soziale und gesellschaftliche Ursachen diakonisch zu bewältigender Not gebe. Der christliche Glaube orientiert sich dabei aber nach Krimm auch in solchen Zusammenhängen jeweils am individuellen Menschen. "Allerdings liegt im

---

[110] H.-D. Wendland: Einführung in die Sozialethik; Berlin/New York 1971, S. 66.
[111] Vgl. ders.: Diakonie zwischen Kirche und Welt; in: ders.: Botschaft an die soziale Welt; Hamburg 1959, S. 253ff.
[112] H. Krimm: "Gesellschaftliche Diakonie"? In: Zeitschrift für Evangelische Ethik 10 (1966), S. 366.
[113] Ebd.

christlichen Glauben auch immer ein unverlierbares und unaufgebbares Moment, das man vielleicht Individualisierung nennen könnte. Es liegt in der Überzeugung, daß jeder Mensch nach Gottes Schöpferwillen einmalig und unwiederholbar ist, und daß es nichts Höheres gibt als das Heil und die Rettung dieses Menschen. Insofern könnte man vielleicht sagen, daß der Sinn und das Ziel jedes kirchlichen Handelns, also auch des diakonischen, am einzelnen Menschen sich vollendet oder dort besonders deutlich in Erscheinung tritt".[114]

Wendland verteidigt gegenüber solchen Einwänden das Recht, derart umfassend von gesellschaftlicher Diakonie zu sprechen, mit einer vierfachen Begründung, die gleichzeitig eine hilfreiche Präzisierung und Differenzierung des Begriffes bietet.

1. Gesellschaftliche Diakonie schließt diakonische Einzelhilfe nicht aus. Vielmehr zielt Diakonie auf den Einzelmenschen, muß sich dabei aber "einer Fülle von weltlich-gesellschaftlicher Hilfsmittel .... bedienen ..., wie der Technik, der Organisation, der Medizin, der empirischen Sozialwissenschaft, der Psychologie sowie gesellschaftlicher Apparaturen und staatlicher Gesetzgebung".[115] Der Rahmen neutestamentlicher Diakonie wird damit unweigerlich "weit überschritten", weil die moderne Diakonie "auf die Nöte ihrer Zeit hin zu handeln" hat.[116]

2. Der Begriff der "gesellschaftlichen Diakonie" ist schon in der Konzeption der Inneren Mission aufgenommen "unter der Zielsetzung einer christlichen Erneuerung des Volkes in allen seinen 'Ständen' und Berufen".[117] Damit wird "die Sphäre der Hilfe an Einzelmenschen prinzipiell zugunsten einer umfassenden Diakonie an der Gesamtgesellschaft dahinter gelassen...., ohne daß jeweils der einzelne und seine Not ausgeklammert würde."[118]

3. Dieser gesamtgesellschaftliche Dienst läuft deshalb notwendigerweise "über gesellschaftliche Apparate und Organisationen, weil er so am besten den Menschen der heutigen Gesellschaft zu erreichen vermag, der Rollenträger von gesellschaftlichen Funktionen und Mitglied von Verbänden ist."[119] Diese Umleitung geschieht aber um des einzelnen willen. Wendland betont hier ausdrücklich, daß sich nicht erst die Diakonie in der Moderne, "sondern seit jeher in den verschiedensten Zeitaltern der Gesellschaftsgeschichte" einer "institutionellen Vermittlung der Liebe"[120] bedient habe. Er behauptet demgegenüber, daß eine rein individualistische Auffassung des Menschen "angesichts der zahllosen institutionellen Vermittlungen der mitmenschlichen Beziehungen"[121] zu kurz greift. Gerade um den einzelnen Hilfebedürftigen zu erreichen, muß die diakonische Hilfe sich deshalb paradoxerweise der Institutionen bedienen. "In alle institutionell vermittelten Verhältnisse von

---

[114] Krimm, a.a.O., S. 363.

[115] H.-D. Wendland: Das Recht des Begriffes "Gesellschaftliche Diakonie"; in: ders.: Die Kirche in der revolutionären Gesellschaft; 2. Aufl. Gütersloh 1968, S. 175; Erstdruck in Zeitschrift für evangelische Ethik 10 (1966), S. 171-179. Die dargestellte Kritik Krimms ist also bereits Reaktion auf diese Präzisierungen Wendlands.

[116] Ebd.

[117] Wendland, Die Kirche in der revolutionären Gesellschaft, S. 175f.

[118] Wendland, a.a.O., S. 176.

[119] Ebd.

[120] Ebd.

[121] Vgl. H.-D. Wendland: Person und Gesellschaft in evangelischer Sicht; Köln 1965, S. 89.

Mensch und Mitmensch tritt die Liebe hinein."[122] Diese Berücksichtigung des institutionellen Aspektes der persönlichen Hilfe schließt dabei auch die Umgestaltung der Institutionen nach den von Wendland genannten Kriterien der Freiheit und Menschengerechtigkeit ein.

4. Die Einsicht in diese Zusammenhänge von Individuum und Institution verändert auch die Vorstellung des Subjektes der Diakonie. Der geordneten und gegliederten Gesamtgesellschaft tritt damit als diakonisch Handelnder nicht der einzelne, sondern die Gemeinde gegenüber. Die Vorstellung, in der Diakonie würden einzelne Individuen handeln, schlägt für Wendland "der neutestamentlichen Konzeption von Kirche... doch geradezu ins Gesicht. Denn hier handelt ... der geschichtliche Leib Christi als ganzer". [123]

Wendlands Konzept der "gesellschaftlichen Diakonie" pauschalisiert den Diakoniebegriff also nicht durch eine undifferenzierte und vielleicht modische Öffnung auf gesamtgesellschaftliche Tendenzen hin. Es versucht mit seiner Öffnung, den personalen Aspekt diakonischer Arbeit mit dem öffentlich-gesellschaftlichen und institutionell vermittelten Aspekt in Zusammenhang zu bringen. "Gesellschaftliche Diakonie der Kirche vereinigt Person und Gesellschaft durch dienende Liebe."[124] Ausgehend von seiner Auseinandersetzung mit Diakonie entwickelt Wendland ein scharfes Gespür für die Korrelation von personal orientiertem Dienst und gesellschaftlicher Durchsetzbarkeit. Diakonie ist - und zwar nicht nur aktuell, sondern schon traditionell - für ihn Einzelhilfe und gesellschaftliche Hilfeleistung, individuell und universal orientiert, personal ausgerichtet und institutionell vermittelt, Hilfe des einzelnen und der Gemeinde. Die Ausweitung des Diakoniebegriffes auf "gesellschaftliche Diakonie" bedeutet bei Wendland also nicht das Ignorieren des Individuums, sondern das Offenlegen der personalen und institutionellen Strukturen der Diakonie zwischen Kirche und Gesellschaft. Wendland scheut sich dabei auch nicht, grundlegende strukturelle Veränderungen zwischen neutestamentlicher und moderner Diakonie hervorzuheben. Damit wird eine direkte Ableitbarkeit aktuellen diakonischen Hilfehandelns von der "Diakonie Jesu" kritisch beurteilt.[125]

Dieser grundsätzlich neue sozialethische Ansatz Wendlands, der sich offensichtlich in erheblicher Weise auf Entwicklungen in der Diakonie nach 1945 und in der modernen westdeutschen Gesellschaft einläßt, ist nicht nur von H. Krimm kritisiert worden. Namentlich Heinz-Eduard Tödt hat sich mit dem gewagten Entwurf Wendlands auseinandergesetzt.[126] Er radikalisiert den Neuansatz Wendlands nochmals, indem er ihn an einer epochalen Schwelle der Kirchengeschichte einordnet. Nach Tödt kündigt Wendlands Theorie ein drittes Zeitalter der Existenz der Kirche in der Gesellschaft an: "War einst die Kirche zugleich Fundament und Krönung der Gesellschaft und wurde sie dann im Zeitalter der radikalen Weltlichkeit an den äußersten

---

[122] Wendland, a.a.O., S. 90.

[123] H.-D. Wendland: Die Kirche in der revolutionären Gesellschaft, S. 179.

[124] Wendland, a.a.O., S. 180.

[125] Vgl. zum Versuch einer Übertragung neutestamentlicher Kriterien des "Hilfehandelns Jesu" auf aktuelle Diakonie H. Seibert: Diakonie - Hilfehandeln Jesu und soziale Arbeit des Diakonischen Werkes; 2. Aufl. Gütersloh 1985.

[126] H.-E. Tödt: Theologie der Gesellschaft oder theologische Sozialethik? Ein kritischer Bericht über Wendlands Versuch einer evangelischen Theologie der Gesellschaft; in: Zeitschrift für evangelische Ethik 5 (1961), S. 211-241.

Rand der Gesellschaft gedrängt, so lassen sich jetzt schon die Grundstrukturen eines neuen dritten Zeitalters aufzeigen, in welchem die Gemeinde Christi zur mündig gewordenen Welt ein diakonisches Verhältnis finden muß."[127] Zentraler Kritikpunkt Tödts ist, daß der epochal ansetzende Entwurf Wendlands sich als theologisches Konzept zu sehr am Begriff der Gesellschaft und an deren soziologischer Analyse orientiert. Er bezieht sich auf einen Satz Wendlands, in dem die Öffnung der diakonischen Theologie gegenüber der modernen Gesellschaft und ihrer soziologischen Erforschung auf die Spitze getrieben wird: "Die soziologische These vom 'sekundären' Charakter des Systems der funktionalen Gesellschaft hat Recht, und zwar gerade im theologischen Sinne."[128]

Dieser Satz ist innerhalb der Theologie Wendlands keineswegs nebensächlich. Es ist ein Zentralsatz aus Wendlands Münsteraner Antrittsvorlesung mit dem Thema "Das System der funktionalen Gesellschaft und die Theologie".[129] Wendland versucht hier zu zeigen, daß "Gesellschaft" gleichermaßen als soziologischer wie theologischer Begriff verwendbar ist. Er geht davon aus, daß sich die moderne technische Gesellschaft gegenüber einem vortechnischen Zeitalter zu einer funktional differenzierten Gesellschaft entwickelt hat. Der soziologische Begriff einer funktionalen Gesellschaft als gegenüber vortechnischen Gesellschaften "sekundärer Gesellschaft" kann und muß für ihn auch theologisch beachtet werden. Wendland sieht den entscheidenden Mangel der evangelischen Sozoziallehre darin, daß von ihr "dieses System der funktionalen Gesellschaft noch immer wesentlich unbegriffen" ist.[130] Er nennt vor allem vier interne Schwierigkeiten, die eine Auseinandersetzung der evangelischen Sozoziallehre mit der modernen Erscheinungsform der funktional gegliederten Gesellschaft verhindern:

1. Den "traditionellen, protestantisch-humanistischen Individualismus", der "keine genügende Einsicht in die Macht der gesellschaftlichen Institution und die den Menschen beherrschenden und formenden Vorentscheidungen besitzt".[131]

2. Den kirchlichen Konservativismus, der sich "zur Erklärung und Deutung gesellschaftlicher Phänomene gern der Organismustheorie"[132] bediente, die vor allem auf Familie, Volk und Staat angewandt wurde.

3. Die "Neutralisierung der Kirche" gegenüber dem öffentlichen Leben und darin die Beschränkung von deren Wirksamkeit auf das "jenseitige Heil des einzelnen",[133] welche oft mit Hilfe einer falsch verstandenen Zweireichelehre legitimiert wurde.

4. Das "allmähliche Wegbrechen der alten, sozialen Fundamente der Ortskirchengemeinde und der Volkskirche".[134] Durch die moderne Trennung von Arbeitsraum und Lebensraum divergieren Kirchengemeinde und bürgerliche Ortsgemeinde immer

---

[127] Tödt, a.a.O., S. 219 f.

[128] H.-D. Wendland: Botschaft an die soziale Welt; Hamburg 1958, S. 137 f.

[129] Zuerst veröffentlicht in: Kerygma und Dogma 2 (1956), S. 289 ff.; hier zitiert nach dem Neuabdruck in: Wendland: Botschaft an die soziale Welt, S. 124-140.

[130] Wendland, a.a.O., S. 125.

[131] Ebd.

[132] Wendland, a.a.O., S. 126.

[133] Wendland, a.a.O., S. 127.

[134] Ebd.

mehr. Die Kirche reagiert darauf mit dem "Rückzug der Kirche auf die private Existenz der einzelnen und die häusliche Sphäre der Familien."[135]

Diese prinzipiellen Schwierigkeiten evangelischer Sozialethik möchte Wendland überwinden, indem er den als Leitmotiv der Beschreibung der modernen Gesellschaft geltenden Begriff der "funktionalen Gesellschaft" als soziologischen und zugleich theologischen Begriff zu etablieren versucht. Er bezieht sich dabei auf die "Theorie des gegenwärtigen Zeitalters" von Hans Freyer.[136] Freyer hatte dort die Teilbereiche der modernen funktionalen Gesellschaft als "sekundäre Systeme" interpretiert. Das sind soziale Zusammenhänge, in denen der Mensch nicht, wie z.B. in der Ehe, Liebe, Freundschaft oder Kameradschaft als ganzer angenommen, sondern von bestimmten Erwartungen her lediglich partiell wahrgenommen wird: "...der Mensch wird auf das Minimum, das von ihm erwartet wird, wirklich reduziert. ... Sekundäre Systeme, anders gesagt, sind Systeme der sozialen Ordnung, die sich bis zum Grunde, d.h. bis in die menschlichen Subjekte hinein entwerfen... Der Mensch wird den Institutionen willig gemacht und ihnen angepaßt. Was er zu sein hat, sogar was er ist, wird nicht von ihm selbst aus, sondern von seiner Stellung und Funktion im Sachprozeß aus entschieden."[137]

Eben diesen radikalisierten Systembegriff versucht Wendland in seiner an Diakonie orientierten Theologie der Gesellschaft theologisch zu berücksichtigen. Die Gefährdungen, die für den Menschen von "sekundären Systemen" im Sinne Freyers ausgehen, sind nach Wendland auch theologisch wahrzunehmen. "Sekundäre Systeme" sind theologisch vor allem deshalb problematisch,
- weil sie vom "autonomen" Menschen aufgrund seines göttlichen Herrschaftsauftrages über die Welt *geschaffene* "rationale" Systeme sind,
- weil sie den Menschen nur partiell anerkennen und ihn zum bloßen Träger von Funktionen machen,
- weil der Mensch durch sie "zum Instrument herabgesetzt und ideologisch umgeformt und beherrscht" werden kann.[138]

Im Begriff der "funktionalen Gesellschaft" äußern sich damit für Wendland also zugleich soziologische und theologische Problemstellungen. Sein Versuch einer Integration des soziologischen Gesellschafts- bzw. Systembegriffs setzt auf der Ebene von Problembeschreibungen an. Er versucht nicht einfach, einen soziologischen Begriff theologisch für sozialethische oder diakonische Fragen zu gebrauchen, sondern erkennt in der soziologischen Problembeschreibung zugleich die theologische Problematik. Die theologische Rezeption von soziologischen Begriffen wie "funktionale Gesellschaft" und "System" ist für ihn also möglich, sofern soziologische Begriffe zugleich auf theologische Problemstellungen verweisen. An dieser Stelle setzt die Kritik H.E. Tödts ein: "In dieser soziologisch- theologischen Analyse sieht Wendland die Ausgangsbasis für die Begegnung mit den Problemen der funktionalen Gesellschaft. Aber hier wird auch die Problematik deutlich, die darin liegt, daß Wendland einem soziologischen Begriff einen theologischen Sinn zuspricht."[139] Die Möglichkeit einer Synthese theologischer und soziologischer Problembeschreibung in

---

[135] Wendland, a.a.O., S. 128.
[136] H. Freyer: Theorie des gegenwärtigen Zeitalters; Stuttgart 1955.
[137] Freyer, a.a.O., S. 88 f.
[138] Wendland: Botschaft an die soziale Welt, S. 138.
[139] H.-E. Tödt: Theologie der Gesellschaft oder theologische Sozialethik? S. 228 f.

einer "Sozialtheologie"[140] wird damit von Tödt prinzipiell, also auch auf der Ebene problembeschreibender Analyse, bestritten. Dennoch räumt Tödt ein, daß die von Wendland durch die Beschäftigung mit Diakonie erreichte Öffnung der Sozialethik für sozialstrukturelle Fragestellungen unverzichtbar ist. "Eine Sozialethik würde z.B. an der Gegenwartsproblematik vorbeigehen, wenn sie nicht sehen würde, daß eine an der individuellen Autonomie orientierte Ethik die Lage der meisten Menschen in der modernen Gesellschaft verfehlt. ... Und sie wird bedenken müssen, was es für das Menschsein des Menschen bedeutet, daß das Leben in der Massengesellschaft einerseits bestimmte Verhaltensweisen aufnötigt, andererseits aber auch Möglichkeiten eröffnet, die vorher nicht gegeben waren."[141] An solchen Fragestellungen wird nach Tödt auch eine konventionell ansetzende, theologische Sozialethik nicht vorbeikommen und hier liegt der - nicht zuletzt in Auseinandersetzung mit Diakonie(!) - erreichte Gewinn der Analysen Wendlands.

### 1.4.3.3 "Soziale Diakonie": Arthur Rich

Mit Wendland diese grundlegende Relevanz sozialstruktureller Fragestellungen für die Diakonie erkannt zu haben, ist das Verdienst Arthur Richs. Er setzt für sein Konzept einer "sozialen Diakonie" bei einer christologischen Begründung an. Christliche Existenz wurzelt für Rich in einem Leben, das sich "von Christus in den Dienst seiner kommenden, schon jetzt die Welt verändernden Herrschaft nehmen läßt."[142] Diakonie wird also bei Rich als Vorwegnahme der eschatologisch zu verstehenden Christusherrschaft aufgefaßt. Dieser Dienst der "kommenden, schon jetzt die Welt verändernden Herrschaft" Christi äußert sich im "Einstehen für den bedrohten und bedrängten Menschen".[143] "Wo nicht mitmenschlich für den anderen Menschen in seiner Bedrängnis eingestanden wird, da gibt es keinen Christusdienst. 'Was ihr an einem dieser meiner geringsten Brüder nicht getan habt, das habt ihr mir nicht getan' (Mt. 25,45). Um nichts anderes als darum geht es in der christlichen Existenz. Christliche Existenz ist somit diakonische Existenz."[144]

Diese Charakterisierung christlicher Existenz hat für Rich direkte Konsequenzen für die Kirche als Gemeinschaft der Christen in der Welt. Diakonie wird nicht nur für die Existenz des einzelnen Christen, sondern auch für die christliche Gemeinschaft zur Grundfunktion. "Das Diakonische gehört somit zu den fundamentalen Funktionen oder Diensten der Kirche, die sich als Gottes Bürgerschaft, als Vorhut seines erst noch kommenden Reiches, schon im Vorletzten zum Letzten angetrieben weiß. Es gibt im Grunde nur deren zwei: Der Dienst der Verkündigung und eben der Dienst der Diakonie."[145]

---

[140] Vgl. Wendland: Botschaft an die soziale Welt, S. 138-140.

[141] H.-E. Tödt: Theologie der Gesellschaft oder theologische Sozialethik? S. 241.

[142] A. Rich: Christliche Existenz in der industriellen Welt; 2. Aufl., Zürich 1957, S. 261.

[143] Ebd.

[144] Rich, a.a.O., S. 261 f.

[145] Rich, a.a.O., S. 50. Damit findet sich bei Rich in Form des Diakoniebegriffs eine grundlegende Modifikation der in der Confessio Augustana Artikel VII formulierten Definition von Kirche. Kirche wird nicht von den Aspekten Verkündigung und Sakramentsverwaltung her verstanden, son-

Rich entwickelt seine Überlegungen zur "Weltlichkeit des Glaubens" deshalb zentral im diakonischen Horizont. Diakonie wird für ihn neben der Christusverkündigung zum grundlegenden Bezug der Kirche auf die moderne säkularisierte Gesellschaft. Ebenso wie Wendland faßt Rich dabei Säkularisierung nicht als an sich negativ auf.[146] Auch Rich geht wie Wendland von epochalen Umstrukturierungen der Gesellschaft in der Moderne aus. Die grundlegende Veränderung ist für ihn die von einer personal zu einer institutionell orientierten Gesellschaft. An dieser Veränderung partizipiert auch die Diakonie. "Die herkömmliche Diakonie ist in einem Zeitalter groß geworden, das sich soziologisch durch den Vorrang patriarchalischer Lebensformen in Familie, Gesellschaft und Staat kennzeichnen läßt. Patriarchalische Lebensformen tragen bis hinein in die institutionalisierten Beziehungen personalistische, d.h. von unmittelbarem Personverhalten geprägte Struktur."[147] Dieser personalistische Grundzug änderte sich mit dem Entstehen der modernen Industriegesellschaft. Diese "brachte die Auflösung der alten patriarchalischen Verhältnisse und insofern die Beseitigung der personalistischen Strukturen im gesellschaftlichen Bereich mit sich."[148] Akute Bedrohungen und Gefährdungen des Menschen äußern sich in der modernen Gesellschaft nicht mehr nur als personal verursachte, sondern vor allem als institutionell, also sozial bedingte Bedrängnis. Personale Gefährdung in der modernen Welt korreliert deshalb für Rich sehr oft mit sozialer Gefährdung. "Anders ausgedrückt: Diese Persongefährdung hängt entscheidend mit seiner Soziallage zusammen. Will unter diesen Bedingungen christlicher Glaube als Vollzug des Christusdienstes in der Welt für den bedrohten und bedrängten Menschen eintreten, dann muß die Diakonie soziale Diakonie werden, ohne natürlich aufzuhören, personale Diakonie zu sein."[149]

Diakonie muß also um der konkreten Gefährdung des Menschen willen in der modernen Gesellschaft zusätzlich zur personal ausgerichteten eine "soziale Diakonie" entwickeln und damit die sozialstrukturellen Problemstellungen berücksichtigen. Das ist nicht als Imitation moderner Strukturen innerhalb der Diakonie zu verstehen, sondern als adäquate Antwort auf die Gefährdungen des Menschen in der modernen Welt. Mit Bezug auf I Kor 16,14 plädiert Rich hier angesichts der Neuartigkeit moderner Gefährdungen für eine grundsätzliche Ausweitung des Diakoniebegriffs. "Wenn hingegen in der diakonischen Existenz 'alles' in Liebe geschehen soll, dann kann doch die soziale Existenz des Menschen und damit die sie bestimmenden Strukturen der gesellschaftlichen Ordnung davon nicht ausgenommen sein. An diesem Punkt bedarf heute das Diakonische, um des wirklichen Menschen willen, der mit seiner ganzen Existenz in die gesellschaftlichen Bezüge verwoben ist, einer bewußten und entschiedenen Ausweitung. Es muß über das unmittelbar Personale im

---

dern durch die doppelte Funktion von Verkündigung und Diakonie. Der Sakramentsbegriff wird durch den Diakoniebegriff ersetzt.

[146] Rich hält die Entwicklung zu einer säkularisierten Gesellschaftsform für den christlichen Glauben dann für akzeptabel, wenn die dabei entstehenden Gesellschaftsbereiche in ihrer Geltung nicht absolut gesetzt werden. "Unter echter Weltlichkeit ist also diejenige Gestalt der Säkularisierung zu verstehen, die alles Weltliche entscheidend relativiert: Staat, Gesellschaft, Kultur, Wissenschaft, Technik, Wirtschaft aber auch politische Bindung oder politische Freiheit usf." A. Rich: Die Weltlichkeit des Glaubens. Diakonie im Horizont der Säkularisierung; Zürich 1966, S. 32.

[147] Rich, a.a.O., S. 52 f.
[148] Rich, a.a.O., S. 55.
[149] Rich, a.a.O., S. 262.

menschlichen Dasein weit hinausgreifen und die Frage nach der rechten Struktur der institutionell vermittelten Beziehungen unter den Menschen der modernen Industriegesellschaft in Angriff nehmen, was zugestandenermaßen ein sehr heißes Eisen ist."[150]

Diese Ausweitung des Diakoniebegriffs auf personale und institutionelle Aspekte erfordert jedoch eine präzise Bestimmung des gegenseitigen Verhältnisses von Person und Institution. Rich bezeichnet diese Relation etwas unscharf als Verhältnis wechselseitiger Abhängigkeit: "Soziale Diakonie fußt auf der Einsicht, daß das Personale und Soziale in einem Verhältnis der Interdependenz zueinander stehen."[151] Er räumt zwar ein, daß soziale Institutionen von Menschen geschaffen sind. Die dabei entstehenden sozialen Strukturen haben für ihn aber bezüglich der möglichen Gefährdung menschlichen Lebens mindestens ebenso große Bedeutung wie die personalen. Eben deshalb wird Diakonie auch für Rich bezüglich Fragestellungen einer über individuelle Probleme hinausgehenden evangelischen Sozialethik wichtig. Im Begriff der "sozialen Diakonie" zeigt Rich, daß theologische Ethik künftig nicht nur personale, sondern auch strukturelle, soziale Nöte genuin zu berücksichtigen hat.

### 1.4.4 Konsequenzen für die theologische Reflexion der Diakonie

Im Bereich der akademischen evangelischen Theologie blieben Philippi, Wendland und Rich die einzigen, die bis in die späten 70er Jahre das Thema Diakonie in derart grundsätzlicher Weise aufgenommen haben. Ihre Hervorhebung der Diakonie für eine prinzipielle Verhältnisbestimmung der Kirche zur modernen Gesellschaft und für eine Ausweitung der theologischen Ethik auf den Sozialaspekt fand theologisch keine wesentliche Beachtung. Auch bei Arthur Rich selbst geriet in seiner theologischen "Wirtschaftsethik" das Thema Diakonie eigentümlicherweise wieder außer Sicht - obwohl es ihm dort, wie beschrieben, zentral um die akute Gefährdung der "Humanität" besonders in institutioneller Hinsicht geht.[152]

Diakonie bleibt damit für die theologische Sozialethik ein zwar in seiner grundlegenden Relevanz punktuell erkanntes, darüber hinaus jedoch nicht weiter bearbeitetes Thema. Die theologischen Einsichten, die sich für Philippi, Rich und Wendland bei einer Berücksichtigung der Diakonie ergeben, lassen sich abschließend folgendermaßen zusammenfassen:

1. In der industrialisierten, funktional gegliederten modernen Gesellschaft haben sich die Erscheinungsformen menschlicher Not grundsätzlich geändert.

2. Die herkömmliche, an personaler Not orientierte Diakonie der Gemeinden und der Inneren Mission des 19. Jahrhunderts hat sich auf diese Veränderungen einstellen müssen.

3. Die bereits im 19. Jahrhundert einsetzende und im 20. Jahrhundert sich verstärkende Institutionalisierung der Diakonie ist angesichts dieser Entwicklungen folgerichtig. Sie geschieht ebenfalls um der Not des Menschen willen.

---

[150] Rich, a.a.O., S. 75 f.

[151] Rich: Christliche Existenz in der industriellen Welt, S. 262.

[152] Vgl. A. Rich: Wirtschaftsethik; Bd. 1, Grundlagen in theologischer Perspektive; Gütersloh 1984; Bd. 2, Marktwirtschaft, Planwirtschaft, Weltwirtschaft aus sozialethischer Sicht; Gütersloh 1990.

4. Personal und institutionell orientierte Diakonie widersprechen sich nicht. Sie ergänzen einander.

5. Diakonie bekommt durch die Ausweitung ihres Wirkungsfeldes auf sozialstrukturelle Probleme eine grundsätzliche Bedeutung für das theologische Verständnis der Kirche in der modernen Gesellschaft. Sie wird zusammen mit Verkündigung bzw. Predigt zur entscheidenden Aufgabe der heutigen Kirche.

6. Das theologische Verständnis von Kirche ist damit grundlegend zu modifizieren. Die theologische Ekklesiologie muß um den diakonischen Aspekt erweitert werden, und die theologische Ethik muß personal und institutionell orientierte Erscheinungsformen von Diakonie berücksichtigen.

Anstelle des herkömmlichen Kirchenverständnisses muß also ein neues, an personalen und institutionellen Fragestellungen orientiertes diakonisches Kirchenverständnis entwickelt werden. Die dahinter stehende theologische Aufgabe, die sich durch eine verstärkte Wahrnehmung des Phänomens moderner Diakonie ergibt, ist von Philippi, Wendland und Rich deutlich hervorgehoben worden.

Diese Einsichten haben sich, wenn man die akademisch-theologische Diskussion insgesamt betrachtet, nicht durchsetzen können. Besonders der in der evangelischen Theologie lange Zeit fast völlig ausgeblendete Bereich der Wirtschaftsethik verdeutlicht, wie schwer hier die Ausweitung theologischer Ethik auf sozialstrukturelle Probleme gefallen ist. Es ist dabei charakteristisch, daß gerade Arthur Rich mit seiner Sensibilität für die institutionelle Seite menschlicher Not das wohl seit der "Evangelischen Wirtschaftsethik" von Georg Wünsch (1927) beachtlichste Konzept einer theologischen Wirtschaftsethik entwickelt hat.[153]

## 1.5 Wahrnehmung eines theologischen Defizits

### 1.5.1 Die mangelnde akademische Vertretung der Diakonie in den theologischen Fakultäten

Daß das Thema Diakonie trotz der Entwürfe von Philippi, Wendland und Rich theologisch nicht entscheidend aufgenommen wurde, hat auch organisatorische Gründe. Die Etablierung eines theologischen Themas erfordert entsprechende institutionelle Voraussetzungen. Die mangelnde Vertretung der Diakonie durch theologische Lehrstühle hat zur weitgehenden Ausblendung der Diakonie im theologischen Bewußtsein entscheidend beigetragen. Die Gründung des Diakoniewissenschaftlichen Instituts in Heidelberg, das Studium der Diakonie als Teilgebiet der Praktischen Theologie in Leipzig und Halle, die Einrichtung des Institutes für christliche Gesellschaftswissenschaften in Münster sowie katholischerseits des Lehrstuhls für Caritaswissenschaften und eines "Instituts für christliche Gesellschaftslehre" in Freiburg, allesamt in den 50er und anfangs der 60er Jahre, haben daran nichts Grundlegendes ändern können. Auch das Konzept einer "Christozentrischen Diakonie" Paul Philippis, des langjährigen Leiters des Diakoniewissenschaftlichen Institutes, hat

---

[153] Vgl. A. Rich: Wirtschaftsethik; Bd. 1, 4. Aufl., Gütersloh 1991; Bd. 2, Gütersloh 1990 und Georg Wünsch: Evangelische Wirtschaftsethik; Tübingen 1927.

theologisch nicht die entsprechende Resonanz gefunden.[154] Philippis Vorwort zur zweiten Auflage seines Entwurfes von 1975 klingt nach jahrelangen Bemühungen um eine Weiterführung der Diskussion resignierend. "Da die erste Auflage dieses Buches seit Jahren vergriffen ist, die besseren Nachfolgeveröffentlichungen aber, die das Vorwort zur ersten Auflage hervorlocken wollte, noch nicht erschienen sind, wird die alte Fassung der 'Christozentrischen Diakonie' noch einmal vorgelegt."[155] Die Selbstdarstellung des Diakoniewissenschaftlichen Institutes (DWI) in Heidelberg Mitte der 80er Jahre dokumentiert deutlich die Überforderung, als einziger evangelischer akademischer Lehrstuhl in der BRD die dargestellten grundsätzlichen Probleme innerhalb der Theologie vertreten und verarbeiten zu müssen.

"Das Diakoniewissenschaftliche Institut ist seit 30 Jahren der einzige Ort, an dem kontinuierlich und pflichtgemäß
a) die gesamte institutionelle Sozialarbeit der Kirche wissenschaftlich zur Kenntnis genommen wird,
b) die evangelische Sozialarbeit auf ihren Anspruch, Diakonie der Kirche zu sein, kritisch und konstruktiv überprüft wird,
c) nach den Kriterien und dem Stellenwert evangelischer Diakonie theologisch gefragt wird."[156]

Hält man sich die enorme quantitative Entwicklung der Diakonie seit 1945 vor Augen und berücksichtigt man, daß dabei eine ganz spezifische und gesellschaftlich sehr akzeptierte Form christlichen Handelns entstanden ist, so muß diese Beschränkung einer theologischen Reflexion der damit zusammenhängenden Probleme auf einen einzigen Lehrstuhl bedenklich stimmen.

"Daß es nur diesen einzigen Ort für kontinuierlich wissenschaftliche Kenntnisnahme gibt, ist
a) verwunderlich, da die 'diakonische' Arbeit der Kirche personell wie finanziell das Volumen der sonstigen kirchlichen Arbeit um ein Mehrfaches übersteigt,
b) paradox, da die 'diakonische' Arbeit häufig für die gesamte Kirche zur Legitimation von deren gesellschaftlicher Rolle dient,
c) erheblich für die Aufgabenstellung des DWI innerhalb der Praktischen Theologie, sofern deren andere Unterdisziplinen (Homiletik, Religionspädagogik, Seelsorge und Liturgik) allein innerhalb des evangelischen Deutschland bereits durch zahlreiche Pfarrer-Ausbilder und Ausbildungsstätten bearbeitet werden."[157]

Die Tatsache, daß Diakonie in der universitären Theologie hochschulpolitisch derart unterrepräsentiert ist, kann als ein deutliches Zeichen für die mangelnde Präsenz des Themas Diakonie im theologischen Bewußtsein insgesamt gelten. Man wird also in jedem Fall von einer asymmetrischen Entwicklung der Diakonie selbst und ihrer theologischen Reflexion sprechen müssen. Besonders die mangelnde Berücksichtigung der Diakonie innerhalb der Praktischen Theologie und der Systematischen Theologie kann dabei eigentlich nur wundern. Die Initiativen Philippis, Wendlands und Richs als maßgeblicher Vertreter ihrer Disziplinen haben weder zu

---

[154] Vgl. P. Philippi: Christozentrische Diakonie; 1. Aufl. Stuttgart 1953; 2. Aufl. Stuttgart 1975.
[155] Philippi, a.a.O., Vorwort zur 2. Aufl.
[156] P. Philippi und Th. Strohm: Forschung und Studium im Fachgebiet "Diakoniewissenschaft" in der theologischen Fakultät der Universität Heidelberg; in: Theologia Practica 20 (1985), S. 293.
[157] P. Philippi und Th. Strohm, a.a.O., S. 294.

einem Ausbau der Praktisch-Theologischen Disziplin "Diakonik" noch zur Entwicklung einer diakonischen Sozialethik geführt.

Diese mangelhafte Berücksichtigung des Themas Diakonie in der Theologie kann nicht zufällig sein. Es wird im folgenden zu fragen sein, auf welche theologischen Ursachen sie zurückzuführen ist.

## 1.5.2 Theologische Gründe für die Ausblendung des Themas Diakonie

Wenn sich Diakonie in der wissenschaftlichen theologischen Diskussion bisher auch kaum hat etablieren können, so zeigt sich doch andererseits, daß die Asymmetrie der Entwicklung von Diakonie und diakonischer Theologie zu Beginn der 80er Jahre innerhalb der Theologie wenn auch nicht wesentlich verändert, so doch zumindest wahrgenommen worden ist. Einen gewissen Höhepunkt stellt hier das Heft der Zeitschrift "Pastoraltheologie" mit dem Titel "Diakonie und Theologie" dar.[158] Das Heft ist im wesentlichen Dokumentation eines Gesprächs über "Diakonik als Unterdisziplin der Praktischen Theologie", zu dem im Oktober 1981 das Heidelberger DWI und das Diakonische Werk der EKD die Praktischen Theologen an den Fakultäten und Hochschulen im deutschsprachigen Raum einluden. Die Titel der dort veröffentlichten Aufsätze sprechen für sich:
- "Diakonie und Universitätstheologie - eine versäumte Begegnung?" (von A. Funke)[159]
- "Diakonik - Geschichte der Nichteinführung einer praktisch-theologischen Disziplin" (von J. Albert)[160]
- "Diakonik - Diagnose des Fehlens einer Disziplin" (von P. Philippi)[161]
- "Ein Versuch der Integration der Diakonik in die Praktische Theologie" (von H. Wagner)[162]

Hier wird offensichtlich zunächst einmal ein Defizit wahrgenommen. Man fragt sich, wie es dazu kommen konnte, daß dieser wichtige Bereich christlichen Lebens und Handelns bis dahin so wenig berücksichtigt wurde. Offenbar zeigt sich dabei nicht nur eine Vernachlässigung eines kleinen Teilbereichs der Praktischen Theologie, der neben Liturgik, Poimenik, Homiletik, Katechetik und Kybernetik zu wenig beachtet wurde. Das Problem liegt tiefer. Es verdeutlicht, wie schon in der geschichtlichen Analyse gezeigt wurde, eine relative Hilflosigkeit der evangelischen Theologie nach 1945 gegenüber sozialen und institutionellen Problemstellungen, verbunden mit einer auffälligen Konzentration auf den Aspekt personal orientierter Verkündigung. In dieser Situation muß theologisch neu angesetzt werden: "Es ist an der Zeit zu fragen, wer das soziale Handeln des Protestantismus durchdenkt - und warum dafür die Sozialethik nicht ausreicht."[163]

---

[158] Vgl. Pastoraltheologie (PTh) 72 (1983), S. 151ff.

[159] A.a.O., S. 152-164. Der Text wurde nicht auf dem oben genannten Kongreß vorgetragen.

[160] A.a.O., S. 164-177.

[161] A.a.O., S. 177-186.

[162] A.a.O., S. 186-194.

[163] Einleitung zum Heft "Diakonie und Theologie" von Peter Stolt; Pastoraltheologie 72 (1983), S. 151.

Besonders Paul Philippi setzt bei seiner Analyse dieses Defizites sehr grundsätzlich an. Für Philippi ist die weitgehende Ausblendung sozial-diakonischer Problemstellungen durch Defizite in der Gesamtentwicklung der evangelischen Theologie verursacht. Seine Kritik bezieht sich zunächst auf Engführungen innerhalb der Praktischen Theologie. Seine Ausführungen spiegeln dabei auch die Erfahrungen wider, die Philippi in seiner langjährigen Tätigkeit als Leiter des DWI mit den Wahrnehmungsblockaden der Theologie gegenüber Diakonie gemacht hat. Praktische Theologie war nach Philippi bislang viel zu sehr auf die pastorale Ausbildung zentriert, als daß sie die Herausforderungen, die mit der Entwicklung moderner Diakonie entstanden, hätte aufnehmen können. Die strukturellen Anfragen an die herkömmliche Lehre vom Pfarramt und von der Gemeinde, die sich durch das Aufkommen moderner Diakonie stellten, konnten demnach von der Praktischen Theologie gar nicht durch die Schaffung einer neuen Disziplin "Diakonik" aufgenommen werden. "Weil Diakonik eine metabasis des Genus der Praktischen Theologie von den Funktionen des Pfarrers zur Strukturierung der Gemeinde nötig gemacht hätte, darum stieß ihre Einführung auf Schwierigkeiten. Diese metabasis wurde von den Kirchenleitungen nicht als Bedürfnis für ihre Pfarrerausbildung empfunden. Sie wollten Nachwuchs für den status quo pfarramtlicher Kompetenzen."[164]

Der Praktischen Theologie kann man diese Reduktion auf pastoraltheologische Fragestellungen gewiß attestieren. Solche am personalen Profil pfarramtlicher Anforderungen orientierte Wissenschaft und Ausbildung hat es schwer, strukturelle und weit über die klassischen pfarramtlichen Tätigkeiten hinausgehende Fragestellungen in den Blick zu bekommen. Durch bloße Appelle an die Praktische Theologie läßt sich das Problem einer Verstärkung der theologischen Reflexion von Diakonie jedoch offensichtlich nicht lösen. Vor allem im Kontext des DWI ist diese Diskrepanz immer wieder ohne Erfolg angemahnt worden.

Die Fragen Philippis richten sich deshalb auch an andere Disziplinen innerhalb des theologischen Fächerkanons, in denen Defizite einer theologischen Wahrnehmung von Diakonie vielleicht schneller hätten erkannt und behoben werden können. "Innerhalb der theologischen Disziplinen hätte der Anstoß eigentlich von anderen Fächern herkommen müssen. Die Entdeckung der notwendigen Erweiterung kirchenamtlicher - oder sagen wir besser - gemeindlicher Verantwortung in den Bereich des Sozialen hinein hätte vielleicht von systematischer Seite entdeckt werden sollen."[165] Allerdings gibt es für Philippi auch in der Systematischen Theologie strukturelle Blockaden, die tief innerhalb der Dogmatik verwurzelt sind und von dort aus Wahrnehmungsdefizite im gesamten theologischen Wissenschaftssystem verursachen. Für die Tatsache, "daß diese Entdeckung nicht stattfand und eine Ekklesiologie sozialer Strukturverantwortung nicht entwickelt wurde"[166], gibt es nach Philippi charakteristische Gründe: Hier wirkt sich für ihn dogmatisch eine Konzentration auf christologische und dort wiederum auf soteriologische Aspekte negativ aus, weil sie notwendigerweise eine Ausblendung der diesseitigen sozialen Verantwortung bewirkt.[167] "Fast unsere gesamte christologische Tradition ist eine soteriologische

---

[164] P. Philippi: Diakonik - Diagnose des Fehlens einer Disziplin, a.a.O., S. 180.
[165] P. Philippi, a.a.O., S. 181.
[166] Ebd.
[167] Von daher ist Philippis Entwurf einer "Christozentrischen Diakonie", 2. Aufl. Stuttgart 1975, als Versuch zu verstehen, diese Strukturen aufzubrechen.

Tradition der zukünftigen und individuellen Erlösung im Jenseits, der im Diesseits die angemessene Bewußtseinshaltung des Dankens, des Lobens und des Liebens entspricht, der aber nicht entspricht der gestaltende Auftrag, miteinander und untereinander eine Versöhnungs- und Versorgungs-Mahlgemeinschaft zu sein und zu leben, in der etwas von der schon jetzt geltenden Art des Kommenden wirklich wird."[168]

Solche Tendenzen werden noch gefördert durch die Konzentration der Rechtfertigungslehre auf das persönliche Heil des Christen. Man wird zwar bei der Kritik der reformatorischen Rechtfertigungslehre darauf zu achten haben, daß diese sehr wohl auch sozialstrukturelle Aspekte mit einbezogen hat, zumindest deren Rezeption hat aber die Verbindung von persönlichem Glauben und sozialer Verantwortung zunehmend ausgeblendet. Hatte die dogmatische Lehrbildung schon im individuellen Bereich Probleme mit der Beschreibung des Zusammenhangs von Glauben und guten Werken,[169] so bereitete besonders die theologische Erfassung der sozialen und politischen Konsequenzen des Glaubens erhebliche Schwierigkeiten. "Die Rechtfertigungslehre widerspricht zwar nicht der sozialen Strukturverantwortung. Aber sie etablierte doch eine gewisse Zurückhaltung gegenüber einer Organisation guter Werke. Wenn die steile Vertikale der Rechtfertigungslehre im ständigen Mittelpunkt theologischer Reflexion steht, dann wird eben die Querdimension sozialer gemeinsamer Verantwortung nicht im gleichen Maße entwickelt."[170]

Konsequenzen hat das unmittelbar auch für die Ekklesiologie. Hier ist ebenfalls zu unterscheiden zwischen der Formulierung der notae ecclesiae in der Reformation und deren späterer Rezeption. Eine Konzentration auf den Wortaspekt muß nicht schon in der Reformation selbst angelegt sein, sie ist aber zumindest in der nachreformatorischen Interpretation unübersehbar. "Der eingeübte Dual unserer notae ecclesiae, Wort und Sakrament, meint ja schon in seinem ursprünglichen Verständnis Predigt und Sakrament. Er hat in seiner Wirkungsgeschichte dazu geführt, den theologischen Anspruch an die kirchliche Wirklichkeit auf Redeakte und Kultakte zu beschränken bzw. die faktische Beschränkung kirchlicher Ansprüche auf Rede- und Kultakte theologisch zu legitimieren. Dabei hat die nachreformatorische Theologie den ersten Teil des Duals, den Redecharakter des Wortes, unterstrichen".[171]

Die Konzentration auf den Predigtaspekt bewirkte nach Philippi eine Linearisierung des Glaubensgeschehens, die vom Begriff der Verkündigung ausgeht und von daher entsprechende Schwierigkeiten hat, den im Wort der Predigt vermittelten individuellen Glauben als Liebe auch in die soziale Tat zu überführen. "So konnte sich die Praktische Theologie der Dialektischen Theologie, die ihren Aufbruch doch als reformatorische Renaissance verstand, fast ausschließlich am dogmatischen Grundbegriff der Verkündigung entfalten, so daß die soziale Tat über die Kette Predigt - Glaube - Liebe - soziale Tat zwar erreicht, die soziale Tat aber als Tat des einzelnen in der Gesamtgesellschaft verstanden wurde".[172] Ethische Fragestellungen werden

---

[168] Philippi, a.a.O., S. 181.

[169] Charakteristisch dafür sind die theologischen Auseinandersetzungen um den tertius usus legis; als grundlegende Darstellung des Zusammenhanges vgl. Martin Luther: Von den guten Werken; Studienausgabe, hrsg. v. H.-U. Delius, Bd. 2, Berlin 1982, S. 15-88.

[170] Philippi, Diakonik - Diagnose des Fehlens einer Disziplin, PTh 72 (1983), S. 182.

[171] Philippi, a.a.O., S. 183.

[172] Philippi, a.a.O., S. 183f.

damit als Konsequenz der Individualität des im Wort vermittelten Glaubens auf die individualethische Perspektive reduziert.

Der zentrale Ansatz der evangelischen Theologie beim individuellen Wortaspekt des Glaubens spiegelt sich auch in der wissenschaftssystematischen Gestaltung der einzelnen theologischen Fächer wider. In der Praktischen Theologie werden vor allem solche Teildisziplinen weiterentwickelt, die sich um die theologische Reflexion des Redeaktes und seine praktische Umsetzung bemühen. "Es ist dann die Gleichartigkeit der Funktionen, die von Homiletik, Katechetik, Poimenik und Liturgik vermittelt werden, gegenüber der Andersartigkeit der Aufgaben in der Diakonie herauszustreichen. Im ersten Fall nämlich wird immer vom Redeakt oder Denkvollzug dogmatischer Überlegungen, und weiter in einen neuen Redeakt praktisch-theologischen Vollzugs übersetzt, während im Bereich der Diakonik nicht von Redeakt in Redeakt übersetzt wird, sondern hier muß vom Redeakt in eine Kommunikationsform sozialer Interaktion übersetzt werden, die als solche nicht zum Redehandwerk des Pfarrers gehört."[173]

Aber nicht nur die interne Organisation der Teilbereiche der Praktischen Theologie, sondern auch das Gesamtarrangement der theologischen Disziplinen orientiert sich nach Philippi an der Linearität der Übersetzung des exegetischen Wortes in das Wort der Predigt. Das moderne System universitärer Theologie ist deshalb kaum in der Lage, sozialethische Problemstellungen der Diakonie in angemessener Weise zu reflektieren, weil es ihr eigenes Wissenschaftssystem, also die interne Anordnung der theologischen Disziplinen, so angelegt hat, daß diakonisch-soziale Fragestellungen von vornherein ausgeblendet werden: "...so geht es hier um die Schwierigkeit, daß auch die lineare Abfolge theologischer Disziplinen sich gegen ein Thema sperrt, das sich über diese Linearität nicht einfach erschließen läßt. Der mit der Exegese beginnende Akt des sich erschließenden Wortes Gottes mündet in die Übersetzung der freien Rede als Predigt, Seelsorge, Liturgie oder im Unterricht."[174]

Diese Ausführungen Philippis mögen an manchen Stellen allzu pauschal sein und der Differenziertheit der theologischen Wissenschaft nicht gerecht werden. Sie weisen mit ihrer Grundtendenz jedoch in die richtige Richtung. Daß Diakonie innerhalb der Theologie nach 1945, aber auch schon davor, in so auffälliger Weise ausgeblendet wurde, muß Gründe haben, die die Gesamtstruktur der theologischen Wissenschaft betreffen. Von der Analyse Philippis her ergeben sich für das Problem einer theologischen Reflexion der Diakonie damit einschneidende Konsequenzen. Das Defizit diakonisch-theologischer Reflexion ist also nicht einfach durch die Hinzufügung einer neuen Disziplin Diakonik im Bereich der Praktischen oder der Systematischen Theologie zu beheben.

Eine Öffnung des theologischen Blickes für diakonische Fragestellungen muß grundsätzlicher ansetzen. Sie muß in wissenschaftssystematischer Hinsicht personale und strukturelle Aspekte integrieren können. Sie muß der Engführung der theologischen Forschung, Lehre und Ausbildung auf die theologische Kompetenz des Pfarrers und der Pfarrerin,[175] auf die individuelle Bedeutung des Glaubens und auf die

---

[173] Philippi, a.a.O., S. 185.

[174] Philippi, a.a.O., S. 185.

[175] Vgl. zu dieser Engführung die "Grundsätze" der "Gemischten Kommission" zur Reform der theologischen Ausbildung, welche die theologische Kompetenz des Amtsträgers als entscheidendes Ziel der Ausbildung auffassen: "Grundsätze für die Ausbildung und Fortbildung der Pfarrer

Worthaftigkeit der Vermittlung des Glaubens prinzipiell entgegenwirken. Demgegenüber müssen auch sozialstrukturelle Aspekte der Ethik und der Ekklesiologie und Bezüge auf konkrete Handlungsfelder von Diakonie und Kirche sowohl in die wissenschaftstheoretische Weiterentwicklung der Theologie als auch in die theologische Ausbildung der Pfarrer und Pfarrerinnen zentral mit aufgenommen werden. Das traditionelle Begriffssystem der Theologie kommt damit offensichtlich an seine Grenzen. "Mit der quantitativ eindrucksvollen Entwicklung der Diakonie nach dem 2. Weltkrieg und der Ausdifferenzierung ihrer Organisations- und Arbeitsmethoden ist die Schwierigkeit gewachsen, ihre Probleme im Begriffssystem der traditionellen Theologie zur Darstellung zu bringen."[176] Man wird sich deshalb für eine Weiterentwicklung der diakonischen Theologie der Mühe nicht entziehen können, nach theoretischen Konzepten zu suchen, die die theologische Wahrnehmung auf sozialstrukturelle Fragestellungen und auf die Wahrnehmung von Problemen konkreter kirchlicher Praxis in der Gesellschaft hin ausweiten können. Das Auftreten der Diakonie seit Mitte des 19. Jahrhunderts und in ihrer gesellschaftlich fest institutionalisierten Form seit Mitte des 20. Jahrhunderts ist insofern eine Chance für die evangelische Theologie, ihre wissenschaftssystematischen Wahrnehmungsbeschränkungen selbst wahrzunehmen und den Blick in Richtung auf sozialstrukturelle und praxisbezogene Probleme auszuweiten.

Diese Wahrnehmung eines diakonisch-theologischen Defizits zu Beginn der 80er Jahre hat zu einem Anwachsen der theologischen Beschäftigung mit dem Thema Diakonie geführt. Es gibt, wie im nächsten Kapitel zu zeigen sein wird, in den letzten Jahren gerade innerhalb der diakonischen Theologie einige wichtige Ansätze, die sich bemühen, die sozialstrukturellen Probleme heutiger Diakonie differenziert wahrzunehmen. Solche Vorstöße sind theologisch in doppelter Weise interessant. Sie versuchen einerseits, der beschriebenen asymmetrischen Entwicklung der Diakonie und ihrer theologischen Reflexion entgegenzuwirken. Sie bieten aber andererseits mit ihrer Perspektivenerweiterung in Richtung auf strukturelle und praktische Probleme der Diakonie auch wichtige neue Impulse im Hinblick auf die Berücksichtigung strukturell-gesellschaftlicher Fragestellungen innerhalb der Theologie.

---

Pfarrerinnen der Gliedkirchen der EKD", hrsg. v. Kirchenamt der EKD, Manuskript Hannover 1988.

[176] J. Albert: Diakonik - Geschichte der Nichteinführung einer praktisch-theologischen Disziplin; in: PTh 72 (1983), S. 176.

## 2. Kapitel: Neuere Ansätze einer theologischen Reflexion diakonischer Arbeit

### 2.1 Die wachsende Bedeutung des Themas Diakonie

Ausgehend von der Wahrnehmung des theologischen Defizits zum Thema Diakonie lassen sich seit Beginn der 80er Jahre verstärkte Bemühungen beobachten, diesem Mangel Abhilfe zu schaffen. Seither wächst die Zahl der Publikationen, die sich im Bereich der akademischen Theologie mit Diakonie beschäftigen, deutlich an. Die diakonische Problematik scheint so an Wichtigkeit gewonnen zu haben, daß sie nun auch theologisch nicht länger zu übersehen ist. Mit einiger Sicherheit hängt dieses zunehmende theologische Interesse mit der Kirchenaustrittsbewegung der 60er und 70er Jahre und den sich daran anschließenden EKD-Umfragen zur Kirchenmitgliedschaft zusammen.[1] Besonders das diakonische und gesellschaftspolitische Engagement der Kirche hatte nach den Ergebnissen dieser Umfragen in der Meinung der meisten Kirchenmitglieder eine wichtige, ja teilweise sogar primäre Bedeutung. Diakonie, und vor allem gesellschaftlich orientierte Diakonie, war damit zu einem auch kirchenpolitisch und theologisch relevanten Thema geworden.[2] "Anders ausgedrückt: Die Ergebnisse der EKD-Umfrage 'Was wird aus der Kirche?' lassen die Vermutung zu, daß viele Kirchenmitglieder der Diakonie wegen in der Kirche bleiben und ihre Mitgliedspflichten erfüllen."[3] Dieser Eindruck wird auch durch die neueste evangelische Befragung bestätigt. Danach sollte die evangelische Kirche nach Vorstellung ihrer jüngeren Mitglieder vor allem „Kranke und Behinderte betreuen" und „sich um die Probleme von Menschen in sozialen Notlagen kümmern".[4] Analoge Aussagen ergeben sich auch aus breit angelegten katholischen Umfragen, so etwa in der von K. Forster herausgegebenen und von Schmidtchen ausgewerteten Befragung.[5] "Die Erwartungen an die Kirche gliedern sich in zwei große Dimensionen: spiritueller Auftrag und gesellschaftliches Engagement. Beides hängt zusammen, aber doch nur schwach... Den spirituellen Auftrag schreiben in erster Linie nur die Kirchentreuen der Kirche zu, die Kirchenfernen haben in dieser Beziehung keine Erwartungen... Die Kirchenfernen dagegen scheinen an der gesellschaftlichen Aktivität der Kirche und auch an ihrer politisch-moralischen Warnfunktion, ihrer erzieherischen, ihrer caritativen und fürsorgerischen Funktion genauso oder jedenfalls nicht viel weniger interessiert als die Kirchentreuen."[6] Die theologische Ekklesiologie muß sich angesichts des enormen und irreversibel erscheinenden Mitglieder-

---

[1] Vgl. H. Hild (Hrsg.): Wie stabil ist die Kirche? Gelnhausen und Berlin 1974; J. Hanselmann/H. Hild/E. Lohse (Hrsg.): Was wird aus der Kirche? Gütersloh 1984.
[2] Vgl. Hanselmann u.a. (Hrsg.): Was wird aus der Kirche?, besonders S. 95 und 127.
[3] H.-G. Schütz: Mobile Standort-Bestimmung. Diakonie zwischen Kirche und Gesellschaft; in: M. Schibilsky (Hrsg.): Kursbuch Diakonie; Neukirchen-Vluyn 1991, S. 128.
[4] Vgl. Fremde, Heimat, Kirche. Ansichten ihrer Mitglieder. Erste Ergebnisse der 3. EKD-Umfrage über Kirchenmitgliedschaft; hrsg.v. der Studien- und Planungsgruppe der EKD; Hannover 1993, S. 35.
[5] Vgl. G. Schmidtchen: Katholiken im Konflikt. Überblick über die Ergebnisse der Synoden-Untersuchung und einige Schlußfolgerungen; in: K. Forster (Hrsg.): Befragte Katholiken - Zur Zukunft von Glaube und Kirche; Freiburg, Basel, Wien 1973, S. 164-184.
[6] Schmidtchen, a.a.O., S. 178.

schwundes mit der Tatsache auseinandersetzen, daß die Mitgliedschaft in Kirche und Gesellschaft nicht länger identisch ist, daß also die Zeiten einer den größten Teil der Gesellschaft umfassenden "Volkskirche" zu Ende gehen. Kirche wird spätestens mit den Austrittsbewegungen zu einem Teilbereich der Gesellschaft neben anderen. Umgekehrt nimmt der Umfang der diakonischen Arbeit beständig zu. Fast kann man sagen, daß die gesellschaftliche Relevanz der Diakonie in dem Maße zunimmt wie die der Kirche abnimmt. Gerade die großen Austrittszahlen von Kirchenmitgliedern seit dem Jahre 1991 bestätigen erneut die Relevanz der Diskussion um das Ende des Konzeptes der Volkskirche.[7]

In dieser Situation wird Diakonie theologisch besonders interessant, weil sie eine spezifische Form des Bezuges der Kirche auf andere Gesellschaftsbereiche darstellt. In einer Zeit, in der die herkömmlichen kirchlichen Aufgabenbereiche wie Kasualien, Gottesdienst, Seelsorge usw. keine allgemeine gesellschaftliche Akzeptanz mehr erreichen können, wird Diakonie als eine über den konventionellen kirchlichen Handlungsrahmen hinausgehende Form christlichen Lebens in der modernen Gesellschaft umso bedeutsamer. Dem großen quantitativen Wachstum der diakonischen Arbeit und ihrer gesellschaftlichen Akzeptanz korrespondiert also umgekehrt proportional ein erhebliches, auch quantitativ meßbares, Abnehmen der Akzeptanz von klassischen Tätigkeitsbereichen der organisierten Kirche. Diakonie wird damit einerseits zu einer Chance, den Relevanzverlust der Kirche in der deutschen Gesellschaft abzufangen; sie wird andererseits aber auch theologisch zu einer problematischen Erscheinung, weil sie sich nicht zuletzt aufgrund ihres Größenwachstums und ihrer zunehmenden gesellschaftlichen Relevanz in einer Weise auf Problemstellungen in anderen Gesellschaftsbereichen einlassen muß, die über das Maß herkömmlichen kirchlichen Handelns weit hinausgehen. So müssen diakonische Einrichtungen heute z.B. nach strengen betriebswirtschaftlichen Maßstäben geführt werden, die diakonische Arbeit muß neueste medizinische und therapeutische Methoden berücksichtigen, human- und sozialwissenschaftliche Erkenntnisse müssen einbezogen werden, eine Fülle rechtlicher Vorschriften und sozialpolitischer Entwicklungen müssen beachtet werden. Die Gestaltung der diakonischen Arbeit orientiert sich damit vor allem an Aufgabenstellungen aus nichtkirchlichen Bereichen der Gesellschaft.

Diese Entwicklungen verursachen erstens eine Abgrenzung diakonischer Arbeit von den herkömmlichen Handlungsabläufen der verfaßten Kirchen und Gemeinden. Sie rufen zweitens die schon von Rich vorhergesehene, starke Institutionalisierung der Diakonie hervor. Angesichts der nun zunehmend institutionalisierten Hilfeleistungen droht der Aspekt der persönlichen Hilfe in den Hintergrund zu treten. Drittens erfordert das starke quantitative Wachstum der Diakonie in den letzten Jahrzehnten die Integration von kirchlich kaum engagierten und interessierten Menschen in die diakonische Mitarbeiterschaft. Viertens ist die dabei entstehende Weite und Vielfalt der diakonischen Hilfeleistungen nur noch schwer einzugrenzen und unter theologische und kirchliche Begriffe und Kriterien zu fassen. Diese Probleme lassen sich nicht mehr innerhalb der von Philippi beschriebenen Linearität vom Text zur Predigt behandeln (vgl. Kap. 1.5.2). Die Beschäftigung mit der - gegenüber Kirche

---

[7] Der Begriff "Volkskirche" wird dabei jedoch verschieden gebraucht. Mit W. Huber lassen sich fünf Begriffsfassungen unterscheiden: 1. Kirche durch das Volk; 2. Kirche hin zum Volk; 3. Kirche eines Volkes; 4. Kirche für das Volk; 5. Kirche für das Volksganze. W. Huber: Welche Volkskirche meinen wir? Über Herkunft und Zukunft eines Begriffs; in: Lutherische Monatshefte 14 (1975), S. 481-486.

und Gemeinde verschiedenen - diakonischen Arbeit, ihrer zunehmenden Institutionalisierung, ihrer festen Außenbeziehung zu anderen gesellschaftlichen Bereichen, ihrer Integration nicht ausdrücklich christlich motivierter Mitarbeiter und ihren daraus resultierenden vielfältigen Handlungsformen erfordert deshalb grundsätzliches theologisches Umdenken. Diakonie kann im Kontext ihrer zahlreichen gesellschaftlichen Bezüge theologisch kaum noch lediglich von ihrer Zugehörigkeit zur verfaßten Kirche her verstanden werden.

Neue Ansätze zu einer diakonisch-theologischen Reflexion müssen vielmehr davon ausgehen, daß Diakonie im Zuge der Entwicklung ihres wissenschaftlich-therapeutischen und gesellschaftlichen Umfeldes sehr selbständige Handlungsformen entwickelt hat, und daß deshalb die akademische Theologie beim Nachdenken über diese Entwicklungen sich auf die vielfältigen Handlungsformen der Diakonie und die ihnen zugrundeliegenden wissenschaftlichen und gesellschaftlichen Voraussetzungen beziehen muß. "Sie (die Diakonie; D.S.) lebte in Handlungsfeldern, die auf eine Kombination mit Wissenschaften wie Medizin, Psychologie, Psychotherapie, Sozialpädagogik angewiesen sind. Sie mußte diese Kombination im Blick auf die praktische Anwendung meist ohne grundsätzliche methodische Klärung vollziehen, wie eine multidisziplinäre Kooperation theoretisch bzw. theologisch zu verantworten ist. Es kam also darauf an, daß die Theologie von sich aus Methoden der Kooperation mit Human- und Handlungswissenschaften, aber auch mit der naturwissenschaftlichen Medizin, ihren Technologien, mit der Psychiatrie und den empirischen Sozialwissenschaften entwickelt. Es war ein neues wissenschaftliches Selbstverständnis der Theologie nötig, in welchem die interdisziplinäre Kooperation grundsätzlich angelegt ist."[8]

Dementsprechend hat sich diakonisch-theologische Reflexion seit den 80er Jahren ausgesprochen interdisziplinär orientiert. Sie hat die Handlungsbezüge der Diakonie in einem komplizierten Beziehungsgeflecht zu anderen Teilwissenschaften beschrieben und dabei auch Untersuchungen aus den betreffenden Wissenschaften bzw. aus wissenschaftlichen Grenzgebieten berücksichtigt. So sind besonders juristische, ökonomische, sozialpolitische, aber auch pädagogische und wissenschaftlich-therapeutische Erkenntnisse in das theologische Nachdenken über Diakonie mit einbezogen worden. Darin drückt sich aus, daß bestimmte Teilbereiche der Gesellschaft wie Recht, Wirtschaft, Politik, Pädagogik und Wissenschaft von besonderer Bedeutung für die heutige diakonische Arbeit sind. Daneben wird aber auch die besondere Beziehung der Diakonie zu Kirche und Gemeinde weitaus intensiver bedacht, als das in den Jahrzehnten nach 1945 der Fall war.

## 2.2 Das Verhältnis der Diakonie zu anderen Gesellschaftsbereichen: einfache Verhältnisbestimmungen

Es gibt in der neueren diakonisch-theologischen Literatur bereits einige detaillierte Analysen über die Beziehung der Diakonie zu den für ihre Arbeit wichtigsten

---

[8] Th. Strohm: Ist Diakonie lehrbar? Plädoyer für ein neues Verständnis theologischer Ausbildung; in: M. Schibilsky (Hrsg.): Kursbuch Diakonie, S. 147.

"Wirkungsgrößen"[9]. Es werden dabei einzelne, für die Diakonie wichtige Teilbereiche herausgegriffen und auf ihre Relation zur Diakonie hin ausgetestet. Dadurch entstehen *eindimensionale* Verhältnisbestimmungen zu einer Vielzahl anderer Bereiche wie z.B. Diakonie - Kirche, Diakonie - Sozialstaat, Diakonie - Recht oder Diakonie - Wirtschaft. Die Stellung der Diakonie zwischen Kirche und Gesellschaft ist damit, wie bereits im ersten Kapitel angedeutet, theologisch differenzierter bestimmt worden. Diakonie existiert nicht nur im Spannungsfeld von Kirche und Gesellschaft, sie befindet sich in einem komplizierten Beziehungsgeflecht von vielfältigen kirchlichen und gesellschaftlichen Bezugsgrößen. "Daß Gesellschaft als menschliche Gesellschaft ein höchst plurales Gebilde ist, muß nicht erläutert werden. Das gleiche trifft auf nationale Gesellschaften zu, die aus einer Fülle von institutionalisierten Gruppierungen unterschiedlichster Art und Größe bestehen. Aber auch die Kirche ist eine höchst differenzierte Größe. Religionswissenschaftlich gesehen wird darunter über kulturelle, nationale, soziale und konfessionelle Grenzen hinweg die Christenheit in Geschichte und Gegenwart verstanden, theologisch nach der gemeinsamen Urkunde des christlichen Glaubens die Gemeinde Jesu Christi, das Volk Gottes des neuen Bundes, der Leib Christi usw. Historisch und rechtlich betrachtet besteht die Kirche aus einer Anzahl von Konfessionen und einer Unzahl von Denominationen in unterschiedlichster Rechtsform."[10] Es gibt also eine Vielzahl möglicher Bezüge der Diakonie zu anderen kirchlichen und gesellschaftlichen Bereichen. Daraus ergibt sich die Frage, wie sich diese mit Hilfe der Begriffe "Kirche" und "Gesellschaft" nur sehr global beschriebenen Bezüge weiter differenzieren lassen. "M.a.W.: Was sind die vorherrschenden, bestimmenden Faktoren und Kräfte in unseren Außenrelationen (Jäger), mit denen die Diakonie in Wechselwirkung steht?"[11]

Es ist deshalb im folgenden zunächst darzustellen, in welcher Weise die diakonisch-theologische Diskussion in den letzten Jahren zwischen den verschiedenen Handlungsbezügen der Diakonie differenziert hat. Erst auf Grundlage der dabei herausgearbeiteten einzelnen Verhältnisbestimmungen wird eine möglichst umfassende theologische Betrachtung diakonischer Arbeit möglich werden können.

## 2.2.1 Die theologische Reflexion der Spannungen zwischen Diakonie und Kirche

### 2.2.1.1 Die Spannung zwischen Kirche und Diakonie im geschichtlichen und konfessionellen Kontext

Die im ersten Kapitel beschriebene Schwierigkeit, die Einheit von verfaßter Kirche und Diakonie theologisch zu beschreiben, relativiert und radikalisiert sich zugleich, wenn man beachtet, daß dieses Problem sich durch die gesamte (moderne) Diakoniegeschichte zieht, und daß es protestantische Diakonie wie katholische Caritas gleichermaßen betrifft. Schon bei der Detailanalyse der geschichtlichen Entwicklun-

---

[9] Der Ausdruck wird von H. Seibert verwendet. Vgl. ders.: Diakonie - Hilfehandeln Jesu und soziale Arbeit des Diakonischen Werkes; 2. Auflage, Gütersloh 1985, S. 13.
[10] H.-G. Schütz: Mobile Standortbestimmung; in: M. Schibilsky (Hrsg.): Kursbuch Diakonie, S. 129.
[11] Schütz, a.a.O., S. 129; mit Bezug auf A. Jäger: Diakonie als christliches Unternehmen; 3. Auflage, Gütersloh 1990, S. 305 f.

gen nach 1945 zeigte sich, daß Diakonie theologisch nicht nur als untrennbar mit der Kirche verbunden aufzufassen ist, sondern daß vielmehr auch die "Funktionen und Folgen eines spezifischen Sozialsystems Diakonie neben und außerhalb der Kirche, seine Existenz als kirchliche Zweitstruktur" zu beachten sind.[12] Im Anschluß an Schmidt hat vor allem Hermann Steinkamp als maßgeblicher katholischer Vertreter einer Diakonie der Kirche bzw. der Gemeinde auf die schon jahrhundertealte Tradition des *Nebeneinanders* von Kirche und Diakonie hingewiesen.[13] Die gegenwärtige Situation der Diakonie als "kirchlicher Zweitstruktur" erscheint damit für Steinkamp als ein Grundproblem der Kirchen- und Diakoniegeschichte überhaupt. Grundsätzlich reicht für ihn die "strukturelle Ausdifferenzierung einer eigenen diakonischen Funktion" bis in die Zeit des NT zurück. Nach Steinkamp ist das Handeln Jesu noch durch die *Einheit* von Verkündigung des Gottesreiches und Heilen bzw. "sich den Ausgestoßenen zuwenden" charakterisiert, aber "bereits in der Praxis der Apostel" zerbricht diese Einheit.[14] Zwar läßt sich aus Apg 6,1-7 die direkte Einsetzung von "Diakonen" nicht belegen, weil dieser Begriff dort nicht auftaucht,[15] aus Apg 6,2 wird jedoch bereits eine Disqualifikation des Tischdienstes gegenüber dem Dienst am Wort deutlich.[16]

Die Diskrepanz von diakonischer Hilfe und Wortverkündigung ist damit für Steinkamp schon in Apostelgeschichte 6 angelegt. Diese Differenz wird dann im zweiten Jahrhundert in eine Hierarchisierung der kirchlichen Ämter umgesetzt. "Der Diakon wird zum Gehilfen des Bischofs...".[17] Der "Wertunterschied" von diakonischem und kirchenleitendem bzw. verkündigendem Amt vergrößert sich in den folgenden Jahrhunderten noch. Das Diakonenamt "ist seit dem 8. Jahrhundert nur noch eine Vorstufe zum Priesteramt."[18]

Im Mittelalter werden mangels eines eigenständigen diakonischen Amtes in der Kirche die diakonischen Aufgaben vor allem in den aufkommenden Orden, also z.B. in der Hospitaldiakonie und der Armenfürsorge der Klöster und Stifte erfüllt. Die Entwicklung der öffentlichen Fürsorge seit dem 15. Jahrhundert und die zunehmende Auflösung von Klöstern und Kollektenwesen im Zuge der Reformation schwächt dann die (katholischen) diakonischen Aktivitäten entscheidend. Abgesehen von Einzelinitiativen lebt die Diakonie erst im 18. und 19. Jahrhundert mit dem Aufkommen der "sozialen Frage" wieder auf. Auch in den diakonischen Neugründungen durch Fliedner, Wichern etc. ist eine Entfernung zu den Aktivitäten der damaligen verfaßten Kirchen unübersehbar. Steinkamps Fazit der Diakoniegeschichte bis Mitte des 19. Jahrhundert lautet deshalb: "Die 'Zweitstruktur' kirchlichen Wirkens, wie wir sie heute in Gestalt der großen kirchlichen Verbände des Diakonischen Werkes bzw. des

---

[12] R.K.W. Schmidt: Zur Konstruktion von Sozialität durch Diakonie, S. 9.
[13] Vgl. zum folgenden H. Steinkamp: Diakonie - Kennzeichen der Gemeinde. Entwurf einer praktisch-theologischen Theorie; Freiburg i.B. 1985, S. 43 ff.
[14] Steinkamp, a.a.O., S. 44 f.
[15] Gegen H. Krimm: Art. "Diakonie"; in: Evangelisches Soziallexikon; hrsg. v. Fr. Karrenberg; 4. Auflage, Stuttgart 1963, Sp. 256.
[16] Steinkamp, a.a.O., S. 45, mit Bezug auf W. Zanner: Diakonie und Pastoral; in: Caritas. Zeitschrift für Caritasarbeit und Caritaswissenschaft 80 (1979), S. 239.
[17] Steinkamp, a.a.O., S. 45 f.
[18] Steinkamp, a.a.O., S. 46.

Deutschen Caritasverbandes vorfinden, ist also keine Erfindung des 19. Jahrhunderts. Sie besteht - in unterschiedlicher Gestalt- seit den Anfängen der Kirche."[19]

Wie immer man die exegetischen und geschichtlichen Ausführungen Steinkamps im Detail beurteilen mag, die Grundlinie einer traditionellen, tief in der Kirchengeschichte verwurzelten Spannung zwischen sozialcaritativer und kirchlicher Praxis wird überdeutlich. Demgegenüber hat Paul Philippi in seiner Rekonstruktion der Diakoniegeschichte die Gemeinsamkeiten von Diakonie und Kirche betont. Auch Philippi beschreibt die zahlreichen, von der verfaßten Kirche *separaten* diakonischen Aktivitäten. Er faßt diese jedoch mit sehr allgemeinen, teilweise unpräzisen Formulierungen als z.B. "stellvertretend und beispielhaft für die Gemeinden" auf und versucht sie damit an die Kirche rückzubinden, obwohl die geschichtliche Entwicklung oft in entgegengesetzter Richtung verlief.[20] Bemerkenswert ist bei der Darstellung Steinkamps, daß die Schwierigkeit einer Zusammenfassung von Kirche und Diakonie, wie sie z.B. bei der Konstituierung des Centralausschusses der Inneren Mission außerhalb der verfaßten Kirche besonders deutlich wird, nicht nur für den evangelischen Bereich gilt, sondern auch katholischerseits Entsprechungen hat. Diese reichen geschichtlich noch viel weiter zurück, lassen sich aber, parallel zur Entwicklung in der evangelischen Diakonie, besonders seit Mitte des 19. Jahrhunderts nachweisen. Bevor auf die Gemeinsamkeiten der Entwicklung evangelischer und katholischer Diakonie eingegangen werden soll, müssen jedoch zunächst die Unterschiede katholischer Caritas und evangelischer Diakonie, also die *konfessionsspezifischen Bedingungen*, berücksichtigt werden:

1. Die evangelischen diakonischen Einrichtungen entstanden hauptsächlich im 18. und 19. Jahrhundert durch die Initiative von Einzelpersönlichkeiten wie Francke, Wichern, Bodelschwingh, Fliedner u.a., während die Aktivitäten der katholischen Caritas auf dem sozialen und politischen Katholizismus, also einer allgemeinen Bewegung innerhalb der katholischen Kirche beruhten. "Dieser Katholizismus als politisches (!) Minderheits- und Widerstandphänomen gegen den Dominanzanspruch des protestantisch geprägten Staatskirchentums erkämpft um die Jahrhundertmitte (1848) das Recht auf gesellschaftliche Vereinigung (Art. 28 der Preußischen Verfassung), das jenen Aufbruch des katholischen Vereins- und Verbandswesens zur Folge hatte, das sich in erster Linie als sozial und politisch 'kämpferische Vorhut' der Kirche in den gesellschaftlichen Raum hinein begriff".[21] Die katholischen Initiativen entstanden damit zwar ebenfalls auf der Basis des bürgerlichen Koalitionsrechtes und sind deshalb erst "in zweiter Linie"[22] als kirchliche Vereinigungen aufzufassen, sie haben jedoch im Gegensatz zur evangelischen Diakonie in den allgemeinen Entwicklungen der damaligen katholischen Kirche einen entscheidenden Rückhalt.

2. Die evangelische Diakonie konnte sich seit dem 19. Jahrhundert auf einen "eigenständigen Berufsstand der Diakone" bzw. Diakonissen stützen.[23] Im katholischen Bereich entstanden demgegenüber seit den 30er Jahren des 19. Jahrhunderts als Reaktion auf die Zwangsauflösung des weitverbreiteten Ordenswesens und seiner

---

[19] Steinkamp, a.a.O., S. 47.

[20] Vgl. P. Philippi: Art. "Diakonie I. Geschichte der Diakonie"; in: TRE; hrsg. v. G. Krause und G. Müller, Bd. 8; Berlin/New York 1981, S. 621-644, hier S. 629.

[21] Steinkamp, a.a.O., S. 49.

[22] Ebd.

[23] Steinkamp, a.a.O., S. 48.

kirchlichen Kranken- und Armenpflege durch den Reichsdeputationshauptschluß (1803) zahlreiche neue *kirchliche* Ordensgenossenschaften mit diakonischer Ausrichtung.

3. Die Verflechtung von kirchlichen und staatlichen Behörden war auf der Grundlage des landesherrlichen Kirchenregimentes in der evangelischen Kirche so ausgeprägt, daß sie der dynamischen Entwicklung spontaner diakonischer Aktivitäten eher hinderlich war. "So ist es folgerichtig, daß die Männer und Frauen, die das ungeheure Ausmaß sozialer Not erkannten und praktisch zu bewältigen versuchten, ihre 'Ziele auf Lebensbereiche außerhalb der verfaßten Kirche' (Krimm) richteten."[24] Diese Trennung zwischen sozial-caritativen und politischen Aktivitäten der Kirche ist nach Steinkamp im katholischen Bereich nicht so sehr ausgeprägt, weil das diakonische Engagement auf einem breiten Konsens der Kirchenmitglieder aufbaute und in direkter Verbindung mit anderen sozialpolitischen Initiativen entstanden ist. "Insofern läßt sich katholischerseits keine scharfe Grenze zwischen sozialen, caritativen und sozial-politischen Initiativen und Aktivitäten ausmachen, und es ist bezeichnend, daß die Gründung des Deutschen Caritasverbandes in das Jahrzehnt fällt, in dem auch die christlichen Gewerkschaften und der 'Volksverein für das katholische Deutschland' mit seinen gesellschafts- und sozial-politischen Bildungszielen entstehen."[25]

Abgesehen von diesen konfessionsspezifischen Differenzen gibt es jedoch bemerkenswerte Konvergenzen in der Entwicklung von katholischer und evangelischer Diakonie. Trotz ihrer größeren Nähe zur katholischen Kirche entwickelte sich auch die Caritas als Dachverband der zahlreichen katholischen caritativen Organisationen zu einer von der katholischen Kirche relativ unabhängigen, eigenen Erscheinungsform christlichen Hilfehandelns. "Auch wenn .. der Deutsche Caritasverband sich immer - auch wenn als Verein bürgerlichen Rechts im eigenen Auftrag handelnd - der Aufsicht der Bischöfe unterstellte (Satzung des Deutschen Caritasverbandes § 1,1), im Gegensatz zur Inneren Mission der Diözesanbischof als 'Pater pauperum' automatisch auch die letzte Verantwortung für die Diakonie trägt, so überwiegen doch - heute - die gleichen Strukturmerkmale: Als Wohlfahrtsverbände im Verband des staatlichen sozialen Netzes stellen sie jene 'diakonische Zweitstruktur' dar."[26] Obwohl also die katholische Caritas aufgrund ihrer Herkunft aus den katholischen Sozialbewegungen Ende des letzten Jahrhunderts und durch ihre feste organisatorische Verknüpfung mit der verfaßten Kirche zunächst eine weitaus engere kirchliche Bindung hatte als die traditionell abseits der verfaßten Kirche konstituierte evangelische Diakonie, nimmt auch sie die im ersten Kapitel für das Diakonische Werk der EKD skizzierte Entwicklung. Sie gestaltet sich im Kontext des bundesrepublikanischen Sozial- und Wohlfahrtssystems zu einer separaten und von anderen kirchlichen Aktivitäten zu unterscheidenden "Zweitstruktur" aus. Auch für die katholische Kirche gilt deshalb nach Steinkamp: "In der Gesellschaft ist die Kirche einerseits in

---

[24] A. Csipai: Diakonie als Ausdruck christlichen Glaubens in der modernen Welt; Gütersloh 1971, S. 14, mit Bezug auf Herbert Krimm; zitiert nach Steinkamp: Diakonie - Kennzeichen der Gemeinde, S. 48.

[25] Steinkamp, a.a.O., S. 49.

[26] Steinkamp, a.a.O., S. 50.

ihrer gemeindlichen 'Erststruktur' präsent, andererseits in ihrer diakonischen und caritativen 'Zweitstruktur'."[27]

Die Schwierigkeit der Verhältnisbestimmung von Diakonie und Kirche bzw. Gemeinde bekommt damit im Kontext der kirchengeschichtlichen und konfessionellen Entwicklung eine noch weitaus tiefergehende Dimension. Die Separierung der Diakonie von der verfaßten Kirche ist nicht nur eine pragmatische, organisatorisch-rechtliche Entscheidung, die sich aus der mangelnden sozialen Sensibilität der evangelischen Kirche Mitte des 19. Jahrhunderts ergeben und bis heute durchgehalten hat. Wie der Seitenblick auf die katholische Caritas zeigt, lassen sich auch durch eine wesentlich größere kirchliche Offenheit für soziale Fragen und durch eine stärkere rechtlich-organisatorische Verankerung der Diakonie in der verfaßten Kirche die grundlegenden Differenzen nicht beseitigen. Für das Nebeneinander von Kirche und Diakonie scheinen deshalb zusätzlich zu organisationsrechtlichen Fragen einige weitere außerkirchliche Faktoren eine wichtige Rolle zu spielen. Obwohl der Diakonie beider Konfessionen seit ihrer Entstehung eine deutliche "politische Abstinenz" eignet,[28] haben vor allem politische und gesellschaftliche Entwicklungen die Trennung von Kirche als "Erststruktur" und Diakonie als "Zweitstruktur" forciert. Für Steinkamp setzt sich hier ein allgemeiner gesellschaftlicher Trend zu "Differenzierung, Spezialisierung, Professionalisierung"[29] auch in der Kirche durch. Diakonie wird gewissermaßen zu einer professionellen, auf soziale und persönliche Nöte spezialisierten und eigens dafür ausdifferenzierten, separaten Handlungsform des modernen Christentums. "Die 'kirchliche Zweitstruktur' gewinnt angesichts der Plausibilitäten der neuzeitlichen Industriegesellschaft eher ein Mehr an Legitimation, als daß diese fragwürdiger würde."[30] Zwar gibt es in Gestalt des Evangelischen Hilfswerkes nach 1945 und der großen kirchlichen Hilfsaktionen "Brot für die Welt", "Miserior" und "Adveniat" nach Steinkamp auch Ansätze zu einer Reintegration der diakonischen Verantwortung in die Kirche, die Divergenzen zwischen kirchlicher und diakonischer Arbeit haben sich jedoch auch damit nicht überwinden lassen.

Insgesamt ergeben sich damit im konfessionellen Vergleich für das Verhältnis der beiden großen christlichen Kirchen zu ihrem diakonischen Hilfehandeln auffällige Übereinstimmungen. Steinkamps Analysen der katholischen "Doppelstruktur" lesen sich fast genau wie diejenigen der entsprechenden evangelischen Fachvertreter. Das Problem einer separaten Entwicklung von Diakonie und Kirche im Kontext der modernen Gesellschaft scheint damit, unabhängig von Konfession, Organisation und Rechtsform, zumindest vom 19. Jahrhundert bis heute ein durchgehendes Merkmal des Christentums in seiner modernen Erscheinungsform zu sein. Die kirchliche Doppelstruktur von traditionellen kirchlichen Handlungsabläufen innerhalb der verfaßten Kirche und sozialkaritativem christlichem Engagement in Unterscheidung zur Kirche läßt sich damit nicht nur aus bestimmten geschichtlichen oder persönlichen Entscheidungen wie z.B. der Gründung des Centralausschusses auf Initiative von Wichern 1848 ableiten. Die offensichtliche Unvereinbarkeit von Kirche und Diakonie muß zusätzlich strukturelle Gründe haben, die tief im Christentum selbst bzw. in

---

[27] Ebd.
[28] Ebd.
[29] Steinkamp, a.a.O., S. 51.
[30] Ebd.

seinem Verhältnis zur modernen Gesellschaft verankert sind. "Strukturprobleme, .... wie sie durch die Doppelstruktur kirchlicher Präsenz in der Gesellschaft erzeugt werden, sind bekanntlich weder Personen zuzuschreiben noch einer der beiden Teilstrukturen allein: Die Folgeprobleme entstehen eben - per definitionen - aus der je spezifischen Weise struktureller Verflechtungen und *deren* Dysfunktionalität."[31] Die strukturelle Verflechtung der Diakonie mit den für ihr Handeln relevanten Bereichen der Gesellschaft scheint von solcher Art zu sein, daß sie mit den speziell kirchlichen Handlungsvollzügen nicht in Einklang zu bringen ist.

Eben jene geschichtlich gewachsene und strukturell bedingte Dysfunktionalität von kirchlichem und diakonischem Handeln hat in der akademischen Theologie der letzten Jahre zu einer Suche nach Integrationsmöglichkeiten zwischen diesen beiden Erscheinungsformen christlichen Wirkens geführt. Dabei wird die grundsätzliche Differenz zwischen kirchlicher und diakonischer Wirksamkeit zwar wahrgenommen, es wird jedoch zugleich versucht, die Diskrepanzen von Diakonie und Kirche mit Hilfe theologischer Denkmodelle zu überwinden. Grundlegender theologischer Gedanke ist dabei, daß die beschriebene Doppelstruktur von Kirche und Diakonie zwar auf der abstrakten Ebene der Organisation von Dachverbänden unvermeidlich ist, daß diese jedoch auf konkreteren Handlungsebenen wesentlich besser integriert werden kann. Das Problem einer Zuordnung von Diakonie und Kirche wird damit von den Großorganisationen der Diakonischen Werke der EKD und ihrer Landeskirchen bzw. der Landes- und Fachverbände auf die konkreten Handlungsvollzüge verlagert, in denen sich diakonische und kirchliche Arbeit abspielt. An die Stelle der allgemeinen Verhältnisbestimmung von Diakonie und Kirche tritt das Verhältnis von diakonischer Arbeit und gemeindlichem Leben.

## 2.2.1.2 Gemeinde als Leitbegriff der theologischen Integration von Diakonie und Kirche

Als grundlegender Terminus für zahlreiche theologische Versuche einer Neubestimmung des Verhältnisses von Diakonie und Kirche fungiert der Gemeindebegriff. Es ist innerhalb des hier gesetzten Rahmens nicht möglich, die Vielzahl der vertretenen theologischen Ansätze wiederzugeben. Deutlich ist jedoch, daß innerhalb der diakonisch-theologischen Debatte die Betonung von Gemeinde, gewissermaßen im Sinne einer Vermittlungsinstanz, als besonders geeignet erachtet wird, um angesichts der zunehmenden Differenzen zwischen herkömmlicher kirchlicher und diakonischer Praxis diese beiden Bereiche zusammenzuführen. Im Begriff der Gemeinde wird theologisch noch am ehesten die Möglichkeit einer Integration von Kirche und Diakonie gesehen, meist mit der Auffassung, daß Gemeinde in irgendeiner Weise Träger oder Subjekt der Diakonie sei. Allerdings haben diese neueren Konzepte einer "diakonischen Gemeinde" bisher einen mehr provisorischen Charakter. Eine diakonische Theologie der Gemeinde gibt es derzeit nur in Ansätzen, "es fehlt im hohen Maße an gründlichen und umfangreichen Arbeiten. Die Beschäftigung geschieht vorwiegend in Form von Aufsätzen. Es fehlt an Monographien. P. Philippis ('Christozentrische Diakonie', 2. Auflage, 1975) und H. Steinkamps ('Diakonie -

---

[31] Steinkamp, a.a.O., S. 54, Hervorhebung von Steinkamp.

Kennzeichen der Gemeinde', 1985) Arbeiten verstehen sich ausdrücklich als Entwürfe, - und sind dies auch."[32] Andererseits findet die diakonische Interpretation des Gemeindebegriffs, obwohl sie für theologische Bemühungen um die Identität von Diakonie und Kirche leitend ist, in den neueren theologischen Konzepten zum Gemeindeaufbau z.B. von Gestrich, Herbst, Lindner, Möller und Strunk sowie im Aufsatzband von Weth kaum Beachtung. "Strukturieren sie dabei im einzelnen unterschiedlich, so ist doch allen gemeinsam ein Übergehen dessen, was als Diskussion um die 'diakonische Gemeinde' bezeichnet werden kann."[33] Es gibt also trotz der theologisch immer wieder betonten Bedeutung des Gemeindebegriffes bislang kaum eine über Ansätze hinausgehende Theologie der diakonischen Gemeinde. Auch dieser Befund verdeutlicht, wie sehr die theologischen Bemühungen um Diakonie trotz vielversprechender Ansätze noch am Anfang stehen. Als repräsentatives Beispiel dafür, wie offen der Begriff "Gemeinde" als diakonisch-theologischer Leitbegriff zur Zeit noch ist, und wie verschieden er zum Zwecke der Integration von Diakonie und Kirche gebraucht wird, kann die literarische Auseinandersetzung zwischen Arnd Hollweg und Paul Philippi gelten.[34]

In kritischer Analyse neuerer Entwicklungen der Diakonie hat Arnd Hollweg von der "Notwendigkeit einer Trendwende" gesprochen. "Meine Behauptung ist: die Diakonie bewegt sich in eine Sackgasse hinein. Ihre äußeren Symptome kann ich durch folgende Trends charakterisieren: Die *Zentralisierung* in der Verwaltung hat gleichzeitig eine *Bürokratisierung* des diakonischen Prozesses im Gefolge. Ihr entspricht eine *Atomisierung* durch die zunehmende Spezialisierung in der Ausbildung. Ferner sind charakteristisch die *Säkularisierung* als Folge der Trennung von Glauben und Wissenschaft, von Gemeinde und Gesellschaft und eine *Funktionalisierung*, wie sie sich in der Verbandstruktur der Diakonie niederschlägt. Dieselbe bringt eine *Orientierung an Funktionen* mit sich. Die *'Apparatisierung'* der Diakonie zeigt sich in der Verkümmerung des sozialen Charakters ihrer institutionellen Strukturen, welche die Kommunikation in denselben behindert und die Machtverhältnisse begünstigt."[35] So plakativ die von Hollweg genannten Schlagworte auch wirken mögen, sie treffen einen guten Teil der konkreten Entwicklungen in den letzten Jahren. Die Eigendynamik eines von der Kirche zu unterscheidenden diakonischen Handlungsbereiches hat nach Hollweg zu einer Institutionalisierung der diakonischen Arbeit geführt, deren Probleme sich gegenwärtig mit diesen Stichworten bezeichnen lassen. Hollweg

---

[32] P.-H. Zellfelder: Heilen im Horizont diakonischen Gemeindeaufbaus; Dissertation Heidelberg 1989, S. 10.

[33] Zellfelder, a.a.O., S. 6, mit Bezug auf: Chr. Gestrich: Gemeindeaufbau in Geschichte und Gegenwart; in: PTh 75 (1986), S. 2 ff; M. Herbst: Missionarischer Gemeindeaufbau in der Volkskirche; Dissertation Erlangen 1985; H. Lindner: Programme - Strategien - Visionen. Eine Analyse neuer Gemeindeaufbaukonzepte; in: PTh 75 (1986), S. 210 ff.; Chr. Möller: Lehre vom Gemeindeaufbau; Bd. 1: Konzepte - Programme - Wege; Göttingen 1987; R. Strunk: Vertrauen. Grundzüge einer Theologie des Gemeindeaufbaus; Stuttgart 1985; R. Weth (Hrsg.): Diskussion zur "Theologie des Gemeindeaufbaus"; Neukirchen-Vluyn 1986. Zellfelder kann jedoch auch eine gewisse Aufnahme der "diakonischen Dimension" in Konzepten zum Gemeindeaufbau aufzeigen (vgl. ders., a.a.O., S. 194 f.).Vgl. dazu auch besonders die Untersuchung von G.K Schäfer: Gottes Bund entsprechen. Studien zur diakonischen Dimension christlicher Gemeindepraxis; Heidelberg 1994.

[34] Vgl. A. Hollweg: Trendwende in der Diakonie. Kritik und Neuorientierung; in: PTh 73 (1984), S. 196-211. P. Philippi: Reich Gottes oder Gemeinde? Eine Auseinandersetzung mit Arnd Hollweg; in: Diakonie 10 (1984), S. 369-371. A. Hollweg: Diakonie und die Paradigmenproblematik in der Theologie; in: PTh 78 (1989), S. 19-33.

[35] Hollweg: Trendwende in der Diakonie, a.a.O., S. 202, Hervorhebungen: D.S..

versucht, den gesellschaftlichen und zeitgeschichtlichen Gründen dieser Entwicklung zu einer "Apparatediakonie"[36] auf den Grund zu gehen. Hauptursache dieser Entwicklungen ist für ihn das der neuzeitlichen Wissenschaft zugrundeliegende "mechanistisch- materialistische Wirklichkeitsverständnis".[37] Auf dieses Denken hat sich Diakonie mit ihrer Rezeption neuzeitlicher wissenschaftlicher Erkenntnisse und Methoden unreflektiert eingelassen. Sie droht dabei ihren eigenen Ansatz bei den konkreten Lebensbezügen zu verlieren. "Die Aufgabe, die sich angesichts dieser Entwicklungen der Diakonie stellt, könnte man etwa so umreißen: Sie muß aufzubauen versuchen, was das instrumentell-technische Denken in der Gesellschaft zerstört hat, nämlich die sozialen Lebensbezüge in ihr."[38]

An dieser Stelle wird für Hollweg theologisch der Gemeindebegriff relevant. Er soll für die stark instrumentalisierte Arbeit der Diakonie die Möglichkeit bieten, die lebendige, ganzheitlich ansetzende Wechselbeziehung "zwischen der Gruppe in der Verwaltung und der Gruppe in der sozialen Arbeit einerseits und der Gruppe der Helfer und Hilfeempfänger andererseits"[39] neu ins Spiel zu bringen. "Ohne die Rückkopplung mit der Gemeinde läßt sich auch die spezialisierte Diakonie nicht in ein intersubjektives Kommunikationsgeschehen einbetten."[40] Der Gemeindebegriff wird damit von Hollweg, ausgehend von den aktuellen Problemen der Diakonie, in einem sehr weiten Sinne gebraucht, um die stark institutionalisierte und von der Kirche separierte Arbeit der Diakonie wieder intersubjektiv als "Vollzug wechselseitigen Helfens in der Teilhabe am Reich Gottes" verstehen zu können.[41]

Mit diesem Gemeindeverständnis hat sich kritisch Paul Philippi auseinandergesetzt. Er stimmt zunächst der Grundthese Hollwegs zu, daß Diakonie nur eine Zukunft habe, "wenn Gemeinde wieder ihr Subjekt wird".[42] Philippi meint jedoch, bei Hollweg in Abgrenzung zu den von ihm beschriebenen Phänomenen einen "Zug zum Anti-Institutionellen" entdecken zu können. "Gemeinde ja - aber soweit sie einfach mit Gemeinschaft gleichzusetzen ist. Liegt ihre Organisierung schon zu nahe an all den oben zitierten 'Ismen' der 'Apparate' und Apparatschicks, die nur Destruktion strukturieren?"[43] Philippi legt dagegen großen Wert auf die auch institutionelle Verfaßtheit der Gemeinde. Gemeinde meint für ihn nicht ein Formalprinzip menschlicher Wechselbeziehungen, welches apparatisierte Diakonie im Horizont des Reiches Gottes wieder beleben kann. Vielmehr muß sich für Philippi das Verhältnis von Diakonie und Kirche am konkreten Zusammenhang von organisierter Diakonie und institutionell identifizierbarer Gemeinde orientieren. "Wo Gott außerhalb der Gemeinde Reich- Gottes-Wirkungen bewirkt, gehört das zu seiner Freiheit. Diese Freiheit zu bestimmen, hat er unserer Theologie nicht aufgetragen. Innerhalb von sichtbaren Gemeinden eine offene Diakonie zu verantworten, gehört zu unserer Verbindlichkeit."[44]

---

[36] Hollweg, a.a.O., S. 203.
[37] Ebd.
[38] Hollweg, a.a.O., S. 203 f.
[39] Hollweg, a.a.O., S. 204.
[40] Ebd.
[41] Ebd.
[42] Hollweg, a.a.O., S. 204; zitiert bei Philippi: Reich Gottes oder Gemeinde? A.a.O., S. 369.
[43] Philippi, a.a.O., S. 370.
[44] Philippi, a.a.O., S. 371.

Trotz einer gemeinsamen Orientierung an dem für beide theologisch unauflöslichen Zusammenhang von Diakonie und Gemeinde findet sich also bei Philippi und Hollweg ein völlig differentes Gemeindeverständnis. Hollweg führt seinen sehr weit gefaßten Gemeindebegriff zum Zwecke einer Vermittlung zwischen neuzeitlicher, instrumentalisierender Denkart und dem "lebendigen Beziehungsverhältnis von Gott, Welt und Mensch"[45] ein. Dieser Vermittlungsvorgang muß in der Diakonie täglich geleistet werden. Diakonie muß sich für Hollweg an einem neuen "Paradigma" orientieren, "das aus der Gleichzeitigkeit der Teilhabe am Reich Christi und der menschlichen Wirklichkeit hervorgeht".[46] "Die Gleichzeitigkeit der Teilhabe am Reich Christi und an der irdisch-menschlichen Wirklichkeit und die darin vollzogene Annahme ist das Grundgeschehen im Vermittlungsprozeß, an dem auch die professionelle Diakonie Anteil haben sollte."[47] Indem die Diakonie diese Spannung in ihrer Gleichzeitigkeit aushält, wird sie für die Gemeinde zur Orientierungshilfe in der modernen Gesellschaft. Diakonie profitiert also nicht nur von Gemeinde, indem sie in ihr das für ihre Arbeit entscheidende "lebendige Beziehungsverhältnis von Gott, Welt und Mensch" vorfindet, sondern Diakonie kann ihrerseits der Gemeinde einen neuen Bezug zur gesellschaftlichen Wirklichkeit eröffnen. Ausgehend von dieser gegenseitigen Relation von Diakonie und Gemeinde kann Hollweg angesichts dieses Wechselverhältnisses sogar von der "sozialen Gestaltwerdung als Leib Christi in einer veränderten Wirklichkeit" sprechen.[48]

Derart pauschal kann nach Philippi der Gemeindebegriff nicht gefaßt werden. "Davon, daß dienende Sozialbeziehungen auch außerhalb der Christusgemeinschaft 'herrschen' können, sagt uns das NT eigentlich nichts. Daß die 'soziale Gestaltwerdung als Leib Christi' gar 'in einer veränderten Wirklichkeit' zustande kommen solle, ist eine kulturprotestantische Erwartung."[49] Der Gemeindebegriff wird von Philippi demgegenüber in markanter Weise eingeschränkt. Nur in der Christusgemeinschaft konstituiert sich Gemeinde. Diese Gemeinschaft findet in der christlichen Gemeinde ihren greifbaren, institutionell definierbaren Ort. Jede Erweiterung des Gemeindebegriffes in Richtung auf ein nicht näher bestimmbares "lebendiges Beziehungsverhältnis von Gott, Welt und Mensch" (Hollweg) oder auf deren "soziale Gestaltwerdung ... in einer veränderten Wirklichkeit" verfehlt für Philippi ein rechtes Gemeindeverständnis und dient damit auch nicht der Integration von Diakonie und Gemeinde. Gegenwärtige Diakonie darf deshalb für ihn nicht mit Hilfe eines theoretisch konstruierten Gemeindebegriffes theologisch reintegriert werden. Sie muß sich trotz ihrer Tendenz zur "Apparatisierung" an der Kontinuität und Verbindlichkeit der Christusgemeinschaft, wie sie in der christlichen Gemeinde realisiert ist, orientieren und sich daran messen lassen. "Daher gehört es von den Tagen des Neuen Testaments her zur Diakonie, an sichtbare, an verantwortete, ja an organisierte Vergemeinschaftungen von Christen geknüpft zu sein. Ein Diakonie-Begriff, der dies vergessen macht, erkauft seine scheinbare größere Weite und Erbaulichkeit mit der Gefahr der Verschwommenheit und Selbsttäuschung."[50]

---

[45] Hollweg: Trendwende in der Diakonie, a.a.O., S. 208.
[46] Ebd.
[47] Hollweg, a.a.O., S. 209.
[48] Hollweg, a.a.O., S. 211.
[49] Philippi: Reich Gottes oder Gemeinde? A.a.O., S. 371.
[50] Philippi, a.a.O., S. 370.

An diesen beiden Auffassungen von Gemeinde läßt sich die ganze Breite des derzeitig in Auseinandersetzung mit Diakonie diskutierten Gemeindebegriffes ermessen. Die Vorstellungen reichen von einer strikten Rückbindung diakonischer Arbeit an die neutestamentlich begründete Christusgemeinschaft bis zur Zusammenfassung sämtlicher diakonisch-caritativer Aktivitäten unter einen sehr weit gefaßten Gemeindebegriff. Diese Versuche einer theologischen Reintegration der Diakonie in Kirche und Gemeinde sind zwar ernst zu nehmen, ob solche Konstruktionen die theologische Reflexion konkreter Probleme der Diakonie weiterführen bzw. die diakonische Arbeit an die Gemeindewirklichkeit zurückbinden können, erscheint jedoch fraglich. Bei Philippis Konzept besteht das Problem darin, daß sich eben viele diakonische Aktivitäten, vor allem in großen Institutionen der Diakonie, kaum mit seinem Gemeindeverständnis in Verbindung bringen lassen. Hollweg ist dagegen zu fragen, wie sich sein überaus weitgefaßter Gemeindebegriff mit der Wirklichkeit heutiger kirchlicher Gemeinden verträgt. Auch der von Paul-Hermann Zellfelder in seiner Untersuchung zum "Heilen im Horizont diakonischen Gemeindeaufbaus" entwickelte Gemeindebegriff kann die Verbindung von Diakonie und Gemeinde letztlich nicht leisten. Zellfelder bestimmt die heilende Dimension der Gemeinde sehr detailliert und versucht, einen Programmentwurf für diakonischen Gemeindeaufbau zu entwickeln.[51] In diesem Programm konzentriert er sich jedoch sehr auf die Wirklichkeit der Kirchengemeinden. Damit wird zwar ein präziser Begriff diakonischer Gemeinde geprägt, der große Bereich der außerhalb der Kirchengemeinden institutionalisierten Diakonie bleibt dabei jedoch außer Blick.

In Weiterführung der dargestellten Diskussion mit Paul Philippi hat Arnd Hollweg die Bedeutung des Gemeindebegriffs noch einmal in einem größeren Zusammenhang betont. Für ihn ist der Gemeindebegriff im Kontext der "Paradigmenproblematik in der Theologie" wichtig für die Erfahrungen der Teilhabe an gegenwärtiger geschichtlicher Wirklichkeit und zugleich an der Glaubenswirklichkeit.[52] Es geht Hollweg gegen Philippi bei der diakonischen Betrachtung von Gemeinde um den Zusammenhang von Gemeinde und Welt.[53] Eine strenge Trennung von Gemeindebereich als Christusgemeinschaft und Welt verhindert für ihn von vornherein die verantwortliche Teilnahme des Christen an den in der Welt gegebenen Problemstellungen. "Das Selbstverständnis der Gemeinde muß davon bestimmt sein, daß sie zugleich ein Stück Welt ist. Gerade im diakonischen Handeln geht es darum, daß unser 'In-der-Welt-sein' als Christen und Gemeinde wahrgenommen, angenommen und verantwortet wird ... Zur diakonischen Aufgabe gehört die kritische Wahrnehmung der Wechselwirkungen zwischen Gesellschaft und Gemeinde, in denen sich Diakonie vollzieht." [54] Damit kritisiert Hollweg die nach seiner Meinung noch allzu sehr der lutherischen Zweireichelehre verhaftete Denkweise Philippis, nach der solche Wechselwirkungen zwischen "geistlichem" und "weltlichem" Bereich kaum möglich sind.[55] Demgegenüber wird für Hollweg, ähn-

---

[51] Vgl. P.-H. Zellfelder: Heilen im Horizont diakonischen Gemeindeaufbaus; Dissertation Heidelberg 1989, S. 366 ff.

[52] A. Hollweg: Diakonie und die Paradigmenproblematik in der Theologie; in: PTh 78 (1989), S. 19-33.

[53] Vgl. dazu die in Kapitel 1.4.3.1 dargestellte Unterscheidung von Gemeinde und Welt bei Philippi.

[54] Hollweg, a.a.O., S. 23.

[55] Zum theologischen Ansatz Philippis bei der Zweireichelehre vgl. ders.: Christozentrische Diakonie; 2. Auflage Stuttgart 1975.

lich wie für Rich und Wendland (vgl Kap. 1.4.3.2 und 1.4.3.3), Diakonie zu einer entscheidenden Dimension des Bezuges auf die heutige gesellschaftliche Wirklichkeit. "Diakonie läßt sich nicht auf die Verwirklichung diakonaler Gemeindestrukturen reduzieren."[56] Eine Existenz der Diakonie in den Wechselbeziehungen zwischen Kirche und Gesellschaft ist deshalb für ihn die einzige der Diakonie angemessene Lebensform. Allerdings darf diese Öffnung der Gemeinde auf die gesellschaftliche Wirklichkeit, wie sie sich in der Diakonie ereignet, nicht im reinen Säkularismus enden. Diakonie muß die Spannung, den "Vermittlungsprozeß" zwischen Gemeinde und Gesellschaft aushalten. Neuere diakonietheologische Veröffentlichungen neigen demgegenüber nach Hollweg dazu, den Gemeindebegriff in seiner inneren Spannung aufzugeben und zu einseitig die "weltlichen" Bedingungen der diakonischen Arbeit zu betonen. Deshalb hält es Hollweg im Sinne einer Ausgewogenheit der in der Diakonie zu vermittelnden Bezüge für unverzichtbar, an der Bedeutung der Gemeindewirklichkeit für die Diakonie festzuhalten. "In die Diakonie-Bücher von Johannes Degen, Horst Seibert u.a. findet die Gemeindewirklichkeit kaum Eingang. Demgegenüber gilt es, mit Philippi am Zusammenhang von Diakonie und Gemeinde festzuhalten und diesen bewußter zu machen."[57]

Die beschriebenen Verhältnisbestimmungen der Diakonie zu Kirche und Gemeinde beleuchten theologisch die diakonische Arbeit von einer bestimmten Seite. Es geht dort um die Differenziertheit diakonischer und kirchlicher Praxis und um die theologische Notwendigkeit, deren innere Einheit hervorzuheben. Diakonie ist trotz ihrer besonderen und teilweise theologisch problematischen Gestalt unaufgebbarer Bestandteil christlichen Lebens und Handelns und kann deshalb von den Lebensbezügen der christlichen Gemeinde theologisch kaum getrennt werden.

Demgegenüber ist aber auch die andere, die nichtkirchliche Seite der Diakonie theologisch differenziert zu beachten. Es existieren neben der Beziehung zur verfaßten Kirche und ihren Gemeinden Außenrelationen zu weiteren "Wirkungsgrößen" (Seibert), die für die Diakonie heute nicht weniger entscheidend sind. Neben dem viel analysierten Verhältnis zum Sozialstaat haben vor allem die Bereiche Recht, Wirtschaft, Erziehung und Wissenschaft (mit deren therapeutischer Umsetzung) besondere Bedeutung für die Gestaltung gegenwärtiger diakonischer Arbeit. Der Beziehung der Diakonie zu diesen Teilbereichen der Gesellschaft ist deshalb in neueren diakonisch-theologischen Veröffentlichungen besondere Aufmerksamkeit gewidmet worden.

## 2.2.2 Diakonie und Sozialstaat

Die Beachtung des Verhältnisses von Diakonie und Sozialstaat ist ein weiterer wichtiger Teilaspekt bei der theologischen Wahrnehmung heutiger diakonischer Wirklichkeit. Auch wenn Hollweg von seinem gemeindebezogenen Standpunkt aus von einer "fehlenden kritischen Auseinandersetzung mit den Voraussetzungen sozialstaatlichen Denkens" spricht,[58] muß auch er angesichts neuerer theologischer Untersuchungen zum Verhältnis von Diakonie und Sozialstaat "das Verdienst derselben

---

[56] Hollweg: Diakonie und die Paradigmenproblematik in der Theologie, a.a.O., S. 23.
[57] Hollweg, a.a.O., S. 28.
[58] Hollweg, a.a.O., S. 30.

herausstellen, die sozialstaatlichen Bedingungszusammenhänge ... in die Diakonie-Diskussion eingebracht zu haben."[59] Die massiven Zusammenhänge von Sozialstaat und Diakonie müssen heute theologisch mehr denn je beachtet werden. Besonders die Arbeiten Degens und Seiberts sowie der von Seibert, Schick und Spiegel herausgegebene Sammelband "Diakonie und Sozialstaat" zeigen diese Zusammenhänge in ihrer geschichtlichen und aktuellen Dimension auf.[60]

Die Definition des Zusammenhangs von Diakonie und Sozialstaat im Rahmen der Sozialgesetzgebung ist bereits im ersten Kapitel dargestellt worden (vgl. Kap. 1.2). Im Anschluß an diese Verhältnisbestimmung ist auffällig, wie sich bezüglich des Einflusses des Sozialstaates auf die diakonische Arbeit die theologischen Einschätzungen verändert haben. So meinte Johannes Degen noch 1978: "Wenn sich die Diakonie hier und da und in wachsendem Ausmaß staatlichen Eingriffen und Reglementierungen ausgesetzt sieht, dann sollte sie nicht der Gefahr erliegen, jetzt gleichsam die Machtfrage zu stellen. Wäre nun und in Zukunft nicht eine Offensive der Vertrauensgewinnung nötig, um herauszustellen, daß Christen und ihre Diakonie etwas Entscheidendes zur Vermenschlichung dieser Gesellschaft beizutragen haben und jener Staat schlecht beraten wäre, der auf diesen Beitrag meint verzichten zu können?"[61] Eine Äußerung Degens von 1985 beurteilt die Situation der Diakonie innerhalb des sozialstaatlichen Hilfesystems demgegenüber wesentlich skeptischer: "andererseits ist sie (die Diakonie; D.S.) beteiligt an dem, was Martin Jänicke als 'sozialindustriellen Komplex' beschreibt: Neben die 'politisch-administrative, vorsorgliche und einmalige Unterbindung von Mißstandsursachen' tritt mehr und mehr 'die teure, aber kurzfristig wachstumsträchtige, kontinuierliche Symptombekämpfung'. ... Eine in der Krankenfürsorge engagierte Diakonie muß folglich mit den Ambivalenzen zwischen staatlich regulierter Alimentierung und zunehmender Vermarktung von Notlagen leben."[62] Die sozialpolitische Einbindung und Expansion der letzten Jahrzehnte hat auf die Diakonie also offensichtlich auch negative Auswirkungen gehabt. Besonders die knapper werdenden öffentlichen Mittel führten Anfang der 80er Jahre zu einer wesentlich strengeren politischen Reglementierung der Hilfen und damit auch zu einer größeren Abhängigkeit der Diakonie vom Sozialstaat.[63] Diese veränderte Situation drückt sich in einer Welle von Sozialgesetzen aus, die sich vor allem in den Jahren bis 1984 um eine Kostenreduzierung im sozialen Bereich bemühten. "Allein Ende 1981 bis Anfang 1984 wurden insgesamt mehr als 300 sozialrechtlich relevante Gesetze verabschiedet bzw. (neu) beschlossen."[64] Hintergrund dieser Flut neuer Sozialgesetze waren gezielte Sparoperationen, die eine

---

[59] Hollweg, a.a.O., S. 28.
[60] Vgl. J. Degen: Diakonie im Interventionsstaat; in: Diakonie 4 (1978), S. 12-14; ders.: Diakonie im Widerspruch. Zur Politik der Barmherzigkeit im Sozialstaat; München 1985; ders.: Diakonie im Sozialstaat; in: Theologia Practica 20 (1985), S. 235-250; ders.: Diakonie als Agentur im Wohlfahrtsstaat; in: Concilium 24 (1988), S. 319-324. H. Seibert: Diakonie - Hilfehandeln Jesu und soziale Arbeit des Diakonischen Werkes; 2. Auflage Gütersloh 1985. M. Schick/H. Seibert/Y. Spiegel (Hrsg.): Diakonie und Sozialstaat; Gütersloh 1986.
[61] J. Degen: Diakonie im Interventionsstaat, a.a.O., S. 14.
[62] J. Degen: Diakonie im Widerspruch, S. 14 f., mit Bezug auf Martin Jänicke: Wie das Industriesystem von seinen Mißständen profitiert; Opladen 1979, S. 9.
[63] Vgl. dazu auch A. Jäger: Diakonie als christliches Unternehmen; 3. Aufl. Gütersloh 1990, S. 21 ff.
[64] H. Renn: Sozialrecht im Dienst konzeptionsloser Sozialpolitik - Zur Veränderung der Sozialgesetzgebung seit 1980; in: Schick/Seibert/Spiegel (Hrsg.): Diakonie im Sozialstaat, S. 381.

"Konsolidierung der öffentlichen Haushalte sowie die Verbesserung der Rahmenbedingungen für die Privatwirtschaft" zu erreichen suchten.[65]

Die sogenannten Spargesetze wurden begründet mit den Überschuldungen der öffentlichen Haushalte, die unter anderem durch Massenarbeitslosigkeit, Wirtschaftskrise und Verteuerung der sozialen und gesundheitlichen Hilfen verursacht worden sind. Die durch die Sozialgesetze umgeschichteten Gelder werden in einer Studie des Sozialwissenschaftlichen Institutes der EKD mit ca. 210 Milliarden DM für die Jahre 1982 bis 1985 angegeben.[66] Diese Veränderungen wirkten sich vor allem auf die sozialstaatlichen Leistungen aus. "Die finanzielle Hauptlast trägt die Sozialpolitik: bis 1985 werden sozialstaatliche Leistungen um über 50 Milliarden DM abgebaut worden sein."[67] Die Reduktion der Zuwendungen aus öffentlichen Haushalten, die für die Finanzierung der diakonischen Arbeit eine wichtige Rolle spielen (vgl. Kap. 2.2.4), führt in der Diakonie zu ökonomischen Engpässen, die eine Neuorientierung der Diakonie erforderlich machen. Der Zeit des gewaltigen, sozialstaatlich geförderten Wachstums der Diakonie scheint damit eine Zeit der Konsolidierung folgen zu müssen. "Tatsache ist unter anderen wichtigen Punkten: Die öffentliche Hand, die viele Jahre aus dem vollen heraus auch diakonische Aufgaben übernommen oder doch massiv mitgetragen hat, wird leerer. Diakonische Werke, die von deren Fülle gelebt haben, tun gut daran, sich nicht nur gegen die zunehmende Verstopfung dieser Quellen zu sträuben, sondern sich mit Phantasie, kluger Überlegung und kompetentem Management auf die sieben mageren Jahre einzurichten."[68] Die weitere Entwicklung der öffentlichen Haushalte, besonders nach der deutschen Wiedervereinigung, läßt vermuten, daß diese Entwicklung in den kommenden Jahren noch verstärkt wird.

Bereits 1978 hat René Leudesdorff das Verhältnis von Sozialstaat und Diakonie wesentlich negativer eingeschätzt als z.B. Johannes Degen. Für ihn gibt es nur noch geringe Möglichkeiten der Entwicklung eines diakonischen Proprius und demgegenüber eine zunehmende Gefahr der "Verstaatlichung".[69] Neuere diakonisch-theologische Stellungnahmen zur Sozialpolitik unterstützen diesen kritischen Ansatzpunkt. Heribert Renn beobachtet parallel zur Welle neuer Sozialgesetze seit Anfang der 80er Jahre auch eine zunehmend restriktive Handhabung dieser Gesetze.[70] Er kommt nach seiner Detailanalyse der Sozialgesetzgebung in der ersten Hälfte der 80er Jahre zu dem Urteil, daß diese von Konzeptionslosigkeit geprägt sei.[71] Die Sozialpolitik sei keine selbständige Größe mehr, sondern sie sei von wirtschafts- und finanzpolitischen Interessen abhängig und deshalb "endgültig den Sozialpolitikern entglitten".[72] Auch die Studie des Sozialwissenschaftlichen Instituts der EKD beurteilt die neuere Entwicklung der Sozialgesetzgebung ausgesprochen kritisch. "Hinter

---

[65] W. Adamy, J. Steffen: Zwischenbilanz von Sozialdemontage und Umverteilungspolitik seit 1982; in: U. Claußen (Hrsg.): Sozialstaat in der Klemme. Ausgewählte Texte zu Aufgaben, Grenzen und Möglichkeiten der sozialen Marktwirtschaft; Materialien des Sozialwissenschaftlichen Instituts der Evangelischen Kirche in Deutschland; Bochum 1984, S. 169.

[66] Vgl. Adamy, Steffen, a.a.O., S. 164.

[67] Adamy, Steffen, a.a.O., S. 165 f.

[68] A. Jäger: Diakonie als christliches Unternehmen; 1. Auflage 1986, 3. Auflage 1990, S. 21.

[69] Vgl. R. Leudesdorff: "Verstaatlichung" der Diakonie? In: Diakonie 4 (1978), S. 11 f.

[70] Vgl. H. Renn: Sozialrecht im Dienst konzeptionsloser Sozialpolitik, a.a.O., S. 392 ff.

[71] Renn, a.a.O., S. 395.

[72] Renn, a.a.O., S. 397.

dem Tarnbegriff 'Sparpolitik' verbirgt sich somit eine Politik der Einkommenverteilung von unten nach oben sowie der Präjudizierung des Sozialabbaus von morgen."[73] Wie immer man die Gestaltung der derzeitigen Sozialpolitik beurteilen mag, die daraus resultierenden Entwicklungen verlangen von diakonisch-theologischer Seite nach einer differenzierten Sicht des Verhältnisses der Diakonie zum Sozialstaat.

So ist für Johannes Degen angesichts der zunehmenden Einflußnahme des Sozialstaates auf die Diakonie in Form von Gesetzgebung und finanziellen Zuwendungen auch die positive Seite der sozialstaatlichen Aktivitäten theologisch zu würdigen. "Theologisch wird hier noch einmal die bisweilen gewünschte strikte Trennung zwischen Diakonie und Sozialstaat fragwürdig. Die aktuelle Gestalt christlicher Nachfolge kann im Blick auf die Diakonie nicht von der grundsätzlich positiv zu bewertenden ethischen Qualität des Sozialstaates absehen."[74] In der in Artikel 20, 1 und 28, 1 des Grundgesetzes formulierten Definition der Bundesrepublik Deutschland als demokratischer und sozialer Rechtsstaat sind nach Degen auch theologische Traditionselemente verwirklicht, aufgrund derer, trotz gegenwärtiger Probleme mit der Sozialpolitik, eine grundsätzliche Bejahung sozialstaatlicher Ziele von seiten der Diakonie möglich ist. "Der Sozialstaat hat eben nicht nur herkunftsgeschichtlich, sondern auch aktuell eine theologische Qualität ... Der Sozialstaat ist eben nicht jener tendenziell totalitäre Moloch, dem die kirchliche Diakonie gegenübersteht."[75] Gleichwohl können auch für Degen die Ziele der Diakonie nicht mit denen des Sozialstaates zur Deckung gebracht werden. "An diese positive Sicht des Sozialstaates muß sich allerdings notwendigerweise ein 'Aber' anschließen ... Mit der Bejahung des Sozialstaates kann sich die diakonische Verantwortung nicht erschöpfen."[76] Das Verhältnis von Diakonie und Sozialstaat ist deshalb ambivalent zu beurteilen. Einerseits liefert dieser nach der Integration der Diakonie in das sozialstaatliche Hilfesystem notwendigerweise und irreversibel die gesetzlichen und finanziellen Voraussetzungen und ist deshalb als "Ermöglichungsgröße" diakonischer Arbeit anzusehen, andererseits kann aber Diakonie trotz der von ihr zu bejahenden Integration in die sozialstaatliche Hilfe nicht aufhören, besonders angesichts fragwürdiger sozialpolitischer Entwicklungen kritische "Einspruchsgröße" für den Sozialstaat zu sein. "Für eine kirchlich-theologische Reflexion der Diakonie ist es deshalb notwendig, die hier vorhandene Spannung in der Diarchie von 'Ermöglichungsgröße Sozialstaat' und 'Einspruchsgröße Diakonie' zur Kenntnis zu nehmen und zu verantworten."[77]

In ganz anderer Weise beurteilt Alfred Jäger die neueren Entwicklungen in der Sozialgesetzgebung als für die Diakonie positiv. Für ihn sind die enger werdenden sozialstaatlichen Rahmenbedingungen geradezu eine Chance, über die eingespielten Abläufe sozialstaatlich geregelter Hilfe hinausgehend nach neuen Möglichkeiten diakonischer Initiativen zu suchen. "Wo dem Staat der lange Atem ausgeht, ist freie, spontan christlich-humanitäre diakonische Hilfe und Liebe neu gefordert. Das ruft nach diakonischer Hellsicht für alte und neue Not, erfordert diakonische Phantasie und Innovationskraft mit neuen Lösungen... Kurz: Gefordert ist ein neuer, diakoni-

---

[73] Adamy, Steffen: Zwischenbilanz von Sozialdemontage und Umverteilungspolitik seit 1982, a.a.O., S. 165.
[74] J. Degen: Diakonie im Widerspruch; München 1985, S. 100.
[75] Degen, a.a.O., S. 101.
[76] Ebd.
[77] Ebd.

scher Mut und Unternehmergeist."[78] Diakonische Initiativen, die über den sozialstaatlich gesetzten Rahmen hinausgehen, befinden sich dabei in guter diakonischer Tradition, weil Diakonie schon lange vor der Entwicklung des modernen Sozialsystems der BRD angesichts konkreter Not zu helfen wußte. Solchen diakonischen "Unternehmergeist", wie er für die diakonischen Gründerväter und -mütter des 18. und 19. Jahrhunderts charakteristisch war, gilt es angesichts der neueren sozialstaatlichen Entwicklungen neu zu entdecken. Diakonische Initiativen, die sich abseits sozialstaatlicher Absicherung und unter Betonung des diakonischen Propriums bilden, sind deshalb zu fördern.

Mit dem Begriff des Sozialstaates ist der äußere Rahmen, innerhalb dessen diakonische Arbeit derzeit stattfindet, keineswegs umfassend beschrieben. Gegenüber dem herkömmlichen Verständnis von Diakonie im Spannungsfeld von Kirche und Sozialstaat werden theologisch zunehmend weitere Faktoren wahrgenommen, die für die diakonische Arbeit ebenso wichtig sind. Die erste wichtige Beobachtung ist diesbezüglich, daß sich der Sozialstaat bei der Durchsetzung seiner politischen Entscheidungen ökonomischer und rechtlicher Mittel bedienen muß. Jede Entscheidung, die im sozialpolitischen Raum getroffen wird, muß, wenn sie greifen soll, rechtlich geregelt und bezahlt werden. Zusätzlich zum Sozialstaat sind deshalb auch die Bereiche Recht und Wirtschaft für eine differenzierte theologische Wahrnehmung diakonischer Strukturen zu beachten. Um das Verhältnis der Diakonie zu den für ihre Arbeit relevanten gesellschaftlichen Teilbereichen differenzierter einschätzen zu können, wird deshalb darauf zu achten sein, wie die sozialstaatlichen Rahmenbedingungen innerhalb der Diakonie rechtlich und ökonomisch konkret durchgesetzt werden und wie groß demgegenüber die Gestaltungsfreiräume der Diakonie gegenwärtig sind. Die pauschale Vorstellung einer "Verstaatlichung" der Diakonie wird dann differenzierter formuliert werden müssen. Wie die ökonomische Analyse zeigen wird, betrifft der direkte Einfluß des Sozialstaates nur einen Teil der diakonischen Außeneinflüsse. Demgegenüber bekommen für die wirtschaftliche Ausgestaltung diakonischer Arbeit zusätzliche weitere Faktoren Bedeutung, die von Einflüssen des Staates zu unterscheiden sind. Auch in rechtlicher Hinsicht ergibt sich für das Verhältnis von Diakonie und Sozialstaat ein differenziertes Bild. Nicht alles, was von seiten der politischen Gremien entschieden wird, ist auch im Bereich der Diakonie juristisch durchsetzbar. Die Relevanz sozialstaatlicher Vorgaben richtet sich vielmehr auch nach den speziellen rechtlichen Bedingungen der Diakonie und der konkreten rechtlich-organisatorischen Ausgestaltung ihrer Arbeit.

### 2.2.3 Diakonie und Recht

Wesentliche Grundlage diakonischer Arbeit neben der sozialstaatlichen Sozialgesetzgebung der BRD ist deren Interpretation, Durchsetzung und gegebenenfalls Konkretion durch die dafür zuständige Rechtsprechung. Auch zu diesem Themenkreis gibt es in den letzten Jahren einige differenzierte diakonisch-theologische Untersuchungen.[79] Vor allem die Darstellung der an die Sozialgesetzgebung der 60er

---

[78] A. Jäger: Diakonie als christliches Unternehmen, S. 21 f.

[79] Vgl. Th. Schober (Hrsg.): Das Recht im Dienst einer diakonischen Kirche; HbZDK, Bd. 3; Stuttgart 1980. A. v. Campenhausen/H.-J. Erhardt (Hrsg.): Kirche - Staat - Diakonie; Hannover 1982.

Jahre anschließenden Rechtsprechung des Bundesverfassungsgerichtes durch von Campenhausen und Erhard beschreibt die rechtlichen Rahmenbedingungen diakonischer Arbeit detailliert. In den dort aufgeführten Gerichtsurteilen, in denen es um die Konkretisierung dieser Sozialgesetze geht (vgl. Kap. 1.2.2), wird diakonischen Einrichtungen juristisch prinzipiell ein ausgesprochen großer Handlungs- und Gestaltungsfreiraum zugestanden. Es läßt sich bei der Rechtsprechung des Bundesverfassungsgerichtes (BVerfG) beobachten, wie die Einflußnahme des Sozialstaates durch juristische Entscheidungen teils präzisiert, teils aber auch klar begrenzt wird. "Wieweit die Eigenständigkeit von Diakonie und Caritas reicht, zeigt die St. Marienentscheidung, nach der die organisatorisch- betrieblichen Strukturen eines kirchlichen Krankenhauses ... dem unmittelbaren Zugriffs des Gesetzgebers entzogen sind."[80] Die Verfassungsklage eines katholischen Krankenhauses bildet hier einen Präzedenzfall, an dem sich exemplarisch zeigen läßt, daß sozialstaatliche Gesetzgebung und deren rechtliche Durchsetzbarkeit im Bereich der Diakonie unterschieden werden müssen. Die Tatsache, daß Sozialgesetze durch die Rechtsprechung interpretiert und konkretisiert werden, legt es nahe, das Verhältnis der Diakonie zum Recht als einen eigenen wichtigen Bezug diakonischer Arbeit aufzufassen. Die Frage nach dem Verhältnis der Diakonie zum Recht beleuchtet damit über die sozialpolitischen Entscheidungen hinausgehend die juristische Eigenständigkeit diakonischer Arbeit und die formal-rechtliche Ausgestaltung diakonischer Einrichtungen. Wie eigenständig die jeweilige diakonische Einrichtung ihre Arbeit tatsächlich gestalten kann, hängt wesentlich an der rechtlichen Beurteilung der Diakonie überhaupt und an der organisatorisch-rechtlichen Konstitution der jeweiligen Einzeleinrichtungen. Beiden Aspekten wird deshalb im folgenden nachzugehen sein.

### 2.2.3.1 Die grundsätzliche Eigenständigkeit diakonischer Arbeit in verfassungsrechtlicher Hinsicht

Bei der St. Marienentscheidung von 1980 ging es um die Frage, "ob durch Vorschriften des Krankenhausgesetzes des Landes Nordrhein-Westfalen (KHG NW) verfassungswidrig in die Rechte der konfessionellen Krankenhausträger eingegriffen wird."[81] Das Krankenhausgesetz vom 25. Februar 1975 sollte "im Blick auf die besondere Aufgabenstellung der Krankenhäuser deren innere Struktur im Interesse der Steigerung der Leistungsfähigkeit den heutigen Erfordernissen und den modernen wissenschaftlichen Erkenntnissen anpassen."[82] Es enthielt dazu einige Bestimmungen, von denen verschiedene konfessionelle Träger der Meinung waren, daß sie in unzulässiger Weise die verfassungsrechtliche Garantie der freien Ordnung und Verwaltung der kirchlichen Angelegenheiten gemäß Artikel 140 des Grundgesetzes (in Verbindung mit Art. 137, Abs. 3 der Weimarer Reichsverfassung) angreifen. Beschwerdeführer waren eine katholische und eine evangelische Kirchengemeinde,

---

V. Neumann: Rechtsgrundlagen der finanziellen Beziehungen zwischen Sozialstaat und Diakonie; in: W. Lienemann (Hrsg.): Die Finanzen der Kirche; München 1989, S. 273-302.

[80] V. Neumann: Rechtsgrundlagen der finanziellen Beziehungen zwischen Sozialstaat und Diakonie, a.a.O., S. 274.

[81] BVerfG, Beschluß vom 25.3.1980; zit. nach v. Campenhausen/Erhardt (Hrsg.), a.a.O., S. 114.

[82] Ebd.

zwei eingetragene Vereine und eine Gesellschaft mit beschränkter Haftung. Die Beschwerdeführer wandten sich "gegen die Anwendung der §§ 17 (Betriebsleitung), 18 (ärztlicher Vorstand), 20 (ärztlicher Dienst), 21 (leitender Arzt) und 25 (Beteiligung ärztlicher Mitarbeiter)"[83] und damit gegen einen Eingriff in die den Kirchen zustehende freie Gestaltung ihrer Organisations- und Personalangelegenheiten.

Die verfassungsrechtliche Kontroverse bezüglich der Krankenhausgesetzgebung betrifft einen Bereich diakonischer Arbeit, der in hohem Maße in das öffentliche Versorgungssystem eingegliedert ist und der deshalb im Sinne einer optimalen Gesundheitsversorgung der Bevölkerung in besonderer Weise eine Abstimmung und Koordination sowohl mit den politischen Stellen als auch mit anderen Krankenhausträgern (gemäß dem Krankenhausbedarfsplan) benötigt. Die entscheidende Frage ist jedoch, wieweit die gesetzliche Einflußnahme des Staates in diesem Bereich gehen darf. Die Krankenhausarbeit ist damit ein diakonisches Tätigkeitsgebiet, welches wie kaum ein zweites im Spannungsfeld allgemein gesetzgeberischer und speziell diakonischer Interessen steht. Einerseits handelt der Gesetzgeber, wenn er Bestimmungen in organisatorischen und Personalangelegenheiten erläßt, besonders im Krankenhauswesen im Interesse des Gesamtwohls. "Das Ziel einer optimalen Krankenhausversorgung ist ein wichtiges Anliegen des Gesetzgebers. Ihre Sicherstellung wurde als 'öffentliche Aufgabe' normiert (§ 2 I KHG NW)."[84] Andererseits müssen auch in dem einer besonderen öffentlichen Regelung bedürftigen Krankenhauswesen die besonderen Bedingungen diakonischer Arbeit berücksichtigt werden. Zwischen diesen beiden Aspekten eines staatlichen Schutzes von für das Gemeinwesen bedeutsamen Rechtsgütern und selbständiger Ordnung der kirchlichen und diakonischen Angelegenheiten besteht nach Auffassung des Bundesverfassungsgerichtes eine Wechselwirkung, die vom Gesetzgeber zu beachten ist. "Dieser Wechselwirkung ist durch entsprechende Güterabwägung Rechnung zu tragen."[85] Das Bundesverfassungsgericht hatte deshalb zu prüfen, ob mit den Bestimmungen des Krankenhausgesetzes von Nordrhein-Westfalen eine entsprechende Ausgewogenheit gegeben ist.

Fast alle strittigen Bestimmungen (ausgenommen die zur Einrichtung einer übergreifenden Datenverarbeitung in § 5 KGH NW) hält das BVerfG in diesem Sinn für unausgewogen. "Die angegriffenen Bestimmungen des KHG NW greifen in die den Kirchen zustehende Organisations- und Personalhoheit ein, ohne daß eine Regelung im kirchlichen Bereich aus zwingenden Gründen geboten wäre."[86] Bei der verfassungsrechtlichen Beurteilung der Selbständigkeit diakonischer Krankenhausarbeit waren vor allem auch die über lange Zeit gewachsenen, spezifischen Strukturen christlicher Krankenhausarbeit für das BVerfG maßgeblich. Angesichts der über Jahrhunderte völlig selbständigen Arbeit diakonischer Krankenhäuser kann der Gesetzgeber diese spezifischen Strukturen heute nach Meinung des Gerichts nicht einfach analog zu öffentlich getragenen Krankenhäusern behandeln. Die Diakonie scheint damit zumindest juristisch von ihrer sehr eigenständigen Herkunft auch in der Gegenwart zu profitieren. Die geschichtlich gewachsene Arbeit diakonischer Krankenhäuser trägt also einen eigenen Charakter, der, wenn auch nicht politisch, so

---

[83] BVerfG, zit. nach v. Campenhausen/Erhardt (Hrsg.), a.a.O., S. 115.
[84] BVerfG, zit. nach v. Campenhausen/Erhardt (Hrsg.), a.a.O., S. 121.
[85] BVerfG, zit. nach v. Campenhausen/Erhard (Hrsg.), a.a.O., S. 113.
[86] BVerfG, zit. nach v. Campenhausen/Erhard (Hrsg.), a.a.O., S. 121.

doch zumindest rechtlich gewürdigt wird. "Die vor allem im Bereich des Krankenhauswesens anzutreffende besondere Eigenständigkeit, Dauerhaftigkeit und prägende Kraft kirchlicher Tradition gerade auch im organisatorisch-betrieblichen Bereich konnte sich nicht zuletzt deshalb entfalten, weil über lange Zeiträume der Staat die Krankenversorgung zumal für die wirtschaftlich schlechter gestellten Schichten der Bevölkerung - und damit für die übergroße Mehrheit der Bevölkerung - fast völlig den kirchlichen Einrichtungen überlassen hat. Auch aufgrund dieser über einen Zeitraum von Jahrhunderten hinweg verlaufenden Entwicklung sind Gegebenheiten entstanden, die auch heutzutage - trotz des gewandelten Verständnisses von Wesen und Aufgaben des Staates - in Rechnung gestellt werden müssen, wenn die Reichweite kirchlicher Selbstbestimmung von Verfassung wegen zu ermitteln ist."[87] Das Verfassungsgericht schränkt damit die Gültigkeit des Krankenhausgesetzes von Nordrhein-Westfalen für kirchliche Krankenhäuser ein, weil darin die eigenständigen Strukturen diakonischer Arbeit nicht genügend berücksichtigt werden. Die juristische Argumentation bezieht sich dabei bemerkenswerterweise nicht nur auf die allgemeinen, verfassungsmäßig garantierten Sonderrechte der Kirche (vgl. Kap. 1.2.2) nach Art. 4 und Art. 140 des Grundgesetzes, sondern auch auf die faktische, geschichtlich gewachsene Besonderheit diakonischer Arbeit. Für die Betonung der Eigenständigkeit diakonischer Krankenhäuser durch das Bundesverfassungsgericht war dabei offensichtlich sekundär, welche spezielle Rechtsform der jeweilige diakonische Krankenhausträger besitzt. Selbständig als eingetragener Verein oder als GmbH konstituierte Krankenhäuser partizipieren ebenso an den besonderen Rechten kirchlicher Arbeit wie in der Trägerschaft von Kirchengemeinden befindliche Krankenhäuser. Diese Entscheidung hat als juristisches Grundsatzurteil für die Bestimmung des diakonischen Handlungsspielraums gegenüber dem Gesetzgeber exemplarischen Charakter. Kritiker der Entscheidung sprechen von einer "kirchenfreundlichen, kirchliches Selbstbestimmungsrecht und Religionsfreiheit eher überbetonenden Tendenz" des BVerfG.[88] Die zitierte Entscheidung wurde vom BVerfG auch nicht einmütig gefällt. Es gibt im Gegenteil eine ausführlich formulierte, abweichende Meinung des Richters Dr. Rottmann, die zu einem entgegengesetzten Ergebnis kommt.[89] Dieses Grundsatzurteil ist damit als gegenüber der diakonischen Arbeit ausgesprochen wohlwollend aufzufassen.

Zusätzlich zu dieser Eigenständigkeit gegenüber den gesetzlichen Bestimmungen im Krankenhausbereich hat die Rechtsprechung des BVerfG auch in anderen Bereichen, z.B. in arbeitsrechtlicher Hinsicht (sogenannte "Volmarstein-Entscheidung") die Bestimmungen des Gesetzgebers korrigiert und diakonischen Einrichtungen juristisch eine große Selbständigkeit bei der Regelung ihrer internen Angelegenheiten zugesprochen. Wie sehr die verfassungsrechtlich zugestandene Selbständigkeit in organisatorischen und Personalangelegenheiten innerhalb der jeweiligen Einrichtung konkret ausgenutzt wird, hängt hingegen zusätzlich zu den grundsätzlichen Rechtsentscheidungen von der jeweiligen rechtlich-organisatorischen Gestaltung der Einzeleinrichtung ab. Diese muß eine Rechtsform haben, die es ihr erlaubt, die verfassungmäßig garantierten Freiräume auch entsprechend zu nutzen. Bei der rechtli-

---

[87] BVerfG; zit. nach v. Campenhausen/Erhardt (Hrsg.), a.a.O., S. 124.

[88] Hermann Weber: Gelöste und ungelöste Probleme des Staatskirchenrechts; in: NJW 1983, S. 2542.

[89] BVerfG, zit. nach v. Campenhausen/Erhardt (Hrsg.), a.a.O., S. 125 ff.

chen Ausgestaltung diakonischer Einrichtungen wechselt die Perspektive damit notwendigerweise von den Makrostrukturen "Diakonie" und "Sozialstaat" auf die konkreten rechtlichen Bedingungen diakonischer Arbeit in den einzelnen Rechtsträgern. Was innerhalb der gesetzten sozialstaatlichen und verfassungsrechtlichen Rahmenbedingungen möglich ist, muß letztlich innerhalb der einzelnen Einrichtungen auch rechtlich-organisatorisch realisiert werden.

### 2.2.3.2 Die verschiedene rechtliche Ausgestaltung diakonischer Arbeit

Die generelle rechtliche Anerkennung der Eigenständigkeit diakonischer Arbeit wiegt umso schwerer, wenn man berücksichtigt, daß diakonische Einrichtungen sehr verschiedene Rechtsformen haben, die im Grunde eine differenzierte juristische Beurteilung erfordern würden. Diakonische Einrichtungen sind rechtlich meist als (eingetragene) Vereine, als (gemeinnützige) Gesellschaften mit beschränkter Haftung, als Stiftungen, als Körperschaften aufgrund landeskirchlicher Verleihung oder als Körperschaften öffentlichen Rechts verfaßt. Die Anteile der verschiedenen Rechtsformen an der Gesamtzahl diakonischer Einrichtungsträger betrugen nach der letzten greifbaren Gesamtstatistik von 1970:

1. Körperschaften öffentlichen Rechts                 19.3 %
2. Körperschaften aufgrund landeskirchlicher Verleihung  10,1 %
3. Gemeinnützige Gesellschaften m.b.H.                3,0 %
4. Vereine                                            43,2 %
5. Stiftungen                                         23,4 %
   (Sonstige                                          1,0 %) [90]

Bei diesen inzwischen nicht mehr aktuellen Zahlen kann mit geringen Veränderungen gerechnet werden. Der Anteil von Gesellschaften mit beschränkter Haftung ist wahrscheinlich gestiegen, die Zahl der Körperschaften öffentlichen Rechts vermutlich gesunken.[91] Dennoch dürften die von Degen genannten Mengenverhältnisse aufs Ganze gesehen immer noch zutreffend sein. Hinter diesen Rechtsformen stehen im einzelnen als Einrichtungsträger verschiedene Gruppieren. "Zu den eingetragenen Vereinen zählen unter anderem Mutter- bzw. Bruderhäuser, Gemeinschaften und Diakonische Werke. Mit Stiftungen sind bei der Diakonie vor allem solche des privaten Rechts gemeint. Hinter der Rechtsform 'Körperschaft des öffentlichen Rechts' verbergen sich zum einen Kirchengemeinden, deren Verbände, Kirchenkreise, Dekanate, Propsteien, zum anderen diakonische Anstalten, denen Körperschaftsrechte kraft Landesherrlichen Gnadenaktes verliehen wurden (Anm. Golls: Diese historisch bedingte Form kommt fast ausschließlich bei Trägern stationärer Einrichtungen bzw. den sog. Komplexanstalten vor.) ... Unter der Rubrik 'Sonstige' sind wohl vor allem Ordensgemeinschaften einzureihen (z.B. Schwesternschaften)".[92]

---

[90] Vgl. J. Degen: Finanzentwicklung und Finanzstruktur im Bereich der Diakonie; in: W. Lienemann (Hrsg.): Die Finanzen der Kirche, a.a.O., S. 256.
[91] Vgl. E. Goll: Die freie Wohlfahrtspflege als eigener Wirtschaftssektor. Theorie und Empirie ihrer Verbände und Einrichtungen; Baden-Baden 1991, S. 123.
[92] Goll, a.a.O., S. 122 f.

Im Vergleich mit den anderen Spitzenverbänden der freien Wohlfahrtspflege (DPWV, Arbeiterwohlfahrt, Deutsches Rotes Kreuz, Zentrale Wohlfahrtsstelle der Juden) fällt auf, daß die beiden christlichen Dachverbände, das Diakonische Werk der EKD und der Deutsche Caritasverband, diese Vielzahl von Rechtsformen relativ ausgeglichen bieten, während DPWV, Arbeiterwohlfahrt und Deutsches Rotes Kreuz fast ausschließlich die Vereinsform bevorzugen.[93] Etwas anders ist die Situation noch bei der jüdischen Wohlfahrtspflege als sechstem Spitzenverband. "Die gängigen Rechtsformen bei den Einrichtungsträgern der jüdischen Wohlfahrtspflege sind die Körperschaft des öffentlichen Rechts (jüdische bzw. israelitische Gemeinden), Stiftungen und der eingetragene Verein (Landesverbände der jüdischen Gemeinden)."[94]

Der Vergleich von evangelischer Diakonie und katholischer Caritas zeigt, daß sich bei beiden kaum die Rechtsform der (gemeinnützigen) GmbH findet. Unter den (eingetragenen) Vereinen gibt es in der Caritas häufiger als im Diakonischen Werk Mutterhäuser sowie Orden, Kongregationen und andere Vereinigungen als Träger. Auch Verbände auf verschiedenen Ebenen (Orts-, Kreis- und Diözesanverbände) sind häufiger als im Diakonischen Werk als eingetragene Vereine organisiert. Diese Verbände leisten (als Vereine) auch einen Großteil der ambulanten Hilfen (z.B. Beratungsarbeit). Häufiger als in der Diakonie sind katholische Kirchengemeinden selbst Träger caritativer Einrichtungen. Schließlich überwiegt in der Caritas im Vergleich zur Diakonie der Anteil kirchlicher Stiftungen (öffentlichen oder kirchlichen Rechts).[95]

Unbeschadet dieser sehr verschiedenen rechtlichen Ausgestaltungen und ihrer spezifischen Schwierigkeiten partizipieren sämtliche diakonischen Einrichtungen nach den dargestellten Entscheidungen des BVerfG[96] an den besonderen Rechten der Kirche gem. Art. 140 des Grundgesetzes in Verbindung mit Art. 137 der Weimarer Reichsverfassung. Damit ist diakonischen Einrichtungen, unabhängig von der Frage, in welcher speziellen Rechtsform sie sich konstituiert haben, bis in die Regelung der internen betrieblich-organisatorischen und arbeitsrechtlichen Strukturen hinein ein hohes Maß an Autonomie eingeräumt. Faktisch sind solchen juristisch garantierten Eigengestaltungsmöglichkeiten durch die mit der Gesetzgebung verbundenen Finanzierungsfragen jedoch engere Grenzen gesetzt, als man aufgrund der rein rechtlichen Betrachtungsweise meinen sollte. Auch für die Arbeit der Diakonie gilt trotz juristischer Privilegien, daß rechtliche Freiräume aufgrund ökonomischer Engpässe oft nicht genutzt werden können. "Die staatlichen Leistungsträger, die die freie Wohlfahrtspflege je nach Leistungsbereich unterschiedlich, zumeist aber überwiegend finanzieren, erwarten eine wirtschaftliche und sparsame, vor allem aber zweckentsprechende Verwendung der Mittel. Die freien Träger hingegen befürchten, daß Verwendungskontrollen und Finanzierungsauflagen ihre Eigenständigkeit bestreiten und sie zu Erfüllungsgehilfen staatlicher Sozialpolitik degradieren. Verschärft wer-

---

[93] Vgl. E. Goll, a.a.O., S. 122-125.
[94] Goll, a.a.O., S. 125.
[95] Vgl. Goll, a.a.O., S. 124.
[96] Vgl. die Grundsatzentscheidungen des sogenannten "Sozialhilfe-Urteils", des "Lumpensammler - Falls", der "Goch-Entscheidung", der "St. Marien-Entscheidung" und der "Volmarstein - Entscheidung" sowie deren Darstellung in Kap. 1.2.2 und 2.2.3.1.

den die Konflikte durch den Mangel an ausreichenden rechtlichen Instrumenten für ihre Bearbeitung."[97]

### 2.2.4 Diakonie und Wirtschaft

Damit wird faktisch die Beachtung der ökonomischen Beziehungen der Diakonie zu einem besonders wichtigen Aspekt der theologischen Reflexion. Die Fragen nach dem besonderen sozialpolitischen und verfassungsrechtlichen Status der Diakonie entscheiden sich in der Praxis oft an der Finanzierbarkeit diakonischer Initiativen. Ein Spezifikum diakonischer Arbeit ist allerdings - nicht nur in juristischer, sondern auch in ökonomischer Perspektive - die hohe Eigenständigkeit der einzelnen Einrichtungen. Das erschwert eine ökonomische Gesamtbetrachtung der Diakonie außerordentlich. Der Beobachter ist jeweils an die spezifischen Rahmenbedingungen der konkreten Einrichtung verwiesen. Insofern ist die ökonomische Analyse immer Detailanalyse. "Die Analyse des Details ist der Diakonie jedoch insofern angemessen, da unterhalb des verbandlichen Überbaus die diakonische Arbeit sich überwiegend in der Eigenverantwortung rechtlich selbständiger Einzelträgerschaft darstellt, mit der dann auch zugleich die uneingeschränkte Zuständigkeit für die Finanzierung der jeweiligen Arbeit eng verbunden ist. Einen abgestimmten betriebswirtschaftlichen Willen für die gesamte Diakonie im Bereich der EKD gibt es nicht. Jeder einzelne Träger diakonischer Arbeit muß hier tätig werden und hat es dabei mit höchst unterschiedlichen Rahmenbedingungen zu tun."[98]

Ökonomische Entscheidungen finden also fast vollständig innerhalb des einzelnen Rechtsträgers statt. Es ist deshalb folgerichtig und für die theologische Betrachtung der wirtschaftlichen Faktoren diakonischer Arbeit grundlegend, wenn Alfred Jäger in seinen Ausführungen zu "Diakonie als christliches Unternehmen"[99] den Blick auf die ökonomischen Fragestellungen des Einzel-"Unternehmens" konzentriert. Jäger verlagert damit die Reflexionsebene von pauschalen ökonomischen Problembeschreibungen der Diakonie auf die jeweils variierenden, konkreten Fragestellungen der Einzeleinrichtung. Grundsätzliche Aussagen über das Verhältnis von Diakonie und Ökonomie müssen daran anknüpfend davon ausgehen, daß die tatsächliche Bedeutung wirtschaftlicher Faktoren sehr von dem jeweils individuellen Zuschnitt der Einrichtung, dem Arbeitsbereich und den speziellen Konstellationen in der jeweiligen Einrichtung abhängt. In ökonomischer Hinsicht ist also für die theologische Reflexion diakonischer Arbeit ein entscheidender Perspektivenwechsel erforderlich. Das Verhältnis der Diakonie zu ihren wirtschaftlichen Bedingungsfaktoren läßt sich nicht, wie etwa sozialstaatliche oder verfassungsrechtliche Fragen, auf einer allgemeinen, gesamtgesellschaftlichen Ebene beschreiben. Die diakonisch-theologische Reflexion muß deshalb von der Makroanalyse auf die konkreten Strukturen der jeweiligen Einzeleinrichtung wechseln. Wenn man davon ausgeht,

---

[97] V. Neumann: Rechtsgrundlagen der finanziellen Beziehungen zwischen Sozialstaat und Diakonie; in: W. Lienemann (Hrsg.): Die Finanzen der Kirche, S. 275.

[98] J. Degen: Finanzentwicklung und Finanzstruktur im Bereich der Diakonie - ein Überblick; in: W. Lienemann (Hrsg.), a.a.O., S. 265.

[99] A. Jäger: Diakonie als christliches Unternehmen. Theologische Wirtschaftsethik im Kontext diakonischer Unternehmenspolitik; 3. Auflage Gütersloh 1990.

daß die Finanzierung und Finanzierbarkeit eine entscheidende Fragestellung bei der Gestaltung diakonischer Arbeit ist, muß diese also über gesamtgesellschaftliche Fragestellungen hinausgehend um eine wesentliche Perspektive erweitert werden. In ökonomischer Hinsicht spielen weder die diakonischen Dachverbände, noch "der Sozialstaat", noch "die Kirche" eine entscheidende Rolle. Sie bieten die für die diakonische Arbeit notwendigen Makrostrukturen. Was jedoch wirtschaftlich innerhalb der konkreten Einrichtung realisiert wird, entscheidet diese ausgesprochen autonom. Der jeweilige Einrichtungsträger ist in finanzieller Hinsicht innerhalb des Gesamtsystems diakonischer Arbeit auf sich gestellt. Er kann spezifische Finanzierungs- und Investitionsmaßnahmen eigenverantwortlich vornehmen und muß sich dabei lediglich an den gesetzlichen Vorschriften, etwa an der gemeinnützigen Verwendung der Finanzmittel, an der Prüfung durch einen unabhängigen Wirtschaftsprüfer oder an der je nach Rechtsform variierenden öffentlichen Aufsicht über die ökonomische Situation der Einrichtung orientieren. Diese Entscheidungshoheit des Einzelträgers hinsichtlich wirtschaftlicher Fragen bedeutet zusammen mit der (je nach Rechtsform) auch rechtlich erheblichen Selbständigkeit, daß faktisch die meisten für die Gestaltung der Arbeit relevanten Entscheidungen autonom innerhalb der einzelnen Einrichtung getroffen werden. Der finanzielle Gesamtrahmen wird dabei durch ein kompliziertes Zusammenspiel von öffentlichen Mitteln, Leistungsentgelten, kirchlichen Zuwendungen, Eigenmitteln und anderen Mitteln gesteckt.

Dieser Perspektivenwechsel auf die Entscheidungsvorgänge der Einzeleinrichtung bedeutet eine Partikularisierung des ökonomischen Handelns der Diakonie in zahlreiche, insgesamt weder überschaubare noch koordinierbare Teile. Eine wirtschaftliche Gesamtstrategie im Sinne eines "abgestimmten betriebswirtschaftlichen Willen(s)" (Degen) wird damit praktisch unmöglich. Es liegen im Grunde nicht einmal die Minimalbedingungen für eine Gesamtanalyse der finanziellen Voraussetzungen diakonischer Arbeit vor. Sind schon die Haushalte der jeweiligen Einzelträger für den Außenstehenden kaum einsehbar und überschaubar, so fehlt besonders eine diakonische Gesamtstatistik, in der die tatsächlichen Finanzierungsverhältnisse und damit die faktische Abhängigkeit von externen Geldgebern detailliert aufgeschlüsselt werden könnten. Bei einer Diakonie, deren tatsächlicher finanzieller Gesamtrahmen nicht durchschaubar ist, kann jedoch die theologische Reflexion des Verhältnisses von Diakonie und Ökonomie nur in groben Abschätzungen von Tendenzen oder in insgesamt sehr begrenzten Teilanalysen bestehen. Darüber hinaus kann die Diakonie, wenn ihr eine Gesamtstatistik ihrer finanziellen Verhältnisse nicht möglich ist, kaum zu einer umfassenden Selbsteinschätzung ihrer realen finanziellen Abhängigkeiten kommen und von daher nach Möglichkeiten einer Verringerung des Einflusses nichtdiakonischer Geldgeber fragen. "Die Kenntnis, was die Diakonie heute kostet und wer sie finanziert, wird zwar allein noch keine Wege aufzeigen, die in der Zukunft bei veränderten volkswirtschaftlichen Rahmenbedingungen gangbar sein könnten, aber unverzichtbar wird man bei diesen Überlegungen vom heutigen Sachstand der Finanzierung, der auch das Ergebnis einer etwa 100jährigen stufenweisen Entwicklung zum Sozialstaat ist, ausgehen müssen."[100]

Besondere Aufmerksamkeit muß deshalb neueren Berechnungen zukommen, die eine halbwegs zuverlässige Gesamteinschätzung der Finanzierung diakonischer Ar-

---

[100] G. Thermann: Was es kostet - wer es zahlt. Aufwand und Finanzierung diakonischer Arbeit; in: Diakonie 11 (1985), S. 137-140, dort S. 137.

beit liefern und damit die Grundlage für eine umfassende Reflexion der ökonomischen Verhältnisse in der Diakonie bilden können. Nach einer ausdrücklich unverbindlichen Erhebung des Diakonischen Werkes der EKD erhielt die Diakonie 1982 etwa 78,8 % ihrer Einnahmen aus Entgelten für die von ihr erbrachten Leistungen; 10,9 % der Mittel stammten aus Zuwendungen der öffentlichen Hände; 2,1 % der Finanzen waren Spenden, Mitgliedsbeiträge und andere Eigenmittel und 8,2 % waren Zuwendungen der Kirche.[101] Wenn man die kirchlichen Zuwendungen zusätzlich unter die Eigenmittel der Diakonie faßt, wurden also etwas mehr als 10 % der diakonischen Einnahmen aus Spenden, Mitgliedsbeiträgen, anderen diakonischen Eigenmitteln und kirchlichen Zuwendungen bestritten. Die direkten Leistungsentgelte (also besonders die Leistungen der gesetzlichen Versicherungen, der Sozial- und Jugendhilfe und der Privatzahler) bilden demgegenüber fast vier Fünftel der Einnahmen. Die öffentlichen Mittel von Bund, Ländern und Gemeinden sind mit etwas über 10 % nur etwa genauso hoch wie die diakonischen und kirchlichen Eigenmittel. Zwar ist besonders der Einfluß dieser Zuwendungen durch öffentliche Hände nicht zu unterschätzen, aber "jedenfalls ist die oft zu hörende Meinung, die Diakonie werde vor allem vom Staat ausgehalten, nicht zutreffend."[102] Die Frage nach der finanziellen Abhängigkeit der Diakonie vom "Sozialstaat" muß vielmehr sehr differenziert angegangen werden. Nach dem sogenannten dualen Finanzierungssystem ist streng zwischen *finanzieller Förderung* durch Subventionen und *Kostenerstattung* über Pflegesätze zu unterscheiden.[103] Die These von einer "staatlichen Finanzierung" der Diakonie ist irreführend, weil sie die bedeutsame Unterscheidung zwischen Förderung im subventionsrechtlichen Sinne und Kostenerstattung nach privatrechtlichen Grundsätzen verwischt.[104]

Die *finanzielle Förderung* diakonischer Arbeit durch öffentliche Haushaltmittel kann projekt- oder institutionsbezogen erfolgen. Die Frage nach der Offenlegung der eigenen Finanzen gegenüber staatlichen Stellen ist dementsprechend geteilt zu beantworten. "Die Projektförderung, über die abgegrenzte Vorhaben gefördert werden, hat den Vorteil, daß der Zuwendungsempfänger nicht die gesamten Haushalts- und Stellenpläne offenlegen muß. Dazu verpflichtet ihn aber die institutionelle Förderung, über die ein nicht abgrenzbarer Teil seiner Ausgaben finanziert wird."[105] Im Gegensatz zu diesen direkten Subventionierungen durch öffentliche Mittel besteht ein großer Teil diakonischer Einnahmen aus der *Erstattung von Kosten*, die der Diakonie durch bestimmte Leistungen an Hilfebedürftigen entstanden sind. Diese Finanzierungsform basiert nicht, wie die finanzielle Förderung durch öffentliche Mittel, auf dem Verhältnis der Einrichtung zu öffentlichen Institutionen, sondern auf einem komplizierten sogenannten *"Dreiecksverhältnis"*, an dessen Spitze der Hilfebedürftige steht.

"Die Kostenerstattung gründet in einem komplizierten rechtlichen Beziehungsgeflecht zwischen dem Empfänger der Sozialleistung (z.B. Krankenhauspatient, Heim-

---

[101] Vgl. E. Goll: Die freie Wohlfahrtspflege als eigener Wirtschaftssektor. Theorie und Empirie ihrer Verbände und Einrichtungen; Baden-Baden 1991, S. 283.

[102] G. Thermann: Was es kostet - wer es zahlt, a.a.O., S. 139.

[103] Vgl. V. Neumann: Rechtsgrundlagen der finanziellen Beziehungen zwischen Sozialstaat und Diakonie, in: W. Lienemann (Hrsg.): Die Finanzen der Kirche, a.a.O., S. 277-281.

[104] Neumann, a.a.O., S. 277.

[105] Neumann, a.a.O., S. 278.

bewohner, Rehabilitand), dem öffentlichen Träger (z.B. Krankenkasse, Sozial- und Jugendamt, Bundesanstalt für Arbeit), der die Sozialleistung über die individuelle Förderung finanziert und der freien Einrichtung (z.B. Krankenhaus, Heim, Werkstatt für Behinderte), die die Hilfen gewährt. Die freie Wohlfahrt begreift in Übereinstimmung mit der überwiegenden Meinung im Schrifttum die Beziehungen in diesem Dreiecksverhältnis darin, daß der Hilfesuchende sich gegenüber der freien Einrichtung, deren Hilfe er in Anspruch nehmen möchte, vertraglich verpflichtet, ein Nutzungsentgelt für die real entstehenden Kosten zu bezahlen. Einfacher ausgedrückt: Er kaufe die Hilfe. Da er regelmäßig nicht in der Lage sei, den Kaufpreis aus eigenen Mitteln zu begleichen, bringe er zur Erfüllung seiner Vertragsschuld den Anspruch gegen den Sozialleistungsträger ein. Aus praktischen Gründen der Zahlungsvereinbarung leiste der Sozialleistungsträger unmittelbar an die Einrichtung und begleiche damit die Schuld des Hilfeempfängers."[106] Alternativ zu diesen beiden Finanzierungsformen der Förderung und der Kostenerstattung wird mitunter auch nach dem Prinzip der pauschalen *Spitzabrechnung* verfahren.[107]

Auch wenn nur ein geringer Teil der diakonischen Einnahmen aus eigenen und kirchlichen Mitteln besteht, ist es also nicht zutreffend, daß die diakonische Arbeit zu einem großen Teil vom "Sozialstaat" bezahlt wird. Vielmehr besteht der weitaus größte Teil diakonischer Einnahmen aus Leistungsentgelten, die zwar im Rahmen des sozialstaatlichen Hilfesystems bezahlt werden, aber nicht auf öffentlichen Zuschüssen, sondern auf erbrachten Hilfeleistungen der Diakonie an hilfebedürftigen Personen beruhen. Die diakonische Arbeit ist deshalb finanziell wesentlich leistungsorientierter und in weit geringerem Maße auf leistungsunabhängige Zahlungen angewiesen, als gemeinhin angenommen. Aus diesen ersten statistischen Angaben lassen sich bereits einige wichtige Aussagen zu den wirtschaftlichen Verhältnissen der Diakonie ableiten.

1. Die in der diakonischen Theologie häufig geäußerte These einer Abhängigkeit vom Sozialstaat ist in ökonomischer Perspektive zu differenzieren. Diakonie ist in erster Linie ökonomisch von dem Entgelt für Leistungen "abhängig", die sie selbst erbringt. Nicht sozialstaatliche Alimentierung, sondern leistungsbezogene Bezahlung ist die finanzielle Hauptgrundlage diakonischer Arbeit. Darstellungen, die von einer "Sozialstaatsquote" von ungefähr drei Vierteln der diakonischen Einnahmen ausgehen,[108] erwecken den Anschein, als ob "der Sozialstaat" "die Diakonie" zu großen Teilen bezahle. Faktisch richtet sich die Bezahlung der Diakonie jedoch vornehmlich nach der Qualität, Quantität und Art der eigenen Leistungen. Damit ist nicht ausgeschlossen, daß ein "oft die Grenzen des erträglichen sprengendes Abhängigkeitsverhältnis diakonischer Arbeit von allen möglichen Geldgebern"[109] vorhanden ist. Diese Abhängigkeit orientiert sich jedoch an den Entgelten für konkret erbrachte diakonische Hilfeleistungen. Die Sichtweise des Verhältnisses von Diakonie und Ökonomie kehrt sich damit gewissermaßen um. Es muß von der Diakonie ausgehend neu betrachtet werden. Nicht was "der Sozialstaat" ihr bezahlt, kann von der Diakonie geleistet werden, sondern was in der konkreten diakonischen Arbeit

---

[106] Neumann, a.a.O., S. 279.

[107] Vgl. Neumann, a.a.O., S. 280 f.

[108] Vgl. J. Degen: Finanzentwicklung und Finanzstruktur im Bereich der Diakonie, a.a.O., S. 257.

[109] M. Rückert: Diakonie und Ökonomie. Verantwortung, Finanzierung, Wirtschaftlichkeit; Gütersloh 1990, S. 205.

jeweils an Leistungen erbracht wird, wird mit Hilfe eines komplizierten Finanzierungssystems auch bezahlt, sofern es in diesem System unterzubringen ist.

2. Diakonie verfügte nach den inoffiziellen Berechnungen des Diakonischen Werkes der EKD anfangs der 80er Jahre noch über etwas mehr als 10 % Eigenmittel. Verdeutlicht man sich, daß diakonische Initiativen in der Gründungszeit der Inneren Mission Mitte des 19. Jahrhunderts zu mehr als der Hälfte und am Ende des 19. Jahrhunderts noch zu einem Drittel aus Eigenmitteln finanziert wurden, zeigt sich aufs Ganze gesehen eine stringente Entwicklung zur Fremdfinanzierung diakonischer Arbeit, die für das "diakonische Profil" gewiß Konsequenzen hat. "Sachentscheidungen fallen in vielen Fällen nicht auf der Ebene fachlicher und diakonischer Kompetenz, sondern häufig genug sachfremd im vorpolitischen und bürokratischen Raum, außerhalb des Einflusses diakonischer Einrichtungen."[110] Diese geschichtliche Entwicklung ist grundgelegt durch die Sozialgesetze Bismarcks im Kontext der staatlichen Sozialpolitik seit 1883.[111] Nach der Einbindung der diakonischen Arbeit in die staatliche Sozialfürsorge und deren Finanzierung durch das Sozialversicherungssystem sank schon zur Jahrhundertwende der Anteil der Spenden mitunter auf 10 % der Einnahmen ab und war seitdem weiter rückläufig.[112] Die verfaßte Kirche beteiligte sich jedoch bis weit nach dem Ersten Weltkrieg nicht finanziell an der diakonischen Arbeit. Die Innere Mission war bis dahin von der Kirche "rechtlich, wirtschaftlich und finanziell unabhängig".[113]

Eberhard Goll hat in seiner umfangreichen Untersuchung zu den Finanzen der freien Wohlfahrtspflege die Ergebnisse der Erhebung des Diakonischen Werkes der EKD für das Jahr 1986 noch weiter präzisiert.[114] Die Zahlenangaben Golls berücksichtigen dabei zusätzlich die diakonischen Beratungsstellen, die Johanniter-Unfall-Hilfe und die landes- und gesamtkirchlichen Spitzenverbände. Die Statistik umfaßt damit fast alle diakonischen Handlungsbereiche.

| Einnahmen | Anteil (in %) |
| --- | --- |
| 1. Leistungsentgelte | 79,5 |
| 2. Zuwendungen der öffentlichen Hände | 12,0 |
| 3. Spenden und Mitgliedsbeiträge | 2,3 |
| 4. Kirchliche Zuwendungen | 4,7 |
| 5. Sonstige | 1,5 |
| Summe | 100,0 [115] |

Abb. 1: Einnahmequellen der Diakonie 1986 nach Goll

---

[110] Ebd.

[111] Vgl. H. Henning: Daseinsvorsorge im Rahmen der staatlichen Sozialpolitik des Deutschen Kaiserreichs 1881-1918; in: M. Schick/ H.Seibert/ Y.Spiegel (Hrsg.): Diakonie und Sozialstaat; Gütersloh 1986, S. 10-28.

[112] Vgl. Degen, a.a.O., S. 253 f.

[113] G. Krüger-Wittmack: Das Verhältnis von verfaßter Kirche und Innerer Mission; Manuskript Stuttgart 1968, S. 16, zit. nach J. Degen, a.a.O., S. 261.

[114] Vgl. E. Goll: Die freie Wohlfahrtspflege als eigener Wirtschaftssektor, S. 283 ff.

[115] Vgl. Goll, a.a.O., S. 285.

Die Ergebnisse Golls bestätigen im Ganzen die vom Diakonischen Werk der EKD für das Jahr 1982 berechneten Zahlen - mit dem Unterschied, daß die Zuwendungen der Kirche bei Goll um 3,5 % niedriger angesetzt sind. Sie sind offenbar in diesem Zeitraum erheblich reduziert worden. Das belegen auch die inoffiziellen Zahlen des Diakonischen Werkes der EKD für 1986, nach denen die kirchlichen Zuwendungen seit 1982 von 8,2 Prozent auf 3,8 % zurückgegangen sind.[116] Wenn Golls Angaben, die ja auf diakonieinternen Zahlen basieren, zutreffen, läßt sich vermuten, daß bei aller Undurchschaubarkeit der finanziellen Beziehungen zwischen Kirche und Diakonie der Gesamtanteil der diakonischen Eigenmittel aus Spenden, Mitgliedsbeiträgen und kirchlichen Zuwendungen lediglich bei etwa 7 % liegt. Die kirchliche Finanzhilfe erstreckt sich dabei besonders auf die diakonischen Dienststellen sowie auf besondere Förderungsmaßnahmen. "Man wird heute, bei allen Unterschieden in den einzelnen Gliedkirchen, davon ausgehen können, daß die diakonischen Dienststellen sowie Teile der verbandlichen Struktur überwiegend aus kirchlichen Haushaltsmitteln finanziert werden."[117]

Gegenüber diesen Statistiken der evangelischen Diakonie ergibt sich aus einer groben Erfassung der Finanzierungsanteile der katholischen Caritas ein anderes Bild. "Schätzungen des Caritasverbandes zufolge teilen sich die Finanzmittel bei der Finanzierung der laufenden Hilfeleistungen in der ersten Hälfte der 80er Jahre grob wiefolgt auf:

- Leistungsentgelte                     60 %
- Zuwendungen der öffentlichen Hände    18 %
- Spenden, Mitgliedsbeiträge und kirchliche
  Zuwendungen                           22 %"[118]

Abb. 2: Einnahmequellen der Caritas nach Goll

Wenn man den katholischen Angaben Glauben schenken darf, sind die Eigenmittel und kirchlichen Zuwendungen der Caritas demnach wesentlich höher als in der evangelischen Diakonie. Wie diese Differenzen zustande kommen, ob sie aus höheren Spendenaufkommen oder aus höherem finanziellen Engagement der katholischen Kirche herrühren, läßt sich nicht näher bestimmen. Auch die Zuwendungen der öffentlichen Hände übertreffen die evangelischen Zahlen bei weitem. Nach den vorliegenden Angaben hat die katholische Caritas jedenfalls damit weitaus größere finanzielle Spielräume zur Gestaltung ihrer Arbeit. Im Vergleich zu anderen freien Wohlfahrtsverbänden ergibt sich, trotz ihrer verschieden hohen Anteile, für die Diakonie und Caritas durch ihre Einnahmen in Form von kirchlichen Zuwendungen ei-

---

[116] Vgl. Goll, a.a.O., S. 283.
[117] Degen, a.a.O., S. 261f.
[118] Goll, a.a.O., S. 285. Er bezieht sich dabei auf Angaben in: Bundesarbeitsgemeinschaft der freien Wohlfahrtspflege (Hrsg.): Die Spitzenverbände der freien Wohlfahrtspflege - Aufgaben und Finanzierung; Freiburg 1985, S. 65 sowie auf eigene Berechnungen.

ne zusätzliche Finanzquelle, über die andere Verbände nicht verfügen und die als zusätzliches finanzielles Potential in die Arbeit eingebracht werden kann.

## 2.2.5 Diakonie und Wissenschaft

Neben dem Verhältnis der Diakonie zum Sozialstaat sowie deren rechtlicher und ökonomischer Ausgestaltung verdient vor allem eine weitere Relation Beachtung, die in ihrer Relevanz für die diakonische Arbeit kaum zu überschätzen ist. Es geht um das Verhältnis der Diakonie zu Weiterentwicklungen im Bereich der universitären Wissenschaften. Der Kanon der die heutige diakonische Arbeit mitbestimmenden Wissenschaften ist umfangreich. Er reicht von der akademischen Theologie über die mehr naturwissenschaftlich orientierte Medizin, humanwissenschaftliche Fächer wie Psychologie und Pädagogik und die verschiedenen sozialwissenschaftlichen Fachbereiche bis zu den Wirtschaftswissenschaften. Die problematische Beziehung von Diakonie und akademischer Theologie wurde im ersten Kapitel bereits ausführlich dargestellt. Eine gegenseitige Intensivierung der Relation von Diakonie und theologischer Wissenschaft ist erst seit wenigen Jahren in Sicht. Die akademisch-theologische Reflexion der Diakonie kann sich im Sinne einer Verstärkung dieses Verhältnisses jedoch nicht nur auf die diakonische Praxis beziehen. Sie muß zugleich beachten, daß diese Praxis, für die Erkenntnisse aus dem Bereich der theologischen Wissenschaft bisher nur von geringer Bedeutung gewesen sind, durch Entwicklungen in anderen Wissenschaftsgebieten zutiefst geprägt ist. Die Berücksichtigung des Themas Diakonie in der akademischen Theologie muß deshalb zwei Perspektiven entwickeln: den Blick aus dem theologischen Bereich auf die diakonische Praxis und die Beachtung neuerer Entwicklungen innerhalb des Wissenschaftssystems, die für die Gestaltung diakonischer Arbeit besonders relevant sind. Unter diesen Voraussetzungen lassen sich einige wissenschaftliche Disziplinen benennen, die die diakonische Arbeit deutlich geprägt haben und die deshalb in der diakonisch-theologischen Reflexion der letzten Jahre Beachtung gefunden haben.

Am eindrücklichsten ist in therapeutischer Hinsicht der Einfluß von Weiterentwicklungen in der *medizinischen Wissenschaft* auf die diakonische Praxis. "Die heutige Situation in der Medizin ist von bisher nicht gekannten Möglichkeiten der Diagnostik bestimmt, von immer höherem Einsatz technischer Mittel, von spezialisiert arbeitenden medizinischen Fachleuten und von der Verwendung immer differenzierterer Pharmaka. Nicht immer werden Diagnose und Therapie in einem angemessenen Verhältnis beim Einsatz der neueren Möglichkeiten berücksichtigt. Erst recht stellt sich die weithin tabuisierte Frage zunehmend deutlicher, was bei welchen Patienten in welchem Umfang eingesetzt werden kann und darf."[119] Besonders diese in der Diakonie sehr relevanten Fragen der medizinischen Behandlung von Behinderten und Kranken erfordern in ethischer Hinsicht eine hohe Sensibilität. Die Theologie muß hier ihre geschichtlich erworbene Kompetenz in ethischen Fragen verstärkt einbringen. Bisher hat vor allem Ulrich Eibach sich mit den schwierigen Fragen medizinischer Ethik aus theologischer Perspektive sehr intensiv beschäftigt.[120] Geht man

---

[119] R. Turre: Diakonik. Grundlegung und Gestaltung der Diakonie; Neukirchen-Vluyn 1991, S. 238 f.
[120] Vgl. U. Eibach: Heilung für den ganzen Menschen? Ganzheitliches Denken als Herausforderung von Theologie und Kirche; Theologie in Seelsorge, Beratung und Diakonie, Bd. 1; Neukir-

davon aus, daß die Möglichkeiten und damit auch die Probleme medizinischer Diagnostik und Therapie in Zukunft noch weitaus größer werden, so bekommen Ansätze zu einer theologisch orientierten, medizinischen Ethik der Diakonie umso größere Bedeutung. Zusätzlich erschwert wird die theologische Reflexion der gewaltigen Veränderungen diakonischer Betreuungs- und Heilungsmethoden dadurch, daß sich die moderne Medizin selbst als multidisziplinär konzipierte Wissenschaft entwickelt hat. Sie versucht heute, die verschiedenartigsten Faktoren bei der Entstehung und Behandlung von Krankheiten zusammenzufassen. "Medizin unter der Prämisse einer Rede vom 'ganzen Menschen' entspricht bei ihrer gleichzeitigen Ausrichtung auf einen zentralen Erlebenspunkt- nämlich der emotional hoch besetzten Gesundheit-Krankheit-Spannung - plötzlich der Wissenschaft vom Menschen schlechthin. Das moderne Arztprestige korrespondiert mit dieser neuen Einschätzung. Psychologie, Soziologie, Theologie, Philosophie werden als Hilfswissenschaften zu gesuchten Partnern der klassischen naturwissenschaftlichen Fächer Biologie, Chemie, Physik."[121] Die Schwierigkeit der diakonischen Theologie, den Einfluß der an der diakonischen Arbeit beteiligten Wissenschaften umfassend zu reflektieren, wird damit im Bereich der Medizin noch dupliziert, weil sie selbst eine Vielzahl von Wissenschaften in sich vereinigt. Die theologisch unverzichtbare Hervorhebung der Ganzheitlichkeit und Integrität des Menschen muß deshalb zugleich von der Vielzahl der medizinischen Ansätze und Methoden und damit auch von der Uneinheitlichkeit der ihnen zugrundeliegenden Menschenbilder ausgehen und sich ernsthaft mit ihnen auseinandersetzen.

Ähnlich intensiv wie durch die Medizin ist der Einfluß auf die Gestaltung diakonischer Arbeit von seiten der *Psychologie*. "Die diakonische Arbeit hat wie die Seelsorge in den letzten Jahren spürbare Impulse von der Psychologie bekommen. Das heilende und beratende Handeln der Kirche hat in einem Maß die Ergebnisse der neueren Psychologie in sich aufgenommen, daß sich schon zuweilen die Frage nach der kirchlichen Identität stellt."[122] Diese starke Veränderung diakonischer Praxis durch psychologische und psychotherapeutische Einsichten erfordert ebenfalls eine entsprechende theologische Reflexion, die bei der Wahrnehmung der Differenz von psychologischem und theologischem Zugang ansetzt. "Heute kommt es nach einer Ära, in der die neuesten psychologischen Erkenntnisse zu schnell als theologische Einsichten ausgegeben wurden, darauf an, daß psychologische Erkenntnisse und theologische Einsichten in angemessener Weise die Gestaltung diakonischer Arbeit bestimmen."[123] Die zahlreichen theologischen Beiträge zur Reflexion psychologischer Einflüsse auf die diakonische Praxis werden jedoch meist unter dem Thema

---

chen-Vluyn 1991; ders.: Der leidende Mensch vor Gott. Krankheit und Behinderung als Herausforderung unseres Bildes von Gott und dem Menschen; Theologie in Seelsorge, Beratung und Diakonie, Bd. 2; Neukirchen-Vluyn 1991; ders.: Sterbehilfe - Tötung auf Verlangen? Eine theologisch-ethische Stellungnahme zur Frage der Euthanasie; Wuppertal 1988; ders.: Experimentierfeld werdendes Leben. Eine ethische Orientierung; Göttingen 1983; ders.: Recht auf Leben, Recht auf Sterben. Anthropologische Grundlegung einer medizinischen Ethik; 2. Auflage Wuppertal 1977; ders.: Medizin und Menschenwürde. Ethische Probleme aus christlicher Sicht; Wuppertal 1976.

[121] K. Winkler: Die ernüchterte Phantasie vom ganzen Menschen. Anmerkungen zum notwendigen Gespräch zwischen den Humanwissenschaften; in: Wort und Dienst, Jahrbuch der Kirchlichen Hochschule Bethel, Bd. 21; hrsg. von H.-P. Stähli; Bielefeld 1991, S. 305-322, dort S. 313.

[122] R. Turre, Diakonik, S. 246 f.

[123] Turre, a.a.O., S. 247.

"Seelsorge" abgehandelt. Der Zusammenhang von "Seelsorge" mit ihren psychologischen Implikationen und "Diakonie" mit ihren sozialstrukturellen Aspekten wird innerhalb der Theologie nur selten beachtet. Psychologische Aspekte werden deshalb in der diakonischen Theologie meist ausgeblendet und an die mehr personal orientierte Poimenik delegiert. Eine Ausnahme bildet hier das Handbuch der Praktischen Theologie, in dem die Handlungsbereiche Seelsorge und Diakonie sowohl im individuellen Bereich (Band 2) als auch im Bereich der Gemeinde (Band 3) und der gesamten Gesellschaft (Band 4) in ihrem Zusammenhang gesehen werden.[124] "Der Vorgang Hilfe verbindet Seelsorge und Diakonie, Sozialarbeit und Beratung."[125]

Unter dem Oberbegriff der Hilfe müssen für das theologische Nachdenken über Diakonie deshalb auch psychologische Aspekte des diakonischen Hilfehandelns berücksichtigt werden. Dabei kann sich eine wichtige Wechselbeziehung zwischen Poimenik und Diakonik ergeben. "Die gesonderte Beachtung der Seele und des Seelenlebens durch Psychotherapie und Seelsorge darf nicht übersehen, daß der Mensch in seiner Ganzheit Hilfe und Zuwendung braucht. Diakonie und Seelsorge werden einander daran erinnern. Die Seelsorge wird im Vollzug diakonischer Arbeit einzufordern haben, daß über die Leibsorge hinaus der Mensch in seiner seelischen Verfaßtheit nicht übersehen wird. Umgekehrt wird die Diakonie am ganzen Menschen die Seelsorge davor bewahren, eng zu werden und den Menschen isoliert nur unter dem Gesichtspunkt seines seelischen und sozialen Wohlbefindens zu betrachten."[126]

Von großer Bedeutung für die diakonische Arbeit ist neben der Medizin und Psychologie auch der Einfluß wissenschaftlicher Einsichten aus dem Bereich der *Pädagogik*. Auf die intensiven Wechselbeziehungen zwischen diakonischer und erzieherischer Arbeit muß in einem gesonderten Abschnitt (Kap. 2.2.6) eingegangen werden. Für den wissenschaftlichen Aspekt von Erziehung, also die Pädagogik, ist jedoch zunächst festzuhalten, daß nicht nur im heil-, sozial- und sonderpädagogischen Bereich, sondern auch vor allem auf dem nummerisch größten diakonischen Arbeitsfeld, der erzieherischen Betreuung von Kindern und Jugendlichen in Kindergärten und -horten, die diakonische Praxis tief von erziehungswissenschaftlichen Einsichten und Methoden geprägt ist. Umgekehrt sind aber auch Erfahrungen, die in der diakonischen Praxis gewonnen wurden, für die Ausdifferenzierung und Entwicklung der pädagogischen Wissenschaft genutzt worden. Auf diese Wechselwirkungen von diakonischer Praxis und pädagogischer Theorie wird in der theologischen Reflexion besonders zu achten sein. Hinsichtlich der diakonisch-theologischen Bearbeitung dieser Zusammenhänge zeigt sich, daß, abgesehen von wenigen Untersuchungen wie denen Hans-Günter Heimbrocks, die Bedeutung der Relation Diakonie-Pädagogik in der diakonischen Theologie bislang kaum wahrgenommen worden ist.[127]

---

[124] Vgl. Handbuch der Praktischen Theologie; hrsg. von P.C. Bloth u.a.; Bd. 2, Praxisfeld: der einzelne/die Gruppe; Gütersloh 1981, S. 265 ff; Bd. 3, Praxisfeld: Gemeinden; Gütersloh 1983, S. 453 ff; Bd. 4, Praxisfeld: Gesellschaft und Öffentlichkeit; Gütersloh 1987, S. 351 ff.

[125] H. Schröer: Einleitung; in: Handbuch der Praktischen Theologie, Bd. 2, a.a.O., S. 265.

[126] R. Turre, Diakonik, S. 250.

[127] Vgl. H.-G. Heimbrock: Pädagogische Diakonie. Beiträge zu einem vergessenen Grenzfall; Neukirchen-Vluyn 1986; ders.: Nicht unser Wollen oder Laufen. Diakonisches Lernen in Schule und Gemeinde; Neukirchen-Vluyn 1990, sowie den katholischen Beitrag von H. Manderscheid: Kirchliche und gesellschaftliche Interessen im Kindergarten. Ein pastoraltheologischer Beitrag zur Frage nach dem diakonischen Profil; Freiburg i.B. 1989.

In dem Maße, wie Diakonie im Rahmen des sozialstaatlichen Hilfesystems mit den ihr zur Verfügung stehenden Mitteln wirtschaftlich umgehen muß, werden Erkenntnisse aus dem Bereich der *Wirtschaftswissenschaften* für die diakonische Arbeit wichtig. Andererseits stellt der Sektor der freien Wohlfahrtspflege, an dessen Umsatzvolumen Diakonie und Caritas zu etwa vier Fünfteln beteiligt sind, zunehmend einen wichtigen eigenen Wirtschaftsfaktor dar und ist als solcher auch für die Volks- und Betriebswirtschaftslehre zu berücksichtigen. Dennoch gibt es bisher trotz des inzwischen intensiven gegenseitigen Zusammenhangs von Diakonie und Wirtschaft nur relativ geringe Ansätze zu einer ökonomischen Theorie der freien Wohlfahrtspflege und speziell der Diakonie.[128] Umgekehrt ist auch eine Berücksichtigung wirtschaftswissenschaftlicher Erkenntnisse in der diakonischen Theologie bislang problematisch. Hier äußert sich nicht zuletzt eine Skepsis der Theologie gegenüber ökonomischen Fragen, die sich mit deren Relevanz für die diakonische Praxis nur schwer vermitteln läßt. Als erste theologische Vorstöße in diese Richtung lassen sich die Arbeiten Markus Rückerts und Alfred Jägers verstehen.[129]

Weitere wichtige Bezüge ergeben sich für die diakonische Praxis zum Bereich der *Sozialwissenschaften*. Die Zielgerichtetheit diakonischer Hilfeleistungen erfordert erstens eine Kenntnis der sozialen Ursachen von Problemlagen wie Armut, Krankheit, psychischer Not etc. Sie verlangt zweitens nach einer differenzierten sozialwissenschaftlichen Beschreibung der Problemgruppen, denen es zu helfen gilt. Sie benötigt drittens eine soziologische Reflexion der Handlungsabläufe innerhalb der Diakonie selbst zugunsten einer möglichst effektiven Hilfe. Horst Seibert hat deshalb betont, daß Diakonie in diesem Sinne als "ein organisiertes Hilfehandeln für, an und mit bestimmten, sozialwissenschaftlich bestimmbaren Problemgruppen" zu verstehen ist.[130] Darüber hinaus bedarf vor allem die bereits beschriebene, komplexe Zwischenstellung der Diakonie im Kontext von Kirche und Gesellschaft einer detaillierten soziologischen Analyse. Die Bedeutung der Sozialwissenschaften für die diakonische Arbeit selbst und für deren theoretische Beschreibung ist dementsprechend in der diakonischen Theologie vielfach betont worden. Weil die in den folgenden Kapiteln ausgeführten Überlegungen zur Diakonie als sozialem System die Bedeutung sozialwissenschaftlicher und speziell systemtheoretischer Erkenntnisse für die Diakonie aufzeigen sollen, mögen an dieser Stelle einige Hinweise genügen. In sozialwissenschaftlicher Hinsicht kommen, wie z.B. Seibert gezeigt hat, besonders die Folgen gesellschaftlicher Differenzierungsprozesse für die Diakonie in den Blick. "Als Ausdruck gesellschaftlicher Arbeitsteilung haben sich im Zuge einer zunehmend funktionalen Differenzierung in der neuzeitlichen Gesellschaft Organi-

---

[128] Als erste Versuche vgl. E. Goll. Die freie Wohlfahrtspflege als eigener Wirtschaftssektor. Theorie und Empirie ihrer Verbände und Einrichtungen; Baden-Baden 1991, sowie die Untersuchungen von P. Eichhorn; z.B.: Diakonische Zielsetzungen und unternehmerische Entscheidungen; in: Soziale Arbeit 12 (1982), S. 532 ff.

[129] M. Rückert: Diakonie und Ökonomie. Verantwortung - Finanzierung -Wirtschaftlichkeit; Gütersloh 1990; A. Jäger: Diakonie als christliches Unternehmen. Theologische Wirtschaftsethik im Kontext diakonischer Unternehmenspolitik; 3. Auflage Gütersloh 1990; ders.: Diakonische Unternehmenspolitik. Analysen und Konzepte kirchlicher Wirtschaftsethik; Gütersloh 1992.

[130] H. Seibert: Diakonie - Hilfehandeln Jesu und soziale Arbeit des Diakonischen Werkes. Eine Überprüfung der gegenwärtigen Diakonie an ihrem theologischen und sozialen Anspruch; Gütersloh 1982, S. 248.

sationen gebildet. Jede dieser sozialen Einheiten übernimmt nur noch eine eingegrenzte Zahl von Funktionen."[131]

Diese allgemeinen gesellschaftlichen Entwicklungen wirken sich nach Seibert auch auf die christliche Religion und speziell auf das diakonische Hilfehandeln aus. "In der modernen Gesellschaft hat sich mit der Funktion der Religion ... die des Helfens, der Hilfesysteme, geändert: Helfen ist eine 'Leistung', die die Kirche bzw. die Diakonie für andere Organisationen und Systeme zur Verfügung stellt und mit deren Hilfe sie sich selbst wiederum als Organisation legitimiert."[132] Diakonie als organisiertes christliches Hilfehandeln *neben anderen Hilfsorganisationen* wird damit in sozialwissenschaftlicher Hinsicht mit anderen Hilfsleistungen vergleichbar. Sie muß sich in der modernen Gesellschaft, wie alle anderen Organisationen, vor allem dadurch ausweisen, daß sie für andere Gesellschaftsbereiche bestimmte Leistungen erbringt. "In der modernen Industriegesellschaft bestehen zahllose solcher Systeme und Subsysteme nebeneinander, die von einander ebenso abhängig wie unabhängig sind: Sie bilden sich aus in Organisationen, deren wechselseitige Abhängigkeit darin besteht, daß sich jede Organisation im Grunde dadurch legitimiert, daß sie bestimmte Leistungen für andere Organisationen miterbringt."[133] Die Erwartungen der gesellschaftlichen Bereiche, auf die diakonisches Helfen sich bezieht, erschweren jedoch eine Bestimmung diakonischer Identität. Die Schwierigkeit der Abgrenzung der Diakonie von vergleichbaren Hilfsorganisationen wird in soziologischer Perspektive besonders deutlich. In dem Maße, wie sozialwissenschaftlich beschreibbare Differenzierungsprozesse sich auf die Arbeit der Diakonie direkt auswirken, wird die Besonderheit diakonischer Hilfe zum offenen Problem. Bei der theologischen Reflexion der gegenwärtigen Gestalt diakonischer Arbeit sind deshalb in Aufnahme sozialwissenschaftlicher Erkenntnisse besonders auch die Differenzierungsprozesse in der Diakonie selbst und in ihrer gesellschaftlichen Umwelt wahrzunehmen.

Aufs Ganze gesehen ergibt sich damit eine intensive Beziehung der Diakonie zu verschiedenen Wissenschaften, deren Kanon sich nahezu über die gesamte Breite des modernen Wissenschaftssystems erstreckt. Angesichts der Bedeutung besonders der Wissenschaftsbereiche Medizin, Psychologie, Pädagogik, Wirtschaftswissenschaften und Sozialwissenschaften ist die in der diakonischen Theologie häufig anzutreffende Verhältnisbestimmung der Diakonie zu "den Human- bzw. Sozialwissenschaften" differenzierter zu beschreiben. Die für die diakonische Arbeit relevanten einzelnen wissenschaftlichen Disziplinen haben sich zu eigenständigen Bereichen entwickelt, die sich nicht mehr unter dem Oberbegriff des Humanen oder Sozialen zusammenfassen lassen. So fließen z.B. in die moderne Medizin humanwissenschaftliche, sozialwissenschaftliche und vor allem naturwissenschaftliche Aspekte ein. Die diakonische Theologie hat folgerichtig auch begonnen, die einzelnen für die Diakonie bedeutsamen Wissenschaften in ihrer Differenziertheit wahrzunehmen und wird diese in Zukunft noch weitaus intensiver berücksichtigen müssen.[134] In den einzelnen Teilgebieten werden die dabei auftretenden Fragestellungen

---

[131] Seibert, a.a.O., S. 45 f.
[132] Seibert, a.a.O., S. 46.
[133] Ebd.
[134] Vgl. zu den verschiedenen wissenschaftlichen Teildisziplinen, die für die Reflexion diakonischer Arbeit zu berücksichtigen sind, A. Jäger: Diakonische Unternehmenspolitik, besonders den Abschnitt: Der Fächerkanon kybernetischer Diakonik, a.a.O., S. 151 ff.

diakonischer Praxis gegenwärtig vor allem als Einzelrelationen (Theologie und Medizin, Theologie und Psychologie, Theologie und Pädagogik etc.) aufgegriffen.[135]

Was demgegenüber weitgehend noch aussteht, ist eine theologische Reflexion diakonischer Arbeit, die sich auf die *multidisziplinären* Zusammenhänge diakonischer Praxis bezieht. Die in der Praxis auftretenden Spannungen, die sich aus dem Einfluß der verschiedenen Wissenschaften auf die Diakonie ergeben, sind bislang nicht durch eine theologische Theoriebildung in ihrem Zusammenhang reflektiert. Die Zusammenführung der verschiedensten wissenschaftlichen Einsichten und Methoden geschieht damit meist unreflektiert unmittelbar in der Praxis. Was eigentlich Sache eines interdisziplinären wissenschaftlichen Dialoges wäre, muß von den diakonischen Mitarbeitern meist unvermittelt in der konkreten Arbeit ausgehalten werden. Anstelle der wissenschaftstheoretischen Reflexion der Frage, inwiefern die verschiedenen, in der Diakonie verwandten wissenschaftlichen Methoden untereinander und mit dem besonderen Anspruch diakonischer Arbeit kompatibel sind, wird auf die pragmatische, aber unreflektierte Vereinbarkeit dieser verschiedenen Disziplinen gesetzt. "Im Grunde wird den Diakonie-Mitarbeitern auch das faktische Bewältigen bislang ungelöster wissenschaftstheoretischer Probleme zugemutet, deren Vorhandensein einfach weithin ausgeblendet wird."[136] Dieses Defizit wiegt umso schwerer, als wissenschaftstheoretische Vermittlungsmodelle bisher kaum entwickelt sind. Im Gegenteil haben sich die universitären Disziplinen einschließlich der Theologie in einer Weise auseinander entwickelt, daß sich ein wissenschaftstheoretischer Konsens kaum noch erreichen läßt.

Insgesamt gesehen erfordert eine theologische Reflexion der wissenschaftlichen Einflüsse auf die diakonische Arbeit damit über die teilwissenschaftlichen Bezüge hinausgehend eine multidisziplinär ausgerichtete, auch wissenschaftstheoretische Vermittlung verschiedener Disziplinen wie Medizin, Psychologie, Pädagogik, Wirtschafts- und Sozialwissenschaften. Dabei ist besonders nach wissenschaftlichen Ansätzen Ausschau zu halten, die solche interdisziplinäre Vermittlung der verschiedenen Wissenschaftsbereiche ermöglichen. Diese interdisziplinären Bemühungen sind dabei nicht um ihrer selbst willen auf wissenschaftstheoretischer Ebene zu führen. Sie haben sich auf die tatsächlich immer schon in der diakonischen Praxis stattfindenden Vermittlungsversuche zu beziehen und diese auf wissenschaftlichem Niveau zu reflektieren.

### 2.2.6 Diakonie und Erziehung

Im Unterschied zu der offensichtlichen Bedeutung politischer, rechtlicher, wirtschaftlicher und wissenschaftlich-therapeutischer Fragen für die Diakonie ist ein weiterer wichtiger Bezugsbereich in der theologischen Reflexion bisher wenig beachtet worden. Hans-Günter Heimbrock hat als einer der wenigen die wichtige Bedeutung der Erziehung für die diakonische Arbeit hervorgehoben.[137] Bei den gegen-

---

[135] Vgl. z.B. R. Turre: Diakonik. Grundlegung und Gestaltung der Diakonie; Neukirchen-Vluyn 1991.
[136] Seibert, a.a.O., S. 19.
[137] Vgl. H.-G. Heimbrock: Pädagogische Diakonie. Beiträge zu einem vergessenen Grenzfall; Neukirchen-Vluyn 1986; ders.: Nicht unser Wollen oder Laufen. Diakonisches Lernen in Schule und Gemeinde; Neukirchen-Vluyn 1990.

wärtigen Lernprozessen der Theologie in Auseinandersetzung mit dem Thema Diakonie ist nach Meinung Heimbrocks "eine Perspektive fast immer übersehen worden, nämlich eben die pädagogische".[138] Der erzieherische Aspekt hat demgegenüber in der diakonischen Arbeit historisch wie aktuell entscheidende Bedeutung. Schon ein kurzer Blick in die Diakoniegeschichte zeigt, daß Erziehung in zahlreichen diakonischen Initiativen ein zentrales Anliegen war.

### 2.2.6.1 Die traditionell wichtige Bedeutung der Erziehung für die Diakonie

Der Zusammenhang von Erziehung und Diakonie ist schon in der Arbeit der Brüdergemeine seit dem 17. Jahrhundert konstitutiv gewesen. "In welchem Maß die relativ kleinen Gemeinden die Bildung und Erziehung zu ihrer Aufgabe gemacht haben, ist nahezu in jedem von der Brüdergemeine geprägten Ort erkennbar. Begründend für das erzieherische Programm wurde hier der letzte Bischof der alten Brüderunität, Comenius (1592-1670). Seine Pädagogik geht aus von der Ebenbildlichkeit jedes Menschen. Ihr Ziel ist die Seligkeit, auf die der Mensch in allen Altersstufen vorbereitet werden soll."[139] Deutlich ist die Verbindung von Diakonie und Erziehung auch bei August Hermann Francke (1663-1727). Die pädagogischen Bemühungen Franckes müssen dabei im Kontext der damaligen Verhältnisse in Schule und Elternhaus gesehen werden. "Die damalige Erziehungs- und Schulsituation ist für Francke derart besorgniserregend und christlich unverantwortbar, daß er sich veranlaßt sieht, die pädagogischen Grundlagen von Schule und Elternhaus neu zu konzipieren."[140] Zur Verbesserung des Erziehungssystems setzte Francke bei der Lehrerausbildung, also der Erziehung der Erzieher, an. Mit dem Seminarium Selectum Praeceptorium gründete er das erste Lehrerseminar Deutschlands. In seinem didaktischen Konzept knüpfte Francke an Comenius an.[141]

Vor allem durch die Lehrerausbildung hat Franckes erziehungsdiakonisches Programm weit über die Franckeschen Anstalten hinaus gewirkt. "Als Beispiel sei hier verwiesen auf die zahlreichen Pädagogen, die nach ihrer Ausbildung in Halle überall in Preußen und im übrigen Deutschland tätig wurden."[142]

Neben Pestalozzi (1746-1827) in Birr (Aargau), Oberlin (1740-1826) im elsässischen Steintal und Falk (1768-1826) in Weimar hat vor allem Johann Hinrich Wichern im Rauhen Haus in Hamburg eine Verknüpfung von Erziehung und Diakonie angestrebt und verwirklicht. Mit Wichern beginnt eine Ausdifferenzierung der diakonischen Erziehungsarbeit in spezielle Teilbereiche, die jeweils auf die Bedürfnisse und die Konstitution der einzelnen zu Betreuenden zugeschnitten sind. Wichern unterscheidet bei den zu erziehenden Jugendlichen "die Altersverhältnisse und die sozialen Unterschiede der Zöglinge" und sorgt damit für eine "Ausscheidung heteroge-

---

[138] Heimbrock, Pädagogische Diakonie, S. 7.
[139] R. Turre: Diakonik, S. 257.
[140] M. Welp: Die Willensunterweisung bei August-Hermann Francke unter besonderer Berücksichtigung der Erziehungspraxis in den Franckeschen Anstalten; Dissertation Dortmund 1977, S. 336.
[141] Vgl. R. Turre: Diakonik, S. 258.
[142] M. Welp: Die Willensunterweisung bei August-Hermann Francke unter besonderer Berücksichtigung der Erziehungspraxis in den Franckeschen Anstalten, S. 351.

ner Elemente".[143] Spätestens seit Wichern kommt der diakonischen Arbeit damit eine wesentliche Bedeutung bei der Entwicklung der erziehungswissenschaftlichen Methodik zu. "Bei der Aufnahme von Kindern und Jugendlichen wurden Sozialgeschädigte, körperlich und geistig Behinderte sowie psychisch Kranke unterschieden. In der Regel wurden spezielle Einrichtungen geschaffen, die der besonderen Schädigung ihre Aufmerksamkeit widmeten und besondere Behandlungs- und Erziehungsprogramme entwickeln. Es entstanden die Heilpädagogik, die Sozialpädagogik und die Sonderschulpädagogik als besondere Zweige pädagogischer Arbeit auch unter Berücksichtigung der in den diakonischen Einrichtungen gemachten Erfahrungen."[144] Erziehung in ihren ausdifferenzierten Teilgebieten wird damit zu einem genuinen Bestandteil diakonischer Arbeit mit Hilfebedürftigen und Benachteiligten. Sie bekommt in der Diakonie eine doppelte Ausprägung. Es geht einerseits um die *Erziehung der in der Diakonie Betreuten* gemäß ihren spezifischen Bedürfnissen und Fähigkeiten, andererseits aber auch um die Erziehung zur Diakonie, also um die *Ausbildung der Mitarbeiter* zu den spezifischen Fähigkeiten, die für die Arbeit mit den zu betreuenden Menschen notwendig sind.

### 2.2.6.2 Erziehung als quantitativ größtes Arbeitsgebiet der Diakonie

Die Bedeutung der Erziehung von Jugendlichen an Schulen kirchlicher und diakonischer Trägerschaft ist nach Aufhebung der geistlichen Schulaufsicht 1919 geschwunden.[145] Trotz der weitgehenden Übernahme der Schulbildung durch den Staat gibt es heute dennoch etwa 400 evangelische allgemeinbildende, berufsbezogene oder sonderpädagogische Schulen.[146] Demgegenüber hat ein anderer Bereich diakonischer Erziehungsarbeit geradezu überragende Bedeutung erlangt: Die Arbeit in den kirchlichen Kindergärten und Horten. Diese befinden sich oft in Trägerschaft der Kirchengemeinden, die dadurch erhebliche finanzielle Mittel für diesen Teil der erzieherischen diakonischen Arbeit aufbringen. Gerade die diakonisch-erzieherische Arbeit in der Kinderbetreuung kann theologisch in ihrer Bedeutung für Diakonie und Kirche kaum überschätzt werden. Dort werden eine große Anzahl von Kindern erreicht, die auf diese Weise in einer frühen Lebensphase Kontakt zu Diakonie und Kirche bekommen. Die unmittelbare Einbindung der meisten Kindergärten in die Kirchengemeinden ermöglicht für diesen Bereich der Diakonie eine intensive Verbindung von diakonischer und gemeindlicher Arbeit, wie sie in anderen diakonischen Arbeitsbereichen heute nicht mehr gegeben ist. Im Diakonischen Werk der EKD sind gegenwärtig über 8.600 diakonische Kindergärten und Kindertagesstätten und Horte zusammengeschlossen, in denen insgesamt nahezu 500.000 Kinder be-

---

[143] J.H. Wichern: Rettungsanstalten als Erziehungshäuser in Deutschland; in: ders: Sämtliche Werke, Bd. VII; Die Schriften zur Pädagogik; hrsg. v. P. Meinold; Hamburg 1975, S. 374-535, dort S. 415.
[144] R. Turre: Diakonik, S. 260.
[145] Vgl. Turre, a.a.O., S. 269 f.
[146] Vgl. Turre, a.a.O., S. 270.

treut und erzogen werden.[147] Rechnet man sämtliche Einrichtungen der Jugendhilfe zusammen, so ergibt sich das in der theologischen Reflexion weitgehend unbeachtete Faktum, daß mit etwa 529.000 von den insgesamt in der Diakonie vorhandenen ca. 1.020.000 Betreuungsplätzen weit über die Hälfte der überhaupt in der Diakonie versorgten Personen erzieherisch betreut werden. Ein großer, ja sogar *überwiegender Teil* der diakonischen Arbeit ist also erzieherische Arbeit.[148]

Noch gewichtiger ist die pädagogische Arbeit innerhalb der katholischen Caritas. Die etwa 8.500 katholischen Kindergärten mit ca. 550.000 betreuten Kindern und weit über 40.000 hauptamtlichen Mitarbeitern bilden den größten Teil der gesamten Kindergartenarbeit in der BRD. "Diese Zahlen machen die herausragende Rolle der Kirche im Kindergartenbereich deutlich. Mehr als jeder dritte Kindergarten und über zwei Fünftel der insgesamt in der Bundesrepublik angebotenen Plätze sind in katholischer Trägerschaft."[149] In den Kindergärten und -horten der katholischen Caritas und der evangelischen Diakonie dürften damit zusammen etwa *zwei Drittel* sämtlicher professionell betreuten Kinder, in absoluten Zahlen etwa eine Million, versorgt und erzogen werden. Die enorme gesellschaftliche Relevanz dieser diakonischen Erziehungsarbeit und die großen Wirkungsmöglichkeiten, die sich daraus für Diakonie und Kirche ergeben, sind in der diakonischen Theologie bisher kaum wahrgenommen worden. Vor allem die katholische Studie von Hejo Manderscheid versucht, die Wichtigkeit dieses Teils der diakonischen Arbeit für Gesellschaft und Kirche herauszuheben, findet dabei jedoch auch in der theologischen Literatur zur Caritasarbeit kaum Anknüpfungspunkte. "Zu der oben skizzierten faktischen Bedeutung der Kindergärten im gesamten kirchlich-sozialen Handeln steht das Ausmaß theologischer Reflexion dieser Praxis in krassem Mißverhältnis. Was für die organisierte Caritas in der Bundesrepublik Deutschland insgesamt gilt, hat auch für den Kindergarten in kirchlicher Trägerschaft, als einem spezifischen Tätigkeitsfeld der Caritas, Geltung: beide sind Stiefkinder nachkonziliarer Theologie."[150]

Stellt man sich vor, was die Tatsache, daß ein großer Teil sämtlicher Kinder in der BRD in konfessionellen Kindergärten erzogen wird, für die Präsenz der Kirche in der deutschen Gesellschaft bedeutet, ist die weitgehende diakonisch-theologische Ausblendung eines der wohl wichtigsten Bereiche kirchlich-diakonischen Handelns umso bedauerlicher.[151] Neben dem Arbeitsbereich der diakonischen Kindergärten und -horte haben sich noch weitere, sonder- und heilpädagogische Wirkungsbereiche in der Diakonie ausgebildet. Die Diakonie hat dabei nicht nur von den pädagogischen Entwicklungen profitiert. Das Verhältnis ist wechselseitig; sie hat diese auch mitgestaltet. "Die Heilpädagogik verzeichnet seit der Mitte des vorigen Jahrhunderts in der Begleitung körperlich Behinderter und psychisch kranker Kinder und Jugendlicher erstaunliche Fortschritte. Die Methoden der Erziehung für Blinde und Taube,

---

[147] Am 1.1.1994 betrug deren Zahl 8.641. Vgl. Statistische Informationen, hrsg.v. Diakonischen Werk der Evangelischen Kirche in Deutschland; Stuttgart, im Juli 1995, S. 21.

[148] Vgl. Statistische Informationen, ebd., Stand vom 1.1.1994.

[149] Vgl. H. Manderscheid: Kirchliche und gesellschaftliche Interessen im Kindergarten. Ein pastoraltheologischer Beitrag zur Frage nach dem katholischen Profil; Freiburg i.B. 1989, S. 21.

[150] Manderscheid, a.a.O., S. 26.

[151] Als ein positives Beispiel zur Reflexion des Kindergartenbereichs vgl. Diakonie. Zeitschrift des Diakonischen Werkes 16 (1990), das Heft 1, S. 1 ff.

für Sprachbehinderte... sind zum Teil in diakonischen Einrichtungen entwickelt und weiterentwickelt worden."[152]

So werden inzwischen in Behindertenwerkstätten, Sonderschulen und -kindergärten, Berufsbildungs- und Berufsförderungswerken sowie in zahlreichen anderen Einrichtungen innerhalb der Diakonie über 71.000 Behinderte und psychisch Kranke pädagogisch betreut.[153] Insgesamt zeigt sich damit, daß dem erzieherischen Aspekt nicht nur in der diakonischen Tradition, sondern auch und vor allem in der Gegenwart wesentliche, ja sogar entscheidende Bedeutung zukommt. Dieser Umstand gilt nicht nur für die Erziehung der in der Diakonie Betreuten. Auch die Erziehung der in der Diakonie Tätigen, also die diakonische Ausbildung macht einen im quantitativen Vergleich zwar kleineren, aber dennoch bedeutenden Teil diakonischer Arbeit aus.

### 2.2.6.3 Die Ausbildung der diakonischen Mitarbeiterschaft

Eine Vor- oder Eingangsstufe zur diakonischen Ausbildung stellen das diakonische Jahr und die diakonischen Praktika dar. Diese Einrichtungen sind aus der diakonischen Praxis nicht mehr wegzudenken. "Nach Dietzfelbingers Aufruf 1954 in Neuendettelsau haben inzwischen tausende jüngerer Menschen ein Jahr der Mitarbeit in der Diakonie direkt gesucht... Mehrere kirchliche und diakonische Ausbildungen sind mit der Auflage verbunden, mindestens ein Praktikum in einer oder mehreren diakonischen Einrichtungen zu absolvieren."[154] Neben dieser Vorstufe bilden die zahlreichen Ausbildungs-, Fortbildungs- und Weiterbildungsstätten in der Diakonie zu einer Fülle von Berufen aus, die innerhalb und außerhalb der Diakonie ausgeübt werden können. Es lassen sich im einzelnen gemäß der offiziellen Statistik des Diakonischen Werkes der EKD unterscheiden: Fachhochschulen für Krankenpflege, Kinderkrankenpflege, Krankenpflegehilfe, Krankengymnastik, Massage und medizinisch- technische Assistenz; Fachschulen für Sozialpädagogik und Kinderpflege, für Haus- und Familienpflege, für Altenpflege, für Heilerziehungspflege, Heilerziehungspflegehilfe, Logopädie, Arbeitserziehung und Arbeits- und Beschäftigungstherapie. Daneben gibt es Fachhochschulen für Sozialwesen, Diakonenschulen, Fachschulen für Heilpädagogik, für Ernährungs- und Hauswirtschaft, für Wirtschafter, für Diätassistenten, Bibel- und Missionsschulen und berufsvorbereitende und -qualifizierende Einrichtungen sowie weitere Fort- und Weiterbildungsstätten. Insgesamt bilden diese über 500 Ausbildungsstätten jährlich ca. 33.000 diakonische Mitarbeiter und Mitarbeiterinnen für soziale Berufe aus oder fort.[155]

Für diese diakonischen Ausbildungseinrichtungen lassen sich seit einigen Jahren erhebliche Veränderungen bezüglich Nachfrage und Auslastung feststellen. Zur Situation innerhalb der diakonischen Ausbildung liegt inzwischen eine ausführliche

---

[152] R. Turre, Diakonik, S. 269.
[153] Vgl. Statistische Informationen, hrsg. v. Diakonischen Werk der Evangelischen Kirche in Deutschland; Stuttgart, im Juli 1995, S. 27f, Stand vom 1.1.1994.
[154] R. Turre, Diakonik, S. 170.
[155] Vgl. W. Schmitt: Statistische Informationen des Diakonischen Werkes der EKD, vom Juli 1995, S. 51, Stand vom 1.1.1994.

statistische Studie vor.[156] Sie zeigt Tendenzen auf, die mittelfristig für die diakonische Arbeit von erheblicher Relevanz sein werden. "Obwohl das Platzangebot evangelischer Ausbildungsstätten in den Jahren 1987 bis 1989 gestiegen ist, ist eine generelle Abnahme der Belegung und Auslastung dieser Einrichtungen festzustellen. Die Gründe hierfür liegen zum einen in dem Rückgang der Bewerberzahlen ... und zum anderen in hohen Anteilen an Ausbildungsabbrüchen."[157] Die Studie zeigt, daß im Bereich des Gesundheitswesens und der Rehabilitation das Interesse an einer Ausbildung enorm gesunken ist. Die Bewerberzahlen gehen hier innerhalb von zwei Jahren um fast die Hälfte (42 %) zurück! In sozialpädagogischen und und ähnlichen Berufen sind die Bewerberzahlen hingegen nahezu stabil.

Hier drückt sich ein sehr deutlicher Trend aus, die für die diakonische Arbeit wichtigen pflegerischen Berufe zu meiden. So sind die Bewerberzahlen für die Ausbildung zur Krankenpflege binnen zwei Jahren von nahezu 25.000 um fast die Hälfte auf ca. 13.000 gesunken. Sollte dieser Trend anhalten, wird es sehr bald zumindest in der Diakonie keine ausreichende Zahl Auszubildender im Pflegebereich und damit mittelfristig einen eklatanten Mangel an ausgebildetem Pflegepersonal geben, der den derzeitigen akuten "Pflegenotstand", also den Mangel an qualifizierten Mitarbeitern in Pflegeberufen, noch verstärkt.

Betrachtet man das differenzierte heutige Ausbildungsangebot in der Diakonie, so wird deutlich, wie sehr sich die diakonische Ausbildung insgesamt in Richtung auf eine starke Spezialisierung der einzelnen Berufssparten gewandelt hat. "Diakonissenmutterhäuser und Bruderhäuser verstanden sich ursprünglich als Stätten der Ausbildung in den Schwesternschaften und Bruderschaften. Es wurden Diakonissen und Diakone ausgebildet."[158] An die Stelle der Diakonissenmutterhäuser und Bruderhäuser, die relativ umfassend, also fachlich und geistlich, zum diakonischen Dienst vorbereiteten, sind Ausbildungsstätten getreten, die nicht nur für die Diakonie selbst ausbilden, sondern Berufsqualifikationen vermitteln, die auch außerhalb von Diakonie und Kirche angewandt werden können. Diese Veränderungen haben auch Konsequenzen für das diakonische Ausbildungskonzept. An die Stelle einer personal orientierten, fachlichen *und* geistlichen Zurüstung zum diakonischen Dienst tritt die Vermittlung funktionsspezifischen Fachwissens. Die diakonischen Ausbilder sind nicht mehr primär Diakone, Diakonissen oder Theologen, die neben der Einführung in die notwendigen Fertigkeiten auch auf die persönliche diakonische Motivation des Auszubildenden speziellen Wert legen. Stattdessen bilden heute hunderte von haupt- und nebenamtlichen Dozenten zu diakonischen Berufen aus, denen es zentral um die fachliche Qualifikation der Auszubildenden geht. Trotz dieses umfangreichen diakonischen Ausbildungsangebotes sind die meisten in der Diakonie Tätigen fachlich außerhalb der Diakonie ausgebildet. Eine spezielle Ausbildung zur Diakonie haben sie nur selten.

---

[156] Vgl. W. Schmitt: Zur Situation diakonischer Ausbildungsstätten; in: Diakonie-Jahrbuch 90, hrsg. v. K.-H. Neukamm, S. 118-126 sowie den Anhang: Tabellen "Zur Situation evangelischer Ausbildungsstätten", a.a.O., S. 127-159.

[157] Schmitt, a.a.O., S. 118.

[158] R. Turre, Diakonik, S. 271.

## 2.3 Multirelationale Positionsbestimmungen

Wie die bisherigen Ausführungen zeigten, findet die diakonische Arbeit derzeit in einem komplexen Beziehungsgeflecht verschiedener anderer gesellschaftlicher Bereiche statt. Die theologische Reflexion der diakonischen Praxis ist bestrebt, die einzelnen für die Diakonie relevanten Teilbezüge möglichst präzise zu beschreiben. Neben diesen dargestellten eindimensionalen Verhältnisbestimmungen der Diakonie zu den wichtigsten anderen Bezugsgrößen (Kirche bzw. Gemeinde, Sozialstaat, Recht, Wirtschaft, Wissenschaft und Erziehung) gibt es seit wenigen Jahren jedoch auch diakonisch- theologische Ansätze, die sich bemühen, diese verschiedenen Wirkungsfaktoren auf die diakonische Arbeit *in ihrem Zusammenhang* in den Blick zu bekommen. Es wird dabei angestrebt, im Sinne eines differenzierten theologischen Verständnisses der aktuellen Situation der Diakonie die wichtigsten diakonischen Bezüge möglichst vollständig in einer Gesamtperspektive zusammenzufassen. Dies geschieht aus der Einsicht heraus, daß eine Beschränkung auf einzelne Teilaspekte die komplexen Handlungsformen heutiger Diakonie nicht mehr in angemessener Weise wahrzunehmen vermag. "Die bisherigen Darstellungen, kritischen Untersuchungen etc. zur Diakonie sind insofern unzulänglich, als sie die Gesamtheit dieser Zusammenhänge außer acht lassen und nur Teilzusammenhänge behandeln."[159] Die diakonisch-theologische Reflexion tritt mit dem Versuch, die Vielzahl der für die Diakonie relevanten Handlungsbezüge in ihrem Zusammenhang zu erfassen, in eine neue Phase. Es reicht unter diesem Anspruch nicht mehr aus, einzelne Teilbezüge zu reflektieren und die damit zusammenhängenden Probleme zu berücksichtigen. Eine isolierte Betrachtung z.B. des rechtlichen Aspektes diakonischer Arbeit unter Heranziehung der entsprechenden juristischen Entscheide und Theorien wird der Vielzahl der diakonischen Bezüge nicht mehr gerecht. Die theologische Reflexion der Diakonie muß stattdessen unter dem Anspruch einer differenzierten und umfassenden Wahrnehmung notwendigerweise *multirelational* ansetzen. Sie beschreibt die aktuelle Position der Diakonie nicht nur eindimensional im Hinblick auf rechtliche, wirtschaftliche, erzieherische oder politische Bezüge, sondern im Zwischenfeld *mehrerer* Bezüge. Dieser Reflexionsansatz erfordert hingegen auch weitaus größere Bemühungen um Interdisziplinarität, als das beim Versuch eindimensionaler Verhältnisbestimmungen bereits der Fall war. Die Zusammenfassung einer *Mehrzahl* diakonischer Kontexte stellt hohe Anforderungen an die theologische Reflexion. Eine Zusammenschau verschiedener Aspekte muß dabei vor allem folgende Voraussetzungen beachten:

1. Sie muß Teilbezüge herausgreifen, die für die diakonische Arbeit *von wichtiger Bedeutung* sind. Je nebensächlicher oder unvollständiger die behandelten Bezüge sind, desto irrelevanter ist auch deren zusammenhängende Reflexion.
2. Es muß darauf geachtet werden, daß die gewählten Bezüge miteinander *kompatibel* sind. So macht es z.B. wenig Sinn, die diakonischen Bezugsgrößen "Organisation" und "Sozialwissenschaften" miteinander zu vergleichen, weil "Organisation" ein Teilaspekt der sozialwissenschaftlichen Theoriebildung ist und als solcher nicht für den Vergleich mit den Sozialwissenschaften insgesamt dienen

---

[159] H. Seibert: Diakonie - Hilfehandeln Jesu und soziale Arbeit des Diakonischen Werkes. Eine Überprüfung der gegenwärtigen Diakonie an ihrem theologischen und sozialen Anspruch; 2. Auflage Gütersloh 1985, S. 248.

kann. Die zu vergleichenden Größen müssen sich also auf einer vergleichbaren Ebene befinden.

3. Es müssen die Kriterien angegeben werden, unter denen die Vielfalt der diakonischen Bezüge zusammengefaßt werden sollen. Die Zuordnung der Einzelrelationen muß nach einem bestimmten *Vergleichsprinzip* geschehen, welches eine einheitliche, vergleichende Gesamtbetrachtung der verschiedenen Bereiche ermöglicht.

In der diakonischen Theologie lassen sich vor allem drei neuere Ansätze benennen, die im beschriebenen Sinne eine Gesamtschau der diakonischen Handlungsbezüge anstreben: Die Diakoniekonzepte von Horst Seibert, Reinhard Turre und Alfred Jäger.

## 2.3.1 Diakonie im Spannungsfeld von Organisation, Sozialwissenschaften, Kirche und Sozialstaat: Horst Seibert

Den ersten Versuch einer Gesamtbetrachtung diakonischer Arbeit hat Horst Seibert in seiner Frankfurter Dissertation von 1982 vorgelegt.[160] Seibert kommt nach einer ausführlichen Betrachtung der verschiedenen diakonischen Arbeitsbereiche zu einem Diakonieverständnis, das die gegenwärtige Position der Diakonie in einem Spannungsfeld von genau vier Wirkungsgrößen definiert. "Gegenwärtige Diakonie ist am konkretesten darstellbar als ein organisiertes Hilfehandeln für, an und mit bestimmten, sozialwissenschaftlich bestimmbaren Problemgruppen im Auftrag der Kirche unter den Rahmenbedingungen des Sozialstaates."[161] Seibert versucht damit, die gegenwärtige diakonische Arbeit im Beziehungsgeflecht dieser vier Faktoren zu verstehen. Sie sind untereinander, aber zum Teil auch in sich selbst sehr spannungsreich und mitunter widersprüchlich angelegt.

"Die an diakonischen Prozessen beteiligten Wirkungsgrößen bilden ein komplexes Beziehungs- und Spannungsfeld, insgesamt und partial:

| ORGANISATION | | KIRCHE |
|---|---|---|
| Prinzip Arbeitsteiligkeit (z.B. Legitimation durch Erfüllung von Leistungserwartungen); Probleme Person-/Organisationssystem usw. |  | Delegationsprinzip; Tendenz zu funktionaler Verkürzung des diakonischen Ansatzes; unterschiedliche Rechtsformen usw. |
| ⇕ |  | ⇕ |
| SOZIALWISSENSCHAFTEN | | SOZIALSTAAT |
| Mittransport wissenschaftstheoretischer Probleme der Spezialisierung, der Klientelisierung usw. |  | Unterschiedl. Sozialstaatsverständnis; Spannung zwischen Rechts- und Sozialstaatsprinzip; Präjudizierung von Not u. Hilfe usw."[162] |

Abb. 3: An diakonischen Prozessen beteiligte Wirkungsgrößen nach Seibert

---

[160] H. Seibert: Diakonie - Hilfehandeln Jesu und soziale Arbeit des Diakonischen Werkes; 2. Auflage 1985.
[161] Seibert, a.a.O., S. 248.
[162] Ebd.

Betrachtet man dieses Schema Seiberts, in dem er die "Gesamtheit dieser Zusammenhänge" diakonischer Prozesse darstellen möchte, unter den genannten drei Voraussetzungen der Wichtigkeit der Teilbezüge, der Kompatibilität der Bereiche und der Einheitlichkeit des Ordnungsprinzips, so fällt zunächst auf, daß dort wichtige andere Wirkungsgrößen der Diakonie nicht berücksichtigt sind. So fehlen z.B. die kaum zu vernachlässigenden ökonomischen Bezüge. Die rechtlichen Beziehungen werden mit den politischen zusammengefaßt, obwohl es sich um zwei unterschiedliche und deshalb zu unterscheidende Bereiche handelt. Der Hinweis auf Sozialwissenschaften berücksichtigt nur einen kleinen Teil der für die Diakonie wichtigen wissenschaftlichen Bezüge. Andere relevante Wissenschaftsdisziplinen bleiben außer acht. Seiberts eigener Anspruch ist explizit, über eine Betrachtung von Teilzusammenhängen hinauszugelangen.

Es ist deshalb zu fragen, ob Seibert nach seiner detaillierten Darstellung gegenwärtiger diakonischer Handlungsformen seinem eigenen Anspruch einer Gesamtschau genügen kann. Daß Diakonie im Spannungsfeld verschiedenster "Wirkungsgrößen" existiert, wird von ihm überzeugend herausgearbeitet. Aber läßt sich Diakonie wirklich lediglich im Zusammenhang der Bezugsgrößen Organisation, Kirche, Sozialwissenschaften und Sozialstaat verstehen? Wie lassen sich andere wichtige Faktoren innerhalb des Schemas unterbringen und welches ist Seiberts Auswahlkriterium für die von ihm aufgeführten vier Bereiche? Seibert scheint seinerseits nur Teilzusammenhänge zu behandeln. Eine differenzierte Betrachtung der Diakonie muß demgegenüber noch weitere Aspekte berücksichtigen.

Auch hinsichtlich der zweiten Voraussetzung einer Kompatibilität der Bezugsgrößen ist das von Seibert angegebene Schema problematisch. Kirche und Sozialstaat stellen durchaus kompatible Größen dar, weil sie sich beide in der bereits beschriebenen Weise als gesellschaftliche Teilbereiche verstehen lassen, in deren Spannungsfeld Diakonie zu existieren hat. Die Bezeichnung "Sozialwissenschaften" weist dagegen im Gegensatz zum Wissenschaftsbereich als ganzem lediglich auf eine der relevanten Teildisziplinen hin. Der Begriff benennt deshalb keinen weiteren wichtigen gesellschaftlichen Bezugsbereich, sondern liegt gegenüber Kirche und Sozialstaat auf einer anderen Ebene. Völlig inkompatibel mit den Größen Kirche und Sozialstaat ist schließlich der Bereich der Organisation. Er läßt sich noch am ehesten als Unterbegriff der Sozialwissenschaften verstehen, ist als solcher jedoch weder mit der Gesamtdisziplin Sozialwissenschaften noch mit den gesellschaftlichen Größen Kirche und Sozialstaat vergleichbar. Die Wirkungsgrößen Kirche, Sozialstaat, Sozialwissenschaften und Organisation bilden damit nicht nur einen relativ beschränkten Ausschnitt der diakonischen Teilbezüge, sie bezeichnen auch völlig verschiedene Ebenen, nämlich gesellschaftliche Teilbereiche, eine wissenschaftliche Teildisziplin sowie einen Teilbereich dieser wissenschaftlichen Disziplin. Die Position der Diakonie kann innerhalb dieser vier Bezugsgrößen kaum bestimmt werden, weil diese nicht miteinander vergleichbar sind.

Schließlich ist bei Seibert auch das Ordnungsprinzip, nachdem der Vergleich der verschiedenen Bezüge durchgeführt wird, nicht klar benannt. Zum einen ist die Diakonie selbst innerhalb des Schemas nicht eindeutig verortet. Man wird vermuten dürfen, daß sie sich etwa in der Mitte zwischen den vier genannten Bereichen befinden soll. Damit bleibt aber unklar, wie das Verhältnis der Diakonie zu diesen Bereichen zu bestimmen ist. Seibert spricht sehr vage von "nicht auflösbaren Spannungen".¹⁶³ Die gegenseitig aufeinander bezogenen Pfeile sollen zeigen, daß jeder Teilbereich mit jedem anderen eine Wechselbeziehung unterhält. In welcher Weise diese gegenseitigen Relationen funktionieren und wie sie sich zugleich auf die Diakonie beziehen, bleibt jedoch unklar. Die Bezeichnung des von Seibert dargestellten Gesamtzusammenhangs als "Beziehungs- und Spannungsfeld"¹⁶⁴ gibt kein klares Ordnungsprinzip an. Trotz dieser Detailprobleme ist jedoch die Untersuchung Seiberts als erster Versuch einer theologischen Gesamtschau der relevanten Relationen beachtenswert. Dabei werden schon in seinem groben Schema die Spannungen offensichtlich, unter denen diakonische Arbeit sich im Kontext der verschiedenen Einflußbereiche vollzieht, so z.B. "zwischen geistlicher Motivation und außenbestimmten Leistungserwartungen, zwischen gesetzlichen Bestimmungen von Not und Hilfe und sozialwissenschaftlichen Bestimmungen, zwischen kirchlicher Delegationspraxis und sozialer Kompetenz der Diakonie u.v.a."¹⁶⁵ Diese spannungsreiche Mittelposition der Diakonie wird in Anknüpfung an Seibert noch detaillierter und mit einem noch differenzierteren theoretischen Instrumentarium zu bestimmen sein.

## 2.3.2 Diakonik als interdisziplinäre Wissenschaft: Reinhard Turre

Ein sehr umfangreiches Konzept einer diakonisch-theologischen Gesamtschau der verschiedenen Teilbezüge hat im Kontext der ehemaligen DDR Reinhard Turre vorgelegt.¹⁶⁶ Die 1988 abgeschlossene Untersuchung entwickelt bei der Beschreibung der Rahmenbedingungen diakonischer Arbeit eine sehr differenzierte Sichtweise. In einem additiven Verfahren werden in den einzelnen Kapiteln die jeweils relevanten Bezugsbereiche der Diakonie dargestellt. Damit wird insgesamt ein differenziertes Bild der Diakonie in der Vielfältigkeit ihrer Beziehungen skizziert. Turre nennt als wichtigste Bezüge Geschichte, Leiden, persönliches Engagement, Gemeinschaft, Kirche für die Welt, Caritas, Anthropologie, Ethik, Theologie und Humanwissenschaften sowie Ökonomie. Er stellt dann, nach detaillierter Darstellung der einzelnen Teilbezüge, die Forderung nach einer Reflexion dieser Zusammenhänge auf wissenschaftlichem Niveau in Form einer interdisziplinären Wissenschaft Diakonik. Sein eigener Ansatz läßt sich als Beitrag zur Entwicklung dieser Wissenschaft verstehen. Turre beschreibt Diakonik als eine *neue Dimension der theologischen Wissenschaft* im Spannungsfeld der für die diakonische Arbeit relevanten Teilwissenschaften. "Was hier im Speziellen erarbeitet und dargestellt wird, soll der Theologie und Kirche als Ganzes dienen zur Beschreibung und Reflexion der Diakonie, nicht nur als Spezialgebiet, sondern als Dimension."¹⁶⁷ Er versteht Diakonik grundsätzlich als "Vermittlerin der Human- und Sozialwissenschaften für die Theologie".¹⁶⁸ Diakonik bekommt in diesem Sinne eine Zwischenstellung zwischen Theologie und Human- bzw. Sozialwissenschaften. Sie ist einerseits eindeutig theologisch orientiert, muß dabei andererseits aber auch Erkenntnisse aus den Sozial- und Humanwissenschaf-

---

[163] Seibert, a.a.O., S. 248.
[164] Ebd.
[165] Ebd.
[166] R. Turre: Diakonik. Grundlegung und Gestaltung der Diakonie; Neukirchen/Vluyn 1991.
[167] Turre, a.a.O., S. 296.
[168] Turre, a.a.O., S. 298.

ten aufnehmen können. Als entscheidende Wissenschaftsbereiche für die Diakonie nennt Turre Medizin, Psychologie, Pädagogik und Ökonomie.[169] Zusätzlich hält er auch die Berücksichtigung soziologischer und juristischer Fragestellungen für wichtig.[170] Diakonik konstituiert sich damit im eigentlichen Wortsinn inter-disziplinär im Zwischenfeld von vornehmlich sieben wissenschaftlichen Disziplinen.

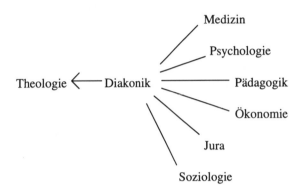

Abb. 4: Die interdisziplinäre Stellung der Diakonik im Anschluß an Turre

Diakonik hat dabei die verschiedenen Teilaspekte unter theologischer Gesamtorientierung zu integrieren. Vor allem die zunehmende Verselbständigung der einzelnen Teilbereiche erfordert für Turre eine entschiedene Ausrichtung nach eindeutig theologischen Kriterien. "Es sind heute sehr *unterschiedliche Kräfte* bei der Gestaltung der diakonischen Arbeit im Spiel. Jeder, der in der Diakonie arbeitet, weiß, wie schnell sich medizinische, psychologische, pädagogische und soziologische, aber auch juristische und ökonomische Gesichtspunkte so verselbständigen können, daß sie die Intention diakonischer Arbeit nicht mehr spürbar werden lassen. Es kann gute Gründe geben für das, was die Mediziner, Psychologen und Pädagogen und auch Techniker und Ökonomen jeweils für sich vorbringen, um die Arbeit optimal zu gestalten. Dabei wird es sehr bald zum Konflikt zwischen unterschiedlichen Zielvorstellungen kommen, die jeweils aus dem besonderen Fachgebiet heraus formuliert werden. Dann bedarf es klarer Orientierung... Die Leitlinie wird dabei die Ausrichtung an dem Wort Gottes und die Einbindung in die sich diakonisch verstehende Kirche sein."[171]

Das Verhältnis der Teilwissenschaften zur Theologie ist also nicht paritätisch. Die Selbständigkeit der Teilaspekte muß sich in ihrer Divergenz der theologischen Gesamtorientierung einpassen. Das diakonische Proprium entscheidet sich für Turre daran, ob die Eigendynamik anderer Wissenschaften, die zugleich verschiedene dia-

---

[169] Vgl. Turre, a.a.O., S. 234-292.
[170] Vgl. Turre, a.a.O., S. 300.
[171] Turre, a.a.O., S. 301, Hervorhebung von Turre.

konische Handlungsbezüge repräsentieren, unter theologischer Programmatik zusammengefaßt werden kann. "Die theologische Reflexion soll programmatisch beschreiben, was anders gemacht werden muß als anderswo. Wo dies unterbleibt, verliert die diakonische Arbeit das ihr eigentümliche Profil."[172]

Betrachtet man Turres Konzept einer interdisziplinären diakonischen Wissenschaft hinsichtlich der genannten drei Voraussetzungen (Vollständigkeit, Kompatibilität, einheitliches Ordnungsprinzip), so zeigt sich, daß dieser Ansatz bereits eine hohe Konsistenz besitzt. Bezüglich einer möglichst umfassenden Wahrnehmung der für die diakonische Arbeit relevanten Einflüsse wird mit den Teildisziplinen Theologie, Medizin, Psychologie, Pädagogik, Jura, Ökonomie und Soziologie eine vollständige Aufzählung der wichtigsten Teilgebiete erreicht. Auch hinsichtlich der Kompatibilität der aufgeführten Bereiche ist Turres Diakonik-Entwurf schlüssig. Er vergleicht die für die diakonische Arbeit wichtigsten Teilaspekte auf der Ebene ihrer Konstitution als wissenschaftliche Teildisziplinen und schafft damit eine allen Einzelrelationen gemeinsame Vergleichsebene. Auf diese Weise wird für die verschiedenen, ja zum Teil divergierenden Einzelrelationen der Diakonie zu Recht, Wirtschaft, Erziehung etc. auf der Ebene ihrer wissenschaftlich-theoretischen Reflexion Kompatibilität erreicht. Die Vergleichsmöglichkeiten dürfen für Turre jedoch nicht auf den rein wissenschaftlichen Bereich beschränkt bleiben. Die innerhalb der Diakonik als interdisziplinärer Wissenschaft zusammengefaßten Bereiche müssen im Hinblick auf ihren faktischen Zusammenhang in der diakonischen Arbeit in den Praxisbezug zurückübersetzt werden.

Hinsichtlich der dritten Voraussetzung eines gemeinsamen Ordnungsprinzips fällt bei Turre die starke Zentrierung auf den theologischen Bereich auf. Die einzelnen Bereiche werden nicht im Sinne gleichgewichtiger, also gleichermaßen relevanter Einflüsse aufgefaßt. Sie werden der theologischen Grundorientierung untergeordnet. Das Modell tendiert unter Hervorhebung theologischer Prämissen (Wort Gottes, Kirche) zu einer direktiven Integration der verschiedenen wissenschaftlichen Teilbezüge sowie ihrer praktischen Handlungsbereiche. Das Integrationsprinzip der Teildisziplinen ist letztlich eine autoritativ gebrauchte Theologie, die im Fall divergierender Anschauungen einfach durchgesetzt wird. Im Konfliktfall bedarf es deshalb "des Mutes zur *direktiven* Ausrichtung; dann sind Entscheidungen erforderlich, Prioritäten müssen gesetzt werden und die angemessenen Methoden für die weitere Durchführung der Arbeit herausgefunden werden."[173] Die einzelnen Teilkomponenten diakonischer Arbeit werden damit von Turre zwar differenziert wahrgenommen, es scheint dabei jedoch so, als ob sie unter der Dominanz theologischer Richtungsanweisungen zu einer Einheit gebracht werden sollen, die ihrer grundverschiedenen Ausrichtung zumindest im Konfliktfall nicht ausreichend Rechnung trägt, sondern diese theologisch zu glätten versucht.

Es ist zum einen fraglich, ob sich die in der Diakonie täglich auszuhaltenden Divergenzen der verschiedenen Handlungsbereiche in dieser Weise in der praktischen Arbeit unter theologischer, "direktiver Ausrichtung" integrieren lassen. So erfordern z.B. ökonomische Fragestellungen eine eigene, nach Kriterien der Wirtschaftlichkeit ausgerichtete Denkweise, die nicht einfach unter theologischer Direktive zur Konformität gebracht werden kann. Ebenso hat sich auch der medizinische Handlungs-

---

[172] Turre, a.a.O., S. 302.
[173] Turre, a.a.O., S. 301, Herv. D.S.

bereich zu einem eigenen diakonischen Teilgebiet entwickelt, indem sich medizinische Notwendigkeiten nicht einfach unter theologische "Prioritäten" unterordnen lassen, usw.[174] Zum anderen erscheint im Verständnis Turres Theologie nicht als eigener und wichtiger Teil der wissenschaftlichen Reflexion der Diakonie, sondern als den anderen Disziplinen übergeordnetes Integrationsprinzip. Diese Sicht wird dem Umstand, daß Theologie sowohl in der praktischen diakonischen Arbeit als auch in deren theoretischer Reflexion eine partikulare Rolle spielt, nicht gerecht. Wissenschaftstheoretisch gesehen setzt Turres Konzept eine gewissermaßen hierarchische Anordnung der Disziplinen innerhalb der Diakonik mit der Theologie an ihrer Spitze voraus. Solche "Prioritäten" mag es in der Universitätsgeschichte einmal gegeben haben,[175] sie sind jedoch angesichts der Ausdifferenzierung gleichrangiger Disziplinen im modernen Wissenschaftssystem kaum zu halten. Das räumt auch Turre ein, wenn er der Theologie "im Haus der Wissenschaften keine Herrschaftsansprüche mehr" zugesteht.[176] Wie eine Integration der verschiedenen Wissenschaften unter theologischer Gesamtorientierung in der Diakonie dennoch funktionieren soll, wird nicht recht deutlich.

Das Diakonik-Konzept Reinhard Turres stellt damit hinsichtlich seiner umfassenden Darstellung der Teilbezüge und deren integrativer Gesamtschau ein differenziertes und ausgereiftes Modell diakonischer Theologie dar. Die Frage, die bei Turre offenbleibt, ist lediglich, wie sich die verschiedenen diakonischen Teilaspekte unter ein gemeinsames Betrachtungsschema oder Ordnungsprinzip zusammenfassen lassen. Angesichts der Schwierigkeit einer Integration der verschiedenen Bezugsbereiche stellt sich das Problem, wie im Sinne einer theologischen Gesamtreflexion die von Turre genannten Teilbezüge und ihr gegenseitiges Verhältnis zu einem einheitlichen Beobachtungsmodell weiterentwickelt werden können. Es muß an dieser Stelle darum gehen, auf Theorien zurückzugreifen, die es erlauben, die Stellung der Diakonie inmitten ihrer relevanten Teilrelationen eindeutig zu bestimmen und den Charakter dieser Beziehungen differenziert zu beschreiben. An die Stelle eines konformen theologischen Integrationsmodells muß ein theoretisches Modell treten, welches die Differenziertheit der diakonischen Bezüge in einer Gesamtperspektive darstellen kann.

---

[174] Die von Turre genannten Kriterien der Orientierung am Auftraggeber, am hilfsbedürftigen Menschen, an der Liebe, an der Kirche und an der Ganzheitlichkeit der Hilfe (S. 30) sind trotz ihrer Wichtigkeit nur Teilaspekte, denen weitere medizinische, wirtschaftliche und andere Gesichtspunkte hinzugefügt werden müssen.

[175] Die Bezeichnung von theologischen Fakultäten als erste Fachbereiche auf älteren Universitäten ist ein geschichtliches Relikt dieser Führungsrolle der Theologie.

[176] Turre, a.a.O., S. 296.

### 2.3.3 Die Außenrelationen der Diakonie als System/Umwelt-Beziehungen: Alfred Jäger

Einen wichtigen Schritt in Richtung auf eine konsistente Zusammenschau der diakonischen Teilbezüge hat Alfred Jäger unternommen.[177] Seine Idee ist es, in Weiterführung der theologischen Diskussion für die Beschreibung der Relationen der Diakonie und der daraus resultierenden Probleme *die systemtheoretische Analyse* als Instrumentarium aufzunehmen. Das Verhältnis der Diakonie zu den für sie relevanten Bezugsgrößen wird von Jäger mit Hilfe der systemtheoretischen Unterscheidung von System und Umwelt betrachtet. Diakonie wird als systemtheoretisch beschreibbares "Unternehmen" aufgefaßt, welches inmitten einer näher zu bestimmenden "Umwelt" existiert. Die Bezüge der Diakonie zu den wichtigsten anderen Bereichen werden damit von Jäger in Anknüpfung an das in den Wirtschaftswissenschaften von Hans Ulrich entwickelte systemtheoretische Konzept als System/Umwelt-Relationen aufgefaßt. Die Entscheidung, innerhalb der Diakonie mit systemtheoretischem Instrumentarium zu arbeiten, erscheint zunächst ungewöhnlich. Sie bedarf deshalb einer näheren Begründung und Präzisierung. Jäger sieht die Relevanz systemtheoretischer Analysen in pragmatischer Hinsicht vor allem in ihrer breiten Anwendbarkeit auf diakonische Leitungsprobleme.[178]

Die besondere Relevanz einer theologischen Beachtung der systemtheoretisch beschreibbaren, diakonischen Umweltbezüge ergibt sich für Jäger vor allem auf der Ebene konkreter Leitungsfragen in diakonischen Einzeleinrichtungen, weil dort die Auswirkungen dieser Umweltbezüge am deutlichsten erfahrbar sind. Angesichts der Vielfältigkeit der externen Einflüsse auf die praktische Arbeit fragt Jäger deshalb mit Konzentration auf die Perspektive der Einrichtungen: "Inwiefern kann eine diakonische Einrichtung als offenes soziales System mit partieller Selbststeuerung verstanden werden? Einen ersten Schritt auf eine Antwort hin bietet dieser Systemansatz selbst, der soweit konzipiert wurde, daß damit praktisch jede Situation, in der Leitungsverantwortung geschieht - z.B. auch öffentliche Verwaltungen, Krankenhäuser etc. -, analysiert werden kann."[179] Der Begriff des "sozialen Systems" setzt also so allgemein an, daß er mit gewissen Einschränkungen und der nötigen theologischen Vorsicht auch im Bereich der Diakonie verwendet werden kann. "Ohne Überspitzung kann formuliert werden: Wo immer Menschen etwas gemeinsam an die Hand nehmen, um zweck- und zielgerichtet etwas zu unternehmen und zu erreichen, zeigen sich Aspekte eines 'produktiven sozialen Systems', je größer und komplexer die gestellte Aufgabe ist, umso deutlicher... An der Etikettierung liegt somit wenig, an der rechten Wahrnehmung von Leitungsverantwortung alles. Insofern kann der Begriff in seiner modernen Bedeutung mit kritischer Vorsicht auch im Gebiet der Diakonie in Gebrauch genommen werden."[180]

---

[177] Vgl. A. Jäger: Diakonie als christliches Unternehmen. Theologische Wirtschaftsethik im Kontext diakonischer Unternehmenspolitik; 3. Auflage Gütersloh 1990; ders.: Diakonische Unternehmenspolitik. Analysen und Konzepte kirchlicher Wirtschaftsethik; Gütersloh 1992.

[178] Leitung ist dabei von Jäger durchaus im systemtheoretischen Sinne als Steuerung eines sozialen Systems gemeint. Mit seiner Konzentration auf einzelne diakonische Unternehmen kommt diese Steuerung vor allem unter Gesichtspunkten des "diakonischen Managements" in den Blick.

[179] Jäger: Diakonie als christliches Unternehmen, S. 161.

[180] Jäger, a.a.O., S. 162.

Jäger knüpft für seinen Zugang zu diakonischen Leistungsfragen an die systemtheoretisch orientierte Managementlehre an, wie sie vor allem an der Hochschule in St. Gallen entwickelt worden ist. Diakonie wird damit in kybernetischer Hinsicht als zweckorientiertes soziales System im Sinne Hans Ulrichs aufgefaßt.[181] In vereinfachter Darstellung unterscheidet Ulrichs systemtheoretisches Modell zwischen einem zweckorientierten *sozialen System* und einer *relevanten* sowie einer *weiter zu fassenden gesellschaftlichen Umwelt*. Zwischen sozialem System und Umwelt besteht gemäß der Vorstellung *offener* Systeme eine Beziehung, die sich durch *Input* (benötigte Mittel von seiten der relevanten gesellschaftlichen Umwelt) und *Output* (Leistungen des Systems gegenüber seiner Umwelt) beschreiben läßt. Schematisch läßt sich dieses Modell in Form dreier konzentrischer Kreise darstellen.

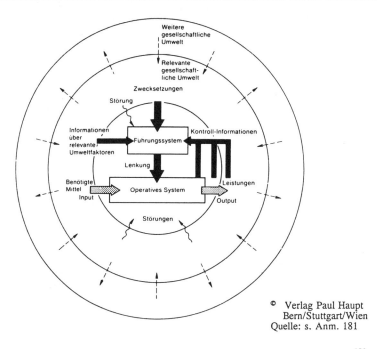

© Verlag Paul Haupt
Bern/Stuttgart/Wien
Quelle: s. Anm. 181

Abb. 5: Grundvorstellung eines zweckorientierten sozialen Systems nach Ulrich[182]

Ulrich unterscheidet in seinem systemtheoretischen Ansatz für das als Unternehmung verstandene, zweckorientierte soziale System von innen nach außen als relevanteste "Umweltsphären" die soziale, die ökonomische und die technologische Sphäre sowie die ökologische Umwelt.[183] Jäger überträgt dieses systemtheoretische Schema auf die spezifischen Rahmenbedingungen der diakonischen Arbeit. Von Ulrichs Verständnis sozialer Systeme ausgehend faßt Jäger die Relation diakonischer Einrichtungen zu den für sie relevantesten Bezugsgrößen als "Umweltbezug des dia-

---

[181] Vgl. H. Ulrich: Die Unternehmung als produktives soziales System; 2. Auflage Bern und Stuttgart 1970; ders.: Unternehmungspolitik; 2. Auflage Bern und Stuttgart 1987.
[182] Ulrich: Unternehmungspolitik, S. 14.
[183] Ulrich, a.a.O., S. 67.

konischen Unternehmens" auf.[184] Die von Ulrich als "Sphären" bezeichneten sozialen, wirtschaftlichen und technologischen Bezüge werden von Jäger konsequent nach dem System/Umwelt-Schema für die Diakonie als spezifische "Umwelten" modifiziert. Jäger bestimmt als relevante Umweltbezüge diakonischer "Unternehmen" von innen nach außen die kirchliche, die sozialstaatliche, die gesellschaftliche (und wirtschaftliche), die wissenschaftlich-therapeutische sowie die ökologische Umwelt. Sie kommen dabei zentral in ihrer Bedeutung für die theologisch orientierte Gestaltung der diakonischen Einrichtung, also für die "diakonische Unternehmenspolitik" in den Blick.

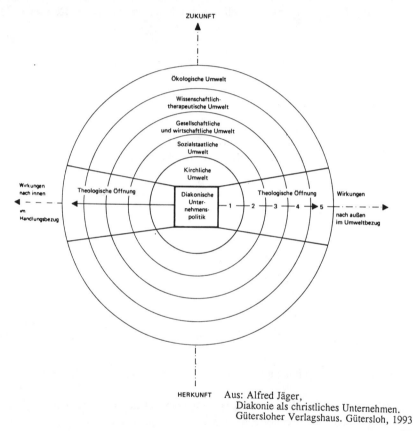

Abb. 6: Die relevanten Umweltbezüge des diakonischen Unternehmens nach Jäger[185]

Die wichtigsten Teilbezüge der Diakonie werden damit im systemtheoretischen Modell Jägers nicht, wie z.B. bei Seibert, als "Beziehungs- bzw. Spannungsfeld", sondern als System/Umwelt-Relationen der als soziales System verstandenen diakonischen Einrichtung interpretiert. Die Anordnung der einzelnen Umweltbereiche in Form von konzentrischen Kreisen um die Diakonie geschieht deutlich in der Absicht, die diakonischen Umweltbezüge möglichst umfassend und zugleich differen-

---

[184] A. Jäger: Diakonie als christliches Unternehmen, S. 304 ff.
[185] Jäger, a.a.O., S. 305.

ziert in den Blick zu bekommen. Der äußere Kreis bietet als ökologische Umwelt gewissermaßen den weitesten Bezugsrahmen diakonischen Handelns. "Die Reihenfolge beinhaltet keine werthafte Stufung."[186] Sie drückt lediglich die unterschiedliche Nähe der verschiedenen Umweltbezüge zur Diakonie aus. Bemerkenswert ist, daß die Kirche, ähnlich wie bei Seibert, als diakonischer Außenbezug dargestellt wird, der dann aber zugleich als nächster Umweltbezug der Diakonie aufgefaßt ist. Dem wirtschaftlichen Umweltbezug, der nach Ulrich die Unternehmung als "Institution mit primär wirtschaftlichem Zweck... unmittelbar in die gesamtwirtschaftlichen Zusammenhänge eingliedert",[187] wird von Jäger für diakonische "Unternehmen" der kirchliche und in zweiter Hinsicht der sozialstaatliche Umweltbezug vorgeordnet. Die "technologische Sphäre" Ulrichs konkretisiert Jäger für die Diakonie als wissenschaftlich-therapeutischen Umweltbezug. All das geschieht zentral im Hinblick auf die Arbeit der konkreten diakonischen Institution, des jeweiligen "Unternehmens". Die verschiedenen "Umwelten" der Diakonie werden in "unternehmenspolitischer" Absicht berücksichtigt. Es geht Jäger darum, diese Umweltbezüge unter Managementgesichtspunkten und zugleich in theologischer Gesamtorientierung zukunftsgerichtet zu integrieren.

Betrachtet man dieses System/Umwelt-Schema unter den besagten drei Voraussetzungen für eine Gesamtschau der diakonischen Teilbezüge (Vollständigkeit, Kompatibilität, einheitliches Ordnungsprinzip), so erscheint es als derjenige Ansatz, der unter den bisher vorhandenen am aufschlußreichsten ein differenziertes und zugleich zusammenfassendes Bild der Diakonie entwirft. Hinsichtlich der Voraussetzung einer möglichst umfassenden Gesamtperspektive bietet der Ansatz bei der ökologischen Umwelt sicherlich den weitestmöglichen Rahmen. In diesen sind die verschiedenen anderen Bezüge dann als "nähere" Umwelten eingetragen: Wissenschaft und Therapie, Gesellschaft und Wirtschaft, Sozialstaat, Kirche. Diese verschiedenen Umweltbezüge lassen sich mit Hilfe des vorhandenen Schemas bei Bedarf noch weiter differenzieren. So können sämtliche von Turre angegebenen relevanten Teilwissenschaften wie Pädagogik, Jura, Medizin etc. als Untergliederung der wissenschaftlich- therapeutischen Umwelt aufgefaßt werden. Der umfassende Ansatz beim ökologischen Aspekt und die Differenzierbarkeit der diakonischen Außenbezüge ermöglichen damit auf Grundlage des System/Umwelt-Schemas eine detaillierte und zugleich globale Sicht, wie sie von den Modellen Seiberts und Turres nicht erreicht werden kann.

Hinsichtlich der Kompatibilität der einzelnen Umweltbezüge ergibt sich mit Hilfe des systemtheoretischen Modells die Möglichkeit, die wichtigsten Umweltbezüge der Diakonie (Kirche, Sozialstaat, Gesellschaft und Wirtschaft, Wissenschaft sowie ökologische Umwelt) als vergleichbare Größen in ihrem Zusammenhang zu betrachten. Diese werden systemtheoretisch insofern vergleichbar, als sie als Umwelt des diakonischen "Unternehmens" von besonderer Relevanz sind. Das Ordnungsprinzip der System/ Umwelt-Unterscheidung erweist sich damit als ein Betrachtungsschema, mit dem sich nicht nur für eine möglichst umfassende und zugleich differenzierte Zusammenschau diakonischer Handlungsbezüge, sondern auch hinsichtlich möglichst großer Kompatibilität der einzelnen Bezugsgrößen neue Beschreibungsmöglichkeiten eröffnen. Der systemtheoretische Ansatz scheint sich deshalb für eine dif-

---

[186] Jäger, a.a.O., S. 306.
[187] H. Ulrich: Unternehmungspolitik, S. 76.

ferenzierte theologische Betrachtung der Diakonie in besonderer Weise zu empfehlen. Vor allem in bezug auf die wohlkoordinierte Leitung einer Einrichtung, das "diakonische Management" (Jäger), erlaubt er eine detaillierte Berücksichtigung der einzelnen Einflußfaktoren.

Dabei ist jedoch zu beachten, daß die Tauglichkeit der systemischen Betrachtungsweise im diakonischen Bereich nicht nur an ihrer praktischen Leistungsfähigkeit im Bereich diakonischer Leitungsfragen gemessen werden darf. Eine theologisch kontrollierte, systemtheoretische Betrachtung der Diakonie muß sich zugleich darüber im klaren sein, welche Implikationen sie bei der Verwendung des System/Umwelt-Schemas mitführt. Durch die Wahl des Beobachtungsschemas wird dasjenige, was mit Hilfe des Schemas wahrgenommen wird, entscheidend geprägt. Diakonie bzw. konkrete diakonische Einrichtungen als Unternehmungen im systemtheoretischen Sinne Ulrichs zu betrachten, ist deshalb nicht nur eine rein pragmatische Entscheidung im Sinn einer möglichst differenzierten und umfassenden Sicht. Sie beinhaltet zugleich theoretische Vorentscheidungen, die in ihrer Bedeutung wahrgenommen werden müssen, *bevor* das systemtheoretische Schema im Sinne einer möglichst differenzierten Betrachtung der gegenwärtigen Position der Diakonie für die theologische Reflexion berücksichtigt werden kann.

Eine entscheidende Frage ist dabei, *welche* System/Umwelt-Unterscheidung man für eine Detailanalyse der Diakonie verwendet. Systemtheorie ist keine einheitliche Theorie. Sie hat seit der Formulierung ihrer allgemeinen Grundlagen durch Ludwig von Bertalanffy in zahlreiche Wissenschaften Einzug gehalten und dort zu sehr verschiedenen Ausgestaltungen des System/Umwelt-Schemas geführt. Das von Jäger für die Beschreibung diakonischer Leitungsprobleme verwendete Modell beruht dementsprechend auf einer bestimmten, betriebswirtschaftlichen Version eines systemtheoretischen Managements *offener Systeme*, wie sie in St. Gallen von Hans Ulrich entwickelt worden ist. Jäger wählt dieses Modell Ulrichs, weil es ihm unter dem Gesichtspunkt diakonischer Leitungsfragen ("Management") besonders hilfreich erscheint. Dieser systemtheoretische Ansatz, der bei Jäger auf konkrete einzelne Einrichtungen zielt, soll im folgenden ausgeweitet und in Richtung auf eine Gesamtbetrachtung der Diakonie weitergeführt werden. Über organisationstheoretische Aspekte hinausgehend soll versucht werden, zusätzlich die Stellung der Diakonie in der Gesamtgesellschaft und zugleich die konkreten Strukturen diakonischen Handelns mit in den Blick zu bekommen. Im Hinblick auf diese Erweiterung der Aufgabenstellung ist dann zu fragen, welche Fassung des System/Umwelt-Modells sich, über die betriebswirtschaftliche Version hinausgehend, in besonderer Weise für eine solche theologische Analyse der Diakonie empfiehlt. Für die hier angestrebte Ausweitung bei der Betrachtung der Diakonie muß deshalb in Weiterführung des Ansatzes Jägers nach einer Fassung der Systemtheorie gesucht werden, die nicht nur auf der Ebene diakonischer Einrichtungen, sondern auch bezüglich der gesamtgesellschaftlichen Dimension diakonischer Arbeit und zugleich im Hinblick auf die konkreten Handlungsvollzüge im Interaktionsbereich für die theologische Reflexion weiterführend sein kann. Es soll also darum gehen, die offensichtlichen Vorzüge der systemtheoretischen Analyse für die theologische Reflexion möglichst umfassend zur Geltung zu bringen. Deshalb ist nach einer Version dieser Theorie Ausschau zu halten, welche sowohl im allgemeinen gesellschaftlichen Kontext als auch in der konkreten Arbeit innerhalb der jeweiligen Einrichtung und im Interaktionsbereich anwendbar ist. Diese Theorie muß also einerseits sehr allgemein ansetzen, andererseits aber auf die speziellen Problemstellungen der Diakonie konkretisierbar sein. Sie soll sowohl die gesellschaftliche Makroperspektive als auch einrichtungsspezifische Konkretisierungen und konkrete Handlungsorientierungen ermöglichen. Für dieses Vorhaben sind zusätzlich neuere Entwicklungen in der Systemtheorie zu berücksichtigen, die über das von Hans Ulrich ausgeführte und von Alfred Jäger verwendete Systemverständnis hinausgehen.

## 2.4 Argumente für die Berücksichtigung der Systemtheorie Niklas Luhmanns in der diakonischen Theologie

Im bisherigen Verlauf der Untersuchung hat sich gezeigt, daß die Problemkonstellationen der diakonischen Arbeit im wesentlichen Zusammenhang mit der Gesellschaftsentwicklung der letzten Jahrzehnte in der BRD stehen. Der dargestellte Einfluß der verschiedenen, für die diakonische Arbeit relevanten Bezugsbereiche (Kirche, Sozialstaat, Wirtschaft, Recht, Wissenschaft und Erziehung) hat die Formen diakonischer Hilfe in den letzten Jahrzehnten grundlegend verändert. Die von Hollweg beschriebenen Tendenzen zur "Zentralisierung", "Bürokratisierung", "Atomisierung", "Säkularisierung", "Funktionalisierung" und "Apparatisierung"[188] sind direkte Folgen der komplexen Verbindung der Diakonie mit verschiedenen anderen Gesellschaftsbereichen. Diakonie partizipiert damit als kompliziertes Sozialgefüge im Beziehungsgeflecht der genannten gesellschaftlichen Teilsysteme unmittelbar auch an den in diesen Gesellschaftsbereichen sich vollziehenden Veränderungen und den daraus resultierenden Problemen. Wenn Horst Seiberts Beobachtung stimmt, daß die Gesellschaft gegenwärtig eine deutliche Tendenz zur Funktionalisierung und Systembildung kennzeichnet,[189] dann muß den Konsequenzen dieser gesellschaftlichen Entwicklungen für die diakonische Hilfe in der theologischen Reflexion besondere Aufmerksamkeit gewidmet werden. Um diese gesellschaftlichen Prozesse innerhalb der diakonischen Theologie angemessen wahrnehmen zu können, werden dabei wissenschaftliche Konzepte aus anderen Fachbereichen zu berücksichtigen sein, die sich mit den beschriebenen Entwicklungen bereits intensiv beschäftigt haben.

Allerdings ist bei der Suche nach solchen fachfremden Theorien theologische Vorsicht geboten. Einerseits sind vor allem in der praktischen Theologie in den letzten Jahrzehnten durch die Rezeption human- und sozialwissenschaftlicher Einsichten erhebliche Fortschritte erzielt worden. Moderne Homiletik z.B. hat von der Rhetorik und Kommunikationstheorie profitiert, Poimenik ist ohne psychologische Einsichten heute kaum denkbar, und auch die Ekklesiologie bezieht Erkenntnisse aus empirischen sozialwissenschaftlichen Analysen ein, usw. Andererseits darf die Rezeption nichttheologischen Theoriegutes nicht unreflektiert erfolgen. Denn erstens hat jede wissenschaftliche Theorie ihre Implikationen, seien sie methodischer oder inhaltlicher Art. Eine theologische Rezeption muß sich deshalb darüber im klaren sein, was sie im konkreten Fall an impliziten Grundannahmen mitimportiert. Der

---

[188] Vgl. A. Hollweg: Trendwende in der Diakonie; PTh 73 (1984), S. 202.
[189] H. Seibert: Diakonie - Hilfehandeln Jesu und soziale Arbeit des Diakonischen Werkes, S. 46.

zunächst verheißungsvolle Theoriegewinn kann sonst leicht durch unbeachtet mitgeführte Hypotheken verspielt werden.

Zweitens eignet sich bei weitem nicht jede wissenschaftliche Theorie zur Übertragung auf den Bereich von Kirche, Theologie und Diakonie. Die Theorie muß so allgemein angelegt sein, daß sie in ihren Aussagen auch Phänomene im kirchlichen und diakonischen Bereich beschreiben kann. Zugleich muß sie in gewisser Weise speziell auf kirchlich-diakonische Problemstellungen zugeschnitten sein. Es muß Gesprächsbereitschaft zu Fragen in Diakonie, Theologie und Kirche vorhanden sein. Die betreffende Theorie muß dabei möglichst die Relevanz ihres wissenschaftlichen Ansatzes für diese Gebiete nachgewiesen haben.

Drittens kann eine wissenschaftliche Theorie, auch wenn sie Gesprächsbereitschaft signalisiert hat und ihre Aussagen für diakonische, kirchliche und theologische Probleme relevant zu sein scheinen, kaum in ihren Ergebnissen direkt übernommen werden. Der Unterschied ihrer Aussagen zu theologischen Inhalten muß seinerseits wieder theologisch kontrolliert werden. Erst dann können sich theologisch verantwortete Lernprozesse einstellen.

Mit diesen Vorüberlegungen läßt sich die Suche nach einer wissenschaftlichen Theorie eingrenzen, die für die Weiterführung der diakonisch-theologischen Reflexionsbemühungen geeignet ist. Besonders die genannten Voraussetzungen, daß diese Theorie sehr allgemein ansetzen und zugleich auf Diakonie konkretisierbar sein muß, daß dabei besonderes Interesse an Prozessen der Differenzierung, Spezialisierung und Funktionalisierung vorhanden sein muß und daß schließlich der Einfluß der einzelnen Gesellschaftsbereiche auf die Diakonie möglichst detailliert beschrieben werden muß, schränken das Theorieangebot erheblich ein. Es ist nicht zufällig, daß man sich an dieser Stelle besonders mit dem Systemtheoretiker Niklas Luhmann konfrontiert sieht. Denn Luhmanns "Theorie sozialer Systeme" versteht sich explizit als ein in den Sozialwissenschaften seltener "Grundriß einer allgemeinen Theorie",[190] also als ein Entwurf, der universale Anwendbarkeit auf alle Bereiche der modernen Gesellschaft behauptet. Dementsprechend versucht Luhmann, auf einer Vielzahl verschiedener gesellschaftlicher Teilgebiete die Aussagen seiner Theorie zu konkretisieren. Zahlreiche Veröffentlichungen, unter anderem zu Wirtschaft, Politik, Recht, Erziehung, Wissenschaft, aber auch Religion verdeutlichen nicht nur die große Produktivität Luhmanns. Sie zeigen auch, daß Luhmann sich selbst durch seinen Universalitätsanspruch unter Zugzwang gebracht hat, die Gültigkeit seiner Theorie für möglichst viele Bereiche des sozialen Lebens nachzuweisen. Bei der Entfaltung seines Ansatzes hat sich Luhmann mit einigen Untersuchungen auch zu Fragen aus dem Bereich der christlichen Religion geäußert. Seine Ausführungen zur "Organisierbarkeit von Religionen und Kirchen", zur "Funktion der Religion", zur "Ausdifferenzierung der Religion" etc. sind allerdings bisher innerhalb der Theologie relativ wenig beachtet worden,[191] obwohl Luhmann Religion, Kirche, Theologie und

---

[190] Vgl. dazu N. Luhmanns Hauptwerk: Soziale Systeme. Grundriß einer allgemeinen Theorie; Frankfurt/Main 1984.

[191] Vgl. N. Luhmann: Die Organisierbarkeit von Religionen und Kirchen; in: J. Wössner (Hrsg.): Religion im Umbruch. Soziologische Beiträge zur Situation von Religion und Kirche in der gegenwärtigen Gesellschaft; Stuttgart 1972; S. 245-285; ders.: Funktion der Religion; Frankfurt/Main 1977; ders.: Die Ausdifferenzierung der Religion; in: ders.: Gesellschaftsstruktur und Semantik. Studien zur Wissenssoziologie der modernen Gesellschaft, Bd. 3; Frankfurt/Main 1989, S. 259-357.

Diakonie unter Aspekten betrachtet, die gegenwärtig offensichtlich besonders relevant sind: funktionale Differenzierung, Säkularisierung, Relevanzverlust der christlichen Religion, Stellung der Kirche in der modernen Gesellschaft, Probleme der Organisierbarkeit von Religion, Probleme zwischen religiösen Organisationen und ihren Mitgliedern, Komplexitätszuwachs der sozialen Gefüge usw. Speziell zu diakonischen Fragestellungen gibt es ebenfalls Äußerungen Luhmanns, die bisher für eine theologische Reflexion diakonischer Probleme jedoch nur am Rande beachtet wurden.

Es lassen sich also einige Gründe nennen, die es nahelegen, für eine Weiterentwicklung der theologischen Reflexion der Diakonie in Richtung auf eine Gesamtschau der diakonischen Teilbezüge gerade Luhmanns Systemtheorie ausführlicher zur Kenntnis zu nehmen, als das bisher geschehen ist:

1. Die Theorie Luhmanns postuliert universale Anwendbarkeit. Sie beansprucht also, auch im Bereich von Diakonie, Theologie und Kirche verwendbar zu sein. Sie bietet sich daher selbst dafür an, die Relevanz ihrer Aussagen auch im diakonischen Bereich aufzuzeigen.

2. Luhmanns Ansatz beschäftigt sich in besonderer Weise mit Prozessen der Differenzierung, Funktionalisierung, Spezialisierung und Systembildung sowie mit dem Verhältnis der einzelnen Gesellschaftsbereiche zueinander, also mit Fragestellungen, die in der diakonisch-theologischen Diskussion der letzten Jahre als besonders relevant herausgearbeitet worden sind. Er betrachtet dabei als Systemtheoretiker die Relation der einzelnen Gesellschaftsbereiche zueinander zentral mit Hilfe des Paradigmas von System und Umwelt.

3. Luhmann hat seine Theorie bereits für den Bereich christlicher Religion und dort speziell auch im Hinblick auf Probleme der Diakonie ausgeführt. Die Übertragung seiner Theorie auf diakonische Fragestellungen kann sich deshalb an schon vorhandenen Texten orientieren.

4. Es existiert von seiten Luhmanns ein explizites Angebot zur interdisziplinären Diskussion an die Theologie. Er schreibt seine Überlegungen zur "Funktion der Religion" in der Hoffnung, "auf seiten der Theologie mehr als bloße Immunreaktionen und mehr als bloße Wortübernahmen auszulösen."[192] Auf diese Aufforderung stehen Reaktionen von theologischer Seite größtenteils noch aus.

5. Luhmanns Diakoniebegriff ist so angelegt, daß er sich mit dem derzeitigen Stand der diakonisch-theologischen Diskussion in Verbindung bringen läßt. Er beschreibt die Stellung der Diakonie, ähnlich wie die diakonische Theologie, im Spannungsbereich zwischen Kirche und verschiedenen anderen gesellschaftlichen Teilsystemen.

6. Er entwickelt seine Thesen zur gesellschaftlichen Differenzierung auch im Hinblick auf interne Differenzierungsprozesse des Religionssystems. Das Problem der gegenseitigen Zuordnung von Diakonie, Theologie und Kirche kommt damit besonders in den Blick.

7. Innerhalb seines universal angelegten Theorieprogramms hat sich Luhmann bereits detailliert zur Funktionsweise der wichtigsten Gesellschaftsbereiche geäußert. Solche breitgefächerten Theorieerfahrungen sollte man theologisch gerade in der diakonischen Arbeit, in der der Einfluß dieser Bereiche besonders wichtig ist, nicht unbeachtet lassen.

---

[192] Luhmann: Funktion der Religion, S. 8.

8. Luhmanns Systemtheorie unternimmt den Versuch, den Zusammenhang und die Funktionsweise der einzelnen gesellschaftlichen Teilsysteme in einer "allgemeinen Theorie" darzustellen. Insofern die diakonische Theologie den Einfluß dieser gesellschaftlichen Teilbereiche *auf die Diakonie* zu reflektieren hat, muß für sie die Beschäftigung mit seiner Theorie besonders wichtig sein.

9. Hinsichtlich der drei genannten Kriterien der vollständigen Beachtung der wichtigsten Teilbezüge diakonischer Arbeit, der Kompatibilität der Bezugsbereiche und des einheitlichen Vergleichsprinzips lassen sich für die diakonische Theologie durch eine Berücksichtigung Luhmanns wesentliche Fortschritte erzielen. Seine Theorie erlaubt es, *sämtliche* für die diakonische Arbeit relevanten Bezüge auf andere Gesellschaftssysteme mit Hilfe des *System/Umwelt-Schemas* zusammenzufassen und nach dem *Prinzip der funktionalen Differenzierung* miteinander zu vergleichen.

Bevor die Relevanz der systemtheoretischen Betrachtungsweise für die Diakonie und deren theologische Reflexion aufgezeigt werden kann, ist jedoch eine grundsätzliche theologische Auseinandersetzung mit den Voraussetzungen der Theorie Luhmanns erforderlich. Denn sie baut auf einigen schwerwiegenden Grundannahmen auf, die zunächst theologisch kritisch zu beleuchten sind. Erst auf der Basis einer ausgiebigen Kritik der Prämissen von Luhmanns Theorie, wie sie im dritten Kapitel geschehen soll, kann Systemtheorie für ein differenziertes theologisches Verständnis der Diakonie (Kapitel 4) und für ein Aufzeigen von Problemlösungsmöglichkeiten im Bereich der Diakonie (Kapitel 5) weiterführend sein.

Es wird allerdings nicht leicht sein, bei der Berücksichtigung der soziologischen Theorie Luhmanns die konkreten diakonischen Fragestellungen und vor allem den theologischen Standpunkt nicht aus dem Auge zu verlieren. Karl-Fritz Daiber hat sehr treffend als Sozialwissenschaftler und Theologe am Beispiel der Analyse von Gottesdiensten den Konflikt beschrieben, der sich für den Theologen bei der Berücksichtigung sozialwissenschaftlicher Betrachtungsschemata ergibt. "Schon im Bereich der scheinbar unmittelbaren Wahrnehmung entdecke ich mich nicht selten auf mehreren Ebenen. Ich erlebe Gottesdienste als analysierender Sozialwissenschaftler, ich frage als Theologe. Bin ich als Christ noch dabei? Ich nehme an, manche Leute fragen sich: Ist er denn noch als Christ dabei, oder ist er nur distanzierter Analytiker? Natürlich bin ich dabei als Christ unmittelbar beteiligt, aber wie? Gelegentlich erschrecke ich, wenn ich im Vollzug der Analyse entdecke, was die Tradition meines Glaubens an negativen Folgen produzieren kann. Zugleich aber - und gar nicht selten - mache ich gerade als sozialwissenschaftlicher Analytiker Erfahrungen, in denen sich mein Glaube finden kann. Es ist gar nicht immer leicht, dies weiterzugeben, auch nicht leicht, die Ebenen gleichermaßen zu durchschreiten, sie beieinanderzuhalten, aufeinander zu beziehen."[193]

Es wird deshalb bei einer theologischen Berücksichtigung der sozialwissenschaftlichen Betrachtungsweise Luhmanns darum gehen müssen, die verschiedenen Wahrnehmungsebenen genau voneinander zu unterscheiden und zueinander in Beziehung zu setzen. Die systemtheoretische Analyse muß in ihrer gegenüber dem theologischen Zugang grundlegend anderen Perspektive klar identifiziert werden. Es geht dabei jedoch nicht nur um die Beachtung verschiedener Wahrnehmungsebenen. Wie im folgenden deutlich werden wird, geht der Anspruch sozialwissenschaftlicher

---

[193] K.-F. Daiber: Diskreditiert die Beratungsarbeit die Kirche? In: Diakonie und kirchliche Identität; Hannover 1988, S. 137 f; Erstveröffentlichung in: Wege zum Menschen 35 (1983), S. 148-157.

Theorien mitunter über den einer scheinbar alternativen Betrachtungsposition hinaus. "In diesem Zusammenhang kommt ein weiterer Sachverhalt verschärfend hinzu: Es ist noch nicht völlig ausgemacht, ob ... soziologische Wirklichkeitsinterpretationen nicht doch Konkurrenzentwürfe zu dem darstellen, wie christlicher Glaube Welt und Mensch sehen läßt."[194] Besonders an der Stelle ist also erhöhte theologische Aufmerksamkeit geboten, wo sozialwissenschaftliche und theologische Wahrnehmungsweise konkurrieren - und sich sogar ausschließen. Es wird deshalb vor allem darauf ankommen, die Stellen, an denen die systemtheoretische Analyse sich anschickt, die theologische Wahrnehmung von Wirklichkeit *zu ersetzen*, klar zu bestimmen und solche systemtheoretischen Vereinnahmungsversuche theologisch zu kontrollieren. Auf dieser Basis einer theologisch kontrollierten Aufnahme sozialwissenschaftlicher Erkenntnisse kann jedoch im Sinne einer differenzierteren Wahrnehmung diakonischer Problemstellungen nach Dialogmöglichkeiten zwischen Theologie und Systemtheorie gesucht werden.

---

[194] Daiber, a.a.O., S. 138.

# 3. Kapitel: Niklas Luhmanns Theorie sozialer Systeme und deren theologische Kritik

## 3.1 Einführung in die Grundbegriffe der Systemtheorie Luhmanns

Für eine Darstellung und Kritik der Theorie sozialer Systeme Niklas Luhmanns ergibt sich zunächst die Frage, inwiefern man überhaupt von *der* Systemtheorie Luhmanns sprechen kann. Derjenige, der sich kritisch mit dieser Theorie auseinandersetzt, hat das Gefühl des Hasens, der den Igel jagt. An einem kritischen Punkt der Theorie vermeintlich vor Luhmann angekommen, entdeckt man dann bei der Durchsicht neuerer Veröffentlichungen oft, daß Luhmann diese Kritik bereits berücksichtigt hat. Die Kritik an der Theorie Luhmanns wird durch das Tempo von Luhmanns Publikationen und durch die Dynamik der Theorieentwicklung überholt. Um eine solide Grundlage im Umgang mit Luhmanns Theorie zu bekommen, wird man also zunächst nach Fixpunkten suchen müssen, auf die sich sowohl die theologische Kritik als auch die Rezeption beziehen kann, ohne in der Gefahr zu stehen, dabei schon nicht mehr auf dem aktuellen Stand der Theorie zu sein. Die Frage ist also, an welchen Punkten sich Luhmann selbst so festlegt, daß man dort auf Kontinuität trotz ständiger Modifikation der Theorie hoffen kann.

Diese Probleme einer Kritik und Rezeption der Theorie Luhmanns sind hingegen nicht zufällig. Sie sind in der Theorie selbst angelegt. Die Theorie untersucht soziale Phänomene zentral unter dem Aspekt der "Autopoiesis", also der Selbstveränderung von Systemen bis in die kleinsten Bestandteile hinein. An dieser Prämisse permanenter Selbstveränderung partizipiert auch die Theorie selbst. Es gilt deshalb zunächst festzustellen, wo es innerhalb der Theorie trotz dieser auf ständige Veränderungen ausgerichteten Anlage strukturelle Selbstfestlegungen gibt.

### 3.1.1 "Paradigmawechsel" zu selbstreferentiellen sozialen Systemen

Ein erster Fixpunkt in der Theorie sozialer Systeme ergibt sich aus der Beobachtung, daß sich Luhmann an einer bestimmten Stelle zu dieser Dynamisierung der Vorstellung sozialer Systeme und damit auch zur Dynamisierung seiner eigenen Theorie entschlossen hat. Der Zeitpunkt liegt etwa zu Beginn der 80er Jahre. Das für die weitere Entwicklung der Theorie Luhmanns grundlegende Vorhaben, das aus der Biologie entstammende Konzept der "Autopoiesis" in die soziologische Theorie einzuführen, ist in dem programmatischen Aufsatz: "Autopoiesis, Handlung und kommunikative Verständigung" dargestellt worden.[1] Es geht dabei um eine grundsätzliche Umstellung, einen *"Paradigmawechsel"* zur Denkfigur der *"Selbstreferenz"*.[2] Die Unterscheidung von Selbstreferenz und Fremdreferenz wird für Luhmann seither

---

[1] Vgl. N. Luhmann: Autopoiesis, Handlung und kommunikative Verständigung; in: Zeitschrift für Soziologie 11, 1982, S. 366-379. Als grundlegende Literatur zum biologischen Konzept der Autopoiesis vgl. M. Zeleny: Autopoiesis - A theorie of living organization; New York 1981 sowie Humberto R. Maturana: Erkennen: die Organisation und Verkörperung von Wirklichkeit; Braunschweig 1982.

[2] Der Begriff Paradigma wird hier von Luhmann explizit nicht im Sinne Thomas Kuhns gebraucht. Vgl. Th. S. Kuhn: Die Struktur wissenschaftlicher Revolutionen; 2. Aufl. Frankfurt/Main 1979.

wegleitend für die in seiner Theorie entwickelte Wirklichkeitswahrnehmung. Die bis dahin von ihm durchgehend verwendete Unterscheidung von System und Umwelt wird damit abstrahiert. Die Unterscheidung von Selbstreferenz und Fremdreferenz setzt grundsätzlicher an.[3] Sie ermöglicht Luhmann neben der System/Umwelt- Differenz die Benutzung alternativer Unterscheidungen wie Medium und Form, Risiko und Gefahr etc. Die für die Systemtheorie Luhmanns elementare Unterscheidung von System und Umwelt wird dadurch in spezifischer Weise modifiziert. Sie faßt soziale Systeme als selbstreferentielle Systeme auf. Damit ist der grundlegende Begriff genannt, mit dem Luhmann seit seinem Paradigmawechsel soziale Phänomene zu beobachten versucht. "Unsere These, daß es Systeme gibt, kann jetzt enger gefaßt werden: Es gibt selbstreferentielle Systeme. Das heißt zunächst nur in einem ganz allgemeinen Sinne: Es gibt Systeme mit der Fähigkeit, Beziehungen zu sich selbst herzustellen und diese Beziehungen zu differenzieren gegen Beziehungen zu ihrer Umwelt."[4] Die systemtheoretische Grundunterscheidung von System und Umwelt wird also nicht aufgegeben, sie wird aber im Sinne der Selbstreferenz interpretiert.

Diese Umstellung der Theorie hat direkte Konsequenzen für das Verständnis der Identität sozialer Systeme. Sie kann nicht für das System einfach vorausgesetzt werden. Die Identität des sozialen Systems muß permanent durch das System selbst hergestellt werden. Die Gesamtheit des Systems ergibt sich nicht aus der Summe seiner Teile. Denn auch die Teile sind nicht als substanzhafte kleinste Einheiten zu verstehen. Sie müssen, ebenso wie das Systemganze, als Teile vom System selbst erst konstituiert werden. Das bedeutet eine radikale Auflösung der Einzelbestandteile sozialer Systeme, die man als "Deontologisierung" bezeichnen könnte.[5] Denn soziale Systeme können nach Luhmann nur bestehen, indem sie sich permanent bis in die kleinsten Elemente hinein selbst konstituieren und reproduzieren und damit fortwährend Identität in Abgrenzung zu einer Umwelt erzeugen. Diese Notwendigkeit zur elementaren selbstreferentiellen Identitätsbildung ist damit eine Weichenstellung in Luhmanns Theorie, die nicht ohne weiteres von ihm verändert werden kann. Sie setzt eine bestimmte Modifikation der System/Umwelt-Differenz voraus: "Für die Ausarbeitung einer Theorie selbstreferentieller Systeme, die die System/Umwelt-Theorie in sich aufnimmt, ist eine neue Leitdifferenz erforderlich. Hierfür bietet sich die Differenz von Identität und Differenz an. Denn Selbstreferenz kann in den aktuellen Operationen des Systems nur realisiert werden, wenn ein Selbst (sei es als Element, als Prozeß oder als System) durch es selbst identifiziert oder gegen anderes different gesetzt werden kann."[6]

Die zentrale Fragestellung, unter der Luhmann soziale Systeme untersucht, ist also nach seinem Paradigmawechsel Anfang der 80er Jahre, wie diese Systeme Identität durch Abgrenzung und gleichzeitigen Bezug auf ihre Umwelt erzeugen und sich dabei in ständigem Wandel permanent reproduzieren können. An die Stelle eines Ver-

---

[3] Zu dieser Interpretation der Theorie Luhmanns in Form von zwei Phasen der Theorieentwicklung, die sich durch die Einführung des Gedankens der Selbstreferenz ergeben, vgl. auch G. Kiss: Grundzüge und Entwicklung der Luhmannschen Systemtheorie; 2. Aufl. Stuttgart 1990.

[4] N. Luhmann: Soziale Systeme. Grundriß einer allgemeinen Theorie; Frankfurt/Main 1984, S. 31.

[5] Vgl. dazu A. Nassehi: Wie wirklich sind soziale Systeme? Zum ontologischen und epistemologischen Status von Luhmanns Theorie selbstreferentieller Systeme; in: W. Krawietz, M. Welker (Hrsg.): Kritik der Theorie sozialer Systeme. Auseinandersetzungen mit Luhmanns Hauptwerk; Frankfurt/Main 1992, S. 43-70. Nassehi gebraucht hier den Begriff der Deontologisierung.

[6] N. Luhmann: Soziale Systeme, S. 26.

ständnisses statischer Systeme mit klar definierten Systemgrenzen und -strukturen tritt damit die Vorstellung dynamischer selbstreferentieller Systeme, die, um nicht zu zerfallen, ihre Systemgrenzen und ihre internen Strukturen kontinuierlich neu erzeugen müssen. Damit wird sowohl die innere Konstitution sozialer Systeme als auch die Bestimmung der System/Umwelt-Beziehungen in einer gegenüber der herkömmlichen Systemtheorie der 60er und 70er Jahre neuen Weise definiert. "Der Zusammenhang von System und Umwelt wird vielmehr dadurch hergestellt, daß das System seine Selbstreproduktion durch intern zirkuläre Strukturen gegen die Umwelt abschließt und nur ausnahmsweise, nur auf anderen Realitätsebenen, durch Faktoren der Umwelt irritiert, aufgeschaukelt, in Schwingung versetzt werden kann."[7] Die System/Umwelt-Differenz ist also nicht von vornherein gegeben. Sie wird durch die Operationen des sozialen Systems jeweils neu konstituiert. Selbstreferentielle Systeme bestehen, weil sie durch die Geschlossenheit ihrer Operationen permanent Differenzen zwischen sich und ihrer Umwelt setzen. "Die Differenztechnik dieser Systeme läßt sich nur aufbauen, weil Unterscheidungen, Negationen, Möglichkeitsprojektionen, Informationen rein interne Strukturen und Ereignisse sind und bleiben und weil in diesen Hinsichten kein Umweltkontakt möglich ist."[8] Selbstreferentielle Systeme haben also auf der Ebene ihrer internen Systemabläufe keine Möglichkeit, in direkten Kontakt zu ihrer Umwelt zu treten oder auch nur Umwelteinflüsse direkt wahrzunehmen. Sie bleiben auf ihre eigene Selbstbezüglichkeit verwiesen. Umwelteinflüsse werden deshalb nur als Störung, als innerhalb des Systems undefinierbare Irritation wahrgenommen. An die Stelle des Modells offener Systeme, die durch Input und Output mit ihrer Umwelt in Verbindung treten können, tritt die Vorstellung einer selbstreferentiellen Geschlossenheit der Systemoperationen.

Aber paradoxerweise kann diese radikale operative Geschlossenheit dann - gerade aufgrund ihrer Geschlossenheit - auf solche Störungen intern "Resonanz" erzeugen. "Die Systeme bleiben insofern auf Autopoiesis, auf laufende Selbsterneuerung ihrer Elemente durch ihre Elemente angewiesen. Aber weil Informationen und Informationserwartungen, also Strukturen über Differenzprojektionen gewonnen werden, ist diese Geschlossenheit zugleich Offenheit, denn das System kann sich selbst mit eben dieser Technik in Differenz zu seiner Umwelt erfahren. Das ändert nichts an der internen Geschlossenheit des Zusammenhangs der eigenen Operationen, stattet diese aber mit der Fähigkeit aus, auf das, was für sie Umwelt ist, zu reagieren."[9] In diesem Sinne sind selbstreferentielle soziale Systeme mit Luhmann als offene, weil operativ geschlossene Systeme zu verstehen. Sie haben zwar keine Möglichkeit zum direkten Umweltkontakt. Aber gerade die systeminterne Wahrnehmung der Geschlossenheit ihrer Operationen und der Differenz zwischen ihnen selbst und ihrer spezifischen Umwelt stattet sie mit hoher Sensibilität für ihre Umwelt aus.

---

[7] N. Luhmann: Ökologische Kommunikation. Kann die moderne Gesellschaft sich auf ökologische Gefährdungen einstellen? Opladen 1986, S. 40.
[8] Luhmann, a.a.O., S. 46.
[9] Luhmann, a.a.O., S. 46.

### 3.1.2 Funktionale Differenzierung

Eine zweite Grundannahme Luhmanns ist weitaus älter als das "Paradigma" der Selbstreferenz. Sie läßt sich bis in die Anfänge seiner Theorie in den 60er Jahren zurückverfolgen und wird seither konsequent durchgehalten. Es ist die These, daß in der heutigen (spät-)modernen Gesellschaft eine bestimmte Form von Differenzierung vorherrscht: die Ausdifferenzierung sozialer Systeme nach Funktionen. "Wir werden viel von 'Ausdifferenzierung' von Funktionseinrichtungen sprechen; d.h. aber niemals Herauslösung oder Abtrennung vom ursprünglichen Zusammenhang, sondern nur: Etablierung funktionsbezogener Differenzen innerhalb des Systems, auf dessen Probleme sich die Funktionseinrichtungen beziehen."[10] Die Unterscheidung von System und Umwelt läßt sich also nicht nur für das Gesellschaftssystem im Ganzen treffen, etwa in Form der Differenz von Gesellschaftssystem und ökologischer Umwelt. Vielmehr können System/ Umwelt-Differenzen innerhalb des Gesellschaftssystems selbst gesetzt werden. Das gesellschaftliche Gesamtsystem läßt sich damit in eine Vielzahl kleinerer Systeme differenzieren. "Systemdifferenzierung ist nichts weiter als Wiederholung der Systembildung in Systemen. Innerhalb von Systemen kann es zur Ausdifferenzierung weiterer System/Umwelt-Differenzen kommen. Das Gesamtsystem gewinnt damit die Funktion einer 'internen Umwelt' für die Teilsysteme, und zwar für jedes Teilsystem in je spezifischer Weise."[11]

Funktionale Differenzierung bedeutet demnach das Setzen einer System/Umwelt-Differenz innerhalb des Gesamtsystems. Das für eine bestimmte Funktion ausdifferenzierte Teilsystem wird jeweils in Abgrenzung zur Gesamtgesellschaft oder zum jeweiligen sozialen Gesamtsystem, in dem die Differenzierung stattfindet, gebildet. Und jede dieser Teilsystembildungen ist "ein neuer Ausdruck für die Einheit des Gesamtsystems."[12] Ein soziales System kann dann nicht als die Summe seiner Teilsysteme verstanden werden. Vielmehr entsteht innerhalb des Systems durch funktionale Differenzierung eine Vielzahl interner System/Umwelt-Differenzen. Für das Verständnis der heutigen Gesellschaft bzw. ihrer Teilsysteme hat dieser Umstand wichtige Konsequenzen: Gesellschaft wird von Luhmann als multipler Zusammenhang von jeweils spezifischen System/ Umwelt-Differenzen gesehen. Jedes einzelne Teilsystem der Gesellschaft teilt die Gesellschaft aus ihrer je eigenen Perspektive in zwei Teile ein: in sich selbst als eigenes System und in alles andere als seine spezifische (gesellschaftliche) Umwelt. Aber auch innerhalb jedes Teilsystems lassen sich seinerseits wieder eine Vielzahl von System/Umwelt-Differenzen unterscheiden.

Die Pluralität jeweils systemspezifisch gesetzter System/Umwelt-Unterscheidungen wird damit für Luhmann zum Charakteristikum der modernen Gesellschaft insgesamt wie auch ihrer Teilbereiche.[13] Diese Differenzbildung geschieht immer aus der besonderen Perspektive des jeweiligen Systems heraus. Das Teilsystem schließt

---

[10] Luhmann: Soziale Systeme, S. 64.
[11] Luhmann, a.a.O., S. 37.
[12] Luhmann: Ökologische Kommunikation, S. 204.
[13] Mit dieser sehr einfachen Differenztechnik der Bestimmung von System/Umwelt-Differenzen rekurriert Luhmann auf das logische Kalkül George Spencer Browns. Danach wird als Grundbedingung jeder (logischen) Operation die Unterscheidung zweier Seiten (distinction) und die Bezeichnung der einen Seite (indication) verlangt. Vgl. G. Spencer Brown: Laws of Form; Neudruck New York 1979.

sich gegenüber seiner Umwelt ab und konstituiert sich selbst damit permanent durch Abgrenzung und Geschlossenheit der eigenen Operationen neu.

Eine Rekonstruktion bzw. theoretische Reflexion des Gesamtsystems der modernen Gesellschaft sowie ihrer Teilbereiche muß deshalb nach Luhmann von einer Vielzahl verschiedener und jeweils systemrelativer System/Umwelt- Unterscheidungen ausgehen. Eine Konsequenz dieser Sicht ist, daß sich für das Gesamtsystem kein Zentrum mehr angeben läßt, in dem die verschiedenen Aspekte gleichsam repräsentativ gebündelt werden könnten. Es gibt damit weder für das gesamte Gesellschaftssystem noch für seine Teilsysteme einen klar definierbaren Punkt, von dem aus das Systemganze in seinem Zusammenhang betrachtet werden könnte. Vielmehr gibt es eine Vielzahl verschiedener, je systemrelativer und funktionsspezifischer Beobachtungsstandpunkte, von denen aus jeweils in verschiedener Weise die Einheit des sozialen Systems definiert wird. Soziale Systeme werden damit in einen *polykontextuellen* Zusammenhang verschiedener System/Umwelt-Differenzen gestellt. Diese Charakterisierung gibt nach Luhmann in besonderer Weise die aktuelle gesellschaftliche Situation wieder.

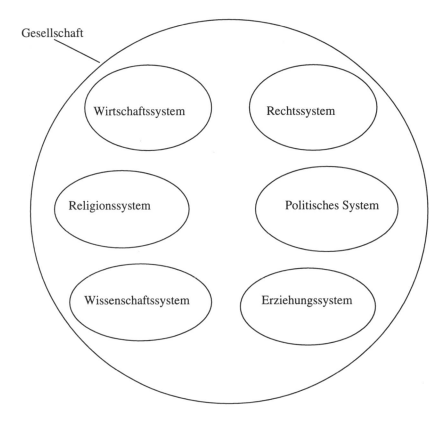

Abb. 7: Die Stellung der gesellschaftlichen Funktionssysteme innerhalb der modernen Gesellschaft im Anschluß an Luhmann

Die vereinfachende Skizze könnte noch durch weitere gesellschaftliche Teilsysteme ergänzt werden, durch Kunst oder durch das System der Krankenbehandlung. Die verschiedenen Teilsysteme werden dabei jeweils zu Systemen-in-der-Umwelt eines speziellen Teilsystems. Mit der These eines nicht mehr vorhandenen gesellschaftlichen Zentrums und der Unmöglichkeit einer metatheoretischen Gesamtbetrachtung der modernen Gesellschaft steht die Theorie Luhmanns damit im Kontext philosophischer Theorien der "Postmoderne".[14] So bezeichnet z.B. Lyotard das Fehlen von "métarécits", also von allgemein anerkannten, übergreifenden "Erzähl"- bzw. Theoriegebäuden, als Charakteristikum des "postmodernen Zeitalters". Weder das politische, noch das ökonomische, noch das religiöse Teilsystem noch irgend ein anderes kann deshalb nach Luhmann für sich beanspruchen, Gesellschaft in ihrer Gesamtheit repräsentieren oder auch nur beobachten zu können. Jedes System konstruiert das gesellschaftliche Ganze jeweils für sich, aus seiner spezifischen Beobachtungsposition. Eine möglichst vollständige Gesamtschau dieser Aspekte muß sich um eine möglichst komplette Berücksichtigung der verschiedenen Positionen bemühen, d.h. sie muß eine polykontextuelle Theorie entwickeln, die die Vielzahl der teilsystemspezifischen Standpunkte berücksichtigt. Eben das ist das spezielle Interesse der Theorie sozialer Systeme Luhmanns.

Wesentlicher Aspekt der Vielfalt der System/Umwelt-Differenzen ist, daß nun einzelne Funktionen des Gesamtsystems in speziell dafür ausdifferenzierten gesellschaftlichen Teilsystemen übernommen werden können. So werden ökonomische Abläufe nur und exklusiv innerhalb des Wirtschaftssystems getätigt, politische Vorgänge nur im politischen System abgewickelt usw., unter je entsprechender Ausblendung der anderen Gesellschaftsbereiche. Das verleiht den einzelnen Systemen einerseits die beschriebene Geschlossenheit der eigenen Operationen. Sie können nur aus ihrer spezifischen Perspektive heraus und mit den je eigenen Mitteln operieren. Sie sind dabei nach Luhmann in keiner Weise in der Lage, Operationen anderer Teilsysteme direkt zu übernehmen. Andererseits ermöglicht die Beschränkung bestimmter Funktionen des Gesamtsystems auf funktionsspezifisch dafür ausdifferenzierte Teilsysteme eine hohe Leistungsfähigkeit des jeweiligen Systems in seinem speziellen Operationsbereich. Funktionale Spezialisierung bewirkt deshalb zwar einerseits eine starke Geschlossenheit des eigenen Operationsmodus, andererseits aber auch die Chance, durch die Verrichtung der jeweiligen Funktion für das Gesamtsystem sich zugleich auf dieses Gesamtsystem hin zu öffnen. Die jeweiligen Funktionssysteme sind also im Verständnis Luhmanns einerseits *geschlossen*, weil sie gemäß der Charakterisierung als selbstreferentielle Systeme ausschließlich die Reproduktion ihres eigenen Systems, ihrer Strukturen, ihrer Operationen und damit ihrer eigenen Funktion verfolgen. Sie sind andererseits zugleich *offen*, weil diese spezifische Funktion für die gesamtgesellschaftliche "Umwelt" verrichtet wird und deshalb eine gewisse Sensibilität für die Gesellschaft bzw. ihre Teilbereiche unverzichtbar ist. Für jedes funktional ausdifferenzierte Teilsystem gilt deshalb nach Luhmann: "Mit der Geschlossenheit der eigenen Autopoiesis bedient es *eine* Funktion *des* Gesellschaftssystems.

---

[14] Vgl. dazu grundlegend J.-F. Lyotard: La condition postmoderne: rapport sur le savoir; Paris 1979; deutsche Übersetzung: Das postmoderne Wissen: Ein Bericht; hrsg. v. P. Engelmann; Graz 1986. Damit ist nicht gesagt, daß Luhmann ein Vertreter der These des postmodernen Zeitalters ist. Seine Beobachtungen konvergieren an dieser Stelle jedoch mit denen von Lyotard. Zur Luhmannschen Rezeption der Gedanken Lyotards vgl. z.B. Luhmann: Reden und Schweigen; in: ders., P. Fuchs (Hrsg.): Reden und Schweigen; Frankfurt/Main 1989, S. 10.

Mit der Offenheit für Umweltbedingungen und Umweltveränderungen trägt es der Tatsache Rechnung, daß dies im Gesellschaftssystem geschehen muß, weil die Gesellschaft *sich selbst* nicht nur auf eine Funktion spezialisieren kann."[15]

Eine Konsequenz dieser Entwicklungen ist, daß auch Bereiche der Gesellschaft, die bisher noch eine Vielzahl verschiedener Funktionen integrieren konnten, sich mehr und mehr zu Teilbereichen der Gesamtgesellschaft ausdifferenzieren. "An die Stelle alter Multifunktionalität der Familienhaushalte, Moralen und religiösen Kosmologien tritt demnach ein Arrangement, in dem hochorganisierte Substitutions- und Rekuperationsfähigkeit an spezifische Funktionen gebunden bleibt und mit Rücksichtslosigkeit in bezug auf andere Funktionen bezahlt werden muß."[16] Funktionale Differenzierung der Gesellschaft wirkt sich damit nach Luhmann bis in die intimsten Lebensbereiche hinein aus, selbst bis in die Familie. Und sie bringt auch die funktionsorientierte Spezialisierung und damit Partikularisierung von Systemen mit sich, die in früheren Gesellschaftsformen eine gesellschaftliche Gesamtperspektive zu liefern beanspruchten. Dieser Aspekt betrifft besonders die Religion. Denn in einer polykontextuell verstandenen Gesellschaft kann auch die Religion eine Beschreibung der Wirklichkeit nur von ihrem speziellen Standpunkt aus liefern, der für andere Teilbereiche wie Wissenschaft oder Politik jedoch keineswegs verbindlich ist.

Solche Entwicklungen einer funktionalen Differenzierung auf möglichst breiter Basis nachzuweisen und dabei die Funktionsweise der einzelnen Systeme zu erklären, ist das Theorieprogramm Luhmanns. Auf Grundlage des beschriebenen "Paradigmawechsels" zur Theorie selbstreferentieller Systeme spielt Luhmann seitdem seine Grundannahmen in den verschiedensten Funktionsbereichen der Gesellschaft systematisch durch. Nach der Formulierung der allgemeinen Theoriegrundlagen in "Soziale Systeme" 1984 folgt 1986 eine erste zusammenfassende Darstellung der Operationsweise der wichtigsten Funktionssysteme in "Ökologische Kommunikation". Luhmann unterscheidet und beschreibt dort die Systeme Wirtschaft, Recht, Wissenschaft, Politik, Religion und Erziehung.[17] Seitdem arbeitet Luhmann an einer detaillierten Beschreibung der einzelnen Funktionssysteme. Den Überlegungen zur Wirtschaft, zur Wissenschaft, zum Recht und zur Kunst der Gesellschaft sollen weitere Untersuchungen aus anderen Gebieten folgen.[18] Das Theorieprogramm Luhmanns ist also bei aller Kompliziertheit der Einzelthesen relativ klar. Es geht darum, aus der beschriebenen Vielzahl der Systemperspektiven ein möglichst differenziertes Bild der heutigen Gesellschaft und ihrer Teilsysteme zu rekonstruieren und schließlich die verschiedenen Bereiche in einer die verschiedenen Teiltheorien zusammenfassenden Gesellschaftstheorie zu bündeln. Zur Funktion des Religionssystems hat Luhmann bereits 1977 eine Studie vorgelegt, die mangels grundlegender neuerer Untersuchun-

---

[15] Luhmann: Ökologische Kommunikation, S. 20 f; Hervorhebungen von Luhmann.
[16] Luhmann, a.a.O., S. 210.
[17] Vgl. N. Luhmann: Soziale Systeme. Grundriß einer allgemeinen Theorie; Frankfurt/Main 1984; ders.: Ökologische Kommunikation. Kann die moderne Gesellschaft sich auf ökologische Gefährdungen einstellen? Opladen 1986, S. 101-201.
[18] Vgl. Luhmann: Die Wirtschaft der Gesellschaft; Frankfurt/Main 1988; ders.: Die Wissenschaft der Gesellschaft; Frankfurt/Main 1990; ders.: Das Recht der Gesellschaft; Frankfurt/Main 1993; ders.: Die Kunst der Gesellschaft; Frankfurt/Main 1995; vgl. aber auch zur Politik, Erziehung und Religion, ders.: Soziologische Aufklärung, Bd. 4, Beiträge zur funktionalen Differenzierung der Gesellschaft; Opladen 1987, S. 67-274.

gen immer noch als Basis für die theologische Auseinandersetzung dienen muß.[19] Dort ist das neue "Paradigma" der Selbstreferenz allerdings noch nicht ausgeführt.

Die Funktionsweise der einzelnen gesellschaftlichen Teilsysteme beschreibt Luhmann dabei mit Hilfe einer bestimmten Begriffstechnik, der "binären Codierung". "Binäre Codes, etwa wahr/unwahr, immanent/transzendent, Regierung/Opposition sichern die Autonomie der Funktionssysteme, indem sie Unterscheidungen fixieren, für die es in der Umwelt des jeweiligen Systems kein Äquivalent gibt".[20] Zur Kennzeichnung und Abgrenzung der einzelnen Funktionssysteme formuliert Luhmann also solche binären Codes, Gegensatzpaare, die die Operationsweise des jeweiligen Funktionssystems schematisierend beschreiben sollen. Die Begriffstechnik Luhmanns knüpft dabei wiederum an die Unterscheidungstechnik von George Spencer Brown an. Danach wird jeweils eine Seite der Unterscheidung bezeichnet, die andere bleibt unbezeichnet. So operiert das Wirtschaftssystem primär nach dem Schema Zahlung/Nichtzahlung.[21] Sämtliche Abwicklungen von Zahlungen innerhalb der Gesellschaft gehören also nach Luhmann zum Wirtschaftssystem. Alles, was nicht mit dem Code Zahlung/Nichtzahlung behandelt werden kann, gehört deshalb zur gesellschaftlichen Umwelt des Wirtschaftssystems. Das Rechtssystem operiert nach dem Schema Recht/Unrecht.[22] Das bedeutet, daß sämtliche Kommunikationsabläufe innerhalb der Gesellschaft, die nach dem Schema Recht/Unrecht operieren, zum Rechtssystem gehören. Alles, was nicht mit diesem Schema behandelt werden kann, gehört zur Umwelt des Rechtssystems. Das Wissenschaftssystem operiert entsprechend nach dem Code wahr/unwahr,[23] das politische System nach dem Schema Innehaben/Nichtinnehaben von Positionen öffentlicher Gewalt,[24] Religion nach dem Schema immanent/transzendent[25] und Erziehung nach dem Code Karriere/Nichtkarriere.[26]

Die Gesamtheit des Gesellschaftssystems wird damit in eine Polykontextualität verschiedener Operationsweisen zergliedert. Jedes Teilsystem der Gesellschaft setzt durch die Verwendung seines systemspezifischen Codes eine System/Umwelt-Differenz, mit Hilfe derer es sich von allen anderen Abläufen innerhalb der Gesellschaft unterscheidet. Jedes Teilsystem entwickelt damit eine systemeigene Perspektive, aus der es die Gesellschaft betrachtet und in ihr tätig ist. Aus seiner spezifischen Beobachtungsperspektive heraus begibt es sich jeweils in einen spezifischen

---

[19] N. Luhmann: Funktion der Religion; Frankfurt/Main 1977. Als neuere Veröffentlichungen zur Religion vgl. Luhmann: Läßt unsere Gesellschaft Kommunikation mit Gott zu? In: Soziologische Aufklärung 4. Beiträge zur funktionalen Differenzierung der Gesellschaft; Opladen 1987, S. 227-235; ders.: Die Unterscheidung Gottes, a.a.O., S. 236-253; ders.: Brauchen wir einen neuen Mythos? A.a.O., S.254-274; ders.: Die Ausdifferenzierung der Religion; in: Gesellschaftsstruktur und Semantik. Studien zur Wissenssoziologie der modernen Gesellschaft; Bd. 3, Frankfurt/Main 1989, S.259-357; ders.: Die Weisung Gottes als Form der Freiheit; in: Soziologische Aufklärung 5. Kontruktivistische Perspektiven; Opladen 1990, S. 77-94. Eine groß angelegte Untersuchung zur "Religion der Gesellschaft" ist derzeit (1996) im Entstehen begriffen.

[20] N. Luhmann: Soziologische Aufklärung 4, S. 7.

[21] N. Luhmann: Ökologische Kommunikation. Kann die moderne Gesellschaft sich auf ökologische Gefährdungen einstellen? Opladen 1986, S. 101. An einigen Stellen kann Luhmann dieser Unterscheidung die von Eigentum und Nichteigentum hinzufügen.

[22] Luhmann: Ökologische Kommunikation, S. 125 f.

[23] Luhmann, a.a.O., S. 150.

[24] Luhmann, a.a.O., S. 170.

[25] Luhmann, a.a.O., S. 186.

[26] Luhmann, a.a.O., S. 195 f.

gesellschaftlichen Kontext. Erst die zusammenfassende Betrachtung der verschiedenen Perspektiven ermöglicht ein relativ differenziertes Verständnis der (spät-)modernen Gesellschaft. Es läßt sich dabei kein alle Teilsysteme übergreifendes Gesamtsystem angeben, die Wirkungsweise jedes Teilsystems bleibt vielmehr auf den durch seinen Code beschreibbaren Wirkungsbereich begrenzt.

### 3.1.3 Probleme der Selbstreflexion sozialer Systeme

Das Gesellschaftssystem wie auch seine Teilsysteme lassen sich also nach Luhmann nur in Form einer komplizierten Rekonstruktion der je systemspezifisch gesetzten Pluralität von System/Umwelt-Differenzen verstehen. Damit muß eine Vielzahl von systemrelativen Teilperspektiven im Sinne einer Gesamtschau der modernen Gesellschaft koordiniert werden. Es bereitet schon dem distanzierten Beobachter erhebliche Probleme, die Konstitution des jeweiligen Systems im Kontext verschiedener anderer Funktionssysteme zu beschreiben. Noch viel schwieriger wird dieses Problem jedoch für das jeweilige System selbst. Einerseits erzeugt es Identität gerade durch die selbstreferentielle Abgrenzung von der Vielzahl anderer Funktionssysteme in seiner Umwelt. Andererseits führt der Versuch, diese Identitätsbildung wiederum selbstreferentiell innerhalb des Systems zu thematisieren, in Aporien. Selbstbeobachtung und Selbstreflexion des jeweiligen Systems in Unterscheidung zu seiner Umwelt wird einerseits zu einem wichtigen Aspekt der Identitätsbildung, andererseits aber zu einer paradoxen Operation. "Jedem Prinzip gesellschaftlicher Differenzierung widerspricht es, die Ganzheit des Systems innerhalb des Systems nochmals zur Geltung zu bringen. Das Ganze kann nicht zugleich Teil des Ganzen sein. Jeder Versuch dieser Art würde im System nur eine Differenz erzeugen können, nämlich die Differenz desjenigen Teils, der die Ganzheit des Systems im System repräsentiert, zu allen übrigen Teilen. Die Darstellung der Einheit ist Herstellung von Differenz. Schon die Absicht ist also paradox und widerlegt sich selbst."[27]

Der Versuch, die Identität eines Systems innerhalb des Systems zu reflektieren, erzeugt also für das System zusätzliche Differenzprobleme. Die Gesamtheit des Systems kann systemintern nur reflektiert werden, wenn das System ein weiteres Teilsystem ausdifferenziert, indem Fragen der Identität wiederum als spezielle Teilfunktion behandelt werden. Die Reflexion von System/Umwelt-Differenzen erzeugt also innerhalb des Systems eine neue System/Umwelt-Differenz. Für dieses reflektierende Teilsystem ist damit das Gesamtsystem, dessen Einheit es reflektieren soll, selbst "Umwelt". Das Problem der Identitätsbildung der einzelnen Teilsysteme bei hochgradiger Ausdifferenzierung der Gesamtgesellschaft wird dadurch eigentlich noch verstärkt.

Andererseits sind solche Selbstbeschreibungs- und Selbstbeobachtungsversuche der Teilsysteme um so sinnvoller, je differenzierter und undurchschaubarer sich das System im Kontext seiner gesellschaftlichen Umwelt darstellt. Die Selbstbeschreibung und Selbstreflexion des Systems innerhalb eines speziell dafür ausdifferenzierten Teilsystems kann dann zwar nicht die Gesamtheit des Systems repräsentieren oder gar für das Gesamtsystem eine Identitätsbeschreibung leisten, sie kann jedoch

---

[27] Luhmann: Ökologische Kommunikation, S. 227.

unter der Fragestellung nach der Ganzheit des Systems für das System einen differenzierteren Umgang mit den Problemen interner und externer System/Umwelt-Differenzierungen ermöglichen. Was diese Überlegungen für die Theologie als Reflexionsinstanz des Christentums und für Probleme der Selbstreflexion der Diakonie zu bedeuten haben, wird im vierten und fünften Kapitel zu bedenken sein.

Versteht man Luhmanns Grundriß einer allgemeinen Theorie sozialer Systeme als einen Versuch, angesichts der vielfältigen und in ihrer Komplexität kaum durchschaubaren Systembildungen in der modernen Gesellschaft eine möglichst differenzierte Beschreibung dieser Gesellschaft anzufertigen, so fragt sich, mit Hilfe welcher Grundbegriffe sich diese Beschreibung weiter präzisieren läßt. Wie dargestellt, bietet die Anwendung des selbstreferentiell verstandenen System/Umwelt-Schemas beliebige Differenzierungsmöglichkeiten, die sich geradezu bis ins Unendliche fortführen lassen. Um an dieser Stelle die Betrachtung sozialer Systeme nicht in eine völlig unüberschaubare Vielfalt von System/Umwelt-Differenzen zerfallen zu lassen, müssen von Luhmann neben der Festlegung auf den Funktionsbegriff weitere Selbstfestlegungen in seine Theorie sozialer Systeme eingebaut werden, die die von ihm beschriebenen Differenzierungsprozesse moderner Sozialsysteme klar strukturieren können. Diese müssen einerseits so einfach angelegt sein, daß sie auf alle Formen sozialer Systeme anwendbar sind, sie müssen andererseits jedoch so entwicklungsfähig sein, daß sie auch die komplexesten sozialen Systeme adäquat beschreiben können. Luhmann baut seine Theorie, die ansonsten, ebenso wie ihr Untersuchungsgegenstand, nahezu unüberschaubar ist, an dieser Stelle auf wenigen Grundbegriffen auf, die die Entstehung, die Konstitution und die Entwicklung sozialer Systeme erklären sollen. Als spezifische Voraussetzung der Entstehung sozialer Zusammenhänge entwickelt er den Begriff der *doppelten Kontingenz,* als kleinste Bestandteile sozialer Systeme nennt er *Kommunikationen* und zur Beschreibung von deren Evolution trifft er die *Unterscheidung von sozialen und psychischen Systemen.* Diese drei Grundaspekte des Luhmannschen Verständnisses sozialer Systeme sind deshalb im folgenden kurz darzustellen.

### 3.1.4 Doppelte Kontingenz als Voraussetzung der Entstehung sozialer Zusammenhänge

Luhmann knüpft bei seiner Beschreibung der Emergenz sozialer Systeme an das von Talcott Parsons entwickelte Verständnis von doppelter Kontingenz an. Parsons hatte das Problem doppelter Kontingenz in der wechselseitigen Beziehung eines Ego und eines Alter beschrieben.[28] Mit Parsons geht Luhmann bei seiner Beschreibung der Entstehung sozialer Zusammenhänge zunächst davon aus, "daß kein Handeln zustande kommen kann, wenn Alter sein Handeln davon abhängig macht, wie Ego handelt

---

[28] Parsons formuliert zusammen mit anderen dieses Problem folgendermaßen: "There is a double contingency inherent in interaction. On the one hand, ego's gratifications are contingent on his selection among available alternatives. But in turn, alter's reaction will be contingent on ego's selection and will result from a complementary selection on alter's part." Some fundamental Categories of the Theory of Action: A General Statement; in: T. Parsons, E. Shils (Hrsg.): Toward a General Theory of Action; Cambridge Mass. 1951, S. 3-29, dort S. 16.

und Ego sein Verhalten an Alter anschließen will."[29] Ego und Alter blockieren sich gegenseitig, wenn sie jeweils auf das Handeln des anderen reagieren wollen. Die Situation wird damit von beiden Seiten kontingent gehalten und letztlich wird jegliches Handeln verhindert. Man kann sich das Problem etwa an dem Beispiel verdeutlichen, daß zwei Menschen vor einer Tür stehen, und jeder fragt sich, ob er selbst oder der andere zuerst hindurchgehen soll. Das Resultat ist, daß keiner von beiden zu agieren beginnt. "Ohne die Lösung dieses Problems doppelter Kontingenz kommt kein Handeln zustande, weil die Möglichkeit der Bestimmung fehlt."[30]

Luhmann sieht den entscheidenden Gewinn des Ansatzes von Parsons darin, daß dieser die Lösung des Problems der doppelten Kontingenz *in den Begriff* der Handlung aufnimmt, "und zwar in der Weise, daß er eine normative Orientierung mit Konsensunterstellungen für ein unerläßliches Merkmal des Handelns hält."[31] Er versucht dann jedoch, über Parsons hinausgehend, das Theorem der doppelten Kontingenz nicht auf handelnde Subjekte zu beziehen, sondern stark abstrahierend als rein formale Leitvorstellung für die Entstehung sozialer Zusammenhänge zu verwenden. "Parsons hatte ... an Handlungssubjekte gedacht, die sich mit selbstbestimmten Bedürfnissen gegenübertreten und in der Befriedigung ihrer Bedürfnisse von einander abhängig sind."[32] Genau hier liegt für Luhmann eine Engführung des Handlungsbegriffes und der Vorstellung von der Entstehung sozialer Zusammenhänge, die er in seiner Theorie überwinden möchte. Kritisch wendet er gegen Parsons ein: "Man wird fragen müssen, was eigentlich diese als Ego und Alter bezeichneten Handlungssubjekte sind, wenn doch das, was an ihnen 'organism' (später: 'behavioral system') und 'personality' ist, erst im Handlungssystem ausdifferenziert wird, dem System also nicht vorgegeben ist."[33] Die Begriffe Ego und Alter sind für Luhmann dementsprechend nicht mehr als Handlungssubjekte aufzufassen, sie markieren in abstrakter Weise lediglich "ein offenes Potential für Sinnbestimmung".[34]

"Die Formulierung des Problems der doppelten Kontingenz wird dazu verführen, sich auf beiden Seiten, als Ego und als Alter, Menschen, Subjekte, Individuen, Personen als voll konkretisierte Existenzen vorzustellen. Das ist weder ganz falsch noch ganz richtig. Das Theorem der doppelten Kontingenz dient gerade dazu, eine solche allzu kompakte Prämisse aufzulösen."[35] Entschieden wendet sich Luhmann mit dieser Ausweitung der Begrifflichkeit gegen Auffassungen, die das Soziale lediglich als eine Beziehung zwischen Menschen definieren. Soziale Zusammenhänge lassen sich für ihn unter den komplexen Konstitutionsbedingungen der modernen Gesellschaft nicht mehr als diejenige Einheit verstehen, die zwischen einem als Person verstandenen Ego und alter Ego in Form von "Wechselwirkung", "Spiegelung" oder ähnlichem hergestellt wird. Diese Rekonstruktion des Sozialen aus Wechselbeziehungen menschlicher Handlungssubjekte ist für Luhmann eine antiquierte Vorstellung. "Die gesuchte Einheit wurde damit in einer Art symmetrischer Verklammerung des Verschiedenen gesehen. Das Soziale wurde dementsprechend als Beziehung zwischen

---

[29] N. Luhmann: Soziale Systeme, S. 149.
[30] Ebd.
[31] Ebd.
[32] Luhmann, a.a.O., S. 151.
[33] Ebd.
[34] Luhmann, a.a.O., S. 151 f.
[35] Luhmann, a.a.O., S. 153.

Individuen gedacht... Diese Vorstellung ist langsam und fast unmerklich inadäquat geworden, und zwar dadurch, daß die Eigenselektivität der Perspektiven und die Unerfaßbarkeit des Gegenüber mehr und mehr betont werden."[36] Es ist also für ein differenziertes Verständnis sozialer Zusammenhänge in seiner Sicht zu stark vereinfacht, wenn man davon ausgeht, daß sich das Soziale als in irgendeiner Weise vermittelte Ordnung *zwischen Individuen* bildet. Die doppelseitige Erfahrung, daß jeweils das eigene Verhalten von der Wahrnehmung des Verhaltens des anderen abhängig ist, und daß das Verhalten des anderen dabei als völlig unabsehbar, als kontingent erfahren wird, geht über solche simplifizierenden Vorstellungen weit hinaus und ist in entsprechend abstrakter Formulierung für eine Theorie sozialer Systeme insgesamt zu berücksichtigen.

Luhmann geht an dieser Stelle so weit, daß er die Entstehung *aller* sozialen Systeme auf das Problem der doppelten Kontingenz zurückführt. "Soziale Systeme entstehen jedoch dadurch (und nur dadurch), daß *beide* Partner *doppelte* Kontingenz erfahren, und daß die Bestimmtheit einer solchen Situation für *beide* Partner *jeder* Aktivität, die dann stattfindet, strukturbildende Bedeutung gibt."[37] Dies ist eine auffällige Selbstfestlegung der Theorie sozialer Systeme. Luhmann entwickelt sein Verständnis vom Entstehen sozialer Systeme damit nur und ausschließlich aus dem Problem der doppelten Kontingenz. Von dieser Selbstfestlegung her ergibt sich als entscheidende Frage, wie aus der beschriebenen Konstellation doppelter Kontingenz heraus die Bildung sozialer Systeme geschehen kann. "Wir müssen uns jetzt der Frage stellen, wieso das Problem der doppelten Kontingenz 'sich selbst löst'; oder weniger zugespitzt formuliert: wie es dazu kommt, daß das Auftreten des Problems einen Prozeß der Problemlösung in Gang setzt. Entscheidend dafür ist der selbstreferentielle Zirkel selbst: Ich tue, was du willst, wenn du tust, was ich will. Dieser Zirkel ist, in rudimentärer Form, eine neue Einheit, die auf keines der beteiligten Systeme zurückgeführt werden kann."[38] Die Situation der doppelten Kontingenz konstituiert also aus ihrer eigenen Unbestimmtheit heraus im Selbstbezug eine neue Einheit, die von den in der Situation doppelter Kontingenz stehenden Ego und Alter *unabhängig* ist. Es entsteht dabei ein selbstreferentieller Zirkel, also ein neuer Zusammenhang, der sich durch die Selbstreferenz seiner Abläufe selbst konstituiert. Dieser kann sich dann verfestigen zu einem sozialen System, welches sich selbst in dieser extrem instabilen Situation durch Reproduktion dieses Zirkels stabilisiert. "Dies soziale System gründet mithin auf Instabilität. Es realisiert sich deshalb *zwangsläufig* als autopoietisches System. Es arbeitet mit einer zirkulär geschlossenen Grundstruktur, die von Moment zu Moment zerfällt, wenn dem nicht entgegengewirkt wird."[39]

Dabei entsteht eine neue Konstellation ganz eigener Art, die nach Luhmann selbständige Strukturen und eigene Konstitutionsbedingungen entwickelt und die deshalb nicht aus dem Verhältnis der in doppelter Kontingenz stehenden Personen abgeleitet werden kann. Dies ist der Punkt, an dem sich für Luhmann die Selbstkonstituierung sozialer Zusammenhänge von menschlichen Subjekten abkoppelt und als eigenes, selbstreferentielles System verstanden werden muß, welches von den an dieser Systembildung beteiligten Personen grundsätzlich zu unterscheiden ist. "Ego erfährt

---

[36] Luhmann, a.a.O., S. 153 f.
[37] Luhmann, a.a.O., S. 154, Hervorhebungen von Luhmann.
[38] Luhmann, a.a.O., S. 166.
[39] Luhmann, a.a.O., S. 167, Hervorhebung von Luhmann.

Alter als alter Ego. Er erfährt mit der *Nichtidentität der Perspektiven* aber zugleich *die Identität* dieser Erfahrung auf *beiden* Seiten. Für beide ist die Situation dadurch unbestimmbar, instabil, unerträglich. In *dieser* Erfahrung *konvergieren* die Perspektiven, und das ermöglicht es, ein Interesse an der Negation dieser Negativität, ein Interesse an Bestimmung zu unterstellen. Damit ist, in Begriffen der allgemeinen Systemtheorie formuliert, ein 'state of conditional readiness' gegeben, eine Systembildungsmöglichkeit im Wartestand, die nahezu jeden Zufall benutzen kann um Strukturen zu entwickeln."[40] Die Situation doppelter Kontingenz wirkt in ihrer Unerträglichkeit für die an ihr Beteiligten damit gewissermaßen autokatalytisch für die Bildung sozialer Strukturen. Die "Systembildungsmöglichkeit im Wartestand" ist in ihrer Unbestimmtheit ausgesprochen sensibel. Sie kann nahezu jedes beliebige Ereignis dazu verwenden, um in die Unbestimmtheit der Situation Selbstfestlegungen einzutragen. Die Konstellation doppelter Kontingenz ist deshalb nach Luhmann extrem empfindlich für "Zufälle" und zeigt hohe Bereitschaft, aus diesen Zufällen Strukturen eigener Art zu bilden. "Die Kontingenzerfahrung läßt Systembildungen anlaufen, und ist ihrerseits nur dadurch möglich, daß dies geschieht und daß sie dadurch mit Themen, mit Information, mit Sinn gespeist wird.... Was Kontingenzerfahrung leistet, ist mithin die Konstitution und Erschließung von Zufall für konditionierende Funktionen im System, also die Transformation von Zufällen in Strukturaufbauwahrscheinlichkeiten. ... Wo immer man sich unter dieser Bedingung wechselseitig erfahrener doppelter Kontingenz trifft, kann eine Fortsetzung des Kontaktes nur über die Abstimmung selektiver Verhaltensbestimmungen und dies nur über Systembildung erreicht werden."[41]

Das Entstehen einer strukturierten Ordnung aus dieser Situation doppelter Kontingenz setzt einen neuen Zusammenhang, ein neues System, welches nicht mehr mit den an der Generierung dieser Ordnung beteiligten Menschen identifiziert werden kann. Die Selbststrukturierung sozialer Zusammenhänge schließt sich damit aufgrund ihrer Selbstreferenz von den menschlichen Subjekten ab. "In Situationen mit doppelter Kontingenz und folglich auch in allen Ordnungen, die daraus entstehen, liegt ein eindeutig selbstreferentieller Sachverhalt vor. Die Theorie des auf Bewußtsein basierenden Subjekts hat dies übersehen und hatte deshalb auch die entscheidenden Ambivalenzen in der begrifflichen Fassung dessen, was hier 'selbst' heißt, nicht klären können."[42] Luhmann geht bei seiner Beschreibung der Emergenz sozialer Systeme davon aus, daß der aus Situationen doppelter Kontingenz entstehende soziale Systembildungsprozeß eigene Strukturen entwickelt, die gegenüber den an dieser Situation beteiligten Personen eine eigene Konsistenz besitzen. Es muß deshalb bei der Verhältnisbestimmung von sozialen Strukturen und Menschen gewissermaßen von einem doppelten "Selbst", von zwei parallel laufenden, selbstreferentiellen Zusammenhängen gesprochen werden. Der eine Zusammenhang bezieht sich auf das "Selbst" der am sozialen Geschehen beteiligten Personen. Der zweite Zusammenhang bezieht sich auf die Selbstreferenz des aus der Situation doppelter Kontingenz entstehenden sozialen Zusammenhangs. Ein Verständnis sozialer Systeme, das diesen zweiten Zusammenhang ignoriert und die Entwicklung sozialer Systeme nur aus Konsensbildungen von interagierenden Subjekten erklärt, unterschätzt nach Luhmann

---

[40] Luhmann, a.a.O., S. 172, Hervorhebungen von Luhmann.
[41] Luhmann, a.a.O., S. 171.
[42] Luhmann, a.a.O., S. 182.

die selbstreferentielle Eigendynamik der dabei entstehenden sozialen Strukturen. "Diese Version zieht, systemtheoretisch gesprochen, nur die Systemreferenz des psychischen Systems in Betracht. Die Eigenwelt der sozialen Systeme wird nicht gesehen, und das liegt am Fehlen des Theorems der doppelten Kontingenz. Unter der katalytischen Einwirkung des Problems der doppelten Kontingenz und der dadurch in Gang gebrachten Selektionen entstehen ganz andere Grenzen. Sie trennen und verbinden nicht die Individuen, sondern sie konstituieren den Eigenbereich des sozialen Systems."[43] Allerdings geschieht soziale Systembildung nicht unmittelbar aus doppelter Kontingenz. Die Unbestimmtheit der Situation doppelter Kontingenz verfestigt sich zunächst zu kleinsten Bestandteilen sozialer Zusammenhänge, zu Kommunikationen. Wenn diese Kommunikationen fortgesetzt und stabilisiert werden können, entstehen daraus in einem zweiten Schritt soziale Systeme.

### 3.1.5 Kommunikation und Handlung

Nachdem dargestellt wurde, wie in der Sicht Luhmanns zunächst lockere soziale Zusammenhänge aus Situationen doppelter Kontingenz entstehen, stellt sich nun die Frage, wie sie sich zu festen sozialen Ordnungen, zu sozialen Systemen weiterentwickeln. Luhmann wendet sich zunächst entschieden gegen die Auffassung, soziale Systeme bestünden aus Menschen. Die Offenheit der Situation doppelter Kontingenz verlangt für Luhmann nach der Bildung von selbstreferentiellen Sozialsystemen, die von Menschen unabhängig sind. Diese bestehen aus kleinsten Bestandteilen, die innerhalb des Systems vom System permanent neu reproduziert werden. Zur Beschreibung dieser Bestandteile sozialer Systeme knüpft Luhmann wiederum an Talcott Parsons an. Parsons hatte unter dem Leitsatz "action is system" für ein Verständnis sozialer Systeme als Handungssysteme plädiert. Luhmann versucht, ausgehend vom Theorem der doppelten Kontingenz, diesen Ansatz von Parsons aufzunehmen und ihn weiterzuentwickeln. "Es geht ... beim Schema der doppelten Kontingenz nur um die Bedingung der Emergenz der Operationseinheit Kommunikation."[44] Die Modifikation Luhmanns gegenüber Parsons besteht in der Gegenüberstellung der Begriffe Handlung und Kommunikation und in einer Konzentration auf den Kommunikationsbegriff. Erst die gegenseitige Relation dieser beiden Begriffe kann für ihn die Komplexität sozialer Zusammenhänge angemessen beschreiben. "Wir vermuten in der Frage: Kommunikation oder Handlung als Letztelement, eine grundlegende Option, die den Stil der darauf aufgebauten Theorie, z.B. den Grad ihrer Abgehobenheit von Psychischem, entscheidend prägt."[45] Luhmann entscheidet sich an dieser Stelle in Abgrenzung zu Parsons für den Kommunikationsbegriff, ohne damit den Handlungsbegriff für das Verständnis sozialer Systeme grundsätzlich aufzugeben.[46] "Der elementare, Soziales als besondere Realität konstituierende Prozeß, ist ein Kommu-

---

[43] Luhmann, a.a.O., S. 178.
[44] N. Luhmann: Stellungnahme; in: W. Krawietz, M. Welker (Hrsg.): Kritik der Theorie sozialer Systeme. Auseinandersetzungen mit Luhmanns Hauptwerk; Frankfurt/Main 1992, S. 371-386, dort. S.378.
[45] N. Luhmann: Soziale Systeme, S. 192.
[46] In neueren Veröffentlichungen scheint Luhmann dagegen den Handlungsbegriff immer mehr außer acht zu lassen.

nikationsprozeß. Dieser Prozeß muß aber, um sich selbst steuern zu können, auf Handlungen reduziert, in Handlungen dekomponiert werden. Soziale Systeme werden demnach nicht aus Handlungen aufgebaut, so als ob diese Handlungen aufgrund der organisch-psychischen Konstitution des Menschen produziert werden und für sich selbst bestehen könnten; sie werden in Handlungen zerlegt und gewinnen durch diese Reduktion Anschlußgrundlagen für weitere Kommunikationsverläufe."[47] Diese Entscheidung Luhmanns für die Definition sozialer Systeme als Kommunikationssysteme (die auf Handlungen reduziert werden können) hat einige schwerwiegende Konsequenzen, die für das Verständnis der Theorie sozialer Systeme wichtig sind.

### 3.1.5.1 Soziale Systeme als Kommunikationssysteme

Luhmanns Verständnis sozialer Systeme als *Kommunikationszusammenhänge* hat zur Folge, daß sich der Umfang sozialer Systeme durch eine präzise Grenze bestimmen läßt. Alles, was nicht Kommunikation ist, gehört auch nicht zu sozialen Systemen. Umgekehrt findet alle Kommunikation notwendigerweise in sozialen Systemen statt. Zunächst noch lockere soziale Zusammenhänge schließen sich durch das ständige Prozessieren von Kommunikationen von ihrer Umgebung ab und bilden dadurch ein in sich konsistentes, soziales System. Die Kommunikationsprozesse sozialer Systeme unterscheiden sich damit durch den Selbstbezug ihrer Operationen von organischen und psychischen Vorgängen. Deshalb können auch Menschen in ihrer "organisch-psychischen Konstitution" nicht die Bestandteile sozialer Systeme bilden. Sie gehören zur *"Umwelt"* sozialer Systeme. Der Kommunikationsbegriff, den Luhmann für seine Beschreibung der kleinsten Bestandteile sozialer Systeme einführt, orientiert sich demgegenüber an der bereits dargestellten Konstellation der doppelten Kontingenz. "Im Unterschied zu bloßer Wahrnehmung von informativen Ereignissen kommt Kommunikation nur dadurch zustande, daß Ego zwei Selektionen unterscheiden und diese Differenz seinerseits handhaben kann. ... Die Differenz liegt zunächst in der Beobachtung des Alter durch Ego. Ego ist in der Lage, das Mitteilungsverhalten von dem zu unterscheiden, was es mitteilen soll."[48] Ego muß also, wenn Alter ihm etwas mitteilt, zwischen der Information, die er von Alter erhält, und dem Mitteilungsverhalten, das Alter dabei zeigt, differenzieren können. In der Situation doppelter Kontingenz wird jedoch zugleich Ego durch Alter beobachtet. Alter kann deshalb die von Ego getroffene Unterscheidung zwischen Information und Mitteilung, indem er sie bei Ego beobachtet, selbst handhaben. "Wenn Alter sich seinerseits beobachtet weiß, kann er diese Differenz von Information und Mitteilungsverhalten selbst übernehmen und sich zu eigen machen, sie ausbauen, ausnutzen und zur ... Steuerung des Kommunikationsprozesses verwenden."[49] Die Situation doppelter Kontingenz macht es also möglich, daß in der Kommunikation eine gegenseitige Unterscheidung von Mitteilungsverhalten und Information stattfindet.

Damit die Kommunikation als Differenz von Mitteilung und Information prozessiert werden kann, damit also an eine Kommunikation die nächste anschließen kann, muß diese Kommunikation verstanden worden sein. Neben die Aspekte der Mittei-

---

[47] Luhmann, a.a.O., S. 193.
[48] Luhmann, a.a.O., S. 198.
[49] Ebd.

lung und der Information tritt damit der des Verstehens als dritte notwendige Komponente von Kommunikationszusammenhängen. "Daß Verstehen ein unerläßliches Moment des Zustandekommens von Kommunikation ist, hat für das Gesamtverständnis von Kommunikation sehr weittragende Bedeutung. Daraus folgt nämlich, daß Kommunikation nur als selbstreferentieller Prozeß möglich ist. Wenn auf eine kommunikative Handlung eine weitere folgt, wird jeweils mitgeprüft, ob die vorausgehende Kommunikation verstanden worden ist. Wie immer überraschend die Anschlußkommunikation ausfällt, sie wird auch benutzt, um zu zeigen und zu beobachten, daß sie auf einem Verstehen der vorausgehenden Kommunikation beruht."[50] Das Prozessieren von Kommunikation, ohne das nach Luhmann soziale Systeme nicht bestehen können, setzt also einen Kommunikationsbegriff voraus, der aus *Information, Mitteilung und Verstehen* zusammengesetzt ist. "Dabei schließt Verstehen mehr oder weniger weitgehende Mißverständnisse als normal ein; aber es wird sich .... um kontrollierbare und korrigierbare Mißverständnisse handeln."[51]

Als selbstreferentielle Systeme können sich soziale Systeme nach Luhmann in ihren Operationen nur auf sich selbst beziehen. Sie bestehen deshalb ausschließlich aus Kommunikation. Sie verschaffen sich Dauer durch die ständige Selbstreproduktion von Kommunikation. Diese klare Grenzziehung bedeutet für soziale Systeme jedoch auch eine Beschränktheit auf die Konformität der eigenen Prozesse. Soziale Systeme reproduzieren permanent Kommunikation durch Kommunikation und können deshalb ihre eigenen Systemgrenzen weder erreichen noch überschreiten. Sie drohen damit, sich in der Zirkularität ihrer Kommunikationsprozesse zu verlieren. "Es gibt mithin einen eigenen Kommunikationshorizont, der ein Fortschreiten ermöglicht, aber nie erreicht wird und schließlich die Kommunikation abbremst und stoppt, wenn sie zu weit geht."[52] In dieser Situation benötigt der Kommunikationsprozeß fixierbare Punkte, an denen er sich selbst orientieren kann bzw. für seine Umwelt greifbar wird. "Die wichtigste Konsequenz dieser Analyse ist: daß Kommunikation nicht direkt beobachtet, sondern nur erschlossen werden kann. Um beobachtet zu werden und sich selbst beobachten zu können, muß ein Kommunikationssystem deshalb als Handlungssystem ausgeflaggt werden."[53]

### 3.1.5.2 Handlung als Selbstbeobachtung sozialer Systeme

Vom Problem der Zirkularität des Kommunikationsgeschehens aus gesehen, sind Handlungen für das soziale System eine Möglichkeit, durch Zurechnung auf andere Systeme die Selbstreferenz der eigenen Systemoperationen aufbrechen und sich dadurch selbst beobachten zu können. "Handlungen werden durch Zurechnungsprozesse konstituiert. Sie kommen dadurch zustande, daß Selektionen .... auf Systeme zugerechnet werden.[54] Handlungen sind damit nach Luhmann als Reduktionsleistungen sozialer Systeme zum Zweck der Selbstbeobachtung zu verstehen. Sie fungieren als simplifizierende Selbstbeschreibungen des sozialen Systems, die den Zirkel der eige-

---

[50] Luhmann, a.a.O., S. 198.
[51] Luhmann, a.a.O., S. 196.
[52] Luhmann, a.a.O., S. 226.
[53] Ebd.
[54] Luhmann, a.a.O., S. 228.

nen Kommunikation punktuell durchbrechen. "Auf der Basis des Grundgeschehens Kommunikation und mit ihren kommunikativen Mitteln konstituiert sich ein soziales System demnach als Handlungssystem. Es fertigt in sich selbst eine Beschreibung von sich selbst an, um den Fortgang der Prozesse, die Reproduktion des Systems zu steuern. Für Zwecke der Selbstbeobachtung wird die Symmetrie der Kommunikation asymmetrisiert.... Und in dieser verkürzten, vereinfachten, dadurch leichter faßlichen Selbstbeschreibung dient Handlung, nicht Kommunikation als Letztelement."[55] Luhmann faßt Handlungen also als punktuelle Selbstbeobachtungen sozialer Systeme auf. Diese punktuelle Reduktion des Kommunikationsgeschehens auf Einzelhandlungen beinhaltet für das System jedoch zugleich die Möglichkeit zu weiteren Anschlußhandlungen und damit zur Prozessierung der Selbstbeobachtung. "Am besten läßt sich die laufende Herstellung von Einzelhandlungen in sozialen Systemen begreifen als Vollzug einer mitlaufenden Selbstbeobachtung, durch die elementare Einheiten so markiert werden, daß sie Abstützpunkte für Anschlußfähigkeit ergeben."[56]

Einzelhandlungen werden damit nicht nur punktuell zugerechnet, sie werden zugleich mit Möglichkeiten zur Verknüpfung mit weiteren Einzelhandlungen versehen. Unter bestimmten Bedingungen kann dieses permanente, mitlaufende Prozessieren von Einzelhandlungen durch das soziale System zum Zwecke der Selbstbeobachtung weiter ausgebaut werden. Es kann spezifische Einrichtungen ausdifferenzieren, in denen die ständig mitlaufende Zurechnung von Einzelhandlungen durch kollektive Handlungsanweisungen verdichtet wird. Damit ergibt sich für das System der Vorteil, daß seine Selbstbeobachtung und Selbstbeschreibung nicht nur punktuell stattfindet und mühsam prozessiert werden muß. Sie kann als kollektive Selbstbeschreibung, als kollektives Zurechnen von Handlungen dem System eine kontinuierliche Selbstbeobachtung der eigenen Operationen ermöglichen. Die Selbstbeobachtung wird gewissermaßen in speziellen Einrichtungen professionalisiert. Damit kann sich das System in bezug auf seine Umwelt differenzierter verhalten. Es kann in Form kollektiver Selbstbeschreibungen durch Handlungen das eigene Verhältnis zur Umwelt besser handhaben. "Wir hatten nicht behauptet, daß die Fähigkeit zu kollektivem Handeln eine Ordnungsnotwendigkeit schlechthin sei; denn das trifft auf der Ebene sozialer Systeme schlechthin keineswegs zu. Aber es geht um eine wichtige Möglichkeit, die Disposition über System/Umwelt-Beziehungen von der allgemeinen Reproduktion des Systems zu trennen und sie zu konzentrieren auf eine funktionsspezifisch dafür bereitgestellte Einrichtung. Systeme, die über diese Möglichkeit verfügen, können ihren Einfluß auf ihre Umwelt kontrollieren und gegebenenfalls variieren."[57]

Der Handlungsbegriff wird damit durch Luhmann vom sozialen System her definiert. Handlungen sind sowohl in einfacher und punktueller Form als auch in der sehr verdichteten Form kollektiven Handelns hochentwickelter Sozialsysteme Selbstbeschreibungen des Systems, also eine Reduktion, die durch das soziale System selbst geleistet wird. Die Anbindung des Handlungsbegriffes an soziale Systeme bedeutet zugleich eine Unterscheidung von Handlungen und Menschen. Handlung als Selbstbeschreibung sozialer Systeme kann, wie dargestellt, nicht mehr zugleich als ein Akt menschlicher Subjektivität verstanden werden. Eine Grundannahme der - in Worten Luhmanns - "alteuropäischen Tradition", daß nämlich Handlungen von menschlichen

---

[55] Luhmann, a.a.O., S. 227 f.
[56] Luhmann, a.a.O., S. 229 f.
[57] Luhmann, a.a.O., S. 274.

Subjekten verrichtet werden, wird damit von Luhmann in entscheidender Weise modifiziert. Die Begründung von Handlungen in der Subjektivität einzelner Menschen ist für Luhmann eine spezielle Form der punktuellen Zurechnung von Kommunikationen auf andere Systeme, die durch das soziale System geleistet wird. Handlungen menschlichen Subjekten, also, in der Terminologie Luhmanns, psychisch- organischen Systemen zuzuschreiben, ist gerade ein besonderer Fall von punktueller Selbstbeobachtung des sozialen Systems. Die Zuschreibung von Handlungen auf menschliche Subjekte ist deshalb für ihn eine lediglich für die Selbst- und Fremdbeobachtung sozialer Systeme notwendige Operation. Handlungen lassen sich also für Luhmann wesentlich schlüssiger aus den sozialen Konstellationen als von der Subjektivität des (vermeintlich) Handelnden her verstehen. "Noch deutlicher wird dies, wenn man ein geläufiges Vorurteil beachtet, das auch Soziologen, obwohl sie es besser wissen könnten, oft mitvollziehen. Es besteht in der Zurechnung des Handelns auf konkrete Einzelmenschen - so als ob als 'Agent' der Handlung immer ein Mensch und immer ein ganzer Mensch erforderlich sei. Daß es psychische, chemische, thermische, organische, psychische Bedingungen der Möglichkeit von Handlungen gibt, versteht sich von selbst, aber daraus folgt nicht, daß Handeln nur auf konkrete Einzelmenschen zugerechnet werden kann. ... Zumeist dominiert - und dies gerade nach dem Selbstverständnis des psychischen Systems! - die Situation die Handlungsauswahl. Beobachter können das Handeln sehr oft besser aufgrund von Situationskenntnis als aufgrund von Personenkenntnis voraussagen, und entsprechend gilt ihre Beobachtung von Handlungen oft, wenn nicht überwiegend, gar nicht dem Mentalzustand des Handelnden, sondern dem Mitvollzug der autopoietischen Reproduktion des sozialen Systems."[58]

Handlungen sind also in systemtheoretischer Perspektive nicht Tätigkeiten menschlicher Subjekte. Der Handlungsbegriff wird vom Subjektbegriff abgekoppelt und von seinem Zusammenhang mit dem sozialen System her neu bestimmt. Aus Situationen doppelter Kontingenz entstehende und sich durch Kommunikation selbstreferentiell abschließende soziale Systeme erfordern einen grundlegend modifizierten Handlungsbegriff. "Das Theorem der doppelten Kontingenz und die Theorie autopoietischer Systeme konvergieren, und diese Konvergenz macht es möglich, einen 'subjekt-frei' konzipierten Begriff des Handelns als Begriff für die Beobachtung der basalen Elemente sozialer Systeme einzusetzen."[59] Selbstreferentielle soziale Systeme bestehen nach Luhmann also weder aus Menschen noch aus Handlungen von Menschen. Sie bestehen aus Kommunikationen, die in Form von Handlungen punktualisiert werden. "Auf die Frage, woraus soziale Systeme bestehen, geben wir mithin die Doppelantwort: Aus Kommunikation und aus deren Zurechnung als Handlung. Kein Moment wäre ohne das andere evolutionsfähig gewesen."[60]

---

[58] Luhmann, a.a.O., S. 229.
[59] Luhmann, a.a.O., S. 167.
[60] Luhmann, a.a.O., S. 240.

## 3.1.6 Die Unterscheidung von sozialen Systemen und Menschen

Damit ergibt sich als weiteres wichtiges Problem der Theorie Luhmanns, wie das Verhältnis sozialer Systeme zu Menschen näher zu bestimmen ist. Auch für Luhmann sind Menschen ein ganz entscheidender Aspekt für das Verständnis sozialer Systeme. Durch die Definition sozialer Systeme als operativ geschlossener Kommunikationssysteme müssen Menschen jedoch als spezifische Umwelt derselben verstanden werden. Das impliziert für Luhmann nicht, wie oft gemeint wird, eine Disqualifikation des Menschen, denn die Unterscheidung in soziale Systeme (als Kommunikationssysteme) und Menschen (als wichtige Umwelt sozialer Systeme) enthält keine positive oder negative Wertung einer der beiden Seiten der Unterscheidung. Festgestellt ist damit lediglich, daß das Verhältnis von sozialen Systemen zu Menschen als Differenz untersucht wird und daß dabei nicht die Beschreibung der Menschen, sondern der sozialen Systeme für Luhmann von besonderem Interesse ist. "Die Umwelt ist konstitutives Moment dieser Differenz, ist also für das System nicht weniger wichtig als das System selbst."[61]

In Luhmanns Theorie sind Menschen für soziale Systeme eine besondere, eine "hoch relevante Umwelt". Luhmann kann deshalb nicht umhin, die Besonderheit der System/Umwelt-Differenz zwischen sozialen Systemen und Menschen herauszuarbeiten. Die gegenseitige Beziehung der beiden versucht er mit dem Begriff der Interpenetration zu beschreiben. "Von Penetration wollen wir sprechen, wenn ein System die eigene Komplexität (und damit: Unbestimmtheit, Kontingenz und Selektionszwang) zum Aufbau eines anderen Systems zur Verfügung stellt. ... Interpenetration liegt entsprechend dann vor, wenn dieser Sachverhalt wechselseitig gegeben ist, wenn also beide Systeme sich wechselseitig dadurch ermöglichen, daß sie in das jeweils andere ihre vorkonstituierte Eigenkomplexität einbringen."[62] Mit der Unterscheidung von sozialen Systemen und Menschen versucht Luhmann also gerade, die besondere Bedeutung der menschlichen Umwelt für soziale Systeme darzustellen. Denn Menschen ermöglichen die Entwicklung sozialer Systeme, indem sie ihre eigene Komplexität als "Unordnung", als für das soziale System nicht strukturierbare Konfusion dem System zur Verfügung stellen. Menschen sind nach Luhmann zu komplex, zu unbestimmt und zu kontingent für soziale Systeme, als daß sie innerhalb der Systeme voll integrierbar wären. Sie ermöglichen jedoch mit dieser "Unordnung" gerade soziale Systembildung. Entsprechendes gilt auch umgekehrt. Auch die sozialen Systeme schränken mit ihrer Komplexität die Entwicklung psychischer Systeme nicht ein, sondern sie bewirken in den psychischen Systemen die Entwicklung einer adäquaten Eigenkomplexität.

"Ein zentrales Moment dieser Konzeption kann nicht genug betont werden: Die interpenetrierenden Systeme bleiben für einander Umwelt. Das bedeutet: Die Komplexität, die sie einander zur Verfügung stellen, ist für das jeweils aufnehmende System unfaßbare Komplexität, also Unordnung. Man kann deshalb auch formulieren, daß die psychischen die sozialen Systeme mit hinreichender Unordnung versorgen und umgekehrt."[63] Luhmann versucht also, unter Betonung der Differenz von Mensch und Sozialsystem die spezifischen Kopplungen beider Bereiche zu verdeutli-

---

[61] Luhmann, a.a.O., S. 289.
[62] Luhmann, a.a.O., S. 290.
[63] Luhmann, a.a.O., S. 291.

chen. Dabei zeigt sich, daß die Unterscheidung von Mensch und sozialem System zwar neue analytische Möglichkeiten eröffnet, andererseits aber nur ausgesprochen schwierig zu bestimmen ist. Eine erste Präzisierung unternimmt Luhmann, indem er nicht primär den Menschen als Ganzen, sondern in erster Linie das menschliche Bewußtsein, verstanden als "psychisches System", in seiner Relation zu sozialen Systemen untersucht. Luhmann unterscheidet also genauer "psychische Systeme als konstituiert auf der Basis eines einheitlichen (selbstreferentiellen) Bewußtseinszusammenhangs und soziale Systeme als konstituiert auf der Basis eines einheitlichen (selbstreferentiellen) Kommunikationszusammenhangs."[64] Die Differenz von sozialen und psychischen Systemen wird damit zu einem entscheidenden Problem, um dessen differenzierte Sicht sich Luhmanns Theorie bemüht.[65]

"Entscheidend ist, daß die Grenzen des einen Systems in den Operationsbereich des anderen übernommen werden können. So fallen die Grenzen sozialer Systeme in das Bewußtsein psychischer Systeme. Das Bewußtsein unterläuft und trägt damit die Möglichkeit, Sozialsystemgrenzen zu ziehen, und dies gerade deshalb, weil sie nicht zugleich Grenzen des Bewußtseins sind. Das Gleiche gilt im umgekehrten Fall: Die Grenzen psychischer Systeme fallen in den Kommunikationsbereich sozialer Systeme."[66] Luhmann spricht angesichts der engen Verknüpfung der beiden Bereiche von einer "Coevolution" sozialer und psychischer Systeme. Beide sind füreinander gegenseitig "notwendige Umwelt". "Personen können nicht ohne soziale Systeme entstehen und bestehen, und das Gleiche gilt umgekehrt."[67] Andererseits dürfen beide Systeme auf keinen Fall miteinander identifiziert werden. "Kein Bewußtsein geht in Kommunikation auf und keine Kommunikation in einem Bewußtsein."[68] Individualität ist für Luhmann deshalb nur von der grundsätzlichen Unterscheidung zwischen psychischen und sozialen Systemen her zu verstehen. Die Unterscheidung Luhmanns hebt hervor, daß kein soziales System individuelles menschliches Bewußtsein voll und ganz in sich aufnehmen kann. Es bleibt immer noch ein individueller, für das soziale System nicht greifbarer Aspekt, der in keiner Kommunikation des Systems erfaßt werden kann. Umgekehrt sind auch soziale Systeme niemals voll in menschliches Bewußtsein überführbar. Kein individuelles Bewußtsein kann damit beanspruchen, ein soziales System in sich integrieren zu können. Es bleiben in sozialen Zusammenhängen immer Kommunikationen übrig, die nicht im einzelnen Bewußtsein aufgehen und sich nicht völlig von ihm steuern lassen.

Entgegen der gängigen Polemik gegenüber Luhmann, die bei dieser grundsätzlichen Differenz von System und Mensch ansetzt, ist deshalb zunächst festzuhalten, daß es sich hier keineswegs um eine radikale Auflösung des Subjektes oder um eine Enthumanisierung sozialer Zusammenhänge handelt. Die Unterscheidung von sozialen Systemen und Menschen als deren spezifischer Umwelt soll beide nicht von einander trennen. "Die Systemtheorie geht von der Einheit der Differenz von System und Umwelt aus."[69] Die Unterscheidung soll gerade die unauflösbare Verknüpfung

---

[64] Luhmann, a.a.O., S. 92.
[65] Zum Begriff des Menschen bei Luhmann vgl. die theologische Kritik Kap. 3.2.3. Er unterscheidet beim Menschen im wesentlichen zwischen psychischem und organischem System.
[66] Luhmann, a.a.O., S. 295.
[67] Luhmann, a.a.O., S. 92.
[68] Luhmann, a.a.O., S. 367.
[69] Luhmann, a.a.O., S. 289.

der beiden in differenzierter Weise darstellen. Sie soll auf Grundlage dieser Unterscheidung gerade für die grundsätzlichen Differenzen zwischen sozialen und individuellen Vorgängen sensibilisieren. Luhmann wendet sich lediglich dort von der "alteuropäischen Tradition" ab, wo behauptet wird, daß soziale Systeme aus Menschen bestehen. "Wer an dieser Prämisse festhält und mit ihr ein Humanitätsanliegen zu vertreten sucht, muß deshalb als Gegner des Universalitätsanspruches der Systemtheorie auftreten."[70] Gerade die Betonung der Differenz von Sozialsystem und Mensch ist jedoch nicht darauf ausgerichtet, den Menschen bei der Analyse sozialer Zusammenhänge beiseite zu lassen. Daß menschliches Bewußtsein sich nicht völlig in soziale Systeme integrieren läßt, ist im Gegenteil eine These, die gerade die unaufgebbare Individualität des Menschen hervorhebt. Sie wendet sich z.B. gegen die in der Geschichte besonders dieses Jahrhunderts bekannten Versuche, individuelles Bewußtsein durch das soziale System völlig bestimmen zu wollen. Umgekehrt wendet sie sich auch gegen den Versuch, das gesellschaftliche Gesamtsystem dem Bewußtsein eines einzelnen Menschen gleichzuschalten. Beides ist, z.B. als politische Diktatur, Verkennung der grundlegenden Differenz von System und Mensch.

Ein zweites gängiges Mißverständnis der Unterscheidung von Mensch und Sozialsystem besteht in der Auffassung, daß der Mensch durch die Entwicklung komplexer sozialer Systeme, wie sie von Luhmann beschrieben werden, zurückgedrängt und in seinen Entfaltungsmöglichkeiten beeinträchtigt werde. Luhmann geht jedoch im Gegenteil davon aus, daß es sich um eine "Coevolution" handelt, daß also psychische Systeme durch den Komplexitätszuwachs sozialer Systeme, mit denen sie in Verbindung stehen, zugleich eigene Komplexität aufbauen können. Die Entwicklung sozialer Systeme fördert in diesem Sinne die Entwicklung des menschlichen Bewußtseins und die Differenziertheit sozialer Zusammenhänge, in denen der Mensch sich befindet, steigert die Differenziertheit der menschlichen Personalität. Der moderne Mensch lernt damit, sich in der Vielfältigkeit moderner Sozialsystembildungen (Politik, Recht, Wirtschaft, Erziehung, Religion etc.) zurechtzufinden und kann sich in diesen verschiedenen Kontexten ebenfalls vielfältiger entwickeln. Soziale Systembildung und Entwicklung menschlicher Personalität korrespondieren deshalb nach Luhmann.

## 3.2 Theologische Kritik der allgemeinen Grundlagen von Luhmanns Systemtheorie

### 3.2.1 Zum Problem der Kompatibilität von Systemtheorie und Theologie

Beim Versuch, Luhmanns Systemtheorie theologisch zu beurteilen und hinsichtlich bestimmter Problemstellungen zu rezipieren, befindet man sich in einer ambivalenten Situation. Einerseits läßt sich nach Luhmann die dargestellte These von der selbstreferentiellen Geschlossenheit sozialer Zusammenhänge auch für die einzelnen wissenschaftlichen Teildisziplinen nachweisen. Jede wissenschaftliche Disziplin, also auch die Soziologie und die Theologie, ist nach Luhmann ein operativ geschlossenes,

---

[70] Luhmann, a.a.O., S. 92, Anm. 1.

selbstreferentielles System. Sie organisiert sich selbst aufgrund eigener Vorgaben, entwickelt ihre eigene Semantik und ihr eigenes Programm. Diese autopoietische Selbstschließung gilt entsprechend Luhmanns Ausführungen in besonderer Weise für Luhmanns theoretisches System selbst. Es entwickelt eine eigene Logik, Semantik und Dynamik, die in anderen wissenschaftlichen Systemen nicht direkt übernommen werden kann. Die Dialogmöglichkeiten mit anderen Wissenschaftsdisziplinen, wie z.B. der Theologie, sind von daher gerade im Sinne der Theorie Luhmanns skeptisch zu beurteilen. So gibt es theologische Auseinandersetzungen mit Luhmanns Theorie, die sich gerade dadurch auszeichnen, daß sie die Grenze zwischen Systemtheorie und Theologie akzeptieren und von dort aus zu einer distanzierten, aber präzisen Darstellung der Systemtheorie kommen.[71] Luhmanns Theorie ist nicht nur ein System ganz eigener Art, sondern sie unterliegt auch durch ihre Verortung in der Soziologie bestimmten disziplinären Systemgrenzen, die sich theologisch nicht einfach überschreiten lassen.

Andererseits hat sich eigentümlicherweise gerade Luhmanns Theorie operativ geschlossener Systeme in der interdisziplinären Diskussion wie kaum eine zweite Theorie als offen und dialogfähig erwiesen. Gerade die starke Hervorhebung der Fachdifferenzen scheint bei Luhmann die Sensibilität für Probleme in nichtsoziologischen Disziplinen geschärft zu haben. So versucht Luhmann selbst, und zwar, wie beschrieben (Kapitel 3.1.2), in völligem Einklang mit seinem Theorieprogramm, seine Theorie in verschiedensten anderen Wissenschafts- und Gesellschaftsbereichen zu plausibilisieren, ohne dabei seine Selbstbeschränkung auf soziologische Theoriebildung aufzugeben. Luhmanns Ansätze zu einem interdisziplinären Dialog erzeugen zunehmend in anderen wissenschaftlichen Fachbereichen "Resonanz".[72] Betonung der Geschlossenheit der jeweiligen Wissenschaftsdisziplin und interdisziplinäre Gesprächsfähigkeit korrelieren bei Luhmann in auffälliger Weise. Man hat den Eindruck, daß - wiederum im Einklang mit seinen eigenen Theorievorgaben - die Wahrnehmung der Differenzen zu anderen Disziplinen gerade den Sinn für deren Problemstellungen schärft. Differenzbewußtsein scheint in diesem Falle gerade den interdisziplinären Dialog zu fördern. Ein wichtiger Grund dafür mag sein, daß Luhmann wesentliche Teile seiner Theorie aus anderen, nichtsoziologischen Wissenschaften importiert und dabei modifiziert hat, etwa das Autopoiesis-Konzept aus der Biologie von Maturana und Varela, seine Unterscheidungstechnik aus der Mathematik von George Spencer Brown oder seine Beobachtungstechnik aus der Kybernetik von Heinz von Foerster.[73] So offen, wie Luhmann selbst bei aller Geschlossenheit seines Theoriesystems für den Import fachfremder oder fachübergreifender Erkenntnisse ist, so offen ist auch sein Gesprächsangebot an andere Disziplinen. Besonders gegenüber der Theologie hat es von Luhmanns Seite explizit das Angebot eines in-

---

[71] Vgl. besonders die Untersuchung von D. Pollack: Religiöse Chiffrierung und soziologische Aufklärung. Die Religionstheorie Niklas Luhmanns im Rahmen ihrer systemtheoretischen Voraussetzungen; Frankfurt/Main 1988. Eilert Herms betont dort in seinem Vorwort gerade die Stärke solch distanzierter theologischer Kenntnisnahme.

[72] Vgl. dazu den interdisziplinär ausgerichteten Aufsatzband: Kritik der Theorie sozialer Systeme. Auseinandersetzungen mit Luhmanns Hauptwerk; hrsg. v. W. Krawietz und M. Welker; Frankfurt/Main 1992.

[73] Vgl. H.R. Maturana: Erkennen: Die Organisation und Verkörperung von Wirklichkeit. Ausgewählte Arbeiten zur biologischen Epistemologie; 2. Auflage, Braunschweig 1985; G. Spencer Brown: Laws of Form; Neudruck New York 1979; H. von Foerster: Sicht und Einsicht. Versuche zu einer operativen Erkenntnistheorie; Braunschweig 1985.

terdisziplinären Dialogs gegeben. Die theologische Resonanz darauf ist jedoch bisher relativ gering geblieben. Bei den wenigen gründlichen theologischen Versuchen einer Auseinandersetzung mit Luhmanns Thesen überwiegt deutlich die Skepsis.[74]

Deshalb schätzt Luhmann mittlerweile die Dialogmöglichkeiten mit der Theologie für weitaus geringer ein als noch in den 70er Jahren - ohne sein Gesprächsangebot zurückzunehmen. Für Luhmann zeigt sich hier nicht zuletzt die selbstreferentielle Geschlossenheit des Systems christlicher Religion."Das läßt die Differenz von soziologischer und theologischer Betrachtung als letztlich unüberwindbar... erscheinen, und die aktuelle Diskussion ermutigt kaum, darüber hinauszugehen."[75] Trotz oder gerade wegen der Geschlossenheit des theologischen Wissenschaftssystems scheint es an der Zeit, sich theologisch gründlicher um ein Theoriekonzept zu bemühen, welches in der aktuellen Wissenschaftsdiskussion in so auffälliger Breite Beachtung findet. Das kann auch von theologischer Seite nur unter Berücksichtigung der präzise zu definierenden theologischen Grenzen geschehen. Eine sozialwissenschaftliche Theorie einfach theologisch integrieren zu wollen, hieße, sowohl Luhmanns Systemgrenzen als auch die theologische Selbstbeschränkung auf ihre eigene Thematik, Methodik und Sprache zu vernachlässigen und würde deshalb weder der Geschlossenheit der Theorie Luhmanns noch der inneren Konsistenz der Theologie gerecht. Es wird jedoch bei einer kritischen theologischen Auseinandersetzung mit Luhmann zugleich darum gehen müssen, den Sinn für Dialogmöglichkeiten zu schärfen. Die folgenden Ausführungen verstehen sich deshalb als Versuch, durch Wahrnehmung der Differenzen für die (diakonische) Theologie Gesprächsmöglichkeiten mit der Theorie Luhmanns zu eröffnen.

---

[74] Vgl. bezüglich einer allgemeinen theologischen Kritik Luhmanns die theologisch relevanten Veröffentlichungen der letzten Jahre: T. Rendtorff: Gesellschaft ohne Religion? Theologische Aspekte einer sozialtheoretischen Kontroverse (Luhmann/Habermas); München 1975; H. Kaefer: Religion und Kirche als soziale Systeme. N. Luhmanns soziologische Theorie und die Pastoraltheologie; Freiburg i.B. 1977; F. Scholz: Freiheit als Indifferenz. Alteuropäische Probleme mit der Theorie Niklas Luhmanns; Frankfurt/Main 1982; W. Weber: Wenn aber das Salz schal wird... Der Einfluß sozialwissenschaftlicher Weltbilder auf theologisches und kirchliches Sprechen und Handeln; Würzburg 1984; H.J. Höhn: Kirche und kommunikatives Handeln. Studien zur Theologie und Praxis der Kirche in Auseinandersetzung mit den Sozialtheorien Niklas Luhmanns und Jürgen Habermas'; Frankfurt/Main 1985; M. Welker (Hrsg.): Theologie und funktionale Systemtheorie. Luhmanns Religionssoziologie in der theologischen Diskussion; Frankfurt/Main 1985; D. Pollak: Religiöse Chiffrierung und soziologische Aufklärung. Die Religionstheorie Niklas Luhmanns im Rahmen ihrer systemtheoretischen Voraussetzungen; Frankfurt/Main 1988; V. Drehsen: Konstitutionsbedingungen der Praktischen Theologie; Gütersloh 1988, Band 1, S. 97-133; E. Mechels: Kirche und gesellschaftliche Umwelt. Thomas-Luther-Barth; Neukirchen-Vluyn 1990; R. Marx: Ist Kirche anders? Möglichkeiten und Grenzen einer soziologischen Betrachtungsweise; Paderborn 1990, besonders S. 68-210; M. Welker: Einfache oder multiple doppelte Kontingenz? Minimalbedingungen der Beschreibung von Religion und emergenten Strukturen sozialer Systeme; in: W. Krawietz, M. Welker (Hrsg.): Kritik der Theorie sozialer Systeme, S. 355-370; H.-U. Dallmann: Die Systemtheorie Niklas Luhmanns und ihre theologische Rezeption; Stuttgart, Berlin, Köln 1994.

[75] N. Luhmann: Die Ausdifferenzierung der Religion; in: Gesellschaftsstruktur und Semantik. Studien zur Wissenssoziologie der modernen Gesellschaft, Bd. 3; Frankfurt/Main 1989, S. 350 f.

## 3.2.2 Der Aufbau der Theorie Luhmanns und Ansatzpunkte zu deren theologischer Kritik

Um konkrete Ansatzpunkte für die theologische Beurteilung und Kritik der Theorie Luhmanns zu finden, ist es zunächst nötig, sich den internen Aufbau der Theorie sozialer Systeme vor Augen zu führen. Luhmanns Theorie orientiert sich, wie dargestellt, an einem stringenten Theorieprogramm, welches von seiner Grundintention her als ein ständiger Vermittlungsversuch zwischen drei Ebenen der Theoriebildung aufgefaßt werden kann: Der Überführung von Vorgaben der allgemeinen Systemtheorie auf die Ebene einer Theorie sozialer Systeme und deren weitere Konkretion für bestimmte Formen sozialer Systeme.[76] Dieses Grundkonzept hat Luhmann in der Einführung zu seinem "Grundriß einer allgemeinen Theorie dargestellt".[77] Luhmann geht dort von einer Drei-Ebenen-Differenz aus:

Abb. 8: Drei Ebenen der Systembildung nach Luhmann

Die oberste Ebene bezeichnet Ansätze zur *allgemeinen Systemtheorie*, auf der mittleren Ebene finden sich Überlegungen zur allgemeinen *Theorie sozialer Systeme* und auf der untersten Ebene geht es um *Konkretionen* der allgemeinen Theorie sozialer Systeme für bestimmte Formen sozialer Interaktionen, Organisationen und Gesellschaften. Die Beachtung dieser Ebenendifferenz ist sowohl für das Verständnis der Theorie Luhmanns als auch für deren Kritik grundlegend, "denn unsere Leitidee ist die Frage, wie ein Paradigmawechsel, der sich auf der Ebene der allgemeinen Systemtheorie abzeichnet, sich auf die Theorie sozialer Systeme auswirkt."[79] Luhmann versucht also zunächst, sehr abstrakte Theorievorgaben der allgemeinen Systemtheorie auf der mittleren Ebene einer Theorie sozialer Systeme zu konkretisieren. Das geschieht vor allem in seinem grundlegenden Hauptwerk "Soziale Systeme" von 1984. In einem zweiten Konkretisierungsschritt geht es dann um eine weitere Spezifizierung dieser auf der mittleren Ebene entwickelten Grundbegriffe der allgemeinen Theorie sozialer Systeme auf bestimmte Arten sozialer Systembildung. Diese verschiedenen Konkretisierungsstufen sind in ihrer Differenziertheit wahrzunehmen.

---

[76] Zur Theoriearchitektur Luhmanns und zu den daraus resultierenden Problemen vgl. grundsätzlich D. Starnitzke: Theoriebautechnische Vorentscheidungen, Differenzhandhabung und ihre Implikationen, in: W. Krawietz, M. Welker (Hg.): Kritik der Theorie sozialer Systeme, S. 71-85.

[77] N. Luhmann: Soziale Systeme, S. 15 ff.

[78] Luhmann, a.a.O., S. 16.

[79] Luhmann, a.a.O., S. 18.

"Die Unterscheidung der drei Ebenen der Systembildung läßt auf Anhieb typische 'Fehler' oder zumindest Unklarheiten in der bisherigen Diskussion sichtbar werden. Vergleiche zwischen verschiedenen Arten von Systemen müssen sich an eine Ebene halten. Dasselbe gilt für negative Abgrenzungen. Schon durch diese Regel werden zahlreiche unergiebige Theoriestrategien eliminiert."[80] Eine Kritik der Theorie Luhmanns muß sich deshalb zunächst darüber klar werden, auf welcher Ebene diese ansetzt. Bezieht sie sich auf die mittlere Ebene einer allgemeinen Theorie sozialer Systeme, wie sie von Luhmann in "Soziale Systeme" entworfen worden ist, so muß sie sich an den dort entwickelten, relativ abstrakten Grundbegriffen orientieren. Setzt sie auf der unteren Konkretisierungsstufe der Theorie an, so kritisiert sie die Spezifikation der allgemeinen Theorievorgaben auf bestimmte Interaktions-, Organisations- und Gesellschaftssysteme. In diesem Sinne läßt sich die Theorie Luhmanns als eine permanente Bewegung in Richtung auf eine Konkretisierung sehr abstrakter Grundannahmen der Systemtheorie verstehen. Das hat auch im Bereich von Religion, oder konkreter bezüglich Themen der Kirche, der Diakonie und der Theologie zu Spezifizierungsversuchen Luhmanns geführt. Die theologische Kritik dieser Konkretionen auf den Bereich des Christentums muß jedoch von einer theologischen Kritik der allgemeinen Theorie sozialer Systeme unterschieden werden.

Eine theologische Auseinandersetzung mit der Theorie Luhmanns kann also gemäß dem oben skizzierten Theorieaufbau auf zwei verschiedenen Abstraktionsebenen ansetzen. Sie kann erstens auf der mittleren Ebene der Formulierung einer allgemeinen Theorie sozialer Systeme die Entwicklung der einzelnen Theoreme speziell aus theologischer Perspektive kritisieren. Dabei handelt es sich um eine Kritik der Grundbegriffe von Luhmanns Theorie wie "Selbstreferenz", "Funktion", "Kommunikation", "doppelte Kontingenz" oder der Unterscheidung von System und Mensch, die sich mehr an seinem Gesamtkonzept orientiert. Sie kann zweitens die Konkretion der Theorie auf spezielle soziale Systeme aus dem Bereich der christlichen Religion kritisieren. Dabei handelt es sich um eine Kritik der Anwendbarkeit von Luhmanns Systemtheorie auf Fragestellungen, die unmittelbar in den Bereich der Theologie hineinreichen. Diese verschiedenen Ansatzpunkte sind in der theologischen Kritik Luhmanns bereits durchgespielt worden - ohne allerdings zu einer systematisierten Kritik unter Berücksichtigung der Ebenendifferenzen zu gelangen. So haben sich auf der allgemeinen Theorieebene Wolfhart Pannenberg und Reinhard Marx kritisch mit Luhmanns Funktionsbegriff auseinandergesetzt. Michael Welker hat bei dem für Luhmann grundlegenden Theorem der doppelten Kontingenz angesetzt. Wichtiger Kritikpunkt in der theologischen Auseinandersetzung mit Luhmann ist die Unterscheidung von sozialen Systemen und Menschen gewesen, etwa unter dem Stichwort der "De-Humanisierung" von seiten Eberhard Mechels'. Auf der konkreteren Theorieebene, also bei der Anwendung von Luhmanns Theorievorgaben auf konkrete Fragestellungen des Sozialsystems christlicher Religion, hat vor allem die These einer grundsätzlichen Differenz von Kirche, Diakonie und Theologie zu eingehender Kritik geführt.

Grundsätzlich und recht umfassend haben sich vor allem zwei theologische Arbeiten mit der Systemtheorie Luhmanns auseinandergesetzt: „Religiöse Chiffrierung und soziologische Aufklärung" (Frankfurt/Main 1988) von Detlef Pollack und „Die Systemtheorie Niklas Luhmanns und ihre theologische Rezeption" (Stuttgart 1994) von

---

[80] Luhmann, a.a.O., S. 17.

Hans-Ulrich Dallmann. Die Untersuchung von Pollack bietet die derzeit wohl gründlichste Auseinandersetzung eines Theologen mit den Grundbegrifffen Luhmanns. Allerdings verzichtet Pollack dabei weitgehend auf eine dezidiert theologische Position, aus der heraus er Luhmann beurteilen und kritisieren könnte. Es fragt sich deshalb, ob diese sicherlich sehr wesentliche Veröffentlichung als *theologischer* Beitrag zur Diskussion mit Luhmann aufgefaßt werden kann. Dallmann orientiert seine gründliche Untersuchung zunächst an den Grundbegriffen der Systemtheorie Luhmanns. Er strukturiert diese Begriffe nach den Bereichen Systemtheorie, Kommunikationstheorie und Evolutionstheorie. Auf dieser Basis stellt er in einem zweiten Teil die bisherige theologische "Rezeption" Luhmanns dar. Er kommt dabei zu interessanten Klassifizierungen wie z.B. der "Münchner Gruppe" (E. Herms, W. Pannenberg, T. Rendtorff und F. Wagner). Leider beschränken sich die Ausführungen Dallmanns im wesentlichen auf den Diskussionsstand von 1987, das Jahr in dem die Dissertation abgeschlossen wurde. Der "Paradigmawechsel" zum Begriff der Selbstreferenz ist von ihm erkannt, die wichtigsten Begriffe der Systemtheorie Luhmanns sind angemessen erklärt. Die Arbeit kann deshalb grundsätzlich als gute Einführung in die Systemtheorie Luhmanns und deren theologische Diskussion angesehen werden.

Neuere religionssoziologische Arbeiten Luhmanns sind allerdings ebensowenig eingearbeitet wie neue theologische Veröffentlichungen, z.B. die von Mechels und Marx oder die Beiträge im von Krawietz und Welker herausgegebenen Sammelband zur Kritik der Theorie sozialer Systeme.[81] Das ist gerade bei der enormen Enwicklung der Theorie Luhmanns, aber auch wegen der anwachsenden theologischen Literatur über Systemtheorie ein Defizit. Die Untersuchung Dallmanns beschränkt sich auch weitgehend auf die *Darstellung* der Theorie Luhmanns und der theologischen Literatur. Eine eigenständige und über die vorhandene Diskussion hinausgehende Auseinandersetzung mit Luhmann findet nur in Ansätzen statt.[82] Gleichwohl gebührt Dallmann der Verdienst, durch seine Arbeit für das theologische Gespräch mit der Systemtheorie Luhmanns eine wichtige Grundlage geschaffen zu haben.

Die Arbeiten Dallmanns und auch Pollacks fügen sich damit in einige neuere theologische Ansätze nahtlos ein, die sich kritisch und zugleich gewinnbringend mit Luhmann auseinandersetzen. Es ist dabei zu vermuten, daß die Gesprächsmöglichkeiten für beide Seiten, die systemtheoretische wie die theologische, noch lange nicht ausgeschöpft sind. Der Dialog steht vielmehr eher noch am Anfang. Es steht zu erwarten, daß vor allem Luhmanns religionssoziologisches Hauptwerk zur "Religion der Gesellschaft", das in absehbarer Zeit erscheinen wird, zusätzliche Perspektiven eröffnen und vielleicht auch Überraschungen bergen wird.

Angesichts des Luhmannschen Theorieaufbaus und der bereits vorhandenen theologischen Kritik empfiehlt sich im folgenden ein Vorgehen in zwei Schritten. Es muß zunächst darum gehen, auf der mittleren Ebene die bereits skizzierten Grundbegriffe (vgl. Kapitel 3.1) der Theorie sozialer Systeme zu kritisieren, sofern sie für theologische Fragestellungen relevant sind (vgl. Kap. 3.2.3-3.2.5). Erst in einem zweiten Schritt sollen die Konkretisierungsversuche Luhmanns auf den Bereich der christlichen Religion und speziell der Diakonie kritisch untersucht werden (vgl. Kap. 4.2). Es ist daher nötig, zunächst mit der allgemeiner ansetzenden theologischen Kri-

---

[81] Vgl. dazu die folgende Darstellung.
[82] H.-U.Dallmann: Die Systemtheorie Niklas Luhmanns und ihre theologische Rezeption; Stuttgart 1994, S.193-207.

tik bei der Verhältnisbestimmung von sozialen Systemen und Menschen, beim Begriff der doppelten Kontingenz und beim Funktionalitätsprinzip zu beginnen, um von daher zu einer gründlich vorbereiteten Kritik und Rezeption der Überlegungen Luhmanns im diakonischen Bereich überzugehen. Aufgrund dieses Vorgehens werden sich unter Einbeziehung einiger Zwischenüberlegungen Möglichkeiten einer Konkretion von Luhmanns Aussagen auf Entwicklungen im Bereich der Diakonie ergeben. Der speziellen Kritik und Rezeption der Aussagen Luhmanns im Bereich von Kirche, Diakonie und Theologie wird deshalb eine theologische Kritik der allgemeinen Theorievorgaben vorausgeschickt.

### 3.2.3 Mensch und System

Aus theologischer Perspektive ergibt sich zunächst als schwerwiegendes Problem, wie die beschriebene systemtheoretische Verhältnisbestimmung zwischen sozialen Systemen und Menschen, Personen, Individuen theologisch zu beurteilen ist. Blendet ein systemtheoretisches Verständnis sozialer Zusammenhänge nicht grundsätzlich den Menschen aus? Ist diese Auffassung nicht an sich "unmenschlich" und deshalb auch theologisch indiskutabel? Mit diesen Anfragen ist ohne Zweifel ein kritischer Punkt der Theorie selbstreferentieller sozialer Systeme angesprochen. Wenn man z.B. mit Arthur Rich als Maßstab zur Beurteilung sozialer Systeme deren Verwirklichung des Menschengerechten anwendet, entscheidet sich am Verhältnis von sozialem System und Person theologisch eigentlich alles.[83] Richs Begriff des Menschengerechten ist dabei allerdings nicht im Sinne eines Humanitätsideals, sondern im theologischen Verständnis gemeint. "Der Grund des Menschengerechten versteht sich nach dem theologischen Ansatz, der hier zum Zuge kommen soll, als Humanität aus Glauben, Hoffnung und Liebe, die im Ereignis Jesus Christus ihre voll gültige Gestalt gewonnen hat und zur geschichtlichen Wirklichkeit gekommen ist."[84] Aus dieser christologischen Bestimmung von Humanität leitet Rich ethische Kriterien ab, anhand derer die Verwirklichung oder Nichtverwirklichung des Menschengerechten im sozialen Bereich überprüft werden kann, die also "in ihrem Zusammenspiel normative Anhaltspunkte für das in der gesellschaftlichen Gerechtigkeit zu konkretisierende Menschengerechte ergeben."[85] Rich nennt als Kriterien Geschöpflichkeit, kritische Distanz, relative Rezeption, Relationalität, Mitmenschlichkeit, Mitgeschöpflichkeit, Partizipation.[86] Das "Menschengerechte" im theologisch begründeten Sinn wird damit nicht nur für personale, sondern auch besonders für soziale Zusammenhänge zu einem entscheidenden theologischen Beurteilungsmaßstab.

Im Gegensatz zu solchem Ansatz beim Begriff des Menschengerechten ist die Unterscheidung von Menschen und sozialen Systemen oder, in der einschränkenden Formulierung Luhmanns, von "psychischen und sozialen Systemen", wie die mittlere Ebene des dargestellten Drei-Ebenen-Schemas verdeutlicht, eine grundsätzliche und für Luhmanns Theorie unaufgebbare Voraussetzung. *Die Differenz* zwischen psychischen und sozialen Systemen ist eines der entscheidenden Grundprobleme, mit dem

---

[83] Vgl. A. Rich: Wirtschaftsethik; Bd. 1, Gütersloh 1984; Band 2, Gütersloh 1990.
[84] Rich: Wirtschaftsethik, Bd. 1, S. 172.
[85] Ebd.
[86] Vgl. Rich, a.a.O., S. 173 ff.

sich Luhmanns Theorie beschäftigt. Sein differenztheoretischer Ansatz beharrt bei allen offensichtlichen Verknüpfungen auf der Unterscheidung der beiden Bereiche. Luhmann muß zwar einerseits Interdependenzen zwischen psychischen und sozialen Systemen einräumen, er hält andererseits jedoch trotz der Schwierigkeit einer präzisen Grenzziehung konsequent an dieser Unterscheidung fest. Dem Aufweis der Differenz zwischen sozialen und psychischen Systemen und ihrer Konsequenzen gilt ein großer Teil der Theoriebemühungen Luhmanns. Einer Theologie, der es zentral um Fragen der theologisch begründeten Humanität geht, muß die Konzentration Luhmanns auf sozialsystemische Fragestellungen und die bewußte Ausgrenzung des Menschen aus dem Sozialen als "Umwelt" sozialer Systeme zunächst suspekt erscheinen. Soziologisches Interesse an Systembildung und theologisches Interesse an Humanität scheinen sich grundsätzlich zu widersprechen. Sind die Gesprächsmöglichkeiten von Theologie und Systemtheorie damit bereits blockiert?

Die Ausführungen Luhmanns zur Ausdifferenzierung von Mensch und Sozialsystem sind allerdings nicht nur theoretische Optionen. Sie betreffen zugleich tatsächliche Entwicklungen in der (spät-)modernen Gesellschaft, die als solche auch in der Theologie bereits wahrgenommen und als Problem diskutiert worden sind. Luhmann entwirft nicht nur eine sehr komplizierte Theorie, er beschreibt damit zugleich Relationsprobleme zwischen sozialer Systembildung und menschlicher Existenz, die sich gegenwärtig tatsächlich beobachten lassen. Eberhard Mechels identifiziert diese Tendenzen in Auseinandersetzung mit Luhmann als "De-Humanisierung" der Gesellschaft. "Es gibt hinreichend Gründe für die Annahme, daß die gesellschaftliche Entwicklung in ihrem jüngsten Stadium gekennzeichnet ist durch eine fortschreitende De-Humanisierung. Die These besagt, differenzierungstheoretisch formuliert, daß zunehmend Menschen zu Umwelten von Sozialsystemen ausdifferenziert werden. Es ist eine globale Tendenz zur Abstraktion, Formalisierung und Funktionalisierung von Sozialsystemen zu beobachten."[87] Mechels versucht diese Entwicklung als dritte Stufe eines gesellschaftlichen Differenzierungsprozesses im Übergang von einfach strukturierten Gesellschaften zur funktional differenzierten, modernen Gesellschaft zu verstehen. Das Gesellschaftssystem tritt an dieser Stelle in ein drittes globales Stadium ein, welches sich gerade durch dieses Charakteristikum der Ausdifferenzierung von Mensch und Sozialsystem beschreiben läßt. Die Abfolge der drei Differenzierungsstadien läßt sich nach Mechels durch die Begriffe "soziomorphe Welt", "De-Sozialisation der Welt" und "De-Humanisierung der Gesellschaft" bezeichnen.[88] Er rekurriert bei seiner Charakterisierung der drei Phasen dabei explizit auf Luhmann.[89]

Nach einer ersten, vorneuzeitlichen Phase, die eine Übereinstimmung von "soziomorphem Kosmos" und "kosmomorpher Sozialität" aufweist, zeichnet sich mit dem Anbruch der Neuzeit im Zeitalter der Reformation eine Ausdifferenzierung von Sozialität und Natur ab. Die gegenseitige, hierarchisch durchstrukturierte Stützung von Weltbild und Gesellschaftsmodell zerbricht. Welt und Gesellschaft werden ausdifferenziert. "Der Kosmos wird desozialisiert, 'Gesellschaft' entkosmisiert, d.h. hu-

---

[87] E. Mechels: Kirche und gesellschaftliche Umwelt, S. 7 f.
[88] Mechels, a.a.O., S. 9 f und S. 188 ff.
[89] N. Luhmann: Selbst-Thematisierungen des Gesellschaftssystems; in: Ders.: Soziologische Aufklärung 2, S. 72-102, bes. S. 88 ff. Vgl. Mechels, a.a.O., S. 188, Anm. 35.

manisiert."⁹⁰ In einer dritten Phase der Gesellschaftsentwicklung läßt sich auf diesem Hintergrund gewissermaßen am Ende der Neuzeit eine weitere Ausdifferenzierung beobachten. "Ehemalige Teilsysteme innerhalb der Totalität des Gesellschaftssystems werden zu Umwelten des Gesellschaftssystems ausdifferenziert. Ein drittes globales Stadium zeichnet sich ab: Nach der soziomorphen Welt, nach der De-Sozialisation der Welt und Humanisierung der Gesellschaft findet nunmehr der Prozeß der De-Humanisierung der Gesellschaft Eingang in die soziologische Theorie. In der selbstzweckhaften Umwelt funktionaler Systeme wird der Mensch fremd, antiquiert, wortlos."⁹¹ Mechels versucht, in seiner Untersuchung des Zusammenhangs von Kirche und gesellschaftlicher Umwelt auf der Basis dieser drei Stadien von Differenzierung nachzuweisen, daß prominente theologische Konzepte wie z.B. diejenigen Thomas von Aquins, Luthers und Barths im Kontext des jeweiligen gesellschaftlichen Differenzierungsprozesses zu verstehen sind. Das geschieht nicht in der Absicht, die Bedeutung dieser Konzepte damit zu relativieren, sondern die an ihnen gewonnenen Erfahrungen für die gegenwärtige Situation zu nutzen. Gesellschaftliche Differenzierungsprozesse werden in dieser Sicht zu einem auch für die Entwicklung theologischer Ansätze wichtigen Aspekt.

Man befindet sich bei diesen Ausführungen von Mechels in Auseinandersetzung mit Luhmanns systemtheoretischer Gesellschaftsanalyse in auffälliger Nähe zu den Überlegungen, die H.-D. Wendland, wie im ersten Kapitel skizziert (Kapitel 1.4.3.2), in bezug auf Freyers "Theorie des gegenwärtigen Zeitalters" zum Verständnis funktionaler Systeme als "sekundäre Systeme" angestellt hat. Die in der soziologischen Theorie ausgearbeitete Analyse der "Entmenschlichung" funktionaler Systeme wird damit auch von Mechels nicht nur als Zeittrend, sondern als epochale gesellschaftliche Entwicklung und zugleich als theologisches Problem wahrgenommen. Die nicht nur sozialtheoretisch beschriebenen, sondern auch praktisch beobachtbaren Systembildungs- und Differenzierungsprozesse werden in ihrer Problematik als eine zentrale Herausforderung gegenwärtigen theologischen Denkens aufgefaßt. Vor allem die Ausdifferenzierung von Mensch und sozialem System wird in ihrer Bedrohlichkeit für den Menschen theologisch aufgenommen. Die Schwierigkeit des Menschen, sich angesichts der funktionalen Differenziertheit der modernen Gesellschaft noch in die sozialen Zusammenhänge integrieren zu können, läßt sich theologisch als Problem der Heimatlosigkeit des Menschen auffassen. "Die evolutive Tendenz der Ausdifferenzierung des Gesellschaftssystems, in der letzten Phase begriffen als De-Humanisierung, und die evolutive Tendenz der Innendifferenzierung, in der jüngsten Phase begriffen als funktionale Differenzierung ... - beides führt zu einem Problem, das ebenso ein reales wie ein theoretisches ist: die Ortlosigkeit des Menschen. Es ist real die Heimatlosigkeit des Menschen, inmitten eines Sozialsystems als des unbestimmten Bestimmenden, das sich - theoretisch scheinbar paradox, aber real - auf bedrängende Weise vom Menschen entfernt."⁹² In dieser Situation bedarf es für Mechels der theologischen Konzentration auf den Aspekt der Menschlichkeit und der Suche nach Möglichkeiten einer Vermittelbarkeit von Sozialem und Menschlichem.

Die theologische Analyse von Mechels nimmt also im Anschluß an Luhmann solche funktionale Differenzierung der spätmodernen Gesellschaft und die daraus resul-

---

⁹⁰ Mechels, a.a.O., S. 9.
⁹¹ Mechels, a.a.O., S. 9 f.
⁹² Mechels, a.a.O., S. 192 f.

tierende Differenz von Mensch und Sozialsystem als Problem wahr. Sie plädiert aber angesichts der Probleme, die sich aus dieser Differenz ergeben, aus theologischen Gründen dafür, Mensch und Soziales im Sinne der Inklusion nicht auseinanderfallen zu lassen, sondern wieder zusammen zu bringen. Die theologische Verbindung von Menschlichem und Sozialem kann sich dabei nach Mechels an der in Jesus Christus sich eröffnenden Menschlichkeit Gottes orientieren. "Einer Theologie, die das Problem der Moderne in sich aufnimmt und sich ihm stellt, muß der Gedanke der Inklusion zentral werden, für dessen Unverwechselbarkeit zugleich die Exklusivität der christologischen Begründung entscheidend ist. Die evolutive Tendenz zur De-Humanisierung der Gesellschaft findet ihren Kontrapunkt in der Menschlichkeit Gottes. ... Der vollendete Bund zwischen Gott und Mensch in Jesus Christus ist zugleich die konkreteste Mitte und der universal übergreifende Raum der Freiheit."[93] Die systemtheoretische und theologische Analyse beziehen sich an dieser Stelle auf dasselbe Phänomen, der systemtheoretischen Differenzhypothese wird aber von theologischer Seite die Notwendigkeit nach einer Inklusion beider Bereiche entgegengehalten.

Um an dieser brisanten Stelle der theologischen Beurteilung des Phänomens der Ausdifferenzierung von Mensch und Sozialsystem weiterzukommen, ist es zunächst nötig, das systemtheoretische Verständnis des Begriffes "Mensch" zu präzisieren. Luhmann unterscheidet diesbezüglich terminologisch "Mensch" als besondere Umwelt sozialer Systeme, die durch den Zusammenhang von psychischem und organischem System gebildet wird und "Person" als Zusammenhang spezieller Erwartungen, die das soziale System an einen konkreten Menschen richtet. "Wir wählen den Ausdruck 'Mensch', um festzuhalten, daß es sowohl um das psychische als auch um das organische System des Menschen geht. Den Ausdruck 'Person' wollen wir in diesem Zusammenhang weitgehend vermeiden, um ihn für die Bezeichnung der sozialen Identifikation eines Komplexes von Erwartungen zu reservieren, die an einen Einzelmenschen gerichtet werden."[94]

Damit findet sich bei Luhmann ein doppeltes Verständnis des Menschen, welches auf zwei verschiedenen Ebenen ansetzt. Die Unterscheidung psychisch/organisch bezeichnet die Tatsache, daß eine Betrachtung des Menschen einen materialen, körperlichen und einen geistigen, bewußtseinsmäßigen Aspekt berücksichtigen muß. Psychisches und organisches System sind dabei jeweils als selbständiges, autopoietisches System aufgefaßt. Vor allem psychische Systeme sind, weil sie auf der Basis von Bewußtsein operieren, eine Umwelt der auf Kommunikation basierenden Sozialsysteme, die "für die Bildung sozialer Systeme in besonderem Maße relevant" ist.[95]

Der Begriff "Person" hingegen bezeichnet bei Luhmann den spezifischen Bereich des Menschen, an den das Sozialsystem bestimmte Verhaltenserwartungen richtet und sich damit selbst strukturiert. "Als Personen sind hier nicht psychische Systeme gemeint, geschweige denn ganze Menschen. Eine Person wird vielmehr konstituiert, um Verhaltenserwartungen ordnen zu können, die durch sie und nur durch sie eingelöst werden können. Jemand kann für sich selbst und für andere Person sein. Das Personsein erfordert, daß man mit Hilfe seines psychischen Systems und seines Kör-

---

[93] Mechels, a.a.O., S. 10.
[94] N. Luhmann: Soziale Systeme, S. 286.
[95] Luhmann, a.a.O., S. 346.

pers Erwartungen an sich zieht und bindet."⁹⁶ Personen können in diesem Sinne von Luhmann zugespitzt auch als auf Menschen bezogene "Erwartungscollagen" sozialer Systeme bezeichnet werden.⁹⁷

Unter der Voraussetzung dieser doppelten Sicht des Menschen als organisches und psychisches System sowie als Person gestaltet sich die Unterscheidung von Sozialsystem und Mensch vielschichtiger, als zunächst unter dem Begriff der "De-Humanisierung" angenommen. Die Differenz von psychischen Systemen (auf der Basis von Bewußtsein) und sozialen Systemen (auf der Basis von Kommunikation) bleibt damit nach wie vor für Luhmann unaufhebbar. Durch die Notwendigkeit der Bildung von durchstrukturierten Verhaltenserwartungen innerhalb des sozialen Systems, die sich jeweils an einzelnen Menschen orientieren müssen, gibt es jedoch andererseits auch wichtige Zusammenhänge zwischen Sozialsystemen und Menschen, die Luhmann unter dem Begriff der Person hervorhebt. Diese Zusammenhänge sind durchaus beidseitig, sowohl für das soziale System, als auch für den Menschen von Wichtigkeit. Für das soziale System bezeichnet der Personbegriff die Möglichkeit, sich selbst in Form von Verhaltenserwartungen an konkrete Menschen Kontinuität und Struktur zu geben. Für den Menschen hingegen meint Person nach Luhmann denjenigen menschlichen Bereich, der durch seinen Bezug zum Sozialsystem mit Hilfe der Kontinuierung seiner Handlungen in Form von Verhaltenserwartungen erst konstituiert wird. Einfacher gesagt, entwickelt sich der Mensch nach Luhmann auch dadurch als Person, daß er durch soziale Systeme bestimmten Verhaltenserwartungen ausgesetzt wird.

Luhmann unterscheidet diesen Personenbegriff noch zusätzlich vom Begriff der Rolle. Dieser Begriff ist "gegenüber der individuellen Person sowohl spezieller als auch allgemeiner gefaßt. Es geht immer nur um einen Ausschnitt des Verhaltens eines Menschen, der als Rolle erwartet wird, andererseits um eine Einheit, die von vielen und auswechselbaren Menschen wahrgenommen werden kann: um die Rolle eines Patienten, eines Lehrers ... usw.".⁹⁸

Betrachtet man diese Thesen Luhmanns zur Konstituierung von Personalität durch Verhaltenserwartungen im Kontext sozialer Systeme, so erscheint die Kluft zwischen der theologischen Absicht einer Inklusion von System und Mensch und der Luhmannschen Betonung ihrer Differenzen nicht so groß, wie zunächst vermutet. Die Bildung sozialer Systemzusammenhänge verdrängt den Menschen nicht einfach, sondern sie richtet an ihn Erwartungen, die seine eigene "Personalität" (im Sinne Luhmanns) steigern kann. Soziale Systembildung und Entwicklung menschlicher Personalität können damit systemtheoretisch als "Coevolution" aufgefaßt werden. Die Herausarbeitung des Zusammenhangs von sozialer Verhaltenserwartung und Personalität durch Luhmann bietet gewissermaßen eine Zwischenebene, auf der sich theologischer Inklusionsanspruch und systemtheoretische Differenzierungsabsichten durchaus treffen können. Der von Luhmann hervorgehobene Aspekt, daß die Personalität des Menschen nicht nur durch seine reine Selbstbezüglichkeit, sondern auch vor allem durch den Zusammenhang mit dem sozialen Umfeld konstituiert wird, kann bei der theologischen Suche nach dem Zusammenhang von Mensch und Sozialsystem wichtig sein.

---

⁹⁶ Luhmann, a.a.O., S. 429.
⁹⁷ Luhmann, a.a.O., S. 178.
⁹⁸ Luhmann, a.a.O., S. 430.

Die Hervorhebung dieser Zusammenhänge wendet sich theologisch nicht nur gegen eine "De-Humanisierung" des sozialen Bereichs. Sie bekommt dann noch eine andere Stoßrichtung, die sich auf das neuzeitliche Verständnis des Menschen als von sozialen Zusammenhängen unabhängiger, autonomer Subjektivität bezieht. Sie richtet sich damit gegen die Reduktion des Personbegriffs auf selbstbezügliche, individuelle Subjektivität, also gegen eine "De-Sozialisation" des Menschen. Dem von Mechels in der aktuellen gesellschaftlichen Situation beobachteten Prozeß einer De-Humanisierung des Sozialen korrespondiert in dieser Sicht gewissermaßen eine "De-Sozialisation" des Humanums.

Über Eberhard Mechels hinausgehend hat deshalb Michael Welker die Bedeutung der Differenz und des Zusammenhangs von Person und sozialer Umgebung theologisch neu hervorgehoben. "Mit der Konzentration auf eine zentrierende aktive Instanz ist nämlich keineswegs ein hinreichendes Verständnis von Person gewährleistet. Ein individuelles Aktionszentrum, selbst wenn es sich selbstreferentiell steuert und ein Selbstbewußtsein entwickelt, bildet noch keine Person. Erst durch eine gestaltete soziale Umgebung und im Austausch mit ihr wird ein individuelles selbstbewußtes Aktionszentrum zur Person. Es kann geradezu gesagt werden, daß das, was eine selbstbezügliche zentrierende Instanz zur Person macht, die Einheit jener gestalteten sozialen Sphäre ist."[99] Der Personbegriff Luhmanns kann in diesem Sinne eine Möglichkeit bieten, zwischen der "De-Humanisierung des Sozialen" und der "De-Sozialisation des Humanums" die theologische Reflexion auf einen Mittelweg hinzuweisen.

Wie Michael Welker hervorgehoben hat, gibt es gute Gründe, den von Luhmann aufgezeigten Doppelaspekt von Individualität und öffentlicher Person auch für theologische Fragen weiter zu beachten. So läßt sich z.B. das trinitarische Verhältnis von Jesus Christus und Heiligem Geist nach diesem Schema als Individualität Jesu Christi und ihr korrelierender öffentlicher Wirksamkeit des Heiligen Geistes verstehen. "Er (der Heilige Geist; D.S.) ist die öffentliche Person, die dem Individuum Jesus Christus entspricht."[100] Ein in Auseinandersetzung mit Luhmann entwickelter Personbegriff, der die Bedeutung der öffentlichen, sozialen Sphäre für die Person mitberücksichtigt, könnte also zugleich für das Verständnis des Verhältnisses der drei trinitarischen Personen zueinander hilfreich sein.

Aber auch im zwischenmenschlichen Bereich ist die Vorstellung einer doppelt konstituierten Existenz des Menschen als Individuum und sozialkonstituierte "öffentliche Person" für ein differenziertes Verständnis menschlicher Personalität wichtig. "So sind wir Person, indem wir Kinder unserer Eltern, Freundin oder Freund unserer Freunde, Kollegen unserer Kollegen .... sind, mithin in Resonanzgeflechten stehen, die wir ebenso mitgestalten, wie wir von ihnen geprägt werden. Diese Resonanzgeflechte sind nur partiell (!) abhängig von unserer Aktivität. So bleiben wir das Kind unserer Eltern, wie auch immer sich unsere Einstellung zu unserer Familie verändert, usw."[101] Die theologische Kritik und Rezeption Luhmanns kann sich bei der wichtigen Frage nach der "De-Humanisierung" des Sozialen deshalb am Personbegriff Luhmanns orientieren. Für die theologische Wahrnehmung dieser Zusammen-

---

[99] Michael Welker: Der Heilige Geist; in: Evangelische Theologie 49 (1989), S. 126-141, dort S. 139.
[100] Welker, a.a.O., S. 140.
[101] Ebd.

hänge und Unterschiede zwischen sozialer und individueller Sphäre kann die Auseinandersetzung mit Luhmann fruchtbar sein und zu einer differenzierteren Wahrnehmung aktueller Probleme menschlicher Personalität führen.

Allerdings stellt sich damit, was die Luhmannsche Theorie sozialer Systeme betrifft, ein weiteres Problem, welches ebenfalls theologischer Aufmerksamkeit bedarf. Die systemtheoretische Unterscheidung psychisch/organisch sowie die Betonung des Sozialaspektes von Personalität droht, so wichtig sie auch für die Wahrnehmung der Zusammenhänge von Sozialität und Individualität sein mag, den Menschen in verschiedene Teilbereiche zu zerspalten. Die Konzentration Luhmanns auf die Kommunikationsabläufe innerhalb sozialer Systeme bewirkt mitunter, daß er die Bedeutung der Gesamtheit des Menschen als notwendiges Pendant des Sozialsystems stark reduziert. Man hat bisweilen den Eindruck, als ob Luhmann die innere Einheit des Menschen aus der Sicht sozialer Systeme mehr als Konstrukt der Kommunikation denn als eigenständig Gegebenes versteht. "Es gibt nichts, was als Einheit eines Gegenstandes dem Wort entspricht. Worte wie Mensch, Seele, Person, Subjekt, Individuum sind nichts als das, was sie in der Kommunikation bewirken. ... Die Einheit, die sie bezeichnen, verdankt sich der Kommunikation."[102]

Zu Recht kritisiert Ralf Dziewas, daß die Konzentration auf den Sozialaspekt von Personalität und die Betonung der Differenz von psychischem und organischem Bereich als selbständiger autopoietischer Systeme den Menschen in seiner Integrität zu zerrütten drohen. Die Frage nach der Integrierbarkeit stellt sich damit theologisch erneut, diesmal jedoch nicht bezüglich der Integration von Mensch und Sozialsystem, sondern bezüglich der Integrität des Menschen als einer Ganzheit von Psychischem und Organischem bzw. als Einheit von öffentlicher und individueller Person. "Ist die Einheit des Menschen, wie Luhmann formuliert, wirklich nur eine Konstruktion der Kommunikation? Bildet das Zusammenwirken der verschiedenen autopoietischen Systeme, die den Menschen 'durchschneiden', nicht vielmehr eine Einheit, die Voraussetzung von Kommunikation und damit eine Gegebenheit ist, der auch eine Theorie sozialer Systeme Rechnung tragen muß?"[103]

Diese Bedenken von Dziewas sind bei einer theologischen Rezeption der Systemtheorie zu beachten. Die systemtheoretische Unterscheidung von individueller und öffentlicher Person ist also zwar für das Verständnis des Menschen wesentlich, sie darf jedoch keinesfalls soweit geführt werden, daß deren Einheit eine reine Konstruktion der Kommunikation, also des sozialen Systems ist. Durch soziale Zusammenhänge mitkonstituierte Personalität und selbstbezogene Individualität des Menschen müssen miteinander vermittelbar sein, wenn die menschliche Identität gewahrt bleiben soll. An dieser Stelle taucht bei Luhmann die Gefahr einer "De-Humanisierung" als Trennung von Individuum und öffentlicher Person in subtilerer Form wieder auf. Es muß deshalb theologisch darum gehen, in Auseinandersetzung mit Luhmann die schöpfungsmäßige Integrität menschlicher Existenz zu betonen, die in ihrer *Identität* von öffentlicher und individueller Personalität nicht durch Kommunikationsprozesse oder Verhaltenserwartungen innerhalb sozialer Systeme, sondern in Gottes Schöpfungshandeln begründet ist. Nach der Wahrnehmung charak-

---

[102] N. Luhmann: Wie ist Bewußtsein an Kommunikation beteiligt? In: H. U. Gumbrecht/K. L. Pfeiffer (Hrsg.): Materialität der Kommunikation; Frankfurt/Main 1988, S. 884-905, dort S. 901.

[103] R. Dziewas: Der Mensch - ein Konglomerat autopoietischer Systeme? In: W. Krawietz/M. Welker (Hrsg.): Kritik der Theorie sozialer Systeme, S. 113-132, dort S. 116.

teristischer Differenzen innerhalb der menschlichen Existenz wie psychisch/organisch und individuelle/öffentliche Person wird an dieser Stelle die theologische Anthropologie auf der Integrität des Menschen bestehen müssen, um den Menschen unter den Bedingungen der spätmodernen Gesellschaft nicht in seine sozialen Aspekte und seine von sozialen Einflüssen zu unterscheidende Individualität zerfallen zu lassen.

### 3.2.4 Doppelte Kontingenz und christliche Doppelidentität

Eine weitere elementare Selbstfestlegung der Theorie Luhmanns war neben der Unterscheidung von Mensch und sozialem System der Begriff der doppelten Kontingenz. Für die theologische Kritik der Theorie Luhmanns stellt sich deshalb die Frage, ob die von ihm im Theorem der doppelten Kontingenz ausgeführte Vermittlung von dialogischer Grundsituation menschlicher Kommunikation und Komplexität sozialer Systembildung plausibel ist. In diese Richtung zielt die theologische Kritik Michael Welkers. Die Rückführung der Emergenz sozialer Systeme auf Konstellationen *einfacher* doppelter Kontingenz reicht nach Welker für ein Verständnis der Komplexität sozialer Strukturen nicht aus. Das innerhalb der komplizierten Theorie Luhmanns relativ simple Grundmodell der dialogischen Konstellation eines gegenseitigen Ego und alter Ego stellt vielmehr einen von Luhmann fiktiv vorausgesetzten Sonderfall sozialen Lebens dar. Dessen Enge und Konstruiertheit läßt sich von theologischer Seite besonders für soziale Zusammenhänge im Bereich der christlichen Religion nachweisen.

Luhmann hatte das Entstehen von Kommunikationen als kleinster Bestandteile sozialer Systeme aus der beschriebenen Problemkonstellation *einfacher* doppelter Kontingenz abgeleitet (vgl. Kap. 3.1.4). Die Entwicklung sozialer Zusammenhänge orientiert sich damit letztlich, obwohl Luhmann an dieser Stelle über Parsons hinausgehen möchte, an relativ *einfachen* Ich-Du-Beziehungen. "Luhmanns Versuch einer Verbesserung der von Parsons gebotenen Theoriegrundlagen bleibt im Ansatz stecken, führt nicht sehr weit. In mehrfacher Hinsicht bleibt seine Rekonstruktion der Konstitution sozialer Systeme ... doch an das *konzeptionelle* Potential des (nur abstrakter gefaßten) Ich-Du-Modells der Kommunikation ... rückgebunden, ja an es angekettet. ... Durchgängig wird eine *dialogisch-mutualistische Grundkonzeption* (SoSy, S. 188) in Ansatz gebracht, ein Zwei-Partner-Modell mit einfachem Aktion - Reaktion- (SoSy, S.160, 171) und Konsens-Dissens-Schema, für das *Zwei*seitigkeit (SoSy, S. 166, 172, 177), Sich-Treffen und Kontaktaufnahme (SoSy, S. 171, 186), überhaupt die engen Spektren der Kommunikationspotentiale einer Ich-Du-Begegnung (SoSy, S. 166, 177, 182 f.) charakteristisch und bindend sind."[104] Auch wenn Luhmann diese dialogische Grundsituation doppelter Kontingenz nicht direkt, wie Welker meint, für die Entstehung sozialer Systeme, sondern lediglich für die Entwicklung von Kommunikationen als kleinster Bestandteile sozialer Systeme

---

[104] M. Welker: Einfache oder multiple doppelte Kontingenz? Minimalbedingungen der Beschreibung von Religion und emergenten Strukturen sozialer Systeme; in: W. Krawietz, M. Welker (Hrsg.): Kritik der Theorie sozialer Systeme, S. 355-370, dort S. 358 f. Die im Text angegebenen Seitenzahlen beziehen sich auf N. Luhmann: Soziale Systeme; Frankfurt/Main 1984, die Hervorhebungen sind von Welker.

voraussetzt, zeigt sich hier bei Luhmann eine Engführung auf eine einfache, vielleicht zu simple Grundannahme.[105]

Diesen deutlichen Selbstfestlegungen von Luhmanns Theorie auf dialogische Grundstrukturen läßt sich als erstes entgegenhalten, daß es die von Luhmann jeglicher Bildung sozialer Kommunikation vorausgesetzte Situation *einfacher* doppelter Kontingenz faktisch kaum gibt. Sie bleibt eine theoretische Konstruktion, ein fingiertes Letztelement, das als kleinster Baustein für die Entwicklung sozialer Komplexität dienen soll. Das gesteht bereits Luhmann selbst zu: "'Reine' doppelte Kontingenz, also eine sozial vollständig unbestimmte Situation kommt in unserer gesellschaftlichen Wirklichkeit ... nie vor."[106] Luhmann ist sich also der Konstruiertheit seiner Grundannahme durchaus bewußt. Die Fiktion einfacher doppelter Kontingenz scheint von ihm genau deshalb vorausgesetzt zu werden, um einen einfachen Theoriebaustein zu gewinnen, mit Hilfe dessen sich durch Kombination auch kompliziertseste soziale Konstellationen erklären lassen.

Ausgehend von der Unbestimmtheit der Situation doppelter Kontingenz kann soziale Systembildung nur dadurch erreicht werden, daß permanent Unbestimmtheit in Bestimmtheit transformiert wird. Dies ist jedoch für Welker eine weitere unrealistische Grundannahme Luhmanns. Denn die Genese komplexer sozialer Zusammenhänge läßt sich keineswegs unter ständiger Voraussetzung der anfänglichen Unbestimmtheit jeglicher sozialer Ausgangssituation erklären. Vielmehr muß in realen sozialen Konstellationen jeweils eine "Gemengelage von pro- und regressiver Transparenz und Intransparenz, von Unvertrautheit und Vertrautheit"[107] vorausgesetzt werden. Luhmanns Ansatz beim Problem der doppelten Kontingenz gibt dieses komplizierte Wechselspiel von Transparenzgewinn und -verlust für Welker nicht angemessen wieder. "Illusorisch ist die Unterstellung *stetiger* Steigerung von Transparenz und Vertrautheit im Rahmen dieses 'Problems'."[108] Es zeigt sich also, daß die Entwicklung sozialer Systeme, wenn sie die Situation einfacher doppelter Kontingenz voraussetzt, von einer Transformation von Intransparenz (der Situation doppelter Kontingenz) in Transparenz (des daraus generierten sozialen Systems) ausgehen muß. Das aber ist eine unrealistische Annahme für die Entstehung sozialer Systeme, denn meist bedingt die Überführung von Intransparenz in Transparenz und die damit einhergehende Systembildung in einem sozialen Bereich gerade den Übergang von Transparenz in Intransparenz in einem anderen. So geht z.B. die Entwicklung einer engen Freundschaft oft mit der Auflösung einer anderen Freundschaft einher. Die Entwicklungsrichtung sozialer Systeme läßt sich gegen Luhmann nur als relativ ungeordnetes Nebeneinander von Transparenzgewinn und Transparenzverlust verstehen. Luhmann greift deshalb für Welker zu kurz, wenn er bei der Intransparenz der Situation doppelter Kontingenz und deren Überwindung durch stetigen Transparenzgewinn ansetzt, der dann soweit durchstrukturiert wird, bis er zur Bildung sozialer Systeme führt.

Welker zeigt, daß diese vereinfachenden Grundannahmen Luhmann gerade auf dem Gebiet der systemtheoretischen Analyse der Religion zu erheblichen Problemen

---

[105] Vgl. den Hinweis Luhmanns an Welker, N. Luhmann: Stellungnahme; in: W. Krawietz, M. Welker (Hrsg.): Kritik der Theorie sozialer Systeme, S. 378.

[106] Luhmann: Soziale Systeme, S. 168.

[107] Welker: Einfache oder multiple doppelte Kontingenz? A.a.O., S. 360.

[108] Welker, a.a.O., S. 362, Hervorhebung von Welker.

führen. "Über die theorietechnischen Probleme hinaus bedingt der zu enge, von ... unzureichenden Grundplausibilitäten zu schnell hochabstrahierende Ansatz eine Reihe von Wahrnehmungs- und Verstehensproblemen, von denen einige im Blick auf Luhmanns neueste (1989) Ausführungen zur 'Ausdifferenzierung der Religion' aufgezeigt werden sollen."[109] Probleme bekommt für Welker die simplifizierende systemtheoretische Sicht vor allem mit einer speziell in der jüdisch-christlichen Überlieferung auftretenden "Erfahrung, die genötigt ist, mindestens zwei in sich komplette Weltsichten (und zwar realistische, in pluriformen Lebenszusammenhängen durchgebildete Weltsichten) in sich aufzunehmen."[110] Die Frage einer Rezipierbarkeit der Systemtheorie innerhalb der Theologie bzw. der christlich-jüdischen Überlieferung wird damit aufgrund der Charakteristika dieser Überlieferung problematisch. Es geht um die Schwierigkeit der Theorie Luhmanns, die für die christlich-jüdische Tradition konstitutive "Kopräsenz zweier Weltsichten" behandeln zu können. Der auf allgemeiner Theorieebene ansetzende Begriff der doppelten Kontingenz scheint bei Luhmann grundsätzliche Wahrnehmungsblockaden zu verursachen, die im Bereich der christlich-jüdischen Tradition offensichtlich werden. Der Ansatz bei *einfacher* doppelter Kontingenz kann die *Duplizität* bzw. *Pluralität* der in der jüdisch-christlichen Überlieferung formulierten Weltsichten und der sich daraus entwickelnden Gemeinschaftsformen nicht angemessen fassen. Die Besonderheiten jüdisch-christlicher Denk- und Lebensweise werden aber nur von ihrer spezifischen Fähigkeit her verständlich, verschiedene, durchaus miteinander mit Konflikt stehende Identitäten zusammenhalten zu können: "...und es ist charakteristisch für das religiöse Denken, daß betont anspruchsvolle, ethisch und erkenntnistheoretisch fruchtbare individuelle und soziale Denk- und Lebensformen entwickelt werden aufgrund des Zusammenhalts der konfligierenden Doppelidentitäten."[111]

Welker nennt zu dieser "Kopräsenz zweier Weltsichten", die jeweils auch entsprechend komplexe, soziale Zusammenhänge generieren, Beispiele aus der jüdisch-christlichen Geschichte. "Mag es sich nun um das Konfliktverhältnis von Israel und Ägypten handeln, um die Auseinandersetzung mit stratifizierten religiösen und politischen Formen sowie den Versuch, diese zu kopieren, ohne auf einen natürlichen König und eine natürliche Akropolis zurückzugreifen; mag es um die nicht kriegerisch zu bewältigenden und bewältigten Anpassungs- und Abgrenzungsprozesse im Verhältnis zu den auf Assimilation drängenden kanaanäischen Nachbarvölkern gehen; mögen es Babylon und Assur sein und die Konflikte mit dominierenden anderen Kulturen im eigenen Land oder im Leben im Exil; oder mag die Konstellation Hellenismus und Judentum, Persien und Israel oder Rom und Israel oder bei Paulus höher generalisiert 'Juden und Heiden' lauten, in all diesen und zahllosen anderen Fällen geht es elementar um die Bewältigung der Folgeprobleme der innergesellschaftlichen Kopräsenz zweier differenzierter und 'kompletter' religiöser, politischer, rechtlicher Ordnungen."[112] Diese spezielle Charakteristik religiösen Denkens und Lebens, in sozialen Zusammenhängen von der Doppelidentität verschiedener Weltsichten her denken zu können, erlaubt es, sowohl im Individuellen als auch im Sozialen eine Vielschichtigkeit von Strukturen zu entwickeln, die mit Hilfe des systemtheoreti-

---

[109] Welker, a.a.O., S. 365.
[110] Welker, a.a.O., S. 367.
[111] Welker, a.a.O., S. 368.
[112] Welker, a.a.O., S. 367f.

schen Ansatzes beim Theorem der doppelten Kontingenz nicht mehr angemessen erfaßt werden kann. "Die Funktion der Religion ..., universalisierbare und zugleich individuell performierbare Typiken bereitzustellen, die Funktion der Religion, Typiken, die hochintegrative Orientierungsansprüche und zugleich dekomponierbare, multiple Ordnungen generieren, zu erkennen und zu kommunizieren, darf ... nicht unscharf beobachtet oder verzerrend beschrieben werden."[113] Es können unter der Voraussetzung, daß theologisch eine Kopräsenz zweier Weltsichten denkbar und auch lebbar ist, aus dieser spezifischen Doppelsicht heraus verschiedene, ja zum Teil sogar sich widersprechende soziale Ordnungen integriert werden, die in ihrer Spannung präsent gehalten und gestaltet werden können. Das Theorem der einfachen doppelten Kontingenz reicht nach Welker für solche innerhalb des Christentums nachweisbaren multiplen und teilweise konfligierenden sozialen Ordnungen nicht aus. Die Theorie sozialer Systeme ist aufgrund ihres allzu konstruierten Ansatzes beim Problem der doppelten Kontingenz nicht in der Lage, diese in der biblischen und geschichtlichen Tradition nachweisbare Doppelidentität religiösen Lebens zu erfassen. Aus dieser Doppelidentität heraus lassen sich soziale und individuelle Ordnungen entwickeln, die weitaus komplexer und vielschichtiger sind und die die Spannung von Transparenzgewinn und Transparenzverlust aushalten und abfangen können.

Ausgehend von dieser vereinfachenden Darstellung sozialer Systembildung im Theorem der doppelten Kontingenz entwirft Luhmann für Welker ein sehr einseitiges Bild von Religion. Er versucht, entgegen dem beschriebenen Selbstverständnis des Christen- und Judentums, welches von einer Existenz im Spannungsfeld zweier Weltsichten ausgeht, das besondere Interesse der Religion zentral unter dem Aspekt der Herstellung einer *einheitlichen* Gesamtperspektive zu verstehen. Er weist damit gerade in ausdifferenzierten Gesellschaften der Religion die Funktion eines den Differenzierungsprozessen entgegenlaufenden Insistierens auf einer einheitlichen Weltsicht zu. "Religiös fundierte Kosmologien entstehen, so kann man vermuten, als Korrelat einer gesellschaftsinternen Differenzierung von sakral und profan. Wenn diese *Differenz* an Bedeutung gewinnt, und das geschieht in komplexer werdenden Gesellschaften, sobald religiöse Formen neu bestimmt werden müssen, muß die *Einheit der Differenz* interpretiert, und zwar aus der Perspektive der Religion wiederum religiös interpretiert werden."[114] Die spezifische Fähigkeit der jüdisch-christlichen Religion, gerade in der *Differenziertheit* verschiedener Weltsichten existieren zu können und diese für die Entwicklung ihrer eigenen sozialen Ordnungen umsetzen zu können, wird damit von Luhmann unterschätzt. "Die für die jüdische und christliche Religion maßgeblichen Überlieferungen und die diese kodifizierenden Schriften zeigen 'schon früh', ja für die früheste greifbare Zeit überhaupt eine Verfassung der Religion, die mit einfacher 'Einheit der Weltsicht' und ins abstrakt Unvertraute gebautem Horizont kaum etwas gemeinsam hat."[115] Zumindest die christlich-jüdische Religion erweist, gegen Luhmanns Verständnis von Religion, ihre spezifische Fähigkeit also gerade darin, in einer Pluralität von Lebenszusammenhängen existieren zu können und diese nicht in einer einheitlichen religiösen Weltsicht integrieren zu müssen, sondern in ihrer Differenziertheit kopräsent halten zu können.

---

[113] Welker, a.a.O., S. 370.

[114] Luhmann: Die Ausdifferenzierung der Religion; in: ders.: Gesellschaftsstruktur und Semantik, Band 3; Frankfurt/Main 1989, S. 277; Hervorhebungen von Luhmann.

[115] Welker: Einfache oder multiple doppelte Kontingenz? A.a.O., S. 367.

Diese abstrakten Ausführungen lassen sich auf die Kirche als primäre Sozialisationsform des christlichen Glaubens konkretisieren. Die christliche Kirche kann und muß als die Gesamtheit des Leibes Christi verstanden werden, also als ein trotz verschiedenartigster Ausformungen in sich konsistenter sozialer Zusammenhang. Ausgehend von dieser Gesamtperspektive hat sich die christliche Kirche jedoch in einer *Vielzahl* in sich divergenter Zusammenhänge entwickelt, die erst in ihrer Pluralität die Gesamtheit der im Credo bekannten, heiligen christlichen Kirche repräsentieren und als solche nicht einfach mit Luhmann als verschiedene Segmente des Religionssystems aufgefaßt werden können. Das gilt zunächst für die einzelnen Konfessionen und Denominationen des Christentums. Die Vielzahl dieser Erscheinungsformen christlicher Religion ist aber dann, zumindest in der evangelischen Kirche, noch weiter dekomponierbar in eine Vielzahl von Einzelgemeinden, die in multiplen sozialen Zusammenhängen existieren und dabei gerade in ihrer Partikularität und Pluralität die Gesamtheit der christlichen Kirche für den einzelnen Christen greifbar repräsentieren. "Wer Kirche als Leib Christi wirklich verstehen will, muß eine Einigkeit geordneter Vielheit erfassen und denken; wer die Kirche als Gemeindekirche begreifen will, muß eine Einheit mit vielen Zentren, eine polyzentrische, polykontextuelle Einheit erfassen und denken."[116] Gegen eine allzu simple systemtheoretische Sicht der Religion, die diese auf die Herstellung einer einheitlichen Weltsicht festlegen möchte, zeigt gerade die Vielgestaltigkeit der christlichen Kirche deren Fähigkeit, verschiedenste soziale Zusammenhänge in ihrer *Differenziertheit* ausbilden zu können. Das Christentum mit seiner theologisch formulierten und sozial realisierten Vielgestaltigkeit von Weltsichten und Sozialgefügen wird damit systemtheoretisch nicht angemessen wahrgenommen. Daß Luhmann diese besondere Fähigkeit, aber auch dieses besondere Anliegen des Christentums, nicht adäquat berücksichtigen kann, ist dabei eine Folge des zu einfach ansetzenden und zu sehr schematisierenden Verständnisses der christlichen Religion, welches diese zu sehr auf das Interesse an Einheit statt Pluralität festlegt.

### 3.2.5 Die theologische Kritik des Funktionsbegriffes

Gegenüber den dargestellten Problemen einer theologischen Rezeption der Unterscheidung von Mensch und Sozialsystem sowie des Theorems der doppelten Kontingenz bietet Luhmanns Ansatz beim Funktionsbegriff Schwierigkeiten eigener Art. Einerseits hat die These von der funktionalen Differenzierung der modernen Gesellschaft geradezu unmittelbare Evidenz und ist in ihrer Bedeutung für ein differenziertes Verständnis aktueller sozialer Fragestellungen kaum von der Hand zu weisen. Andererseits stellt sich gerade angesichts der Plausibilität dieser Betrachtungsweise theologisch umso schärfer die Frage, inwiefern die Anwendung des Funktionalitätsprinzips im Bereich christlicher Religion dem Selbstverständnis des Christentums angemessen oder sogar hilfreich sein kann. Der Versuch Luhmanns, den christlichen Glauben und seine sozialen Erscheinungsformen unter dem Aspekt der Funktion zu betrachten, hat dementsprechend in der Theologie ambivalente Reaktionen hervorgerufen. Sie reichen von einer rigorosen Ablehnung der Thesen Luhmanns im Bereich

---

[116] M. Welker: Kirche ohne Kurs? Aus Anlaß der EKD-Studie "Christsein gestalten"; Neukirchen-Vluyn 1987, S. 83.

der christlichen Theologie durch Reinhard Marx über eine positive Aufnahme seiner Ausführungen im Sinne einer kritischen Revision der Position des Christentums in der modernen Gesellschaft durch Karl-Wilhelm Dahm bis zu einer differenzierten Kritik der funktionalen Analyse durch Wolfhart Pannenberg und Eberhard Mechels.

### 3.2.5.1 Zur Unvereinbarkeit des Funktionalitätsprinzips mit theologischen Prinzipien: Reinhard Marx

Beispiel für eine durchgehend ablehnende theologische Auseinandersetzung mit dem Funktionsbegriff als "universalem Prinzip" ist die Kritik von Reinhard Marx. Er beschäftigt sich als katholischer Theologe mit den Grundlagen funktionalen Denkens und dort besonders mit den Implikationen von Luhmanns Funktionsbegriff.[117] Die prinzipiellen Schwierigkeiten einer theologischen Rezeption des Funktionalitätsprinzips versucht Marx anhand von Leonordo Boffs theologisch unkritischem Gebrauch des Funktionsbegriffs herauszuarbeiten. "Boff benutzt die Begriffe Funktion, Funktionalität, Funktionalismus in bezug auf sein Verhältnis von Kirche und Gesellschaft vor allem in seiner Dissertation, und dort recht allgemein, ohne sich ... wirklich Rechenschaft über den sozialwissenschaftlichen Gebrauch von Struktur und Funktion abzulegen. Dennoch (oder gerade deshalb) entfaltet dieser Begriff im Zusammenhang von Kirche und Gesellschaft eine durchaus beeindruckende Wirkung. Boff fordert die Funktionalität von Kirche in Beziehung zur Welt zu undifferenziert ... ohne die unterschiedlichen Ebenen soziologischer und theologischer Kategorien zu beachten."[118]

Marx versucht in kritischer Auseinandersetzung mit Luhmann als dem "'Zu-Ende-Denker' des Funktionalismus"[119] , einen reflektierten theologischen Umgang mit dem Begriff der Funktion zu erreichen. Luhmanns Verständnis von Funktion als universalem Erklärungsmodell gesellschaftlicher Wirklichkeit stellt dabei für ihn ein Konkurrenzmodell zur theologischen Wirklichkeitsinterpretation dar. "Er erhebt den Anspruch, endlich durch eine allgemeine Theorie sozialer Systeme die Metatheorie der Gesellschaft und damit auch von Philosophie und Theologie gefunden zu haben."[120] In seiner ausführlichen Analyse des Funktionsbegriffes versucht Marx zu zeigen, daß funktionale Differenzierung nicht nur eine soziologische These ist, sondern daß sich hinter ihr eine eigene Vorstellung von Gesamtwirklichkeit, ein "Weltbild" verbirgt, welches mit dem theologischen unvereinbar ist. Für Marx als katholischen Theologen wird die Grundlage des theologischen Weltbildes durch die Grundannahmen der Metaphysik und Ontologie gebildet. Er weist in Luhmanns Denken die Absicht nach, das herkömmliche ontologische und metaphysische Begriffs-

---

[117] R. Marx: Ist Kirche anders? Möglichkeiten und Grenzen einer soziologischen Betrachtungsweise; Paderborn 1990.
[118] Marx, a.a.O., S. 62, mit Bezug auf L. Boff: Die Kirche als Sakrament im Horizont der Welterfahrung. Versuch einer Legitimation und einer struktur-funktionalistischen Grundlegung der Kirche im Anschluß an das II. Vatikanische Konzil; Paderborn 1972.
[119] Marx, a.a.O., S. 127.
[120] Marx, a.a.O., S. 77.

system durch seine Analyse aufzulösen.[121] Luhmann geht, wie bereits dargestellt, vor allem nach seinem "Paradigmawechsel" zu Beginn der 80er Jahre von einer völligen Auflösbarkeit von Systemen aus. Systeme werden durch die Differenzbildung von System und Umwelt jeweils neu konstituiert. Sie bestehen nicht aus bestimmten Substanzen, sondern reproduzieren ihre Bestandteile jeweils selbst. Sie erzeugen Beständigkeit durch die ständige Prozessierung und Stabilisierung ihrer Operationen. Die ontologische Leitunterscheidung Sein/Nichtsein ist für Luhmann deshalb nur eine unter vielen möglichen. Sie ist nicht grundlegend für die Beschreibung der Welt. Die Systemtheorie Luhmanns relativiert damit die ontologische, "alteuropäische" Sicht grundsätzlich. Die funktionale Analyse Luhmanns basiert in diesem Sinne auf einer völligen Dekomponierbarkeit von Systemen, die mit der ontologischen Vorstellung, daß die Wirklichkeit aus kleinsten, unauflöslichen Bestandteilen des Seins zusammengesetzt ist, tatsächlich nicht vereinbar ist. Marx meint deshalb: "Eine Theorie aber, die Metaphysik und Ontologie definitiv überwinden will, kann keine Voraussetzung für Theologie sein."[122]

Diese auf der Grundlage einer bestimmten Fassung der katholischen Theologie entwickelte Beurteilung greift sicherlich zu kurz. Das theologische Anliegen einfach mit Metaphysik und Ontologie zu indentifizieren, würde die theologischen Möglichkeiten, mit modernen Fragestellungen umzugehen, zu sehr einschränken. Hier werden dem Funktionalitätsprinzip der Systemtheorie - angeblich - theologische Prinzipien (Metaphysik, Ontologie) entgegengestellt. Auf diese Weise wird eine Inkompatibilität sozialwissenschaftlicher und theologischer Denkart behauptet. So einfach kann aber die kritische Auseinandersetzung mit Luhmann nicht geführt werden. Auch Marx muß die - für ihn allerdings bedrohliche - Tatsache anerkennen, daß "funktionales Denken auch sonst in die Praktische und Systematische Theologie einfließt".[123] Wenn aber die funktionale Analyse offensichtlich in der Praktischen und Systematischen Theologie rezipiert wird, können die Grenzen zwischen Theologie und Systemtheorie nicht so rigoros bestimmt werden, wie Marx das versucht. Die Schwierigkeiten, aber auch die Chancen einer Rezeption des Funktionsbegriffs innerhalb der Theologie sind deshalb gegenüber der konservativ-katholischen Auffassung von Marx differenzierter darzustellen.

### 3.2.5.2 Zur "funktionalen Theorie kirchlichen Handelns": Karl-Wilhelm Dahm

Bereits Anfang der 70er Jahre, also zu einem Zeitpunkt, als Luhmanns funktionaler Ansatz für den Bereich der Religion noch weitgehend unausgeführt war, hat sich K.-W. Dahm mit den Konsequenzen der funktionalen Differenzierung für das Handeln der Kirche in der modernen Gesellschaft beschäftigt. Er sucht vor allem unter dem Eindruck der großen gesellschaftlichen Veränderungen in der BRD am Ende der 60er Jahre, der zunehmenden Kirchenaustritte sowie demoskopischer Erhebungen

---

[121] Als kritische Stellungnahme zu Luhmanns Versuch der "De-Ontologisierung" von Wirklichkeit vgl. A. Nassehi: Wie wirklich sind soziale Systeme? In: W. Krawietz/M. Welker (Hrsg.): Kritik der Theorie sozialer Systeme, S. 43-70.

[122] Marx, a.a.O., S. 207.

[123] Marx, a.a.O., S. 206.

zur Kirchenmitgliedschaft, welche allesamt eine wesentliche Veränderung der öffentlichen Erwartungen an Kirche signalisieren, nach neuen Interpretationsmöglichkeiten für die Situation der Kirche. Er entdeckt dabei in den soziologischen Analysen mit Hilfe des Funktionsbegriffes wichtige Entwicklungen und versucht diese aufzunehmen. "Wir versuchen im folgenden, die gegenwärtige Situation der Kirche in der BRD in einer bestimmten soziologischen Betrachtungsweise, nämlich unter funktionalen Gesichtspunkten zu erörtern. Möglicherweise ergeben sich daraus neue und andere Aspekte, als wenn man das Phänomen 'Kirche' ausschließlich abstrakt-theologisch erörtert."[124] Die funktionale Analyse bietet für Dahm die Möglichkeit, die aktuelle Situation der Kirche in der modernen Gesellschaft in doppelter Weise in den Blick zu bekommen.

"a) 'Funktional' bezeichnet einerseits die Verflechtung der Kirche mit anderen gesellschaftlichen Gruppierungen, Aufgaben und Interessen und ihre Bedeutung für das Zusammenleben der Menschen überhaupt. ...

b) 'Funktional' bezeichnet zweitens eine Sicht, die an den Aufgaben orientiert ist, die der Kirche zugeschrieben werden, die sie wahrnimmt oder abweist. Es wird dann gefragt, was leistet die Kirche tatsächlich in der Gesellschaft - und was könnte sie leisten."[125]

Die Berechtigung, Kirche unter dem Aspekt funktionaler Differenzierung der modernen Gesellschaft, also nicht aus einem explizit theologischen Blickwinkel zu betrachten, ergibt sich für Dahm aus der Tatsache, daß die Anzahl der Mitglieder der christlichen Kirchen (Anfang der 70er Jahre!) mit derjenigen der Mitglieder der gesamten Gesellschaft in der BRD nahezu deckungsgleich ist. "Die Verflechtung der Kirche mit der Gesamtgesellschaft kommt u.a. darin zum Ausdruck, daß in der BRD ca. 95% der Bevölkerung den christlichen Kirchen angehören, nach den demoskopischen Erhebungen 'so etwas wie Kirche' grundsätzlich bejahen und in gewissen Situationen bestimmte kirchliche Leistungen fordern und in Anspruch nehmen."[126] Die weitgehende Kongruenz von Kirche und Gesellschaft erlaubt deshalb auch die Anwendung gesellschaftstheoretischer Einsichten auf die Kirche. Dahm unterscheidet auf dieser Grundlage zwei Funktionsbereiche kirchlichen Handelns.

"Funktionsbereich A: Darstellung und Vermittlung von grundlegenden Deutungs- und Wertsystemen...

Funktionsbereich B: Helfende Begleitung in Krisensituationen und an Knotenpunkten des Lebens."[127]

Dementsprechend muß sich für Dahm die Weiterentwicklung des kirchlichen Handelns und ihrer theologischen Reflexion auch unter veränderten gesellschaftlichen Bedingungen primär an den beiden Funktionen der Wertvermittlung und der helfenden Begleitung orientieren. In diesen Funktionsbereichen ist die Kirche zwar etabliert, sie hat dort eine geschichtlich gewachsene, "besondere Zuständigkeit",[128] die Erfüllung dieser Funktionen muß aber die jeweils veränderten Bedingungen berücksichtigen. Die kirchlichen Handlungsformen werden jedoch für Dahm den ver-

---

[124] K.-W. Dahm: Beruf: Pfarrer. Empirische Aspekte zur Funktion von Kirche und Religion in unserer Gesellschaft; 3. Aufl. München 1974, S. 303.
[125] Ebd.
[126] Ebd.
[127] Dahm, a.a.O., S. 305 f.
[128] Dahm, a.a.O., S. 306.

änderten gesellschaftlichen Anforderungen besonders im ersten Bereich nicht gerecht. "Im Funktionsbereich der Vermittlung von Deutungs- und Wertsystemen gilt es vor allem, die radikale Umwälzung der überkommenen Wertvorstellungen theologisch zu verarbeiten. Das betrifft die Maßstäbe der Erziehung, die Sexualmoral, die Wirtschaftsethik (Kapitalismus und Leistungsprinzip) und insgesamt die Bedingungen von Emanzipation und Selbstbestimmung unter wirtschaftlichen und technischen Systemzwängen."[129] Theologie und Kirche müssen deshalb die kritische Kraft des Evangeliums für solche Wertorientierungen neu zur Geltung bringen, wenn sie nicht von konkurrierenden Institutionen verdrängt werden wollen. Aber auch im zweiten Funktionsbereich der helfenden Begleitung müßten die Kirchen ihre gesellschaftliche Aufgabe verstärkt angehen, weil sie in dieser Funktion zunehmend gefragt sind.[130]

Diese kurze Skizze der Argumentation Dahms verdeutlicht, daß er in Anknüpfung an die funktionale Analyse das Handeln der Kirche primär an den damaligen gesellschaftlichen Bedürfnissen und Interessen orientiert. Das ist zwar einerseits eine wichtige Öffnung der kirchlichen Perspektive in Richtung auf veränderte Fragestellungen und Nöte in der gesellschaftlichen Umwelt der Kirche, andererseits vermißt man bei Dahm mitunter das kritische Potential, das Theologie nicht nur gegenüber der Gesellschaft, sondern auch gegenüber deren Analyse mit Hilfe des Funktionsbegriffs einbringen kann. Die durch den Funktionsbegriff charakterisierten gesellschaftlichen Aufgaben der Kirche werden theologisch nicht grundsätzlich hinterfragt. Eine theologisch-kritische Auseinandersetzung mit dem Funktionsbegriff selbst findet unter dem Eindruck des Erklärungspotentials dieses Begriffs für gesellschaftliche Entwicklungen kaum statt.[131] Im Gegensatz zur kategorischen Ablehnung des Funktionsbegriffs durch Marx kommt bei Dahm eine bisweilen allzu bereitwillige, pragmatische Orientierung an gesellschaftlichen Entwicklungen und Erwartungen zur Geltung. "Eine Einstellung, die die Kirche in erster Linie unter dem Gesichtspunkt der Erfüllung ihrer praktischen Aufgabe sieht und beurteilt, steht unseres Erachtens nicht im Gegensatz zu dem, was theologisch als Auftrag der Kirche definiert wird."[132] Gegenüber dieser damaligen Sicht Dahms muß in den 90er Jahren, also zwei Jahrzehnte später, angemerkt werden, daß inzwischen, besonders wenn man die Situation in den ostdeutschen Bundesländern berücksichtigt, keineswegs von einer Identität von Kirchenmitgliedschaft und Zugehörigkeit zur Gesellschaft ausgegangen werden kann. Seine Ausführungen zur "funktionalen Theorie kirchlichen Handelns" können deshalb heute so nicht übernommen werden. Die Kirchenaustrittsbewegungen und die immer geringer werdende Zahl der Kirchenmitglieder haben zu einer erheblichen Differenz zwischen dem Mitgliedsbestand der christlichen Kirchen und der Gesamtgesellschaft geführt. Gesellschaftliche Erwartungen an die Kirche und kirchlich-theologisches Selbstverständnis können deshalb inzwischen nicht mehr als kongruent angesehen werden. Soziologische Analyse der bundesrepublikanischen Gesellschaft mit Hilfe des Funktionsbegriffs und theologische Klärung der Position der Kirche in dieser Gesellschaft müssen deshalb voneinander unterschieden werden.

---

[129] Dahm, a.a.O., S. 307 f.
[130] Dahm, a.a.O., S. 306.
[131] Das bedeutet nicht, daß sich Dahm insgesamt unkritisch gegenüber Luhmanns Theorie funktionaler Differenzierung gezeigt hätte. Die hier getroffenen Feststellungen beziehen sich lediglich auf seine Überlegungen zu einer funktionalen Theorie kirchlichen Handelns.
[132] Dahm, a.a.O., S. 308.

Eine theologische Rezeption des Luhmannschen Funktionsbegriffs muß dementsprechend differenziert ansetzen. Weder die kategorische Ablehnung dieses Begriffs nach Marx noch die theologische Rezeption im Anschluß an das damalige Konzept von Dahm wird der Berechtigung der funktionalen Analyse einerseits und der Notwendigkeit zu deren theologischer Kritik andererseits voll gerecht.

### 3.2.5.3 Universalität des Funktionsprinzips und Pluralität der Erscheinungsformen christlicher Religion: Wolfhart Pannenberg

In differenzierter Weise hat sich Wolfhart Pannenberg anläßlich der Ausführungen Luhmanns zur "Funktion der Religion" mit dem systemtheoretischen Funktionsbegriff auseinandergesetzt.[133] Schwierigkeiten bei der Aufnahme des Funktionalitätsprinzips im Bereich der christlichen Religion ergeben sich für Pannenberg vor allem daraus, daß der Funktionsbegriff nicht hinreichend zwischen den konkret faßbaren, institutionellen Erscheinungsformen von Religion im speziellen und der Religiösität als einem globalen Aspekt von Sozialität im allgemeinen unterscheidet. Pannenberg kritisiert, daß dieser für die christliche Religion wichtige Doppelaspekt innerhalb des vereinheitlichenden Funktionsschemas unterschlagen werde. "Das Verhältnis zwischen der für die Einheit der Gesellschaft grundlegenden Funktion der Religion und ihrer Ausgestaltung als Teilsystem neben anderen Teilbereichen innerhalb derselben Gesellschaft muß zum zentralen Problem einer solchen Betrachtungsweise werden, zumal angesichts einer Phase der Gesellschaftsentwicklung, in der das Teilsystem Religion mehr oder weniger an den Rand geraten zu sein scheint. Luhmann löst dieses Problem durch seine These, daß die verschiedenen Funktionen, auf deren Wahrnehmung das Gesellschaftssystem angewiesen ist, im Laufe seiner Entwicklung zunehmend ausdifferenziert und gegeneinander zu Teilsystemen verselbständigt worden seien. Dabei handelt es sich um eine Entwicklung, die nicht nur die Religion betrifft, sie aber wegen ihrer engen Verbindung zur Einheit der Gesamtgesellschaft im besonderen Maße belastet."[134]

Damit hat Pannenberg die Grundintention des Luhmannschen Funktionsbegriffes zutreffend erfaßt. Es geht Luhmann darum, alle gesellschaftlich relevanten Erscheinungsformen, also auch ein derart schwierig zu fassendes soziales Phänomen wie Religion, in gesellschaftstheoretischer Absicht unter ein übergreifendes Ordnungsprinzip zu bringen. Deshalb ist die Zusammenfassung eines allgemeinen Aspektes von Religion und seiner institutionellen Konkretionen unter ein beide Aspekte integrierendes Gesamtschema für Luhmann ein zentrales Anliegen. Er unternimmt mit seiner funktionalen Analyse den Versuch, komplizierte soziale Phänomene wie z.B. das Christentum unter ein einheitliches Beobachtungsschema zu fassen und sieht den Fortschritt seines Funktionsbegriffes gerade in der Fähigkeit, die verschiedenen Erscheinungsformen des Religiösen umfassend beschreiben und sie

---

[133] Vgl. zum folgenden die Rezension von Luhmanns religionssoziologischem Hauptwerk "Funktion der Religion"; Frankfurt/Main 1977 durch Wolfhart Pannenberg: Religion in der säkularen Gesellschaft. Niklas Luhmanns Religionssoziologie; in: Evangelische Kommentare 11 (1978), S. 99-103 sowie die anschließende Diskussion zwischen Luhmann und Pannenberg: Die Allgemeingültigkeit der Religion, a.a.O., S. 350 und S.355-357.

[134] W. Pannenberg, a.a.O., S. 100.

mit anderen Teilbereichen der Gesellschaft vergleichen zu können. "Eine bloße Kontrastierung des Allgemeinen und seiner besonderen Gestalt reicht ... für verfeinerte Ansprüche an gesellschaftstheoretische Analyse nicht mehr aus. Sie führt hin auf die Differenz von unbestimmter Religiosität im Sinne eines Aspektes von Sozialität schlechthin und kontingenter historischer Formulierung, die bewußtseinsfähig, thematisierbar, eben damit aber auch kritisierbar und ablehnbar ist. Und sie beläßt es bei dieser Unterscheidung. Mein Buch 'Funktion der Religion' (Frankfurt/ Main 1977) macht den Versuch, über diese bloße Unterscheidung hinauszukommen und sie in das Konzept eines Funktionsproblems jeder Gesellschaft zu transformieren."[135]

Pannenberg wendet sich an dieser Stelle gegen eine Simplifizierung des Verständnisses von christlicher Religion. Für ihn kann das Religionsthema nicht auf eine gesamtgesellschaftlich orientierte Funktion reduziert werden. Die Ambivalenz von institutionalisierter Religion, etwa als Kirche, und allgemeiner Religionsthematik, die Luhmann durch den Funktionsbegriff überwinden möchte, ist für Pannenberg gerade ein Charakteristikum der Religion und darf nicht unter dem Begriff der Funktion aufgehoben werden. "Gerade für das Verständnis der Problematik des religiösen Teilsystems selber scheint die Differenz und Spannung zur gesamtgesellschaftlichen Relevanz des Religionsthemas wichtig, die darum aber eigener Thematisierung bedarf. Die 'Differenz unbestimmter Religiosität im Sinne eines Aspektes von Sozialität schlechthin und kontingenter historischer Formulierung' des Religionsthemas in seiner kirchlichen Gestalt mag in dieser Hinsicht unbefriedigend sein. Dennoch ist die damit bezeichnete Spannung gerade für das religiöse Leben der Neuzeit charakteristisch und sollte nicht verdrängt, sondern differenzierter analysiert werden."[136]

Pannenberg hält die beiden Aspekte der allgemeinen Religiosität und deren teilsystemspezifischer Konkretion für zwei entscheidende Spannungspole, zwischen denen sich die ganze Vielfalt der Erscheinungsformen christlich-religiösen Lebens in der Neuzeit gebildet hat. Der von Luhmann eingebrachte, sehr allgemeine Begriff der Religion wird dabei von Pannenberg nicht grundsätzlich kritisiert. Gegen die Kritik des Religionsbegriffs in der Dialektischen Theologie hält Pannenberg diesen für theologisch brauchbar und beurteilt Luhmanns Überlegungen zum Begriff der Religion deshalb grundsätzlich positiv. "Inzwischen hat sich die Abtrennung der biblischen Offenbarung vom religiösen Leben der Menschheit als eine selbstzerstörerische Anwandlung der Theologie erwiesen. Die Schranken der Religionskritik werden deutlicher, und jenseits ihrer öffnet sich der Blick auf die grundlegende Bedeutung der Religion für das Gesellschaftssystem."[137] Diese grundlegende Bedeutung der Religion eröffnet sich nach Pannenberg jedoch nur in der Ambivalenz von Allgemeinheit der religiösen Thematik und deren konkreter Gestaltwerdung. Er betont die Fähigkeit der christlichen Religion, innerhalb solcher Ambivalenzen eine Pluralität sozialer Erscheinungsformen auszubilden. Eben dieses Vermögen ist auch für Pannenberg wesentliche Vorbedingung für die pluralen Erscheinungsformen vor allem des neuzeitlichen Christentums. "Ohne die Differenz zwischen der Allgemeinheit der religiösen Thematik ... und den besonderen Formen ihrer kirchlichen Wahrnehmung

---

[135] Luhmann, a.a.O., S. 350.
[136] Pannenberg, a.a.O., S. 357, mit Bezug auf die zitierte Formulierung Luhmanns, a.a.O., S. 350.
[137] Pannenberg, a.a.O., S. 99.

bliebe die religiöse Lebenswelt des neuzeitlichen Christentums mit ihren charakteristischen Formen theologischer und kirchlicher Pluralität unverständlich."[138]

Die Verschiedenheit der Konfessionen, die Vielfalt christlicher Gruppierungen außerhalb oder nur in lockerer Verbindung zur verfaßten Kirche, aber auch die Pluralität der Meinungen und sozialen Erscheinungsformen innerhalb der Kirche können nicht einfach unter das simplifizierende Schema der Funktion zusammengefaßt werden. Dieses Betrachtungsschema unterschätzt die Möglichkeiten der christlichen Religion, vielfältige und sehr verschiedene Erscheinungsformen auszubilden, die zwar sehr partikular ausgerichtet sind, dabei aber zugleich den Anspruch einer gesamtgesellschaftlichen Relevanz der Religion erheben. Das bereits beschriebene evangelische Verständnis von Kirche als einer Pluralität verschiedenster Einzelgemeinden, die dennoch erst in ihrer Gesamtheit Kirche darstellen, ist ein Beispiel dafür, wieweit die Differenzierungs- und zugleich Integrationsfähigkeit der christlichen Religion geht.

Indem Luhmann nicht zwischen allgemeiner Religionsthematik und der Pluralität konkreter, jeweils kontingenter sozialer Erscheinungsformen der Religion unterscheidet, sondern beide unter den universalen Begriff der Funktion zusammenfaßt, nimmt er sich die Chance, die universelle und zugleich sehr spezielle Ausprägung der christlichen Religion detailliert wahrzunehmen. Für ihn ist dieser Doppelaspekt nicht, wie für Pannenberg, eine wichtige Spannung, aus der heraus sich das heutige Christentum entwickelt hat, sondern ein veraltetes Festhalten an einer allgemeinen gesellschaftlichen Bedeutung der Religion, die durch ihre Partikularisierung als Teilsystem der modernen Gesellschaft längst überwunden ist. "Ebenso wie Rendtorff vermutet Pannenberg einen Widerspruch zwischen gesamtgesellschaftlicher Relevanz der Religion und Basierung ihrer Funktion in einem bloßen Teilsystem. Wenn man davon ausgehen muß, daß die Gesellschaft eine Vielzahl von Funktionen wie Religion, Politik, Rechtspflege, Wirtschaft, wissenschaftliche Forschung, Erziehung, Familienbildung zu erfüllen hat, die nicht in eine durchgehende, ein für allemal festliegende Rangordnung gebracht werden können, ist die Institutionalisierung des Vorrangs einer Funktion vor allen anderen nur auf Teilsystembasis möglich."[139] An dieser Stelle verbaut sich Luhmann durch die schematisierende Anwendung seines Funktionalitätsprinzips offenbar selbst den Zugang zu dem theologisch zentralen Sachverhalt, daß zumindest die christliche Religion sich nicht nur mit einer auf ein Teilsystem reduzierbaren partikularen Funktion zufrieden geben kann, sondern zugleich auf einem für ihr Selbstverständnis unverzichtbaren Allgemeingültigkeitsanspruch ihrer Glaubensinhalte für die gesamte Gesellschaft bzw. für alle Erscheinungsformen des Sozialen beharren muß. Universalitätsanspruch der funktionalen Analyse und der christlichen Glaubensaussagen scheinen damit grundsätzlich zu kollidieren.

---

[138] Pannenberg, a.a.O., S. 357.

[139] Luhmann, a.a.O., S. 355, bezogen auf die Kritik Trutz Rendtorffs: Gesellschaft ohne Religion? Theologische Aspekte einer sozialethischen Kontroverse (Luhmann/Habermas); München 1975.

### 3.2.5.4 Zur Differenz und Konvergenz von funktionaler Analyse und theologischer Reflexion: Eberhard Mechels

Den bislang differenziertesten Versuch, die konkurrierenden Universalitätsansprüche von Theologie und Systemtheorie zu berücksichtigen und dabei gleichzeitig die Wichtigkeit der funktionalen Analyse für Theologie und Kirche herauszuarbeiten, stellen die Überlegungen von Eberhard Mechels zur Kirche und ihrer gesellschaftlichen Umwelt dar.[140] Mechels erkennt und benennt einerseits die elementaren Gefährdungen, die von dem universal ausgerichteten Ansatz Luhmanns für die theologische Reflexion ausgehen, andererseits erkennt er aber auch an, daß den theologisch mit Vorsicht zu begegnenden Analysen Luhmanns zugleich reale Entwicklungen in der modernen Gesellschaft entsprechen, die wiederum für das theologische Verständnis der Stellung der Kirche in der Gesellschaft von Bedeutung sind. Luhmanns Thesen zur funktionalen Differenzierung bekommen damit für die Theologie eine ambivalente Bedeutung. Sie bilden einen problematischen Konkurrenzentwurf zur theologischen Wirklichkeitssicht, beschreiben damit jedoch zugleich differenziert die gesellschaftlichen Bedingungen, unter denen sich diese theologische Sicht heute zu bewähren hat.

Die Probleme bei einer theologischen Beschäftigung mit der funktionalen Analyse sieht Mechels vor allem auf drei Ebenen. "Es ist deutlich, daß mit diesem universalen Anspruch einer Soziologie als funktionaler Metatheorie der Gesamtwirklichkeit das Gespräch zwischen Soziologie und Theologie in ein neues prekäres Stadium tritt. Erstens wegen des Universalitätsanspruches. Zweitens wegen des Anspruches, mit dem diese Sozialtheorie der Theologie begegnet: ihr auf den funktionalen Begriff gebrachtes Bewußtsein zu sein. ... Drittens wegen der funktional-strukturellen Methodik und der neuen Verbindung von handlungssoziologischen, wissenssoziologischen und funktionalistischen Ansätzen, mit denen die Systemtheorie ein Instrumentarium entwickelt hat, von dem sie behauptet, daß sie Aussagen der Theologie 'in einem erweiterten Interpretationszusammenhang direkt analysieren kann'."[141] Theologisch problematisch ist also vor allem der direkte Zugriff der funktionalen Analyse auf den Bereich von Kirche und Theologie, der aus dem Abstraktionsgrad und der Universalität der Systemtheorie erwächst, und der für sich in Anspruch nimmt, Probleme in herkömmlicherweise der theologischen Reflexion vorbehaltenen Bereichen anders und vielleicht sogar besser reflektieren und lösen zu können. Der Konflikt von Systemtheorie und Theologie verdichtet sich damit zusehens. Es geht nicht nur um eine soziologische Perspektive, die von einer externen Position aus Probleme der christlichen Religion zentral im gesellschaftlichen Kontext beobachtet. Die soziologische Analyse macht in Gestalt des Funktionsbegriffs nicht an der Pforte des kirchlichen, diakonischen und theologischen Bereichs halt. Sie erhebt den Anspruch, sich auch in diese Bereiche hinein begeben zu können und über die Innenstruktur des christlichen Religionssystems Aussagen machen zu können, die für die theologische Reflexion und die kirchliche Praxis relevant, ja sogar maßgebend sind. Die Theologie kann die funktionale Analyse damit nicht als mehr oder minder interessante Außen-

---

[140] E. Mechels: Kirche und gesellschaftliche Umwelt. Thomas-Luther-Barth; Neukirchen-Vluyn 1990.
[141] Mechels, a.a.O., S. 17 f; mit Bezug auf N. Luhmann: Religiöse Dogmatik und gesellschaftliche Evolution; in: K.-W. Dahm, N. Luhmann, D. Stoodt: Religion-System und Sozialisation; Darmstadt und Neuwied 1972, S. 15-132, dort S. 17.

perspektive abtun, sie findet den systemtheoretischen Diskussionspartner unmittelbar im eigenen Gebiet vor. "Der Theologe muß also nicht auswandern aus 'seines Vaters Haus', um im Vorhof und Vorfeld des Allerheiligsten Auskunft zu bekommen über seine Thematik mitbestimmende Voraussetzungen und Folgen gesellschaftlicher Natur."[142] Die klar gesetzte Grenze zwischen theologisch beanspruchtem religiösem Innenbereich und soziologisch beschreibbarer gesellschaftlicher Umwelt verflüchtigt sich damit unter dem analytischen Zugriff des universalen Funktionalitätsbegriffes.

Das fordert von der Theologie einerseits die hartnäckige Gegenwehr gegen subtil vorgetragene Versuche Luhmanns, die theologische Reflexion diakonischer und kirchlicher Wirklichkeit allmählich durch funktionale Analyse abzulösen. "Die Anerkennung der Beliebigkeit der inhaltlichen Bezugsgrößen der Theologie und der einzigen und ausschließlichen Nichtbeliebigkeit ihrer Funktionalität käme einer Selbstaufgabe der Theologie gleich."[143] Es wird im nächsten Kapitel gezeigt werden, daß bereits in Luhmanns Ausführungen zur "Funktion der Religion" von 1977 mit der Anwendung des Funktionalitätsprinzips auf Kirche, Theologie und Diakonie letztlich eine Trennung dieser drei Bereiche und damit eine diskrete Verdrängung der Theologie aus dem Bereich von Kirche und Diakonie nahe gelegt wird (vgl. Kapitel 4.2.1.3). Aber auch in neueren Veröffentlichungen z.B. zur "Ausdifferenzierung der Religion" (1989) läßt sich immer wieder eine Tendenz Luhmanns beobachten, der Theologie ihre eigenen Ausgangspunkte vorzuschreiben, von denen aus Luhmann dann "immer noch immense Freiheitsgrade in der Ausgestaltung einer Reflexionstheorie des Religionssystems auf theologischer Grundlage" zugesteht.[144] Derartige systemtheoretische Okkupationsversuche innerhalb der eigenen Grenzen der christlichen Religion können theologisch nicht akzeptiert werden.

Andererseits bietet der universale Zugriff des Funktionalitätsprinzips auf den Bereich christlicher Religion der Theologie auch die Chance, unter Verteidigung ihrer ureigenen Sache ihrerseits über die eigenen Grenzen hinauszuschauen und mit Hilfe der funktionalen Analyse Entwicklungen in der Gesellschaft wahrzunehmen, die für Kirche, Theologie und Diakonie wiederum unmittelbare Auswirkungen haben und die sich sogar unmittelbar innerhalb derselben vollziehen. Die Aussagen Luhmanns sind dann nicht nur eine theologische Gefahr, sie können bei entsprechend differenzierter theologischer Rezeption eine wichtige Außenperspektive ermöglichen: "das für die Theologie virulente Problem liegt nicht allein im funktionalistischen Zugriff der Theorie. Diese vollzieht vielmehr auf ihrer Ebene, thematisiert auf reflexe Weise, was in gesellschaftlicher Praxis bereits im Schwange ist. Die Konsequenzen, die die Theorie mit der ihr eigenen Folgerichtigkeit ausplaudert, sind ein warnendes Signal und insofern eine Hilfe für den Theologen, die Probleme und fundamentalen Gefährdungen wahrzunehmen, mit denen die christliche Kirche in der Praxis ihres gesellschaftlichen Daseins konfrontiert ist."[145]

In Anknüpfung an diese differenzierte und zutreffende Sicht von Mechels muß deshalb im folgenden die theologische Auseinandersetzung mit Luhmanns Theorie auf zwei Ebenen geführt werden. Es muß einmal darum gehen, ihn bei seinen perma-

---

[142] Mechels, a.a.O., S. 18.
[143] Mechels, a.a.O., S. 17.
[144] Luhmann: Zur Ausdifferenzierung der Religion; in: Gesellschaftsstruktur und Semantik, Band 3; Frankfurt/Main 1989, S. 356.
[145] Mechels: Kirche und gesellschaftliche Umwelt, a.a.O., S. 18.

nenten Versuchen, die theologische Reflexion durch funktionale Analysen zu ersetzen, auf Distanz zu halten. Zum anderen darf sich die Theologie aber von solchen Angriffsversuchen nicht über die dennoch vorhandene Relevanz der systemtheoretischen Analyse hinwegtäuschen lassen. Insofern Kirche, Theologie und Diakonie ihren Auftrag unter den jeweiligen konkreten gesellschaftlichen und zeitgeschichtlichen Bedingungen zu erfüllen haben, müssen sie auch die internen Strukturen der aktuellen gesellschaftlichen Situation unbedingt berücksichtigen. Wenn dafür Luhmanns Theorie funktionaler Differenzierung sinnvolle Erklärungsmuster bereitstellt, ist die theologische Wahrnehmung dieser Analyse für die Verfolgung ihres eigenen Auftrags deshalb durchaus legitim.

Es steht in guter theologiegeschichtlicher Tradition, wenn sich auf dieser zweiten Ebene einer theologischen Wahrnehmung gesellschaftlicher Strukturen und deren theologischer Konsequenzen wichtige Korrelationen zwischen gesellschaftlicher Entwicklung und Entwicklung der Theologie ergeben. Theologie hat auch in früheren Zeiten veränderte gesellschaftliche Bedingungen in ihre Reflexion wesentlich mit einbezogen. So läßt sich das Entstehen wichtiger theologischer Konzepte unmittelbar im Kontext bestimmter Ausdifferenzierungsprozesse der jeweiligen Gesellschaft begreifen. Die Analyse der Gesellschaftssituation wird also in dem Maße für die Theologie relevant, wie sie die daraus entstehenden Probleme theologisch reflektieren hilft.

Diese sinnvolle Korrelation[146] von gesellschaftlichen Differenzierungsprozessen und zeitgemäßer Theologie hat Eberhard Mechels im Anschluß an das Differenzierungskonzept Luhmanns exemplarisch für Thomas von Aquin, Martin Luther und Karl Barth nachgewiesen. "Haben soziale Verhältnisse noch starke Verwandtschaft mit Naturvorgängen, dann kann sich das Verstehen der sozialen Wirklichkeit, auch der sozialen Wirklichkeit der Kirche, orientieren am Verstehen der Natur, wie es bei Thomas von Aquin der Fall ist. Wenn er also seine Theologie entfaltet im metaphysischen Koordinatensystem von Natur und Übernatur, dann artikuliert er theologisches Wissen als Kind seiner hochmittelalterlichen Gesellschaft in einer Theologie der Perfektion der Natur."[147] Auf einer nächsten Stufe gesellschaftlicher Differenzierung läßt sich demgegenüber die Theologie Luthers verstehen. Hier geht es um die theologische Bewältigung der Ausdifferenzierung von Mensch und Natur und die daraus resultierende Konzentration auf die Bedeutung des Menschen in der Gesellschaft. Dem gesteigerten Risiko der menschlichen Existenz, die sich nur noch begrenzt auf "natürliche", übergesellschaftliche Phänomene stützen kann, korreliert damit das soteriologische Interesse der Theologie Luthers. Die Frage nach dem persönlichen Heil gewinnt in der "anthropozentrierten Gesellschaft" zunehmende Relevanz. "Eine soteriologisch zentrierte Theologie wie die Martin Luthers steht in einer genau angebbaren Korrespondenz zu dieser veränderten gesellschaftlichen Lebenswelt."[148] In der modernen Gesellschaft zu Beginn des 20. Jahrhunderts gewinnt unter den Bedingungen der funktionalen Differenzierung der Gesellschaft die Differenz zwischen Kirche und Gesellschaft entscheidende theologische Relevanz. Die Theologie Karl Barths läßt sich nach Mechels in Korrespondenz zu dieser gesellschaftlichen Problematik verstehen. Gegen die Ausdifferenzierung von Kirche und Gesellschaft richtet sich

---

[146] Mechels hebt dabei, soweit ich sehe, nicht auf das Korrelationskonzept Paul Tillichs ab.
[147] Mechels, a.a.O., S. 7.
[148] Mechels, a.a.O., S. 7.

das Barthsche Modell des Zusammenhangs von Christengemeinde und Bürgergemeinde.[149] "K. Barth entfaltet in 'Christengemeinde und Bürgergemeinde' zunächst die Differenz zwischen Kirche und Gesellschaft, dann die Beziehung zwischen beiden, schließlich das Umschlossensein beider vom Reiche Christi."[150]

Versteht man die von Mechels theologiegeschichtlich nachgewiesene Korrespondenz von gesellschaftlicher Entwicklung und theologischer Konzeptionsbildung als wichtiges Kriterium für die Entwicklung einer zeitgemäßen Theologie, dann ist die Beachtung der internen Konstellationen der gegenwärtigen Gesellschaft nicht nur für die theologische Beurteilung der aktuellen gesellschaftlichen Entwicklungen von Interesse. Vielmehr steht zu erwarten, daß die Analyse der gesellschaftlichen Differenzierungsprozesse auch bestimmte Konsequenzen nicht nur für die Organisation der kirchlichen Institutionen, sondern auch für die Entwicklung theologischer Konzepte haben wird und haben muß. Das ist nicht im Sinne einer theologischen Anpassung an gesellschaftliche Modetrends zu verstehen, sondern vielmehr als notwendige Korrelation zwischen den sozialen Erscheinungsformen des Christentums in ihrem gesellschaftlichen Kontext und ihrer zeitgemäßen theologischen Reflexion. Diese Zusammenhänge von gesellschaftlicher Konstellation und theologischer Konzeption müssen bei einer Auseinandersetzung mit sozialwissenschaftlichen Erklärungsmodellen zentral im Blick bleiben. "Wenn der Theologe sagt, was er weiß, spricht er demnach mehr mit als er weiß. Kirche und gesellschaftliche Umwelt sind in ursprünglicherer Weise zusammen, als dem Theologen, der wissen will, was er sagt, lieb sein kann."[151]

Der Zusammenhang mit gesellschaftlichen Entwicklungen und ihrer sozialwissenschaftlichen Reflexion ist also für ein theologisch verantwortetes Bedenken der Stellung des Christentums in der modernen Gesellschaft zu berücksichtigen. Insofern die Theorie funktionaler Differenzierung von Niklas Luhmann die derzeitigen gesellschaftlichen Entwicklungen plausibel beschreiben kann, wird sie deshalb auch für die theologische Reflexion der Kirche in der (spät-)modernen Gesellschaft und damit mittelbar zugleich für die Entwicklung der Theologie selbst wichtig sein. Damit ist zwar eine *direkte* Einflußnahme der Systemtheorie Luhmanns auf die Theologie ausgeschlossen, nicht aber eine gemeinsame Auseinandersetzung mit den gegenwärtigen gesellschaftlichen Zuständen im Sinne eines *konvergierenden systemtheoretischen und theologischen Interesses* an den derzeitigen Lebensbedingungen.

## 3.3 Grundmodelle einer Verhältnisbestimmung von Theologie und Sozialwissenschaften

Die in diesem Kapitel unternommenen Bemühungen um eine Relationierung von Theologie und Systemtheorie müssen im Kontext eines noch größer zu steckenden Rahmens verstanden werden. Es geht letztlich um die prinzipiellen Möglichkeiten einer Verhältnisbestimmung zwischen Theologie und Sozialwissenschaften. Die Rezeption und Verarbeitung sozialwissenschaftlicher Erkenntnisse und Methoden ist in theoretischer, praktischer oder pragmatischer Absicht bereits in einer Vielzahl von

---

[149] Vgl. K. Barth: Christengemeinde und Bürgergemeinde; München 1946.
[150] E. Mechels: Kirche und gesellschaftliche Umwelt, S. 243.
[151] Mechels, a.a.O., S. 6.

Variationen versucht worden. Fast könnte man sagen, daß jede Rezeption auch ihre eigene Rezeptionsstrategie entwickelt hat. Dieser Umstand ist nicht zufällig, er zeigt vielmehr, daß sich die Aufnahme spezieller sozialwissenschaftlicher Theorien in der Theologie nicht an einer standarisierten Verhältnisbestimmung und Rezeptionsmethodik orientieren kann, sondern daß diese jeweils in Auseinandersetzung mit den besonderen Aussagen und Implikationen der betreffenden Theorie und im Hinblick auf den zu untersuchenden Gegenstand, für dessen umfassendere Betrachtung man sozialwissenschaftliches Theoriegut heranzieht, erst entwickelt werden müssen. "So wenig es *das* Verhältnis der Praktischen Theologie (oder gar der Theologie als ganzer) zu *den* Sozialwissenschaften gibt, so wenig vermag eine einzelne Perspektive die verschiedenen Aspekte dieses Verhältnisses zu erfassen."[152] Diese Pluralität der herausgearbeiteten Rezeptionsmöglichkeiten und der daraus resultierenden Verhältnisbestimmungen von Theologie und Sozialwissenschaften entbindet jedoch nicht von der Aufgabe, diese methodisch reflektiert zu handhaben. Die generelle Problematik der Grenze zwischen Theologie und Sozialwissenschaften darf trotz der Vielzahl der bereits vorhandenen Überschreitungsversuche nicht unterschätzt werden. Um an dieser Stelle nicht in eine unreflektierte Rezeption sozialwissenschaftlicher Einsichten zu verfallen, wird es nötig sein, diese nicht nur inhaltlich, sondern auch methodisch zu kontrollieren. Obwohl sich eine generelle Rezeptionsmethodik aus dem genannten Grund nicht angeben läßt, können dennoch mit Hermann Steinkamp vier verschiedene Grundtypen einer Berücksichtigung sozialwissenschaftlicher Erkenntnisse in der Theologie benannt werden, die methodisch eine Groborientierung liefern können. Es handelt sich also um eine idealtypische Schematisierung der theologischen Rezeptionsmöglichkeiten sozialwissenschaftlicher Einsichten, die sich nicht an konkreten Rezeptionsmodellen, sondern an aus bereits vorhandenen Rezeptionsversuchen abstrahierten "Paradigmen" orientiert.[153]

"Die idealtypische Klassifizierung von Typen des Beziehungsverhältnisses von Praktischer Theologie und Sozialwissenschaften erscheint angesichts der Schwierigkeiten, diese Beziehung zu bestimmen, als besonders geeignetes Instrument."[154] Diese von Steinkamp unternommene Eingrenzung der Fragestellung auf das Gebiet der Praktischen Theologie ist nicht nur deshalb sinnvoll, weil das im folgenden zu behandelnde Problemfeld der Diakonie herkömmlicherweise als Teilgebiet der Praktischen Theologie aufgefaßt wird, sondern vor allem, weil es im Bereich der Praktischen Theologie ohne Zweifel das größte Erfahrungsreservoire im Umgang mit den Human- und Sozialwissenschaften gibt. "Wenn irgendeine theologische Disziplin, so war es die Praktische Theologie, die in den letzten Jahrzehnten gerade in einen Zwangsdialog mit den jeweiligen human- und sozialwissenschaftlichen Wissenszweigen gezwungen wurde: bei der Homiletik mit der Rhetorik und Journalistik; bei der Katechetik mit der Pädagogik und Didaktik; bei der Seelsorgelehre mit der Psychologie und Sozialpsychologie; bei der Kybernetik und der Lehre vom Gemeindeaufbau mit der Soziologie und all deren Teilsoziologien; bei der Diakonik mit der Politik, der Sozialfürsorge und Sozialpädagogik; bei der Liturgik mit der Ästhetik

---

[152] H. Steinkamp: Zum Verhältnis von Praktischer Theologie und Sozialwissenschaften; in: N. Mette/H. Steinkamp: Sozialwissenschaften und Praktische Theologie; Düsseldorf 1983, S. 164-176, dort S. 164.
[153] Der Begriff des Paradigmas wird von Steinkamp also im Sinne einer Typologie gebraucht.
[154] Steinkamp, a.a.O., S. 166.

und zum Beispiel der Theaterwissenschaft usf."[155] Dieser geradezu gezwungenermaßen geführte Dialog in nahezu allen Bereichen der Praktischen Theologie und die daraus gewonnenen wissenschaftstheoretischen Erfahrungen sollten auch für die Bestimmung des Verhältnisses von Theologie und Soziologie im Bereich der Diakonie berücksichtigt werden.

Die vier von Steinkamp genannten "Paradigmen" ergeben sich aus verschiedenen Schwerpunktsetzungen bei der Bestimmung dieses Verhältnisses. Der theologisch-sozialwissenschaftliche Dialog kann die Priorität entschieden auf das theologische Interesse legen. Das Verhältnis wird dann als *"Indienstnahme"* der Sozialwissenschaften durch die Theologie aufgefaßt. Er kann die sozialwissenschaftliche Seite betonen und deren Erkenntnisse gewissermaßen als *"fremdprophetische"* Aussagen werten. Die beiden Teilbereiche können jedoch auch im Hinblick auf einen dritten, zu untersuchenden Gegenstand in ihren Interessen und Optionen *konvergieren*. Schließlich kann der Akzent auf bereits bestehende *Überschneidungen* zwischen Theologie und Sozialwissenschaften gesetzt werden. Der interdisziplinäre Dialog spielt sich dann im Grenzbereich zwischen diesen beiden Wissenschaften ab.
Als die vier möglichen Grundformen der Verhältnisbestimmung zwischen Theologie und Sozialwissenschaften ergeben sich damit in Anschluß an Steinkamp:
1. Das "ancilla"-Paradigma
2. Das "Fremdprophetie"-Paradigma
3. Konvergierende Interessen und Optionen von Theologie und Sozialwissenschaften
4. Grenzgebiete zwischen Theologie und Sozialwissenschaften.[156]

### 3.3.1 Das "ancilla-Paradigma"

Die Auffassung, daß nichttheologische Wissenschaften "Magd" der Theologie sind und als solche in bestimmter Weise von der theologischen Wissenschaft in Dienst genommen werden können, geht zurück auf ein antiquiertes Theologieverständnis. "Aus einer Zeit, als sich die Theologie noch als eine Art Super-Wissenschaft begriff, das heißt..., den Anspruch erhob, das 'Ganze' der Wirklichkeit... als ihren Erkenntnisgegenstand zu haben, stammt die Vorstellung, alle Erkenntnisse anderer Wissenschaften müßten der Wahrheitssuche der Theologie nutzbar gemacht werden."[157] Diese Ansicht läßt sich im heutigen differenzierten Wissenschaftssystem nicht mehr halten. Theologie hat, auch wenn sie an vielen Universitäten noch als erster Fachbereich geführt wird, die Führungsposition der Wissenschaften verloren und ist zu einer Disziplin unter vielen geworden. Damit ist das "ancilla"-Paradigma jedoch keineswegs aus der theologischen Diskussion verschwunden. Innerhalb der nun enger gesetzten Grenzen der theologischen Wissenschaft wird vor allem auf dem Weg der Rezeption von "Methoden" der Versuch unternommen, fachfremde Theorien innerhalb der Theologie "nutzbar" zu machen. "Vor allem im Bereich der Praktischen

---

[155] G. Rau: Theologie und Sozialwissenschaften - Theoretische Ansätze zu ihrer Integration; in: K.-F. Daiber, I. Lukatis (Hrsg.): Die Praxisrelevanz von Theologie und Sozialwissenschaften. Ein Symposion; Frankfurt/Main 1984, S. 175-198, dort S. 192 f.

[156] Vgl. H. Steinkamp: Zum Verhältnis von Praktischer Theologie und Sozialwissenschaften, a.a.O., S. 166-176.

[157] Steinkamp, a.a.O., S. 166 f.

Theologie findet sich eine zeitgenössische Variante des ancilla-Paradigmas in dem Sinne, daß sogenannte 'Methoden' aus den Humanwissenschaften übernommen und für theologische bzw. kirchliche Zwecke 'nutzbar gemacht' werden: Von der Psychoanalyse über klientzentrierte Gesprächsführung, Themenzentrierte Interaktion, Gruppendynamik bis hin zur Zen-Meditation. (Ähnliches gilt übrigens für die Rezeption von Methoden der empirischen Sozialforschung durch die 'Kirchensoziologie'.)"[158]

Die "Indienstnahme" bezieht sich dabei also nicht auf fachfremde Inhalte, sondern lediglich auf das methodische Vorgehen. Legitimiert wird solche "Nutzbarmachung" meist dadurch, daß mit Hilfe human- und sozialwissenschaftlicher Methoden theologische Ziele erreicht werden sollen. Die Gefahr solcher Theorieimporte darf jedoch auch im rein methodischen Bereich nicht unterschätzt werden. Sie besteht vor allem darin, daß - wie z.B. die theologische Kritik des Ansatzes Luhmanns zeigen sollte - die nichttheologischen und zum Teil sogar mit der Theologie unvereinbaren Implikationen der Theorie oft unreflektiert mit übernommen werden, wenn man die Methode rezipiert. Wo eine theologische Reflexion der Vorgaben der sozialwissenschaftlichen Theorie gar nicht stattfindet, werden bisweilen sogar die jeweiligen Methoden oder Einsichten häufig unmittelbar als theologische Fakten unkontrolliert aufgenommen. So erfordert z.B. die Berücksichtigung empirischer soziologischer Untersuchungen zu Kirche und Kirchenmitgliedschaft auch eine theologische Auseinandersetzung mit den Implikationen der empirischen Methoden. Empirische Untersuchungen beruhen auf schwerwiegenden theoretischen Voraussetzungen, z.B. darauf, daß soziale Phänomene quantifizierbar sind, und dürfen deshalb nicht unreflektiert verwendet werden. Die mit Hilfe der Sozialwissenschaften gewonnenen Ergebnisse können also nicht direkt für die theologische Ekklesiologie übernommen werden. In diesem Sinne ist die Rezeption sozialwissenschaftlicher Kenntnisse oder Methoden, wenn sie nicht entsprechend kontrolliert geschieht, problematisch. Deshalb ist es auch für die theologische Rezeption der Systemtheorie Luhmanns im Kontext der Diakonie wichtig, sich die Implikationen der Aussagen und Methoden Luhmanns in der Weise bewußt zu machen, wie das in diesem Kapitel geschehen ist und im folgenden Kapitel geschehen soll. Erst auf dieser Grundlage kann das Eindringen theologisch unhaltbarer Implikationen der Systemtheorie in die diakonisch-theologische Reflexion kontrolliert und vermieden werden. Die bewußte Wahrnehmung der tiefgreifenden Voraussetzungen der Theorie Luhmanns und die Beachtung ihrer Selbstabgeschlossenheit und inneren Konsistenz verhindert jedoch, Systemtheorie einfach in Form einer sehr ergiebigen analytischen Methode theologisch "in Dienst zu nehmen". Die Auseinandersetzung mit Luhmann wird anspruchsvoller ausgetragen werden müssen. Sie wird Luhmanns Aussagen als eigenen, sozialwissenschaftlichen Standpunkt akzeptieren müssen, der sich nicht einfach theologisch assimilieren läßt.

---

[158] Steinkamp, a.a.O., S. 167.

### 3.3.2 Das "Fremdprophetie-Paradigma"

Dieser Typus des Verhältnisses von Theologie und Sozialwissenschaften kann gewissermaßen als Komplementärmodell zum ancilla-Paradigma aufgefaßt werden. "Die Theologie rezipiert fasziniert ein ganzes Theoriegebäude, eine Handlungsmethode, einen Wissensbestand aus einer anderen Wissenschaft samt der ihnen impliziten Werte, Grundannahmen, Menschenbilder. Der von J. Scharfenberg geprägte Begriff der Fremdprophetie besagt in diesem Zusammenhang, daß die Theologie in den Werten des fremden Wissensbestandes, der fremden Methode vergessene Bestandteile ihrer eigenen jüdisch-christlichen Tradition wiederentdeckt oder einfach auf Ideale stößt, die sie nicht nur als kompatibel mit ihren eigenen ansieht, sondern als Bereicherung, als 'neue' Wahrheit, als 'Offenbarung' betrachtet."[159] Die Implikationen der jeweiligen Theorie werden in diesem Falle also nicht ignoriert, sondern bewußt als für die Theologie wichtige Aussagen übernommen. Die Gefahr ist dabei vor allem, daß die theologische Rezeption in der Versuchung steht, zur Zeit gerade besonders aktuelle Theorieansätze und Lehren als eigene und genuin christliche Aussagen relativ unkritisch zu übernehmen und das gesellschafts- und zeitkritische Potential der Theologie zugunsten einer Öffnung gegenüber modischen Trends aufzugeben. Besonders verdächtig ist diesbezüglich die Orientierung an einzelnen, innerhalb der Human- und Sozialwissenschaften herausragenden Persönlichkeiten, die dann für eine gewisse Phase als besonders interessant gelten und dementsprechend bereitwillig rezipiert werden. "In der Regel ist nicht nur die Prophetie, sondern es sind auch einzelne Propheten benennbar: C. Rogers, R. Cohn, F. Perls usw. (Es handelt sich hierbei im übrigen keineswegs um ein exklusives Rezeptions-Muster der Praktischen Theologie; auch in anderen theologischen Teildisziplinen wirken ähnliche Mechanismen - vgl. etwa die prophetische Funktion von Marx, Benjamin, Habermas für die 'Politische Theologie'.)"[160]

Der theologische Wert dieser "fremden Prophetien" ist hingegen nicht generell zu mißachten. Auch die positiven Seiten solcher bereitwilligen Aufnahme nichttheologischer Aspekte als ureigene Interessen der Theologie sind zu würdigen. Besonders im Bereich der Religionspädagogik und der Poimenik ist der theologische Gewinn bei der Rezeption nichttheologischer Methoden und Inhalte unübersehbar. "Zumal die Seelsorge-Lehre, aber auch die theologische Erwachsenenlehre, kirchliche Jugend- und Sozialarbeit entdecken in solchen Konzepten wichtige normative und spirituelle Gegenakzente zu einer jahrhundertelang einseitigen Kasuistik und moralisierenden kirchlichen Pädagogik, Gegenbewegungen, auf die heutige Menschen dankbar reagieren. Die sogenannten 'Therapeuten-Variablen' (Empathie, bedingungsloses Akzeptieren, Selbstkongruenz) werden zu neuen Kardinaltugenden von Seelsorgern und kirchlichen Mitarbeitern, die darin originär christliche Grundhaltungen zu leben überzeugt sind."[161] Auch hier darf jedoch letztlich die Rezeption positiver Aspekte aus anderen Wissenschaften nicht soweit gehen, "daß die Theologie ob ihrer Begeisterung für die neuen 'Heilslehren' ihre Identität und ihr kritisches Potential zu verlie-

---

[159] Steinkamp, a.a.O., S. 168, mit Bezug auf J. Scharfenberg: Religion zwischen Wahn und Wirklichkeit. Gesammelte Beiträge zur Korrelation von Theologie und Psychoanalyse; Hamburg 1972.
[160] Steinkamp, a.a.O., S. 169.
[161] Ebd.

ren droht, wie dies neuerlich angesichts des Psycho-Booms, der Meditationsbewegungen und neo-religiösen Subkulturen offenkundig wird."[162]

Bezogen auf die theologische Rezeption der Systemtheorie im Bereich der Diakonie kann es in diesem Sinne nicht darum gehen, die souveräne Beherrschung organisations- und systemtheoretischer Einsichten Luhmanns als Kardinaltugenden eines diakonischen Theologen aufzufassen. Es verbietet sich vielmehr von selbst, die sicherlich interessanten und für die Stellung der Kirche wichtigen Aussagen Luhmanns als "prophetische Worte" theologisch direkt zu übernehmen. Eine Rezeption der Systemtheorie, die nicht auf einer ständigen und gründlichen Auseinandersetzung mit dieser Theorie beruht, wird gerade im Hinblick auf das "Fremdprophetie- Paradigma" für die scheinbar unmittelbar evidenten Aussagen Luhmanns sehr anfällig sein. Wie die Erfahrung aus zahlreichen theologischen Diskussionen zum Thema Systemtheorie für mich gezeigt hat, scheiden sich an Luhmanns Theorie die Geister. Die einen sind von der allumfassend erscheinenden Weltsicht der Systemtheorie beeindruckt, die anderen lehnen diese Theorie grundsätzlich ab. Um an dieser Stelle über eine leichtgläubige Annahme oder verketzernde Ablehnung hinauszukommen und zu einer ausgewogenen Beurteilung zu gelangen, ist besonders bei Luhmann eine differenzierte Auseinandersetzung mit den Vorzügen und Problemen seiner Theorie erforderlich.

### 3.3.3 Konvergierende Interessen und Optionen von Theologie und Sozialwissenschaften

Gegenüber den ersten beiden Modellen berücksichtigt der Ansatz Steinkamps bei konvergierenden Optionen von Sozialwissenschaften und Theologie zwei wissenschaftstheoretische Grundsätze:
"(a) daß jeder Erkenntnis- und Forschungsprozeß von Interessen bzw. Optionen geleitet ist (im Sinne der Dialektik von Erkenntnis und Interesse);
(b) daß - gerade auch deshalb - die abstrakte Redeweise, von den Humanwissenschaften und der Theologie zu sprechen, wenig Erkenntnisgewinn erbringt."[163]

Das Gespräch zwischen Sozialwissenschaften und Theologie ist in der Tat ein interessenbezogener Dialog. Das bedeutet, daß es auf beiden Seiten ein besonderes Interesse an ganz bestimmten Problemlagen und Konstellationen gibt. Das Problem ist dann, konvergierende Interessenbereiche von Theologie und Sozialwissenschaften zu ermitteln, also Punkte benennen zu können, an denen sowohl die Interessen des Sozialwissenschaftlers als auch des Theologen zusammenlaufen. Es muß deshalb berücksichtigt werden, "daß sich die Wissenschaftler bei der Konstruktion bzw. Kombination interdisziplinärer Wissensbestände der beiderseitigen erkenntnisleitenden Interessen vergewissern".[164] Ohne Zweifel gibt es von theologischer Seite ein genuines Interesse an diakonischen Problemen. Gerade angesichts der in den ersten beiden Kapiteln dargestellten, komplizierten Situation der Diakonie muß die theologische Beschäftigung mit diesem Thema intensiviert werden, damit diakonisches Handeln (auch) in Zukunft theologisch verantwortbar geschehen kann. Aber auch

---

[162] Ebd.
[163] Steinkamp, a.a.O., S. 170.
[164] Ebd.

von sozialwissenschaftlicher Seite kann mit einem Interesse an diakonischen Fragen gerechnet werden. Diakonie ist derjenige Teil christlichen Lebens und Handelns, der am weitesten in die moderne Gesellschaft hineinreicht und deshalb am eindrücklichsten von ihren Entwicklungen beeinflußt ist. Die Beachtung dieser Prozesse muß besonders für eine Religionssoziologie wichtig werden, die sich mit dem Zusammenhang von Christentum und Gesellschaft eingehend beschäftigen will.

Für den im folgenden unternommenen Versuch, theologische und sozialwissenschaftliche Reflexionsbemühungen im Hinblick auf diakonische Fragestellungen zusammenlaufen zu lassen, bedeutet dies, daß nach Punkten gesucht werden muß, an denen theologische und sozialwissenschaftliche Interessen an Diakonie zusammenkommen. Solche konvergierenden Theorieinteressen von Theologie und Systemtheorie können eine solide Grundlage für den interdisziplinären Dialog bilden, wenn sie mit einer zweiten Bedingung zusammentreffen: "daß die Selektion des 'fremden' Wissensbestandes auf der Basis gleicher, zumindest kompatibler (= konvergierender) Optionen erfolgt."[165] Das erfordert die Auswahl ganz bestimmter Aspekte der sozialwissenschaftlichen Theorie, die mit der jeweiligen theologischen Problematik besonders kompatibel erscheinen, wobei im Hintergrund die Gesamtheit des sozialwissenschaftlichen Konzeptes im Blick bleiben muß. Die Theologie muß sich also auf für die spezielle Thematik besonders relevante Aussagen der jeweiligen Theorie konzentrieren. Erforderlich ist dazu jedoch eine gute Kenntnis der gesamten Theorie und ihres internen Aufbaus, aber auch ein Überblick über das sonstige Theorieangebot in deren Umfeld. "Das setzt freilich nicht nur die Kenntnis und Aneignung von Wissensbeständen einer anderen Wissenschaftsdisziplin voraus, sondern die Kenntnis von deren innerer Struktur ... Nur dadurch kann überhaupt jene willkürliche Selektion "außertheologischen" Wissens vermieden werden, wie sie für das 'ancilla'- und das 'Fremdprophetie'-Modell kennzeichnend ist."[166]

In diesem Sinne ist die Wahrnehmung der internen Struktur der Systemtheorie, wie sie in diesem Kapitel skizziert wurde, entscheidend. Nur durch die Kenntnis des inneren Aufbaus einer außertheologischen Theorie lassen sich die Berührungspunkte, die Konvergenzen ermitteln, in bezug auf die ein interdisziplinärer Dialog möglich ist. Die Dialogbemühungen können sich dabei weder auf ein gesamtes Fachgebiet (Soziologie) noch auf eine Theorie insgesamt (die Systemtheorie) beziehen. Sie können lediglich an den Stellen, wo gemeinsame Interessen und kompatible Strukturen sichtbar sind, einen fruchtbaren Austausch ermöglichen. Ansätze zu solchen fruchtbaren, weil klar begrenzten und methodisch kontrollierten Dialogen gibt es bereits auf theologisch und sozialwissenschaftlich gleichermaßen "interessanten" Gebieten. "Beispiele solcher konvergierenden Optionen lassen sich auf verschiedenen Ebenen finden, z.B. zeichnet sich die Entwicklung einer interdisziplinären Handlungstheorie ab, für die seitens der Theologie die Arbeiten H. Peukerts einen wichtigen Beitrag leisten. Ein anderes Beispiel ist das erkenntnisleitende Interesse, das sich um die Option für das 'Subjekt' gruppiert, und zwar eine Option im nicht-subjektivistischen Sinne (die gerade auch die Subjekthaftigkeit, das Subjektsein von Kollektiven einschließt...)".[167]

---

[165] Ebd.
[166] Steinkamp, a.a.O., S. 170, Anm. 6.
[167] Steinkamp, a.a.O., S. 170 f.

Für das Problemfeld der Diakonie ergeben sich konvergierende Interesse vor allem zu Fragen diakonischer Identität. Wie das Proprium der Diakonie angesichts der massiven Bezüge auf andere Gesellschaftsbereiche näher bestimmt werden kann, ist ein Problem, das nicht nur für die Theologie, sondern auch für die Systemtheorie interessant sein kann. Aus systemtheoretischer Sicht kann dabei vor allem der Begriff der Selbstreferenz neue Aspekte in das interdisziplinäre Gespräch einbringen. Dieser Begriff ist bereits in verschiedenen Wissenschaften, z.B. in der Biologie und der Soziologie (vgl. Kap. 3.1.1), auf gemeinsame Interessen und Optionen gestoßen. Es soll deshalb im folgenden versucht werden, den Begriff der Selbstreferenz auch für den Dialog zwischen Theologie und Soziologie und besonders für die Frage nach der diakonischen Identität ins Spiel zu bringen (vgl. Kap. 5). Das Paradigma der "konvergierenden Interessen und Optionen" verlagert die abstrakte Fragestellung der Möglichkeit eines interdisziplinären Dialogs damit auf konkrete Untersuchungsfelder und -begriffe, hinsichtlich derer es sozialwissenschaftlich wie theologisch gemeinsame Berührungspunkte gibt und die deshalb in besonderer Weise in der Lage sind, den Dialog zwischen den beiden Disziplinen zu bündeln und zu strukturieren.

### 3.3.4 Diakonik als Grenzgebiet zwischen Theologie und Sozialwissenschaften

Eine vierte Form des möglichen Dialogs, die mit der dritten eng zusammenhängt, bezieht sich nach Steinkamp nicht auf theoretische Vermittlungsmodelle, sondern auf bereits existierende Überschneidungen beider Wissenschaften. Sie basiert auf der Beobachtung, daß sich im Zuge der weiteren Ausdifferenzierung der einzelnen wissenschaftlichen Disziplinen Grenzbereiche entwickelt haben, in denen die Disziplingrenzen nicht mehr eindeutig zu bestimmen sind. "Es handelt sich nicht mehr um ein Denk-Modell, sondern um eine real existierende Form der Beziehung von Theologie und Humanwissenschaften in der Gestalt einzelner Spezialdisziplinen der Praktischen Theologie, wie z.B. Religions- und Pastoralpsychologie (bzw. Religions- und Pastoralsoziologie)... Der vierte Typus interdisziplinärer 'Theologie' ist im Zuge der ständigen Differenzierung und Spezialisierung der Wissenschaften entstanden, im Grenzgebiet zwischen Theologie und Human-/Sozialwissenschaften, ähnlich neueren Forschungsgebieten wie der Medizin-Soziologie, die die herkömmlichen Systemgrenzen der Universitätsdisziplinen sprengen."[168]

Nicht nur in der Praktischen Theologie, sondern auch in anderen Bereichen der Theologie existieren bereits Fächer im Grenzbereich zu anderen Disziplinen wie Kirchengeschichte, Kirchenrecht etc. Die Überlegung, daß sich hier eine neue theologische Teildisziplin entwickeln kann, die im Grenzgebiet von Theologie und Sozialwissenschaften angesiedelt ist und sich dort besonders in Auseinandersetzungen mit diakonischen Fragestellungen entwickelt, erscheint angesichts der gegenwärtigen Stellung der Diakonie, wie sie in den ersten beiden Kapiteln dargestellt wurde, durchaus plausibel. Die im zweiten Kapitel dargestellte Position der Diakonie im Spannungsfeld von Kirche und anderen gesellschaftlichen Teilbereichen zeigt, daß diakonisches Handeln derzeit nach einer wissenschaftlichen Reflexion im Grenzge-

---

[168] Steinkamp, a.a.O., S. 172.

biet von Theologie und Sozialwissenschaften verlangt. Die gleichzeitige Relevanz der kirchlichen und gesellschaftlichen Bezüge der Diakonie legt eine theologische und zugleich gesellschaftstheoretische Reflexion dieser Bezüge nahe. Die Unterscheidung und Grenzziehung zwischen theologischer und sozialwissenschaftlicher Disziplin wird damit im Hinblick auf die praktisch bereits existierenden Überschneidungen im Bereich der diakonischen Arbeit relativiert. Alfred Jäger siedelt deshalb die Entwicklung einer diakonischen Wissenschaft ("kybernetische Diakonik") als Reflexion diakonischer Praxis aufgrund der eigentümlichen Stellung der Diakonie im Zwischenbereich von Theologie und Sozialwissenschaften an. "Diakonie als gesellschaftlicher Vorposten der Kirche ("Lebensäußerung der Kirche") steht im Spannungsverhältnis *zwischen Kirche und Sozialstaat*. Dieser Ort kommt besonders deutlich auch in der *Selbstorientierung von kybernetischer Diakonik* zum Ausdruck. Solange die Kirche resp. der Sozialstaat ihre Grundlagen qualitativ nicht verändern, wird es bei dieser Zwischenstellung bleiben. Generell liegt kybernetische Diakonik in dieser Beziehung, universitär gesprochen, *eigenständig zwischen der Theologischen Fakultät und sozialwissenschaftlichen Fachbereichen*. Kybernetische Diakonik ist eine kirchlich orientierte Sozialwissenschaft."[169]

Die Formulierungen "kirchlich orientierte Sozialwissenschaft" (Jäger) oder "Praktische Theologie als Sozialwissenschaft" (Steinkamp)[170] sind dabei nicht im Sinne einer Einebnung der Disziplingrenzen oder einer simplen Identifikation theologischer und sozialwissenschaftlicher Theorien gemeint. Sie gehen vielmehr von der Tatsache aus, daß es bestimmte Arbeitsfelder der Kirche, wie z.B. auch im pastoralpsychologischen Bereich, gibt, die in ihren Handlungsformen einen derart interdisziplinären Charakter haben, daß deren Reflexion notwendigerweise auch im Zwischenbereich von Theologie und Human- bzw. Sozialwissenschaften erfolgen muß. Im Hinblick auf die wissenschaftliche Reflexion faktisch bereits vorhandener Grenzgebiete der kirchlichen Praxis, zu denen auch Diakonie gehört, kann deshalb formuliert werden: "Es gibt Teildisziplinen der Praktischen Theologie, die sich als Sozialwissenschaften verstehen."[171]

Diese Überlegungen geben dem grundsätzlichen Problem einer Verhältnisbestimmung von Theologie und Sozialwissenschaften eine neue und für Fragestellungen der Diakonie weiterführende Richtung. Sie zeigen, daß der Dialog zwischen beiden Disziplinen nicht nur, wie in diesem Kapitel versucht, über den abstrakten Vergleich der theoretischen Grundannahmen, sondern vor allem über eine interdisziplinäre Reflexion einer schon vorhandenen interdisziplinären Praxis im Zwischenbereich von Theologie und Sozialwissenschaften laufen kann und muß. "Es erscheint als nötig, diese Aufgabe unter anderem auch auf Theorieebene zu lösen. Dafür bieten sich bereits diverse Modelle an, die kritisch auf ihre Brauchbarkeit hin zu testen sind. ... Das entscheidende Problem aber läßt sich auf der reinen Theorieebene nicht befriedigend und angemessen lösen."[172] Vielmehr muß sich ein an der konkreten interdisziplinären Praxis der Diakonie orientierter Dialog zusätzlich als Praxisreflexion, als Theorie der

---

[169] A. Jäger: Diakonische Unternehmenspolitik, S. 149, Hervorhebungen von Jäger.
[170] Vgl. Steinkamp: Zum Verhältnis von Praktischer Theologie und Sozialwissenschaften, a.a.O., S. 172.
[171] Steinkamp, a.a.O., S. 173.
[172] Jäger, Diakonische Unternehmenspolitik, S. 142.

Praxis verstehen und als solche auch verschiedenste Theorieelemente insoweit berücksichtigen, als sie zur Aufhellung dieser Praxis hilfreich sind.[173]

Die theologische Reflexion der Diakonie steht mit dieser Hinwendung zu konkreten praktischen Fragestellungen im interdisziplinären Grenzbereich im Zusammenhang mit anderen theologischen Teilgebieten, in denen es ebenfalls um die Reflexion von Praxisproblemen geht, die im Zwischenbereich von Theologie und Sozial- bzw. Humanwissenschaften auftreten - mit dem Unterschied, daß diese als diakonische Theologie oder Diakonik bislang kaum entwickelt ist. Diakonik bezeichnet in diesem Sinne "eine besondere Ausprägung von Theologie, die sich bewußt auf die spezifische Situation von diakonischer Praxis und Theorie einläßt und darin nach theologischer Orientierung und Sinngebung fragt. Darin ist sie der Predigtlehre, der Religionspädagogik und der Seelsorgelehre in der Praktischen Theologie verwandt, die sich ihrerseits besonderen Handlungsfeldern und Situationen zuwenden, um darin theologische Grundbezüge aufzuweisen und praxisorientiert zu erhellen."[174] Dieser Ansatz bei einem auch praxisbezogenen Dialog von Theologie und Sozialwissenschaften läßt vermuten, daß sich in bezug auf konkrete Phänomene in der diakonischen Praxis sowohl von theologischer als auch von sozialwissenschaftlicher Seite weitaus größere Möglichkeiten zum interdisziplinären Gespräch ergeben als nur in Form eines abstrakten wissenschaftstheoretischen Diskurses, der erfahrungsgemäß in erster Linie Abgrenzungs- und Immunisierungsreaktionen in den einzelnen Wissenschaften provoziert und nur selten zu einer Feststellung von Gemeinsamkeiten führt. Zu dieser Ansicht kommt auch Gerhard Rau nach systematischer Durchsicht der interdisziplinären Diskussion zwischen Theologie und Sozialwissenschaften. "Gegenwärtig verspräche ich mir wenig von einer nur theoretischen Formulierung dieser Gemeinsamkeiten zwischen Theologie und Sozialwissenschaften, viel mehr ist zu erwarten von einer praktischen Gemeinsamkeit, in der die verschiedenen Wissenschaftler ihre Erklärungskräfte an denselben Phänomenen erproben. Also keine Metatheorie sondern Theorien in der Bewährung durch Praxis, aber als solche eben gerade Theorie bleibend und nicht Ersatzwelt."[175] Deshalb kann gerade die theologische *und* sozialwissenschaftliche Auseinandersetzung mit Diakonie, über rein theoretische Dialogversuche hinausgehend, auch ein wichtiger Beitrag zum interdisziplinären Gespräch sein - und zwar nicht im Sinne einer "Indienstnahme" der Systemtheorie Luhmanns nach dem "ancilla"-Modell oder einer "Fremdprophetie" durch die Aussagen Niklas Luhmanns, sondern auf der Grundlage "konvergierender Interessen und Optionen". Dadurch könnte eine Reflexion der interdisziplinär stattfindenden diakonischen Praxis in Form einer diakonischen Wissenschaft in Gang kommen, die sich im Grenzbereich von Theologie und Sozialwissenschaften konstituiert.

---

[173] Vgl. zu diesem Verständnis der Praktischen Theologie als Theorie der Praxis V. Drehsen: Neuzeitliche Konstitutionsbedingungen der Praktischen Theologie. Aspekte zur theologischen Wende zur sozialkulturellen Lebenswelt christlicher Religion; Gütersloh 1988, S. 613-622.

[174] A. Jäger: Diakonie als christliches Unternehmen; 3. Aufl. Gütersloh 1990, S. 168 f.

[175] G. Rau: Theologie und Sozialwissenschaften - Theoretische Ansätze zu ihrer Integration; in: K.-F. Daiber, I. Lukatis: Die Praxisrelevanz von Theologie und Sozialwissenschaften; Frankfurt/Main 1984, S. 193 f.

# 4. Kapitel: Diakonie in systemtheoretischer Perspektive

## 4.1 Folgen der funktionalen Differenzierung für die christliche Religion

Die allgemeinen Überlegungen des dritten Kapitels leiten über zu einer speziellen theologischen Auseinandersetzung mit den systemtheoretischen Analysen Luhmanns im Bereich der (christlichen) Religion. Nachdem zunächst die Grundbegriffe der allgemeinen Theorie sozialer Systeme aus theologischer Sicht kritisiert wurden, stellt sich nun die Frage, wie und mit welchen Einschränkungen sich diese abstrakten Grundannahmen im Bereich von Kirche, Diakonie und Theologie konkretisieren lassen und welche Differenzen zu und Konvergenzen mit theologischen Ansichten sie dort erzeugen.

Luhmann spricht bei seinen Theoriekonkretionen im religiösen Bereich zwar immer von "Religion" im allgemeinen, wenn er diese jedoch unter dem Aspekt der funktionalen Differenzierung beschreibt, wenn er also nach der "Funktion der Religion" fragt, so geschieht das primär mit der Konzentration auf die moderne westliche Gesellschaft. "Diese Differenzierungsform ist nur ein einziges Mal realisiert worden: In der von Europa ausgehenden modernen westlichen Gesellschaft."[1] Auch wenn sich dieser Gesellschaftstypus inzwischen auf alle Erdteile und damit in den Wirkungsbereich anderer Religionen ausgebreitet hat, beziehen sich Luhmanns Äußerungen im wesentlichen auf die Religion des Herkunftsgebietes dieser Differenzierungsform, also auf das Christentum.[2] Darin liegt eine problematische Gleichsetzung von Christentum im speziellen und "Religion" im allgemeinen, die den besonderen Erscheinungsformen des christlichen Glaubens nicht immer gerecht wird. Diese zu allgemeine systemtheoretische Beschreibung des Christentums wird im fünften Kapitel zu kritisieren und zu präzisieren sein (Kap. 5.3).

Weil im vierten Kapitel jedoch Diakonie ausdrücklich in systemtheoretischer Perspektive dargestellt werden soll, wird im folgenden zunächst der etwas unpräzise Religionsbegriff Luhmanns verwendet. Entsprechend beinhaltet auch Luhmanns Begriff der Gesellschaft eine etwas unpräzise Verallgemeinerung. Von einer "Weltgesellschaft" im systemtheoretischen Sinne, in der alle Kommunikationen und Handlungen auf dem Erdball zusammengefaßt sind, wird man derzeit wohl nur mit Vorbehalt sprechen können. Die einzelnen Kultur- und Sprachkreise sind (noch?) zu unterschiedlich, als daß man sie bereits unter einen allgemeinen Begriff der Gesellschaft zusammenfassen könnte. Luhmann meint bei seinen Darstellungen der "modernen Gesellschaft" vielmehr meist deutlich die Verhältnisse in den reichen Industrieländern. Vor allem bei seinen Ausführungen zur Diakonie bezieht er sich dabei noch spezieller auf die deutsche Gesellschaft. Unter diesen Einschränkungen sind die Überlegungen des vierten Kapitels zu lesen.

Entscheidend für die Anwendung der allgemeinen Theorievorgaben auf die christliche Religion ist nun, daß der Ansatz funktionaler Differenzierung auch innerhalb des "Systems" der christlichen Religion erhebliche Konsequenzen hat. "Die

---

[1] N. Luhmann: Gesellschaftsstruktur und Semantik, Band 1; Frankfurt/ Main 1980, S. 27.
[2] Trotz dieser generellen Charakterisierung kann sich Luhmann jedoch zu einzelnen Fragen auch auf andere, nichtchristliche Religionen beziehen.

funktionale Differenzierung des Gesellschaftssystems hat nicht nur Auswirkungen für das Verhältnis des Religionssystems zu seiner säkularisierten innergesellschaftlichen Umwelt, sondern ebenso für die Eigenverfaßtheit des Religionssystems selber."[3] Diesen Konsequenzen besonders für die Diakonie und ihre theologische Reflexion ist im folgenden nachzugehen. Bei der Frage, welche Folgen funktionale Differenzierung für die diakonische Arbeit hat, kann es dabei nicht darum gehen, die inzwischen schon recht umfangreiche Literatur Luhmanns zu Fragen der Religion im allgemeinen zu diskutieren.[4] Vielmehr müssen die von Luhmann vorgelegten systemtheoretischen Analysen des "Funktionssystems" Religion von vornherein auf diejenigen Fragestellungen konzentriert werden, die für die Diakonie und ihre theologische Reflexion relevant sind. Die folgenden Überlegungen bemühen sich deshalb weder um die theologische Kritik von Luhmanns Religionsbegriff, noch um seine Interpretation von Dogmatik, noch um seine allgemeinen Überlegungen zur Organisierbarkeit von Religion, etc. Die Frage ist vielmehr, was die Thesen Luhmanns innerhalb des Religionssystems konkret für Diakonie bedeuten. Für diese Frage sind zusätzlich auch Untersuchungen Luhmanns zu den gesellschaftlichen und politischen Voraussetzungen des Hilfehandelns heranzuziehen.[5]

### 4.1.1 Gesellschaftliche Ausdifferenzierung und Innendifferenzierung der gesellschaftlichen Teilsysteme

Aus Luhmanns These der Ausdifferenzierung der modernen Gesellschaft in verschiedene, funktionsspezifische Teilsysteme ergeben sich nicht nur für die Gesellschaft insgesamt, sondern auch für die Teilsysteme selbst einige schwerwiegende Konsequenzen. Sie resultieren aus der Notwendigkeit, daß die Ausdifferenzierung der gesellschaftlichen Umwelt innerhalb des jeweiligen Teilsystems berücksichtigt werden muß. Die *zunehmende Ausdifferenzierung* des modernen Gesellschaftssystems nach Funktionen verlangt eine *zunehmende Innendifferenzierung* seiner Teilsysteme. Es reicht für das einzelne Funktionssystem nicht aus, sich lediglich durch den Bezug auf das Gesamtsystem der Gesellschaft zu definieren. Zusätzlich müssen innerhalb des

---

[3] F. Wagner: Was ist Religion? Studien zu ihrem Begriff und Thema in Geschichte und Gegenwart; Gütersloh 1986, S. 238.

[4] Vgl. z.B. N. Luhmann: Die Organisierbarkeit von Religionen und Kirchen; in: J. Wössner (Hrsg.): Religion im Umbruch. Soziologische Beiträge zur Situation von Religion und Kirche in der gegenwärtigen Gesellschaft; Stuttgart 1972, S. 245-285; N. Luhmann: Religion als System. Religiöse Dogmatik und gesellschaftliche Evolution; in: K.-W. Dahm, N. Luhmann, D. Stoodt: Religion - System und Sozialisation; Darmstadt und Neuwied 1972, S. 11-132; N. Luhmann: Funktion der Religion; Frankfurt/Main 1977; ders.: Grundwerte als Zivilreligion. Zur wissenschaftlichen Karriere eines Themas; in: Soziologische Aufklärung 3, Soziales System, Gesellschaft, Organisation; Opladen 1981, S. 293-308; ders.: Religion; in: ders.: Ökologische Kommunikation; Opladen 1986, S. 183-192; ders.: Religion; in: Soziologische Aufklärung 4, Beiträge zur funktionalen Differenzierung der Gesellschaft; Opladen 1987, S. 227-274; ders.: Die Ausdifferenzierung der Religion; in: ders.: Gesellschaftsstruktur und Semantik, Band 3; Frankfurt/Main 1989, S. 259-357; ders.: Die Weisung Gottes als Form der Freiheit; in: Soziologische Aufklärung 5. Konstruktivistische Perspektiven; Opladen 1990, S. 77-94.

[5] Vgl. z.B. N. Luhmann: Formen des Helfens im Wandel gesellschaftlicher Bedingungen; in: H.-U. Otto, S. Schneider (Hrsg.): Gesellschaftliche Perspektiven der Sozialarbeit, Erster Halbband; Neuwied und Berlin 1973, S. 21-43; N. Luhmann: Politische Theorie im Wohlfahrtsstaat; München 1981; ders.: Der medizinische Code; in: Soziologische Aufklärung 5, S. 183-195.

jeweiligen Systems Möglichkeiten eröffnet werden, sich auch auf die anderen gesellschaftlichen Funktionssysteme beziehen zu können. Die Innendifferenzierung der einzelnen Funktionssysteme stellt also sicher, daß für das System der Bezug auf Gesellschaft insgesamt und auf seine einzelnen Teile gewahrt bleibt. "Die Differenzierung des Gesellschaftssystems schafft für jedes Teilsystem eine Dreifalt von Beziehungsmöglichkeiten: (1) Die Beziehung zum Gesamtsystem Gesellschaft, dem es angehört und das es mitvollzieht, (2) die Beziehung zu anderen Teilsystemen und (3) die Beziehung zu sich selbst."[6] Der Umstand, daß sich in der modernen Gesellschaft funktionsspezifische Teilsysteme wie Recht, Politik, Wirtschaft, Wissenschaft, Erziehung oder Religion bilden, erfordert also für jedes dieser Teilsysteme einen dreifachen Systembezug, drei "Systemreferenzen". Die im dritten Kapitel beschriebenen Probleme, angesichts der Vielzahl von Funktionsbereichen die Einheit der Gesellschaft zu beschreiben (vgl. Kap. 3.1.3), werden damit innerhalb der einzelnen Teilsysteme noch einmal dupliziert. "Dann wird die Differenz von Gesellschaftsbezug, Bezug auf die gesellschaftsinterne Umwelt und Selbstbezug zur Form, in der die Funktionssysteme sich *an* und *in* der Gesellschaft orientieren. Die Paradoxie, daß die Gesellschaft zugleich eine Einheit und eine Vielfalt ist, wird auf diese Weise entfaltet. ... Die Paradoxie der Welt, die Paradoxie der Gesellschaft verlagert sich in die systemeigene Paradoxie von Einheit und Differenz."[7]

Die Differenziertheit der modernen Gesellschaft erzeugt damit innerhalb des jeweiligen Teilsystems differente Bezüge, die vom System zugleich unterschieden und im Selbstbezug integriert werden müssen. Die Teilsysteme sind deshalb nicht, wie man zunächst annehmen könnte, lediglich auf ihre gesamtgesellschaftliche Funktion konzentriert, sie müssen zugleich noch zwei weitere Anforderungen erfüllen. "Um diese Erkenntnis in eine Terminologie umzusetzen, nennen wir die Beziehung eines Funktionssystems auf die Gesellschaft als Einheit, also die Orientierung *an* der Gesellschaft *Funktion*, die Beziehung auf die innergesellschaftliche Umwelt, besonders auf die anderen Funktionssysteme, also die Orientierung *in* der Gesellschaft *Leistung* und die Beziehung auf sich selbst ... *Reflexion*."[8] Diese Unterscheidung von Funktions-, Leistungs- und Reflexionsbezug als drei verschiedene "Systemreferenzen" ist also eine unmittelbare Folge des Ansatzes bei funktionaler Differenzierung und wird deshalb von Luhmann auch bei der Beschreibung der Funktionsweise der einzelnen Teilsysteme durchgehend vorausgesetzt.[9] Die drei Teilbezüge lassen sich auch schon in früheren Gesellschaften nachweisen, aber erst "in funktional differenzierten Gesellschaftssystemen wird die Differenzierung der Beziehungstypen so weit getrieben, daß ihre Verknüpfung nur noch teilsystemintern erfolgen kann, also der Autonomie des Funktionssystems überlassen werden muß".[10]

---

[6] N. Luhmann: Die Wissenschaft der Gesellschaft; Frankfurt/Main 1990, S. 635.
[7] Ebd., Hervorhebungen von Luhmann.
[8] Luhmann, a.a.O., S. 635 f, Hervorhebungen von Luhmann.
[9] Vgl. z.B. für das Erziehungssystem N. Luhmann, K.-E. Schorr: Reflexionsprobleme im Erziehungssystem; Stuttgart 1979, S. 34 ff; für das politische System N. Luhmann: Politische Theorie im Wohlfahrtsstaat; München 1981, S. 81 ff; für das Wirtschaftssystem ders.: Die Wirtschaft der Gesellschaft; Frankfurt/Main 1988, S. 73 ff; für das Wissenschaftssystem ders.: Die Wissenschaft der Gesellschaft; Frankfurt/Main 1990, S. 635 ff.
[10] N. Luhmann: Funktion der Religion, S. 55.

## 4.1.2 Zur Innendifferenzierung des Systems der christlichen Religion

Die dargestellte Innendifferenzierung der gesellschaftlichen Teilsysteme als Folge der Ausdifferenzierung der modernen Gesellschaft nach Funktionen führt auch innerhalb des Christentums zu der Entwicklung spezifischer Teilbezüge. Um sämtliche Teilbereiche der Gesellschaft erreichen zu können, muß das Christentum sich intern ausdifferenzieren. Mit diesem Gedanken der Korrespondenz von funktionaler Differenzierung und Innendifferenzierung der christlichen Religion rekurriert Luhmann auf Talcott Parsons' These einer Unterscheidung des modernen Christentums in kultisch-kirchlichen und karitativen Bereich.[11]

Luhmann modifiziert diese Parsonsche Zweiteilung des modernen Christentums, indem er mit Parsons zwar eine Innendifferenzierung des Religionssystems annimmt, diese jedoch von den Systemreferenzen Funktion, Leistung und Reflexion her als Dreiteilung bestimmt. Zum kirchlich-kultischen und karitativen Bereich tritt bei Luhmann die Reflexionsinstanz der Theologie als dritte Systemreferenz des Religionssystems hinzu. Das Christentum bildet damit, analog zu anderen Funktionssystemen, einen Funktionsbezug auf die Gesellschaft insgesamt, einen Leistungsbezug auf deren Teilsysteme und einen Reflexionsbezug auf sich selbst aus.

Den *Funktionsbezug* auf Gesamtgesellschaft faßt Luhmann unter den Begriff der *Kirche*. "Die *Funktion* des Religionssystems wird unmittelbar durch das System geistlicher Kommunikation erfüllt, das man *Kirche* nennt."[12] Der Begriff Kirche ist dabei nicht auf die organisierte Kirche reduziert, er bezieht sich auf die Summe aller geistlichen Kommunikation in der Gesellschaft. Entsprechend Luhmanns Definition sozialer Systeme als Kommunikationssysteme (vgl. Kap. 3.1.5) definiert er auch die Grenzen der Kirche als Kommunikationsgrenzen. Das Religionssystem übernimmt als Kirche für das Gesellschaftssystem, welches die Summe aller Kommunikationen beinhaltet, die Funktion der Reproduktion geistlicher Kommunikation. Überall dort, wo geistliche Kommunikation geschieht, findet also Kirche statt. "Die Funktion der Religion wird nicht in der Kirche, sie wird als Kirche erfüllt."[13] Konfessionelle Spaltungen sowie die verschiedensten Erscheinungsformen von Kirche werden unter den Begriff der geistlichen Kommunikation zusammengefaßt. Auch spontan auftretende Formen religiöser Kommunikation sind dabei mit einbezogen.

Den *Leistungsbezug* auf die anderen gesellschaftlichen Teilsysteme bezeichnet Luhmann als *Diakonie*. "Die *Leistungen* des Religionssystems, die anderen gesellschaftlichen Teilsystemen sowie personalen Systemen zugute kommen, können nicht allein durch Erfüllung der Funktion erbracht werden, weil die empfangenden Systeme nicht mit dem gesellschaftlichen System identisch sind. .... Die Leistungen für andere Teilsysteme wollen wir (mit einer beträchtlichen Erweiterung des Begriffs) *Diakonie* nennen."[14] Auch bei dem Diakoniebegriff Luhmanns handelt es sich also

---

[11] Vgl. N. Luhmann: Funktion der Religion, S. 110, mit Bezug auf Parsons' Unterscheidung von "devotion and worship" einerseits und "love and charity" andererseits, vgl. ders.: Christianity and Modern Industrial Society; in: T. Parsons: Sociological Theory and Modern Society; New York/London 1967, S. 385-421, dort S. 393.

[12] N. Luhmann: Funktion der Religion, S. 56, Hervorhebungen von Luhmann.

[13] Luhmann, a.a.O., S. 56.

[14] Luhmann, a.a.O., S. 57 f.

um eine sehr formale Definition, die sich keineswegs mit den organisierten Formen von Diakonie identifizieren läßt, sondern über sie hinausgeht. Auch hier sind konfessionsspezifische Unterschiede explizit nicht berücksichtigt und spontan auftretende Formen diakonischer Hilfeleistungen eingeschlossen, sofern in ihnen der Bezug des (christlichen) Religionssystems auf andere Funktionssysteme sowie auf "personale Systeme" hergestellt wird. Bei der näheren Bezeichnung des Diakoniebegriffs zeigt Luhmann jedoch eine gewisse terminologische Unsicherheit, die sich daraus ergibt, daß sich diakonische Hilfe- "Leistungen" nicht nur auf andere Gesellschaftssysteme, sondern auch auf Personen beziehen. Der im ersten Kapitel beschriebene Doppelaspekt von personalen und sozialstrukturellen Problemstellungen, die in der modernen diakonischen Arbeit unmittelbar zusammenhängen (vgl. z.B. Kap. 1.4.4), wird von Luhmann in Form einer Begriffsunterscheidung von Diakonie und Seelsorge formuliert.

"Für Diakonie ist bezeichnend, daß *sozialstrukturelle* Probleme in *personalisierter Form*, also an Personen wahrgenommen werden (und das heißt natürlich in gewisser Weise auch: nicht als sozial*strukturelle* Probleme wahrgenommen werden). ... Immer jedoch handelt es sich um Probleme sozialstrukturellen Ursprungs, und zwar heute nicht mehr nur um Probleme schichtungsstrukturellen Ursprungs (Ungleichverteilung, Armut). Für Eigenprobleme der personalen Systeme, die als solche außerhalb des Gesellschaftssystems liegen, kommen andersartige Bemühungen in Betracht. Die Leistungen für personale Systeme wollen wir *Seelsorge* nennen."[15] Entsprechend seiner Unterscheidung von sozialen Systemen und Menschen reduziert Luhmann damit seinen Diakoniebegriff also auf sozialstrukturelle Fragestellungen. Der Aspekt der Hilfe bei persönlichen Problemen (Seelsorge) wird zwar mit gesehen, die Ausführungen zur Diakonie konzentrieren sich jedoch auf rein sozialstrukturelle Überlegungen und nicht auf persönliche Probleme. Sozialstrukturelle Probleme werden nach Luhmann zwar an Personen deutlich und müssen deshalb auch an ihnen bearbeitet werden, ihre Ursachen liegen jedoch, im Gegensatz zur Seelsorge, im sozialen und gesellschaftlichen Bereich. Entscheidend für die diakonische Arbeit sind damit in der Perspektive Luhmanns sozialstrukturelle Probleme, "die in anderen Funktionssystemen erzeugt, aber nicht behandelt werden."[16] Der Bezug der diakonischen Arbeit auf andere gesellschaftliche Teilsysteme außerhalb des Religionssystems wird in systemtheoretischer Perspektive zum entscheidenden Faktor.

Der Leistungsbezug des Religionssystems auf andere Gesellschaftsbereiche, der als Diakonie geschieht, muß sich deshalb besonders an den Strukturen dieser anderen Teilsysteme orientieren. "Im hier gewählten systemtheoretischen Kontext liegen Leistungen nur vor, wenn sie von anderen Systemen angenommen und verarbeitet werden. Das setzt Übereinstimmung mit den normativen Strukturen und Kapazitätsschranken der aufnehmenden Systeme voraus (oder funktional äquivalent: die Fähigkeit, diese Aufnahmebedingungen im anderen System zu ändern)."[17] Diese notwendige Außenorientierung der Diakonie an anderen gesellschaftlichen Teilsystemen gerät zwangsläufig in Konflikt zur als Kirche erfüllten Funktion der Religion, "fordert sie doch, sich Fremdnormierungen zu unterstellen, um ankommen zu kön-

---

[15] Luhmann, a.a.O., S. 58, Hervorhebungen von Luhmann.
[16] Ebd.
[17] Luhmann, a.a.O., S. 58 f.

nen. Gesteigerte Ansprüche in beide Richtungen verschärfen den Konflikt."[18] Der Widerspruch von Einheit der modernen Gesellschaft und Vielheit ihrer gesellschaftlichen Teilsysteme äußert sich damit innerhalb des Religionssystems als Spannung zwischen Kirche (Funktionsbezug auf die Einheit der Gesellschaft) und Diakonie (Leistungsbezug auf die Vielfalt der gesellschaftlichen Teilbereiche).

Neben diesen beiden Systemreferenzen muß innerhalb des Religionssystems unter Bedingungen funktionaler Differenzierung noch eine dritte Relation hergestellt werden: der Bezug des Religionssystems auf sich selbst. Diese Selbstreflexion der (christlichen) Religion bezeichnet Luhmann als *Theologie*. "Die Theologie wäre nach dem hier vorgestellten Modell für die Reflexion des Gesamtsystems zuständig. Reflexion soll dabei zunächst nur heißen: Rückbeziehung auf die eigene Identität."[19] Auch dieser als Selbstbezug des Religionssystems aufgefaßte Theologiebegriff deckt sich nicht einfach mit den organisierten Formen theologischer Arbeit. Theologie wird von Luhmann vielmehr rein systemrelativ definiert, sie geschieht überall dort, wo sich das Religionssystem reflexiv auf seine eigene Identität bezieht. Die besagte Differenz zwischen kirchlichem Funktionsbezug und diakonischem Leistungsbezug wird damit zu einem Thema, welches von der Theologie unter dem Aspekt der Identität des Gesamtsystems reflektiert werden muß. "Zu den Aufgaben religiöser Reflexion gehört in ausgearbeiteten Strukturen immer auch eine Formulierung der anderen beiden Referenzen."[20]

Theologie ist jedoch nicht nur derjenige Bereich, in dem Funktions- und Leistungsbezug im Sinne der Einheit des Gesamtsystems reflektiert werden. Durch die Erfüllung ihrer Aufgabe als Reflexionsinstanz entwickelt sie sich zu einem eigenen Teilbereich innerhalb der Religion, der nicht einfach als Integrativum von Kirche und Diakonie verstanden werden kann, sondern von beiden als eine dritte Systemreferenz zu unterscheiden ist. Indem sie die Verrichtung geistlicher Kommunikation (Kirche) und den Leistungsbezug auf andere Teilsysteme (Diakonie) reflektiert, unterscheidet sie sich in dieser Reflexion zugleich selbst von diesen beiden anderen Bereichen des Religionssystems. "Die Reflexion ist nicht selbst heilige Handlung und nicht selbst gutes Werk, sie partizipiert an beiden, indem sie sich in ihnen voraussetzt."[21] Theologie als Reflexionsinstanz wird damit zu einer selbständigen Systemreferenz des Religionssystems neben Funktion und Leistung. "Die systemtheoretische Analyse betont jedoch vor allem, daß es sich bei Funktion, Leistung und Reflexion um verschiedenartige Anforderungen handelt, die nebeneinander erfüllt und miteinander kombiniert werden müssen. Es ist danach nicht möglich, eine dieser Orientierungsrichtungen den anderen vorzuordnen und allein zu maximieren."[22] Die Theologie vergrößert also, indem sie sich als speziell für die Reflexion der Identität des Gesamtsystems zuständiger Bereich ausdifferenziert, noch die Schwierigkeit, die Einheit des Systems in der Vielheit ihrer Teilbezüge herzustellen. Indem Theologie die Identität des christlichen Religionssystems reflektiert, fördert sie in systemtheoreti-

---

[18] Luhmann, a.a.O., S. 59.
[19] Luhmann, a.a.O., S. 59.
[20] Luhmann, a.a.O., S. 60.
[21] Ebd.
[22] Luhmann, a.a.O., S. 61 f.

scher Sicht gerade dessen Ausdifferenzierung, weil sie damit eine dritte Systemreferenz ausprägt.[23]

Die dargestellte Dreiteilung des Systems der modernen christlichen Religion gilt nach Luhmann für das gesamte System, sie greift also über die segmentäre Ausdifferenzierung des Christentums in verschiedene Konfessionen hinaus. "So schälen sich allmählich innerhalb des christlichen Religionsbereichs funktionale Differenzierungen heraus, die auch die Re-Segmentierung dieser Religion durch die Konfessionsspaltungen überdauern. Es handelt sich einerseits um den *amtskirchlichen Funktionsbereich der spezifisch geistlichen Kommunikation*. Hier bleibt die Religion an Rituale gebunden ... Daneben entwickeln sich *karitative Aufgaben*, die die Kirche mit anderen Sektoren der Gesellschaft verbindet, die aber nicht ausreichen, um Gnade zu erübrigen und den Heilserwerb allein über Verdienst laufen zu lassen. Die Theologie der Gnade blockiert, mit anderen Worten, eine Auflösung der Religion in bloße Leistung; sie verteidigt den Funktionskern der Religion, ihr 'proprium', gegen laufend zunehmende Möglichkeiten des umweltlichen Engagements. Daß hierzu ein Zentralstück der Theologie, die Rechtfertigungslehre, entwickelt wird, zeigt den Bedarf für einen dritten Typus von Orientierungen und Prozessen an: für *theologische Reflexion*, die mit dem erforderlichen Grad an Bewußtheit und Präzision die Identität und Systematizitätsinteressen des Religionssystems betreut. Wir haben diese drei inkongruenten Ansprüche ... auf divergierende Systemreferenzen zurückgeführt und als Funktion, Leistung und Reflexion charakterisiert."[24]

Die von Luhmann beschriebene Innendifferenzierung des Religionssystems in drei Systemreferenzen muß damit systemtheoretisch im Kontext und als eine unmittelbare Konsequenz der funktionalen Differenzierung des modernen Gesellschaftssystems verstanden werden, die etwa wiefolgt dargestellt werden kann.

---

[23] Zu diesem Problem der Selbstreflexion sozialer Systeme vgl. grundsätzlich Kap. 3.1.3.
[24] Luhmann, a.a.O., S. 112, Hervorhebungen von Luhmann.

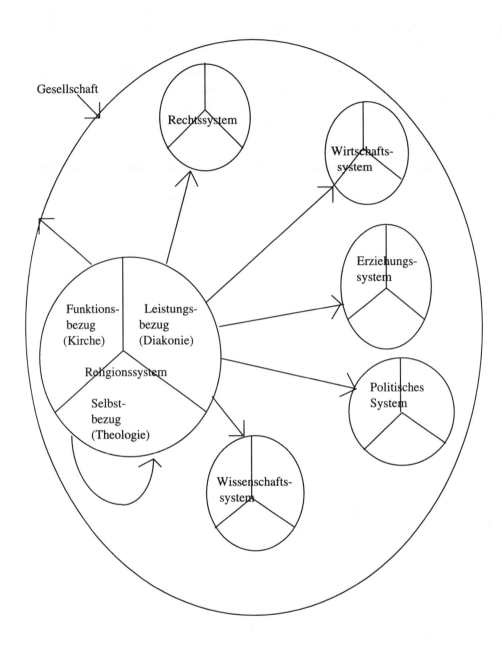

Abb. 9: Der Zusammenhang von funktionaler Differenzierung der modernen Gesellschaft und Innendifferenzierung der Funktionssysteme im Anschluß an Luhmann
(Die Größe der Religion beinhaltet dabei keine Wertung, sondern dient nur der graphischen Verdeutlichung)

Die im Schema aufgeführten Funktionssysteme sind nicht vollständig. Sie stellen lediglich die für Luhmann wichtigsten Funktionsbereiche dar. Andere Funktionssysteme, wie z.B. Kunst oder das System der Krankenbehandlung, wären hinzuzufügen.

Das in der Skizze dargestellte Phänomen der Innendifferenzierung aufgrund verschiedener Systemreferenzen gilt für alle Funktionssysteme der Gesellschaft.[25] Luhmann geht es in Fortführung seines Ansatzes bei funktionaler Differenzierung offensichtlich darum, den Nachweis zu führen, daß sich die Tendenz zur Verselbständigung der einzelnen Funktionssysteme innerhalb der Systeme noch einmal wiederholt. Die Ausdifferenzierung der modernen Gesellschaft nach Funktionen läuft also letztlich darauf hinaus, daß diese Differenzierung innerhalb der Funktionssysteme, also z.B. innerhalb des Religionssystems selbst, noch weiter fortgesetzt wird.

Kirche verselbständigt sich damit nach Luhmann als eine spezifische Erscheinungsform christlicher Religion, der es nur noch um die Erfüllung des Funktionsbezuges, also um die Reproduktion religiöser Kommunikation geht. Sie nimmt deshalb theologische Fragestellungen nur insofern auf, als sie für die Fortführung der geistlichen Kommunikation nützlich sind. Auch der diakonische Bereich wird von ihr nur dann berücksichtigt, wenn sich die vielfältigen Außenrelationen als "Leistungs"-Bezüge auf andere Gesellschaftsbereiche in die geistliche Kommunikation integrieren lassen. Das ist aber nur in sehr begrenztem Maße der Fall.

Aber auch die Theologie grenzt sich nach Luhmann konsequenterweise zunehmend von Kirche und besonders von Diakonie ab. Sie beschränkt sich auf die Reproduktion ihrer eigenen Reflexionen. Sie berücksichtigt dabei reale Probleme der Kirche nur insofern, als sie für die Fortführung ihrer Reflexionsprozesse förderlich sind. Besondere Schwierigkeiten hat die theologische Reflexion mit der Diakonie. Sie muß die im dargestellten Schema skizzierten, verschiedenartigsten Bezüge der Diakonie auf andere Gesellschaftsbereiche aufnehmen und diese hinsichtlich der Frage nach der Einheit des Religionssystems reflektieren. Sie muß die Rückbeziehung der in hohem Maße auf Abläufe in nichtreligiösen Gesellschaftsbereichen eingestellten Diakonie auf die Identität des religiösen Gesamtsystems leisten. Dabei kommt sie an die Grenzen ihrer begrifflichen Leistungsfähigkeit.

Schließlich ist nach Luhmann auch die Diakonie in erster Linie auf die Reproduktion ihrer eigenen Leistungsfähigkeit in bezug auf andere Gesellschaftssysteme bedacht. Auch sie entwickelt eigene, von geistlicher Kommunikation und theologischer Reflexion selbständige Handlungsabläufe, die zu entsprechenden Relationierungsproblemen mit Theologie und Kirche führen. Für die Fortführung der diakonischen Arbeit ist primär die Berücksichtigung von Entwicklungen in den für die Diakonie relevanten Funktionssystemen außerhalb des Religionssystems wichtig. Prozesse innerhalb der Kirche sind demgegenüber für die Diakonie nur insofern interessant, als sie die Reproduktion der eigenen Handlungsabläufe betreffen. Auch Entwicklungen in der theologischen Reflexion haben keinen unmittelbaren Einfluß auf die diakonische Arbeit, sie sind für die Diakonie nur dann relevant, wenn sie zur Reproduktion der eigenen Systemoperationen beitragen. Diakonie entwickelt sich damit nach Luhmann, wie Kirche und Theologie, zu einem eigenen Teilbereich christlich-religiösen Lebens und Handelns in Differenz zu den beiden anderen Systemreferenzen.

---

[25] Vgl. die Dreiteilung der anderen Teilsysteme im dargestellten Schema.

Zum entscheidenden Problem der funktionalen Differenzierung und der daraus resultierenden Innendifferenzierung wird damit für das Religionssystem, wie diese sich aufgrund ihrer verschiedenen Referenzen auseinanderentwickelnden Teilbereiche einander zugeordnet werden können. Luhmann betont die Divergenz der drei Einzelbereiche und versucht zu zeigen, daß diese innerhalb des Religionssystems zwar beieinander gehalten werden müssen, dabei jedoch mitunter in offenen Widerspruch zueinander geraten. Das wird besonders für den diakonischen Bereich deutlich, weil dort notwendigerweise eine starke Orientierung an gesellschaftlichen Entwicklungen außerhalb des Religionssystems erfolgt, die von Theologie und Kirche kaum wieder eingeholt und integriert werden kann. Recht provokativ kann Luhmann deshalb formulieren: "Wie kann die Theologie die Identität des Religionssystems reflektieren, *obwohl* sie durch Diakonie .... ständig kompromittiert wird. Oder: Wie kann diakonische Arbeit sinnvoll durchgeführt werden, wenn sie in ihren formalen Zielen an die Kirche gebunden bleibt."[26]

Diese Divergenzen können unter Umständen soweit führen, daß die einzelnen Teilbereiche sich gegenseitig blockieren. Luhmann führt seine Beschreibung der Innendifferenzierung des Religionssystems so weit, daß er es schließlich für vorstellbar hält, die Verbindungen zwischen Kirche, Diakonie und Theologie mit ihrer zunehmenden Spezialisierung abzubauen und in letzter Konsequenz die drei Systemreferenzen voneinander abzukoppeln. Angesichts der bisweilen offensichtlichen Diskrepanzen zwischen kirchlicher Funktionserfüllung, diakonischer Leistungserbringung und theologischer Reflexion fragt Luhmann, scheinbar aus rein pragmatischen Gründen, also vor allem zugunsten einer Erhöhung der Effizienz der einzelnen Systembereiche, ob sich nicht unter bestimmten Voraussetzungen eine weitgehende *Trennung* der drei Bereiche empfehle. An die Stelle des Problems der Identität und Integrität des Religionssystems tritt für ihn deshalb unter differenzierungstheoretischen Gesichtspunkten die Überlegung, "ob und unter welchen Voraussetzungen es vorteilhaft sein kann, ein Funktionssystem intern nach Funktion, Leistung und Reflexion zu differenzieren und damit die Interdepenzen zwischen diesen Orientierungen abzubauen. So betont Talcott Parsons beispielsweise, daß eine stärkere Ausdifferenzierung speziell des christlichen Religionssystems zu einer stärkeren Innendifferenzierung zwischen 'devotion and worship' einerseits und karitativem Handeln andererseits geführt habe. Dem wäre anzufügen, daß auch die theologische Reflexion einen besonderen Weg nimmt."[27] Spätestens wenn diese Differenzierung so weit geht, daß sich daraus Konflikte für die Mitglieder des Religionssystems ergeben, ist für Luhmann der Punkt erreicht, an dem eine grundsätzliche "strukturpolitische" Neuorientierung des Religionssystems nötig ist. Diese kann sich jedoch nicht primär an der Theologie orientieren, weil sie ja selbst nur ein Teil des religiösen Systems ist. Für die Analyse der beschriebenen Differenzierungsprozesse bietet sich nach Luhmanns Meinung deshalb vor allem systemtheoretisches Instrumentarium an: "Wenn in dieser oder anderer Weise die Differenz der Bereiche für Kirche, Diakonie und Theologie mit anderen Strukturlinien des Systems konvergiert, können die Interdependenzen des Systems so stark gestört werden, daß sich daraus soziale Konflikte oder Orientierungs- oder Motivationsprobleme für die einzelnen Mitglieder ergeben. Angesichts solcher Entwicklungen ist die Reflexion, die Theologie, selbst Partei, da sie 'nur' die

---

[26] Luhmann, a.a.O., S. 62, Hervorhebung von Luhmann.
[27] Luhmann, a.a.O., S. 64.

Identität des Systems, also nur eine Teilwirklichkeit vertritt. Man wird nach einer umfassenderen Ebene für die Orientierung 'strukturpolitischer' Diagnosen und Eingriffe suchen müssen. Für die Diagnose, nicht ohne weiteres auch für die Entscheidung über Eingriffe, vermag die systemtheoretische Analyse auch ohne spezifisches Engagement für Religion eine ausbaufähige Grundlage anzubieten."[28]

### 4.1.3 Konvergenzen der theologischen und der systemtheoretischen Beschreibung von Diakonie

Diese Ausführungen Luhmanns zur Innendifferenzierung des Christentums in Diakonie, Theologie und Kirche sowie zur Definition der Diakonie als Bezug auf die anderen gesellschaftlichen Funktionsbereiche zeigen auffällige Berührungen mit den in den ersten beiden Kapiteln dargestellten Hauptproblemen der diakonisch- theologischen Diskussion. Luhmann benennt erstens, ebenso wie die theologische Reflexion, als eines der Charakteristika der modernen Diakonie ihre Entstehung und Entwicklung in Unterscheidung zur Kirche und im Zusammenhang mit anderen Gesellschaftsbereichen (vgl. Kap. 1.1- 1.3). Er analysiert zweitens die Schwierigkeit, die komplizierte Stellung der modernen Diakonie theologisch zu reflektieren (vgl. Kap. 1.4 und 1.5). Er beschreibt drittens, parallel zu neueren Ansätzen innerhalb der diakonischen Theologie, den Status der Diakonie neben ihren internen Relationen zu Kirche und Theologie (vgl. Kap. 2.2.1) durch ihren Bezug auf gesellschaftliche Funktionssysteme wie Politik, Recht, Wirtschaft, Wissenschaft und Erziehung (vgl. Kap. 2.2.2 bis 2.2.6). Er versucht schließlich, ähnlich wie neuere theologische Ansätze, die Stellung der Diakonie im Spannungsfeld der verschiedenen Teilbezüge zu verstehen (vgl. vor allem Kap. 2.3). In diesen Hinsichten konvergieren systemtheoretische und theologische Analyse der gegenwärtigen Bedingungen und Schwierigkeiten diakonischer Arbeit.

Luhmann interpretiert diese aktuellen Problemkonstellationen als unmittelbare Konsequenz der Ausdifferenzierung der modernen Gesellschaft in Funktionsbereiche. In dieser Perspektive ist der im ersten und zu Beginn des zweiten Kapitels beschriebene Prozeß der Separierung der Diakonie von Kirche und Gemeinde einerseits sowie von der akademischen Theologie andererseits eine unmittelbare Folge der modernen gesellschaftlichen Differenzierung. Es handelt sich um einen Prozeß der fortschreitenden Innendifferenzierung des christlichen Religionssystems, den Diakonie, Theologie und Kirche gegenwärtig offensichtlich erleben und mit dem sie sich auseinanderzusetzen haben. Weiterhin ist die im zweiten Kapitel dargestellte Differenzierung der diakonischen Handlungsstrukturen in verschiedene Teilbezüge wie Politik, Wirtschaft, Recht, Erziehung und Wissenschaft systemtheoretisch betrachtet eine unmittelbare Konsequenz des Leistungsbezugs der Diakonie auf andere Funktionssysteme.

Die Relationierungsprobleme der Diakonie zu Kirche und Theologie und die Ausdifferenzierung ihrer Arbeit in funktionsspezifische Teilbereiche läßt sich also systemtheoretisch, analog zu anderen Funktionssystemen, als fortschreitender Prozeß funktionaler Differenzierung in der modernen Gesellschaft verstehen. Diakonie ist in

---

[28] Luhmann, a.a.O., S. 270 f.

dieser Sicht keine problematische, säkularisierte Zweitstruktur der Kirche, deren Integration in die Kirche und deren theologische Reflexion in verschiedenen Phasen der Geschichte immer wieder gescheitert ist, sondern eine notwendige Entwicklung innerhalb des Christentums, welche im Kontext der Ausdifferenzierung von Funktionsbereichen in ihrer gesellschaftlichen Umwelt den Bezug auf diese Funktionssysteme sicherstellt. Neben den kirchlichen Vollzug geistlicher Kommunikation und die theologische Reflexion tritt unter Bedingungen funktionaler Differenzierung nach Luhmann notwendigerweise der diakonische Leistungsbezug. Kirchlicher Funktionsbezug und diakonischer Leistungsbezug ergänzen sich dabei als zwei verschiedene und jeweils notwendige Referenzen des Christentums auf die moderne Gesellschaft.

Neben die Kirche tritt unter den Bedingungen der modernen Gesellschaft Diakonie als zweite Form der Präsenz des Christentums in der Gesellschaft und ihren Teilbereichen. "In der hier vorgeschlagenen Begrifflichkeit heißt dies: Die Funktionsorientierung nimmt ab und die Leistungsorientierung nimmt zu. Die Ausrichtung an der für die Gesamtgesellschaft wichtigen Funktion der Religion wird zwar nicht aufgegeben, sie bleibt nach wie vor identitätsbestimmend für den kirchlichen Kern religiöser Aktivität, aber ihre relative Schwäche wird durch ein Mehr an sozialem Aktivismus kompensiert, der Teilsystemen der innergesellschaftlichen Umwelt zugute kommt."[29] Diese Ausdifferenzierung des diakonischen Leistungsbezugs im Kontext der Ausdifferenzierung der Gesellschaft gilt, wie Kapitel 2.2.1 dargestellt, nicht nur für die evangelische Kirche. Weil sie gesamtgesellschaftliche Ursachen hat, betrifft sie in gleicher Form auch die katholische Kirche, obwohl die Caritas von ihrer Entstehung her eine wesentlich größere Verbindung zur katholischen Kirchenkultur und eine stärkere organisatorische Einbindung in die katholische Kirche besitzt. Der von Luhmann dargestellte gesellschaftliche Differenzierungsprozeß und seine Konsequenzen für das Verhältnis von Diakonie und Kirche läßt sich offensichtlich auch durch verstärkte kirchliche Bemühungen um deren Einheit, so etwa durch die Gründung des Hilfswerks der EKD nach 1945 und die organisatorische Einbindung der Caritas in die katholische Kirche, nicht aufhalten.

Auch die Schwierigkeiten der Verhältnisbestimmung von theologischer Reflexion und diakonischem Leistungsbezug sind nach Luhmann eine unmittelbare Konsequenz der funktionalen Differenzierung der Gesellschaft und der aus ihr resultierenden Innendifferenzierung des Religionssystems. Die Schwierigkeit der theologischen Reflexion besonders mit dem diakonischen Bereich ergibt sich für Luhmann aus dem Umstand, daß Diakonie aufgrund der Pluralität ihrer Bezüge zu anderen Teilsystemen wesentlich schwerer im Zusammenhang betrachtet werden kann.[30] Der Bezug dieser Vielfalt diakonischer Teilrelationen auf die Einheit, die Identität des Religionssystems bereitet der Theologie außerordentliche Schwierigkeiten. Die theologische Reflexion tendiert deshalb weitaus mehr zur Reflexion der Kirche, weil sich bei der Funktionserfüllung (Reproduktion geistlicher Kommunikation) für die Einheit der Gesellschaft solche pluralen Strukturen kaum ergeben. "Die Kirchenlehre der Theologie profitiert von dem Umstand, daß Gesellschaft, religiöse Funktion und Kirche jeweils als Einheit vorstellbar sind. Das erleichtert die Konzeptbildung. In den Leistungsbeziehungen des Religionssystems geht dieser Vorteil dagegen verloren. Hier

---

[29] Luhmann, a.a.O., S. 264.
[30] Vgl. dazu als erste Ansätze die neueren theologischen Versuche einer Gesamtschau dieser Teilbezüge in Kapitel 2.3.

geht es um Gesellschaft nicht als Einheit, sondern als Komplexität, und umso schwieriger ist es, dafür einheitliche, alle Leistungsbeziehungen übergreifende Aussagen bereitzustellen... So hat die Theologie verständlicherweise sich mehr um Kirche als um Diakonie gekümmert; sie konnte sich selbst wohl als 'Funktion der Kirche' (Barth), kaum aber als 'Funktion der Diakonie' begreifen."[31]

Diese Ausführungen Luhmanns zum Grundproblem einer theologischen Reflexion von Diakonie konvergieren mit dem derzeitigen Stand der diakonisch-theologischen Diskussion. Es zeigt sich, daß gerade in der theologischen Gesamtschau der differenten Teilbezüge der Diakonie, also in einer zusammenfassenden Darstellung der Vielzahl der ausdifferenzierten diakonischen Handlungsstrukturen ein wesentliches Problem der theologischen Reflexion liegt. Die diakonische Theologie muß für eine umfassende Berücksichtigung der Diakonie im Kontext des modernen Christentums diese Teilbezüge in ihrem Zusammenhang darstellen und gerät damit an die Grenzen ihrer Leistungsfähigkeit. Zusätzlich bereitet theologisch auch der Rückbezug der Diakonie auf die Identität des christlichen Religionssystems erhebliche Probleme. Diese Reflexion auf die christliche Identität wird noch durch den Umstand erschwert, daß kirchliche und diakonische Handlungsstrukturen stark divergieren.

Auch die These Luhmanns, daß sich die Theologie selbst aufgrund der beschriebenen Innendifferenzierung des Religionssystems zu einer von Kirche und Diakonie separaten Erscheinungsform des Christentums entwickelt, entspricht, wie in den ersten beiden Kapiteln deutlich wurde, zumindest für das Verhältnis zur Diakonie durchaus der theologischen Selbstanalyse (vgl. besonders Kap. 1.5.2). Die theologische Reflexion der christlichen Identität der Diakonie wird vor allem dadurch erschwert, daß die Vielzahl der notwendigen "Außenkontakte" der Diakonie zu anderen Gesellschaftsbereichen wie Wirtschaft, Recht, Politik etc. kaum mit Hilfe des vorhandenen theologischen Begriffsinstrumentariums reintegriert werden kann. Umgekehrt konzentriert sich die theologische Diskussion entweder auf die Reproduktion ihrer eigenen Themen und Probleme oder auf die Reflexion von Fragen aus dem Bereich der Kirche. Obwohl die theologischen Bemühungen um Diakonie sich etwa seit Beginn der 80er Jahre wesentlich intensiviert haben, wird man, aufs Ganze gesehen, dennoch von einer erheblichen Diskrepanz zwischen theologischer Reflexion und diakonischer Praxis sprechen müssen.

## 4.2 Theologische Beurteilung der systemtheoretischen Thesen zur Innendifferenzierung des Systems der christlichen Religion

### 4.2.1 Die Differenzierungsthesen Luhmanns in der theologischen Kritik

Die Thesen Luhmanns zur Ausdifferenzierung von Diakonie, Theologie und Kirche und zur Tendenz einer Entkoppelung der drei religiösen Bereiche konvergieren einerseits mit der theologischen Selbstanalyse; andererseits kann der von Luhmann geäußerte Vorschlag einer neuen strukturpolitischen Gesamtorientierung der Religion unter systemtheoretischen Gesichtspunkten von theologischer Seite nicht einfach

---

[31] N. Luhmann: Funktion der Religion, S. 267 f.

hingenommen werden. Das Problem der drohenden Separierung von Diakonie, Theologie und Kirche als Folge der funktionalen Differenzierung der modernen Gesellschaft muß zwar in seiner Brisanz wahrgenommen werden, es muß jedoch zugleich nach Möglichkeiten gesucht werden, mit diesem Problem theologisch verantwortlich umzugehen. Es muß deshalb, durchaus in Anknüpfung an Luhmann, darum gehen, die systemtheoretisch beschreibbaren Differenzierungsprozesse innerhalb der Theologie verstärkt wahrzunehmen. Die von Luhmann aufgezeigten Konsequenzen der funktionalen Differenzierung für das Christentum und speziell für die Diakonie haben dementsprechend in der diakonischen Theologie bereits Resonanz erzeugt. Das bestätigt einerseits die Relevanz der Analysen Luhmanns für die Diakonie und ihre theologische Reflexion. Dabei zeigt sich aber andererseits, daß Luhmann die Fähigkeit der Theologie, mit diesen Spannungen umzugehen und gegenüber den offensichtlichen Differenzen von Diakonie, Theologie und Kirche theologisch deren Zusammenhang zu betonen, offensichtlich unterschätzt. Die diakonisch- theologischen Stellungnahmen zu Luhmanns Differenzhypothesen erkennen zwar die Plausibilität der Ausführungen Luhmanns an, sie heben angesichts der von ihm beschriebenen Differenzierungstendenzen jedoch umso mehr die unauflösliche theologische Verbindung von Kirche, Diakonie und Theologie hervor und widersprechen damit den Empfehlungen Luhmanns zu einer Relativierung der Position der Theologie auf einen religiösen Teilbereich und einer Entkoppelung der drei Systemreferenzen ganz entschieden.

### 4.2.1.1 Zur These der Unterscheidung von Diakonie und Kirche: Wolf-Dietrich Bukow und Heinrich-Hermann Ulrich[32]

Mit Luhmanns Diakonieverständnis hat sich z.B. W.-D. Bukow angesichts der zunehmenden Probleme auseinandergesetzt, die sich aus der Professionalisierung diakonischer Arbeit ergeben. Die Tatsache, daß diakonisches Handeln gegenwärtig zum großen Teil als professionelle Hilfe geschieht, bedeutet für Bukow, daß sich die Diakonie damit auf gesellschaftliche Erwartungen eingelassen hat, deren Sondierung für die Gestaltung diakonischer Arbeit unverzichtbar ist. "Insbesondere heißt das natürlich auch, daß die Diakonie bereit ist, auf Leistungserwartungen zu reagieren, weil sie zu Leistungssteigerungen bereit ist, solchen, die mit Professionalisierung zu erreichen sein sollen. An der bloßen Tatsache von Professionalisierung ist demnach ein enger Zusammenhang zwischen der Institution Diakonie auf der einen Seite und herrschenden gesellschaftlichen Erwartungen auf der anderen Seite abzulesen."[33]

Die Wahrnehmung der Leistungsbezogenheit der Diakonie und ihrer Orientierung an gesellschaftlichen Leistungserwartungen führt Bukow aus seiner Perspektive einer "Soziologie der Sozialpädagogik" dazu, Luhmanns Diakonieverständnis kritisch zu berücksichtigen.[34] Er knüpft dabei in seinen Überlegungen zu gesellschaftlichen Problemen des diakonischen Prozesses explizit an Luhmann an. Für ihn wird der

---

[32] Vgl. W.-D. Bukow: Gesellschaftliche Probleme des diakonischen Prozesses; in: Zeitschrift für Evangelische Ethik 24 (1980), S. 209-221; H.-H. Ulrich: Stellungnahme zu W.-D. Bukow: "Gesellschaftliche Probleme im diakonischen Prozeß"; a.a.O., S. 221-225.
[33] Bukow, a.a.O., S. 209.
[34] Vgl. Bukow, a.a.O., S. 209, Anm. 2.

Bezug auf andere Gesellschaftsbereiche und deren Leistungserwartungen an die Diakonie zu einer zentralen Fragestellung der Reflexion aktueller diakonischer Praxis. Er versucht jedoch, in Abgrenzung von Luhmann, die Position der Diakonie nicht in Unterscheidung zur Kirche, sondern eindeutig innerhalb der Kirche zu verorten. "Man sollte an dieser Stelle darauf hinweisen, daß die Annahme Luhmanns, Diakonie würde ausschließlich zwischen dem religiösen System und den sozialstrukturellen Problemen vermitteln, viel zu formal ist. Es gibt keine ein-eindeutige Beziehung zwischen bestimmten Problemen der sozialen Integration und bestimmten Deutungen, Regeln und Verfahren erzeugenden Systemen. Außerdem vermittelt Diakonie nicht zwischen dem religiösen System Kirche und dem sozialen System, sondern zusammen mit bzw. als Ausdruck von Kirche zwischen Handeln und Wissen."[35] Bukow ist also mit Luhmann von der Notwendigkeit überzeugt, "die Probleme, die sich beim diakonischen Handeln einstellen, auch im gesellschaftlichen Kontext"[36] beleuchten zu müssen, andererseits ist er aber nicht bereit, die von Luhmann vertretene These einer separaten Systemreferenz der Diakonie als Leistungsbezug des Religionssystems auf andere Gesellschaftssysteme in Unterscheidung zur Kirche aufzunehmen. Für ihn vermittelt Diakonie "zusammen mit bzw. als Ausdruck von Kirche" und nicht in einer von der Kirche unterscheidbaren Weise. Leider beachtet Bukow dabei nicht hinreichend die Unterscheidung Luhmanns zwischen Kirche und Religionssystem. Mit seiner Identifikation von religiösem System und Kirche wird er der Differenziertheit von Luhmanns Thesen nicht voll gerecht.

Heinrich-Hermann Ulrich hat sich in einer Stellungnahme kritisch mit Bukows Beitrag auseinandergesetzt. Er knüpft zunächst an Bukows Position und seine Kritik der These Luhmanns an, um dieser Kritik dann in letzter Konsequenz zu widersprechen. "Dabei ist es für Bukows Position charakteristisch, daß er Diakonie und Kirche ganz eng zusammen sieht. Ausdrücklich verwirft er die These von Niklas Luhmann, daß Diakonie zwischen religiösem System und den sozialstrukturellen Problemen vermittelt."[37] Dieser Einschätzung stimmt Ulrich insofern zu, als Diakonie "als 'Wesens- und Lebensäußerung' eng mit der Kirche zusammen" gehört.[38] Dieser Zusammenhang muß für Ulrich jedoch theologisch zugleich differenziert werden können. Mit Berufung auf die Behauptung des Paulus in Gal 5,6, "daß 'in Christus nur der Glaube gilt, der in der Liebe tätig ist'",[39] betont Ulrich, daß der Doppelaspekt von Glaube und tätiger Liebe im Christentum einerseits zusammengehört, andererseits aber auch unterschieden werden muß. Unter dieser Prämisse muß das Verhältnis von Diakonie und Kirche für Ulrich in seinem Zusammenhang und seiner Differenziertheit wahrgenommen werden. Er meint deshalb, "daß Luhmann doch zuzustimmen ist, wenn er der Diakonie eine Vermittlungsfunktion zwischen 'dem religiösen System und den sozialstrukturellen Problemen' zuweist. Als praxisbezogenes Handeln betrit der Glaube in Gestalt der Liebe den sozialen Raum und wirkt sich in Gestaltungsproblemen des sozialen Lebens vielschichtig aus. Damit erweist sich Diakonie als ein Amalgamisierungsprozeß zwischen Glauben, der in der Liebe tätig ist, und

---

[35] Bukow, a.a.O., S. 217.
[36] Bukow, a.a.O., S. 221.
[37] H.-H. Ulrich: Stellungnahme zu W.-D. Bukow, a.a.O., S. 224.
[38] Ebd.
[39] Ebd.

den Alltagsproblemen des sozialen Handelns, die dem Christen oder der Kirche im Kontext ihrer Lebenswirklichkeit begegnen."[40]

Die Beiträge von Bukow und Ulrich zeigen, daß die Luhmannsche Analyse der Ausdifferenzierung von Diakonie und Kirche durchaus aufmerksam und kontrovers aufgenommen worden ist. Die Unterscheidung bzw. der Zusammenhang von Kirche und Diakonie weist dabei über sich selbst hinausgehend auf bekannte theologische Problemstellungen des Verhältnisses von Glauben und Handeln hin. Glauben und "in Liebe tätig sein" müssen theologisch unterschieden werden und dabei zugleich als zwei untrennbare Aspekte christlichen Lebens verstanden werden. Ulrich reformuliert diesen aus der Individualethik bekannten Zusammenhang von Glauben und Handeln auf institutioneller Ebene. Kirche und Diakonie sind für ihn zwei verschiedene und theologisch zu unterscheidende soziale Ausprägungen dieser beiden Aspekte christlicher Existenz. Die Behauptung einer Trennung von Kirche und Diakonie würde deshalb nicht nur auf dem Gebiet der persönlichen christlichen Existenz, sondern auch im institutionellen Rahmen den Zusammenhang von Glauben und Handeln in Frage stellen. "Diakonie ist die Praxis jenes Glaubens, 'der in der Liebe tätig ist'."[41] Ulrich betont damit zu Recht, daß zwischen Glauben und Handeln im theologischen Verständnis nicht nur im individuellen, sondern auch im institutionellen Bereich zwar notwendige Unterscheidungen bestehen, daß sich diese aber im Begriff des Glaubens theologisch zusammenhalten lassen. Glaube ist für ihn "bereits selbst ein praxisbezogener Begriff".[42] Deshalb ist das Luhmannsche Verständnis einer Vermittlungsfunktion der Diakonie zwischen "dem religiösen System und den sozialstrukturellen Problemen" für Ulrich eine zutreffende Beschreibung des aus dem Glauben erwachsenden Handelns der Diakonie, welches wegen des theologisch unauflösbaren Zusammenhangs der beiden Aspekte aber gerade nicht zur gegenseitigen Separierung von Kirche und Diakonie führen darf.

### 4.2.1.2 Zur Diskrepanz von Verkündigung und Diakonie: Karl-Fritz Daiber und Hermann Steinkamp

Die entscheidende Frage bei der theologischen Beurteilung der systemtheoretischen Unterscheidung von Diakonie und Kirche liegt demnach nicht in der Unterscheidung selbst, sondern darin, ob diese Unterscheidung als Diskrepanz oder sogar als Trennung der beiden Bereiche verstanden wird. In Anknüpfung an Luhmanns Thesen meint Karl-Fritz Daiber, durchaus eine Diskrepanz zwischen Kirche und Diakonie beobachten zu können.[43] Daiber versucht im schwierigen Beziehungsfeld von kirchlicher und diakonischer Arbeit zunächst eine terminologische Klärung. Er interpretiert die Spannung zwischen kirchlichem und diakonischem Handeln als "Diskrepanz von Verkündigung und Diakonie".[44] Obwohl für ihn Diakonie und Verkündigung auf der Ebene grundsätzlicher theologischer Reflexion als "zwei Seiten einer Medaille

---

[40] Ulrich, a.a.O., S. 225.
[41] Ebd.
[42] Ebd.
[43] K.-F. Daiber: Diakonie und kirchliche Identität. Studien zur diakonischen Praxis in der Volkskirche; Hannover 1988, S. 15-33.
[44] Ebd.

aufgefaßt werden können",[45] beobachtet er in der Alltagserfahrung einen deutlichen Unterschied zwischen verkündigender und diakonischer Tätigkeit. "Verkündigung verweist demnach auch für die Alltagserfahrung in einen typisch christlich- religiösen Bereich, Diakonie verweist in das Handlungsfeld sozialer und politischer Mitmenschlichkeit. Diese ist als solche nicht mehr typisch christlich."[46] Die Spannung zwischen verkündigender Kirche und sozialtätiger Diakonie bestätigt sich für Daiber über die Alltagserfahrung hinaus auch von der gegenwärtigen kirchlichen Praxis her. Angesichts der offensichtlichen Differenzen zwischen kirchlichen und diakonischen Handlungsformen hält Daiber den Begriff "Diskrepanz" zur Beschreibung dieses Verhältnisses für angemessen. "Die Beobachtungen der kirchlichen Praxis verstärken demnach den bereits zuvor gewonnenen Eindruck, daß Verkündigung und Diakonie keineswegs so problemlos zusammengehören, wie es der theologische Theoretiker annimmt. Vielmehr fühlt man sich geradezu zu der Frage provoziert: Meint es die verkündigende Kirche wirklich mit der Diakonie ernst?"[47]

Daiber meint, für dieses Problem geschichtliche Wurzeln erkennen zu können, die bis in die Reformationszeit zurückgehen. Die Schwierigkeit der Verhältnisbestimmung von Glauben und Handeln läßt sich für ihn bereits in der Confessio Augustana beobachten. "Obwohl dort deutlich auf den Zusammenhang zwischen Glauben und sittlichem Handeln verwiesen wird, rückt der Akzent auf den Vollzug des Glaubens. ... Für die Ordnungen der Kirche rückt deshalb das Geschehen um Gottesdienst und Predigt an die zentrale Stelle."[48] Parallel dazu gibt es jedoch auch sogenannte Kastenordnungen, in denen die Armenpflege innerhalb der Kirchenordnung geregelt wird. Diese Verbindung von sozialem Handeln im Bereich des Armenwesens und kirchlicher Ordnung hält bis ins 19. Jahrhundert an. Erst im 18. und 19. Jahrhundert organisieren sich die diakonischen Aktivitäten zunehmend in rechtlich selbständigen Vereinen neben der verfaßten Kirche. "Zum anderen kamen die Impulse der Entwicklung eines in der Verantwortung des säkular verstandenen Staates liegenden Armen- und Sozialrechts zugute. Im 19. Jahrhundert liegen demnach sowohl die Anfänge des Sozialstaates wie die Anfänge von innerkirchlichen Entwicklungen, die zur Verselbständigung des diakonisch-karitativen Handlungsbereiches führen."[49]

Es gibt also nach Daiber bei der Bestimmung der Relation von Glauben und sozialem Handeln schon zu Beginn der Reformation eine deutliche Schwerpunktsetzung auf den Aspekt des Glaubens und seiner Verkündigung innerhalb der Kirche. Dieser führt jedoch erst im 19. Jahrhundert im Kontext des säkular verstandenen Sozialstaates zu einer Differenzierung von verkündigender Kirche und sozial tätiger Diakonie. Aufgrund dieser geschichtlichen und aktuellen Entwicklungen in Richtung auf eine zunehmende Diskrepanz von Verkündigung und Diakonie setzt Daiber sich ausgiebig mit Luhmanns Differenzierungsthesen auseinander. "Hat Luhmann Recht, wenn er eine Entkoppelung der verschiedenen Systemebenen vorschlägt? Muß nicht wenigstens in der Theologie der Versuch gemacht werden, um der Einheit christlichen Lebens und Denkens willen die verschiedenen Handlungsebenen beieinander zu hal-

---

[45] Daiber, a.a.O., S. 15.
[46] Daiber, a.a.O., S. 16.
[47] Daiber, a.a.O., S. 18.
[48] Daiber, a.a.O., S. 21.
[49] Daiber, a.a.O., S. 20.

ten?"[50] Unter dieser Fragestellung untersucht Daiber bisherige theologische Ansätze, die die "Distanz zwischen Diakonie und Kirche bzw. Theologie"[51] wahrzunehmen und zu überwinden suchen.[52] Daiber unterscheidet theologische "Legitimationsformeln" diakonischer Arbeit[53] (Philippi, Hollweg) und theologische Kritiken an der gegenwärtigen Gestalt von Diakonie (Moltmann, Bach, Degen).[54] Er selbst versucht, mit Hilfe einer Theorie des Entscheidungshandelns den Zusammenhang von Theologie und Diakonie wieder herzustellen. Er möchte vor allem die zunehmende Organisiertheit diakonischer Arbeit theologisch verstärkt berücksichtigen und in eine theologisch reflektierte Entscheidungsmethodik aufnehmen. Dabei knüpft er explizit an Luhmanns Diakonieverständnis an. "Theologie könnte darüber hinaus zur theoretischen Grundlage der Diakonie einen Beitrag leisten, wenn sie den Bedingungen des Handelns in Organisationen stärker angemessen wäre. Luhmann hat dieses Handeln als Entscheidungshandeln qualifiziert. Theologie müßte demnach eine Art Entscheidungstheorie sein. Sie müßte einen Prozeß beschreiben, wie auf der Ebene organisierten Handelns Entscheidungen, und zwar eben theologisch begründete Entscheidungen, zustande kommen."[55] Daiber nennt dazu sechs methodische Schritte eines Prozesses der Definition von Handlungszielen und exemplifiziert diese an der Sozialarbeit eines Kirchenkreises. Die methodischen Schritte lauten:

"1. Formulierung von Kritik an beobachtbaren Praxisvollzügen eines angebbaren Feldes,
2. Formulierung von Wünschen, Hoffnungen, Träumen, Utopien,
3. Überprüfung und Erweiterung der gewonnenen Aussagen im Kontext der christlichen Überlieferung,
4. Überprüfung unter dem Aspekt sozialer Angemessenheit,
5. Definition der Handlungsziele,
6. Aufweis ihrer Realisierungsbedingungen und begründende Darstellung von Arbeitsmethoden und Strategien."[56]

Mit diesen Einzelschritten versucht Daiber, Praxisbezug, Utopie, Rückbindung an christliche Überlieferung, Sozialbezug, Zielorientierung und Umsetzungsstrategien in Form einer Abfolge gegenseitig aufeinander bezogener Reflexionsvorgänge für konkrete diakonische Entscheidungsprozesse zu integrieren. Ausdrücklich theologische Impulse können dabei allerdings wohl nur vom zweiten und dritten Schritt ausgehen. Ob mit Hilfe dieser Methodik eine stärkere Verbindung von diakonischer Praxis und theologischer Zielsetzung erreicht werden kann, muß fraglich bleiben. Daiber selbst relativiert deshalb auch die Realisierbarkeit von im zweiten Entscheidungsschritt aufgestellten theologischen Wünschen. "Dies bedeutet nicht, daß unbedingt in den Arbeitsvollzügen selbst das spezifisch Christliche erkennbar werden muß. Es bedeu-

---

[50] Daiber, a.a.O., S. 26.
[51] Daiber, a.a.O., S. 27.
[52] Auffällig ist dabei, daß Kirche und Theologie zumindest an dieser Stelle von Daiber zusammen gesehen werden. Wird damit nicht die Distanz der beiden zur Diakonie zusätzlich verschärft?
[53] Daiber, a.a.O., S. 27.
[54] Daiber, a.a.O., S. 28 f.
[55] Daiber, a.a.O., S. 29.
[56] Daiber, a.a.O., S. 29 f. Diese Schritte beziehen sich auf Daibers "Grundriß der Praktischen Theologie als Handlungswissenschaft"; München/ Mainz 1977, z.B. S. 90 ff und S. 162 ff.

tet aber, daß die Auswahl der infragekommenden Arbeitsbereiche auch theologisch begründbar ist."[57]

Die Schwierigkeit der Vermittlung von verkündigendem und diakonischem Bereich zeigt sich hingegen nicht nur in der evangelischen Konfession. Von katholischer Seite hat sich Hermann Steinkamp mit den von Daiber beschriebenen Problemen der Diskrepanz zwischen Verkündigung und Diakonie und in diesem Zusammenhang auch mit Luhmanns Thesen beschäftigt.[58] Er kommt zunächst zu einem ähnlichen Ergebnis wie Daiber. "Luhmanns Diakonie-Verständnis beschreibt - wie immer man es theologisch bewerten mag - ohne Zweifel exakt jene empirische Realität der 'geteilten' kirchlichen Präsenz in unserer Gesellschaft: als religiöse Welt der Pfarreien und als verbandlich organisierte Diakonie."[59] Auch in der katholischen Kirche und Caritas läßt sich damit offensichtlich eine ähnliche Situation beobachten, auch hier wird, analog zur evangelischen Kirche, die von Luhmann beschriebene Unterscheidung von Caritas und Kirche durchaus als Problem empfunden.[60] Mit Daiber interpretiert Steinkamp dieses Problem theologisch als Verhältnisbestimmung von Diakonie und Verkündigung. Anknüpfend an die von Luhmann dargestellte Diskrepanz zwischen den beiden Bereichen analysiert Steinkamp verschiedene, in der katholischen Kirche vorhandene Zuordnungsmodelle von Verkündigung und Diakonie und weist dabei die Schwierigkeit der Vermittelbarkeit dieser beiden Aspekte nach. Er beschreibt Spannungen zwischen Pfarrei und Diakonie der Pfarrei,[61] zwischen Diakonie der Gemeinde und organisierter Caritas[62] sowie zwischen dem Gemeindemodell der "aktiven Gemeinde" und deren Diakonie.[63] Bei diesem Modell besteht die Gefahr im Verhältnis von Gemeinde und Diakonie gerade darin, "daß die strukturelle Spannung zum anderen Pol hin aufgelöst wird, indem man die Zweitstruktur organisatorisch vereinnahmt."[64]

Auch Steinkamp bleibt wie Daiber nicht bei einer Wahrnehmung der Differenzen zwischen Verkündigung und Diakonie stehen. Er versucht, diese Diskrepanz mit Hilfe des befreiungstheologischen Ansatzes der "Basisgemeinde" zu überwinden. Die Zuordnung von Gemeinde und Diakonie verändert sich nach diesem Modell grundsätzlich. "Das bisherige Schema der Darstellung, zunächst einen Gemeindetyp und danach die für ihn typischen Strukturen diakonischen Handelns zu erörtern, eignet sich für die Diakonie der Basisgemeinde (BG) deshalb nicht, weil in der BG die Grundfunktionen Diakonie und Liturgie im Verhältnis zueinander qualitativ (!) anders definiert sind. Anders: Für bestimmte Basisgemeinden ist kennzeichnend, daß sie an diakonischen Aktivitäten, über Diakonie sich überhaupt bilden, oder daß Diakonie eine so zentrale Funktion solcher Gemeinden ausmacht, daß durch sie ihre Identität weitgehend bestimmt wird."[65] Allerdings räumt Steinkamp ein, daß es sich

---

[57] Daiber, a.a.O., S. 32.
[58] H. Steinkamp: Diakonie - Kennzeichen der Gemeinde. Entwurf einer praktisch-theologischen Theorie; Freiburg i.B. 1985.
[59] Steinkamp, a.a.O., S. 21.
[60] Vgl. dazu bereits Kap. 2.2.1.1.
[61] Steinkamp, a.a.O., S. 38 ff.
[62] Steinkamp, a.a.O., S. 43 ff.
[63] Steinkamp, a.a.O., S. 55 ff.
[64] Steinkamp, a.a.O., S. 62.
[65] Steinkamp, a.a.O., S. 84.

bei dem idealtypischen Begriff der Basisgemeinde nicht "um einen einheitlichen Gemeindetyp handelt",[66] und daß die Bewegung der Basisgemeinden im Bereich der Bundesrepublik "merkwürdig retardiert einsetzte".[67] Das Konzept der Basisgemeinden wird deshalb für die Überwindung der Diskrepanz von Verkündigung und Diakonie in Deutschland voraussichtlich keine allzu große Bedeutung erlangen.

Steinkamp bezeichnet, nachdem er verschiedene Modelle der Zuordnung von Diakonie und Kirche untersucht hat, die Thesen Luhmanns zur Ausdifferenzierung von Diakonie, Theologie und Kirche als "positivistisch": "die gegenwärtige Realität zutreffend beschreibend, aber nicht als notwendig!"[68] Wie sich nach Steinkamps Analyse verschiedener katholischer Gemeindekonzepte zeigt, lassen sich die von Luhmann beschriebenen Differenzen nicht nur im gesellschaftlichen Makrobereich beobachten, sie finden auch im engeren Bezugsrahmen der einzelnen Gemeinden in der Unterscheidung der drei "Grundfunktionen" Liturgie, Verkündigung und Diakonie ihre Entsprechung. "Was Luhmann (1977) im Blick auf die drei Funktionen von Religion (geistliche Kommunikation, Diakonie, Theologie) im makrosozialen Bezugsrahmen feststellt, gilt auch für den Mikro- und Meso-Bereich der Pfarrgemeinde: Auch hier haben sich die drei gemeindlichen Grundfunktionen Liturgie, Verkündigung, Diakonie verselbständigt: dem Beobachter ebenso wie den Gemeindemitgliedern erscheint die Zuordnung allenfalls additiv."[69] In Auseinandersetzung mit Luhmanns systemtheoretischen Thesen versucht Steinkamp, die drei Grundfunktionen im Kontext der spezifischen Umwelt der Gemeinde in ein Schema zu fassen.

"Am nachfolgenden Schaubild wird deutlich, daß Probleme der Identifikation diakonischen Handelns an drei 'System'-Grenzen auftreten: innen - außen; Diakonie-Verkündigung; soziale Umwelt - politische Umwelt."[70]

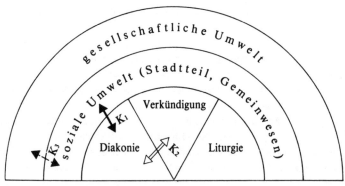

$K_1$ = innen – außen   $K_2$ = Verkündigung – Caritas   $K_3$ = soziale versus politische Diakonie

© Hermann Steinkamp    Quelle: s. S. 201, Anm. 58

Abb. 10: Konflikte bei der Identifikation diakonischen Handelns der Gemeinde nach Steinkamp

---

[66] Ebd.
[67] Steinkamp, a.a.O., S. 85.
[68] Steinkamp, a.a.O., S. 93.
[69] Ebd.
[70] Steinkamp, Kennzeichen der Gemeinde, S. 25.

Dennoch oder gerade deshalb will Steinkamp angesichts der offensichtlichen Differenzen zwischen Kirche, Theologie und Diakonie (in den Makrostrukturen) bzw. Liturgie, Verkündigung und Diakonie (in den Gemeindestrukturen) aus theologischer Perspektive die Notwendigkeit einer Integration dieser Grundfunktionen nicht aufgeben. Er vermag zwar selbst kein praktikables Konzept für deren gegenseitige Integration vorzulegen, formuliert den theologisch untrennbaren Zusammenhang der drei Grundfunktionen jedoch unter dem Begriff der Identität als Desiderat. Dazu knüpft er an einen Identitätsbegriff an, der von J. B. Metz entwickelt wurde. "Versucht man nun, den Begriff der Identität, wie Metz ihn hier verwendet, innerhalb der sozialwissenschaftlichen Theoriebildung zu verorten, wie sie derzeit bekanntlich einen fächerübergreifenden Boom erlebt, so drängt sich das Begriffspaar 'vertikale versus horizontale' Identität auf, wie es im Umkreis neo-analytischen Denkens (vgl. Erikson; Zwergel), aber auch bei Soziologen wie Krappmann oder Goffman ... entwickelt worden ist: Identität einerseits als Kontinuität einer Lebensgeschichte, als 'Treue zum Anfang' - 'vertikale' oder auch personale Identität - und andererseits Identität als in der Vielfalt und Widersprüchlichkeit von Außenerwartungen, Normen und Rollen sich entwickelnde und durchhaltende Unverwechselbarkeit - 'horizontale' bzw. soziale Identität."[71] Steinkamp ist sich dabei bewußt, daß ein individuell ansetzender Identitätsbegriff nur begrenzt auf Fragen der kollektiven Identität der Gemeinde anwendbar ist. In Analogie zur individuellen Identität versucht er dennoch, mit der Unterscheidung von horizontaler und vertikaler Identität eine diakonische Identität der Gemeinde zu entwickeln, die im Rückbezug auf ihre diakonische Tradition und im Außenbezug auf konkrete Not und konkretes Leiden konstituiert wird. "Die kommunikativen Prozesse innerhalb der Gemeinde, die diese 'Berührung' mit dem Leid jeweils initiieren und begleiten, stiften kollektive Identität der Gemeinde in zweifacher Hinsicht:
Im Sinne 'vertikaler' Identität als Erinnerung der Tradition, die zum diakonischen Handeln anstiftet;
im Sinne 'horizontaler' Identität insofern, als die je konkrete Gemeinde in den sie bildenden Subjekten diakonischen Handelns unverwechselbar ist: Auch wenn zwei Gemeinden - im Grenzfall - die gleiche Obdachlosensiedlung zum Ort ihres diakonischen Engagements wählen."[72]
Vertikale Identität als Gebundenheit der Gemeinde an die Herkunft ihres diakonischen Handelns im Innenbezug und horizontale Identität als Unterscheidbarkeit von sozialen Aktivitäten anderer nach außen sind nach Steinkamp im Sinne einer kollektiven "Identität der Gemeinde durch Diakonie"[73] zu fördern. Die Thesen Luhmanns werden damit nicht grundsätzlich verneint, ihnen wird aber als theologische Option die Identität von Diakonie, Kirche und Theologie entgegengehalten. "Jedenfalls kann eine Praktische Theologie, die ihre Praxistheorie auch als 'Konstruktion' einer 'wünschenswerten' Praxis begreift, sich mit dieser Entwicklung nicht einfach pragmatisch oder resignierend abfinden."[74]

---

[71] Steinkamp, a.a.O., S. 112 f, mit Bezug auf J. B. Metz: Die Zielperspektive: Identitätsbildung aus Nachfolge; in: R. Zerfaß (Hrsg.): Mit der Gemeinde predigen; Gütersloh 1982, S. 13-21.
[72] Steinkamp, a.a.O., S. 114.
[73] Ebd.
[74] Steinkamp, a.a.O., S. 93.

## 4.2.1.3 Systemtheoretische Differenzbildung und theologisches Aushalten der Differenzen

Die Stellungnahmen Bukows, Ulrichs, Daibers und Steinkamps bilden in ihrem Zusammenhang eine erste theologische Reaktion auf Luhmanns Ausführungen zur Innendifferenzierung des Systems der christlichen Religion. Dabei zeigt sich, daß die theologische Kritik der Luhmannschen These einer Ausdifferenzierung von Diakonie, Kirche und Theologie ein relativ klares Profil aufweist. Die Relevanz der Differenzhypothese wird, auch wenn man sie letztlich wie Bukow ablehnt, für die aktuelle Situation zugestanden. Sie wird aber zugleich in jeweils anderer Form theologisch zu überwinden gesucht. Die mit Luhmann gegenwärtig feststellbare, große Unterschiedlichkeit kirchlicher, diakonischer und theologischer Aktivitäten wird damit zwar nicht verneint, es ist jedoch recht einmütiger theologischer Standpunkt, daß die evangelische wie die katholische Theologie der Diakonie dennoch nicht umhin kann, auf der Identität von Diakonie und Kirche (sowie deren theologischer Reflexion) zu beharren und nach neuen Möglichkeiten zu suchen, diese Identität zu fördern. Es kann dabei nicht nur um eine theologische Re-Integration der drei unterschiedlichen Bereiche im Sinne eines simplen theologischen Insistierens auf deren Einheit gehen. Gut gemeinte theologische Einheitsbekenntnisse werden der deutlich zu beobachtenden Disparität diakonischer, kirchlicher und theologischer Prozesse nicht gerecht. Es muß vielmehr um eine theologische Reflexion gehen, die ausdrücklich bei den zu beobachtenden Diskrepanzen ansetzt, ohne sie vorschnell überwinden zu wollen. Die zwischen Diakonie, Kirche und Theologie auftretenden Spannungen müssen in diesem Sinne zunächst einmal theologisch ausgehalten werden. Eine theologische Betonung des unauflöslichen Zusammenhangs der drei Bereiche wird von den offensichtlichen Differenzen ausgehen können, ohne damit die einzelnen Bereiche sich selbst zu überlassen. Diakonische Theologie kann sich deshalb im schwierigen Zwischenfeld von legitimatorischen theologischen Einheitsbekenntnissen und systemtheoretischer Analyse der Differenzen konstituieren. Sie wird Luhmanns Differenzhypothesen im Kontext seiner Gesellschaftsanalyse im Sinne einer schärferen Wahrnehmung der aktuellen Probleme aufnehmen, ohne den damit verbundenen Gefahren zu verfallen.

So sehr die Analysen Luhmanns für die beschriebenen Probleme auch einzuleuchten vermögen, bedeuten sie auch eine erhebliche Gefährdung der diakonischen Theologie, die in ihrer Brisanz zugleich wahrgenommen werden muß. Die entscheidende Gefahr einer theologischen Rezeption der systemtheoretischen Thesen Luhmanns besteht in einer allmählichen Ablösung der theologischen Grundorientierung durch systemtheoretische Analyse, die schließlich zur Auflösung des christlichen Religionssystems führt. Michael Welker hat diese Entwicklung in drei Schritten skizziert und sie als "von Luhmanns Theorie ausgehende Gefahr für Theologie und Kirche" bezeichnet.[75] "Es handelt sich um die theoretische Rechtfertigung und Verstärkung einer gegenwärtig tatsächlich zu beobachtenden Dissoziation von Theologie, Kirche und Diakonie. Luhmann empfiehlt erstens, die Trennung und wechselseitige Distanzierung der drei Teilsysteme Kirche, Theologie und Diakonie voneinander zu verstärken, um die Leistungsfähigkeit der 'Funktionsbereiche' zu steigern, und zwar durch den Abbau von aufwendigen und kostspieligen Interferenzen. Er emp-

---

[75] Vgl. M. Welker (Hrsg.): Theologie und funktionale Systemtheorie. Luhmanns Religionssoziologie in der theologischen Diskussion; Frankfurt/ Main 1985, S. 13 ff.

fiehlt zweitens zu sehen, daß die Theologie nun eine Eigeninteressen wahrnehmende, 'Partei' gewordene Instanz sei, die im übrigen ihre Unfähigkeit zur zeitgemäßen Steuerung des Religionssystems hinreichend unter Beweis gestellt habe. ... In einem dritten Schritt könne das dekomponierte Religionssystem, so Luhmann, zur Transformation in Zivilreligion verwendet werden, die die jeweiligen Erwartungs- und Zumutbarkeitshorizonte einer Gesellschaft festlegt."[76] Sämtliche in Welkers Aufsatzband "Theologie und funktionale Systemtheorie" herausgegebenen Beiträge wenden sich gegen diesen auf eine völlige Divergenz der einzelnen Systemreferenzen zielenden "Zerrüttungsprozeß" der christlichen Religion. "Die vorliegenden Beiträge haben diesen organisierten Zerrüttungsprozeß als eine 'neue Aufhebung der Religion' identifiziert."[77]

Das theologisch bedenkliche Moment von Luhmanns Analyse ist also, daß er mit seiner sehr treffenden Beschreibung der Differenzen von Diakonie, Theologie und Kirche versucht, die Theologie lediglich als Teilinstanz der Religion neben anderen zu beschreiben und dadurch ihre grundsätzliche Bedeutung für das Christentum zu relativieren. An ihre Stelle setzt er seine eigene Systemtheorie, weil sie Probleme des Religionssystems angeblich weitaus differenzierter reflektieren könne als die eigentlich dafür zuständige Reflexionsinstanz Theologie. Er führt sie damit in subtiler Weise zugleich als Theologieersatz für die Wahrnehmung und Bearbeitung dieser Probleme ein. Die zentrale Bedeutung der Theologie für die Gesamtorientierung des Systems der christlichen Religion wird damit von Luhmann systematisch auf einen Teilbereich, auf eine Partei unter anderen, reduziert. Dadurch werden die Tendenzen zu einer Separierung und Entkoppelung von Theologie, Diakonie und Kirche jedoch nur verstärkt. Luhmann meint, daß man angesichts der schwierigen "strukturpolitischen" Probleme des Christentums, die sich aus der Dreiteilung in verschiedene Systemreferenzen ergeben, dringend nach neuen Orientierungsmöglichkeiten suchen müsse, die in der Lage sind, mit diesen Differenzproblemen umzugehen, "wobei sich offenbar ganz zwanglos die soziologische systemtheoretische Analyse empfehle."[78]

Luhmann überschätzt dabei offensichtlich, wie auch schon in der theologischen Kritik der allgemeinen Grundbegriffe seiner Theorie deutlich wurde, seine eigenen Differenzierungsfähigkeiten, und er unterschätzt zugleich die Fähigkeit und Willigkeit der christlichen Religion und ihrer Theologie, die in ihrem Handlungsbereich auftretenden Differenzen in ihrer Verschiedenheit zusammenzuhalten (vgl. Kap. 3.2.4 und 3.2.5.3). Die Möglichkeiten der Theologie, ambivalente Erscheinungsformen christlichen Lebens wie die gesamtgesellschaftlich orientierte Funktionserfüllung der Kirche und die an Teilsystemen orientierte Leistungserfüllung der Diakonie in ihrer Spannung auszuhalten und in theologischer Perspektive zusammenzufassen, sind deshalb gegenüber Luhmann deutlich hervorzuheben. Die von Michael Welker an Luhmanns Theorem der doppelten Kontingenz herausgearbeitete spezifische Fähigkeit des Christentums, mit "konfligierenden Doppelidentitäten" leben zu können (vgl. Kap. 3.2.4), ist konkret am Beispiel der Kopräsenz von Kirche und Diakonie hervorzuheben. Das Charakteristikum des Christentums, "daß betont anspruchsvolle, ethisch und erkenntnistheoretisch fruchtbare individuelle und soziale Denk- und Lebensformen entwickelt werden aufgrund des Zusammenhalts der konfligierenden

---

[76] Welker, a.a.O., S. 13.
[77] Welker, a.a.O., S. 14.
[78] Welker, a.a.O., S. 13, mit Bezug auf N. Luhmann: Funktion der Religion, S. 270 f.

Doppelidentitäten",⁷⁹ bietet gerade unter der Voraussetzung einer Unterscheidung von Kirche und Diakonie die Möglichkeit, aus der Doppelstruktur des modernen Christentums als Kirche und Diakonie heraus differenzierte, individuelle und soziale Handlungsformen zu entwickeln, ohne daß diese damit auseinanderfallen müßten. Unter der Voraussetzung, daß das Neben- und Miteinander verschiedener, mitunter sogar widersprüchlicher Lebensformen eine Besonderheit christlichen Glaubens, Lebens und Denkens ist, wird die Kopräsenz von Kirche und Diakonie gerade zu einem typischen Beispiel für die Vielfältigkeit und den inneren Zusammenhang des Christentums.

Es hätte also theologisch weitreichende Folgen, dem systemtheoretischen Vorschlag einer Separierung des Religionssystems in drei Systemreferenzen prinzipiell zuzustimmen. Die These einer Dissoziation ist innerhalb des Luhmannschen Theorieprogramms nicht nur eine mehr oder minder einleuchtende Beschreibung aktueller Entwicklungen. Sie zielt in ihrem Ergebnis auf eine Verringerung der Bedeutung der Theologie für Diakonie und Kirche. Sie versucht theorieprogrammatisch, den grundsätzlichen Ansatz Luhmanns bei Differenz anstelle von Identität auf dem Gebiet der Religion durchzuspielen und dabei die bereits vorhandenen Differenzen so zu verstärken, daß das System christlicher Religion dekomponiert und damit letztlich aufgelöst wird. Gerade in theologischer Sicht muß demgegenüber die Fähigkeit betont werden, die Vielfalt der verschiedenen Aspekte zusammenhalten zu können. Die prinzipiell ansetzenden Differenzhypothesen Luhmanns sind in diesem Sinne mit dem christlichen Selbstverständnis einer (Doppel-)Identität christlichen Glaubens und Handelns in der Vielfältigkeit ihrer Erscheinungsformen nicht harmonisierbar. Luhmann legt an dieser Stelle die christliche Theologie zu sehr auf die Reflexion einer *Einheit* des Systems der christlichen Religion fest und unterschätzt dabei deren Möglichkeiten, auch *differente* Erscheinungsformen christlichen Glaubens *in ihrer Differenz* zusammenfassen zu können. Auf die Luhmannsche Differenzhypothese für den Bereich von Diakonie, Theologie und Kirche im Sinne einer grundsätzlichen Trennung der drei Bereiche einzugehen, hieße, die theologische Reflexion der Identität dieser verschiedenen Bereiche in eine distanzierte systemtheoretische Analyse der Differenzen zu überführen.

Andererseits ist deutlich, daß Luhmann mit seinen Ausführungen zu den Konsequenzen funktionaler gesellschaftlicher Differenzierung für die christliche Religion bestimmte aktuelle Problemkonstellationen der Diakonie und Probleme einer theologischen Bearbeitung dieser Konstellationen angemessen und weiterführend beschreiben kann. In systemtheoretischer Perspektive erscheint das weitgehende Ausblenden diakonischer Themen in der Theologie nicht zufällig, sondern folgerichtig. Die multirelationale Stellung der Diakonie im Spannungsfeld zwischen Kirche und Theologie einerseits sowie den verschiedenen gesellschaftlichen Funktionssystemen andererseits wird von Luhmann differenziert wahrgenommen. Die daraus resultierenden Probleme für die Diakonie selbst werden evident. Die Schwierigkeit der Theologie, die Außenbezüge der Diakonie auf andere Funktionsbereiche in das System christlicher Religion zu reintegrieren, wird einleuchtend. Das Problem einer Zusammenführung der auf religiöse Kommunikation spezialisierten Kirche und der auf Hilfeleistungen für andere Teilsysteme spezialisierten Diakonie wird im größeren Kon-

---

⁷⁹ M. Welker: Einfache oder multiple doppelte Kontingenz? In: W. Krawietz/M. Welker (Hrsg.): Kritik der Theorie sozialer Systeme; 2. Aufl. Frankfurt/ Main 1992, S. 355-370, dort S. 368.

text der funktionalen gesellschaftlichen Differenzierung präzise beschrieben. Trotz eindeutiger Grenzen der theologischen Rezipierbarkeit des systemtheoretischen Ansatzes versprechen gerade Luhmanns detaillierte Analysen solcher Differenzierungsprozesse neue Möglichkeiten einer präzisen theologischen Wahrnehmung dieser Vorgänge. Die sich daraus ergebenden Probleme können von der diakonischen Theologie, auch wenn sie gegenüber Luhmann den Zusammenhang, die Identität des Christentums betonen muß, nicht ignoriert werden. Bei der Wahrnehmung und Bearbeitung solcher Differenzierungsprozesse und -probleme kann die Systemtheorie Luhmanns deshalb für die diakonische Theologie weiterführend sein.

### 4.2.2 Die Bedeutung der systemtheoretischen Differenzanalyse für die diakonische Theologie

### 4.2.2.1 Die theologische Relevanz einer Beachtung der drei Systemreferenzen Kirche, Theologie und Diakonie

Daß die Vorstellung einer Separierung von Diakonie, Theologie und Kirche aus theologischen Gründen kaum rezipierbar ist, wurde ausgiebig begründet. Die Thesen Luhmanns zur Innendifferenzierung des Religionssystems können jedoch gerade für eine theologische Reflexion dieser Differenzierungsprozesse im Sinne einer Wahrnehmungshilfe umso wichtiger sein. Die systemtheoretische Unterscheidung der christlichen Religion in Kirche, Theologie *und Diakonie* bietet der Theologie die Möglichkeit, Bezugsprobleme von Theologie, Diakonie und Kirche untereinander und zu anderen gesellschaftlichen Bereichen theologisch differenzierter in den Blick zu bekommen. Um an dieser Stelle von Luhmanns Analysefähigkeiten profitieren zu können, muß die weitläufig verwendete theologische Unterscheidung zwischen Theologie und Kirche aufgrund der systemtheoretisch beschreibbaren spezifischen Gestalt und Aufgabenstellung der Diakonie in die Unterscheidung einer Trias modifiziert werden. Die Wahrnehmung von Diakonie als eines von Theologie und Kirche zu unterscheidenden, besonderen Sozialgebildes mit eigenen und sehr spezifischen Problemstellungen ermöglicht erst die Behandlung diakonischer Probleme innerhalb der Theologie (und der Kirche). Die bekannte Formel "Theologie und Kirche" muß deshalb um den Begriff der Diakonie erweitert werden. Die Möglichkeit zur Thematisierung genuin diakonischer Fragestellungen setzt die Fähigkeit zur Unterscheidung der Diakonie von Kirche und Theologie voraus. Das gilt unabhängig davon, wie diese Differenz theologisch näher bestimmt wird. Es muß dann in einem weiteren Schritt gerade Aufgabe der Theologie als Reflexionsinstanz der christlichen Religion sein, nicht nur die besonderen Fragestellungen der Diakonie, sondern auch die Konsequenzen der Unterscheidung von Kirche, Diakonie und Theologie innerhalb der Theologie zu reflektieren. Das bedeutet m.E. noch nicht die naive Rezeption nichttheologischer Thesen innerhalb der diakonischen Theologie, sondern die differenzierte Wahrnehmung unterschiedlicher Erscheinungsformen des Christentums, ohne dabei den Zusammenhang der drei "Systemreferenzen" theologisch aufzugeben. "Man kann der Theologie gewiß nicht raten, im Wege des Direktimportes Säkularitäten in ihr eigenes Begriffsgerüst einzubauen. Das wäre jedenfalls keine Reflexion der Identität des Religionssystems. Denkbar wäre dagegen, daß die Theologie ihre Rolle als Reflexions- und Systembetreuungswissenschaft dadurch erfüllt, daß sie die Differenzierung von Funktion, Leistung und Reflexion in der Reflexion reflektiert."[80] Ausgehend von solcher Unterscheidungsfähigkeit ließen sich die aus der funktionalen Differenzierung der modernen Gesellschaft resultierenden Probleme für das System der christlichen Religion sowie speziell für die Theologie selbst besser wahrnehmen, beschreiben und bearbeiten.

Setzt man die Differenzierung in eine Trias von Kirche, Diakonie und Theologie voraus, so kann diese Unterscheidung nur aufgenommen werden, wenn innerhalb der Theologie neben die Reflexion kirchlicher Praxis eine Reflexion der Diakonie tritt, die sich spezialisiert und konzentriert in einem eigens dafür eingerichteten Bereich, sei es als eigene Disziplin oder als eine eigene Grunddimension der Theologie, mit den spezifischen Fragestellungen diakonischer Praxis zu beschäftigen hat. Die Einsichten, die sich aus der systemtheoretisch beschreibbaren Innendifferenzierung des Religionssystems ergeben, müssen also auch innerhalb der Theologie zu einer Innendifferenzierung bei der Reflexion dieser verschiedenen Teilbereiche führen. Die Theologie sollte sich angesichts der offensichtlichen Differenzen von Kirche, Diakonie und Theologie selbst so ausdifferenzieren, daß sie in der Lage ist, diese Differenzen innerhalb der Theologie zu thematisieren. Die theologische Reflexion muß also, systemtheoretisch gesprochen, angesichts der differenzierten Fragestellungen in Kirche, Diakonie und Theologie eine adäquate Komplexität erzeugen. Sie sollte dazu neben der selbstbezüglichen Reproduktion ihrer eigenen theologischen Probleme und ihrem Bezug auf die kirchliche Praxis einen dritten theologischen Teilbereich ausdifferenzieren.

Durch ihn kann die Theologie auch den Bezug auf die diakonische Praxis herstellen. Sie muß deshalb eine entsprechende "diakonische Theologie" entwickeln, die sich konzentriert nicht nur um eine - wiederum selbstbezügliche - theologische Legitimation dieser Praxis, sondern um eine Reflexion der real in ihr auftretenden Probleme bemüht. Eine Theologie, die "die Differenzierung von Funktion, Leistung und Reflexion in der Reflexion reflektiert",[81] erfordert mithin eine Innendifferenzierung der Theologie in drei Bereiche: Den theologischen Selbstbezug auf die eigene theologische Tradition als traditionelle Theologie, den Bezug auf die kirchliche Praxis als kirchliche Theologie und den Bezug auf das diakonische Handeln als diakonische Theologie.

---

[80] N. Luhmann: Funktion der Religion, S. 266.
[81] Ebd.

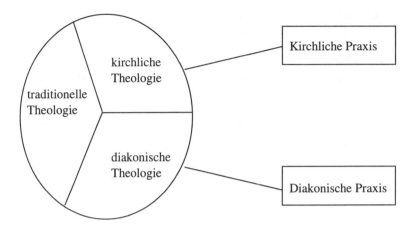

Abb. 11: Die Innendifferenzierung der Theologie unter Berücksichtigung der drei Systemreferenzen Kirche, Diakonie und Theologie

Diese Überlegungen sind nicht nur für die Gestaltung theologischer Lehre und Forschung, sondern auch für die Konzeptionierung der theologischen Ausbildung wichtig. Ausgehend von der dargestellten Innendifferenzierung der Theologie lassen sich die erheblichen Differenzen zwischen akademisch-theologischer Ausbildung und kirchlicher bzw. diakonischer Praxis der Theologinnen und Theologen in weiterführender Weise beschreiben und bearbeiten. Die weitgehend an Universitäten stattfindende Ausbildung in Theologie ist eine im Kontext des Wissenschaftssystems auch institutionell ausdifferenzierte Form der theologischen Reflexion. Sie orientiert sich in ihrer Arbeit in erster Linie an den Gegebenheiten des wissenschaftlichen Lehr- und Forschungsbetriebes im Rahmen von Hochschulfakultäten (z.B. Verwendung wissenschaftlicher Methodik, Literaturarbeit, wissenschaftliche Karrierebildung etc.) und lediglich sekundär an kirchlichen oder diakonischen Fragestellungen.

Das bewirkt einerseits eine höhere wissenschaftliche Leistungsfähigkeit, sowohl quantitativ als Produktion von Literatur als auch qualitativ als Steigerung des theologischen Reflexionsniveaus. Andererseits entsteht dadurch eine ständig abnehmende Relevanz wissenschaftlich-theologischer Aussagen für die konkrete kirchliche und diakonische Arbeit. Dieser Umstand wird zunehmend zum Problem, weil die Theologinnen und Theologen, die innerhalb dieses wissenschaftlichen Lehrsystems ausgebildet werden, danach in Kirche und Diakonie maßgebliche Positionen bekleiden. Resultat der beschriebenen Ausdifferenzierung ist einerseits der bekannte "Praxisschock" wissenschaftlich ausgebildeter Theologinnen und Theologen beim Eintritt in die konkrete diakonische und kirchliche Tätigkeit, andererseits die ernüchternde Erkenntnis, daß in der kirchlichen und besonders der diakonischen Praxis zahlreiche andere, nichttheologische Aspekte und Mitarbeiter entscheidend mitwirken.[82]

Die Selbstreduktion der wissenschaftlichen Theologie auf ihre eigenen Themen ist also nur mühsam mit den konkreten Erfordernissen kirchlicher und diakonischer Praxis vereinbar. "Diejenigen Personen, die professionell und hauptberuflich im Religionssystem tätig sind, werden als Theologen ausgebildet. Damit beansprucht die Theologie, obwohl nur eine der erforderlichen Orientierungsrichtungen, im Personalwesen der religiösen Organisationen eine Führungsposition. Diese Stellung kann auf die Dauer nur gehalten werden, wenn es der theologischen Reflexion hinreichend gelingt, Funktion, Leistung und Reflexion der von ihr betreuten Religion zu integrieren. Erst in dem Maße, als die dafür benötigten Konzepte, also zunächst einmal theologische Konzepte für geistliche Kommunikation und theologische Konzepte für den Bereich sozialer Leistungen, entwickelt sind, kann man beurteilen, in welchem Maße und in welcher Auswahl Kenntnisse und Fähigkeiten anderer Provenienz in die theologische Ausbildung einbezogen werden müssen."[83]

Im Hinblick auf die seit Jahren laufenden Überlegungen zur Reform der theologischen Ausbildung bedeutet dies, daß Reformbestrebungen, die die systemtheoretische Unterscheidung von Kirche, Diakonie und Theologie berücksichtigen und die damit zusammenhängenden Probleme des personalpolitischen Primatsanspruches der Theologie aufnehmen wollen, von einer Dreiteilung der späteren Berufstätigkeit der Auszubildenden ausgehen müssen. Ausgebildet werden muß deshalb Personal
1. für die Reproduktion und Vermittlung der theologischen Inhalte,
2. für kirchliche Aufgaben und zusätzlich
3. für den diakonischen Bereich.

Um eine ausgewogene theologische Ausbildung für alle drei Bereiche zu gewährleisten, wird darauf zu achten sein, daß neben der unumgänglichen Selbstreproduktion theologischer Themen auch spezifische theologische Konzepte für kirchliches Handeln und diakonische Tätigkeiten entwickelt werden. Das aber ist nur möglich, wenn sich innerhalb der Theologie entsprechende Forschungs- und Lehrbereiche ausdifferenzieren, die eine Entwicklung auf allen drei Ebenen vorantreiben. Geht man davon aus, daß derzeit vor allem in der Diakonie der Mangel an speziell für diesen Bereich qualifizierten Theologinnen und Theologen besonders gravierend ist (vgl. Kap. 5.2.4), so bekommt kurzfristig unter systemtheoretischen Gesichtspunkten die Berücksichtigung des diakonischen Bereiches innerhalb der theologischen Ausbildung besondere Dringlichkeit und Relevanz. Nur durch entschlossene Ausdifferenzierung einer speziellen diakonischen Theologie wird diesem Defizit und seinen Auswirkungen auf die diakonische Praxis entgegengewirkt werden können. Mittel- und langfristig wird man davon ausgehen müssen, daß die dreifache Aufgabe von Theologinnen und Theologen innerhalb des Systems der christlichen Religion, nämlich die Bewahrung und Weiterentwicklung der theologischen Tradition, die Wirksamkeit innerhalb der Kirche und die Tätigkeit im Bereich der Diakonie, eine halbwegs ausgewogene und symmetrische Berücksichtigung der drei Bereiche in den theologischen Lehr-, Forschungs- und Ausbildungsplänen erfordert. Sollte sich der derzeitige Trend einer stetigen quantitativen Verringerung des kirchlichen Hand-

---

[82] Zu diesem Problem vgl. auch K.-F. Daiber: Die Zusammenarbeit von Theologen und Nichttheologen in der Diakonie; in: Wege zum Menschen 37 (1985), S. 178-187.

[83] N. Luhmann: Funktion der Religion, S. 269 f.

lungsbereichs und eines enormen Wachstums diakonischer Aktivitäten fortsetzen, wird im Sinne einer den sich stellenden Aufgaben angemessenen theologischen Ausbildung zukünftig eher die diakonische Komponente gegenüber der kirchlichen hervorzuheben sein.

Es wird also eine den jeweiligen Entwicklungen angemessene, quantitative und qualitative Balance der drei Bereiche innerhalb der Theologie erreicht werden müssen, um den in der Ausbildung befindlichen Theologinnen und Theologen den beruflichen Einstieg in alle drei Handlungsbereiche offenzuhalten. "Ein ausdifferenziertes Religionssystem erfordert eine Balancierung der Einstellung derart, daß Funktionsbereich, Leistungsbereich und Reflexionsbereich in etwa gleichgewichtige Aufmerksamkeit finden. Das schließt Differenzierung von individuellen Interessen, Rollen und organisatorischen Einheiten keineswegs aus. Im Gegenteil: die Komplexität des Systems erfordert solche Schwerpunktwahlen. Gerade deswegen müssen aber strukturelle Verzerrungen, die ... zu organisatorischer Unterversorgung führen, beobachtet und kontrolliert werden."[84] Ohne Zweifel ist gerade der diakonische Bereich trotz seiner enormen quantitativen Entwicklung hinsichtlich der theologischen Ausbildung nach wie vor unterversorgt. Es gibt nicht nur keine ausreichende Berücksichtigung der Diakonie innerhalb der Theologie, es gibt als Konsequenz daraus kaum für ihre diakonische Tätigkeit spezifisch ausgebildete Theologinnen und Theologen. Solche "strukturellen Verzerrungen" müssen gerade bei einer Neukonzeptionierung der theologischen Ausbildung bedacht werden. Individuelle Interessen für diakonische Probleme innerhalb der Theologenschaft lassen sich nur durch eine stärkere Berücksichtigung der Diakonie in universitärer und nachuniversitärer Ausbildung fördern, z.B. durch die Berücksichtigung eines angemessenen diakonisch-theologischen Wissens in den Stoffplänen der Ersten und Zweiten Theologischen Examina, durch die Einrichtung diakonisch-theologischer Lehrstühle, durch Verlängerung diakonischer Praktika während der Studienzeit und durch die Einrichtung eines diakonischen Ausbildungsabschnittes (zusätzlich zur gemeindlichen und schulischen Ausbildung) während des Vikariates. Es ist dabei nicht einzusehen, warum der diakonische Ausbildungsteil während der zweiten Phase der Theologenausbildung wesentlich geringer sein soll als der kirchlich-gemeindliche bzw. der theologische. Die Vorbereitung auf den "Dienst an Wort und Sakrament" darf die Ausbildung zum Dienst in der Diakonie nicht verdrängen.

## 4.2.2.2 Die Relevanz der systemtheoretischen Unterscheidung von Diakonie und Kirche für die heutige Situation des Christentums

Die systemtheoretische Forderung nach einer Balance der drei Systemreferenzen Theologie, Diakonie und Kirche gilt hingegen nicht nur für die Gestaltung der theologischen Forschungs- und Ausbildungsprogramme. Sie bezieht sich zugleich auf diejenigen Menschen, die am System der christlichen Religion beteiligt sind. Es ist nicht zutreffend, wie dies aus theologischer Perspektive oft geschieht, den Kreis der für das Gesamtsystem wichtigen Personen lediglich auf diejenigen zu beschränken, für die die kirchliche Verkündigung und deren theologische Inhalte von besonderer

---

[84] Luhmann: Funktion der Religion, S. 270.

Wichtigkeit sind. Parallel zu diesen wenigen Prozent kirchlich engagierter und theologisch interessierter Christen gibt es eine ungleich höhere Zahl kirchlich distanzierter Menschen, die lediglich auf den Vollzug bestimmter kirchlicher Kommunikationen wie Kasualien, Festgottesdienste etc. besonderen Wert legen. Zusätzlich zu diesen beiden Gruppierungen, die theologisch relativ häufig thematisiert worden sind, gibt es jedoch auch eine erhebliche Anzahl von Personen, denen es speziell um die Teilhabe an diakonischen Handlungen geht. Der Umfang dieses Personenkreises geht weit über die Grenzen der formalen Kirchenmitgliedschaft hinaus und umfaßt auch ausdrücklich der Kirche ablehnend gegenüberstehende Menschen, deren Zahl offenbar zur Zeit stark zunimmt. "Diakonie ist zu unterscheiden von der 'religiösen' Funktion, die Luhmann 'geistliche Kommunikation' nennt, d.h. sie ist 'religiös absichtslos', bindet nicht den Empfang von Dienstleistungen der Diakonie an Kirchenmitgliedschaft."[85]

Die systemtheoretische Unterscheidung von Theologie, Kirche und Diakonie ermöglicht deshalb nicht nur eine differenzierte Behandlung der internen Probleme der christlichen Religion innerhalb der Theologie, sondern auch eine differenzierte theologische Wahrnehmung der an den verschiedenen Bereichen beteiligten Personen. Es gibt demnach eine relativ geringe Zahl theologisch besonders interessierter Menschen, die sich also speziell auf die Systemreferenz der Theologie beziehen, etwa auf biblische Themen, theologische Aussagen der Predigt oder systematisch-ethische Probleme. Daneben gibt es Personen, die speziell an kirchlicher Kommunikation interessiert sind, denen also ein Bezug auf die Systemreferenz der Kirche wichtig ist, z.B. kirchliche Amtshandlungen, Kreise, Gemeindeveranstaltungen etc. Mit Hilfe systemtheoretischer Analyse können diese beiden Gruppierungen unterschieden werden und um einen dritten, theologisch bislang weithin vernachlässigten Personenkreis erweitert werden: die kaum abzuschätzende Zahl von Menschen, die unmittelbar am diakonischen Handeln beteiligt sind, ohne notwendigerweise an Kirche oder Theologie im engeren Sinne Interesse zu haben. Erst die theologische Unterscheidung in theologisch Engagierte, an kirchlichen Handlungen Interessierte und diakonisch Betreuende und Betreute gibt die Gesamtheit der am christlichem Reden und Handeln beteiligten Menschen angemessen wider. Die Luhmannsche Unterscheidung der drei Systemreferenzen Theologie, Kirche und Diakonie wirkt sich damit auch für das differenzierte theologische Verständnis dieser drei Personengruppen aus. Im dargestellten Schema wird dabei nicht deutlich, daß es zwischen den einzelnen Gruppen auch Überschneidungen geben kann.

---

[85] H. Steinkamp: Diakonie - Kennzeichen der Gemeinde, S. 20.

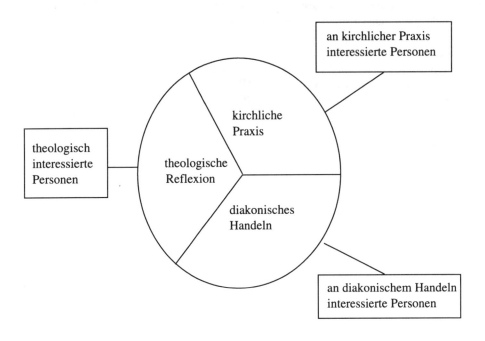

Abb. 12: Die am System der christlichen Religion beteiligten Personengruppen

Die Beachtung der Differenz von Theologie, Kirche und Diakonie kann theologisch also auch für das Verständnis der aktuellen Situation des Christentums hilfreich sein. Es ist offensichtlich, daß die herkömmlichen kirchlichen Handlungsformen wie Gottesdienst, Kasualien, Gemeindegruppen etc., in der Terminologie Luhmanns die geistlichen Kommunikationen, unter den Bedingungen der modernen Gesellschaft im gesamtgesellschaftlichen Kontext betrachtet einen erheblichen Relevanzverlust erleiden. Diese Entwicklung ist für Luhmann eine Konsequenz der funktionalen gesellschaftlichen Ausdifferenzierung, die die religiöse Kommunikation auf einen speziellen Teil (Kirche) eines bestimmten Teilsystems (Religion) begrenzt. Die religiöse Kommunikation der Kirche ist damit folgerichtig nur eine sehr spezielle Form gesellschaftlicher Kommunikation, die zwar grundsätzlich allen Mitgliedern der Gesellschaft zugänglich ist, aufs gesellschaftliche Ganze gesehen jedoch an Relevanz verliert. Funktionale Differenzierung und Rückgang der Bedeutung kirchlicher Handlungsformen hängen also in systemtheoretischer Sicht unmittelbar zusammen.

Einerseits wird damit von Luhmann unter einer allzu schematischen Anwendung seines Funktionalitätsprinzips die Vielschichtigkeit der religiösen Kommunikation vor allen Dingen auf Gemeindeebene unterschätzt. Luhmann kann mit seiner sehr pauschalen Definition von Kirche die Pluralität kirchlicher Kommunikations- und Handlungsformen eigentlich nicht erfassen. "Die 'Funktion der Religion' in konkreten Wirkungen der Gemeinden in nicht nur individuellen, sondern sozialen Übergangslagen wird fast völlig ausgeblendet, verschwiegen, obwohl sie sich dem Soziologen geradezu aufdrängen sollte."[86] Andererseits kann aber in der dennoch ohne Zweifel vorhandenen Situation eines Relevanzverlustes des Modells der Volkskirche, also einer mehr oder weniger von der gesamten Gesellschaft akzeptierten Kirche, die in Auseinandersetzung mit Systemtheorie gewonnene Beachtung der Diakonie theologisch neue Aspekte einbringen. Wenn Diakonie eine eigenständige Form christlicher Wirksamkeit in der modernen Gesellschaft mit besonderem Bezug auf andere gesellschaftliche Teilsysteme ist, dann kann sie damit theologisch als eine neue, den Relevanzverlust der herkömmlichen kirchlichen Aktivitäten kompensierende Erscheinungsform des modernen Christentums zur Geltung gebracht werden. Der Mitgliederschwund der verfaßten Kirche kann durch den Zuwachs der am diakonischen Handeln beteiligten Personen aufgehoben werden. "Diese Schwierigkeiten im Kernbereich geistlicher Kommunikation lassen es verständlich erscheinen, daß man eine Verlagerung kirchlicher Aktivität aus dem Bereich primärer in den Bereich sekundärer Funktionen beobachten kann. ... Diese Gewichtsverlagerung ist die wohl wichtigste Einzelfolge der Säkularisierung."[87]

Unter der Voraussetzung, daß Diakonie eine weit über das kirchliche Wirkungsfeld geistlicher Kommunikation hinausgehende Form christlichen Lebens und Handelns in der modernen Gesellschaft ist, die auch Menschen betrifft, welche mit den herkömmlichen kirchlichen Handlungsformen kaum etwas zu tun haben, erscheint Diakonie als eine zusätzliche Dimension christlicher Präsenz in der säkularen Gesellschaft. Diakonie stellt damit einen neuen, herkömmliche kirchliche Handlungsstrukturen erheblich erweiternden Selbstentwurf des modernen Christentums dar. Diese Entwicklungen und die sich daraus ergebenden Möglichkeiten wahrzunehmen, ist eine wichtige Aufgabe der theologischen Arbeit. Diakonische Theologie bekommt damit die Chance, auf der Basis der Differenz von kirchlichem und diakonischem Handeln nach neuen Formen eines gesellschaftlich relevanten Wirkens des Christentums zu suchen. "Vielleicht wird sie (die Praxistheorie christlich-kirchlicher Diakonie; D.S.) so die Diakonie rsp. das Diakonische als *die* neue, zentrale Dimension kirchlich-gesellschaftlicher Präsenz, als *den* gegenwärtig relevanten Selbstentwurf von Kirche ausweisen."[88] Als Richtungsangabe eines solchen neuen Selbstentwurfes des Christentums kann z.B. der Terminus *diakonische Kirche* fungieren. Die bereits zu Beginn des zweiten Kapitels dargestellten Ergebnisse der offiziellen katholischen und evangelischen Befragungen zur Kirchenmitgliedschaft, die vor allem durch die starke Zunahme der Kirchenaustritte seit den 60er Jahren motiviert sind, scheinen zu bestätigen, daß das diakonische Engagement des Christentums besonders bei denjenigen Personen, die der verfaßten Kirche skeptisch gegenüberstehen, eine wichtige Alternative zu den herkömmlichen kirchlichen Handlungsformen darstellt.

Durch eine stärkere theologische und kirchliche Beachtung der diakonischen Komponente des Christentums und derjenigen Personen, die dieses diakonische Handeln im Unterschied zu kirchlichen und theologischen Aktivitäten schätzen, kön-

---

[86] M. Welker: Die neue 'Aufhebung der Religion' in Luhmanns Systemtheorie; in: ders. (Hrsg.): Theologie und funktionale Systemtheorie, S. 93-119, dort S. 108.
[87] N. Luhmann: Funktion der Religion, S. 264.
[88] M. Fischer: Zur gegenwärtigen Diskussion um die Diakonie - Stand und Perspektiven; in: I. Cremer, D. Funke (Hrsg.): Diakonisches Handeln. Herausforderungen - Konflikte - Optionen; Freiburg i.B. 1988, S. 13-24, dort S. 21, Hervorhebungen von Fischer.

nen sich neue Möglichkeiten einer Präsenz des Christentums in der modernen Gesellschaft ergeben. Erst die ausgewogene Berücksichtigung theologisch, kirchlich und diakonisch interessierter Menschen wird die aktuellen Chancen, die sich für die verschiedenen Formen christlichen Lebens und Handelns in der heutigen Gesellschaft ergeben, umfassend nutzen können. Eine Theologie, die im Anschluß an Luhmann "die Differenzierung von Funktion, Leistung und Reflexion in der Reflexion reflektiert",[89] kann die Unterschiedlichkeit der drei von diesen Systemreferenzen angesprochenen Personengruppen differenziert und vor allem gleichberechtigt wahrnehmen. Sie kann dem Christentum damit für die Zukunft eine ausgewogenere Beachtung dieser Gruppierungen ermöglichen und sich besonders im Hinblick auf die diakonisch interessierten Personen um verstärkte Aufmerksamkeit bemühen.

### 4.2.2.3 Die Ausdifferenzierung der Diakonie als Verpflichtung zum Erbarmen

Um die Chancen, die sich aus der verstärkten Berücksichtigung der Diakonie als eigenständiger Systemreferenz für das Christentum ergeben können, voll auszunutzen, wird es nötig sein, in Auseinandersetzung mit Luhmann die positive Bedeutung der modernen Diakonie für Theologie und Kirche neu hervorzuheben. Gegenüber einer weitläufigen theologischen Kritik an der Organisation und Struktur diakonischen Handelns ist dabei besonders die Wichtigkeit einer festen Institutionalisierung der diakonischen Hilfe verstärkt wahrzunehmen. Die Institutionalisierung diakonischer Hilfe ist keineswegs nur eine negative Entwicklung. Sie steht im Kontext einer gesamtgesellschaftlichen Tendenz zur Organisierung von Hilfeleistungen und stellt als bewußte Verpflichtung des Christentums zur Hilfe eine wichtige und positiv zu beurteilende Entwicklung dar.

Niklas Luhmann hat bereits Anfang der 70er Jahre die Konsequenzen, die veränderte gesellschaftliche Bedingungen für die Gestaltung des Hilfehandelns haben, untersucht.[90] Er geht dabei zunächst von der Voraussetzung aus, daß Hilfehandeln nur geschehen kann, wenn dafür bestimmte Bedingungen gegeben sind. Diese beziehen sich für ihn weder auf die gesinnungsmäßigen Hintergründe der Hilfe noch auf deren moralische Motivation. "Unseren Ausgangspunkt wählen wir vielmehr in der Einsicht, daß Helfen nur zustandekommt, wenn und soweit es erwartet werden kann. Diese Behauptung mag befremdlich klingen. Wir sind, aus bestimmten kulturellen Traditionen heraus, gewohnt, mit der Vorstellung des Helfens Züge des Freiwilligen, Spontanen, Schenkenden, Unerwartbaren zu verbinden. Solche Assoziationen sind jedoch selbst Ausdruck einer bestimmten Lage des Gesellschaftssystems und auf sie hin zu relativieren. Zunächst muß man davon ausgehen, daß nur erwartbares Handeln in soziale Interaktion aufgenommen werden kann."[91]

Hilfe geschieht also nach Luhmann nicht primär als spontane, moralisch oder religiös motivierte Zuwendung eines Menschen zu einem anderen. In systemischer

---

[89] N. Luhmann: Funktion der Religion, S. 266.
[90] N. Luhmann: Formen des Helfens im Wandel gesellschaftlicher Bedingungen; in: H.-U. Otto/S. Schneider (Hrsg.): Gesellschaftliche Perspektiven der Sozialarbeit, Erster Halbband; Neuwied und Berlin 1973, S. 21-43.
[91] Luhmann, a.a.O., S. 21.

Sicht wird Hilfehandeln zwischen Personen durch Strukturierung von Verhaltenserwartungen ermöglicht. Das gilt auch für das diakonische Hilfehandeln. Diese Erwartungsstrukturierung entsteht aus der Notwendigkeit heraus, daß die Verläßlichkeit der Hilfe in jeder gesellschaftlichen Situation gewährleistet sein muß. Das Hilfehandeln könnte aber als spontane Hilfe weder vom Hilfebedürftigen noch vom Helfenden in eine beiderseits verbindliche Form gebracht werden. Solche Hilfe wäre immer beidseitig kontingent.[92] Um mit der Geschichte des sogenannten "barmherzigen Samaritaners" im 10. Kapitel des Lukasevangeliums zu sprechen: Der Samaritaner würde immer einen zufällig am Wegesrand liegenden Hilfebedürftigen benötigen und der unter die Räuber Gefallene würde immer eines zufällig daherkommenden und hilfsbereiten Samaritaners bedürfen, damit die christliche Hilfe geschehen kann. Im Sinne einer Verläßlichkeit des christlichen Hilfehandelns ist aber die Strukturierung von Verhaltenserwartungen für den, der auf diese Hilfe angewiesen ist, und für den, der diese Hilfe leistet, unverzichtbar. "Hilfe wird demnach durch Strukturen wechselseitigen Erwartens definiert und gesteuert."[93]

Die Entwicklungen der modernen Diakonie, die, ausgehend von persönlichen Initiativen, zu einer zunehmenden Durchstrukturierung der diakonischen Hilfe bis hin zur Ausbildung eines komplexen diakonischen Hilfesystems geführt haben, sind deshalb theologisch nicht vorschnell als "Apparatisierung" oder "Bürokratisierung" (Hollweg)[94] usw. zu disqualifizieren. Diakonische Systembildung bedeutet vielmehr zunächst positiv, daß in die Kontingenz der Hilfesituation in der modernen Diakonie Strukturen eingezogen werden, die angesichts massiver Veränderungen in der modernen Gesellschaft christliche Hilfe nach wie vor sicher erwartbar machen.[95] Negative Erscheinungsformen dieser Institutionalisierung der Diakonie sind deshalb erst in einem zweiten Schritt zu analysieren und zu korrigieren. Sie tun der grundsätzlich positiven Bedeutung der Erwartbarkeit diakonischer Hilfe durch Strukturbildung keinen Abbruch. In systemtheoretischer Sicht ist deshalb die Ausdifferenzierung eines eigenen Teilbereiches des Religionssystems, innerhalb dessen christliche Hilfe institutionalisiert und dadurch verläßlich erwartbar wird, eine sinnvolle Entwicklung im Kontext der modernen Gesellschaft.

Wie Michael Welker hervorgehoben hat, ist also auch von theologischer Seite die Institutionalisierung und damit die Verläßlichkeit diakonischer Hilfe eine durchaus positiv zu bewertende Entwicklung. Sie stellt als "Verpflichtung zum Erbarmen" eine wichtige Ergänzung zur geistlichen Kommunikation und zur theologischen Reflexion und als solche eine wichtige Erscheinungsform des Christentums in der modernen Gesellschaft dar.

Systemtheoretische und theologische Interessen konvergieren demnach insofern, als sie hervorzuheben haben, daß christliches Hilfehandeln nicht nur, wie zunächst scheinen mag, eine spontane und interpersonal ablaufende Angelegenheit mit gutgemeinter oder sogar liebender Grundintention ist, sondern daß im Sinne der Verläßlichkeit die Ausdifferenzierung und Institutionalisierung dieser Hilfe als eines eige-

---

[92] Vgl. zu dieser Vorstellung der Entwicklung sozialer Strukturen aus Situationen doppelter Kontingenz die Ausführungen in Kap. 3.1.4 sowie deren theologische Kritik in Kapitel 3.2.4.
[93] N. Luhmann: Formen des Helfens im Wandel gesellschaftlicher Bedingungen, a.a.O., S. 21.
[94] Vgl. A. Hollweg: Trendwende in der Diakonie; in: PTh 73 (1984), S. 196-211.
[95] Zu den veränderten Bedingungen der Hilfeleistung in der modernen Gesellschaft vgl. ausführlich den nächsten Abschnitt Kap. 4.3.

nen Handlungsbereiches des Christentums eine sinnvolle und angemessene Entwicklung ist. Die Auseinandersetzung mit der Systemtheorie kann Theologie und Kirche darauf aufmerksam machen, daß die persönlichen und gesellschaftlichen Erwartungen an die aktuelle diakonische Arbeit sich auf eine sichere Verläßlichkeit, auf eine Verpflichtung des Christentums zum Erbarmen richten. Diese Erwartung widerspricht nicht dem Selbstverständnis des Christentums, sie korrespondiert mit ihm. Christliches Erbarmen richtet sich, wie z.B. das oft zur Legitimation diakonischen Handelns herangezogene Gleichnis des "barmherzigen Samaritaners" in L 10, 25-37 zeigt, nicht nur auf die spontane, persönliche Zuwendung zum Nächsten. Der Hilfebedürftige bekommt nicht nur spontane Hilfe, er wird vom Samaritaner auch institutionell abgesichert. Dieser bringt ihn in eine Herberge, in der der Hilfebedürftige gepflegt werden kann, bis er gesund ist. Der Samaritaner sichert diese Pflege, indem er eine Summe im voraus zahlt und für die endgültige Begleichung der Kosten bürgt.

Versteht man diese Geschichte als Interpretation des christlichen Liebesgebots, wie das durch die Voranstellung des Doppelgebotes der Liebe in Vers 27 nahelegt, dann setzt Liebe im christlichen Sinne also nicht nur spontane Hilfe, sondern auch deren institutionelle Absicherung voraus. "Nicht das Interesse an spontaner, gelegentlicher Gutherzigkeit und Mildtätigkeit, sondern das Interesse an erwartbarem, öffentlich eingespieltem Erbarmen steht im Zentrum der für die Kirche tragenden biblischen Überlieferungen. ... Wie das Recht beansprucht auch das Erbarmen eine von Geneigtheit und spontaner Regung einzelner Menschen unabhängige Gültigkeit. Wie das Recht soll es der Abhängigkeit von Individuen, Stimmungen, Situationen entzogen werden. Ob unsere heute verbreitete moralische Empfindsamkeit diese Wendung nun liebt oder nicht, dem Gesetz Gottes geht es um Routinisierung des Erbarmens."[96]

Von dieser theologischen Perspektive aus ist die von Luhmann hervorgehobene Unabhängigkeit des Hilfesystems von der Persönlichkeit, Individualität und Motivation des Helfenden eine wesentliche Voraussetzung der Erfüllung des diakonischen Auftrages. Diakonische Systembildung als Stabilisierung der Hilfeleistung im Hinblick auf eine sichere Erwartbarkeit der Hilfe ist also ein wesentlicher Aspekt christlicher Nächstenliebe. Die Entwicklung der modernen Diakonie in ihrer aktuellen, durchorganisierten Form ist deshalb gerade als Gewährleistung christlichen Erbarmens unabhängig von den Unsicherheiten der personalen Beziehungen, in denen diese Hilfe geschieht, zu verstehen. "Routinisierung des Erbarmens" ist dann kein Negativbegriff, sondern ein theologisches Korrektiv für die weitgehende diakonisch-theologische Konzentration auf die persönliche Motivation des Hilfeleistenden und des Hilfempfangenden.

Auch die diakonische Aufnahme politischer, rechtlicher, wirtschaftlicher und anderer Einflußfaktoren ist im Sinne einer christlichen Verpflichtung zum Erbarmen eine theologisch legitime Entwicklung. Die "säkularisierte" und institutionalisierte moderne Diakonie wird damit zu einer theologisch grundsätzlich positiv zu würdigenden Erscheinungsform christlichen Erbarmens. "Daß diese Verpflichtung auf das Erbarmen politisch, moralisch und rechtlich aufgenommen und 'säkularisiert' wird, spricht überhaupt nicht gegen diese zentrale Kraftquelle. Im Gegenteil."[97] Durch die

---

[96] M. Welker: Warum in der Kirche bleiben? Fünf Antworten an Außen- und Innenstehende; in: Evangelische Kommentare 24 (1991), S. 335-341, dort S. 336.
[97] Welker, a.a.O., S. 337.

Ausdifferenzierung eines speziellen Hilfesystems Diakonie kann das Christentum sich auch Personen zuwenden, die es in den engen Grenzen seiner kirchlichen Tätigkeiten nicht erreichen kann und die dennoch seiner Hilfe bedürfen. Die Entwicklung der modernen Diakonie mit ihren stark an säkularen Fragestellungen orientierten Aktivitäten ist deshalb als spezifische Chance zu verstehen, dem Christentum in der säkularisierten modernen Gesellschaft als routinemäßig garantierte Hilfe einen wichtigen Außenbezug zu ermöglichen.

Dabei wird theologisch zu betonen sein, daß Diakonie auch in ihrer modernen, ausdifferenzierten Form immer eine Systemreferenz des Christentums ist, also untrennbar mit dem Gesamtsystem der christlichen Religion verbunden bleibt und nur von dort aus zu verstehen ist. "Daß die Zuwendung zu den Randgruppen, oft in den hoffnungslosesten Fällen, zugleich im direkten Wirkungsbereich der Kirche geblieben ist, zeigt die große Institution der Diakonie. Sie ist mit 18.000 Einrichtungen in den alten und neuen Ländern ein Beweis dafür, welche großen soziales Leben gestaltenden Kräfte gerade vom Erbarmen als Element des Gesetzes Gottes ausgehen."[98] In Einschränkung der sehr allgemeinen Ausführungen Luhmanns zur "Religion" und ihrer "Diakonie" ist dabei jedoch zu beachten, daß die feste Institutionalisierung der Diakonie sich in der beschriebenen Form und in diesem Umfang nur in der Bundesrepublik Deutschland findet. Sie kann also gegen Luhmann nicht als allgemeine Entwicklung des Christentums aufgefaßt werden.

In der heutigen deutschen Gesellschaft ergibt sich jedoch für das Christentum durch die große Institution der Diakonie die Möglichkeit, sein im Gebot der Nächstenliebe begründetes Handeln über die eigene kirchliche Binnenperspektive hinaus auf andere gesellschaftliche Bereiche auszuweiten. Der systemtheoretische Diakoniebegriff Luhmanns kann in dieser Hinsicht den theologischen und kirchlichen Blick über die eigenen Grenzen hinausgehend aufheben und den Sinn für Probleme in anderen, gesellschaftlichen Lebensbereichen schärfen. "Diakonie zielt auf gesellschaftlich bedingte bzw. verursachte Not, d.h. - per definitionem! - nicht auf Behebung von Defekten, die vom Religionssystem selbst verursacht sind bzw. aus dessen eigenen Funktionsdefiziten herrühren."[99] Die Ausdifferenzierung der Diakonie in ihrer modernen Form ist eine spezifische Chance, sich in organisierter und verläßlicher Weise den Problemen gerade derjenigen Randgruppen zuzuwenden, die in anderen Gesellschaftsbereichen nicht oder nicht angemessen berücksichtigt werden, die also mit anderen Worten rechtlich, wirtschaftlich, politisch, erzieherisch usw. benachteiligt sind. Daß sich dafür in Deutschland innerhalb der evangelischen und auch der katholischen Konfession ein eigens ausdifferenziertes und sehr vielgestaltiges, institutionell fest verankertes Hilfesystem entwickelt hat, spricht nicht gegen, sondern für die Diakonie und ist deshalb theologisch auch entsprechend positiv aufzunehmen.

---

[98] Ebd.
[99] H. Steinkamp: Diakonie - Kennzeichen der Gemeinde, S. 20.

## 4.3 Diakonie im Interaktions-, Organisations- und Gesellschaftsbezug

Die vorhergehenden Ausführungen zu den positiven Aspekten und den Problemen der Institutionalisierung diakonischer Hilfe müssen im folgenden präzisiert werden. Die systemtheoretische Feststellung, daß die Grenzen sozialer Systeme nicht durch ihre institutionelle oder organisatorische Form bestimmt sind, sondern als aus Kommunikation bestehende Systeme weit über ihre institutionelle Verfaßtheit hinausgehen, erfordert eine Differenzierung des Diakoniebegriffes. Ein in Auseinandersetzung mit Luhmanns Systemtheorie gewonnenes, differenziertes Diakonieverständnis darf sich nicht nur auf die organisatorischen Erscheinungsformen diakonischer Hilfe beschränken. Es muß zusätzlich erstens die gesamtgesellschaftlichen Bezüge diakonischer Arbeit berücksichtigen und zweitens den interaktionalen Aspekt diakonischen Handelns beachten. Luhmann hat die Entwicklung dieser verschiedenen Aspekte des Hilfehandelns im Zusammenhang mit verschiedenen Phasen der Gesellschaftsentwicklung interpretiert.[100] Er faßt *interaktionale* Hilfe als die spezifische Form des Helfens in *archaischen Gesellschaften* auf. Die Ausdifferenzierung von persönlicher und *gesamtgesellschaftlicher* Orientierung des Hilfehandelns geschieht für Luhmann primär in *hochkultivierten Gesellschaften*. Die *Organisierung* von Hilfe ist für ihn hingegen ein Charakteristikum der *modernen Gesellschaft*. Bevor auf die Konsequenzen dieser verschiedenen Aspekte des Hilfehandelns im Bereich der Diakonie eingegangen werden kann, müssen die drei Systemtypen zunächst kurz dargestellt werden.

### 4.3.1 Die Systemtypen Interaktion, Organisation und Gesellschaft in ihrer geschichtlichen Entwicklung

Für Luhmann lassen sich die verschiedenen Phasen der Gesellschaftsentwicklung zunächst allgemein durch eine fortschreitende Ausdifferenzierung der drei Systemtypen Interaktion, Organisation und Gesellschaft verstehen. "Man kann die soziokulturelle Evolution beschreiben als zunehmende Differenzierung der Ebenen, auf denen sich Interaktionssysteme, Organisationssysteme und Gesellschaftssysteme bilden."[101] Bei segmentär differenzierten, archaischen Gesellschaften kann man davon ausgehen, daß die geringe Größe der Stammesverbände für den einzelnen Menschen noch so übersichtlich ist, daß sie vollständig durch Interaktionen abgedeckt werden kann. Interaktion, Organisation und Gesellschaft fallen damit in den Stammesgesellschaften zusammen. "Die Stammesgesellschaft besteht aus dem Umkreis absehbarer, für den einzelnen zugänglicher Interaktionen. Sie stößt wie eine Organisation Personen, die sich nicht fügen, aus und nimmt, vor allem durch Heirat, Personen auf. Interaktion, Organisation und Gesellschaft sind strukturell ineinander verschränkt und limitie-

---

[100] Vgl. N. Luhmann: Formen des Helfens im Wandel gesellschaftlicher Bedingungen; in: H.-U. Otto, S. Schneider (Hrsg.): Gesellschaftliche Perspektiven der Sozialarbeit, Erster Halbband; Neuwied und Berlin 1973, S. 21-43.

[101] N. Luhmann: Interaktion, Organisation, Gesellschaft. Anwendungen der Systemtheorie; in: ders.: Soziologische Aufklärung 2, Aufsätze zur Theorie der Gesellschaft; 3. Aufl. Opladen 1986, S.9-20, dort S. 13.

ren sich wechselseitig. Entsprechend unscharf sind, wie Ethnologen häufig beobachtet haben, die Grenzen und die Selbst-Identifikationen dieser Gesellschaften."[102]

Das genaue Gegenteil dieser Konstellation ist für Luhmann die moderne "Weltgesellschaft", also das den gesamten Globus umfassende, universale System sämtlicher Kommunikationen.[103] Die Größe und Komplexität dieser Gesellschaftsform läßt sich nicht mehr in einzelne Organisationen geschweige denn in eine Vielzahl von Interaktionen zusammenfassen. "Die Entwicklung zur einheitlichen Weltgesellschaft führt mithin zwangsläufig zur Trennung der Systemtypen Gesellschaft und Organisation. Erst recht werden Interaktionssysteme und Gesellschaftssysteme auseinandergezogen."[104]

Zeitlich zwischen diesen beiden Extremformen der segmentär differenzierten Stammesgesellschaften und der funktional differenzierten modernen Weltgesellschaft lokalisiert Luhmann die hierarchisch differenzierten, "regional limitierten Hochkulturen". Sie weisen bereits Ansätze zur Entwicklung von Organisationen auf, haben diese jedoch nicht endgültig ausgebildet. In jedem Fall hat in diesen Hochkulturen jedoch schon eine Ausdifferenzierung der Systemtypen Interaktion und Gesellschaft stattgefunden. Für die Hochkulturen "ist kennzeichnend, daß das Gesellschaftssystem eine Größe und Komplexität erreicht, die den Umfang der für den einzelnen möglichen Interaktionen definitiv sprengt. In den städtischen Zentren bilden sich bereits Organisationen, vornehmlich für religiöse, politische, militärische, kommerzielle Funktionen, oder für einzelne Produktionsaufgaben. Aber noch ist der Zugriff der Organisation auf die Lebensführung im Alltag gering, und umgekehrt wird die Gesellschaft selbst als politische Organisation, als handlungsfähige Korporation begriffen."[105]

Die Gesellschaftsentwicklung läßt sich in diesem Sinne als Prozeß zunehmender Ausdifferenzierung verschiedener Systemtypen verstehen. Die globale Ausprägung des Systemtyps der Organisation wird von Luhmann als Spezifikum der modernen Gesellschaft aufgefaßt. Erst sie führt zur Unterscheidung von Interaktion, Organisation und Gesellschaft. In den "regional limitierten Hochkulturen" findet sich dagegen in deutlicher Ausprägung lediglich die Unterscheidung von Gesellschaft und Interaktion. In archaischen Gesellschaften schließlich fallen die einzelnen Systemtypen zusammen.

### 4.3.2 Konsequenzen der fortschreitenden gesellschaftlichen Ausdifferenzierung der drei Systemtypen für die Gestaltung des Hilfehandelns

Diese von Luhmann abstrakt beschriebenen Differenzierungsprozesse haben konkret auch für die Formen des Helfens in den jeweiligen gesellschaftlichen Entwicklungsstadien unmittelbare Bedeutung. Das Vorherrschen bestimmter Differenzierungsformen bewirkt, daß auch das Hilfehandeln sich an den jeweils bestehenden gesellschaftlichen Bedingungen orientiert und analoge Systemformen der Hilfe ausbildet.

---

[102] Ebd.
[103] Zur Definition sozialer Systeme als Kommunikationssysteme vgl. Kapitel 3.1.5.
[104] N. Luhmann: Interaktion, Organisation, Gesellschaft, a.a.O., S. 14.
[105] Ebd.

So wird das Hilfesystem in *Stammesgesellschaften* als wechselseitige Hilfe von untereinander bekannten Personen, also im *Interaktionsbezug* aufgebaut. "Wechselseitige Hilfe ist für den Aufbau archaischer Institutionen von unerläßlicher Bedeutung. Denn genetisch gesehen hat sie den großen Vorzug, fast ohne institutionelle Voraussetzungen anlaufen und nach dem 'Prinzip der kleinen Schritte' sich festigen zu können."[106]

Der interaktionale Charakter dieser Hilfe profitiert dabei vor allem von der Übersichtlichkeit der archaischen Stammesverbände. "Die Situationen und Notlagen sind durchweg vertraut, die Beteiligten kennen sich; das erleichtert ... das Auslösen von Hilfshandlungen."[107] Dieses auf Interaktionen beruhende Hilfesystem wird in archaischen Gesellschaften zu einem wichtigen Konstitutivum der gesellschaftlichen Ordnung. Durch die wechselseitige Hilfe ist ein gegenseitiger Bedarfsausgleich garantiert, der zugleich das Gesellschaftssystem stabilisiert. Helfende Interaktion und gesellschaftliche Ordnung, persönliche Hilfe und Gesellschaftsstruktur stützen sich gegenseitig.

Diese archaischen Hilfestrukturen werden "kritisch in dem Maße, als die Komplexität der Gesellschaften zunimmt und mehr Personen mit verschiedenartigeren Bedürfnissen koordiniert werden müssen."[108] Das ist in hierarchisch differenzierten Hochkulturen der Fall. Die Gesellschaftsstruktur basiert dort nicht mehr auf einer grundsätzlichen Wechselseitigkeit der Fähigkeit zur Hilfe. Die schichtenmäßige Differenzierung verhindert die Reversibilität der Hilfeleistung. Es müssen also neue Formen der Hilfe entwickelt werden, die die grundsätzliche Gegenseitigkeit archaischer Hilfe ersetzen. "Die Anknüpfungspunkte dafür finden sich in den evolutionären Errungenschaften der Hochkulturen: in der Individualisierung der Persönlichkeit und in der Generalisierung der religiös bestimmten Moral. Das archaische Rollenerfordernis der Freigiebigkeit wird zur Tugend hochstilisiert. Hilfe wird jetzt individualistisch moralisiert (wenngleich noch nicht im modernen Sinne subjektiv verinnerlicht). Sie wird als gute Tat begriffen und soll entsprechend der Ordnung sozialer Schichten von oben nach unten gerichtet werden."[109]

Die Doppelschichtigkeit von individueller Tugend und gesellschaftlicher Moral ist für das Hilfehandeln in Hochkulturen charakteristisch. Die persönliche Hilfe vermag das Gesellschaftssystem zwar nicht mehr zu tragen, sie wird als interaktionale Hilfe dennoch durch die Gesellschaftsstrukturen vermittelt und bezieht sich auf diese. "Bei aller Individualisierung bleibt die Hilfe damit eine öffentliche Angelegenheit, die sichtbar und unter den Bedingungen öffentlicher Kontrolle eingefordert und erwiesen oder abgelehnt wird."[110] Persönliche Motivation und gesellschaftliche Moral treten damit zwar auseinander, die persönliche, interaktionale Hilfe wird jedoch dabei durch gesellschaftliche Normierungen gesteuert. Die schichtenmäßig geordneten Erwartungsstrukturen des Hilfehandelns und deren individuelle Realisierung in helfenden Interaktionen korrelieren also einerseits und haben sich andererseits zugleich ausdifferenziert.

---

[106] N. Luhmann: Formen des Helfens im Wandel gesellschaftlicher Bedingungen, a.a.O., S. 25f.
[107] Luhmann, a.a.O., S. 25.
[108] Luhmann, a.a.O., S. 27.
[109] Luhmann, a.a.O., S. 28.
[110] Ebd.

Diese durch die hierarchische Gesellschaftsstruktur bedingte Korrespondenz öffentlich geregelter und persönlich motivierter Hilfe wird in der funktional differenzierten, modernen Gesellschaft unzureichend. Die Bedürfnisse der Menschen in der modernen Gesellschaft werden derart vielfältig und komplex, daß sie weder durch die persönlichen Hilfebeziehungen, noch durch gesellschaftlich vermittelte Moral ausreichend befriedigt werden können. "Soziale Nähe" zwischen Helfendem und Hilfebedürftigem reicht für die Strukturierung von Hilfeleistung in der modernen Gesellschaft nicht mehr aus. "In der neueren Zeit haben die Vervielfältigung möglicher Bedürfnisse und möglicher Befriedigungen sowie die Universalität des Geldmechanismus diese Voraussetzung untergraben. ... Und die Quantifikation der Geldzahlungen macht Hilfe vergleichbar und drückt sie auf ein Minimum herab: Es gibt immer andere, die noch bedürftiger sind. Der abstrakte Appell an moralische Hilfsbereitschaft ist nicht mehr durch Lebenssachverhalte gedeckt."[111] Durch die Komplexität der modernen Lebenszusammenhänge wird Hilfe damit zunehmend unwahrscheinlicher. Sie kann weder durch persönliche Beziehungen noch durch gesellschaftlich normierte und individuell umgesetzte Hilfe sicher erwartbar garantiert werden. Die moderne Gesellschaft muß deshalb neue Vorkehrungen treffen, welche die nötigen Hilfeleistungen nach wie vor auch unter veränderten gesellschaftlichen Bedingungen sicherstellen.

Die moderne Antwort auf das Problem der zunehmenden Unwahrscheinlichkeit der Hilfe ist die Ausdifferenzierung und Entwicklung des Systemtyps der Organisation im Bereich des Hilfehandelns. "Es kennzeichnet die moderne Gesellschaft, daß viele Funktionen, die früher auf der Ebene des gesamtgesellschaftlichen Systems erfüllt wurden, auf Organisationen verlagert werden um der Vorteile willen, die mit funktionaler Differenzierung und Leistungsspezialisierung verbunden sind."[112] Die moderne Konzentration der Hilfe auf den Systemtyp der Organisation ist also nach Luhmann im Kontext der in der modernen Gesellschaft global sich durchsetzenden Differenzierung in Interaktions-, Organisations- und Gesellschaftsbereich zu verstehen. "Hilfe braucht eine neue, von individuellen Entschlüssen unabhängige Form, und sie findet sie durch Organisation."[113]

Die Systemform der Organisation bietet dabei spezifische Vorzüge, die es ermöglichen, Hilfe auch unter den komplexen Bedingungen des modernen Lebens zu garantieren. Interaktionalen und gesellschaftlich vermittelten Hilfeformen tritt die organisierte Hilfe als dritter Grundtypus der Gewährleistung von Hilfehandlungen an die Seite. "In archaischen Gesellschaften gehörten Hilfs- und Dankeserwartungen unmittelbar zur Gesellschaftsstruktur, dienten der Konstitution des Zusammenhanges gesellschaftlichen Lebens. In hochkultivierten Gesellschaften beruhte das Helfen noch auf der moralisch generalisierten, schichtenmäßig geordneten Erwartungsstruktur, ohne in seiner konkreten Ausführung die Gesellschaft selbst zu tragen. In der modernen Gesellschaft hat sich auch dieses Verhältnis gelöst. Weder beruht unsere Gesellschaft auf Interaktionen, die als Helfen charakterisiert werden könnten, noch integriert sie sich durch entsprechende Bekenntnisse; aber sie konstituiert eine Um-

---

[111] Luhmann, a.a.O., S. 31.
[112] Ebd.
[113] Ebd.

welt, in der sich organisierte Sozialsysteme bilden können, die sich aufs Helfen spezialisieren."[114]

Die Delegation von Hilfeleistungen an Organisationen, wie sie z.B. in der modernen Diakonie in verstärktem Maße zu beobachten ist, stellt demnach die letzte Stufe der Ausdifferenzierung von Interaktion, Organisation und Gesellschaft im Bereich des Hilfehandelns dar. Die moderne Gesellschaft reagiert damit auf ihre eigene Komplexität, in der Hilfe durch persönliche Interaktion oder gesellschaftlich generalisierte, moralische Motivation der Hilfe nicht mehr angemessen sichergestellt werden kann. Sie bildet spezielle Hilfsorganisationen aus, deren Programme speziell auf die Leistung von Hilfe ausgerichtet sind. Die Sicherheit und Erwartbarkeit der Hilfe wird dort weder durch das gegenseitige einander Kennen noch durch die gesellschaftlich geprägte Hilfemoral, sondern durch das auf die Gewährleistung von Hilfe ausgerichtete Programm der Hilfsorganisationen garantiert. "Damit wird Hilfe in nie zuvor erreichter Weise eine zuverlässig erwartbare Leistung, gleichsam Sicherheitshorizont des täglichen Lebens auf unbegrenzte Zeit in den sachlichen Grenzen der Organisationsprogramme."[115]

Die moderne Tendenz zur Organisierung der Hilfeleistungen bedeutet jedoch nicht, daß damit die anderen beiden Typen von Hilfe, also die persönliche, interaktionale Hilfe und die durch gesellschaftlich vermittelte Moral motivierte Hilfe wegfallen würden. Zwar überwiegt nach Luhmann gegenwärtig der Systemtypus der organisierten Hilfe. "Daneben überleben jedoch archaisch-symbiotische Verhältnisse ebenso wie moralisch generalisierte Formen des Helfens."[116] Bezüglich der Art und Weise, wie diese verschiedenen Systemtypen von Hilfe in der modernen Gesellschaft verbunden sind, äußert sich Luhmann jedoch nur sehr vage. "Was auffällt, ist eine gewisse Zufälligkeit des Beisammenseins dieser verschiedenen Arten des Helfens."[117] Luhmann gelingt es damit zwar, den Interaktions-, Organisations- und Gesellschaftsbezug durch historische Analyse als verschiedene Typen der Systematisierung von Hilfe zu unterscheiden, wie diese jedoch in modernen Hilfesystemen wie der Diakonie zusammenhängen, wird von ihm nicht näher erläutert. Das Problem der gegenseitigen Zuordnung von interaktionaler, organisierter und gesellschaftsbezogener Hilfe innerhalb der Diakonie stellt sich damit umso schärfer.

### 4.3.3 Konsequenzen der modernen Organisierung von Hilfeleistungen für die Diakonie

Zu Luhmanns geschichtlicher Darstellung der einzelnen Phasen und Formen des Hilfehandelns ist zunächst kritisch zu bemerken, daß seine historische Analyse zumindest für die Geschichte des christlichen Hilfehandelns nicht exakt zutrifft. Im Christentum hat es schon weitaus früher eine feste Institutionalisierung und Organisation der Hilfe gegeben, als Luhmann annimmt. Bereits in der antiken Kirche und in der mittelalterlichen Gesellschaft läßt sich eine Organisierung christlicher Hilfe beobachten, die über Luhmanns geschichtliche Ausführungen hinausgeht. So gab es in den

---

[114] Luhmann, a.a.O., S. 32.
[115] Ebd.
[116] Luhmann, a.a.O., S. 36.
[117] Ebd.

christlichen Gemeinden der ersten Jahrhunderte sehr umfangreiche Hilfsleistungen für andere bedürftige Gemeinden sowie für Kleriker, Arme, Kriegsgefangene etc., die ohne eine feste Organisation dieser Hilfen kaum denkbar sind.[118] Spätestens seit dem 5. Jahrhundert waren durch das Aufkommen des christlichen Spitalwesens feste Organisationsformen christlichen Hilfehandelns vorhanden.[119]

Es ist zwar richtig, daß in der modernen Gesellschaft vor allem seit Beginn des 19. Jahrhunderts eine deutliche Zunahme organisierten christlichen Hilfehandelns zu beobachten ist, die Ausdifferenzierung organisierter Hilfesysteme ist jedoch für das Christentum nicht, wie Luhmann meint, ein Charakteristikum der modernen Gesellschaft, sie geht auf frühere Zeiten zurück. Die sichere und institutionell abgesicherte Erwartbarkeit der Hilfe ist zumindest für christliche Gemeinschaften ein wahrscheinlich bis auf ihre Anfänge zurückgehendes Charakteristikum (vgl. Kap. 4.2.2.3 und Kap. 2.2.1.1). Das Nebeneinander von interaktionalen, organisierten und gesellschaftlich orientierten Hilfeformen ist folglich als eine Konstellation zu verstehen, mit der es die christliche Diakonie schon seit langem zu tun hat. Das Problem der Koordination von interaktionaler, organisierter und gesellschaftlich orientierter Hilfe ist deshalb zumindest für sie nicht ein Spezifikum der modernen Gesellschaft, damit ist jedoch eine Frage angesprochen, die sich gegenwärtig durch das enorme Wachstum diakonischer Organisationen in besonderer Weise stellt.

Um dieses Problem in seiner Schärfe fassen und für den Bereich diakonischen Hilfehandelns konkretisieren zu können, sind zunächst einige prinzipielle Schwierigkeiten zu benennen, die sich nach Luhmann aus der Organisierung von Hilfe ergeben und die in der Diakonie konkret zu beobachten sind. Die Organisierung von Hilfsleistungen hat im wesentlichen zwei Komponenten: Personal und Programme. "Beides sind Strukturen eines Entscheidungsprozesses, durch die dieser im Sinne spezifischer Funktionen gesteuert und angepaßt werden kann. Dabei kann die Steuerung je nach den Umständen mehr über Personal oder mehr über Programme laufen und sich auch von der einen auf die andere Struktur verlagern."[120] Eine erste Schwierigkeit ergibt sich deshalb für das diakonische Handeln aus der Notwendigkeit, die diakonische Mitarbeiterschaft ("Personal") und die Grundorientierung der diakonischen Organisation ("Programm") miteinander zu koordinieren. Die Absicherung der Hilfe in professionell darauf spezialisierten Organisationen erfordert zugleich eine Professionalisierung des Personals, die sich am Programm der jeweiligen Organisation orientiert. "Als Argument für Professionalisierung dient dabei nicht selten der Gedanke einer 'persönlichen', möglichst 'unbürokratischen' Hilfe, ohne daß die organisatorischen Bedingungen der Substitution personaler für programmatische Entscheidungsprämissen genauer geklärt wären."[121] Das bedeutet für diakonische Hilfeorganisationen, daß sie im Sinne der zuverlässigen, programmgemäßen Erfüllung ihrer Hilfeaufgaben nicht primär auf den persönlichen Charakter der Hilfe, sondern auf die dem Hilfeprogramm entsprechende Qualifizierung ihrer Mitarbeiter zu achten haben. "Im großen und ganzen bestimmt die Optik der Programme das, was an sozialer Hilfe geschieht,

---

[118] Vgl. P. Philippi: Art. "Diakonie, I. Geschichte der Diakonie"; in: TRE, Bd. 8; hrsg. v. G. Krause und G. Müller; Berlin und New York 1981, S. 621-644.

[119] Vgl. W. Liese: Geschichte der Caritas, Band 1; Freiburg i.B. 1922, S. 104 f.

[120] N. Luhmann, Formen des Helfens im Wandel gesellschaftlicher Bedingungen, a.a.O., S. 32 f.

[121] Luhmann, a.a.O., S. 33.

bzw. nicht geschieht."[122] Diese Entwicklung ist innerhalb der Diakonie nicht einfach als resignative Angleichung an funktionsorientierte Erfordernisse zu verstehen, sondern zunächst als Notwendigkeit zur Sicherstellung und Verbesserung der organisierten christlichen Hilfe wahrzunehmen. Indem diakonische Organisationen die Professionalität ihres Personals verbessern, steigern sie die Sicherheit und Qualität ihrer Hilfe und handeln damit im Interesse des Hilfebedürftigen und ihrem eigenen Hilfeprogramm entsprechend. Die moralische Hilfemotivation des einzelnen Mitarbeiters wird dabei - aus der Perspektive der christlichen Hilfsorganisation - zu einem sekundären Faktor bei der Leistung dieser Hilfe.

Einen Versuch, auf diese Veränderungen des Hilfehandelns von diakonischer Seite einzugehen, bilden die "Leitlinien zum Diakonat", die von der Diakonischen Konferenz 1975 in Kaiserswerth verabschiedet wurden. Sie suchen angesichts der zunehmenden Schwierigkeit, organisatorische Notwendigkeiten und persönliche Motivation der Mitarbeiter zusammenzubringen, nach Möglichkeiten einer Vermittlung von strukturellen und personellen Aspekten. "Veranlaßt durch die schnellen und weitreichenden Veränderungen im gesamten Sozialwesen, die auch in der Diakonie zu neuen Entwicklungen, neuen Arbeitsfeldern und neuen Berufen geführt haben, hat sich die Diakonische Konferenz mit der Frage befaßt, welche personellen und strukturellen Konsequenzen sich daraus für die Ordnung der diakonischen Arbeit ergeben."[123] Die Fachkompetenz der hauptberuflichen Mitarbeiter steht auch in den "Leitlinien" bei der Beschreibung der personellen Aspekte an erster Stelle.[124] Bezüglich der persönlichen Motivation wird bei hauptberuflichen Mitarbeitern lediglich "ein Verständnis für den Gesamtauftrag der Kirche" für nötig erachtet, während die Mitgliedschaft in diakonischen Leitungsgremien "die Bereitschaft zur Identifikation mit dem Gesamtauftrag der Kirche" voraussetzt.[125]

Abgesehen davon, daß diese Unterscheidung zwischen Mitarbeitern und Leitungskräften nach den Kriterien des bloßen "Verständnisses" und der "Identifikation" mit dem kirchlichen Auftrag fragwürdig ist, werden diakonische Hilfsorganisationen unter den aktuellen Bedingungen auf dem Stellenmarkt im Bereich des sogenannten Sozialwesens zufrieden sein können, wenn sie Mitarbeiter anstellen können, die das erste Kriterium der Fachkompetenz in ausreichendem Maße erfüllen. Die gutgemeinten Empfehlungen der "Leitlinien zum Diakonat" zur persönlichen Einstellung der Mitarbeiterschaft werden damit von den faktischen Entwicklungen in der professionellen, organisierten Sozialarbeit überholt. Die christliche Motivation der diakonischen Mitarbeiter kann unter den aktuellen Bedingungen zwar parallel zur organisatorisch geregelten Hilfeleistung mitlaufen, die Erfüllung der Hilfsaufgabe wird jedoch in organisatorischer Sicht nicht primär durch die Motivation des Mitarbeiters sichergestellt, sondern vor allem durch das Programm der diakonischen Institution und dessen professionelle Erfüllung. Die jeweilige diakonische Organisation kann sich also nicht darauf beschränken, die Hilfemotivation ihres Personals zu bestimmen, sie muß vor allem auf die Festlegung und Erfüllung ihres Hilfsprogramms konzentriert sein. Auch die Forderung nach einer "'persönlichen', möglichst 'unbürokrati-

---

[122] Ebd.
[123] Leitlinien zum Diakonat und Empfehlungen zu einem Aktionsplan; in: Diakonie 1 (1975), S. 206-212, dort S. 206.
[124] Vgl. Leitlinien zum Diakonat, a.a.O., S. 209.
[125] Ebd.

schen' Hilfe"[126] ist dabei aus der Sicht der diakonischen Organisation eine programmatische und keine persönliche Entscheidung.

Eine zweite Schwierigkeit bei der Organisierung christlicher Hilfe ergibt sich aus der Unterscheidung von Festlegung und Ausführung des Hilfsprogramms. "Eine wichtige Folge ist, daß über Hilfe jetzt zweimal entschieden werden muß: einmal über das Programm und dann über den Einzelfall in der Ausführung des Programms."[127] Diese Notwendigkeit bewirkt auch in diakonischen Organisationen eine Unterscheidung und bisweilen Divergenz von Programm festlegender und Programm durchführender Ebene, also von Leitungs- und Handlungsebene. Diese Ebenendifferenzierung muß nicht notwendigerweise hierarchisch geordnet sein. "Die Entscheidungskompetenzen mögen unterschiedlich verteilt sein, die Programme können ganz oder teilweise auch in der Fallpraxis entwickelt werden."[128] Je komplexer diakonische Organisationen werden, desto deutlicher differenziert sich jedoch eine Leitungsebene aus, auf der, teilweise unter Einbeziehung oder Anhörung von Programmausführenden, das Programm der Organisation festgelegt wird. Auf der Handlungsebene kann dann im Einzelfall noch über die Umsetzung und Auslegung des Programms entschieden werden, der Einfluß auf dessen Gestaltung ist hier jedoch relativ gering.

Ähnliches gilt in noch stärkerem Maße für die diakonisch Betreuten. "Den Außenstehenden, die Hilfe suchen, wird im Einzelfall das Programm als fertige Struktur entgegengehalten: 'Es wird nur gegeben, wenn ...'."[129] Die Mitgestaltung des organisatorischen Hilfsprogramms mag für die programmausführenden Mitarbeiter in begrenztem Maße noch durch die Ausbildung entsprechender Mitarbeiter-Vertretungsstrukturen möglich sein. Für den Hilfsbedürftigen jedoch wird das Programm zu einem definitiv vorgegebenen. Er kann letztlich nur noch darüber entscheiden, ob er sich darauf einläßt oder nicht.

Eine dritte Schwierigkeit ergibt sich daraus, daß die Organisierung und Programmierung von Hilfe andere, dem Organisationsprogramm nicht entsprechende Formen von Hilfe verdrängt, weil sie im Sinne der effektiven Durchführung des Hilfsprogramms hinderlich sein können. "Durch Programmierung der sozialen Hilfe gerät nichtprogrammiertes Helfen in die Hinterhand. Es kann organisationsintern sogar ausgesprochen zur Störung werden, wenn jemand programmlos hilft."[130] Dieser Aspekt kann in diakonischen Organisationen dazu führen, daß andere, ebenfalls ausgesprochen wichtige Formen der Hilfe, z.B. die christlich motivierte, persönliche Zuwendung, durch organisatorische Notwendigkeit und effektive Erfüllung des Hilfsprogramms systematisch verdrängt werden. Die christlichen Beweggründe eines diakonischen Mitarbeiters, die ihn veranlassen, sich einem Hilfsbedürftigen länger und intensiver zuzuwenden, als es laut Arbeitsprogramm vorgesehen ist, können dann aus Sicht der Organisation nicht nur sekundär, sondern sogar störend werden. Unter dem Gesichtspunkt der Programmerfüllung bietet die Systemform der Organisation für die Entwicklung und Ausübung anderer, "unorganisierter" Formen von Hilfe denkbar schlechte Voraussetzungen. "Die organisierte Arbeit an der Beseiti-

---

[126] N. Luhmann: Formen des Helfens im Wandel gesellschaftlicher Bedingungen, a.a.O., S. 33.
[127] Ebd.
[128] Ebd.
[129] Ebd.
[130] Luhmann, a.a.O., S. 36.

gung von Problemfällen gräbt andersartigen Hilfsmotivationen das Wasser ab, weil sie ihnen in der Effektivität ... überlegen ist."[131]

Es muß angesichts der genannten Schwierigkeiten als ein Hauptproblem der gegenwärtigen diakonischen Arbeit angesehen werden, wie innerhalb der Diakonie, parallel zu den Notwendigkeiten und auch Vorteilen der Organisierung ihrer Hilfe, die theologisch unverzichtbaren, alternativen Formen von Hilfe präsent gehalten und sogar gefördert werden können. Spontane und völlig unorganisierte Hilfe muß auch weiterhin in der Diakonie möglich sein, z.b. als Besuchsdienst, als nachbarschaftliche Hilfe oder einfach als Fürbitte im Gebet. Persönlich motivierte, interaktionale Hilfe und gesellschaftlich orientierte Hilfe können nicht im Sinne der geschichtlichen Analyse Luhmanns einfach als Relikte früherer Gesellschaftsepochen aufgefaßt werden, die in der diakonischen Hilfe lediglich zufälligerweise zusammentreffen können. Wenn man davon ausgeht, daß die Kopräsenz interaktionaler, gesellschaftlich orientierter und organisierter Hilfe eine wichtige und in der Tradition fest verankerte Besonderheit christlichen Hilfehandelns ist, müssen die verschiedenartigen Formen von Hilfe auch in der modernen Diakonie und besonders in der organisierten diakonischen Arbeit zusammenkommen und miteinander koordinierbar sein. Andernfalls würde sich diakonisches Handeln lediglich auf das Kriterium der möglichst hohen Effizienz und Zuverlässigkeit der Hilfe reduzieren. Erst die Vielschichtigkeit der drei dargestellten Typen christlicher Hilfe kann einer Engführung auf rein organisatorische Gesichtspunkte entgegenwirken, die letztlich zu einer Monokultur diakonischer Hilfe führen würde. Nur die verstärkte Berücksichtigung interaktionaler und gesellschaftsorientierter Hilfe und deren Koordination mit organisierter Hilfe kann die Vielfalt und Vielschichtigkeit diakonischen Handelns erhalten und fördern. Die Frage nach dem Verhältnis von interaktions-, organisations- und gesellschaftsbezogener Hilfe bekommt deshalb in der Diakonie besondere Relevanz. Dabei wird sich die diakonische Theologie angesichts der deutlichen Tendenz zur Durchorganisierung diakonischer Arbeit weder auf eine vorschnelle Disqualifikation dieser Entwicklung noch auf deren bereitwillige Annahme beschränken dürfen. Sie wird sich vielmehr in Anknüpfung an Luhmann darum bemühen müssen, die Probleme und Vorteile der Organisierung christlicher Hilfe wahrzunehmen und dabei in Abgrenzung zu Luhmann die Kopräsenz interaktionaler, organisierter und gesellschaftsbezogener Hilfe in der Diakonie als untrennbaren Zusammenhang hervorzuheben.

## 4.3.4 Die Bedeutung der systemtheoretischen Unterscheidung der drei Systemtypen für die diakonische Theorie und Praxis

### 4.3.4.1 Diakonische Arbeit auf interaktionaler, organisatorischer und gesellschaftlicher Ebene

Die dargestellten drei Systemtypen (christlichen) Hilfehandelns sind innerhalb der Theorie sozialer Systeme Luhmanns als eine Konkretion der allgemeinen Theorievorgaben (vgl. Kapitel 3) auf soziale Hilfesysteme zu verstehen. Luhmann unter-

---

[131] Ebd.

scheidet in seinem "Grundriß einer allgemeinen Theorie"[132] sozialer Systeme, wie beschrieben, drei Ebenen der Theoriebildung. Die Unterscheidung diakonischer Hilfe in interaktions-, organisations- und gesellschaftsbezogene Hilfe setzt im Theorieprogramm Luhmanns dementsprechend auf der untersten und konkretesten Stufe an.[133]

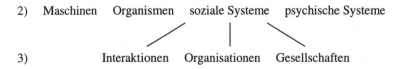

Abb. 13: Interaktionen, Organisationen und Gesellschaften als Konkretisierungen sozialer Systembildung (nach Luhmann)

In Anknüpfung an die dargestellten Konkretisierungen der Theorie Luhmanns im Bereich des Hilfehandelns kann das systemtheoretische Verständnis von Diakonie präzisiert bzw. differenziert werden. Geht man von der konkretesten der drei Ebenen aus, so lassen sich soziale Systeme, wie es in den vorigen Abschnitten (Kapitel 4.3.2 und 4.3.3) für das System des Hilfehandelns ausgeführt wurde, in ihrem Interaktions-, Organisations- und Gesellschaftsbezug unterscheiden. Es ist deshalb eine unzutreffende Vereinfachung, Diakonie hauptsächlich im gesellschaftlichen Kontext als Bezug des Religionssystems auf andere Funktionssysteme zu bestimmen. Ebenso reicht es nicht aus, wie es zum Beispiel K.-F. Daiber im Anschluß an Luhmann unternimmt, diakonische Hilfe lediglich in ihrer organisatorisch ausgestalteten Form zu betrachten.[134] Vielmehr gehört zum diakonischen Handeln genuin auch die diakonische Interaktion, also die konkrete Begegnung von Mensch zu Mensch innerhalb oder außerhalb diakonischer Organisationen, als eine unverzichtbare Form christlicher Hilfe dazu.

Damit ergibt sich in systemtheoretischer Sicht eine Trias diakonischen Handelns, die im Grunde genommen auch eine theoretische Reflexion dieses Handelns in drei Teilbereichen erfordert, weil die drei verschiedenen Systemtypen gesondert voneinander zu betrachten sind. "Auf der nächsten Ebene der Theoriekonkretisierung hätte man aber gleichwohl Gesellschaftssysteme, Organisationssysteme und Interaktionssysteme zu unterscheiden und entsprechende Theorien getrennt zu entwickeln, weil diese drei Sonderformen der Bildung sozialer Systeme ... nicht aufeinander reduzierbar sind."[135]

Aufgrund dieser drei Typen sozialer Systembildung wird die besondere Schwierigkeit der Bildung einer theologischen Theorie der Diakonie deutlich. Sie muß sich einerseits auf diakonische Organisationen als konkrete und klar abgrenzbare Erschei-

---

[132] N. Luhmann: Soziale Systeme. Grundriß einer allgemeinen Theorie; Frankfurt/Main 1984, vgl. Kap. 3.2.2.2.

[133] Vgl. Luhmann, a.a.O., S. 16.

[134] K.-F. Daiber: Diakonie und kirchliche Identität, S. 23 ff. Daiber reduziert hier unzutreffenderweise den Diakoniebegriff Luhmanns auf den organisatorischen Aspekt, z.B. S. 25.

[135] N. Luhmann: Soziale Systeme, S. 551, Anm. 1.

nungsformen moderner Diakonie beziehen. Auf diesem Gebiet gibt es bereits theologische Ansätze zu einer Theorie diakonischer Organisationen.[136]

Andererseits müssen jedoch auch die diakonischen Bezüge auf andere Funktionssysteme theologisch reflektiert werden. Dazu gibt es, wie im zweiten Kapitel ausführlich dargestellt, bereits theologische Versuche in bezug auf das Verhältnis der Diakonie zu den gesellschaftlichen Teilsystemen Politik, Recht, Wirtschaft, Wissenschaft und Erziehung.

Schließlich sind auch die spezifischen Bedingungen diakonischer Arbeit auf der Interaktionsebene theologisch gesondert zu reflektieren.[137] Es handelt sich also um drei verschiedene Typen der Reflexion, die erst in ihrer Zusammenschau eine halbwegs vollständige, theologische Theorie der Diakonie liefern können, die zugleich jedoch in ihrer Unterschiedlichkeit beachtet werden müssen. Um in dieser Situation von der Theorieerfahrung Luhmanns profitieren zu können, wird es wichtig sein, für die Weiterentwicklung der theologischen Reflexion klare Definitionen vorauszusetzen, nach denen die verschiedenen Systemformen diakonischen Handelns strukturiert werden können und mit Hilfe derer Probleme innerhalb und zwischen den verschiedenen Systemtypen beschreibbar sind. Die diakonische Theologie könnte sich dabei unter Beachtung der im dritten Kapitel formulierten theologischen Kritik an Luhmanns Definition der einzelnen Systemtypen orientieren.

- Gesellschaftssysteme operieren, wie beschrieben (Kapitel 3.1), auf der Basis von *Kommunikation*. Ihre Teilsysteme entwickeln jeweils bestimmte Formen von Kommunikation, die sich an spezifischen Funktionen orientieren (vgl. Kap. 3.1.2).
- Organisationssysteme arbeiten auf der Basis von *Entscheidungen*. "Organisationssysteme sind soziale Systeme, die aus Entscheidungen bestehen und Entscheidungen wechselseitig miteinander verknüpfen."[138]
- Interaktionssysteme hingegen operieren auf der Basis der *Anwesenheit von Personen*. "Sie schließen alles ein, was als *anwesend* behandelt werden kann, und können gegebenenfalls unter Anwesenden darüber entscheiden, was als anwesend zu behandeln ist und was nicht."[139]

Diakonie ist also in systemtheoretischer Sicht erstens, wie in Kapitel 4.1 ausgeführt, eine bestimmte Systemreferenz des Gesellschaftssystems Religion und bezieht sich als solche im gesamtgesellschaftlichen Kontext auf andere gesellschaftliche Teilsysteme. Sie besteht zweitens aus einer Vielzahl von Organisationen, in denen auf der Basis von Entscheidungen und Programmen (also Entscheidungen über Entscheidungen) Hilfe geleistet wird. Sie besteht drittens aus Interaktionen, in denen Hilfebedürftige und Helfende anwesend sind und persönliche Hilfe geschieht. Die

---

[136] Vgl. neben den Überlegungen von K.-F. Daiber: Diakonie und kirchliche Identität, S. 23 ff. besonders A. Jäger: Diakonie als christliches Unternehmen. Theologische Wirtschaftsethik im Kontext diakonischer Unternehmenspolitik; 3. Aufl. Gütersloh 1990, ders.: Diakonische Unternehmenspolitik. Analysen und Konzepte kirchlicher Wirtschaftsethik; Gütersloh 1992.

[137] Vgl. dazu besonders die Veröffentlichungen U. Bachs: Boden unter den Füßen hat keiner. Plädoyer für eine solidarische Diakonie; 2. Auflage Göttingen 1986; ders.: Dem Traum entsagen, mehr als ein Mensch zu sein. Auf dem Wege zu einer diakonischen Kirche; Neukirchen-Vluyn 1986; ders.: "Heilende Gemeinde"? Versuch, einen Trend zu korrigieren; Neukirchen-Vluyn 1988; ders.: Getrenntes wird versöhnt. Wider den Sozialrassismus in Theologie und Kirche; Neukirchen-Vluyn 1991.

[138] N. Luhmann: Organisation und Entscheidung; in: ders.: Soziologische Aufklärung 3. Soziales System, Gesellschaft, Organisation; Opladen 1981, S. 339 f.

[139] N. Luhmann: Soziale Systeme, S. 560.

Gesamtheit diakonischen Handelns muß deshalb in Auseinandersetzung mit Luhmann in drei Teilbereiche unterschieden werden. Das folgende Schema ist dabei nicht als Organigramm zu verstehen. Es bezeichnet nicht die Zuordnung verschiedener diakonischer Organisationen, sondern in Anknüpfung an Luhmanns Dreiebenenmodell die verschiedenen Typen diakonischer Systembildung.

soziales System: Diakonie

| Systemtypus | Interaktionales diakonisches Handeln und Kommunizieren (basierend auf der Anwesenheit von Personen) | Organisatorisches diakonisches Handeln und Kommunizieren (basierend auf Entscheidungen) | Gesellschaftliches diakonisches Handeln und Kommunizieren (basierend auf der Leistungserfüllung des Systems der christlichen Religion für andere gesellschaftliche Teilsysteme) |
|---|---|---|---|
| Aufgabenstellung | konkrete Hilfe von Person zu Person | Prozessieren organisatorischer Entscheidungen | Herstellen des Bezuges zu anderen gesellschaftlichen Funktionssystemen wie Wirtschaft, Politik, Recht usw. |
| Diakonischer Handlungs- und Kommunikationszusammenhang | - Beziehung zwischen diakonisch Betreuenden und Betreuten<br>- Beziehung der diakonisch Betreuten untereinander<br>- Beziehung der diakonischen Mitarbeiterinnen und Mitarbeiter untereinander<br>- Einbeziehen der Angehörigen diakonisch Betreuter usw. | - Leitungsgremien der einzelnen diakonischen Rechtsträger<br>- Entscheidungsgremien einzelner Einrichtungen usw. | - Diakonische Werke der EKD und ihrer Landeskirchen<br>- Diakonische Fachverbände usw. |

Abb. 14: Die drei Typen diakonischer Systembildung

Diese Grobskizze der verschiedenen diakonischen Handlungs- und Kommunikationsstrukturen ist nicht als hierarchische Ordnung mißzuverstehen. Eine Hierarchisierung der drei verschiedenen Systemtypen würde bedeuten, daß Kommunikationsabläufe auf der Ebene der diakonischen Dachverbände für die diakonischen Einzelorganisationen (die Rechtsträger und deren Einzeleinrichtungen) und von dort aus für die diakonischen Interaktionen maßgeblich seien. Das ist jedoch nicht der Fall. Die Zusammenfassung der verschiedenen Systemtypen unter ein hierarchisches Gesamtprinzip ist nicht möglich, weil die für die Arbeit maßgeblichen Entscheidungen primär in den Einzelorganisationen getroffen werden. Diese Entscheidungen müssen wiederum von denjenigen Abläufen unterschieden werden, die als Interaktion von Person zu Person innerhalb der Diakonie geschehen. Auf der abstraktesten Ebene der diakonischen Dachverbände (Diakonische Werke der EKD und der Landeskirchen bzw. Fachverbände) wird vor allem koordinatorische Arbeit geleistet, die im Sinne eines Bezuges auf über die Einzelorganisation hinausgehende, gesamtgesellschaftliche Fragestellungen wichtig ist. Auch die Arbeit auf der konkretesten Stufe der interaktionalen Hilfe geht über den engen Rahmen diakonischer Einzelorganisationen hinaus. Diakonische Hilfe von Person zu Person kann innerhalb und außerhalb diakonischer Organisationen stattfinden. Sie setzt Organisation nicht voraus, sondern kann auch spontan und unorganisiert erfolgen.

Die Unterscheidung der drei Systemtypen diakonischen Handelns darf auch nicht im Sinne deren gegenseitiger Ausschließung mißverstanden werden. So haben z.B. Entscheidungen in diakonischen Organisationen zugleich einen Bezug auf gesellschaftliche Fragestellungen und müssen umgekehrt gesellschaftliche Voraussetzungen berücksichtigen. Bei den organisatorischen Entscheidungen spielen auf der anderen Seite auch Interaktionen zwischen Personen eine wesentliche Rolle. Entscheidungen werden z.B. in Leitungsgremien gefällt, in denen zwischen den beteiligten Personen Interaktionen geschehen. Interaktions- und Gesellschaftsbezug wirken also auf Organisationsentscheidungen ein. Umgekehrt schließen sich aber auch gesellschaftsbezogenes und organisatorisches Handeln nicht gegenseitig aus. So fungieren die Diakonischen Werke der EKD und der Landeskirchen sowie die diakonischen Fachverbände größtenteils als Koordinationsinstanzen, in denen über die Einzelorganisation hinausgehende Fragen im Gesellschaftsbezug behandelt werden. Andererseits gehören diese diakonischen Werke und Fachverbände als Dachorganisationen der Diakonie zugleich in den organisatorischen Bereich, sofern in ihnen verbindliche Entscheidungen gefällt werden. Diese werden wiederum von interagierenden Personen getroffen. Die Systemtypen überlagern sich also. "Als selektive Prozesse können Handlungen mehreren Systemen zugleich angehören, können sich also an mehreren System/ Umwelt-Referenzen zugleich orientieren. Soziale Systeme sind daher nicht notwendig wechselseitig exklusiv - so wie Dinge im Raum. So gehört jedes Interaktionssystem und jedes Organisationssystem auch zu einem Gesellschaftssystem, und ein Interaktionssystem kann, braucht aber nicht einer Organisation angehören."[140] Unter Vermeidung dieser beiden Mißverständnisse der Hierarchisierung und der gegenseitigen Ausschließung kann die systemtheoretische Unterscheidung der drei Systemarten für Probleme sensibilisieren, die sich auch in der Diakonie aufgrund der Ausdifferenzierung diakonischen Hilfehandelns in die verschiedenen Systemarten ergeben.

Die fortschreitende Durchorganisierung der diakonischen Arbeit führt in dieser Perspektive nicht, wie z.B. von Hollweg kritisiert, notwendigerweise zur Verdrängung des Interaktionsbereichs aus der diakonischen Arbeit oder etwa zu einer Ausblendung gesamtgesellschaftlicher Fragestellungen. Vielmehr werden Interaktions-,

---

[140] N. Luhmann: Interaktion, Organisation, Gesellschaft; in: ders.: Soziologische Aufklärung 2. Aufsätze zur Theorie der Gesellschaft; 3. Aufl. Opladen 1986, S. 9-20, dort S. 18.

Organisations- und Gesellschaftsbezug nach Luhmann ausdifferenziert und existieren dann nebeneinander. Die Differenz zwischen den einzelnen Bereichen ist dabei umso markanter, je ausgeprägter der Zwischenbereich der Organisation entwickelt ist. "Eine vollständige Trennung der Ebenen ist natürlich nicht möglich, da alles soziale Handeln in der Gesellschaft stattfindet und letztlich nur in der Form von Interaktion möglich ist. Je weiter die Systemebenen auseinander gezogen und je schärfer die Systemtypen differenziert werden, desto akuter stellen sich Folgeprobleme ein, die die Vermittlung zwischen den Ebenen betreffen."[141] Geht man mit Luhmann davon aus, daß sich im Kontext der modernen Unterscheidung in Interaktions-, Organisations- und Gesellschaftssysteme auch das moderne Hilfehandeln und speziell das System diakonischen Hilfehandelns in drei verschiedene Systemtypen ausdifferenziert hat, so lassen sich Probleme, die sich aus dieser Ausdifferenzierung ergeben, in den konkreten Handlungsvollzügen der Diakonie präzise aufzeigen und bearbeiten. Schwierigkeiten sind vor allem dort zu erwarten, wo Verbindungen von einem Systemtyp zum anderen hergestellt werden müssen oder wo verschiedene Systemtypen miteinander zu koordinieren sind.

In Anknüpfung an Luhmann sind deshalb die spezifischen Problemstellungen der einzelnen Formen diakonischer Systembildung in ihrer Differenziertheit wahrzunehmen. Das darf jedoch nicht zu einer Dekomposition diakonischen Handelns in drei verschiedene Teilsysteme führen. Interaktions-, Organisations- und Gesellschaftsbezug müssen in der Diakonie vermittelbar gehalten werden. Entscheidungsabläufe im organisatorischen Bereich dürfen zum einen nicht über die Interessen und Nöte real anwesender Personen im Interaktionsbereich hinweggehen. Zum anderen müssen organisatorische Entscheide zugleich auch einen gesamtdiakonischen Bezug auf aktuelle gesellschaftliche Konstellationen aufweisen. Die diakonische Einzelorganisation muß sich, bei aller Legitimität der Einzelinteressen, also zugleich an gesamtgesellschaftlichen Problemstellungen orientieren und diese, gemeinsam mit anderen diakonischen Organisationen, möglichst homogen handhaben. Insofern muß der Behauptung Luhmanns, daß "diese drei Sonderformen der Bildung sozialer Systeme... nicht aufeinander beziehbar sind",[142] entgegengehalten werden, daß die Relation der drei Systemtypen im Sinne eines diakonischen Gesamtinteresses immer wieder hergestellt werden muß. Luhmanns Unterscheidung sozialer Systeme in die drei dargestellten Systemtypen kann als Wahrnehmungshilfe für die Analyse tatsächlich auftretender Koordinationsprobleme wichtig sein, sie muß jedoch in einer spannungsreichen Verbindung der verschiedenen Systemtypen vermittelbar gehalten werden, wenn diakonisches Hilfehandeln nicht in die verschiedenen Einzelbereiche zerfallen soll.

### 4.3.4.2 Zur Schwierigkeit der Vermittlung von Organisations- und Gesellschaftsbezug in der Diakonie

Die Entwicklung einer gesellschaftsbezogenen Gesamtperspektive der Diakonie ist bereits ein wichtiges Anliegen J.H. Wicherns gewesen. Er versuchte deshalb, bei der Gründung des Centralausschusses für die innere Mission die diakonischen Aktivitä-

---

[141] Luhmann, a.a.O., S. 14 f.
[142] N. Luhmann: Soziale Systeme, S. 551, Anm. 1.

ten so zu bündeln, daß ein koordiniertes Gesamthandeln im Hinblick auf gesamtgesellschaftliche Problemstellungen möglich wurde. Solche Versuche der Entwicklung eines diakonischen Gesamtbezuges standen jedoch schon damals diversen Einzelinteressen gegenüber. Vor allem Divergenzen zwischen den einzelnen Landeskirchen sowie die Partikularität der einzelnen diakonischen Initiativen erschwerten Wicherns Absichten.

"Ohne die Bekenntnisse und Ordnungen der Kirchen miteinander vermischen zu wollen oder zu dürfen, sondern gewiß darüber, daß jede dieser Kirchen diese Aufgabe nach dem Maße der ihr gewordenen Gaben und Gnaden zu lösen hat, ist dem Centralausschuß nicht minder gewiß, daß auf diesem großen praktischen Gebiete jede von der anderen wird nehmen und jede der anderen wird geben wollen und können; daß es gerade hier möglich ist, ohne die Lehrtypen der verschiedenen evangelischen Konfessionen als solche zu irritieren, ein gemeinschaftliches Feld der Arbeit zu gewinnen, wo für die, denen die Liebe kein leerer Schall ist, Trennung unmöglich wird, wo ein Quell des Lebens und der Liebe alle um sich sammelt, sie stark zu machen wider den gemeinsamen Feind."[143]

Diese mühsame Zusammenführung aller diakonischer Initiativen war bereits von Wichern nicht als organisatorischer Zentralismus, sondern im Sinne eines koordinierten Gesellschaftsbezuges zur konzentrierten Bekämpfung gesellschaftlicher Not gedacht. "Das, was der Centralausschuß will, ist kein Herrschen, kein Regieren, kein von außen Anordnen und Leiten, ist kein Zentralisieren, das irgendwie eine Freiheit schmälern, eine gesunde Entwickelung hemmen, eine Selbständigkeit verkümmern wollte."[144]

Eine Koordination diakonischer Initiativen im Gesellschaftsbezug ist gegenwärtig nicht weniger schwierig als zu Zeiten Wicherns. Die geschichtliche Darstellung zu Beginn des ersten Kapitels dieser Arbeit hat bereits gezeigt, wie schwierig in der Nachkriegszeit die Zusammenfassung mehr partikularer Aktivitäten der Inneren Mission und mehr gesamtgesellschaftlich orientierter Tätigkeiten des Hilfswerkes der EKD unter einer gesellschaftlich und kirchlich eindeutig zugeordneten Gesamtperspektive war (vgl. Kapitel 1.1 bis 1.3). Gegenwärtig wird eine sinnvolle Koordination organisatorischer Einzelentscheide in bezug auf eine einheitliche, an gesamtgesellschaftlichen Problemen orientierte Grundposition vor allem dadurch nahezu unmöglich gemacht, daß im Grunde jeder der zahlreichen diakonischen Rechtsträger seine eigenen Entscheidungen treffen kann. Die Herstellung einer diakonischen Gesamtorientierung bei Stellungnahmen zu wichtigen gesellschaftlichen Fragen trifft geschichtlich und aktuell immer wieder auf erhebliche Probleme.[145] Zusätzlich komplizierend wirkt sich dabei aus, daß es neben der Gesamtvertretung der Diakonie in der Hauptgeschäftsstelle des Diakonischen Werkes der EKD nach Funktionen ge-

---

[143] Die innere Mission der deutschen evangelischen Kirche. Eine Denkschrift an die deutsche Nation, im Auftrage des Centralausschusses für die innere Mission verfaßt von J.H. Wichern (1949); in: ders.: Sämtliche Werke, hrsg. v. P. Meinhold, Band I; Berlin und Hamburg 1962, S. 175-366, dort S. 352.

[144] Ebd. Zur "integrativen Intention" Wicherns vgl. auch Th. Strohm: "Theologie der Diakonie" in der Perspektive der Reformation - Zur Wirkungsgeschichte des Diakonieverständnisses Martin Luthers; in: ders., P. Philippi (Hrsg.): Theologie der Diakonie; Heidelberg 1989, S. 175-208, dort S. 194 ff.

[145] Vgl. z.B. die Kapitel 1.2.1 dargestellte, insgesamt inkonsistente Haltung der evangelischen Diakonie bei der Sozialgesetzgebung der BRD 1960/ 61, aber auch zu wichtigen politischen Einzelfragen.

gliederte Fachverbände gibt, die eine einheitliche Meinungsbildung ebenfalls erschweren. Das kann in Situationen, in denen die Homogenität einer diakonischen Gesamthaltung gegenüber wichtigen gesellschaftlichen Problemen gefragt ist, zu erheblichen Nachteilen bei der Durchsetzung diakonischer Anliegen führen. Ein Beispiel dafür nennt Wilhelm Schmitt. "Indes ließ die Zusammenarbeit der Fachverbände mit der Hauptgeschäftsstelle - wie auch schon früher mit dem Centralausschuß - vieles zu wünschen übrig. Typisch dafür ist folgender Vorfall: Bei der Einbringung des Krankenpflegegesetzes im Bundestag rief der Bundestagspräsident - damals Dr. Eugen Gerstenmaier - bei der Hauptgeschäftsstelle an, um die Auffassung des Diakonischen Werkes zu dem Entwurf zu erfahren. Ihm wurden die im Diakonischen Rat und in der Diakonischen Konferenz entstandenen Meinungsbilder mitgeteilt. Kurz darauf wurden von den zuständigen Fachverbänden völlig entgegengesetzte Auffassungen vertreten. Daß auf diese Weise die 'evangelische Stellungnahme' sowohl im kirchlichen Raum als auch - bedauerlicherweise - in der Öffentlichkeit hinsichtlich ihres Wertes fragwürdig wird, dürfte kaum zu bestreiten sein."[146]

Auch bezüglich einer koordinierten Ausbildung diakonischer Führungskräfte stellt sich das Problem einer Orientierung der verschiedenen diakonischen Organisationen an einer gemeinsamen Gesamtperspektive nicht einfacher dar.[147] Wie Befragungen innerhalb der Diakonie zeigen, gibt es während der 90er Jahre einen durchgehenden Generationswechsel in den diakonischen Leitungsgremien.[148] Innerhalb der einzelnen diakonischen Organisationen ist jedoch bislang unklar, woher diese neuen diakonischen Führungskräfte kommen sollen. Die Personalpolitik wird damit zu einem Problem, welches zumindest für leitende Mitarbeiter nicht mehr nur organisationsbezogen bearbeitet werden kann, sondern eine gesamtdiakonische Neuorientierung erfordert. Nicht nur im Hinblick auf politische Entscheidungen, sondern auch in bezug auf Ausbildungsfragen tut eine die organisatorischen Einzelinteressen übergreifende Gesamtorientierung Not. Sollte sich der Eindruck erhärten, daß eine den Aufgaben entsprechende Ausbildung diakonischer Leitungskräfte aufgrund der Komplexität und der spezifischen Probleme heutiger diakonischer Leitungsfragen immer schwieriger vom einzelnen Rechtsträger selbst geleistet werden kann, so wird die gesamtdiakonisch koordinierte Ausbildung von Führungspersönlichkeiten zu einer Aufgabe, die für die zukünftige Gestaltung diakonischer Arbeit von erstrangiger Bedeutung ist. Die Vermittlung von diakonischem Gesamtbezug und Bezug auf die Einzelorganisation ist deshalb nicht nur in der Praxis, sondern auch in der Ausbildung zur Praxis eine wichtige Aufgabe.

---

[146] W. Schmitt: Organisationsentwicklungen im Diakonischen Werk (Fachverbände); in: Das Recht im Dienst einer diakonischen Kirche; HbZDK Band III, hrsg. v. Th. Schober; Stuttgart 1980, S. 125-129, dort S. 126. Daraufhin wurde jedoch in diesem Bereich eine bessere Koordination vereinbart.

[147] Vgl. zu diesem Problem die ausführlichen Überlegungen in Kap. 5.2.4, besonders Kapitel 5.2.4.2.

[148] Vgl. A. Jäger: Diakonische Unternehmenspolitik; Gütersloh 1992, S.107 ff.

## 4.3.4.3 Zur Notwendigkeit einer Koordination von Interaktions- und Organisationsbezug in der Diakonie

Die systemtheoretisch beschreibbare Unterscheidung von Interaktions- und Organisationsbezug bereitet in der diakonischen Praxis erhebliche Probleme. Die zunehmende Organisierung diakonischer Hilfe hat zu einer starken Ausdifferenzierung von organisatorischen Entscheidungen und konkretem diakonischen Handeln geführt. Beide Bereiche lassen sich nur noch mit großer Mühe aufeinander beziehen. "Das Zwischenfeld zwischen Organisationsstrukturen und diakonischem Handeln liegt im Dunkeln."[149] Es scheint, daß diese Kluft umso größer wird, je weiter die Organisierung diakonischer Arbeit voranschreitet. Auch in der theologischen Theorie ist die Diskrepanz zwischen der sich um organisatorische Fragen bemühenden "Leitungsdiakonie" und der "Handlungsdiakonie" im interpersonalen Vollzug und die Schwierigkeit ihrer Zusammenführung bereits intensiv diskutiert worden.[150] Hier zeigt sich eine Ausdifferenzierung von diakonischer Arbeit an der "Basis"[151] und Arbeit im Organisationsbereich, die in ihrer Differenz in Anknüpfung an Luhmanns Unterscheidung der Systemtypen Interaktion und Organisation theologisch differenziert wahrgenommen werden muß. Historische Gründe dieser Ausdifferenzierung sind, im Anschluß an die bereits beschriebene allgemeine gesellschaftliche Entwicklung zur Organisierung und Professionalisierung der Hilfe (vgl. Kapitel 4.3.2 und 4.3.3), das enorme quantitative Wachstum der diakonischen Organisationen und die "Krise der Mutterhausdiakonie".[152] Das organisatorische Wachstum der Diakonie seit 1945 erforderte eine separate, an den funktionsspezifischen Aufgabenstellungen ausgerichtete Führungsstruktur, die im Kontext komplexer gesellschaftlicher - und interner - Bezüge die notwendigen Entscheidungen fällte. Daneben wuchsen auch die fachspezifischen Anforderungen an die diakonische Arbeit vor Ort, also an die Interaktion zwischen diakonischem Helfer und Hilfebedürftigem, erheblich.

Diese beiden Arbeitsbereiche haben sich aufgrund je spezifischer Anforderungen zu unterschiedlichen Systemtypen ausdifferenziert. In großen diakonischen Werken ist die Leitungsebene kaum noch über die konkreten Probleme diakonischer Interaktion unterrichtet. Eine Zwischenebene zwischen Entscheidungs- und Interaktionsbereich, in betriebswirtschaftlicher Terminologie das sogenannte "mittlere Management", existiert oft nicht. Zu Zeiten, als noch ein guter Teil der diakonischen Mitarbeiterschaft von Bruder- und vor allem von Schwesternschaften gestellt wurde, waren Verbindungsmöglichkeiten dadurch gegeben, daß Diakonissen bzw. Diakone sowohl im Interaktionsbereich diakonischen Handelns als auch in der organisatorischen Leitung tätig waren. Über die bruder- und schwesternschaftlichen Verbindungen wurde eine Koordination von Entscheidungs- und Interaktionsbereich wesentlich erleichtert. Seit Anfang der 50er Jahre schwinden diese Möglichkeiten deutlich. Die problematischen Auswirkungen des enormen Rückgangs der Zahl bruder- und

---

[149] A. Hollweg: Tendwende in der Diakonie; in: PTh 73 (1984), S. 203.
[150] Zu den Begriffen "Leitungsdiakonie" und "Handlungsdiakonie" vgl. A. Jäger: Diakonie als christliches Unternehmen; 3. Auflage Gütersloh 1990, z.B. S. 11.
[151] Vgl. U. Bach: "Heilende Gemeinde"? Versuch einen Trend zu korrigieren; Neukirchen-Vluyn 1988, Widmung.
[152] Vgl. E. Schuchardt: Durch Krisen zu einer neuen Lerngemeinschaft. Partnerschaft und Beziehungsfähigkeit von Männern und Frauen in Diakoniewerken und in der Kirche; in: Diakonie 15 (1989), S. 194-200.

schwesternschaftlich verbundener Mitarbeiterinnen und Mitarbeiter sowie die Konsequenzen der Spezialisierung der an ihre Stelle tretenden neuen Mitarbeiter sind immer wieder aufgezeigt worden.[153] Unberücksichtigte Warnzeichen von seiten der diakonischen Bruder- und Schwesternschaften und unreflektiertes Wachstum der Einrichtungen führten zu einer zunehmenden Entkoppelung des Interaktions- und Organisationsbereichs. Diese Entwicklung scheint weniger eine bewußte diakonische Planungsentscheidung, sondern vielmehr eine unkontrollierte Folge der von Luhmann beschriebenen allgemeinen Differenzierungsprozesse im gesellschaftlichen Hilfesystem zu sein. "Wie kam es nach der großen Erweiterung diakonischer Einrichtungen in den 60er Jahren zu dem erstaunlichen Optimismus, daß es ohne Anstrengungen möglich sei, solche 'Großbetriebe' klar nach Kriterien der Nachfolge führen zu können? Schlägt man die Fachliteratur zur Leitung großer Diakoniewerke nach, dann ist man überrascht, welche Dominanz nunmehr die ökonomischen Kriterien gewonnen haben. Ich frage mich allerdings: Lassen sich die Probleme der Betreuung von Hilfsbedürftigen und von menschlichen Formen der Kooperation verschiedener Mitarbeiter so einfach von betriebswirtschaftlichen Erfahrungen und Regeln her lösen?"[154]

Es muß deshalb nicht nur ein systemtheoretisches, sondern auch ein theologisches Anliegen sein, die Spannung zwischen organisatorischem Entscheiden und interaktionalem Handeln in ihrer praktischen Problematik wahrzunehmen und zu reflektieren. Einer der wenigen Vorstöße in dieser Richtung sind die Überlegungen von Johannes Busch zur "Leitung zwischen Management und Seelsorge".[155] Wie Busch verdeutlicht, lassen sich verantwortliche Entscheidungen in der Diakonie nicht einfach auf die organisatorische Ebene reduzieren. Die Rückkoppelung an Probleme, die sich im konkreten Interaktionsbezug in der Praxis ergeben, muß jederzeit gewahrt bleiben, wenn sich nicht die organisatorische Arbeit von den Handlungsabläufen in der jeweiligen diakonischen Einrichtung isolieren will und Entscheidungen nicht an den betroffenen Personen vorbei gefällt werden sollen. Dieses Problem stellt sich offenbar umso schärfer, je komplexer und größer die diakonischen Organisationsstrukturen des betreffenden Werkes sind. Das Organisieren scheint hier eine Eigendynamik zu entwickeln, die den Kontakt zum Interaktionsbereich verhindert. Unzweifelhaft hat sich aber besonders im Interaktionsbereich, also in der diakonischen Zuwendung von Person zu Person, nicht nur traditionell, sondern auch aktuell die Tragfähigkeit des diakonischen Ansatzes zu beweisen. Organisatorische Entscheidungsprozesse in der Diakonie müssen deshalb so gestaltet werden, daß sie nicht die Entwicklung interpersonaler Kontakte verhindern, sondern sie soweit wie möglich fördern. Organisatorisches Entscheiden muß den interaktionalen Bereich als eigenen und für die Diakonie wesentlichen Handlungsbereich erhalten. Es darf die Gestaltung interaktionalen Handelns nicht limitieren, sondern hat durch entsprechende Maßnahmen möglichst große Freiräume zur persönlichen Zuwendung offenzuhalten. Für die Entscheidungsprozesse muß eine Rückkoppelung an die im Interaktionsbereich auftretenden Probleme jederzeit gewährleistet sein.

---

[153] Vgl. z.B. die Äußerungen von H. Leich und M. Weigle zu Beginn der 50er Jahre, zit. bei E. Schuchardt, a.a.O., S. 194.

[154] Ebd.

[155] J. Busch: Leitung verantworten. Was heißt Leitung zwischen Management und Seelsorge? In: G. Röckle (Hrsg.): Diakonische Kirche; Neukirchen-Vluyn 1990, S. 86-105.

Als damaliger Leiter der v. Bodelschwinghschen Anstalten in Bethel schildert Busch ein konkretes Beispiel, an dem die Diskrepanz von Organisations- und Interaktionsbereich und die Notwendigkeit zu deren Koordination besonders deutlich wird. "Anfang Februar dieses Jahres (1989; D.S.) veranstaltete die Gewerkschaft ÖTV erstmals in Bethel eine Demonstration, die öffentlich auf den sogenannten Pflegenotstand aufmerksam machen sollte. Notwendig gewordene Stellenkürzungen waren vordergründig der Anlaß zu dieser Aktion. Gespräche mit Mitarbeitern förderten allerdings tiefersitzende Ursachen für die Beunruhigung zutage:
- die Sorge, dieses könne der Anfang für weitere Stellenkürzungen sein;
- die Befürchtung, man werde den Anforderungen auf einer Krankenhausstation oder in einer Gruppe mit mehrfach schwerstbehinderten Menschen nicht mehr gewachsen sein;
- die Enttäuschung, daß Ansätze individueller Förderung und Zeit für persönliche Hinwendung zum einzelnen schlichtweg gestrichen werden müssen, weil die reine Versorgung alle Kräfte absorbiert;
- die Kränkung, daß der ohnehin schweren Arbeit die Anerkennung und Unterstützung nicht nur vorenthalten, sondern sogar entzogen wird, wobei auch die Frage nach einer angemessenen Vergütung des Stations- und Gruppendienstes eine wesentliche Rolle spielt;
- die Angst, die mangelnde Attraktivität der sozialen und pflegerischen Berufe könne zunehmend mehr Mitarbeiter veranlassen, sich von diesem Arbeitsfeld abzuwenden und man selbst könne dumm dastehen, wenn man bleibt;
- der Wunsch nach mehr Offenheit und Durchsichtigkeit, was die wirtschaftliche Situation des Unternehmens und die Finanzentscheidungen der Leitung angeht;
- die Frage, ob wir denn wirklich den Trend mitmachen wollen, mehr Geld für medizinische Apparate und weniger für die Begleitung von Menschen auszugeben;
- das Interesse, dort wo die äußeren Rahmenbedingungen für Wohnung, Arbeit und Förderung von behinderten Menschen in Großinstitutionen ein Optimum erreicht haben und zugleich zu teuer geworden sind, über alternative, kostengünstige und ebenso menschenfreundliche Konzepte nachzudenken;
- die Forderung, durch politische Einflußnahme dem Lebensrecht behinderter und anderer benachteiligter Menschen in unserer Gesellschaft mehr Geltung zu verschaffen;
- und in alldem die Erwartung, als Mitarbeiter bei der Gestaltung und Weiterentwicklung des Unternehmens ernst genommen zu werden."[156]

Aus der Fülle der von Busch genannten Punkte wird deutlich, wie verschieden die Entwicklungen im Interaktions- und Organisations- bzw. Leitungsbereich in einem großen diakonischen Werk oft laufen. An konkreten Stellen, wo die Divergenz zwischen Fragestellungen diakonischer Interaktion und Organisation zu groß wird, bricht das Problem dann auf und artikuliert sich als "Beunruhigung", oder sogar, wie in diesem Falle, als Protest. Die Koordination der Probleme auf Interaktions- und Organisationsebene wird deshalb - nicht nur in Konfliktsituationen, sondern generell - zu einer entscheidenden Aufgabe diakonischer Leitung, von der die Integrität und Qualität diakonischer Arbeit abhängt. Erst durch Kommunikation, also durch offenes Ansprechen der Divergenzen zwischen Interaktions- und Organisationsbereich, lassen sich diese Probleme erkennen und bearbeiten.

---

[156] J. Busch: Leitung verantworten, a.a.O., S. 97 f.

Auch hier geht es also um die Notwendigkeit, angesichts der Diskrepanz zweier Handlungsebenen diakonischer Arbeit gemeinsames, koordiniertes Handeln zu ermöglichen. Eine Verbindung kann jedoch nur durch die Etablierung spezieller Kommunikationseinrichtungen auf einer Zwischenebene erreicht werden. Es muß deshalb darum gehen, "funktionsspezifisch dafür bereitgestellte Einrichtungen"[157] zu schaffen, die unter Beteiligung von Personen aus dem Interaktions- und Organisationsbereich solche Probleme innerhalb des jeweiligen diakonischen Werkes kommunizieren und dadurch ein koordiniertes, kollektives Handeln ermöglichen. Die dabei zu bedenkenden Fragestellungen umfassen nicht nur die oben zitierten Probleme der diakonischen Mitarbeiterschaft, sondern oft sehr brisante Fragen der konkreten Interaktion zwischen Mitarbeitern und Betreuten, die im Sinne eines klaren diakonischen Profils innerhalb des jeweiligen Werkes möglichst einheitlich gehandhabt werden sollten. Solche vermittelnden Kommunikationseinrichtungen können z.B. Kommissionen sein, die für bestimmte aktuelle Fragestellungen ein koordinierendes Gespräch zwischen Vertretern des Organisations- und Interaktionsbereichs in einem festen Rahmen ermöglichen (z.B. sogenannte Ethikkommissionen). Auch Mitarbeitervertretungen mit entsprechendem Einblick in organisatorische Probleme können die Kluft von seiten des Interaktionsbereichs reduzieren.

Wie notwendig die Kommunikation zwischen organisatorischem und interaktionalem Bereich ist, läßt sich anhand einiger brisanter Themen verdeutlichen, die nach einer koordinierenden Gesamtorientierung verlangen.

"- Da stellt sich die Frage nach der Anwendung von Gewalt in der Psychiatrie: Darf man Menschen fixieren oder isolieren?
- Da ist das weite Feld der sexualpädagogischen Fragen, der Begleitung von Menschen in Fragen von Sexualität und Partnerschaft.
- Da ist das Problem der Sterilisation von Menschen mit einer geistigen Behinderung.
- Da ist das Verständnis von Gesundheit und Krankheit, die Frage nach Heilung oder Annahme einer Krankheit oder einer Behinderung.
- Da ist nicht zuletzt die Frage nach Tod und Sterben, nach Sterbehilfe oder stattdessen nach Sterbebegleitung."[158]

Schon das Kommunizieren solcher Problemstellungen kann neue Möglichkeiten der Koordination von Organisations- und Interaktionsbereich eröffnen. Der gemeinsame Umgang mit solch heiklen Fragen kann auch dem einzelnen Mitarbeiter neue Handlungsmöglichkeiten eröffnen. "Nicht alle Fragen und Probleme, die sich im Alltag der Arbeit stellen, können gründlich genug reflektiert werden. Aber wir haben die Erfahrung gemacht, daß das exemplarische Durchdenken einer einzelnen Problemstellung selbständige Orientierung auch in anderen Fragestellungen fördert. Und zugleich wird dadurch die Möglichkeit geschaffen, daß die Identifikation mit der Einrichtung sich nicht nur an traditionellen Ideen, sondern an aktuellen und existentiellen Fragen festmachen kann."[159] Diskrepanzen zwischen Organisations- und Interaktionsebene lassen sich also abbauen, sofern sie durch die Einrichtung weiterer Kommunikationsmöglichkeiten auf einer koordinierenden Zwischenebene thematisiert werden. In verschiedenen Einrichtungen gibt es bereits Ansätze zu einer spezi-

---

[157] N. Luhmann: Soziale Systeme, S. 274.
[158] J. Busch: Leitung verantworten, a.a.O., S. 99.
[159] Ebd.

fisch dafür ausdifferenzierten Koordinationsebene; so wird etwa - in betriebswirtschaftlicher Terminologie - ein "mittleres Management" etabliert, das auf der Ebene von Einrichtungs- oder Hausleitungen relativ selbständig gegenüber der Gesamtleitung agieren kann und sich speziell um die Umsetzung von organisatorischen Vorgaben im Interaktionsbereich bemühen kann.

Aufs Ganze gesehen werden also mit der Luhmannschen Unterscheidung in Gesellschafts-, Organisations- und Interaktionsbezug erhebliche Probleme in der diakonischen Praxis deutlich, die auch nach einer entsprechenden theologischen Reflexion der verschiedenen diakonischen Handlungsbereiche verlangen. Eine Gesamtschau der drei diakonischen Systemtypen, also eine umfassende Diakonietheorie, die zwischen Gesellschaftsbezug, Organisationsbezug und Interaktionsbezug unterscheidet, ist bislang jedoch noch nicht in Sicht.

Stattdessen wachsen auch im Theoriebereich die Divergenzen zwischen Vertretern einer interaktionalen (z.B. Ulrich Bach), einer organisatorischen (z.B. Alfred Jäger und Karl-Fritz Daiber) und einer gesellschaftsbezogenen (z.B. Johannes Degen) Reflexion diakonischer Probleme. Eine umfassende theologische Reflexion wird die verschiedenen Bereiche differenziert behandeln und gleichzeitig in einer Gesamtperspektive integrieren müssen. Zumindest für die Bezeichnung dieses Problems, vielleicht aber auch für dessen Bearbeitung kann eine intensive Auseinandersetzung mit Luhmanns Systemtheorie hilfreich sein, weil sie für die Unterscheidung dieser verschiedenen Handlungsbereiche, für die Beschreibung ihrer geschichtlichen Genese und für die Zusammenschau in einer allgemeinen Theorie sozialer Systeme ein ausgearbeitetes theoretisches Instrumentarium an die Hand gibt.

Nach Wahrnehmung der Diskrepanzen von gesellschaftsbezogenem, organisatorischem und interaktionalem Handeln wird es in der Praxis wie in der Theorie darum gehen müssen, zu zeigen, daß der Graben zwischen diesen drei Bereichen nicht unüberwindbar ist. Die spezifische Fähigkeit des Christentums, "universalisierbare und zugleich individuell performierbare Typiken,... Typiken, die hochintegrative Orientierungsansprüche und zugleich dekomponierbare, multiple Ordnungen generieren, zu erkennen und zu kommunizieren",[160] ist hier in ganz entscheidender Weise gefordert. Gelingt es der Diakonie und ihrer theoretischen Reflexion nicht, Gesellschaftsbezug, Organisationsbezug und Interaktionsbezug in ihrer Differenziertheit wahrzunehmen und zugleich die multiplen Ordnungen, die dabei je für sich entstehen, unter "hochintegrativen Orientierungsansprüchen" zusammenzufassen, ist ein Auseinanderfallen der verschiedenen Handlungsbereiche diakonischer Hilfe, wie es von Luhmann beschrieben und von Hollweg[161] theologisch kritisiert wurde, unvermeidlich. Es steht zu erwarten, daß der Graben zwischen den verschiedenen Handlungsebenen in dem Maße wachsen wird, wie die Komplexität und Größe des diakonischen Systems insgesamt zunehmen wird. Auf die Dauer wird deshalb nur eine Etablierung von festen Kommunikationsebenen zwischen Interaktions- und Organisationsbereich ("mittleres Management") sowie zwischen Gesellschaft- und Organisationsbezug (z.B. als übergreifende Konferenzen diakonischer Leitungspersonen) der völligen Trennung dieser drei Bereiche entgegenwirken können.

---

[160] M. Welker: Einfache oder multiple doppelte Kontingenz? Minimalbedingungen der Beschreibung von Religion und emergenten Strukturen sozialer Systeme; in: W. Krawietz, M. Welker (Hrsg.): Kritik der Theorie sozialer Systeme; Frankfurt/Main 1992, S. 370. Vgl. dazu auch Kap. 3.2.4.

[161] A. Hollweg: Trendwende in der Diakonie; PTh 73 (1984), S. 196-211.

# 5. Kapitel: Selbstreferenz, Codierung und diakonische Identität

## 5.1 Diakonie als polykontextuelles soziales System

Nachdem in den ersten beiden Kapiteln die Entwicklung und derzeitige Situation der Diakonie aus theologischer Sicht betrachtet wurde und im dritten und vierten Abschnitt die systemtheoretische Perspektive eingeführt wurde, muß es nun im abschließenden Teil darum gehen, die Konvergenzen der beiden Sichtweisen noch weiter herauszustellen. Ziel der Darstellung der systemtheoretischen Sicht war im vorigen Kapitel, ein differenziertes Verständnis der Bedingungen diakonischer Arbeit zu gewinnen, indem neben der theologischen Innenperspektive zugleich die systemtheoretische Außensicht bewußt mit berücksichtigt wurde. Im Schlußkapitel sollen diese beiden Sichtweisen soweit zusammengeführt werden, daß ein Konzept für die Gestaltung diakonischer Arbeit entsteht, bei dem die Identität der Diakonie deutlicher hervortritt.

Die Überlegungen orientieren sich dabei, was die systemtheoretische Sicht betrifft, an den Leitbegriffen "Selbstreferenz" und "Codierung". Diese Begriffe werden theologisch aufgenommen und modifiziert. Die grundlegende Veränderung der Systemtheorie Luhmanns besteht gerade darin, daß der Begriff der Selbstreferenz eingeführt wird und mit seiner Hilfe die Beschreibung sozialer Zusammenhänge durch den Funktionsbegriff noch wesentlich vertieft und verändert wird (vgl. Kap. 3.1). Die wichtigsten gesellschaftlichen Funktionssysteme wie Politik, Recht, Wirtschaft, Wissenschaft, Erziehung aber auch Religion sind nach Luhmann dadurch entstanden und bestehen dadurch fort, daß sie systemspezifische "Codes" entwickeln. Das sind Leitunterscheidungen, die jeweils als Gegensätze formuliert sind. Innerhalb dieser Gegensatzpaare ist jeweils nur eine Seite näher bezeichnet, die andere ist als Negation der bezeichneten Seite aufzufassen.

Durch solche Orientierung an einer bestimmten Leitdifferenz erreichen die einzelnen Funktionssysteme, daß die von ihnen innerhalb der Gesellschaft übernommene Funktion in keinem anderen System erfüllt werden kann. Die einzelnen Teilsysteme der Gesellschaft bilden also ihre spezifische Identität dadurch aus, daß sie ihre sämtlichen Operationen an *einer* Leitunterscheidung (Code) orientieren und sich dadurch selbstreferentiell von ihrer Umwelt abschließen. Identität entsteht also durch eine *vom System selbst* gesetzte Selbstunterscheidung von der gesellschaftlichen Umwelt. "Selbstreferenz kann in den aktuellen Operationen des Systems nur realisiert werden, wenn ein Selbst.... durch es selbst identifiziert und gegen anderes different gesetzt werden kann."[1]

Sämtliche Systemabläufe innerhalb der einzelnen Funktionssysteme sind damit selbstreferentiell, d.h. streng auf das eigene System bezogen. Außenkontakte zu anderen Funktionssystemen in der gesellschaftlichen Umwelt sind auf der Ebene der Operationen prinzipiell ausgeschlossen. Das jeweilige soziale System erzeugt seine Identität, seine es selbst von allen anderen unterscheidenden Charakteristika, durch selbstreferentielle Orientierung an einer systemspezifischen Leitunterscheidung. Identität bedeutet also selbstreferentielle Schließung der eigenen Systemabläufe in

---
[1] N. Luhmann: Soziale Systeme, S. 26.

Abgrenzung zur Außenwelt durch Entwicklung eines eigenen Codes. Allein dadurch könnte ein soziales System jedoch nicht in seiner gesellschaftlichen Umwelt existieren. Es wäre nur auf sich selbst bezogen und außerstande, wichtige Entwicklungen aus anderen Systemen aufzunehmen. Dadurch wäre es zum Vergehen verurteilt wie ein Lebewesen, das nicht, z.B. durch Stoffwechsel, mit seiner Außenwelt in Kontakt treten kann. Um diese radikale Geschlossenheit der eigenen Operationen aufzubrechen, entwickelt jedes Funktionssystem nach Luhmann sogenannte "Programme", das sind Kriterien, die gewissermaßen als Interpretationsleitlinien der Leitunterscheidung dienen. "Kriterien *beziehen* sich, und das entspricht alter Tradition von Begriffen wie kanon, kriterion, regula, auf binäre Codierung, aber sie *sind nicht* ein Pol dieser Codes selbst. Wir formulieren diese Ebenendifferenz mit Hilfe der Unterscheidung von Codierung und Programmierung. Auf der Ebene der Codierung durch einen binären Schematismus wird ein System ausdifferenziert... Die Programme sind dagegen vorgegebene Bedingungen für die Richtigkeit der Selektion von Operationen."[2]

Wenn man sich die in den vorhergehenden Kapiteln beschriebenen Bedingungen und Probleme diakonischer Arbeit vor Augen hält, dann lassen sich diese sehr allgemeinen systemtheoretischen Überlegungen theologisch aufnehmen und auf die Diakonie konkretisieren. Theologisch formuliert lautet die Frage: Worin besteht das Proprium, die Identität diakonischer Arbeit? In systemtheoretischer Terminologie läßt sich diese Frage - wohlgemerkt aus der soziologischen Außenperspektive - reformulieren: Wie können die Systemabläufe innerhalb der Diakonie so in sich abgeschlossen und an einer eigenen Leitunterscheidung (Code) orientiert werden, daß eine möglichst große Unabhängigkeit von Systemen in der diakonischen Umwelt erreicht wird?

Das entscheidende Problem ist damit, durch welches Kriterium ("Programm") und welche Leitunterscheidung ("Code") innerhalb der Diakonie solche Identitätsbildung erreicht werden kann. Eine vollständige Selbstabschließung der Diakonie ist dabei weder wünschenswert noch erreichbar. Denn die besondere Fähigkeit der Diakonie besteht in theologischer wie in systemtheoretischer Sicht gerade darin, daß sie sich in hohem Maße auf Abläufe in der gesellschaftlichen Umwelt beziehen kann. Aber es müssen doch ein klares Kriterium und eine deutlich definierte Leitunterscheidung benannt werden, an denen die Abläufe in der Diakonie sich orientieren und von ihrer Umwelt unterscheiden können, wenn diakonische Arbeit sich nicht völlig an andere Funktionssysteme verlieren soll.

Unter diesen Voraussetzungen muß diakonische Identitätsbildung in zwei Richtungen geschehen. Sie muß sich im Innenbezug an einem bestimmten Kriterium und einer eigenen Leitunterscheidung orientieren. Zugleich muß sie im Außenbezug die Abläufe in anderen Funktionssystemen, sofern sie für die diakonische Arbeit unverzichtbar sind, so für sich nutzen, daß sie nicht zur Abhängigkeit führen, sondern die Selbständigkeit und den eigenen Charakter diakonischer Arbeit fördern.

Im abschließenden Kapitel sollen deshalb zunächst die für die Diakonie wichtigsten Funktionssysteme benannt und in ihrer Operationsweise dargestellt werden. Dabei entsteht ein Diakoniemodell, in dem die für die diakonische Arbeit relevantesten Funktionsbereiche zusammengefaßt sind (Kap. 5.1). Auf der Basis dieses Modells stellt sich dann *im Außenbezug* die Frage, wie die Diakonie die Abläufe dieser Funk-

---

[2] N. Luhmann: Ökologische Kommunikation, S. 90 f, Hervorhebungen von Luhmann.

tionssysteme einerseits aufnehmen und sich andererseits so gegenüber diesen Systemen abgrenzen kann, daß die Identität diakonischen Handelns nicht unter den Einflüssen der gesellschaftlichen Umwelt verlorengeht. Diese Überlegungen werden durch Beispiele aus verschiedenen Bereichen diakonischer Arbeit exemplarisch konkretisiert (Kap. 5.2). Schließlich ist zu fragen, welche Möglichkeiten es *im Innenbezug* gibt, um die Diakonie in ihrem Handeln an einer bestimmten Leitunterscheidung und einem festen Kriterium zu orientieren und damit die Vorgänge innerhalb der Diakonie so gegenüber der gesellschaftlichen Umwelt abzuschließen, daß die diakonische Identität deutlicher hervortritt. Diese Leitunterscheidung muß theologisch eindeutig bestimmt und ausgeführt werden (Kap. 5.3).

### 5.1.1 Das Verhältnis von theologischem und systemtheoretischem Diakonieverständnis

Die Überlegungen im vierten Kapitel zu den Folgen funktionaler Differenzierung bezogen sich zunächst auf die Innenverhältnisse des "Systems der christlichen Religion", also auf den Bezug der Diakonie zu Kirche und Theologie sowie auf Differenzierungen innerhalb der Diakonie selbst. Das Ergebnis war, daß innerhalb des modernen Systems der christlichen Diakonie eine Differenziertheit der Arbeitsfelder und Systemtypen vorhanden ist, die in ihrer Vielschichtigkeit wahrzunehmen ist, ohne damit den unauflöslichen Zusammenhang mit Kirche und Theologie sowie die innere Einheit von Gesellschafts-, Organisations- und Interaktionsbezug diakonischen Handelns aufzugeben. Demgegenüber gibt es jedoch auch einen Außenbezug diakonischer Arbeit, der für sie ebenfalls konstitutiv ist. Wie die im zweiten Kapitel skizzierte theologische Diskussion herausgearbeitet hat und wie auch der systemtheoretische Diakoniebegriff betont, ist der Bezug der Diakonie auf Kirche und Theologie sowie die innere Differenziertheit ihres Handelns nur ein Aspekt. Daneben sind andere Bezugsfelder zu beachten, die außerhalb des kirchlichen und theologischen Bereiches liegen, vor allem: Recht, Wirtschaft, Politik, Erziehung und Wissenschaft. Die Wichtigkeit dieser Außenbezüge diakonischen Handelns sind in den letzten Jahren theologisch deutlich wahrgenommen worden und bilden einen unverzichtbaren Bestandteil des theologischen Diakoniebegriffes.

Luhmann definiert aus seiner systemtheoretischen Perspektive Diakonie als Bezug des Religionssystems auf andere gesellschaftliche Teilsysteme.[3] Diese diakonischen Außenbezüge werden im folgenden zu beschreiben sein. Dabei wird deutlich werden, daß es bei der Reflexion der Differenziertheit diakonischer Handlungsstrukturen deutliche Konvergenzen zwischen der theologischen Innenperspektive und der systemtheoretischen Sicht gibt. Im Anschluß an die theologische Diskussionslage läßt sich Diakonie systemtheoretisch im Kontext der wichtigsten gesellschaftlichen Teilsysteme, nämlich Politik, Wirtschaft, Recht, Erziehung und Wissenschaft als *polykontextuelles soziales System* auffassen.[4] Bei der Verschränkung systemtheoretischer und theologischer Überlegungen entsteht ein theoretisches Modell, in dem sich die

---

[3] Vgl. N. Luhmann: Funktion der Religion, S. 57.
[4] Zur Charakterisierung des Verhältnisses der Diakonie zu den einzelnen gesellschaftlichen Teilsystemen vgl. Kap. 2.2.2 bis 2.2.6. Diesen Teilsystemen wird im folgenden noch das System der Krankenbehandlung hinzuzufügen sein.

verschiedenen, von der diakonischen Theologie herausgearbeiteten Teilbezüge *in ihrem Zusammenhang* darstellen lassen. Die eindimensionalen Verhältnisbestimmungen der diakonischen Theologie lassen sich mit Hilfe systemtheoretischer Beobachtungen zu einem mehrdimensionalen Modell von Diakonie verdichten, in dem die Differenziertheit der diakonischen Außenbezüge zu anderen gesellschaftlichen Teilsystemen zusammengefaßt werden kann. Das systemtheoretische Diakonieverständnis Luhmanns läßt sich damit an die derzeitige theologische Reflexion diakonischer Arbeit sinnvoll anschließen und kann vor allem im Kontext der in Kapitel 2.3 dargestellten neueren theologischen Versuche einer multirelationalen Positionsbestimmung der Diakonie wichtige neue Impulse geben. Vergleicht man das im folgenden entwickelte Modell mit denen von Seibert, Turre und Jäger, so zeigt sich, daß in Auseinandersetzung mit der Systemtheorie Luhmanns eine noch größere Differenziertheit erreicht werden kann.

Der Fortschritt bei einer Berücksichtigung der Systemtheorie Luhmanns kann für die diakonische Theologie vor allem darin liegen, daß diese Theorie zusätzlich zur Darstellung der diakonischen Teilbezüge eine konkrete *Beschreibung der Funktionsweise der einzelnen Teilsysteme* liefert. Der Einfluß der relevanten Systeme in der diakonischen Umwelt auf die diakonische Arbeit wird damit präziser darstellbar. Die Umwelteinflüsse auf die Diakonie werden in der *Differenziertheit ihrer Operationsweisen* wahrnehmbar. Entsprechend kann auch die Aufnahme und Gestaltung dieser Umwelteinflüsse innerhalb der Diakonie wesentlich differenzierter ansetzen, wenn die Verschiedenheit der Operationsmodi berücksichtigt wird. Die Systemtheorie Luhmanns bietet an dieser Stelle ein besonders reiches theoretisches Instrumentarium, weil sie auf Grundlage einer allgemeinen Theorie sozialer Systeme für die verschiedenen gesellschaftlichen Teilsysteme ausgearbeitet ist. Die Operationsmodi der einzelnen gesellschaftlichen Teilbereiche und ihre Interdependenzen können damit auf der Basis eines einheitlichen Theorieentwurfs in einer Geschlossenheit dargestellt werden, die derzeit wohl von keinem anderen sozialwissenschaftlichen Konzept erreicht wird. Diese Differenziertheit und zugleich Geschlossenheit der Theorie kann vor allem für eine theologische Analyse der Diakonie hilfreich sein, die deren Position im kirchlichen und gesellschaftlichen Kontext möglichst präzise beschreiben will und dabei die vielfältigen Abhängigkeiten diakonischer Arbeit von Systemen in ihrer Umwelt zu berücksichtigen hat.

Einschränkend ist dabei zu bemerken, daß im Anschluß an Luhmann lediglich der gesellschaftliche Kontext diakonischen Handelns beschreibbar ist. Ökologische, also außergesellschaftliche Fragestellungen bleiben dabei außer Blick. Auch der Zeithorizont ist im Gegensatz zum Diakoniemodell Jägers im folgenden in das systemtheoretische Diakoniemodell nicht ausdrücklich aufgenommen. Unter diesen Einschränkungen läßt sich im Anschluß an Luhmanns Diakonieverständnis und zugleich in Fortführung der theologischen Diskussion ein differenziertes Bild der Diakonie in ihren verschiedenen gesellschaftlichen Kontexten entwickeln.

## 5.1.2 Die Stellung der Diakonie im Kontext der gesellschaftlichen Funktionssysteme: Entwicklung eines Diakoniemodells

Wenn Luhmann Diakonie als Bezug des Religionssystems auf andere Funktionssysteme der Gesellschaft definiert, dann meint er damit in der Hauptsache die in der Neuzeit ausdifferenzierten, wichtigsten gesellschaftlichen Teilsysteme: Recht, Wirtschaft, Politik, Erziehung und Wissenschaft.[5] Wie bereits im dritten Kapitel beschrieben, geht es Luhmann mit seinem Entwurf einer allgemeinen Theorie sozialer Systeme darum, auf Grundlage der Begriffe "Selbstreferenz" und "funktionale Differenzierung" die Funktionsweise der einzelnen Teilsysteme zu beschreiben, um sie schließlich möglichst in einer umfassenden Gesellschaftstheorie zusammenfassen zu können. Um sich darüber klar zu werden, wie sich der Bezug der Diakonie auf diese gesellschaftlichen Funktionssysteme vollzieht, muß man sich deshalb die Funktionsweise dieser Teilsysteme vor Augen führen. Voraussetzung ist dabei, daß die Funktionssysteme selbstreferentiell geschlossen sind (vgl. Kap. 3.1.1), d.h. daß die jeweilige Funktion nur innerhalb des Funktionssystems erfüllt und nicht nach außen exportiert werden kann. Diese Geschlossenheit der Operationen wird, wie in Kapitel 3.1.2 beschrieben, durch binäre Codierung erreicht. Jedes Funktionssystem entwickelt eine eigene duale Unterscheidung, nach deren Muster es operiert und die ausschließlich innerhalb dieses Systems verwendet wird.

Diese Selbstabschließung der gesellschaftlichen Funktionssysteme durch binäre Codierung ihrer Operationen wird von Luhmann für die einzelnen Teilsysteme systematisch entwickelt. Er definiert dazu für jedes dieser Teilsysteme, z.B. für das Rechtssystem, einen bestimmten Code, der die Operationsweise des Systems beschreibt. "Das Rechtssystem gewinnt seine operative Geschlossenheit dadurch, daß es durch die Differenz von Recht und Unrecht codiert ist und kein anderes System unter diesem Code arbeitet. ... Da kein anderes System diesen Code benutzt, kann das Rechtssystem weder Recht noch Unrecht importieren oder exportieren. Es sagt nicht der übrigen Gesellschaft (seiner gesellschaftlichen Umwelt), sondern nur sich selbst, was jeweils Recht bzw. Unrecht ist. Die unbestreitbaren gesellschaftlichen Auswirkungen des Rechts beruhen darauf, daß dies im Rechtssystem geschieht."[6] Diakonie muß sich also, wenn sie sich auf das Rechtssystem bezieht, am juristischen Schema *Recht/Unrecht* bzw. an den sich nach diesem Schema richtenden rechtlichen Bestimmungen orientieren. Dabei stellt sich allerdings die Frage, wie Diakonie als Teil des Religionssystems mit diesem "binären Code" des Rechtssystems umgehen kann, wenn der Code Recht/Unrecht nur und ausschließlich im Rechtssystem gebraucht werden kann.

Luhmann gibt dazu eine wichtige Erläuterung, die verdeutlicht, daß die Definition der Systemgrenzen über den institutionellen Rahmen des jeweiligen Systems hinausgehen muß. Sie orientiert sich, wie beschrieben (vgl. Kap. 3.1.5), an den Kommunikationsgrenzen des Systems und nicht an dessen institutioneller Ausgestaltung. "Zur Erläuterung sei angemerkt, daß wir im Unterschied zu einer weitverbreiteten Meinung ... das Rechtssystem nicht auf seinen organisatorischen und professionell arbeitenden Komplex (Gesetzgebung, Justiz, Anwälte) beschränken, sondern jede Kom-

---

[5] Daneben nennt Luhmann noch einige weitere Funktionssysteme wie z.B. Kunst und Sport. Sie sind für die diakonische Arbeit jedoch kaum relevant und werden deshalb im folgenden vernachlässigt.
[6] N. Luhmann: Ökologische Kommunikation, S. 125 f.

munikation dazurechnen, die sich an der Differenz von Recht und Unrecht im juristischen Sinne orientiert."[7] Die Definition der Systemgrenzen des Rechtssystems wird damit von Luhmann modifiziert. Der Umfang des Rechtssystems richtet sich nicht nach den juristischen Institutionen (z.B. Gerichten), sondern nach den Kommunikationen und Handlungen innerhalb der Gesellschaft, die nach dem Code Recht/Unrecht geschehen. Überall dort, wo im Schema von Recht und Unrecht kommuniziert oder gehandelt wird, geschieht dies im Rahmen des Rechtssystems.

Das heißt konkret für die Diakonie, daß die Grenze zwischen Diakonie und Recht keine Grenze der Institutionen ist. Dort, wo innerhalb der Diakonie nach dem Schema Recht/Unrecht kommuniziert und gehandelt wird, partizipiert diese Handlung am Rechtssystem. Die Grenze zwischen der Diakonie und dem Rechtssystem läuft gewissermaßen quer durch die institutionalisierte Diakonie hindurch. Denn ein guter Teil diakonischer Kommunikationen und Handlungen orientiert sich an den entsprechenden gesetzlichen Bestimmungen (z.B. Bundessozialhilfegesetz, Krankenhausgesetz, Heimgesetz etc.) und damit am Code Recht/Unrecht. Diakonie wird in dieser Hinsicht, zugespitzt formuliert, nach Luhmann zu einem Teil des Rechtssystems. Geht man davon aus, daß eigentlich der gesamte Bereich diakonischer Arbeit, von der Organisation und Finanzierung über das Arbeitsrecht bis hin zu Bestimmungen im Umgang mit den Hilfebedürftigen, rechtlich geregelt ist, so ist der "Anteil" des Rechtssystems an der diakonischen Arbeit damit relativ hoch zu veranschlagen.

Eine ähnliche Konstellation ergibt sich für das Verhältnis der Diakonie zum Wirtschaftssystem. "Unter Wirtschaft soll hier die Gesamtheit derjenigen Operationen verstanden werden, die über Geldzahlungen abgewickelt werden. Immer wenn, direkt oder indirekt, Geld involviert ist, ist Wirtschaft involviert, gleichgültig durch wen die Zahlung erfolgt und gleichgültig, um wessen Bedürfnisse es geht."[8] Auch im Wirtschaftssystem werden also die Systemgrenzen durch den Gebrauch des Codes, in diesem Fall *Zahlung/Nichtzahlung*, definiert und nicht durch wirtschaftliche Institutionen wie Banken oder Unternehmen. Die Handlungs- und Kommunikationsabläufe in der Diakonie lassen sich deshalb nicht mit dem Argument vom ökonomischen System abgrenzen, daß diakonische Einrichtungen keine Wirtschaftsunternehmen seien. Vielmehr gehören sämtliche Vorgänge innerhalb der institutionalisierten Diakonie, die nach dem Schema Zahlung/Nichtzahlung abgewickelt werden, also z.B. die Vergütung der Mitarbeiter, die Bezahlung der Hilfsgüter, die Finanzierung und der Betrieb der Häuser oder das Taschengeld für Behinderte, systemtheoretisch unmittelbar zum Wirtschaftssystem. Gerade die wachsende Bedeutung der Frage nach der Bezahlbarkeit diakonischer Hilfe deutet darauf hin, daß ein guter Teil der diakonischen Kommunikationen und Handlungen im Luhmannschen Sinne zum Wirtschaftssystem gehört. Die Verwendung von Geld nach dem Schema Zahlung/ Nichtzahlung geschieht auf allen Ebenen und in allen Bereichen diakonischer Arbeit, von den Entscheidungen über viele Millionen DM auf der Leitungsebene bis zur kleinen Geldspende eines diakonischen Förderers. Das Wirtschaftssystem läßt sich demnach nicht auf seine institutionalisierten Formen beschränken, sondern erstreckt sich bis weit in die Diakonie hinein.

Entsprechend verhält sich aus systemtheoretischer Sicht auch das politische System nach einem bestimmten Code. „Es geht um das Innehaben bzw. Nichtinnehaben

---

[7] Luhmann, a.a.O., S. 126, Anm. 4.
[8] Luhmann, a.a.O., S. 101.

der Positionen, in denen öffentliche Gewalt ausgeübt werden kann und von denen aus sich regulieren läßt, wer politischen Einfluß hat, in welchen Angelegenheiten und wieviel. Das bedeutet keineswegs, daß nur die dem Staat zugerechneten Entscheidungen Politik sind."[9] Auch in diesem Fall bezieht sich die Zugehörigkeit zum politischen System also auf alle Operationen, in denen es um das *Innehaben bzw. Nichtinnehaben von Positionen öffentlicher Gewalt* geht, unabhängig davon, ob diese in politischen oder anderen Institutionen befindlich sind. Diese Definition bezieht sich damit auch auf Abläufe innerhalb diakonischer Institutionen, sofern es darum geht, Positionen zu besetzen, "in denen öffentliche Gewalt ausgeübt werden kann."[10] Dies geschieht zumindest bei der Besetzung sämtlicher Leitungsposten. Aber auch in anderen Bereichen diakonischer Arbeit (z.B. Besetzung von Mitarbeitervertretungen, Einstellung von Mitarbeitern etc.) geht es nach Luhmann auch innerhalb der Diakonie letztlich um Politik, sofern dabei Fragen des Innehabens von Positionen öffentlicher Gewalt erörtert werden.[11] Die Relevanz dieses politischen Bereiches für die diakonische Arbeit ergibt sich einmal daraus, daß auf einem sehr personalintensiven Arbeitsfeld wie Diakonie "personalpolitische" Entscheidungen einen wesentlichen Faktor bei der Gestaltung diakonischer Arbeit bilden. Zum anderen wird die Stellung der Diakonie auch wesentlich dadurch bestimmt, auf welche Positionen öffentlicher Gewalt sie, etwa in staatlichen Institutionen, Einfluß zu nehmen vermag, welche öffentlichen Positionen z.B. mit Personen besetzt sind, die den diakonischen Anliegen positiv gegenüberstehen und welche öffentlichen Positionen sie selbst durch eigene Mitarbeiter besetzen kann. Auch das politische System mit seinem Code des Innehabens und Nichtinnehabens von Positionen öffentlicher Gewalt reicht in diesem Sinne bis weit in die diakonische Arbeit hinein.

Das Erziehungssystem erreicht ebenfalls eine Selbstabschließung seiner Operationen durch einen eigenen binären Code. Es geht dort um die Unterscheidung von *Karriere und Nichtkarriere*. "Der Code des Erziehungssystems entsteht aus der Notwendigkeit, eine Karriere zu bilden, also eine Sequenz von selektiven Ereignissen aufzubauen, die jeweils in einem Zusammenwirken von Selbstselektion und Fremdselektion zustande kommen und für anschließende Ereignisse Bedingungen der Möglichkeit und strukturelle Beschränkungen bedeuten. Nur wenn man in die Schule aufgenommen wird, erhält man Zensuren. Die Zensuren sind von Bedeutung für die Versetzung innerhalb der Schullaufbahn. Der erfolgreiche Abschluß einer Ausbildung ist von Bedeutung für den Berufseintritt. Der Berufseintritt bestimmt die weitere Karriere, wobei in allen Fällen das freiwillige oder unfreiwillige Nichterfüllen der Anforderungen ebenfalls Karrierewert hat, nur eben negativen."[12] In diesem Sinne partizipiert also die Arbeit der Diakonie in erheblichem Maße am Erziehungssystem, insofern es in ihr auch um die Bildung von Karriere bzw. Nichtkarriere geht.

Einmal sind sämtliche personellen Entscheidungen, die sich auf die diakonische Mitarbeiterschaft beziehen, also z.B. die Einstellung und Nichteinstellung, die Beför-

---

[9] Luhmann, a.a.O., S. 170.
[10] Ebd.
[11] Zur Auffassung bestimmter diakonischer Leitungsprobleme als Politik vgl. A. Jäger: Diakonische Unternehmenspolitik; Gütersloh 1992, sowie ders.: Diakonie als christliches Unternehmen; 3. Aufl. Gütersloh 1990.
[12] N. Luhmann: Ökologische Kommunikation, S. 195, mit Bezug auf: ders., K. E. Schorr: Reflexionsprobleme im Erziehungssystem; Stuttgart 1979, S. 277 ff.

derung und Nichtbeförderung oder die Versetzung von Mitarbeitern, in systemtheoretischer Perspektive Teil des Erziehungssystems. Zum anderen sind besonders die vielfältigen Ausbildungsstätten innerhalb der Diakonie in dieser Sicht unmittelbar zum Erziehungssystem zu rechnen. Schließlich sind auch diejenigen, die in der Diakonie betreut werden, wie beschrieben (vgl. Kap. 2.2.6.2), zu einem großen Teil erzieherisch Betreute. Auch die Arbeit diakonischer Kindergärten, heil- oder sozialpädagogischer Einrichtungen etc. partizipiert, sei es im Vorschulbereich oder auch im Behindertenbereich, letztlich am Code der Bildung von Karriere bzw. Nichtkarriere. In diesem Sinne gehört also ein großer Teil der diakonischen Arbeit zum Erziehungssystem.

Analog dazu bildet auch das Wissenschaftssystem einen eigenen systemimmanenten Code, nach dem sich die Grenzen dieses Systems bestimmen lassen. Auch dieser Code ist für die Arbeit der Diakonie von wichtiger Bedeutung. "Beim Code der Wissenschaft handelt es sich um die Unterscheidung von wahr und unwahr."[13] Diese zunächst sehr allgemeine Definition wird von Luhmann dann näher spezifiziert. "Der Code wissenschaftlicher Wahrheit/Unwahrheit ist spezialisiert auf *Erwerb* neuer wissenschaftlicher Erkenntnisse. Das bloße Festhalten, Bewahren und Finden des Wissens bedarf, seitdem es Buchdruck gibt, kaum noch menschlicher Anstrengung."[14] Der Anteil des Wissenschaftssystems an der diakonischen Arbeit wird in diesem Verständnis, verglichen mit den anderen Funktionssystemen, etwas niedriger einzustufen sein. Die Erforschung neuen Wissens nach dem Schema *wahr/unwahr* findet in der Diakonie nur sehr partiell statt, z.B. in der medizinischen Forschung an spezialisierten diakonischen Krankenhäusern oder bei der Arbeit mit psychisch Kranken in entsprechenden diakonischen Einrichtungen. Umgekehrt wird die Gestaltung diakonischer Arbeit in hohem Maße durch neue wissenschaftliche Erkenntnisse und Methoden beeinflußt.

Diakonie hat sich gegenüber solchen Einflüssen aus dem Wissenschaftssystem meist offen gezeigt. Das Wissenschaftssystem ist deshalb, besonders mit der therapeutischen Anwendung wissenschaftlicher Erkenntnisse, immer weiter in die diakonische Arbeit vorgedrungen. Die Grenzen des Wissenschaftssystems reichen damit ebenfalls recht weit in die Diakonie hinein. "Das diakonische Unternehmen lebt in einer Umwelt, die mit relevanten wissenschaftlichen, technischen, methodischen etc. Angeboten angereichert ist. Besonders in dieser Dimension haben sich in wenigen Jahrzehnten tiefgehende Umbrüche vollzogen, ohne daß ein Ende zu erwarten wäre. ... Gegen laufende Prozesse hat sich Nachkriegsdiakonie jedenfalls nicht verschlossen. Umgekehrt wird im Rückblick zu fragen sein, inwiefern sie da und dort allzu ungeprüft einen Geist ins Haus ließ, der als neuer Fortschritts-, Modernitäts- und Wissenschaftsglaube die Nachkriegszeit so tief prägte wie seinerzeit die Phase um die Jahrhundertwende."[15]

In Weiterführung seiner Untersuchungen zur Funktionsweise gesellschaftlicher Teilsysteme scheint Luhmann in einer neueren Veröffentlichung ein weiteres gesellschaftliches Funktionssystem ausfindig gemacht zu haben, welches in seiner Bedeutung für die diakonische Arbeit ebenfalls besondere Relevanz besitzt: das "System

---

[13] N. Luhmann: Ökologische Kommunikation, S. 150.
[14] Luhmann, a.a.O., S. 155, Hervorhebung von Luhmann.
[15] A. Jäger: Diakonie als christliches Unternehmen, S. 330.

der Krankenbehandlung".¹⁶ Er versucht zu zeigen, daß sich auch das medizinische System in der modernen Gesellschaft in einer Weise ausdifferenziert hat, die dazu berechtigt, es in gewissem Sinne als eigenes gesellschaftliches Funktionssystem aufzufassen. Diese Feststellung Luhmanns ist innerhalb seines theoretischen Systems insofern überraschend, weil Medizin herkömmlicherweise dem Wissenschaftssystem sowie der praktisch-therapeutischen Ausführung dieses Wissens zuzuordnen wäre. Luhmann gesteht deshalb zunächst zu, daß das medizinische System auch als angewandte Wissenschaft aufgefaßt werden kann. "Wonach richten sich Ärzte? ... Sie richten sich nach dem Krankheitsbild, das ihnen am Patienten vorgeführt wird. Sie erkennen dieses Krankheitsbild aufgrund eines Wissens, das sich ihnen als Wissenschaft darstellt. Sie haben es jedenfalls im Studium an einer wissenschaftlichen Hochschule erworben. .... Es geht bei der Medizin demnach um angewandte Wissenschaft, und die Erfolge der Medizin geben dieser Auffassung Recht."¹⁷

Allerdings lassen sich nach Luhmann für das auf dieser Grundlage entstehende "System der Krankenbehandlung" einige Charakteristika angeben, die darauf hinweisen, daß sich dieses System zu einem eigenständigen Funktionssystem ausdifferenziert hat. "Dabei ist die erste Frage: Handelt es sich um ein Teilsystem eines anderen Funktionssystems - etwa um Gesundheitsindustrie (wie Waffenindustrie, Automobilindustrie, etc.) oder um angewandte Wissenschaft, etwa um durch zugesetzte Zweckorientierung geformte Physik, Chemie, Biologie (wie Maschinenbau etc.)? Oder muß man davon ausgehen, daß das System der Krankenbehandlung in der modernen Gesellschaft die Autonomie eines eigenen Funktionssystems erreicht hat - vergleichbar nur mit politischem System, Wissenschaftssystem, Wirtschaftssystem, Rechtssystem, Erziehungssystem usw."¹⁸ Wichtigstes Indiz dafür, daß diese Ausdifferenzierung des Krankenbehandlungssystems zu einem eigenständigen Funktionssystem stattgefunden hat, ist die Beobachtung, daß sich - analog zu den genannten anderen Funktionssystemen - auch die Operationen dieses Systems streng nach einem eigenen "binären Code" richten. Das medizinische System hat sich nach dem binären Schema *krank/gesund* für Luhmann zu einem eigenen System entwickelt, welches in der selbstreferentiellen Geschlossenheit seiner Kommunikationsabläufe und seiner Relevanz für die Gesamtgesellschaft anderen Funktionssystemen vergleichbar ist. "Nur die Unterscheidung von krank und gesund definiert den spezifischen Kommunikationsbereich des Arztes und seiner Patienten (einschließlich derer, die es vermeiden, zum Arzt zu gehen, obwohl sie ihren Zustand mit dieser Differenz beschreiben und auf Kranksein tippen). Nur hiermit wird etwas bezeichnet, für das es außerhalb des Systems keine Entsprechung und keine Äquivalente gibt."¹⁹

Dabei zeigt das System der Krankenbehandlung gegenüber den anderen Funktionssystemen allerdings zwei Eigentümlichkeiten. Als Designationswert, also als diejenige Seite der Unterscheidung, die für die Operationen des Funktionssystems relevant ist, fungiert in der Medizin nicht "gesund", sondern "krank". Im Gegensatz zu anderen Systemen geht es in der Medizin also nicht um die Setzung eines positiven Begriffes wie Recht, Wahrheit etc., sondern um den negativen Begriff "krank". Ein

---

[16] Vgl. N. Luhmann: Der medizinische Code; in: Soziologische Aufklärung 5: Konstruktivistische Perspektiven; Opladen 1990, S. 183-195.
[17] Luhmann, a.a.O., S. 183.
[18] Luhmann, a.a.O., S. 183 f.
[19] Luhmann, a.a.O., S. 186.

medizinischer Befund ist dann positiv, wenn er eine Krankheit nachweist. Erst bei der Feststellung von Krankheiten beginnt das medizinische System zu arbeiten. "Im Anwendungsbereich des Systems der Krankenbehandlung kann dies nur heißen: der positive Wert ist die Krankheit, der negative Wert die Gesundheit. Nur Krankheiten sind für den Arzt instruktiv, nur mit Krankheiten kann er etwas anfangen. Die Gesundheit gibt nichts zu tun, sie reflektiert allenfalls das, was fehlt, wenn jemand krank ist. Entsprechend gibt es viele Krankheiten und nur eine Gesundheit."[20]

Aus dieser Umstellung der Wertigkeiten des medizinischen Codes erklärt sich eine zweite Eigentümlichkeit des Systems der Krankenbehandlung. Der Negativwert "Gesundheit" verhindert durch seine Plausibilität und Akzeptanz die Entwicklung einer kritischen Selbstreflexion des Systems der Krankenbehandlung. "Vor allem erklärt die perverse Vertauschung der Werte, daß die Medizin keine auf ihre Funktion bezogene Reflexionstheorie ausgebildet hat - verglichen mit dem, was die Theologie der Religion oder die Erkenntnistheorie den Wissenschaften zu bieten hat. Reflexionswerte wie Transzendenz oder Unwahrheit oder Unrecht oder politische Opposition stellen wie in einer Großaufnahme die Unmittelbarkeit des Zielstrebens in diesen Bereichen in Frage. ... In all diesen Bereichen sind offensichtlich tiefgreifende Veränderungen in den Strukturen der Funktionssysteme, in Recodierungen und den sie begleitenden Reflexionstheorien zum Ausdruck gekommen. Nichts dergleichen in der Medizin. Hier zielt das Handeln auf den Reflexionswert Gesundheit - und deshalb ist nichts weiter zu reflektieren."[21]

Trotz dieser Eigenarten der Vertauschung der Werte und des Fehlens einer Reflexionstheorie kann man nach Luhmann jedoch das System der Krankenbehandlung durchaus als selbständiges Funktionssystem betrachten. Vor allem die Tatsache, daß der Code krank/gesund für alle Menschen und für sämtliche gesellschaftlichen Phänomene potentiell anwendbar ist, spricht für die Existenz eines selbständigen Funktionssystems der Medizin in Analogie zu anderen Systemen. "Es gibt keine gesellschaftlichen Phänomene, die nicht unter pädagogischen, rechtlichen, medizinischen (und natürlich: politischen, wirtschaftlichen, wissenschaftlichen, religiösen usw.) Codewerten relevant sein könnten. Zugleich ist dies aber nur deshalb so, weil jeder Code ganz spezifische Selektionsgesichtspunkte zur Geltung bringt und mit eigenen Programmen ausgestattet ist, die darüber instruieren, ob der Positivwert (z.B. Krankheit) oder der Negativwert (z.B. Gesundheit) anzunehmen ist."[22]

Faßt man Medizin bzw. das System der Krankenbehandlung mit Luhmann als eigenes gesellschaftliches Funktionssystem auf, dann ist unbestreitbar, daß gerade dieses System in der Umwelt der Diakonie für deren Arbeit in hohem Maße relevant ist. Ein großer Teil diakonischer Hilfe bezieht sich auf kranke Menschen. Sie partizipiert, insofern sie sich am Code krank/gesund orientiert, am System der Krankenbehandlung. Das Funktionssystem Medizin reicht also ebenfalls bis tief in die Diakonie hinein und stellt wohl einen der wichtigsten Bezüge diakonischer Arbeit dar.

Als wichtigste Systeme in der Umwelt des diakonischen Systems lassen sich damit in Anknüpfung an Luhmann und in Weiterführung der diakonisch-theologischen Diskussion genau sechs Funktionssysteme bestimmen: Recht, Wirtschaft, Politik, Erziehung, Wissenschaft und Medizin. Faßt man diese verschiedenen, für die

---

[20] Luhmann, a.a.O., S. 186 f.
[21] Luhmann, a.a.O., S. 187 f.
[22] Luhmann, a.a.O., S. 191.

diakonische Arbeit relevantesten Bereiche zusammen, so ergibt sich damit eine Pluralität von Kontexten, innerhalb derer sich diakonisches Handeln gegenwärtig vollzieht und die mit ihren verschiedenen Operationsweisen bis tief in die Diakonie hineinreichen. Diakonie läßt sich in systemtheoretischer Sicht also als polykontextuelles soziales System auffassen, dessen spezifische Stellung nur im Spannungsfeld der genannten Systeme in seiner Umwelt zu verstehen ist. Die Systemgrenzen der Funktionssysteme ergeben sich dabei aus deren Operationsweisen, die jeweils durch einen bestimmten binären Code festgelegt sind. Die Stellung der Diakonie im Kontext der relevanten gesellschaftlichen Teilsysteme läßt sich damit in einem Modell zusammenfassen. Dieses Modell gilt, entsprechend den Ausführungen in Kapitel 4.3, nicht nur im Makrobereich des Bezuges auf andere Gesellschaftssysteme. Auch im Organisations- und Interaktionsbereich läßt sich diakonisches Handeln nur in bezug auf die im Modell dargestellten Systeme in der Umwelt der Diakonie verstehen. Wenn z.B. diakonische Einrichtungen ihre Leitungsgremien zunehmend mit Personen besetzen, die aus den im Modell dargestellten Funktionsbereichen kommen (also Ökonomen, Juristen, Pädagogen, Mediziner etc.), dann zeigt sich daran, daß der Wirkungsbereich dieser Funktionssysteme innerhalb der Diakonie auch auf der Organisationsebene unmittelbar zur Geltung kommt. Ähnliches gilt auch im Interaktionsbereich. Oft sind an der Betreuung eines Hilfebedürftigen mittelbar und unmittelbar gleich mehrere Professionen (Ärzte, Erzieher, Rechtskundige, Betriebswirtschaftler etc.) beteiligt und repräsentieren damit ebenfalls die verschiedenen Funktionssysteme aus der diakonischen Umwelt.

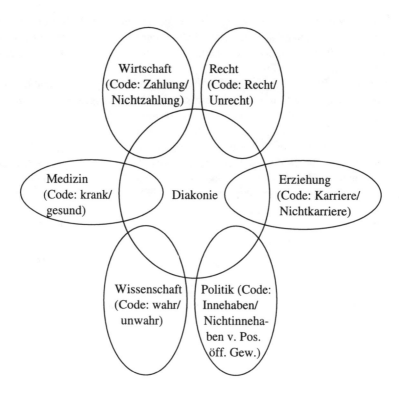

Abb. 15: Das diakonische System im Kontext der relevanten Funktionssysteme in seiner gesellschaftlichen Umwelt

## 5.2 Abgrenzung nach außen: Diakonieinterne Berücksichtigung von Systemabläufen in der diakonischen Umwelt

Aufs Ganze gesehen ist die Diakonie, wenn man das entwickelte Diakoniemodell zugrundelegt, aufgrund ihrer Offenheit für andere Teilsysteme erheblichen Einflüssen vor allem aus den Bereichen Politik, Recht, Wirtschaft, Medizin, Erziehung und Wissenschaft ausgesetzt. Die faktischen Abhängigkeiten der Diakonie von diesen Systemen in ihrer gesellschaftlichen Umwelt sind, wie im zweiten Kapitel dargestellt, besonders in der diakonischen Theologie etwa seit Beginn der 80er Jahre aufgezeigt worden. Je größer der Einfluß dieser Systeme ist, desto schwieriger wird es, darin das Spezifikum diakonischer Arbeit zu bestimmen und zu fördern. Die Situation der Diakonie ist damit in doppelter Hinsicht problematisch. Einerseits muß sich Diakonie notwendigerweise auf den Kontakt mit anderen Gesellschaftssystemen einlassen, um ihre spezifischen Aufgaben in der modernen Gesellschaft erfüllen zu können. Andererseits führt dies (in der theologischen ebenso wie in der systemtheoretischen Sicht) zu einer Überflutung diakonischer Arbeit durch nichtdiakonische Systemeinflüsse und zur Separierung der Diakonie von Kirche und Theologie. Dieses Problem stellt sich paradoxerweise nicht *obwohl*, sondern *weil* Diakonie ihre Aufgabe christlichen Hilfehandelns in der modernen Gesellschaft in derart umfassender Weise wahrgenommen hat. Diese sehr widersprüchliche Gestalt der Diakonie, die aus ihrer polykontextuellen Existenz im Einflußbereich verschiedener Funktionssysteme und aus ihrer Unterschiedlichkeit gegenüber kirchlichen Aktivitäten resultiert, wird in ihrer inneren Spannung theologisch aufgenommen werden müssen.

Dabei stellt sich jedoch umso dringender die Frage, wohin die beschriebenen Entwicklungen in der Diakonie letztlich führen. Wird Diakonie zu einer Spielart des ökonomischen Systems im Sinne einer reinen Abwicklung von Geldzahlungen, die anhand der Betreuung Hilfebedürftiger geschieht? Wird sie zur ausführenden Instanz (sozial-)politischer Entscheidungen, die von Positionen außerhalb der Diakonie aus getroffen werden? Orientiert sie sich im Kontext des Rechtssystems vor allem an der Rechtmäßigkeit ihrer Handlungen gemäß den in der Sozialgesetzgebung fixierten Bestimmungen? Dient sie im Rahmen des Erziehungssystems (zusammen mit der Caritas) als zweitgrößter Arbeitgeber Deutschlands in erster Linie zur Karrierebildung? Bemüht sie sich vor allem um die Anwendung und Weiterentwicklung neuester wissenschaftlicher Erkenntnisse? Oder geht es in ihr im Kontext des medizinischen Systems primär um die Behandlung von Krankheiten?

## 5.2.1 Offenheit und Selbstabschließung des diakonischen Systems

Unter diesen Fragestellungen ergibt sich im Sinne der Bewahrung und Förderung des Propriums diakonischer Arbeit das dringende Problem, welche Möglichkeiten es gibt, diese Entwicklungen zugunsten einer klareren Profilierung des spezifisch Diakonischen im Außenbezug zu verändern. Um an dieser Stelle im Sinne einer Stärkung der diakonischen Identität weiterzukommen, muß deshalb gefragt werden, wie angesichts der systemtheoretisch beschreibbaren, massiven Abhängigkeiten von ihrer gesellschaftlichen Umwelt die Selbständigkeit der diakonischen Arbeit gesteigert werden kann. Es führt in diesem Zusammenhang nicht weiter, Umwelteinflüsse pauschal zu disqualifizieren und auf einer möglichst starken Verdrängung äußerer Systemeinflüsse zu bestehen. Diakonie ist als Resultat einer konsequenten geschichtlichen Entwicklung im Kontext der deutschen Gesellschaft untrennbar mit deren Funktionssystemen verbunden. Diesen Umstand grundsätzlich zu negieren, hieße, Diakonie in ihrer gegenwärtigen Gestalt aufzugeben. Man wird im Sinne einer Stärkung diakonischer Identität im Gegenteil mit diesen Umweltabhängigkeiten arbeiten müssen, um sie für die Steigerung der Selbständigkeit der Diakonie zu nutzen.

Die folgenden Überlegungen wollen die Richtung aufzeigen, in der zunächst im Außenbezug eine Steigerung der Selbständigkeit diakonischer Arbeit erreicht werden könnte. Es geht dabei durchgehend um den Gedanken, die Unabhängigkeit diakonischer Arbeit von Einflüssen externer Funktionssysteme dadurch zu steigern, daß die Operationsweisen, die "Codes" dieser Systeme bewußt innerhalb der Diakonie berücksichtigt und dabei gerade für die Entwicklung des Spezifikums diakonischer Arbeit genutzt werden.

Das diakonische System hat für Umwelteinflüsse offen zu sein, es muß also seine Selbständigkeit mit einer Offenheit für Entwicklungen in seiner Umwelt verbinden können. Es hat dabei aber zugleich seine eigenen Vorgänge so deutlich gegenüber seiner gesellschaftlichen Umwelt abzugrenzen, daß die diakonische Identität gewahrt bleibt. Diese Korrespondenz von selbstreferentieller Geschlossenheit der eigenen Systemoperationen und Offenheit für Umwelteinflüsse ist die entscheidende Neuerung, die Luhmann in seiner Theorie selbstreferentieller sozialer Systeme darzustellen versucht. "Die Theorie selbstreferentieller Systeme behauptet, daß eine Ausdifferenzierung von Systemen nur durch Selbstreferenz zustande kommen kann, d.h. dadurch, daß die Systeme in der Konstitution ihrer Elemente und ihrer elementaren Operationen auf sich selbst (sei es auf Elemente desselben Systems, sei es auf Operationen desselben Systems, sei es auf die Einheit desselben Systems) Bezug nehmen. Systeme müssen, um dies zu ermöglichen, eine Beschreibung ihres Selbst erzeugen und benutzen; sie müssen mindestens die Differenz von System und Umwelt systemintern als Orientierung und als Prinzip der Erzeugung von Informationen verwenden können. Selbstreferentielle Geschlossenheit ist daher nur in einer Umwelt, ist nur unter ökologischen Bedingungen möglich. Die Umwelt ist ein notwendiges Korrelat selbstreferentieller Operationen, weil gerade diese Operationen nicht unter der Prämisse des Solipsismus ablaufen können (man könnte auch sagen: weil alles, was in ihr eine Rolle spielt, einschließlich des Selbst selbst, per Unterscheidung eingeführt werden muß). Die (inzwischen klassische) Unterscheidung von 'geschlossenen' und 'offenen' Systemen wird ersetzt durch die Frage, wie selbstreferentielle Geschlossenheit Offenheit erzeugen könne."[23]

Dieses Erfordernis der Offenheit bei selbstreferentieller Geschlossenheit der Operationen läßt sich für den diakonischen Bereich konkretisieren. Obwohl Diakonie, als selbstreferentielles System verstanden, nur durch ständige Selbstreproduktion in permanenter Abgrenzung von der gesellschaftlichen Umwelt bestehen kann, gibt es, wie beschrieben, in der diakonischen Umwelt eine Fülle von für die eigene Arbeit entscheidenden "Einflüssen". Es gibt z.B. ökonomische Faktoren, ohne deren Berücksichtigung die Arbeit der Diakonie kaum denkbar ist. Es gibt das Rechtssystem, welches für die Diakonie die unumgehbaren Rahmenbedingungen steckt. Es gibt politische Vorgaben, die für die Gestaltung der Arbeit entscheidend sind, medizinische Entwicklungen, ohne deren Berücksichtigung diakonische Arbeit kaum möglich wäre usw. Deshalb muß Diakonie, wenn sie unter dem Aspekt der Selbständigkeit ihres Handelns betrachtet wird, den Einfluß der für die diakonische Arbeit wichtigsten Teilsysteme ihrer Umwelt intern wieder aufnehmen können und sich dabei gleichzeitig gegen deren direkte Beeinflußung so weit wie möglich abschließen. Bei der Selbstabgrenzung und gleichzeitigen Offenheit für die Umwelt gerät man damit in eine Paradoxie, mit der aber gleichwohl in der diakonischen Praxis täglich umzugehen ist. Abgrenzung gegenüber der Umwelt und Aufnahme von Umwelteinflüssen müssen zugleich möglich bleiben.

---

[23] N. Luhmann: Soziale Systeme, S. 25.

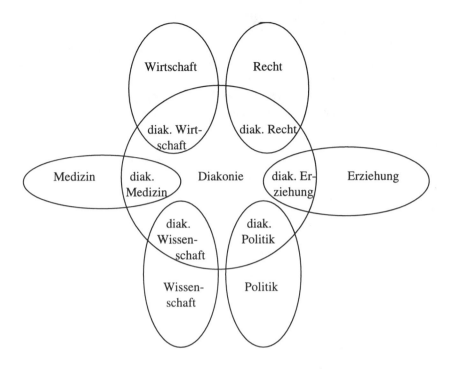

Abb. 16: Die diakonische Aufnahme und Abgrenzung von Abläufen aus Funktionssystemen in der gesellschaftlichen Umwelt

Die in der herkömmlichen Systemtheorie bestehende Alternative zwischen der Vorstellung von "offenen" Systemen, die durch Inputs gesteuert werden können und entsprechende Outputs erzeugen und "geschlossenen" Systemen, denen überhaupt kein Umweltkontakt möglich ist, läßt sich unter Berücksichtigung der Theorie Luhmanns im Bereich der Diakonie modifizieren. An ihre Stelle tritt die paradoxe Vorstellung des selbstreferentiell-geschlossenen und deshalb umweltoffenen diakonischen Systems. Mit diesem Modell kann das Problem der massiven Beeinflussung der Diakonie durch Systeme in ihrer Umwelt neu bearbeitet werden. Die interne Berücksichtigung systemfremder Codes muß nicht zur Selbstauflösung der Diakonie führen. Sie kann auch zur Selbstabschließung des diakonischen Systems und damit zur Stabilisierung der eigenen Systemgrenzen genutzt werden.

Diese interne Aufnahme von Abläufen aus Funktionssystemen in der diakonischen Umwelt hat sowohl im Gesellschaftsbezug als auch im Organisationsbereich und im Bereich diakonischer Interaktionen stattzufinden. Im Gesellschaftsbezug müssen gesamtgesellschaftliche Entwicklungen innerhalb der Diakonie aufgenommen und zugleich so gestaltet werden, daß es innerdiakonisch zu eigenständigen Problemlösungen kommt. Im Organisationsbezug kann der Einfluß der verschiedenen Funktionssysteme innerhalb diakonischer Entscheidungsgremien z.B. so berücksichtigt werden, daß diese jeweils durch die entsprechenden Fachvertreter innerdiakonisch repräsentiert sind. So können etwa in der Leitung diakonischer Krankenhäuser neben einem speziellen diakonischen Vertreter (Theologe, Diakon, Diakonisse oder andere) auch ein Mediziner, ein Wirtschaftswissenschaftler und, je nach Charakter der Einrichtung, noch andere wichtige Professionen (z.B. Sozialarbeiter, Sozialpädagoge, Psychologe, etc.) beteiligt sein. Auch im Interaktionsbereich wird eine angemessene Zusammenarbeit der verschiedenen beteiligten Fachbereiche angestrebt werden müssen. Je nach Art der diakonischen Arbeit werden dabei die direkt an der Versorgung der Hilfsbedürftigen Beteiligten interdisziplinär kooperieren. Sie werden dabei zugleich zu einem eigenständigen Umgang mit den anstehenden Problemen kommen müssen, der sich deutlich von einer reinen Reproduktion ihres medizinischen, pädagogischen, pflegerischen u.a. Wissens unterscheidet. In dieser Weise können Einflüsse aus der gesellschaftlichen Umwelt innerhalb der Diakonie aufgenommen werden und dabei zugleich so gestaltet werden, daß das spezifisch Diakonische deutlicher hervortritt. Wie dies konkret geschehen kann, sei im folgenden exemplarisch an einigen Funktionsbereichen und mit Hilfe einiger Beispiele verdeutlicht.

### 5.2.2 Diakonische Wirtschaft

### 5.2.2.1 Möglichkeiten diakonischer Selbstfinanzierung

Die bisherigen Untersuchungen zum Verhältnis von Diakonie und Ökonomie (vgl. Kap. 2.2.4), haben ergeben, daß es vor allem in wirtschaftlicher Hinsicht gegenwärtig ausgesprochen große Abhängigkeiten von externen Geldgebern aus der diakonischen Umwelt gibt. Etwa 93 % der diakonischen Arbeit wird "von außen" finanziert. Die eigenen diakonischen und kirchlichen Finanzmittel bewegen sich demgegenüber im Bereich von wenigen Prozentpunkten. Größere diakonische Selbständigkeit unter Abgrenzung und zugleich interner Berücksichtigung von ökonomischen Umwelteinflüssen bedeutet in diesem Fall Vergrößerung der finanziellen Eigenmittel und möglichst starke Unabhängigkeit von externen Geldgebern durch Eigenfinanzierung. Die Selbstgestaltungsmöglichkeiten diakonischer Arbeit hängen in ökonomischer Hinsicht entscheidend davon ab, wie groß der selbstfinanzierte Anteil in Zukunft gehalten werden kann. Entwickelt sich der Umfang der kirchlich-diakonischen Eigenmittel weiterhin gegen Null, so bedeutet dies faktisch, daß Möglichkeiten zur Ausprägung eines spezifisch diakonischen Handelns, welche über die üblichen Vorgaben der Kostenträger hinausgehen, weiter abnehmen werden. Besondere diakonische Initiativen müssen, sofern sie nicht unbezahlt geleistet werden, auch von der Diakonie selbst finanziert werden. Die Fragen nach dem diakonischen Proprium und nach Möglichkeiten diakonischer Selbständigkeit gegenüber dem Wirtschaftssystem korrespondieren deshalb unmittelbar. Die Möglichkeiten zu einer Steigerung des diakonischen Eigenanteils an den Finanzmitteln sind dabei weitaus größer, als gemeinhin angenommen. Der Umstand, daß etwa vier Fünftel der diakonischen Einnahmen leistungsbezogen sind, eröffnet vor allem in diesem Bereich neben den üblichen Einnahmen aus Spendenmitteln, kirchlichen Zuwendungen etc. neue Chancen für eine Erhöhung der finanziellen Spielräume und damit für eine stärkere ökonomische Unabhängigkeit. Dazu ist es jedoch nötig, über die herkömmlichen Finanzierungsmethoden, die auf der Grundlage des dualen Finanzierungssystems arbeiten, hinauszugehen. Neben den beiden Säulen der Finanzierung von Investitionskosten (meist durch öffentliche Mittel) und der Begleichung der laufenden Betriebskosten (vor allem durch die gesetzlichen Kostenträger) gilt es, zusätzliche Quellen diakonischer Selbstfinanzierung aufzutun.

Das kann geschehen, indem diakonische Einrichtungen in weitaus stärkerem Maße als bisher *intern* mit dem ökonomischen Code Zahlung/Nichtzahlung umgehen, um sich damit gerade gegenüber ökonomischen Umwelteinflüssen möglichst selbständig zu halten. Wichtige und bisher kaum ausgeschöpfte Möglichkeiten zur diakonischen Selbstfinanzierung ergeben sich vor allem aus der Konstellation, daß durch den Leistungsbezug diakonischer Zahlungen (Leistungsentgelte) in zahlreichen diakonischen Handlungsbereichen ein direktes Dienst- Leistungsverhältnis zwischen diakonischem Träger und Hilfsbedürftigem besteht, welches über die bestehenden üblichen Finanzierungswege hinausgehend ökonomisch gestaltet werden kann. Statt passiv auf die eingefahrenen Finanzierungswege des öffentlichen Sozialsystems, also auf externe Geldgeber, zu setzen und dann zu bedauern, daß diese immer weniger zahlen, kann die Abwicklung von Zahlungen auch im Innenverhältnis zwischen diakonischer Einrichtung und Hilfeempfänger aktiv gestaltet werden. In abstrakter systemtheoretischer Formulierung geht es dabei um die Frage, wie der wirtschaftliche Code Zahlung/ Nichtzahlung in der Weise *in der Diakonie* berücksichtigt werden kann, daß die interne Abwicklung von Zahlungen zugleich eine Abgrenzung von externen ökonomischen Vorgaben ermöglicht.

Wie sich dieses Verhältnis von diakonischer Hilfe-"Leistung" und deren Bezahlung durch den diakonisch Betreuten konkret im Sinne einer Steigerung diakonischer Selbständigkeit nutzen läßt, läßt sich an einigen Beispielen verdeutlichen. Eine Möglichkeit besteht z.B. darin, daß die für die Finanzierung der Arbeit nötigen Zahlungen primär zwischen der diakonischen Einrichtung und den von dieser Einrichtung Betreuten, also direkt zwischen den am Hilfegeschehen Beteiligten *innerhalb des diakonischen Systems*, abgewickelt werden und daß damit Eigenkapital erwirtschaftet wird. Dieses Eigenkapital steigert die Unabhängigkeit von Umwelteinflüssen, etwa von seiten des Staates, der Länder und Kommunen und der gesetzlichen Kostenträger und schafft finanziellen Spielraum für besondere diakonische Aktivitäten. So wird schon nach dem derzeitigen Finanzierungssystem ein guter Teil der diakonischen Einnahmen von sogenannten Privatzahlern aufgebracht. Dieser Anteil betrug bereits 1980 im Krankenhausbereich ca. 12 %, bei den Heimen der Altenhilfe ca. 36 % und bei anderen Heimen ca. 8 %.[24] Eine zweite Möglichkeit betrifft die Mitgliedsbeiträge. Bisher wurden Eigenmittel der Diakonie weitgehend durch Spenden und kirchliche Zuwendungen aufgebracht. Daneben gibt es jedoch weitere Möglichkeiten der Schaffung diakonischer Finanzierungsspielräume.[25] "Spenden erweitern den Freiraum der freien Träger, haben aber den Nachteil, daß mit ihnen nicht stetig und zuverlässig kalkuliert werden kann. Diese Sicherheit können Mitgliedsbeiträge eher gewährleisten. Den als Verein organisierten Trägern eröffnet sich die Chance, (neue) Mitglieder zu werben und auf diese Art neue Einnahmen zu erzielen. Steuerlich bie-

---

[24] Vgl. A. Jäger: Diakonie als christliches Unternehmen; 3. Auflage Gütersloh 1990, S. 83, mit Bezug auf Berechnungen Gottfried Thermanns.

[25] Vgl. E. Goll: Die freie Wohlfahrtspflege als eigener Wirtschaftssektor. Theorie und Empirie ihrer Verbände und Einrichtungen; Baden-Baden 1991, S. 164 ff.

ten sich für Mitgliedsbeiträge dieselben Anreize wie bei den Spenden."[26] Weitere Möglichkeiten der Eigenkapitalbildung könnten sich durch Einnahmen aus Erbschaften, Leibrenten und Stiftungen ergeben. Diese Form der systematischen Steigerung diakonischer Einnahmen ist jedoch aufgrund ihres sehr privaten Charakters umstritten. Markus Rückert befürwortet diakonische Initiativen, die sich in seriöser Weise um solche zusätzlichen Kapitalquellen bemühen,[27] Rainer Borgmann-Quade hält diese Finanzierungsformen für unangebracht.[28] "Ob sich auch die Einnahmen aus *Erbschaften, Leibrenten* (stationäre Altenhilfe) und (fördernden) *Stiftungen* mit entsprechenden Aktivitäten erhöhen lassen, ist umstritten. Die Entwicklung des Altersaufbaus der Bevölkerung läßt jedenfalls ein erhöhtes Potential an Schenkungsfällen an gemeinnützige Institutionen erwarten."[29]

Neben Spenden, Mitgliedsbeiträgen, Erbschaften und Stiftungen gibt es weitere, bisher jedoch kaum genutzte Möglichkeiten der Eigenkapitalbildung. "Die Aufbringung von Investitionskapital geschieht bislang nur vereinzelt über die Bildung geschlossener *Immobilien-Fonds* und *Wohndarlehen*. Es ist an der Zeit, Berührungsängste abzulegen und in Kooperation mit erfahrenen Firmen oder Trägern ... diese Finanzierungsformen zu nutzen. Noch weitergehend sind Vorschläge, die Aufgaben der freien Träger verstärkt über Gewinnerzielung und Einbehaltung von Gewinnen zu finanzieren. Da die Bildung von Rücklagen nach dem Gemeinnützigkeitsrecht nur unter eingeschränkten Bedingungen zulässig ist, kommt für gemeinnützige Träger bei der derzeitigen Rechtslage in erster Linie die stille *Selbstfinanzierung* in Betracht."[30] Die Möglichkeiten diakonischer Selbstfinanzierung sind also wesentlich größer, als gemeinhin angenommen. Diese durchaus vorhandenen Chancen, die Finanzierung diakonischer Arbeit innerhalb der Diakonie selbst in die Hand zu nehmen, sind intensiv zu verfolgen. Diakonische Selbständigkeit in wirtschaftlicher Hinsicht bedeutet demnach, daß die Abwicklung von Zahlungen zu einem möglichst großen Teil *in die Diakonie selbst* verlagert wird, also auf das Innenverhältnis zwischen diakonischer Einrichtung und den von ihr betreuten Menschen. Diese Verlagerung kann konkret vor allem in solchen Bereichen geschehen, wo der Anteil der Einnahmen durch Selbstzahler sehr hoch ist und wo deshalb der Zusammenhang von Erbringung bestimmter Leistungen und deren Bezahlung durch den Hilfsbedürftigen möglichst unabhängig gestaltet werden kann. Es ist deshalb nicht zufällig, daß das folgende konkrete Beispiele aus dem Bereich der Finanzierung stationärer Alteneinrichtungen stammt, in dem der Anteil der Selbstzahler besonders groß ist. Das schließt jedoch nicht aus, daß auch in anderen Bereichen, in denen dieser Anteil wesentlich geringer ist (z.B. im Krankenhauswesen), auf eine Ausweitung des Eigenanteils diakonischer Finanzierung hingearbeitet werden kann.

Die Verlagerung von Zahlungen in die Diakonie zum Zwecke der Vergrößerung der eigenen Gestaltungsfreiräume ist ein Konzept, das derzeit nur auf ausgesuchten

---

[26] Goll, a.a.O., S. 165.
[27] Vgl. M. Rückert: Diakonie und Ökonomie; Gütersloh 1990, S. 125.
[28] R. Borgmann-Quade: Gewinnung finanzieller Ressourcen und Verbändepolitik; in: Wohlfahrtsverbände zwischen Selbsthilfe und Sozialstaat, hrsg. v. Dietrich Tränhardt u.a.; Freiburg i.B. 1986, S. 150-167, dort S. 162.
[29] E. Goll: Die freie Wohlfahrtspflege als eigener Wirtschaftssektor, S. 166, Hervorhebungen von Goll.
[30] Goll, a.a.O., S. 166 f, mit Bezug auf M. Rückert: Diakonie und Ökonomie; Gütersloh 1990, 120-122, Hervorhebungen von Goll.

Gebieten praktikabel erscheinen mag. Bei der konsequenten Ausweitung dieses Ansatzes auf andere Bereiche diakonischen Handelns kann sich jedoch zeigen, daß auch dort die Selbstfinanzierungsmöglichkeiten weitaus größer sind, als man unter selbstverständlicher Voraussetzung des derzeitigen Finanzierungssystems meinen möchte. Es besteht Grund zu der Annahme, daß die selbständige Abwicklung von Zahlungen, vorbei an den üblichen, öffentlich geregelten Finanzierungswegen, insgesamt ein wirksames Konzept für die größere wirtschaftliche Unabhängigkeit der Diakonie von ihrer gesellschaftlichen Umwelt sein kann. Diese frei verfügbaren Gelder können dann in der Diakonie gezielt eingesetzt werden, um konkreten Notlagen von Menschen, für die das öffentliche Finanzierungssystem bisher keine Vorkehrungen getroffen hat, abzuhelfen. Solche innovativen Aktivitäten sind im Interesse der Hilfsbedürftigen theologisch wünschenswert und stehen in guter diakonischer Tradition. Das folgende Beispiel ist deshalb nicht als außergewöhnliche Sonderform diakonischer Finanzwirtschaft, sondern als zukunftsorientiertes Modell für eine selbständige Handhabung des Codes Zahlung/Nichtzahlung innerhalb der Diakonie zu verstehen.

### 5.2.2.2 Absicherung des Pflegerisikos für ältere Menschen durch eine eigenfinanzierte Pflegeversicherung

Ein in den letzten Jahren intensiv diskutiertes Thema im Sozialbereich ist die sogenannte Pflegeversicherung für pflegebedürftige, zumeist ältere Menschen. Angesichts der wachsenden Zahl pflegebedürftiger Menschen und der Tatsache, daß diese Pflege heute oft nicht mehr von nahen Verwandten geleistet wird, stellt sich derzeit die dringende Frage, wie dafür gesorgt werden kann, daß Hilfsbedürftigen auch in Zukunft eine angemessene Pflege garantiert werden kann. Die außerordentlichen finanziellen Probleme, die sich dabei sowohl für die Pflegebedürftigen und ihre Angehörigen als auch für die öffentlichen Kostenträger ergeben, sind hinlänglich bekannt.
"Ursachen und Konsequenzen dieses Dilemmas:
Immer mehr Menschen werden älter.
Immer mehr ältere Menschen werden zu Pflegebedürftigen.
Immer mehr Pflegebedürftigen stehen - prozentual gesehen - immer weniger Pflegekräfte zur Verfügung.
Immer mehr pflegebedürftige alte Menschen können die immer weiter steigenden Kosten nicht mehr zahlen. Sie verarmen; sie werden 'Fälle' für die Sozialhilfe."[31]

Im seelsorgerlichen Kontakt mit älteren Menschen kann man immer wieder erleben, welche persönlichen Ängste und Probleme durch diese Entwicklung ausgelöst werden können. Im Falle der Pflegebedürftigkeit droht ihnen, daß sie binnen weniger Monate alles verlieren, was sie sich im Laufe eines langen Lebens mühsam erworben haben. Auch die Angehörigen sind direkt mit in die persönliche und finanzielle Verantwortung genommen und haben dadurch erhebliche Lasten zu tragen. Es ist kein Einzelschicksal, daß dies für die Beteiligten zu erheblichen Härten führt und in persönlicher Tragik endet, wenn z.B. bei Pflegebedürftigkeit eines Familienmitglieds das gesamte Familienvermögen angegriffen wird, wenn pflegende (meist weibliche) Verwandte über die Grenzen ihrer Leistungsfähigkeit hinaus belastet werden oder

---

[31] J. Schaper: Die Pflegekostenregelung; in: Beiträge zur Chronik des Collegium Augustinum 1989; hrsg. v. Collegium Augustinum; München 1989, S. 227-234, dort S. 227.

wenn ältere Menschen, um nicht anderen zur Last zu fallen, sich trotz Pflegebedürftigkeit selbst zu helfen versuchen.

In diakonischen Wohnstiften gibt es seit längerem Erfahrungen im Umgang mit diesem Problem. Sie sollten zumindest in der diakonischen Arbeit auf breiterer Ebene beachtet werden, gerade wenn man davon ausgeht, daß die zunehmende Zahl älterer, pflegebedürftiger Menschen künftig nicht zuletzt in diakonischen Altenheimen gepflegt werden muß. Innerhalb des Collegium Augustinum, eines großen diakonischen Werkes mit Sitz in München, wurde bereits in den 70er Jahren nach Möglichkeiten gesucht, die in den eigenen Wohnstiften betreuten, älteren Menschen über eine spezielle, hausinterne Pflegekostenfinanzierung abzusichern. Mit Hilfe einer Versicherungsagentur versuchte man zunächst, mit den auf dem Markt befindlichen Versicherungen Möglichkeiten einer Risikoabdeckung zu finden, die speziell auf die Problematik der Bewohner abgestimmt waren. Dabei zeigte sich, daß zwar zahlreiche Firmen für jüngere und gesunde Menschen eine Pflegeversicherung anboten, eine spezielle Regelung für alte und möglicherweise demnächst pflegebedürftige Personen jedoch ablehnten.

Wie die weitere politische Diskussion über die finanzielle Absicherung des Pflegerisikos zeigte, war auch von seiten der öffentlichen Geldgeber mangels entsprechender Gesetze mittelfristig keine Unterstützung zu erwarten. Erst die Koalitionsverhandlungen nach der Bundestagswahl 1990 haben zu der Absichtserklärung geführt, daß bis zum 1.6.1992 dem Deutschen Bundestag ein entsprechender Gesetzesentwurf vorgelegt werden sollte.[32] Für diesen Gesetzesentwurf wurden jahrelang verschiedene Alternativen diskutiert. Die Konzepte reichten von der Verpflichtung zum Abschluß einer privaten Pflegeversicherung über die Einrichtung einer Sozialversicherung, die von allen krankenversicherungspflichtigen Arbeitnehmern und deren Arbeitgebern getragen werden soll, bis zu einer Sozialversicherungspflicht für alle Personen mit festem Einkommen.[33] Eine bezahlbare Lösung konnte von den politischen Parteien nach schwierigen Verhandlungen erst im März 1994 gefunden werden. Auch danach ist deren Realisierung in den einzelnen Schritten nach wie vor nicht einfach, wenn auch eine grundsätzliche gesetzliche Regelung inzwischen getroffen ist.

Im konkreten Fall der Pflegebedürftigkeit alter Menschen im Collegium Augustinum war demgegenüber bereits Ende der 70er Jahre nach Möglichkeiten einer angemessenen Finanzierung zu suchen. Nach längeren Recherchen zeigte sich, daß zu diesem Zeitpunkt weder der Gesetzgeber noch private Versicherungsfirmen geeignete Lösungen bieten konnten. Das Problem mußte deshalb entweder hingenommen oder innerhalb des diakonischen Werkes durch eine interne Abwicklung von Zahlungen bewältigt werden. "Auf der Konferenz des Jahres 1977 berichteten wir den Stiftsbeiräten vom Fehlschlagen unserer Bemühungen um die Versicherungsbranche. Nach gemeinsamen Beratungen und Diskussionen in Klausuren wurde beschlossen, eine Arbeitsgruppe zu bilden und zu versuchen, in einem eigenen Modell das Pflegekostenrisiko in den Griff zu bekommen; sicherzustellen, daß der alte Mensch, der als Bewohner in eines unserer Häuser zieht, dort nicht nur gepflegt wird, wenn das nötig werden sollte, sondern auch vor hohen Zusatzkosten bewahrt wird, die ihn verarmen

---

[32] Vgl. H. Dietrich: Finanzielle Absicherung des Pflegerisikos; in: Diakonie-Jahrbuch 1991, S. 73-76, dort S. 73. Zu einer gesetzlichen Regelung kam es jedoch auch in diesem Zeitraum nicht.

[33] Vgl. H. Dietrich, ebd.

lassen könnten."³⁴ Als Grundentscheidung stand damit fest, das Problem mangels öffentlicher bzw. marktwirtschaftlicher Lösungsvorschläge selbständig, also durch Entwicklung eines eigenen Finanzierungsmodells anzugehen. Für die Konzeptionierung einer internen Pflegeversicherung für Stiftsbewohner mußten zunächst bestimmte Rahmenbedingungen vorausgesetzt werden. Es wurde davon ausgegangen, daß

"1. sich so gut wie alle unsere damaligen Bewohner dieser Regelung anschließen würden;
2. Bewohner von der Regelung ausgeschlossen bleiben müßten, die abseiten unserer Konzeption bereits als Pflegebedürftige in die Wohnstifte gekommen waren oder künftig kommen würden."³⁵

Unter diesen Vorgaben wurde für die noch nicht pflegebedürftigen Bewohner eine Regelung angestrebt, deren finanzielle Belastung so gering zu halten war, daß sie möglichst für alle zugänglich sein sollte. Grundsätzlich wurde davon ausgegangen, daß die zu Betreuenden im Falle der Pflegebedürftigkeit in der Lage sein müßten, einen zumutbaren Eigenanteil zu den Pflegekosten beizusteuern. Diejenigen Kosten, die hingegen die finanziellen Möglichkeiten der zu Pflegenden überschreiten, sollten durch eine interne Pflegekostenregelung zwischen den Bewohnern und dem Collegium Augustinum abgedeckt werden. Die nötigen Gelder sollten dabei durch einen geringen Monatsbeitrag aufgebracht werden, der von der Gemeinschaft aller Pflegeversicherten geleistet werden sollte. Durch die Kombination von geringem Monatsbeitrag und zumutbarem Eigenanteil bei akuter Pflegebedürftigkeit wurde ein für die Betreuten akzeptabler Vorschlag entwickelt.

"Er sah vor, für einen Aufschlag auf das Entgelt in Höhe von 15,- DM pro Monat und Person jeden Stiftsbewohner, der im Laufe seiner Lebenszeit in einem Wohnstift des Collegium Augustinum pflegebedürftig werden sollte, von der Zahlung von Sonderpflegekosten zu befreien, soweit diese den Betrag von 300,- DM pro Monat übersteigen würden. Ideelle und wirtschaftliche Basis war die Solidargemeinschaft der Bewohner eines jeden einzelnen Hauses."³⁶ Damit wurde in einer Zeit, als das Problem der Finanzierung von Pflegebedürftigkeit sich bereits abzeichnete, aber keine gesetzliche oder marktwirtschaftliche Lösung in Sicht war, innerhalb der diakonischen Einrichtung durch geschickte interne Abwicklung von Zahlungen ein wirksames, selbständiges Finanzierungskonzept entwickelt. Diesem Vorschlag wurde von der Bewohnervertretung und dem Vorstand sowie dem Generalrat des Collegium Augustinum 1980 zugestimmt. Er fand bei den Stiftsbewohnern eine positive Resonanz. Fast alle Betreuten nahmen diese Regelung für sich in Anspruch. Durch die bereitwillige Annahme des Modells konnte der aufgestellte Finanzierungsplan realisiert werden.

So einmütig jedoch diese interne Risikoabsicherung innerhalb der einzelnen Häuser angenommen wurde, so entschieden war der äußere Widerstand gegen die Realisierung dieses Konzeptes, namentlich von seiten einer Versicherungsgesellschaft sowie einer oberen Heimaufsichtsbehörde. Die Versicherungsfirma sah in der internen diakonischen Regelung eine unerlaubte Einmischung in die eigenen Branchengeschäfte und versuchte diese "Regelung bei dem Bundesaufsichtsamt für das Versiche-

---
[34] J. Schaper: Die Pflegekostenregelung, a.a.O., S. 228 f.
[35] Schaper, a.a.O., S. 230.
[36] Schaper, a.a.O., S. 229.

rungswesen zu torpedieren".[37] Das zuständige Bundesaufsichtsamt mußte jedoch nach Prüfung bestätigen, daß die innerhalb der Diakonie entwickelte, interne Pflegekostenregelung nicht als Betreiben von Versicherungsgeschäften zu verstehen sei. Ein zweiter und sehr massiver Einwand kam, während alle anderen zuständigen Aufsichtsbehörden der Regelung zustimmten, von einer oberen Heimaufsichtsbehörde am Sitz eines Regierungsbezirkes.[38] Deren Meinung war, daß die diakonische Pflegekostenregelung mit dem Heimgesetz unvereinbar sei. "In einer vielstündigen Diskussion mit bedeutenden Juristen der Behörde blieb man dort bei seiner Meinung und drohte mit einem Verbot der Pflegekostenregelung."[39] Dieses Vorhaben konnte nur durch Ersuch um einen rechtsmittelfähigen Bescheid sowie durch eine Resolution an das übergeordnete Sozialministerium verhindert werden. In dieser Resolution des Collegium Augustinum wird das Modell der eigenfinanzierten Pflegeversicherung als eine Regelung bezeichnet, "die von sich selbst verantwortlich fühlenden Menschen in freier Vereinbarung getroffen wurde, und die damit unter Beweis stellt, daß auch alte Menschen ohne den üblichen Ruf nach Staat und Gesellschaft sozialpolitische Problemlösungen finden können."[40] Erst nach dieser entschiedenen Verteidigung des Konzeptes war der Weg für die Durchführung der inzwischen schon bewährten Regelung offiziell endgültig frei. Innerhalb der einzelnen Wohnstifte des Collegium Augustinum wurden Pflegemöglichkeiten geschaffen, durch die die Stiftsbewohner so lange wie möglich, innerhalb des Stiftes und damit in ihrer gewohnten Lebensumgebung verbleiben konnten.

Damit zeigt sich, daß auch heikle Probleme, für die zunächst einmal keine vorgefertigten Lösungen aus Systemen in der diakonischen Umwelt existieren, durch eine selbständige Bearbeitung innerhalb der Diakonie, in diesem Fall durch die interne Abwicklung von Zahlungen zwischen diakonischem Wohnstift und Stiftsbewohner, wirksam gelöst werden können. Dabei ist nicht immer mit einmütiger Zustimmung von außen zu rechnen. Allerdings vollzieht sich auch solche Eigenfinanzierung diakonischer Pflege trotz ihrer gegenüber gesetzlichen Regelungen wesentlich größeren Flexibilität nicht unabhängig von Umweltveränderungen, z.B. von Lohnkostenerhöhungen. "Um den allgemeinen Erhöhungen der Personalkosten gerecht werden zu können, mußten inzwischen der monatliche Betrag auf 25,-DM und die Selbstbeteiligung auf 350,- DM erhöht werden. Um Anpassungen werden wir auch in Zukunft nicht herumkommen; das System aber ist im Gefüge unserer Wohnstifte Augustinum fest verankert - bis eines Tages der Gesetzgeber vielleicht doch ein für alle Bürger verbindliches Pflegekostengesetz schafft, das die interne Regelung des Collegium Augustinum ersetzen kann."[41] Das ist ja bekanntlich inzwischen geschehen.

Die Verlagerung der Abwicklung von Zahlungen in die Diakonie selbst schafft also, wie das Beispiel zeigen sollte, neue finanzielle Möglichkeiten zu Initiativen, die, unmittelbar an den Bedürfnissen der zu Betreuenden orientiert, eine selbständigere Behandlung anstehender Probleme erlauben, als dies im Rahmen der vorgegebenen

---

[37] Schaper, a.a.O., S. 230.

[38] Weil die Wohnstifte des Collegium Augustinum über ganz Deutschland verteilt sind, waren auch verschiedene Heimaufsichtsbehörden zuständig. Diese ließen mit Ausnahme der genannten Behörde die Regelung zu.

[39] Schaper, a.a.O., S. 231.

[40] Resolution der Stiftsbeiratsvorsitzenden von 1982, zit. nach Schaper, a.a.O., S. 231.

[41] Schaper, a.a.O., S. 233 f. Diese Zahlen stammen aus dem Jahre 1989.

Finanzierungswege möglich wäre. Betrachtet man solche Vorstöße aus der Perspektive der diakonischen Gründerjahre, so zeigt sich, daß mutige Bereitschaft zu eigenen Lösungswegen auch in finanzieller Hinsicht eine lange diakonische Tradition besitzt.

### 5.2.3 Diakonisches Recht

#### 5.2.3.1 Vor- und Nachteile der verschiedenen Rechtsformen diakonischer Einrichtungsträger

Verglichen mit dem Verhältnis zur wirtschaftlichen Umwelt stellen sich in bezug auf das Rechtssystem für die Diakonie andere Probleme. Wie im zweiten Kapitel dargestellt (Kap. 2.2.3), besteht, verglichen mit wirtschaftlichen Abhängigkeiten, in rechtlicher Hinsicht innerhalb der Diakonie eine relativ hohe Selbständigkeit von externen Einflüssen. Der Diakonie sind verfassungsrechtlich über das kirchliche Selbstbestimmungsrecht erhebliche Freiräume zugebilligt, wenn diese auch faktisch durch die Sozialgesetze und durch Finanzierungsprobleme wesentlich eingeschränkt werden. Unter dem Aspekt größerer diakonischer Selbständigkeit müssen die bereits bestehenden rechtlichen Möglichkeiten in der Diakonie weitaus konsequenter als bisher genutzt werden.

So ist die Diakonie z.B. bei der Gestaltung ihrer Arbeitsverträge rechtlich ausgesprochen selbständig. Eine bewußte Nutzung der juristischen Möglichkeiten zur Gestaltung der diakonischen Anstellungsverhältnisse läßt sich derzeit jedoch nur selten beobachten. "Eklatantestes Beispiel für die Unbeweglichkeit ... diakonischer Arbeitsvertragsautonomie war die allgemeine Tariferhöhung bei den Pflegeberufen im Sommer 1990. Hier hat man von seiten der Diakonie nur mitgeklagt über die mangelnde Bezahlung der Pflegekräfte. Man hätte doch einvernehmlich und innerdiakonisch eigene bessere Regelungen wegweisend verhandeln können. Nein, man hat gewartet, bis sich der Bundesinnenminister als Vertreter des Öffentlichen Dienstes mit der Gewerkschaft ÖTV geeinigt hatte und hat - wie immer - deren Verhandlungsergebnisse dann devot übernommen."[42]

Abgesehen von solchen Freiräumen bei der Gestaltung diakonischer Arbeitsverträge gibt es auch bei der rechtlich-organisatorischen Konstitution diakonischer Träger Verbesserungsmöglichkeiten. Die einzelnen Träger partizipieren an den lt. Artikel 4 und 140 des Grundgesetzes garantierten, rechtlichen Privilegien der kirchlichen Selbstbestimmung und der freien Religionsausübung, unabhängig davon, in welcher Rechtsform sie sich konstituieren. Deshalb kann die Diakonie ihre internen Angelegenheiten - abgesehen von den für alle verbindlichen juristischen Bestimmungen - und ihre rechtlich-organisatorische Gestalt ausgesprochen frei bestimmen. Grundsätzlich steht damit jedem diakonischen Träger die ganze Bandbreite der möglichen rechtlichen Organisationsformen offen. Unter dem Aspekt einer größeren Selbständigkeit diakonischer Arbeit muß es deshalb darum gehen, diakonische Einrichtungen in einer rechtlichen Form zu konstituieren, die es erlaubt, dieses Recht zur freien Selbstgestaltung der inneren Angelegenheiten soweit wie möglich zu nutzen. Die

---
[42] M. Rückert: Diakonie und Macht; in: I. Bohn u.a. (Hrsg.): Impulse; Bielefeld 1991, S. 169-184, hier S.180.

bestehenden rechtlichen Möglichkeiten müssen so ausgeschöpft werden, daß Abhängigkeiten nach außen (etwa durch eine freiwillige Selbstbindung an öffentlich-rechtliche Tarifabschlüsse) möglichst gering gehalten und die internen rechtlich-organisatorischen Abläufe möglichst günstig gestaltet werden. Je nach Rechtsform ergeben sich dabei spezifische Chancen und Probleme. Die juristische Gestalt diakonischer Einrichtungsträger hat, ähnlich wie bei der Konstituierung des Dachverbandes Diakonisches Werk der EKD (vgl. Kap. 1.1.4 und 1.1.5), nicht nur formale Bedeutung. Sie spielt auch für die inhaltliche Ausgestaltung der organisatorischen Freiräume eine wichtige Rolle. Die verschiedenen Rechtsformen beinhalten in der praktischen Arbeit bestimmte Möglichkeiten und Schwierigkeiten, die im Sinne einer selbständigen rechtlichen Gestaltung der internen Arbeitsabläufe und einer möglichst großen Sensibilität gegenüber Einflüssen aus der gesellschaftlichen Umwelt zu beachten sind.

*(Eingetragner) Verein*

Als häufigste Rechtsform innerhalb der Diakonie fungiert der Verein. Nahezu die Hälfte aller diakonischen Rechtsträger sind (eingetragene) Vereine.[43] Zur Gründung eines eingetragenen Vereins sind mindestens sieben Mitglieder erforderlich. Diese können natürliche oder juristische Personen sein. Die Mitgliederzahl darf nach der Gründung bis auf drei absinken. Der Verein regelt seine interne Organisation, seine Zielsetzungen und sein Selbstverständnis durch eine Satzung. "Einfache Gründungsvoraussetzungen ..., weite Spielräume bei der Ausgestaltung der Satzung, Haftungsbegrenzung auf das Vereinsvermögen, demokratische Struktur ( Mitgliederversammlung ist grundsätzlich oberstes Organ, die Geschäfte führt der Vorstand) und die Möglichkeit, bei entsprechendem Vereinszweck als gemeinnützig anerkannt zu werden, machen diese Rechtsform in der freien sozialen Arbeit so beliebt."[44] Die offenen Regelungsmöglichkeiten der Rechtsform des Vereins erlauben es, verschiedenste Einrichtungstypen, von großen Dachorganisationen (Diakonisches Werk der EKD) bis zu kleinsten Einrichtungen als Verein zu konstituieren. Allerdings bringt die Vereinsform vor allem bei größeren Einrichtungen häufig Probleme mit sich.
1. In die Aufsichtsgremien werden oft ehrenamtliche Mitarbeiter berufen, die für die zunehmend schwierigeren Aufgaben bei der Führung größerer Einrichtungen nicht entsprechend qualifiziert sind. Diese Gefahr ist in diakonischen Vereinen besonders groß durch die häufige "Personalunion von kirchlichem Amt und Vorstandsamt".[45] Möglicherweise orientiert sich bei der Besetzung der Leitung diakonischer Vereine die "Auswahl der Gremienmitglieder ... zu wenig an den zu übernehmenden Aufgaben".[46]
2. Die Möglichkeit, die Amtszeiten von Leitungsmitgliedern ständig verlängern zu können, bewirkt oft eine Überalterung der Leitungsgremien. Wenn die leitenden

---

[43] Zur Häufigkeit der verschiedenen Rechtsformen in der Diakonie vgl. Kapitel 2.2.3.2: Die verschiedene rechtliche Ausgestaltung diakonischer Arbeit.
[44] E. Goll: Die freie Wohlfahrtspflege als eigener Wirtschaftssektor, S. 125.
[45] Goll, a.a.O., S. 126.
[46] Ebd.

Mitarbeiter nach langer Amtszeit ausscheiden, kommt es zu einem abrupten Generationswechsel mit entsprechenden Führungsproblemen.[47]
3. Durch die Besetzung der Aufsichtsorgane mit ehrenamtlichen Mitarbeitern und der geschäftsführenden Leitungen mit hauptamtlichen drohen Konflikte zwischen den beiden Bereichen. Konkret können sich negativ auswirken "unklare Rollenverteilung bzw. Auseinanderfallen von Aufgaben, Kompetenz und Verantwortung; wenn Trägerorgane zu bloßen Akklamationsgremien denaturieren, sinkt das Interesse qualifizierter Personen an einer Mitgliedschaft".[48]
4. Die Größe der Leitungsorgane behindert die Handlungsfähigkeit.[49] Nach neueren Erfahrungen im Bereich des kommerziellen Managements mit zahlenmäßig begrenzten Leitungsteams empfiehlt sich deshalb auch in diakonischen Trägern eine Reduktion der Zahl der Leitungsverantwortlichen.[50]

Angesichts dieser Schwierigkeiten wird zunehmend fraglich, ob vor allem in größeren Einrichtungen, in denen hohe Anforderungen an die Koordination und Handlungsfähigkeit der Leitung gestellt werden, die Vereinsform zukünftig noch das geeignete Modell diakonischer Rechtsträgerschaft darstellen kann. Die diakonischen Einrichtungen haben sich oft zu einer Komplexität und Größe entwickelt, die innerhalb der herkömmlichen Führungsstrukturen des Vereins immer schwieriger zu handhaben ist. Die qualitativ und quantitativ erhöhten Leitungsanforderungen müssen auch zu einem Umdenken bei der formaljuristischen Konstruktion und der konkreten Ausgestaltung und Besetzung der Leitungsgremien führen.

Denkbar wäre z.B. die Umwandlung in eine den aktuellen Leitungserfordernissen besser entsprechende Rechtsform, etwa die (gemeinnützige) Gesellschaft mit beschränkter Haftung.[51] Wenn man bei der Vereinsform bleiben möchte, empfehlen sich Änderungen in der Vereinssatzung, die den genannten Problemen Rechnung tragen. [52]
1. Besetzung der Vorstände mit hauptamtlichen und nebenamtlichen Mitarbeitern.
2. Begrenzung der Größe der Leitungsgremien auf ein handlungsfähiges Maß.
3. Eine Besetzung der Leitungsorgane mit Fachleuten aus den für die Einrichtung relevanten Fachgebieten.[53]
4. Die geldliche Honorierung des Zeitaufwandes ehrenamtlicher Mitarbeiter. Diese Kosten müßten dabei allerdings zusätzlich finanziert werden.

*Stiftung*

Eine weitere, mit nahezu einem Viertel aller Träger häufige Rechtsform diakonischer Arbeit ist die Stiftung (privaten oder öffentlichen Rechts). Stiftungen erfordern als

---

[47] Vgl. dazu das Fallbeispiel Kap. 5.2.4.2.
[48] E. Goll: Die freie Wohlfahrtspflege als eigener Wirtschaftssektor, S. 126.
[49] Vgl. ebd.
[50] Vgl. A. Jäger: Diakonie als christliches Unternehmen; 3. Aufl. Gütersloh 1990, S. 87. Jäger empfiehlt möglichst eine Reduktion auf drei Leitungsverantwortliche.
[51] Vgl. E. Goll: Die freie Wohlfahrtspflege als eigener Wirtschaftssektor, S. 126.
[52] Vgl. Goll, a.a.O., S. 126 f.
[53] A. Jäger hält z.B. im allgemeinen die Berücksichtigung von Ökonomen, Theologen und Fachvertretern in der Leitung für sinnvoll. Vgl. A. Jäger: Diakonie als christliches Unternehmen, S. 85 ff.

Leitungsorgan nach § 86 BGB in Verbindung mit § 26 lediglich einen Vorstand. Weitere Gremien (Kuratorium, Rat oder Ausschuß) können jedoch zusätzlich eingerichtet werden. Von dieser Möglichkeit einer Verteilung der Leitungsaufgaben auf verschiedene Organe ist vor allem bei größeren diakonischen Trägern zunehmend Gebrauch gemacht worden. "Von den öffentlich-rechtlichen (einschließlich der kirchlichen) Stiftungen haben rund 1/3 zwei und ein weiteres Drittel drei Organe. Da die Anstaltsstiftungen zu den größeren Stiftungen zählen, ist bei der festgestellten Korrelation zwischen Zahl der Organe und Vermögen bzw. Ausgaben anzunehmen, daß hier überwiegend mehrere Organe existieren."[54]

Wie bei den Vereinen gibt es auch bei der Rechtsform der Stiftung typische Schwierigkeiten. Das Hauptproblem besteht vor allem darin, daß Stiftungen ihre Leitungs- und Aufsichtsgremien meist mit Personen "von außen" besetzen. Dadurch wird es schwierig, einrichtungsinterne Probleme und Interessen in den Stiftungsorganen zur Geltung zu bringen. "Während bei Vereinen in aller Regel der Vorstand aus der Mitte der Mitglieder gewählt wird, stellen die Vertreter in den Stiftungsorganen kein 'personales Substrat' dar, das heißt, für eine Wissensbildung von unten ist in der Stiftung wenig Raum. Konflikte zwischen ehrenamtlichen Vorständen und hauptamtlichen Mitarbeitern (z.B. Verwaltungsleiter, Heimleiter) könnten sich dadurch noch verschärfen."[55] Neben diesen internen Leitungsfragen besteht ein besonderes Charakteristikum der Stiftungen darin, daß gewöhnlich eine externe Stiftungsaufsicht durch staatliche oder kirchliche Behörden besteht. "Die laufende Aufsicht bei kirchlichen Stiftungen wird bis auf Satzungsänderungen in einigen Ländern aus der 'Obhut des Staates' entlassen und in die kirchlichen Behörden gegeben, in anderen Bundesländern bestehen staatliche und kirchliche Aufsicht nebeneinander."[56] Prinzipiell unterstehen diakonische Stiftungen damit der Genehmigungs- und Aufsichtspraxis der zuständigen Behörden und können damit ihre internen Angelegenheiten nicht völlig autonom handhaben. Um unerwünschten Einflußnahmen von außen entgegenzuwirken, gibt es juristisch die Möglichkeit "auf Ersatzformen (Stiftung in der Rechtsform des Vereins oder der GmbH) auszuweichen."[57]

*Gesellschaft mit beschränkter Haftung*

Eigentümlicherweise ist die GmbH eine bislang in der Diakonie wenig verbreitete Rechtsform. Dabei bietet gerade sie, besonders bei größeren Einrichtungen, verglichen mit anderen Rechtsformen, einige wichtige Vorteile, die zur Zeit jedoch für die juristische Gestaltung diakonischer Arbeit noch weitgehend ungenutzt sind. "In Anbetracht der Größe und wirtschaftlichen Potenz vieler Einrichtungen verwundert es den Außenstehenden, wie selten die (gemeinnützige) Gesellschaft mit beschränkter

---

[54] E. Goll: Die freie Wohlfahrtspflege als eigener Wirtschaftssektor, S. 128, mit Bezug auf K. Neuhoff, A. Schindler und H.-J. Zwingmann: Stiftungshandbuch, Schriftenreihe zum Stiftungswesen; hrsg. v. Stiftungszentrum im Stifterverband für die deutsche Wissenschaft, Band 10; Baden-Baden 1983, S. 31f.

[55] Goll, a.a.O., S. 128.

[56] Ebd., mit Bezug auf J. Kaulitz: Die Stiftung als Träger diakonischer Einrichtungen; in: Haushalterschaft als Bewährung christlichen Glaubens. Gnade und Verpflichtung; hrsg. v. T. Schober, HbZDK Band V; Stuttgart 1981, S. 204-213, dort S. 210.

[57] Goll, a.a.O., S. 128.

Haftung anzutreffen ist. Diese Rechtsform eignet sich deshalb für Einrichtungen der freien Wohlfahrtspflege, weil sie einerseits klare organisatorische Rahmenregelungen vorgibt, andererseits genügend Spielräume läßt, um Trägerbelange ausreichend zu berücksichtigen."[58]

Außerhalb der freien Wohlfahrtspflege entwickelte sich die GmbH dagegen zur weitverbreitetsten Rechtsform von Unternehmen. Sie enthält gegenüber anderen juristischen Konstruktionen einige Charakteristika, die zukünftig auch innerhalb der Diakonie besonders interessant werden können.[59]

1. GmbHs sind juristische Personen. Sie haften nur mit ihrer Kapitaleinlage, also einem Stammkapital, welches mindestens 50.000 DM betragen muß.
2. Die GmbH ist als juristisch selbständige Organschaft unabhängig "von den Fähigkeiten ihrer Gesellschafter und gewährleistet damit die Gewinnung professionellen Managements".[60]
3. Nach außen ist durch die zunehmende Verfeinerung des GmbH-Gesetzes trotz des geringen finanziellen Eigenrisikos eine relativ hohe Seriösität gegenüber Dritten gewährleistet. Die anfangs noch sehr mißtrauische Beurteilung dieser Rechtsform durch die verschiedenen Geldgeber hat sich deshalb inzwischen positiv verändert.
4. Nach innen können die Gesellschafter aufgrund der Satzungsautonomie ihre Angelegenheiten sehr frei und selbständig gestalten. Sie können je nach Bedarf die organisatorische Gestalt der Gesellschaft mehr an Personen orientieren oder sie gegenüber Einflüssen bestimmter Personen neutral konstituieren.
5. Die GmbH hat organisatorisch einen einfachen und deshalb transparenten Aufbau. Sie besteht im Prinzip lediglich aus Geschäftsführung und Gesellschafterversammlung, wobei die Gesellschafterversammlung übergeordnet ist und deshalb (gewissermaßen als demokratisches Organ) starken Einfluß auf die Geschäftsführung nehmen kann. Zusätzlich können jedoch noch weitere Gremien, z.B. ein Aufsichtsrat, eingerichtet werden.

Diese Vorzüge, vor allem bezüglich des geringen finanziellen Risikos und der großen Unabhängigkeit nach außen sowie erheblicher rechtlicher Freiräume der Selbstgestaltung nach innen, sollten in der Diakonie weit mehr genutzt werden, als das bisher geschehen ist. Da auch GmbHs als gemeinnützig anerkannt werden können, empfiehlt es sich deshalb, vor allem große Einrichtungen mit hohem finanziellen Risiko möglichst als gemeinnützige GmbH zu konstituieren.

*Körperschaft des öffentlichen Rechts*

Eine weitere und sehr häufige Rechtsform diakonischer Trägerschaft ist die Körperschaft des öffentlichen Rechts. "Kirchen- und andere Religionsgemeinschaften bzw. ihre Gliederungen haben nach dem Grundgesetz (Art. 140 GG, Art. 137 Abs. 5 WRV) den Status von *Körperschaften des öffentlichen Rechts*. Dieser Status ist insofern ein besonderer, als keine auch noch so lockere Eingliederung in den Staat vorliegt."[61] Diese Rechtsform betrifft also diejenigen Einrichtungen, die unmittelbar

---

[58] Goll, a.a.O., S. 129 f.
[59] Vgl. zum folgenden M. Lutter: GmbH-Gesetz. Kommentar; 11. Auflage Köln 1985, S. 1 f.
[60] Lutter, a.a.O., S. 1.
[61] Goll, a.a.O., S. 129, Hervorhebung von Goll.

von Kirchengemeinden, Kirchenkreisen, Gesamtverbänden und anderen "Gliederungen" der verfaßten Kirche getragen werden, vor allem Kindergärten, aber auch Krankenhäuser, Altenheime, Sozialstationen, Schulen usw. Solche juristisch unmittelbar der verfaßten Kirche zugeordneten diakonischen Einrichtungen sind, auch wenn sie bezüglich Organisation, Finanzen, Rechnungswesen etc. relativ selbständig arbeiten und ein eigenes Vermögen haben, "nicht-rechtsfähige Anstalten".[62] Ihre Möglichkeiten zur selbständigen Gestaltung ihrer Systemabläufe sind durch ihre formalen Bindungen an die verfaßte Kirche deutlich begrenzt. Selbständigkeit der diakonischen Arbeit und rechtliche Abhängigkeit von den kirchlichen Trägern stehen in Spannung zueinander. Für bestimmte Arbeitsbereiche besteht jedoch die Notwendigkeit, diese möglichst selbständig zu organisieren; "(z.B. müssen Krankenhäuser als Nettobetriebe mit kaufmännischem Rechnungswesen und abgesondertem Vermögen geführt werden). Ansonsten bleibt es dem jeweiligen Träger vorbehalten, den Verselbständigungsgrad seiner Einrichtung(en) festzulegen."[63]

Die unklaren rechtlichen Abgrenzungen von kirchlichen und diakonischen Institutionen bringen oft Schwierigkeiten mit sich, die sich in organisatorischen Komplikationen und zusätzlichen Kosten niederschlagen. "Dadurch muß man auch hier verschiedentlich unzweckmäßige oder unklare Kompetenzverteilungen zwischen Trägerorganen und Einrichtungsleitungen und fehlende Kongruenz zwischen Aufgabe, Kompetenz und Verantwortung beklagen, die Mehrkosten und/oder Minderleistungen verursachen."[64] Um solche Komplikationen zu vermeiden, die sich auch in einer Verunsicherung der diakonischen Mitarbeiter und der betreuten Hilfsbedürftigen äußern, empfiehlt es sich, die rechtlich-organisatorische Selbständigkeit der jeweiligen Einrichtungen so weit wie möglich zu fördern und für eine klare Unterscheidung zwischen jeweiliger kirchlicher und diakonischer Trägerschaft und Leitung zu sorgen. Die rechtlichen Möglichkeiten zur Vermeidung solcher für die diakonische Arbeit ungünstigen Überschneidungen sollten stärker als bisher wahrgenommen werden. Eine selbständige juristische Konstitution, sei es als GmbH oder als Verein, versetzt die betreffende Einrichtung in die Lage, wesentlich flexibler auf Umwelteinflüsse reagieren zu können und ihre Arbeit intern den Aufgaben angemessen gestalten zu können. Als konkretes Beispiel für eine solche rechtliche Verselbständigung diakonischer Einrichtungen ist im folgenden Abschnitt die Verlagerung der diakonischen Trägerschaft von Kirchengemeinden auf einen eingetragenen diakonischen Verein im Arbeitsbereich diakonischer Sozialstationen geschildert.

### 5.2.3.2 Rechtliche Verselbständigung bei der Neustrukturierung von Diakoniestationen

Im folgenden Beispiel soll es um eine Umstellung der rechtlichen Organisation von Diakoniestationen innerhalb des Kirchenkreises Bielefeld gehen, welche durch sozialpolitische Entscheide der betreffenden Kommune nötig wurde. Im konkreten Falle bewirkten Veränderungen in der politischen Umwelt der gemeindediakonischen Ar-

---

[62] Ebd.
[63] Ebd.
[64] Ebd.

beit eine Verlagerung der Trägerschaft von den Kirchengemeinden auf ein am Ort befindliches, großes diakonisches Werk, das als eingetragener Verein verfaßt ist. Die Arbeit der Diakoniestationen wurde dadurch mit zahlreichen anderen diakonischen Aktivitäten, die in diesem eingetragenen Verein zusammengefaßt sind, zu einem rechtlich selbständigen diakonischen System zusammengefaßt. Die Leitung der Diakoniestationen, die vormals unmittelbar von den Kirchengemeinden als Körperschaften öffentlichen Rechts wahrgenommen worden war, wurde im Sinne einer dringend notwendigen größeren Sensibilität und Flexibilität gegenüber Veränderungen in der gesellschaftlichen Umwelt abseits der kirchlichen Leistungsstrukturen neu konstituiert.

Die bisherige Arbeit der im folgenden dargestellten Diakoniestationen hatte aufgrund einer komplizierten Entstehungsgeschichte im Kontext von Gemeinden, Kirchenkreis und zweier am Ort befindlicher, großer diakonischer Werke eine unübersichtliche Struktur. Über das gesamte Gebiet des Kirchenkreises verteilt gab es sechs Diakoniestationen und eine zentrale Beratungsstelle. Die einzelnen Stationen entstanden jeweils durch den Zusammenschluß von zumeist sechs Kirchengemeinden. Die Stationen waren für diejenigen Menschen zuständig, die auf dem Gebiet der zusammengeschlossenen Kirchengemeinden wohnten. Die Leitung jeder Station wurde durch ein Kuratorium wahrgenommen, in dem die zugehörigen Kirchengemeinden vertreten waren. Die Gemeinden waren rechtlich Anstellungsträger der diakonischen Mitarbeiter. Man bemühte sich, trotz der überparochialen Stationsgrenzen, die Mitarbeiter jeweils nur innerhalb der Grenzen einer Kirchengemeinde einzusetzen. Sie sollten nicht nur rein formaljuristisch von der jeweiligen Kirchengemeinde angestellt sein, sondern auch dort arbeiten und ins Gemeindeleben integriert sein. Die Finanzen der sechs Diakoniestationen wurden zentral durch den Gesamtverband der Kirchengemeinden des Kirchenkreises verwaltet. Die externe Vertretung der Diakoniestationen gegenüber Kostenträgern, politischen Institutionen etc. geschah durch den Evangelischen Gemeindedienst der Inneren Mission e.V., den organisierten Zusammenschluß zahlreicher anderer diakonischer Aufgaben innerhalb des Kirchenkreises. Der Gemeindedienst war wiederum Mitglied eines großen, am Ort befindlichen diakonischen Werkes. Das Verhältnis zwischen den insgesamt 38 beteiligten Kirchengemeinden und dem Evangelischen Gemeindedienst e.V. wurde rechtlich durch ein Abkommen geregelt.

Die gleichzeitige juristische Anbindung der Diakoniestationen an die Kirchengemeinden und den Evangelischen Gemeindedienst e.V. führte zu einer Aufteilung der Leitungsfunktionen in zwei Bereiche, die in dieser Form nicht auf die Dauer tragfähig war. Die Anstellungsträgerschaft für die Mitarbeiterinnen[65] und Mitarbeiter lag dezentral bei den Kirchengemeinden, die Außenvertretung gegenüber Systemen in der diakonischen Umwelt (Kommune, Kostenträger, andere Wohlfahrtsverbände usw.) wurde dagegen zentral durch den Evangelischen Gemeindedienst e.V. wahrgenommen. Politische Entscheidungen auf kommunaler Ebene zeigten, daß diese rechtliche Anbindung an die Vielzahl der Kirchengemeinden gegenüber Umwelteinflüssen nicht ausreichend sensibel und flexibel war. Eine Zentralisierung und Verselbständigung der diakonischen Leitung unabhängig von den kirchlichen Leitungsgremien und damit ein Wechsel der juristischen Trägerschaft war unvermeidlich.

---

[65] Das Personal besteht überwiegend aus Frauen.

Im konkreten Fall wollte die zuständige Kommune die ambulante Versorgung der Bevölkerung für die Zukunft sicherstellen. Eine von der Stadt in Auftrag gegebene statistische Studie machte den Umfang und die Konsequenzen einer stark zunehmenden Überalterung der Bevölkerung für das Stadtgebiet deutlich. Die Kommune ging deshalb davon aus, daß der künftige Bedarf an Pflegeleistungen für ältere Menschen von dem bestehenden Versorgungssystem nicht mehr gedeckt werden konnte. Die Diakoniestationen empfingen für ihre Arbeit einen erheblichen Teil an kommunalen Zuschüssen. Die Stadt erwartete für die weitere Gewährung dieser Zuschüsse von den Diakoniestationen die Bereitschaft zur Übernahme einer sogenannten Pflichtversorgung in kleinen, abgegrenzten Versorgungsbereichen. Bei dieser Versorgung der pflegebedürftigen älteren Menschen wollten sich die verantwortlichen politischen Institutionen weiterhin der Arbeit der am Ort befindlichen freien Wohlfahrtsverbände bedienen. Nachdem die Diakoniestationen bisher im Stadtgebiet flächendeckend tätig waren, forderte die Kommune für die Zukunft die Einbeziehung zweier, bislang zentraler Sozialstationen eines anderen Wohlfahrtsverbandes in das bisherige Versorgungssystem. Damit sollten die bestehenden Diakoniestationen nach den städtischen Vorgaben erstens kleinräumiger organisiert werden und sich zweitens aus dem Pflichtversorgungsbereich des anderen Wohlfahrtsverbandes zurückziehen. Eine flächendeckende gemeindediakonische Versorgung wäre damit nicht mehr gewährleistet gewesen.[66]

Für die Definition der neuen Versorgungsbereiche wurden die Zählbezirke der Stadt zugrundegelegt. Sie sind mit den Grenzen der Kirchengemeinden nicht kompatibel. Das neue Gliederungsprinzip der kommunalen Sozialarbeit ließ sich damit mit den kirchlichen Parochialgrenzen nicht in Einklang bringen. Weil eine Weiterführung der bisherigen Arbeit ohne öffentliche Mittel nicht möglich war, wurden organisatorische Veränderungen, die sich an den Vorgaben der Stadt orientierten, unvermeidlich. Beim Versuch, ein Versorgungssystem einzurichten, das den zukünftigen Vorgaben entspricht, zeigte sich, daß die bisherige rechtlich-organisatorische Leitungsstruktur zu unbeweglich war, um auf solche massiven Veränderungen in der diakonischen Umwelt adäquat und vor allem schnell genug zu reagieren.

Es stellte sich damit die Frage, wie das dargestellte System der Diakoniestationen sich selbst durch Veränderung seiner rechtlichen Strukturen für Umwelteinflüsse sensibilisieren könnte. Die bisherige juristische Konstruktion der Anstellungsträgerschaft durch die einzelnen Kirchengemeinden hatte, bei allen guten Vorsätzen, die diakonische Arbeit an die Gemeinden zu binden, das Gesamtsystem zu unflexibel werden lassen. Systeminterne Steuerung konnte aufgrund der bestehenden Rechtsstrukturen nur durch die Koordination sämtlicher an den Diakoniestationen beteiligten Kirchengemeinden erfolgen. Die spezifischen Interessen der einzelnen Presbyterien und die Notwendigkeit, in jedem Presbyterium eine entsprechende Entscheidung herbeizuführen, blockierten bei akuten Problemen die Handlungsfähigkeit des Systems.

Die anstehende Umstrukturierung hatte sich demgegenüber an folgenden Anforderungen zu orientieren. Gewährleistet sein mußte zukünftig:

---

[66] Der Hilfsbedürftige kann jedoch nach wie vor auch in einem nicht von einer Diakoniestation pflichtversorgten Bereich diakonische Hilfe in Anspruch nehmen, sofern er dies ausdrücklich wünscht.

- eine bessere Berücksichtigung des sozialpolitischen Umfeldes
- eine stärkere Beachtung der Interessen der Mitarbeiterschaft
- die Ermöglichung einer effizienteren, geordneteren Arbeit
- die primäre Orientierung an den Bedürfnissen des Hilfeempfängers
- eine neue Rechtsstruktur, die den Erfordernissen der Praxis besser gerecht wird.

Aufgrund dieser Vorgaben wurden im wesentlichen zwei Möglichkeiten einer rechtlich- organisatorischen Neustrukturierung erörtert, die beide eine Zentralisation der Organisation bei weiterhin dezentraler Arbeit vor Ort anstrebten. Die rechtliche Trägerschaft konnte entweder an den diakonischen Verein "Evangelischer Gemeindedienst e.V.", also an die bereits vorhandene Zusammenfassung anderer diakonischer Aktivitäten angegliedert werden, oder sie konnte vom Kirchenkreis bzw. dem Gesamtverband übernommen werden. Die juristische Anbindung an den Kirchenkreis bzw. Gesamtverband hätte bedeutet, daß die Schwierigkeit, diakonische Leitungsfragen innerhalb der kirchlichen Gremien zu behandeln, auf der nächsthöheren Organisationsebene reproduziert worden wäre. Demgegenüber mußte angesichts der anstehenden Probleme nach einer Rechtsform gesucht werden, die künftig eine von kirchlichen Leitungsorganen selbständige, wesentlich flexiblere Reaktion auf Einflüsse aus der gesellschaftlichen Umwelt erlaubte. Es ging also darum, die rechtliche Organisation des diakonischen Systems so zu verbessern, daß es in seinen internen Operationen geschlossener und damit gegenüber externen Einflüssen offener arbeiten konnte.

Ein eingesetzter Ausschuß empfahl im konkreten Falle eine rechtliche Anbindung der Diakoniestationen an den Evangelischen Gemeindedienst e.V. Die Trägerschaft ging damit von den Gemeinden als Körperschaften öffentlichen Rechts auf einen als eingetragener Verein konstituierten und auf die diakonische Arbeit spezialisierten Rechtsträger über. Nach langem Zögern und unter erheblichen Vorbehalten stimmten die Kirchengemeinden der empfohlenen Übertragung der Rechtsträgerschaft zu. Sie waren der Meinung, daß die Delegation diakonischer Aufgaben an eine spezielle Institution außerhalb der verfaßten Kirche nicht ohne negative Konsequenzen für die Präsenz der Diakonie innerhalb der Gemeinden sein würde.[67] Durch die rechtliche Eingliederung der Diakoniestationen in den diakonischen Verein konnte diese Arbeit nun wesentlich selbständiger gesteuert und mit anderen diakonischen Aktivitäten koordiniert werden. Die Möglichkeit einer externen Beaufsichtigung und Finanzierung durch kirchliche Gremien und Mittel ist jedoch dadurch zugleich reduziert worden.

Das dargestellte Fallbeispiel zeigt deutlich, wie auch beim besten Willen der beteiligten Gemeinden sich eine Ausdifferenzierung der diakonischen Arbeit in rechtlich selbständige Institutionen außerhalb der kirchlichen Organisationsstrukturen oft kaum vermeiden läßt. Das Problem mag in vielen Kirchenkreisen formal geschickt mit der Gründung eines selbständigen diakonischen Werkes des Kirchenkreises gelöst werden. Die Arbeit der Diakoniestationen entfernt sich dennoch in den meisten Fällen kontinuierlich von der einst festen Einbindung in die Gemeinden, die vormals durch gemeindeeigene Diakonieschwestern gewährleistet wurde, zu einer speziellen

---

[67] Dabei setzte sich die Mitgliederversammlung des diakonischen Vereins, der künftig diese Aufgaben wahrnehmen sollte, aus Vertretern der einzelnen Kirchengemeinden zusammen. Dennoch wurde die Delegation diakonischer Akivitäten an einen Träger außerhalb der öffentlich-rechtlich verfaßten Kirche von den Presbyterien als Verlust empfunden.

Handlungsform abseits der Arbeit der Kirchengemeinden.[68] Diese Entwicklung erfordert auch eine entsprechende Veränderung der Rechtsform. Die juristische Verselbständigung diakonischer Einrichtungen von der verfaßten Kirche scheint in solchen Fällen die einzig sachgerechte Lösung zu sein. Größere Flexibilität diakonischer Arbeit gegenüber Umwelteinflüssen kann vor allem durch Verlagerung der rechtlich verbindlichen Entscheidungen in die Diakonie selbst und durch eine selbständigere Rechtsform erreicht werden. Die flexibleren Konstruktionen des (eingetragenen) Vereins und der (gemeinnützigen) Gesellschaft mit beschränkter Haftung sind deshalb den unbeweglicheren Rechtsformen der Stiftung und der Körperschaft öffentlichen Rechts vorzuziehen.

Die Notwendigkeit einer rechtlichen Verselbständigung ergibt sich auch aus der Überlegung heraus, daß diakonische Einrichtungen aufgrund ihres quantitativen Wachstums für den (kirchlichen) Träger ein zunehmendes finanzielles Risiko darstellen. In dieser Beziehung müssen zukünftig vor allem Rechtsformen Berücksichtigung finden, die es erlauben, die juristische Haftung auf die diakonische Einrichtung selbst zu übertragen und das finanzielle Risiko möglichst gering zu halten. Besonders geeignet scheint in diesen Fällen die Rechtsform einer (gemeinnützigen) Gesellschaft mit beschränkter Haftung. So wird diese Rechtsform z.B. im Krankenhausbereich durch die Kostenentwicklung bei der medizinischen Versorgung weitaus größere Bedeutung als bisher gewinnen müssen. Schließlich empfiehlt sich die rechtliche Verselbständigung einzelner diakonischer Aktivitäten auch im Hinblick auf die interne Organisation großer diakonischer "Konzerne".[69] In dem Maße, wie einzelne Einrichtungen innerhalb dieser großen Träger gesonderte Aufgabenstellungen und spezifische Umweltbeziehungen entwickeln, wird es im Interesse der flexibleren Gestaltung dieser Arbeit nötig sein, diesen auch eine größere rechtlich-organisatorische Autonomie zukommen zu lassen.

### 5.2.4 Diakonische Erziehung

### 5.2.4.1 Die Notwendigkeit zur diakonieinternen Ausbildung diakonischer Mitarbeiter

Ähnlich wie für den wirtschaftlichen Prozeß der Abwicklung von Zahlungen oder für den juristischen Vorgang der Wahl einer entsprechenden Rechtsform empfiehlt sich auch eine entsprechende Berücksichtigung der Abläufe des Erziehungssystems innerhalb der Diakonie. Es geht dann in systemtheoretischer Terminologie um *Karrierebildung*, die von der Diakonie nicht einfach an das Erziehungssystem deligiert werden darf, sondern soweit wie möglich *in das diakonische System selbst* hineinverlagert werden muß. Der pädagogische "Code" Karriere/Nichtkarriere muß innerhalb der Diakonie für die Ausbildung eigener Mitarbeiter berücksichtigt werden, damit das spezifische Profil diakonischer Arbeit auch in dieser Hinsicht deutlicher hervortreten kann.

---

[68] Zu diesen Problemen vgl. grundsätzlich Christof Grote: Ortsgemeinden und Diakoniestationen; Bielefeld 1995.
[69] Vgl. zum Begriff des diakonischen Konzerns A. Jäger: Diakonische Unternehmenspolitik. Analysen und Konzepte kirchlicher Wirtschaftsethik; Gütersloh 1992, S. 172 ff.

Gegenwärtig werden, obwohl es innerhalb der Diakonie bereits umfangreiche Ausbildungsmöglichkeiten gibt (vgl. Kap. 2.2.6.3), in den meisten diakonischen Berufen Mitarbeiter eingestellt, die *extern*, also in nichtdiakonischen Ausbildungsstätten, ihre Tätigkeit erlernt haben. Wenn heute die fachliche Qualifikation zur entscheidenden Einstellungs- und Karrierevoraussetzung in der Diakonie wird und hunderttausende von diakonischen Mitarbeitern auf ihre spezielle diakonische Tätigkeit gar nicht eigens vorbereitet sind, dann muß zukünftig verstärkt darauf geachtet werden, daß die Ausbildung zu diakonischen Tätigkeiten nicht zu einem guten Teil an außerdiakonische Ausbildungsstätten delegiert wird. Der Verlagerung der Ausbildung *in das diakonische System selbst* kommt deshalb für die selbständige Gestaltung diakonischer Arbeit eine wichtige Bedeutung zu. Die Entwicklung des diakonischen Propriums muß auch und vor allem über die diakonieeigene berufliche Ausbildung und Fortbildung der Mitarbeiterschaft verstärkt gefördert werden.

Zukünftig wird jedoch nicht nur die Integration von außerhalb der Diakonie ausgebildeten Mitarbeitern ein Problem darstellen. Aufgrund der demoskopischen Entwicklungen wird es sogar schwierig werden, überhaupt genügend Mitarbeiter und Mitarbeiterinnen zu finden, die für die in der Diakonie relevanten Berufe entsprechend qualifiziert sind. Das Problem einer diakonieeigenen Ausbildung stellt sich damit umso schärfer. Solche Fragen sind hinreichend bekannt im Kontext des sogenannten Pflegenotstandes, also der Schwierigkeit, ausgebildete Mitarbeiter in pflegerischen Berufen einstellen zu können. Wie das folgende Fallbeispiel zeigt, ist auch auf der Leitungsebene absehbar, daß das diakonische System vor akuten Ausbildungs- und Nachwuchsproblemen steht. Diakonie kann sich diesen Herausforderungen nur stellen, indem sie selbst Möglichkeiten zur Karrierebildung *innerhalb der Diakonie* schafft. Sie muß dazu eigene Ausbildungsgänge einrichten, in denen in weitaus größerem Maße als bisher diakonische Mitarbeiter auf die Anforderungen speziell innerhalb der Diakonie entsprechend vorbereitet werden. Besonders die Öffnung des europäischen Stellenmarktes und der osteuropäischen Grenzen wird das Problem der Integration neuer (ausländischer) Mitarbeiter in die diakonische Arbeit noch verstärken. Diese Anforderungen werden insgesamt nur durch eine eigene diakonische Ausbildung zur Diakonie zu bewältigen sein.

Besonders dringlich und tiefgreifend stellt sich die Frage nach einer systeminternen diakonischen Ausbildung schon jetzt in den diakonischen Leitungsgremien. Geht man davon aus, daß die Grundentscheidungen über die Gestaltung der diakonischen Arbeit vor allem auf Leitungsebene getroffen werden, dann wird die Notwendigkeit zur Entwicklung einer *Ausbildung zur diakonischen Leitung*, in systemtheoretischer Terminologie: zur systeminternen Karrierebildung in der Diakonieleitung, besonders deutlich. Die leitenden Mitarbeiter kommen meist nicht aus diakonischen oder kirchlichen Tätigkeiten, sondern gelangen aus ihren fachspezifischen, außerhalb der Diakonie erlernten Berufen in die diakonische Leitung. Um diese Personen, die zum Beispiel als Manager aus wirtschaftlichen Betrieben kommen, für die spezifisch diakonischen Fragestellungen vorzubereiten, kann eine diakonieeigene Ausbildung zur Leitungstätigkeit zukünftig sehr hilfreich sein. Die Karrierebildung diakonischer Leitungspersonen kann nicht einfach an andere Bereiche wie z.B. das Erziehungssystem oder das Wirtschaftssystem delegiert werden, sie muß innerhalb der Diakonie selbst sichergestellt werden. Dieses Problem wird in der Diakonie allmählich erkannt. Dementsprechend gibt es erste Überlegungen zu einer selbständigen Ausbildung zur diakonischen Leitung, die im folgenden dargestellt werden sollen. Nach den bisherigen Erfahrungen, die auch die folgenden Ausführungen verdeutlichen, tut sich die Diakonie mit solchen Initiativen zu einer eigenen Leitungsschulung ausgesprochen schwer. Vermutlich wird das Problem aus finanziellen wie kirchenpolitischen Gründen nur in Zusammenarbeit der Diakonie mit den Kirchenleitungen zu bewältigen sein. Kirche und Diakonie werden mittelfristig gemeinsam ihre Verantwortung für eine besondere Ausbildung zur diakonischen Leitung in einem entsprechenden institutionellen Rahmen wahrnehmen müssen. Denkbar wäre z.B., in Anlehnung an die Ausbildung von Leitungsnachwuchs in Wirtschaftsunternehmen, ein Trainingsprogramm für den diakonischen Leitungsnachwuchs, in dem junge und an Organisationsfragen interessierte Personen gezielt auf eine spätere Leitungstätigkeit vorbereitet werden. Auch die Heranführung von Mitarbeitern an Leitungsaufgaben in Form von sogenannten "Vorstandsassistenzen", also eine befristete und gut begleitete Mitarbeit in den Vorständen großer diakonischer Werke, könnte hier weiterführen. Solche Initiativen könnten bereits bestehende Fortbildungsmöglichkeiten wie z.B. die Diakonische Akademie wirksam ergänzen. Weitere Überlegungen zur selbständigen Ausbildung diakonischer Leitungskräfte schildert das folgende Beispiel.

### 5.2.4.2 Initiativen zu einer diakonieeigenen Ausbildung von Leitungskräften

Der entscheidende Anstoß für Überlegungen zu einer diakonischen Ausbildung von Leitungskräften ergibt sich vor allem aus der Tatsache, daß bereits in den nächsten Jahren ein großer Teil der derzeitigen Führungspersonen in den Ruhestand gehen werden. Damit stellt sich die Frage, wer ihre Nachfolger werden können und wie die nächste Generation diakonischer Leitungskräfte auf ihre spezifische Tätigkeit in der Diakonie vorbereitet werden kann.

Ein relativ präzises Bild der derzeitigen Situation in diakonischen Leitungsgremien ergibt sich aus der Bedarfsuntersuchung einer Beratungsgesellschaft für soziale Unternehmen, welche 1988 auf der Basis der Angaben von über 100 diakonischen Rechtsträgern durchgeführt wurde.[70] Die Untersuchung ist für die Gesamtlage der Diakonie aussagekräftig, weil sie sich nach einem bundesweit repräsentativen Querschnittsmodell richtet und insgesamt nahezu 700 Einrichtungen mit über 57.000 Betreuungsplätzen und mehr als 44.000 Mitarbeitern berücksichtigt.[71] Sie zeigt zunächst, daß in diakonischen Führungsorganen ein sehr hohes Durchschnittsalter vorauszusetzen ist. Es muß bereits in unmittelbarer Zukunft mit starken personellen Veränderungen in der Leitungsstruktur gerechnet werden. Von den Leitungspersonen des Jahres 1988 wird ein guter Teil bereits heute ausgeschieden sein, "mit dem Jahr 2000 werden aus demselben Grund insgesamt 57,3 % der Positionen neu besetzt

---

[70] Wirtschaftsberatungsgesellschaft für soziale Unternehmen und Einrichtungen mbH: Umfrage zur Leitungsstruktur und zum Generationswechsel in Führungspositionen diakonischer Einrichtungen im Hinblick auf das Problem der Nachwuchsförderung, vom August 1988, zit. nach A. Jäger: Diakonische Unternehmenspolitik. Analysen und Konzepte kirchlicher Wirtschaftsethik; Gütersloh 1992, S. 107 ff.

[71] Vgl. Jäger, a.a.O., S. 107. Die Bedarfsuntersuchung bezieht sich mit ihren Angaben von 1988 dabei allerdings nur auf die Konstellationen in den westlichen Bundesländern.

sein."⁷² Besonders hoch ist dieser Anteil bei den ausscheidenden leitenden Theologen. Bis zum Jahr 2000 werden ca. 60 % derjenigen, die sich noch 1988 in Leitungspositionen befanden, pensioniert sein.⁷³ Damit ist deutlich, daß schon jetzt und in den nächsten Jahren über die Hälfte der leitenden Mitarbeiter allein aus Altersgründen durch neue Führungskräfte ersetzt werden muß. Die Frage ist jedoch, welche Kenntnisse diese nachrückenden Leitungspersonen für ihre innerhalb der Diakonie anstehenden Aufgaben besitzen oder erwerben müssen. In einem zweiten Teil ermittelt die zitierte Bedarfsuntersuchung deshalb, welche Zusatzqualifikationen von den einzelnen Trägern für künftige Leitungspersonen erwartet bzw. für nötig gehalten werden.

"Zusammengefaßt ergibt sich daraus eine verblüffend klare Prioritätenliste:

| Rang | Fachgebiet | Anzahl der Nennungen |
|---|---|---|
| 1 | Diakonisches Management | 159 |
| 2 | Theologie/Diakonik | 131 |
| 3 | Verwaltung | 130 |
| 4 | Fachfragen | 108"⁷⁴ |

Weitere Fragen im Rahmen der Untersuchung ergaben, daß für die Ausbildung zur diakonischen Leitung sowohl eine theoretische, als auch eine praxisbezogene Zusatzqualifikation für wünschenswert gehalten wird. Schließlich wurde angesichts der besonderen Probleme, die sich bei der Ausbildung zur diakonischen Leitung aktuell stellen, die Notwendigkeit zur "Schaffung einer speziellen Institution zur Vorbereitung leitender Mitarbeiter"⁷⁵ hervorgehoben. Die Einrichtung einer diakonischen Ausbildungsstätte für Leitungsfragen wurde von 51 % der Befragten für dringlich und von 18 % für sehr dringlich gehalten.

Es ist angesichts dieses offensichtlichen Bedarfs an Ausbildung zur diakonischen Leitung erstaunlich, daß gesamtdiakonische Ausbildungskonzepte, die dieser Situation abhelfen könnten, bislang kaum in angemessener Weise erkennbar sind. Vielmehr bleibt die Reflexion und Bearbeitung solcher für die Diakonie derzeit insgesamt entscheidenden Personalfragen bislang entweder den einzelnen Rechtsträgern oder persönlichen Initiativen von Leitungsverantwortlichen überlassen. So konstituierte sich eine informelle Gruppe von diakonischen Fachleuten, die sich im folgenden mit diesen Leitungsproblemen befaßte, mehr zufällig am Rande eines Management-Seminars für Leiter diakonischer Einrichtungen.⁷⁶ Die Ergebnisse der dargestellten Erhebung, die von der genannten Arbeitsgruppe in Auftrag gegeben worden war, bestätigten die bisher auf keinem konkreten Zahlenmaterial beruhenden Vermutungen. "Das ... macht deutlich, daß die Nachwuchsbildung leitender Mitarbeiter in der Diakonie ein höchst aktuelles Problem ist. Es muß rasch und intensiv angegangen werden. Dabei werden diakonisch-theologische Grundlegung und die fachspezifischen Inhalte zusammen angeboten werden müssen. Dies aktualisiert die Frage, ob eine spezielle Institution notwendig wird, die sich die Heranbildung leitender Mitar-

---

⁷² Jäger, a.a.O., S. 110.
⁷³ Vgl. Jäger, a.a.O., S. 111.
⁷⁴ Jäger, a.a.O., S. 116, mit Bezug auf den zusammenfassenden Bericht der Bedarfuntersuchung, S.5.
⁷⁵ Zusammenfassender Bericht, S. 9, zit. bei Jäger, a.a.O., S. 118.
⁷⁶ Vgl. Jäger, a.a.O., S. 98 f.

beiter in der Diakonie zur Aufgabe macht und die verschiedenen Fachthemen und Vorbereitungsformen angemessen vermittelt."[77]

In der informellen Arbeitsgruppe entwickelte sich zur Lösung der Leitungsprobleme die Vorstellung einer *innerhalb der Diakonie* zu verortenden, eigenen Ausbildungsstätte für Leitungsfragen, in der ein Ausbildungsgang angeboten wird, mit Hilfe dessen sich zukünftige diakonische Leitungspersonen konzentriert auf ihre Aufgaben vorbereiten können. Mit dieser diakonieeigenen Ausbildung von Leitungskräften würde die Karrierebildung in einem für die Gestaltung der diakonischen Arbeit entscheidenden Bereich von externen Ausbildungsstätten (im wesentlichen theologische, betriebswirtschaftliche, juristische, medizinische und pädagogische Fakultäten)[78] nach innen, in die Diakonie selbst verlagert. Die fachberufliche Ausbildung muß zwar nach wie vor die Grundlage diakonischer Leitungskompetenz bilden, die Diakonie kann jedoch zusätzlich den in der Leitung tätigen Berufsgruppen eine Ausbildung in den spezifischen Fragen der Diakonie an einer speziell dafür eingerichteten Schule zukommen lassen und über diese Ausbildung zugleich den grundsätzlichen diakonischen Kurs für die Zukunft bestimmen.

Die spezifisch diakonischen Leitungsprobleme sind nicht allein an Universitätsfakultäten zu behandeln, sie müssen vor allem innerhalb der Diakonie selbst bearbeitet werden. Die Bemühung um eine diakonische Ausbildung hat sich für den konkreten Fall der Leitungsproblematik vor allem daran zu orientieren, welche Berufsgruppen bei einer diakonischen Ausbildung zur Leitung berücksichtigt werden müssen. Die in ihren Grundaussagen repräsentative Untersuchung von 1988 weist als häufigste in der diakonischen Leitung vertretene Berufsgruppen Wirtschaftsfachleute, Theologen und sozialpädagogische Berufe aus. Sie stellen zusammen etwa 70 % der diakonischen Leitungspersonen. Diakonissen, Mediziner, Ingenieure und Techniker sowie Juristen und andere Berufe sind demgegenüber mit nur etwa 30 % vertreten.[79]

Eine diakonieeigene Ausbildung zur diakonischen Leitung muß sich also bemühen, vor allem die genannten Berufsgruppen in einem Ausbildungsgang zusammenzufassen. Entscheidend ist dabei, daß diese Ausbildung nicht nur, wie bisher, als Ende einer langen Karriere in den jeweiligen Berufen aufgefaßt wird, sondern als eigenständige diakonische Berufsausbildung, die auch biographisch in der Karriere der einzelnen Leitungsperson relativ früh einzusetzen hat. Damit kann z.B. verhindert werden, daß diakonische Leitungsgremien weiterhin ein Durchschnittsalter von über 50 Jahren haben.[80] Stattdessen könnte eine diakonieeigene Zusatzausbildung zur Fachqualifikation für jüngere Nachwuchskräfte unmittelbar nach Abschluß ihre Studiums oder nach kurzer Berufspraxis den Zugang zur diakonischen Leitung erleichtern und damit Nachwuchsprobleme wirksam entschärfen.

Nachdem im konkreten Falle in einer ersten Phase durch die genannte informelle Arbeitsgruppe eine detaillierte Bedarfserhebung initiiert worden war und die dargestellten konzeptionellen Entwürfe gefertigt worden waren, wurden diese Überlegun-

---

[77] Bericht: Nachwuchs-Bildung von Leitungskräften in diakonischen Einrichtungen. Informationen über erste Vorarbeiten und über das Ergebnis einer Umfrage vom 26.9.88, S. 4, zit. nach A. Jäger: Diakonische Unternehmenspolitik, S. 101.

[78] Zu den Anteilen der verschiedenen Berufsgruppen in der diakonischen Leitung vgl. Jäger, a.a.O., S. 108.

[79] Vgl. ebd.

[80] Vgl. Jäger, a.a.O., S. 109.

gen in einem zweiten Schritt offiziell im Diakonischen Rat vorgetragen. Ein Mitglied der Gruppe "brachte den Antrag zur Bildung einer formellen Arbeitsgruppe in die Herbstsitzung 1988 des Diakonischen Rates ein, verbunden mit einer Berichterstattung über die geleisteten Vorarbeiten und die Ergebnisse der Umfrage. Dem Vorstoß wurde auf breiter Basis zugestimmt."[81]

Die dargestellten Überlegungen wurden also innerhalb dieses diakonischen Gremiums durchaus positiv aufgenommen. Die offizielle Beschäftigung mit dem Thema der diakonischen Nachwuchsschulung geschah dann allerdings weniger effizient, als es die Aktualität des Problems erwarten läßt. Eine offiziell für diese Fragen eingesetzte Arbeitsgruppe konnte sich nicht auf konkrete Schritte einigen. "Die sachliche Dringlichkeit der Aufgabe blieb zwar weiterhin in Sicht, Zweifel an der Notwendigkeit zu besonderen Maßnahmen waren kaum mehr vorhanden. Insofern war das zum Diakoniepolitikum gewordene Anliegen von einem starken Konsens getragen. Im Blick auf mögliche, institutionalisierbare Lösungswege manifestierten sich aber rasch unterschiedliche Lokalinteressen, die sich nur noch schwer auf eine gesamtdiakonische Linie bringen ließen."[82] Die Probleme der deutschen Einheit ließen das Thema Ende 1989 schließlich von den Tagesordnungen der verantwortlichen Gremien verschwinden - ohne es auch nur im Ansatz zu lösen. Bisheriges Fazit dieser ersten Initiativen ist deshalb, daß trotz der offensichtlichen, akuten Problematik des Themas kein gesamtdiakonisches Konzept zur diakonieeigenen Ausbildung von Leitungspersonen entwickelt werden konnte. Dabei kommt erschwerend hinzu, daß die Vielzahl der diakonischen und kirchlichen Institutionen mit ihren zahlreichen, divergierenden Interessen sich auch angesichts dieser für die Diakonie existenziellen Fragen nur schwer im Sinne einer dringend nötigen Grundorientierung des diakonischen Gesamtsystems zusammenbringen lassen. Die bereits im vierten Kapitel dargestellte Differenz zwischen diakonischer Gesamtorientierung und den partikularen Interessen ihrer Teilorganisationen (vgl. Kap. 4.3.4.2) wird an dieser Stelle konkret. Eine übereinstimmende Führung des Gesamtsystems - nicht als autoritäre Leitung sondern als Koordinierung von Einzelinteressen zugunsten des diakonischen Ganzen - scheint nur schwer möglich. "Einzig die Anregung zur Schaffung einer 'Zentralstelle für Führungsfragen' überlebte auf der Tagesordnung des Diakonischen Rates die Turbulenzen noch einige Zeit, bis auch dieser erste und praktikable Schritt anfangs 1990 als Möglichkeit durchfiel."[83] Inzwischen hat sich jedoch zumindest das Grundanliegen einer Vorbereitung der diakonischen Führungskräfte für ihre Leitungsaufgaben in allerdings sehr bescheidener Form durchgesetzt. In Berlin entsteht derzeit eine diakonische Führungsakademie für Leitungskräfte, die an die Diakonische Akademie des Diakonischen Werkes der EKD angebunden ist. Auch hier ist es jedoch nicht leicht, schon bei der Gründung solch einer Einrichtung die unterschiedlichen Einzelinteressen der verschiedenen Diakonischen Werke, der einzelnen Einrichtungen, der Landeskirchen etc. zu koordinieren. Im Grunde wäre angesichts der anstehenden Aufgaben zusätzlich eine diakonische Zusatzausbildung auf Hochschulniveau nötig.

Die gesellschaftstheoretische Perspektive Luhmanns, in der Diakonie als Bezug des Religionssystems auf andere gesellschaftliche Teilsysteme aufgefaßt wird, könnte angesichts der Zergliederung in Einzelinteressen den Blick in Richtung auf die Pro-

---

[81] Jäger, a.a.O., S. 103, Anm. 8.
[82] Jäger, a.a.O., S. 103.
[83] Jäger, a.a.O., S. 103 f.

bleme des Gesamtsystems Diakonie schärfen. Pädagogische Selbständigkeit bedeutet dann für das diakonische System, daß es die dringend anstehende Frage nach einer diakonieeigenen Aubildung von Leitungskräften nicht den einzelnen Teilinstitutionen überlassen kann. Die diakonischen Dachverbände, die einzelnen diakonischen Werke und Träger sind mit einer an den gesamtgesellschaftlichen Bezügen der Diakonie orientierten, sämtliche Teilaspekte berücksichtigenden Ausbildung überfordert. Im Sinne einer koordinierten Selbststeuerung des diakonischen Gesamtsystems ist jedoch eine umfassende selbständige Ausbildung zur diakonischen Leitung nötig, die sinnvoll nur an eigens dafür konzipierten und großzügigen Ausbildungseinrichtungen erfolgen kann. Diese Ausbildung darf, gemäß den Ergebnissen der Bedarfsuntersuchung, nicht nur pragmatisch ausgerichtet sein, sie muß auch das entsprechende theoretische Grundlagenwissen vermitteln. Einen ersten kleinen Schritt in die genannte Richtung könnte die genannte diakonische Akademie für Führungskräfte darstellen, sofern sie die genannten Anforderungen bei ihrer Arbeit berücksichtigt.

### 5.2.5 Diakonische Wissenschaft

#### 5.2.5.1 Diakonie und ihre wissenschaftliche Reflexion

Diese Überlegungen leiten über zur Frage nach Möglichkeiten der Entwicklung einer diakonischen Wissenschaft. Eine gesamtdiakonische Ausbildung von Leitungskräften, die auf Grundlage der gesellschaftlichen Gesamtbezüge der Diakonie geschehen muß, erfordert als Basis eine Selbstreflexion der Diakonie auf entsprechendem Niveau. Die in der vorliegenden Arbeit aufgezeigte Komplexität der Teilbezüge diakonischer Arbeit verlangt nach einer wissenschaftlichen Theoriebildung, die die konkrete, praktische Ausbildung zur diakonischen Leitung ergänzt. Letztlich geht es dabei um eine wissenschaftliche Theorie der Diakonie, die die verschiedenen Strukturen diakonischen Handelns auf wissenschaftlichem Niveau möglichst in ihrem Zusammenhang behandelt. Im folgenden Abschnitt soll deshalb der Frage nach Möglichkeiten einer wissenschaftlichen (Selbst-)Reflexion der Diakonie nachgegangen werden. Das kann und muß in doppelter Weise geschehen. Zum einen müssen die bereits vorhandenen wissenschaftlichen Möglichkeiten innerhalb der bestehenden Fakultäten verstärkt genutzt werden, um die diakonische Praxis intensiver als bisher zu begleiten. Zum anderen muß aber auch nach neuen Möglichkeiten gesucht werden, diakonische Probleme auf wissenschaftlicher Ebene zu reflektieren.

Betrachtet man das Verhältnis der Diakonie zu den verschiedenen, für die diakonische Arbeit relevanten wissenschaftlichen Disziplinen, so fällt auf, daß wissenschaftliche Erkenntnisse einerseits zwar für die Gestaltung dieser Arbeit ausgesprochen wichtig sind, daß aber andererseits die Problemstellungen der Diakonie in diesen Wissenschaften kaum thematisiert werden. Das Verhältnis ist also asymmetrisch. Die Diakonie nimmt wissenschaftliche Erkenntnisse auf, ohne im Wissenschaftssystem entsprechende Resonanz zu erzeugen. Diese Situation verlangt nach einer verstärkten wissenschaftlichen Reflexion der Diakonie in zwei Richtungen. Es muß zum einen darum gehen, die spezifischen Erfahrungen der Diakonie in den einzelnen Teilwissenschaften stärker als bislang aufzunehmen. Dafür gibt es in neuester Zeit bereits einige Ansätze. So wird in den Wirtschaftswissenschaften Diakonie bzw. die

Freie Wohlfahrtspflege als eigenes Thema entdeckt.[84] Die besondere juristische Position der Diakonie wird innerhalb der Rechtswissenschaften wahrgenommen.[85] Vor allem in der theologischen Wissenschaft wird, wie im zweiten Kapitel dargestellt, das Thema Diakonie seit wenigen Jahren verstärkt beachtet.

Zum anderen kann die Diakonie unter dem Aspekt der Selbstreferenz die wissenschaftliche Reflexion ihrer eigenen Probleme jedoch nicht nur an die verschiedenen Universitätsfakultäten deligieren. Sie muß vielmehr versuchen, wissenschaftliche Operationen weitaus mehr als bisher *im diakonischen System selbst* zu etablieren und diese im beschriebenen Sinn für die selbständige wissenschaftliche Reflexion ihrer eigenen Arbeit zu nutzen. Es geht also um eine Verlagerung der wissenschaftlichen Reflexion diakonischer Arbeit in die Diakonie selbst. Eine diakonieeigene wissenschaftliche Begleitung der diakonischen Arbeit wird nicht nur, wie dargestellt, für die wissenschaftlich fundierte Ausbildung diakonischer Leitungspersönlichkeiten wichtig sein, sie kann auch die Möglichkeiten zur Reflexion der eigenen Identität und zur koordinierten Selbststeuerung des diakonischen Systems steigern. Wie diese Doppelbewegung einer verstärkten wissenschaftlichen Reflexion innerhalb des Wissenschaftssystems und zugleich innerhalb der Diakonie aussehen kann, läßt sich exemplarisch an der neueren Entwicklung der diakonischen Theologie zeigen.

### 5.2.5.2 Entwicklungen im Bereich der diakonischen Theologie

Eine wachsende Beschäftigung mit den dargestellten Problemen läßt sich innerhalb des universitären Wissenschaftssystems seit wenigen Jahren vor allem in der Theologie durchaus beobachten. Die akademische Theologie beginnt, ihrer Aufgabe der Reflexion eines theologisch bislang weitgehend vernachlässigten Bereiches allmählich nachzukommen. So gibt es seit Ende der 80er Jahre nicht nur literarisch, sondern auch institutionell einige Initiativen, das Thema Diakonie in Form von Lehrstühlen oder Teilstudiengängen an theologischen Fakultäten aufzunehmen. An evangelischen Fachhochschulen, z.B. in Darmstadt und Dresden, existieren inzwischen Diakonieprofessuren, an der Universität Frankfurt gibt es ein Schwerpunktstudium Diakonie, an der Kirchlichen Hochschule Bethel besteht ein Lehrstuhl für Neuere Kirchengeschichte mit besonderer Berücksichtigung der Diakonie- und Sozialgeschichte, weitere Initiativen sind in Planung. Diese neuen Aktivitäten sind systemtheoretisch als Selbstreflexion des Religionssystems insgesamt zu verstehen. Theologie als spezifischer Bezug des Religionssystems auf sich selbst (vgl. Kap. 4.1.2) entdeckt offensichtlich einen speziellen Bereich christlicher Religion (neu) und versucht, diesen durch wissenschaftliche Reflexion verstärkt zu berücksichtigen. Der Separierungstendenz von Kirche, Diakonie und Theologie, die sich aus der funktionalen Differenzierung der modernen Gesellschaft und der daraus folgenden Innendifferenzie-

---

[84] Vgl. E. Goll: Die freie Wohlfahrtspflege als eigener Wirtschaftssektor. Theorie und Empirie ihrer Verbände und Einrichtungen; Baden-Baden 1991. Auch die theologischen Beiträge von Markus Rückert und Alfred Jäger gehen in diese Richtung. M. Rückert: Diakonie und Ökonomie. Verantwortung - Finanzierung - Wirtschaftlichkeit; Gütersloh 1990; A. Jäger: Diakonie als christliches Unternehmen. Theologische Wirtschaftsethik im Kontext diakonischer Unternehmenspolitik; 3. Auflage Gütersloh 1990; ders.: Diakonische Unternehmenspolitik. Analysen und Konzepte kirchlicher Wirtschaftsethik; Gütersloh 1992.

[85] Vgl. A. v. Campenhausen, H.-J. Erhard (Hrsg.): Kirche - Staat - Diakonie; Hannover 1982.

rung des christlichen Religionssystems ergeben hat, wirken damit neuerdings selbstreferentielle Tendenzen entgegen, die sich um eine Integration der Diakonie in die Theologie bemühen. Solche Ansätze innerhalb der akademischen Theologie sind entschieden zu fördern.

Als bisher weitgehendste Initiative zur wissenschaftlichen Reflexion diakonischer Arbeit im Bereich der Theologie kann der Diplomstudiengang Diakoniewissenschaft in Heidelberg gelten, der 1992 am Diakoniewissenschaftlichen Institut der Theologischen Fakultät eingerichtet worden ist. "Mit dem Studiengang wird auch eine in Kirche und Diakonie bestehende Intention verfolgt, die Ausbildungsbasis im Bereich der diakonisch-sozialen Arbeit der Kirche zu verbreitern und auf ein möglichst hohes Niveau zu stellen. Mit dem Diplom-Aufbaustudiengang Diakoniewissenschaft wird die Vermittlung einer Grundkompetenz auf relativ hohem Niveau angestrebt und die Basis gelegt für spezielle Weiterbildungsgänge, z.B. für besondere Leitungsaufgaben im Bereich der Diakonie. Es zeigt sich mehr und mehr, daß für eine verantwortliche Wahrnehmung der diakonischen Aufgaben in der Gemeinde und in den Werken der Kirche Kenntnisse und Fähigkeiten erforderlich sind, die in aller Regel im theologischen Studium zu wenig ausgebildet werden."[86]

Der Diplomstudiengang in Heidelberg ist als Aufbaustudium interdisziplinär ausgerichtet und trägt damit den verschiedenen Funktionsbereichen diakonischer Arbeit Rechnung. Zugleich ist jedoch eine enge gegenseitige Verbindung mit anderen Bereichen der Theologischen Fakultät gewährleistet. "Innerhalb der Theologischen Fakultät bestehen Vereinbarungen, daß auch in den übrigen Disziplinen bei Vorlesungen und Seminaren Schwerpunkte gesetzt werden, die dem Studium der Diakoniewissenschaft unmittelbar zugute kommen. Wir bemühen uns ebenfalls, entsprechende Angebote in anderen Fakultäten - etwa in der Gerontologie oder in der Sozialpädagogik - zu identifizieren und die Zusammenarbeit zu intensivieren."[87] Die ersten Erfahrungen mit diesem Diplomstudiengang sind durchaus positiv. Er wird von Studierenden aus verschiedensten Fachbereichen frequentiert. Auch das Lehrangebot trägt den vielfältigen Aspekten diakonischer Arbeit Rechnung. Die Diplomanden haben durch das Studium einen guten Einstieg in die spätere Tätigkeit im diakonischen Bereich. Solche Initiativen sind zu begrüßen und weiter zu fördern. Angesichts der erheblichen Komplexität diakonischer Arbeit erscheint es jedoch fraglich, ob die vorhandenen Möglichkeiten der Praxisreflexion und -ausbildung innerhalb der akademischen Theologie ausreichen, um eine wissenschaftlich fundierte und theologisch kontrollierte Gesamtausrichtung diakonischer Arbeit zu bewerkstelligen. Neben weiteren Bemühungen um eine verstärkte Beschäftigung mit Diakonie, etwa durch die Einrichtung zusätzlicher diakoniewissenschaftlicher Lehrstühle in Theologischen Fakultäten, muß deshalb zusätzlich ein zweiter Weg eingeschlagen werden.

Unter dem Aspekt der Steigerung der diakonischen Selbständigkeit gilt es zusätzlich, die wissenschaftliche Selbstreflexion der Diakonie *innerhalb der Diakonie* zu verstärken. Dazu sind deshalb vor allem solche Initiativen zu beachten und weiterzuentwickeln, die eine Reflexion des diakonischen Systems innerhalb der Diakonie selbst anstreben. Ansätze zu einer theologisch orientierten Selbstreflexion gibt es

---

[86] Diakoniewissenschaftliches Institut der Theologischen Fakultät, Universität Heidelberg (Hrsg.): Hinweise zum Aufbaustudium Diakoniewissenschaft; Manuskript Heidelberg 1992, S. 1.

[87] Diakoniewissenschaftliches Institut der Theologischen Fakultät, Universität Heidelberg (Hrsg.), a.a.O., S. 3f.

z.B. im Rahmen der Diakonenschulen. Auch das im vorigen Abschnitt erwähnte Konzept einer diakonischen Ausbildungsstätte für Leitungskräfte geht davon aus, daß eine theologisch orientierte Selbstreflexion diakonischen Handelns nicht zuletzt von der Diakonie selbst erbracht werden muß. Diakonische Wissenschaft läßt sich nicht nur auf den Bereich der universitären Theologie reduzieren. Es gibt ebenso innerdiakonische Theorieansätze, die sich um eine theologische Selbstreflexion der Diakonie auf wissenschaftlichem Niveau bemühen. Gegenüber dem herkömmlichen Verständnis von diakonischer Theologie als Bestandteil des universitären Wissenschaftssystems ist deshalb zusätzlich eine Verlagerung der diakonischen Theologie in die Diakonie selbst erforderlich.

So hat z.B. Harald Ihmig in seinem Vortrag vor den Ausbildungsleitern der Europäischen Diakonenkonferenz 1989 eine bemerkenswerte Umstellung des Verständnisses der diakonischen Theologie gefordert. "Wir sollten aufhören mit dem alten Klagelied, daß die Diakonie in der Theologie zu kurz komme. Ich schlage stattdessen einen Ortswechsel der Theologie in die Diakonie vor. Das diakonische Defizit der Theologie ist ein Standortproblem. Ich erlaube mir, auch ein bißchen bissig zu werden. Theologie hat sich im Wissenschaftsbetrieb der Universität etabliert, einer Einrichtung, die es besonders weit gebracht hat, eine eigene Welt hervorzubringen und durch kunstvolle Rituale abzuschirmen... Wir können nicht abwarten, bis sie aus diesem Gehäuse herausfindet."[88] Gegenüber den aktuellen Versuchen einer zunehmenden Aufnahme des diakonischen Themas in der universitären Theologie gibt Ihmig zu bedenken, daß sich die akademische Theologie - in systemtheoretischer Terminologie - ebenfalls weitgehend selbstreferentiell organisiert hat. Sie hat sich im Kontext der Geschlossenheit des Wissenschaftssystems in erster Linie auf die Reproduktion ihrer eigenen Abläufe konzentriert und war dabei nach Ihmig "zu selbstgenügsam, zu leicht beruhigt mit dem eigenen Betrieb".[89]

Die Diakonie kann deshalb die Aufgabe zur wissenschaftlichen Reflexion ihrer Praxis nicht einfach an die theologische Wissenschaft delegieren. Sie muß zusätzlich dazu eine selbständige wissenschaftliche Reflexion diakonischer Arbeit *innerhalb des diakonischen Systems* entwickeln, die aus der diakonischen Praxis erwächst. "Diakonische Theologie wäre also nicht eine besser auf sie zugeschnittene Theologie *für* DiakonInnen, sondern eine Theologie *von* DiakonInnen, die vor Ort erwächst. Ihre Aufgabe ist es, an den Bruchstellen des Lebens Gottes Leben schaffendem Geist auf die Spur zu kommen. Mehr noch als eine Sache des Denkens ist sie eine Sache der Wahrnehmung. Sie dient nicht dazu, Diakonie zu legitimieren, sondern sie wachzuhalten."[90]

Die diakonischen Handlungsformen erfordern also für Ihmig eine spezifische, selbstbezogene theologische Reflexion innerhalb der Diakonie. Diese muß von den in der Diakonie Tätigen ausgehen und wird sich aufgrund ihrer speziellen Problemstellungen erheblich von den bisherigen Reflexionsbemühungen innerhalb der akademischen Theologie unterscheiden. Daß solche diakonisch-theologische Praxisreflexion *innerhalb* der Diakonie unterschwellig bereits stattfindet, beweist die umfangreiche Literatur diakonischer Gelegenheitsschriften sowie die theologische Diskussion von

---

[88] H. Ihmig: Diakonische Ausbildung und diakonische Theologie; in: PTh 79 (1990), S. 380-398, dort S. 383.
[89] Ebd.
[90] Ihmig, a.a.O., S. 385, Hervorhebungen von Ihmig.

Praxisproblemen in den entsprechenden Fachzeitschriften. Auch die Weiterentwicklung der diakonischen Theologie auf den Diakonenschulen fällt in diesen Bereich. Besonders in ihrer interdisziplinären Orientierung an sozial- bzw. humanwissenschaftlichen *und* theologischen Fragen verdienen die Theorieerfahrungen an den Ausbildungsstätten für Diakoninnen und Diakone verstärkte Beachtung.

Einen wegweisenden Anfang für die wissenschaftliche Selbstreflexion diakonischer Praxis im Kontext der relevanten Bezugsbereiche stellen die Handbücher für Zeugnis und Dienst der Kirche als bisher umfassendstes Sammelwerk zur Diakonie dar. In den einzelnen Teilbänden wird die Reflexion diakonischer Fragen mit theologischer Grundorientierung nicht primär von akademischen Theologen, sondern von in der Diakonie Tätigen selbst geleistet. Das bedeutet nicht, daß diese Untersuchungen kein wissenschaftliches Niveau erreichen könnten. Sie orientieren sich bei ihren Überlegungen jedoch nicht an den Voraussetzungen der theologischen Wissenschaft, sondern an konkreten Problemstellungen im Bereich der Diakonie und versuchen, diese auf möglichst hohem theoretischen Niveau zu bearbeiten. Schon die Titel der einzelnen Bände dieser Handbücher zeigen, daß das im zweiten Kapitel skizzierte und zu Beginn dieses Kapitels vertiefte Verständnis der multirelationalen Zusammenhänge diakonischer Arbeit vorausgesetzt wird. Diakonie wird dort in den "Spannungsfeldern der Gegenwart" (vgl. Band 1) betrachtet. Die einzelnen Bände behandeln detailliert und mit einer Vielzahl von Beiträgen das Verhältnis der Diakonie zur Gemeinde (Band 2), zum Recht (Band 3), zur Gesellschaft (Band 4), zur "Haushalterschaft"/ Ökonomie (Band 5), zur Theologie (Band 6) sowie zur Ökumene (Band 7).[91] Dieser Ansatz einer wissenschaftlichen Analyse der Stellung der Diakonie im Spannungsfeld der verschiedenen gesellschaftlichen Teilbezüge ist innerhalb der Diakonie weiterzuführen, zu intensivieren und vor allem zu institutionalisieren. Eine als Selbstreflexion des diakonischen Systems verstandene Wissenschaft Diakonik darf sich deshalb nicht nur auf den theologischen Aspekt beschränken, sie muß vielmehr von der Vielzahl der in der vorliegenden Untersuchung aufgezeigten relevanten Teilbezüge der Diakonie auf Systeme in ihrer gesellschaftlichen Umwelt ausgehen und diese in einer differenzierten Gesamtschau integrieren.

Das zu Beginn dieses Kapitels entwickelte Diakoniemodell kann dazu hilfreich sein. Dabei ist davon auszugehen, daß jedes dieser gesellschaftlichen Funktionssysteme ebenfalls eine wissenschaftliche Selbstreflexion besitzt. Wie das System der christlichen Religion zur wissenschaftlichen Reflexion seiner selbst eine theologische Wissenschaft ausdifferenziert hat, so gibt es für das Rechtssystem die juristische Wissenschaft, für das Wirtschaftssystem die Wirtschaftswissenschaften, für das politische die Politikwissenschaften, für das Erziehungssystem die Pädagogik, für das System der Krankenbehandlung die wissenschaftliche Medizin und für das Wissenschaftssystem selbst die Wissenschaftstheorie. Weil die Beziehung zu den einzelnen gesellschaftlichen Teilsystemen für die Arbeit der Diakonie von entscheidender Be-

---

[91] Vgl. Handbücher für Zeugnis und Dienst der Kirche (HbZDK); H.-H. Ulrich (Hrsg.): Diakonie in den Spannungsfeldern der Gegenwart. HbZDK I; Stuttgart 1978; Th. Schober (Hrsg.): Gemeinde in diakonischer und missionarischer Verantwortung. HbZDK II; Stuttgart 1979; ders. (Hrsg.): Das Recht im Dienst einer diakonischen Kirche. HbZDK III; Stuttgart 1980; ders. (Hrsg.): Gesellschaft als Wirkungsfeld der Diakonie. Welt - Kirche - Staat; HbZDK IV; Stuttgart 1981; ders. (Hrsg.): Haushalterschaft als Bewährung christlichen Glaubens; HbZDK V; Stuttgart 1981; ders. (Hrsg.): Theologie - Prägung und Deutung kirchlicher Diakonie; HbZDK VI; Stuttgart 1982; ders. (Hrsg.): Ökumene - Gemeinschaft einer dienenden Kirche; HbZDK VII; Stuttgart 1983.

deutung ist, müssen für eine wissenschaftliche Analyse, die diese Bezüge zu berücksichtigen hat, die entsprechenden Wissenschaften dieser einzelnen Teilsysteme aufgenommen werden. Die für die wissenschaftliche diakonische Selbstreflexion relevanten Teildisziplinen lassen sich damit in Weiterführung des in Kapitel 5.1.2 entwickelten Diakoniemodells in folgender Weise im Zusammenhang darstellen. Die Theologie stellt in dieser Sicht nur eine der relevanten Teilwissenschaften dar. Sie ist mit den anderen Disziplinen zu einer fächerübergreifenden Diakonik zu verbinden.

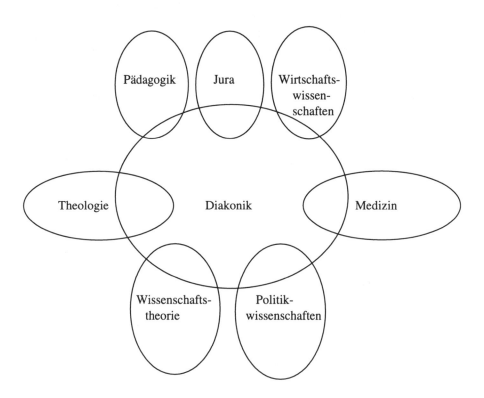

Abb. 17: Die für die Entwicklung einer diakonischen Wissenschaft zu berücksichtigenden Teildisziplinen[92]

---

[92] Vgl. zu diesem Modell auch die Überlegungen zum "Fächerkanon kybernetischer Diakonik" von Alfred Jäger; ders.: Diakonische Unternehmenspolitik, S. 151-156.

## 5.2.6 Diakonische Politik und diakonische Medizin

Die in diesem Abschnitt (Kap. 5.2) dargestellten Überlegungen beschränken sich auf die Bereiche Wirtschaft, Recht, Erziehung und Wissenschaft. Für den diakonischen Umgang mit dem politischen Code "Innehaben/Nichtinnehaben von Positionen öffentlicher Gewalt" und dem medizinischen Code "krank/gesund" wären analoge Strukturen herauszuarbeiten, die hier jedoch nur angedeutet werden können. Im Bereich "diakonischer Politik" muß es darum gehen, öffentliche politische Positionen verstärkt mit Vertretern aus der Diakonie zu besetzen. Der große Druck, unter den die diakonische Arbeit vor allem in sozialpolitischer Hinsicht geraten ist, resultiert nicht zuletzt daher, daß die Repräsentanz der Diakonie in den offiziellen politischen Ämtern nur in geringem Maße vorhanden ist. Die Zeiten eines Eugen Gerstenmaier, für den die Vertretung diakonischer Interessen durch ein politisches Mandat kein Widerspruch in sich selbst war, scheinen vergangen zu sein. Daß dabei politisches Amt und diakonische Tätigkeit nur schwer vereinbar sind, belegt nicht zuletzt auch das Beispiel Gerstenmaiers selbst. Wenn die Diakonie jedoch nicht darauf achtet, immer wieder einflußreiche politische Positionen mit Vertretern und Befürwortern der Diakonie zu besetzen, nimmt sie sich die Möglichkeit, Sozialpolitik im eigenen Sinne aktiv mitzugestalten und wird deshalb politische Entscheidungen auch als von außen aufgezwungen empfinden müssen. Auch in bezug auf die Medizin kann es in der Diakonie nicht darum gehen, sich aus dem System der Krankenbehandlung einfach zurückzuziehen. Zwar besitzt die Diakonie vor allem im Bereich der unheilbar Kranken und der Behinderten aufgrund ihrer geschichtlichen Entwicklung und Erfahrung besondere Kompetenz, das darf sie jedoch nicht, wie Ulrich Eibach vorgeschlagen hat, dazu verleiten, sich ausschließlich um diese Menschen zu kümmern und die Verantwortung für das Gesunden von Menschen anderen zu überlassen.[93] Innerhalb der Diakonie wird im Interesse der Kranken weiterhin und sogar verstärkt mit dem Code krank/gesund gearbeitet werden müssen. Das heißt, es muß in der Diakonie auch und nicht zuletzt versucht werden, Krankheit in Gesundheit zu überführen. Wie das geschehen kann, zeigen z.B. innovative Vorstöße innerhalb der diakonischen Medizin. Als gutes Beispiel kann etwa die epileptische Neurochirurgie in den v. Bodelschwinghschen Anstalten Bethel gelten. Sie basiert auf dem Grundgedanken, daß sich Diakonie nicht nur um die Versorgung, sondern auch um die Gesundung epileptisch Erkrankter zu kümmern hat. Deshalb wurde in Bethel erheblicher Aufwand betrieben, um zumindest bestimmte Formen von Epilepsie diagnostizieren und durch einen operativen Eingriff im Gehirn heilen zu können. In diesem Sinne sollte sich Diakonie auch weiterhin in bezug auf das medizinische System intensiv mit der Unterscheidung krank/gesund auseinandersetzen und Vorstöße im medizinischen Bereich im Interesse der Kranken nicht scheuen.

---

[93] Vgl. U. Eibach: Ist Gesundheit das höchste Gut? Überlegungen zu den Prioritäten diakonischen Handelns im Gesundheitswesen; in: Diakonie 19 (1993), S. 52-56. Eibach schlägt vor, "daß die kirchliche Diakonie sich aus dem Bereich der Akutkrankenhäuser (High-Tech-Medizin) zunehmend zurückziehen, sich konzentrieren soll auf den Bereich der Pflege von unheilbaren Menschen (z.B. behinderten, alterskranken, aidskranken, psychisch kranken Menschen)." (S. 56)

## 5.3 Orientierung nach innen: Entwicklung eines spezifischen Leitbegriffes diakonischen Handelns

Nachdem im ersten Teil dieses Kapitels die massiven Einflüsse der gesellschaftlichen Funktionssysteme auf die Diakonie dargestellt wurden (Kap. 5.1) und in einem zweiten Abschnitt erste Möglichkeiten aufgezeigt wurden, sich im *Außenbezug* gegen diese Umwelteinflüsse im Sinne einer Steigerung der Selbständigkeit diakonischer Arbeit abzugrenzen (Kap. 5.2), muß es nun in einem letzten und entscheidenden Schritt darum gehen, *im Innenbezug* nach einem eigenen, diakoniespezifischen Leitbegriff bzw. Code zu suchen, an dem sich die Diakonie orientieren kann und mit Hilfe dessen sie ihre eigenen Systemabläufe von innen heraus gegenüber ihrer Umwelt abschließen kann. Diakonische Identitätsbildung kann nicht nur als Abgrenzung nach außen durch geschickte Berücksichtigung externer Systemabläufe geschehen. Vielmehr müssen sich alle Vorgänge innerhalb des diakonischen Systems nach einem ureigenen diakonischen Gesamtinteresse richten. Erst wenn dieses mit Hilfe eines deutlich identifizierbaren Kriteriums und eines eindeutigen Leitbegriffes beschreibbar wird, läßt sich diakonische Arbeit hinreichend profilieren und von Umwelteinflüssen abgrenzen. Die im vorigen Abschnitt beschriebenen Möglichkeiten der Abgrenzung und zugleich internen Berücksichtigung von Abläufen aus Systemen in der diakonischen Umwelt können deshalb ihren Zweck keineswegs in sich selbst haben. Sie müssen sich vielmehr an einem genuin diakonischen Gesamtinteresse orientieren. Nur sofern sie dem inneren Kriterium und Leitgedanken der Diakonie genügen, können sie wirklich für die Ausprägung diakonischer Identität förderlich sein. Tendenzen zur finanziellen, rechtlichen, pädagogischen und wissenschaftlichen, aber auch zur politischen und medizinischen Selbständigkeit der Diakonie, wie sie in Kapitel 5.2 dargestellt wurden, müssen sich jeweils an einer spezifischen diakonischen Leitlinie orientieren. Es muß also abschließend theologisch eindeutig qualifiziert werden, was in diesem Sinne als diakonisch zu gelten hat. Der Entwicklung eines entsprechenden Leitbegriffes bzw. einer wegleitenden Unterscheidung der Diakonie - systemtheoretisch gesprochen - eines diakonischen Codes gelten deshalb die Überlegungen des abschließenden Abschnittes. Für die interne Orientierung der Diakonie an ihrem ureigenen Gesamtinteresse ist zunächst, wie bereits in Kapitel 4.2.1.3 ausgeführt, davon auszugehen, daß die Arbeit der Diakonie untrennbar mit Kirche und Theologie verbunden ist und daß eine Isolierung dieser drei Bereiche des Christentums seiner Selbstaufgabe gleichkommen würde. Eine inhaltliche Bestimmung dieses Gesamtinteresses der Diakonie kann also nur im Zusammenhang von Diakonie, Theologie und Kirche erfolgen und muß deshalb zunächst nach den grundlegenden Inhalten des - systemtheoretisch formuliert - gesamten "Systems der christlichen Religion" fragen. Bei dem Versuch, die systemtheoretische und theologische Perspektive möglichst weit zusammenzuführen, möchte ich deshalb zunächst von Luhmanns Überlegungen zur Codierung der Religion ausgehen, um dann zu zeigen, daß diese Sicht des Christentums aus theologischer Perspektive konkretisiert und präzisiert werden muß. Auf dieser Grundlage werde ich zur Formulierung eines charakteristischen Leitbegriffes des Christentums kommen, dessen entscheidende Bedeutung für den diakonischen Bereich ich abschließend aufzeigen möchte.

## 5.3.1 Auf der Suche nach einem Leitbegriff des Christentums

Jedes Funktionssystem der Gesellschaft entwickelt - wie bereits dargestellt - in systemtheoretischer Sicht seine Abgrenzung gegenüber der gesellschaftlichen Umwelt und damit seine Identität durch Orientierung an einer Leitunterscheidung (Code), die aus einem bestimmten Leitbegriff und seinem Gegenbegriff besteht. Den spezifischen Code der Religion, durch den sie sich von anderen Funktionssystemen in der modernen Gesellschaft unterscheidet, sieht Luhmann in der Differenz Immanenz/ Transzendenz. "Dabei ist Transzendenz heute wohl kaum mehr als eine andere Welt oder als eine andere Region der Welt in unerreichbaren Höhen oder Tiefen zu denken, sondern als eine Art Zweitsinn, als eine komplette, nichts auslassende Zweitfassung der Welt, in der die Selbstreferenz als Fremdreferenz, die Komplexität als Implexität (Valéry), das Hintergehen als unhintergehbar Sinn hat. Wie für alle Codierungen charakteristisch, wird auch hier die immer schon gegebene, sich in der Gesellschaft von selbst bestimmende Realität durch eine Hintergrundannahme dupliziert. Sie wird durch eine Unterscheidung identifiziert, nämlich im Rahmen dieser Unterscheidung bezeichnet. Die Einheit dieser Differenz (und nicht etwa: die Transzendenz als solche) ist der Code der Religion."[94]

Nach dieser Definition wäre also das Begriffspaar Immanenz/Transzendenz charakteristisch für sämtliche Vorgänge innerhalb des Religionssystems. Will man das auf die heutige deutsche Gesellschaft konkretisieren, in der wohl unter den Religionen das Christentum immer noch die führende Rolle spielt, bedeutet dies, daß sich die christliche Religion nach Luhmann als eigenständiges Funktionssystem in dieser Gesellschaft konstituiert, indem es seine Operationen selbstreferentiell gegenüber seiner gesellschaftlichen Umwelt abschließt und sich dabei nur und ausschließlich an der Unterscheidung Immanenz/Transzendenz orientiert. Als zusammenfassender Oberbegriff dieser Differenz fungiert für Luhmann der Gottesbegriff, weil nur er die Einheit der Unterscheidung von Immanenz und Transzendenz zu reflektieren vermag. "Überdenkt man diese Semantik ausgehend von der Frage, wie im System die Einheit des Code, die Einheit der Differenz von Immanenz und Transzendenz, zur Reflexion gebracht werden kann, dann kann eigentlich nur der Gottesbegriff selbst diesen Platz besetzen."[95] Diese überaus abstrakte Charakterisierung des Christentums ist nicht nur in theologischer, sondern auch in systemtheoretischer Perspektive unbefriedigend. Luhmann gelingt es, für alle wichtigen Funktionssysteme der modernen Gesellschaft Leitunterscheidungen zu entwickeln, die deutlichen Bezug auf die elementaren Lebensvollzüge, man könnte geradezu sagen: auf die wichtigsten Aspekte der menschlichen Existenz haben, z.B. Zahlung/Nichtzahlung für das Wirtschaftssystem, Recht/Unrecht für das Rechtssystem, Macht/keine Macht für die Politik, Karriere/Nichtkarriere für die Erziehung, wahr/unwahr für die Wissenschaft, krank/gesund für die Medizin. Diese Beobachtung ist innerhalb der ansonsten sehr von existentiellen menschlichen Bezügen abgehobenen Theorie Luhmanns bemerkenswert.

Nur für die christliche Religion, der doch ein mindestens ebenso elementarer Lebensbezug zu eigen sein sollte, bleibt der Leitbegriff bzw. Code merkwürdig "unbestimmt". Man muß sich daher auch nicht wundern, daß Luhmann angesichts

---

[94] N. Luhmann: Ökologische Kommunikation, S. 186.
[95] N. Luhmann: Die Ausdifferenzierung der Religion; in: Gesellschaftsstruktur und Semantik, Bd. 3, S. 259-357, dort S. 315 f.

dieses Abstraktionsgrades das Problem des Christentums gerade darin sieht, den Code in konkretes Verhalten umzusetzen. "Auf der Ebene der Operationen bleibt es fraglich, wie die Unterscheidung von Immanenz und Transzendenz im täglichen Leben am richtigen Verhalten deutlich gemacht werden kann, nachdem die Unterscheidung von monastisch-klerikaler und alltäglicher Lebensführung dies nicht mehr leistet."[96] Aber diese Schwierigkeit resultiert aus der Allgemeinheit des von Luhmann gewählten Codes und nicht aus dem Christentum selbst.

Möglicherweise rührt das Problem daher, daß Luhmann mit dieser Beschreibung alle Religionen, nicht nur die christliche, zusammenfassen möchte. Der Code "Immanenz/Transzendenz" ist in diesem Sinne auch für das Christentum nicht völlig falsch, er gibt jedoch den spezifischen Charakter, den gerade das Christentum gegenüber anderen Religionen aufweist, nicht präzise wieder. Wenn man also die Systemtheorie für die Entwicklung einer spezifischen christlich-diakonischen Leitunterscheidung heranziehen will, kann man sich mit dieser sehr allgemeinen Beschreibung des Christentums nicht zufrieden geben. Der Grundgedanke Luhmanns, daß Systeme Identitätsbildung und Abgrenzung von ihrer Umwelt durch Orientierung an einer bestimmten Unterscheidung erreichen, kann für die Diakonie wie für das Christentum insgesamt hilfreich sein. Der Code "Immanenz/ Transzendenz" selbst muß jedoch präzisiert werden. Auf der Suche nach einer zutreffenden Leitunterscheidung für das Christentum ist zunächst zu fragen, woher diese gewonnen bzw. abgeleitet werden kann. Luhmann selbst gibt das Kriterium, systemtheoretisch formuliert: das "Programm" an, aus dem der spezifische Code des Christentums zu entwickeln ist. Es sind "die Lebensführungsregeln der Heiligen Schrift".

|  | Code | Programme |
|---|---|---|
| Reflexion der Einheit | Gott | Offenbarung |
| Struktur der Operationen | Immanenz/Transzendenz | Lebensführungsregeln der Heiligen Schrift |

Abb. 18: Codierung und Programmierung der christlichen Religion nach Luhmann[97]

In Aufnahme und Modifikation dieses Schemas soll im folgenden nach einer Leitunterscheidung gesucht werden, die in der Lage ist, das christlich-diakonische Handeln eindeutig und möglichst konkret zu qualifizieren. Ich gehe dabei aus theologischen wie systemtheoretischen Gründen davon aus, daß diese spezifisch christliche Leitunterscheidung aus dem grundlegenden Kriterium (Programm) des christlichen Glaubens, der Heiligen Schrift, abzuleiten ist. Das entspricht den Vorstellungen Luhmanns und ist zugleich unaufgebbare Voraussetzung einer christlichen Theologie, die die Heilige Schrift als norma normans non normata anerkennt. Die im fol-

---

[96] Luhmann, a.a.O., S. 319 f.
[97] Vgl. Luhmann, a.a.O., S. 319.

genden zu bestimmende Leitdifferenz, durch die das Christentum sich selbst von allen anderen Funktionssystemen der Gesellschaft, aber auch von anderen Religionen unterscheidet, muß damit verschiedene Bedingungen erfüllen.

1. Sie muß nicht nur eine Leitunterscheidung sein, die christliches Reden und Handeln unter den Bedingungen der modernen Gesellschaft zeitgemäß reformuliert, sondern sie hat zugleich altbekannt zu sein, weil sie in der Heiligen Schrift fest verankert sein soll.

2. Sie muß das diakonische Handeln als eindeutig zum Christentum gehörig ausweisen. Darüber hinaus soll sie grundsätzlich für alle Bereiche der christlichen Religion akzeptabel und anwendbar sein. Ein Code, der nur im Bereich diakonischer Arbeit plausibel wäre, würde den in den vorigen Kapiteln beschriebenen Graben zu anderen Bereichen christlichen Redens und Handelns nur noch vertiefen und damit den Separierungstendenzen der Diakonie zu Theologie und Kirche Vorschub leisten. Demgegenüber ist ein Leitbegriff zu suchen, der auch in Theologie und Kirche entsprechende Resonanz erzeugen kann, ohne sein spezifisch Diakonisches zu verlieren.

3. Die zu bestimmende Leitunterscheidung sollte so eindeutig formuliert sein, daß sie diakonisches Handeln klar von anderen, vergleichbaren Handlungen unterscheidbar macht, etwa vom Hilfehandeln anderer Wohlfahrtsverbände. Sie muß dazu in einem unmittelbaren Zusammenhang mit dem Begriff der Diakonie stehen und innerhalb der Diakonie so einfach handhabbar und konkretisierbar sein, daß die jeweilige Handlung als eindeutig diakonisch qualifizierbar ist.

Auf der Suche nach einer solchen Leitunterscheidung für christliches Handeln mit deutlich diakonischem Zuschnitt ist man zunächst geneigt, in Anknüpfung an L 10, 25-37 an das christliche Liebesgebot zu denken. Für Liebe als Leitbegriff des Christentums ergibt sich jedoch die Schwierigkeit, daß der deutsche Begriff der Liebe ein viel zu weites Bedeutungsspektrum aufweist, als daß er eindeutig christlich oder sogar diakonisch qualifizierbar wäre. Er kann deshalb weder als Sammelbegriff für christliches Handeln im allgemeinen noch als konkrete Zusammenfassung aller interaktionalen, organisatorischen und gesellschaftsbezogenen Operationen innerhalb der Diakonie fungieren. "Bezeichnend ist die Äußerung Zacharias Werners (1814), es sei 'ein Hauptmangel der deutschen Sprache', daß 'Liebe' nicht nur 'caritas', sondern geschlechtliche Liebe wiedergibt. Denselben Hauptmangel haben zwar auch Französisch und Englisch, denn in ihren Bibelübersetzungen steht für 'Agape' 'amour' und 'love', nicht 'charité', 'charity' -, die aber deshalb umso besser zur Bezeichnung organisierten Helfens dienen können. Ein bündiger Sammelbegriff dieser Art fehlt der deutschen Sprache."[98]

Luhmann schlägt an dieser Stelle für sämtliche Aspekte christlich-diakonischen Handelns einen Oberbegriff vor, den er jedoch nicht weiter verfolgt, weil er dessen Tragweite für das Christentum unterschätzt. Den von ihm als "Seelsorge" bezeichneten personalen und den als "Diakonie" benannten sozialstrukturellen Aspekt christlicher Liebestätigkeit subsumiert er mehr beiläufig unter einem wichtigen Terminus.

---

[98] M. Rassem: Artikel "Wohlfahrt, Wohltat, Wohltätigkeit, Caritas"; in: Geschichtliche Grundbegriffe. Historisches Lexikon zur politisch-sozialen Sprache in Deutschland, hrsg. v. O. Brunner, W. Conze und R. Kosseleck; Bd. 7; Stuttgart 1992, S. 595-636, dort S. 631f. Die Äußerung Z. Werners nach: F. Schaub: Die katholische Caritas und ihre Gegner; Mönchengladbach 1909, S. 1f.

"Vielleicht empfiehlt sich ein allgemeiner Begriff des *Dienstes*, wenn man beide Leistungsformen, Diakonie und Seelsorge zusammenfassen will."[99]

Mein Vorschlag ist es, im Anschluß an Luhmann und zugleich aus schwerwiegenden theologischen Gründen den bereits bekannten Leitbegriff des Dienstes verstärkt in die diakonisch-theologische Diskussion einzubringen. Was christliches und damit auch diakonisches Reden und Handeln ist, entscheidet sich dann an der Frage, ob es sich dabei um einen Dienst handelt oder nicht. Der Begriff wird damit zu einem Leitbegriff des Christentums im allgemeinen und der Diakonie im besonderen. Auf den ersten Blick scheint es sich hierbei um eine Tautologie zu handeln, denn διακονία heißt nichts anderes als Dienst. Außerdem erscheint der Gedanke so selbstverständlich, daß er kaum wesentliche Fortschritte verspricht. Bei näherer Betrachtung zeigt sich jedoch, daß der Begriff des Dienstes beim theologischen Nachdenken über diakonische Arbeit bislang kaum systematisch herangezogen worden ist.[100] Zugleich besitzt der Begriff in Diakonie, Theologie, Kirche und besonders in der Bibel eine so breite Basis, daß die scheinbare Tautologie διακονία = Dienst mit Hilfe weiterer Präzisierungen und Differenzierungen leicht zu entfalten und damit aufzuheben ist. Und schließlich handelt es sich beim Leitbegriff des Dienstes um einen elementaren Aspekt christlicher Existenz, der deshalb auch und gerade in der Diakonie nicht selbstverständlich vorausgesetzt, sondern immer wieder neu bedacht werden sollte.

Wendet man diesen Leitbegriff konsequent auf den Bereich heutiger diakonischer Arbeit an und versucht man ihn mit Hilfe der Luhmannschen Begriffstechnik binärer Codierung zu formulieren, so bedeutet dies: Als christlich und in diesem Sinne diakonisch lassen sich all diejenigen Handlungen bzw. Kommunikationen bezeichnen, die sich an der Unterscheidung *Dienst/Nichtdienst* orientieren. Diese These wird im folgenden zu entfalten sein. Abläufe, die sich nach anderen Codes richten, wie z.B. Zahlung/Nichtzahlung, Recht/Unrecht, Karriere/Nichtkarriere, gehören anderen Systemen an, z.B. der Wirtschaft, dem Rechtssystem oder dem Erziehungssystem. Sie können, wie im vorigen Abschnitt dargestellt (vgl. Kap. 5.2), vor allem im organisatorischen Bereich von der Diakonie für die Realisierung ihres eigenen Interesses berücksichtigt werden. Das Gesamtinteresse der Diakonie selbst muß sich jedoch dabei - in klarer Abgrenzung von systemfremden Codes - an der Unterscheidung Dienst/Nichtdienst orientieren. Durch diese Ausrichtung läßt sich die Identität der Diakonie und zugleich ihr Zusammenhang mit anderen Bereichen christlichen Lebens neu aufzeigen.

Damit der Leitbegriff des Dienstes in dieser Weise gebraucht werden kann, bedarf er jedoch zunächst einer näheren Bestimmung. Denn es können damit unmöglich alle Formen des Dienstes gemeint sein. So wird der Dienst eines Sklaven gegenüber seinem Herrn zumeist nicht als Dienst im christlichen Sinne verstanden werden.[101] Auch sind die meisten Tätigkeiten innerhalb des derzeit stark expandierenden Sektors der "Dienstleistungen" wohl kaum als diakonisch zu verstehen.[102] Der Begriff

---

[99] N. Luhmann: Funktion der Religion, S. 58, Hervorhebung von Luhmann.

[100] Eine Ausnahme bildet Paul Philippis Konzept der "Christozentrischen Diakonie", auf das im folgenden (Kap. 5.3.3) ausführlich eingegangen wird.

[101] Vgl. jedoch den Brief des Paulus an Philemon, in dem er diesen bittet, den Sklaven Onesimus wieder (als Diener?) aufzunehmen. Philemon hat ihn aber wohl für den Missionsdienst freigegeben (vgl. Kol 4, 7-9).

[102] Vgl. dazu Johannes Degen: Diakonie als soziale Dienstleistung; Gütersloh 1994.

des Dienstes, der in der vorgestellten Weise als Leitorientierung für christliches Reden und Handeln im allgemeinen und für diakonisches im speziellen fungieren soll, ist vielmehr, gemäß den vorherigen Ausführungen, aus der Heiligen Schrift als dem entscheidenden Kriterium (Programm) des Christentums heraus zu entfalten. Um einen präziseren Begriff des Dienstes im christlichen Sinne zu gewinnen, ist also zunächst auf Zeugnisse der Bibel zu achten, in denen grundlegende Sachverhalte zur Sprache kommen, die sich im Begriff des Dienstes zusammenfassen lassen. Es ist in diesem Rahmen nicht möglich, auf die gesamte Breite des Dienstbegriffes in der biblischen Tradition auch nur annähernd einzugehen. Diese Aufgabenstellung würde eine gesonderte Untersuchung erfordern. Deshalb soll im folgenden nur eine spezielle Tradition untersucht werden, an der sich jedoch exemplarisch einige wichtige Aspekte des biblischen Verständnisses von Dienst aufzeigen lassen. Gerade in den *paulinischen Briefen* hat dieses Wortfeld eine elementare und zugleich vielschichtige Bedeutung . Das Corpus Paulinum kann deshalb gut zur Verdeutlichung dessen, was im Kontext der vorliegenden Arbeit gemeint ist, herangezogen werden. Weitere exegetische Untersuchungen hätten sich darum zu bemühen, die wichtige Bedeutung dieses Leitbegriffes "Dienst" auch in anderen Teilen des Alten und Neuen Testamentes nachzuweisen.

### 5.3.2 Der Begriff des Dienstes im Corpus Paulinum

In den weithin als unbestritten echt geltenden Briefen des Paulus, also Röm, I und II Kor, Gal, Phil und Phlm[103], gibt es vor allem zwei Begriffe, die für das paulinische Verständnis von "Dienst" von entscheidender Bedeutung sind: δοῦλος und διάκονος. Allerdings sind die beiden Begriffe dabei im Neuen Testament keineswegs synonym zu verstehen. "Besonders bemerkenswert ist die Bedeutungsdifferenz zwischen δουλεύω und διακονέω mit der je zugehörigen Wortgruppe. Die Wörter des δουλ-Stammes drücken vor allem das Abhängigkeitsverhältnis und die Unterordnung des δοῦλος dem κύριος gegenüber aus, διακονέω und seine Wortgruppe bringt dagegen viel stärker den Gedanken des Dienstes zugunsten von jemand zur Sprache."[104] Betrachtet man den Gebrauch dieser beiden Worte bei Paulus, so läßt sich ein bestimmtes Verständnis des Dienstes aufzeigen, das bei ihm auf verschiedenen Ebenen entwickelt wird. Es geht dabei durchgehend um eine Gegenüberstellung von *Vollmacht und Dienst,* bzw. von *Stärke und Schwachheit.* Diese Ambivalenz christlicher Existenz expliziert Paulus
1. anhand seines eigenen Selbstverständnisses und seiner apostolischen Tätigkeit,
2. als Zusammenfassung sämtlicher Tätigkeiten in der christlichen Gemeinde,
3. im Hinblick auf seine Kollekte für die Gemeinde in Jerusalem und schließlich
4. als grundlegende Maxime christlichen Verhaltens.

---

[103] Für den I Thess ist die Frage der Verfasserschaft zumindest komplizierter. Gegen Paulus als alleinigen Autor spricht z.B. die für ihn völlig atypische antijüdische Polemik in 2,14-17. Paulus, Silvanus und Timotheus werden im Brief als gemeinsame Absender genannt und ein Großteil des Textes ist in der 1. Person Plural geschrieben. Der Brief wird deshalb im folgenden nicht direkt für die Betrachtung des Corpus Paulinum im strengen Sinne mit herangezogen.

[104] A. Weiser: Artikel διακονέω; in: Exegetisches Wörterbuch zum Neuen Testament, hrsg. v. H. Baltz und G. Schneider; 2. Aufl. Stuttgart 1980, S. 726-731, dort S. 726f.

Dem paulinischen Dienstverständnis ist im folgenden auf den verschiedenen Ebenen nachzugehen.

### 5.3.2.1 Das Selbstverständnis des Paulus

In den Selbstvorstellungen zu Beginn seiner Briefe bezeichnet sich Paulus vornehmlich mit Hilfe zweier Begriffe, in denen auf der einen Seite seine Dienstbarkeit und Unterlegenheit und auf der anderen Seite seine Vollmacht und Autorität zum Ausdruck kommen: δοῦλος (bzw. einmal δέσμιος) und ἀπόστολος.[105] In Röm 1,1 werden diese Begriffe unmittelbar nebeneinander gestellt. Dort heißt es: "Paulus, ein Knecht (δοῦλος) Christi Jesu, berufen zum Apostel (κλητὸς ἀπόστολος)". Paulus versteht dadurch seine Person in der Ambivalenz von Dienerschaft gegenüber Christus und den Menschen einerseits und apostolischer Autorität aufgrund göttlicher Berufung andererseits.

Diese Ambivalenz, die zu Beginn des Römerbriefes am deutlichsten zum Ausdruck kommt, wird in den anderen Briefen jeweils auf charakteristische Weise variiert. Geht es in den Korintherbriefen[106] massiv um die Frage der paulinischen Autorität in Auseinandersetzung mit verschiedenen Gegnern und Parteiungen in der korinthischen Gemeinde, so hebt Paulus hier bereits im Präskript seine Vollmacht hervor, indem er allein den Titel des Apostels unterstreicht und die Selbstbezeichnung δοῦλος unterläßt. "Paulus, berufen zum Apostel (κλητὸς ἀπόστολος) Christi Jesu", bzw. "Paulus, Apostel Christi Jesu", heißt es in I Kor 1,1 und II Kor 1,1. Die Ambivalenz von Stärke und Schwäche ist jedoch auch in diesen Briefen an späteren Stellen genuin mit aufgenommen. Bei der Frage nach seiner besonderen Bevollmächtigung zum Apostolat rühmt sich Paulus paradoxerweise gerade seiner Schwäche und zeigt damit, daß apostolische Autorität und Schwachheit sich durchaus nicht widersprechen, sondern daß sie vielmehr in konstitutiver Spannung zueinander stehen. Gerade in der Solidarität mit den Schwachen und in der Annahme der eigenen Schwächen besteht die eigentliche Stärke des paulinischen Apostolates. "Wer ist schwach, und ich werde nicht schwach? Wer wird zu Fall gebracht und ich brenne nicht (sc. vor Sorge)? Wenn ich mich denn rühmen soll, so will ich mich meiner Schwachheit rühmen." (II Kor 11,29f)

Ähnlich betont Paulus auch im Galaterbrief seine Autorität. In heftiger Auseinandersetzung mit den Adressaten stellt er sich wiederum als Apostel und nicht als Knecht vor und beteuert, daß er seine Berufung nicht von Menschen, sondern von Jesus Christus und Gott empfangen habe (Gal 1,1). Erst in Gal 1,10 bezeichnet er sich dann als Knecht Christi, wobei auch diese Erwähnung die Funktion hat, gerade seine Unabhängigkeit von menschlichen Autoritäten hervorzuheben. Die Dienerschaft unter Christus bedeutet für ihn Souveränität gegenüber menschlichen und kosmischen Mächten. Das exemplifiziert Paulus dann im weiteren Verlauf des Briefes an ver-

---

[105] Zur schwierigen Begriffsgeschichte von ἀπόστολος vgl. J. Roloff: Artikel "Apostel/ Apostolat/ Apostolizität. I. Neues Testament"; in: TRE, Bd. 3; Berlin, New York 1978, S. 430-445. Danach war ἀπόστολος "zunächst ein formaler Autorisationsterminus, der erst durch entsprechende inhaltliche Füllung zum Terminus technicus für eine christliche Institution werden konnte." (A.a.O., S. 433.)

[106] Der 2. Korintherbrief ist dabei wohl aus mehreren Teilbriefen zusammengesetzt.

schiedenen Beispielen, z.B. im Verhältnis zu den Jerusalemer Judenchristen (Gal 2,1ff), in der Unabhängigkeit von den jüdischen Gesetzesvorschriften (Gal 2,11ff) und in der Freiheit gegenüber der Versklavung durch fremde Mächte (στοιχεῖα, Gal 4,8-11).

Anders als gegenüber den Korinthern und den Adressaten des Galaterbriefes argumentiert Paulus hingegen dort, wo seine Autorität nicht in Frage steht. Im Philipperbrief betont er gerade, zusammen mit seinem Mitarbeiter Timotheus, seine Schwachheit, indem er beide Knechte (δοῦλοι) Christi Jesu nennt (Phil 1,1). Der Titel ἀπόστολος fehlt an dieser Stelle. Die Situation der Gefangenschaft, in der sich Paulus offenbar befindet, verdeutlicht noch diese Knechtschaft. Auch in diesem Brief hebt Paulus jedoch die Ambivalenz von Stärke und Schwäche, von Hoheit und Niedrigkeit hervor, die im Selbstverständnis seiner Existenz unmittelbar zusammengehören. "Ich kann niedrig sein und kann hoch sein; mir ist alles und jedes vertraut: beides, satt sein und hungern, beides, Überfluß haben und Mangel leiden; ich vermag alles durch den, der mich mächtig macht." (Phil 4,12f)

Im Philemonbrief schließlich fällt die Betonung der Niedrigkeit des Paulus noch deutlicher aus. Dort bezeichnet er sich zu Anfang als Gefangener (δέσμιος) Christi Jesu, wahrscheinlich weil Paulus auch hier tatsächlich gefangen ist. Dennoch fordert er von Philemon Gehorsam, wenn er ihn bittet, seinen Sklaven Onesimus, der eine Zeitlang bei Paulus gewesen war, nun wieder aufzunehmen. Auch hier zeigt sich die Spannung von Knechtschaft bzw. Gefangenschaft und Autorität, aus der heraus Paulus argumentiert.

Aus diesen wenigen Hinweisen, die noch weiter zu vervollständigen wären, läßt sich bereits feststellen, daß das Selbstverständnis des Paulus durchgehend in der Ambivalenz von Dienst und Vollmacht, von Schwäche und Autorität entwickelt wird. Keiner der beiden Aspekte ist für Paulus aufgebbar. Vielmehr zeigt sich seine Stärke gerade in der Fähigkeit, anderen zu Diensten zu sein und dabei die eigene Schwäche anzunehmen. Und umgekehrt gibt Paulus in der Situation völliger Unterlegenheit wie Gefangenschaft oder offensichtlicher Schwäche gegenüber seinen Gegnern seinen Autoritätsanspruch nicht auf, sondern entwickelt gerade aus seiner persönlichen Schwäche die Besonderheit seines Apostolates. Diese Ambivalenz ist für Paulus folglich eine angemessene Beschreibung seiner Existenz. Im dargestellten Sinne kann Paulus dann auch seine gesamte Missionstätigkeit als Dienst verstehen. Der Begriff διακονία wird damit für ihn geradezu zum Terminus technicus seines Apostelamtes (vgl. z.B. II Kor 3,3: διακονηθεῖσα).

### 5.3.2.2 Dienst als Zusammenfassung aller Geistesgaben

Das dargestellte Selbstverständnis des Paulus und seiner Missionstätigkeit wird von Paulus dahingehend ausgeweitet, daß bei ihm sämtliche vom Heiligen Geist gewirkten Tätigkeiten innerhalb der christlichen Gemeinde als Dienst aufgefaßt werden. Wichtigster Beleg dafür ist I Kor 12,4-11. In V. 5 werden die verschiedenen Gnadengaben der Christen als Dienste bezeichnet und christologisch interpretiert. Sie sind zusammengefaßt in Christus als dem Inbegriff des Dienstes. Zentrales Problem ist hier jedoch die Verschiedenheit der Dienste, die διαιρέσεις διακονιῶν. "Es sind verschiedene Dienste, aber es ist ein Herr."[107] Was darunter im einzelnen zu verstehen ist, wird in V. 8-10 ausgeführt: Weisheit, Erkenntnis, Glaube, Heilfähigkeiten, Wunderkräfte, die Fähigkeit, Geister zu unterscheiden, Zungenrede, Deutung der Zungenrede. Man darf vermuten, daß es sich bei dieser Liste von wichtigen Gemeindetätigkeiten nur um eine Auswahl handelt. Entscheidend ist jedoch, daß diese (und andere) Aktivitäten *Vollmachten und Befähigungen* sind, die als solche jedoch nicht zur Stärkung der eigenen Macht eingesetzt werden sollen. Vielmehr sind sie insgesamt als Dienste an und innerhalb der Gemeinde zu verstehen. Damit sind die genannten Geistesgaben jeweils von Paulus ambivalent gedacht. Sie geben denjenigen, die in solcher Weise begabt sind, bestimmte Vollmachten, die sie gegenüber anderen auch gebrauchen sollen und die sie in eine gewisse Machtposition versetzen. Zugleich soll diese Vollmacht jedoch immer als Dienst an der Gemeinde verstanden werden.

Diese Ambivalenz von Vollmacht und Dienst ist also für Paulus nicht nur in Bezug auf seine eigene Person und Tätigkeit, sondern auch im Hinblick auf alle Befähigungen in der Gemeinde konstitutiv. Wer sein Reden und Handeln in der Gemeinde nicht innerhalb dieser Spannung von Vollmacht und Dienst versteht und ausübt, steht in der Gefahr, entweder in einen einseitigen Gebrauch von Macht oder in eine einfache dienstbare Unterordnung unter andere zu verfallen. Im ersten Falle wäre nicht verstanden, daß jede Bevollmächtigung in der Gemeinde anderen zum Dienst gereichen soll, im zweiten Falle wäre vergessen, daß jeder Dienst in der Gemeinde zugleich eine gewisse Vollmacht beinhaltet, die als solche auch wahrgenommen werden soll. Dienst ist also für Paulus in der christlichen Gemeinde nicht eine Begabung unter anderen, sondern der zusammenfassende Begriff für alles, was als gemeindliches Leben durch Gott bewirkt und vom heiligen Geist geschenkt wird.[108]

### 5.3.2.3 Die Bedeutung der paulinischen Kollekte

In seiner Spannung von Vollmacht und Dienst muß in diesem Kontext auch eine spezielle Aktivität des Paulus verstanden werden, die zunächst lediglich als bereitwilliger Dienst erscheinen mag: die Sammlung für die Gemeinde in Jerusalem. Über Jahre hinweg hat Paulus an dieser Kollekte gearbeitet. Bei seinem Treffen mit den Autoritäten der Jerusalemer Gemeinde war ihm der Auftrag gegeben worden, "daß wir an die Armen dächten, was ich mich auch eifrig bemüht habe zu tun." (Gal 2, 10) Während Paulus in I Kor 16,1ff noch davon ausgeht, daß die Sammlung von den Gemeinden in Galatien und auch in Korinth bereitwillig vorangetrieben werde, muß er offensichtlich bereits in II Kor 8 und 9 einen erheblichen argumentativen Aufwand betreiben, um sie wieder in Gang zu bringen. Die Kollekte wird dabei von ihm durchgehend meist als διακονία bezeichnet. Es mag zunächst so scheinen, als ob es sich um eine rein karitative Tätigkeit des Paulus handelt.

Diese Sammlung besitzt hingegen zugleich für die Akzeptanz seiner gesamten Missionstätigkeit in zweifacher Hinsicht eine wichtige Bedeutung. Zum einen erkennen die mit Paulus verbundenen Gemeinden damit die Aufgabe der Kollekte an, die

---

[107] Die Lutherübersetzung in der revidierten Ausgabe von 1984, nach der die anderen genannten Bibelstellen zitiert wurden, deutet den Begriff des Dienstes hier unzutreffend als "Ämter".

[108] Zu dieser trinitarischen Argumentation vgl. I Kor 12,4-6.

Paulus in Jerusalem aufgetragen wurde und erklären sich dadurch mit Paulus solidarisch. Zum anderen ist sie von Paulus nicht nur als eine materielle Unterstützung der Bedürftigen in Jerusalem zu verstehen, sondern sie ist verbunden mit der formalen Anerkennung seiner apostolischen Vollmachten durch die Jerusalemer Leitungspersonen. In Röm 15, 25ff, möglicherweise dem letzten Text, den wir von Paulus besitzen, bezweifelt er kurz vor seiner letzten Reise nach Jerusalem, daß er dort positiv aufgenommen werde. Er habe in Makedonien und Achaja eine erhebliche Summe gesammelt, und hoffe nun, die Akzeptanz seiner Person in der Jerusalemer Gemeinde dadurch steigern zu können, daß er diese Kollekte bei seinem Besuch dort vorlege.

An die Römer schreibt er in deutlicher Verunsicherung: "Ich ermahne euch aber, liebe Brüder, durch unseren Herrn Jesus Christus und durch die Liebe des Geistes, daß ihr mir kämpfen helft durch eure Gebete für mich zu Gott, damit ich errettet werde von den Ungläubigen in Judäa und mein Dienst (ἡ διακονία μου), den ich für Jerusalem tue, den Heiligen willkommen sei". (Röm 15,30f) Die Kollekte (διακονία) steht damit für Paulus in den letzten Jahren seiner Missionstätigkeit durchgehend in unmittelbarem Zusammenhang mit der Anerkennung seiner apostolischen Vollmacht. Als Paulus sich etliche Jahre nach seiner Bekehrung mit Jakobus, Kephas und Johannes in Jerusalem trifft - dieses Treffen wird oft als "Apostelkonzil" bezeichnet - geht es letztlich um die Frage, ob die paulinische Heidenmission an irgendwelche Bedingungen geknüpft sei. In diesem Zusammenhang wird von Paulus als einzige Auflage eben die Kollekte genannt. (Gal 2,10)[109] Im Römerbrief geht es dann, gewissermaßen gegen Ende der paulinischen Missionstätigkeit erneut um die Kollekte. Würde sie in Jerusalem akzeptiert, so wäre damit auch eine gewisse Legitimation seines bisherigen Wirkens verbunden und Paulus könnte von dort aus, wie geplant, seine Mission auf den westlichen Mittelmeerraum ausdehnen. Würde sie jedoch abgelehnt, so bedeutete das zugleich im Prinzip eine Ablehnung der gesamten paulinischen Missionstätigkeit. Bei der Gabe der paulinischen Gemeinden für Jerusalem geht es also nicht nur um karitative Hilfe für Bedürftige, sondern zugleich um Anerkennung - oder Ablehnung! - dieser Gemeinden durch die Jerusalemer Autoritäten. Umgekehrt erkennen die paulinischen Gemeinden ihrerseits mit der Sammlung für Jerusalem den Zusammenhang mit den dortigen Judenchristen und damit gewissermaßen eine ökumenische Christenheit aus Juden- und Heidenchristen grundsätzlich an. Die diakonische Sorge für die bedürftigen Christen in Jerusalem wird damit - zumindest für das mit Paulus in Zusammenhang stehende Heidenchristentum - zu einer Machtfrage ersten Ranges.

Somit zeigt sich auch hier, daß Dienst im paulinischen Verständnis eng mit Bevollmächtigung verbunden ist. Eine karitative Gabe wird erst dadurch zum Dienst im paulinischen Sinne, daß mit ihr zugleich die Befähigung der Geber (paulinische Gemeinden) und des Überbringers (Paulus) akzeptiert wird. In dieser Spannung von (materiellem) Dienst und (fraglicher) apostolischer Autorität begibt sich Paulus nach Jerusalem. Es scheint dabei, als ob der Zweifel und die Verunsicherung, die für ihn mit dieser Reise verbunden waren, berechtigt waren. Denn wir besitzen wohl keine weiteren Äußerungen von Paulus nach dem Römerbrief, und wenn das lukanische

---

[109] Vgl. dazu die spätere Darstellung dieses Treffens in Act 15, nach der bestimmte Handlungsanweisungen von Paulus und den Heidenchristen einzuhalten waren. Von einer Kollekte wird in diesem Zusammenhang nicht berichtet.

Zeugnis stimmt, wurde Paulus in Jerusalem gefangengenommen und als Gefangener nach Rom gebracht (vgl. Act 21,27 - 28,30).

## 5.3.2.4 Die Maxime christlichen Verhaltens

Die konkreten Ausführungen des Paulus zu seinem Selbstverständnis, zu seiner Ekklesiologie und zu seiner diakonischen Gabe für Jerusalem werden in der Paränese des Römerbriefes und des Galaterbriefes in einem allgemeineren Zusammenhang reflektiert. Generalisiert geht es hier um die Frage nach dem rechten christlichen Verhalten. Eine mögliche Antwort darauf wäre, daß die Christen das (jüdische) Gesetz zu halten hätten. Der Gesetzesgehorsam wäre eine zuverlässige Leitlinie für die Gläubigen. Diese Möglichkeit wird von Paulus zunächst abstrahiert, indem das Liebesgebot (vgl. Lev 19,18) als Zusammenfassung des ganzen Gesetzes eingeführt wird. Das Gesetz wird mit Hilfe einer seiner prägnantesten Formeln von innen heraus interpretiert. "Denn das ganze Gesetz ist in einem Wort erfüllt, in dem: 'Liebe deinen Nächsten wie dich selbst!' " (Gal 5,14). Nicht die bloße Erfüllung der Gesetzesvorschriften ist also für Paulus entscheidend, sondern die Gesinnung, aus der heraus das jeweilige Handeln geschieht. Diese auch aus den Evangelien bekannte Zuspitzung auf das Doppelgebot der Liebe (vgl. Mk 12, 28ff und Parallelen) wird bei Paulus allerdings ohne das Gebot der Gottesliebe verwendet, und sie wird vor allem mit Hilfe eines weiteren Begriffes erläutert:

Waren für Paulus die Begriffe διακονία und δουλεία bereits für sein Selbstverständnis und für seine Ekklesiologie von entscheidender Bedeutung, so zieht er sie auch bei seinen Ausführungen zur rechten Gestaltung des christlichen Lebens an dieser wichtiger Stelle heran: "durch die Liebe diene einer dem anderen (δουλεύετε ἀλλήλοις)." (Gal 5, 13) Ziel der Erfüllung des Gesetzes ist also letztlich nicht die Liebe selbst, sondern der Dienst. Das Liebesgebot hat gewissermaßen die Funktion, den Gesetzesgehorsam unter einem Obersatz zu bündeln. Aber diese Konzentration geschieht letzlich in der Absicht, den Dienst des einen Christen am anderen zu ermöglichen.

Paulus kann diesen Dienst hier nicht nur - wie in I Kor 12 oder in seinen Äußerungen zur Kollekte - als διακονία, sondern sogar als δουλεία, Knechtschaft, bezeichnen. Weder die bloße Erfüllung des Gesetzes noch die rechte liebende Gesinnung sind damit die eigentliche Pointe, sondern der Dienst am anderen, der durch diese Gesinnung und damit in immanenter Erfüllung des Gesetzes geschehen soll. Christliche Liebe konkretisiert sich also kollektiv als Dienst in der Gemeinde (vgl. I Kor 12) und an anderen Gemeinden (II Kor 8 und 9) sowie individuell als Dienst am Nächsten.

Dieser Dienst ist dabei immer zugleich von christlicher Freiheit bestimmt. "Ihr aber, liebe Brüder, seid zur Freiheit berufen."[110] Die Dienstbarkeit der Christen, aus der sich dann alle weiteren Verhaltensmaßstäbe ableiten und konkretisieren lassen, ist von Paulus also von vornherein ambivalent gedacht. Sie ist weder eine Unterordnung unter die bestehenden Hierarchien noch unter diejenigen Menschen, denen die-

---

[110] Diesen Satz des Paulus müßte man wohl in heutiger Sicht inklusiv für beide Geschlechter formulieren.

ser Dienst gilt. Sondern der Dienst resultiert aus der Freiheit gegenüber ihren herkömmlichen Bindungen, die die Christen durch die Bindung an Jesus erfahren dürfen. Wahrer christlicher Dienst ist in diesem Sinne immer zugleich von der Freiheit bestimmt. Nicht die Dienstbarkeit für sich ist entscheidend, sondern die Ambivalenz von Knechtschaft (δουλεία) und Freiheit (ελευθερία). Diese Dienerschaft duldet keine weiteren Abhängigkeiten, sondern erlaubt eine christliche Liebestätigkeit nur als freien Dienst. "Zur Freiheit hat uns Christus befreit. So steht nun fest, und laßt euch nicht wieder das Joch der Knechtschaft (δουλείας) auflegen." (Gal 5,1)

### 5.3.3 Die grundlegende Bedeutung des Dienstes für das Christentum

Aus diesen Ausführungen zum paulinischen Verständnis des Dienstes wird deutlich, daß es sich bei der Konzentration auf den Begriff des Dienstes in seinem ambivalenten Verständnis um eine wesentliche Grundbestimmung christlicher Existenz handelt. Sie geht in ihrem Geltungsbereich weit über das im strengen Sinne diakonische Handeln hinaus und umfaßt sämtliche Aspekte des christlichen bzw. gemeindlichen Lebens.

Versucht man, unter Berücksichtigung des dargestellten Dienstverständnisses im systemtheoretischen Sinne einen Code zu entwickeln, in dem der Dienstbegriff für das Christentum angemessen zur Geltung kommt, so ist die oben vorgeschlagene Formulierung Dienst/Nichtdienst noch zu präzisieren. Es muß sich dabei um ein ambivalentes Verständnis des Dienstes handeln, daß zugleich immer auch die Bevollmächtigung zu diesem Dienst mit thematisiert. Beachtet man, daß nach der von Luhmann gebrauchten Unterscheidungstechnik die zweite Seite der Unterscheidung jeweils unbezeichnet bleibt, so muß die Ambivalenz des dargestellten Dienstbegriffes auf der ersten Seite formuliert werden. Unter diesen Voraussetzungen kann als Leitunterscheidung des Christentums der Code *vollmächtiger Dienst/Nichtdienst* fungieren.

Ich möchte deshalb in einem ersten Gedankenschritt diesen Code als Leitunterscheidung nicht nur für die Diakonie, sondern für das Christentum insgesamt verstehen. Damit kommen sämtliche Kommunikationen und Handlungen innerhalb des Systems der christlichen Religion zentral unter dem Aspekt des vollmächtigen Dienstes in den Blick. All diejenigen, die sich nicht an der Unterscheidung vollmächtiger Dienst/Nichtdienst im dargestellten Sinne orientieren, gehören auch nicht zum Christentum. Diese Leitunterscheidung faßt also die verschiedenen Teilbereiche des christlichen Lebens zusammen.

Die Orientierung an der Differenz vollmächtiger Dienst/Nichtdienst kann in diesem Sinne zur Reintegration von Theologie, Kirche und Diakonie beitragen. Diese Leitunterscheidung setzt zugleich für alle Kommunikationen und Handlungen des Christentums eine scharfe Grenze zur gesellschaftlichen Umwelt. Die Identitätsbildung nach innen und die Abgrenzung nach außen kann mit Hilfe dieser Unterscheidung wesentlich deutlicher gestaltet werden. Aus den Ausführungen zum paulinischen Verständnis des Dienstes wurde deutlich, daß der Dienstbegriff jeweils durch ein spezifisches Verständnis von Vollmacht ergänzt wurde. Wenn der Code vollmächtiger Dienst/Nichtdienst im dargestellten Sinne als Leitunterscheidung des

Christentums zugrunde gelegt wird, ist das Schema Luhmanns zur Codierung und Programmierung der christlichen Religion (vgl. Kap. 5.3.1) zu ergänzen. Der abstrakte Code Immanenz/Transzendenz läßt sich für das Christentum konkretisieren.

In systemtheoretischer Terminologie fungiert damit die Unterscheidung vollmächtiger Dienst/Nichtdienst gewissermaßen als "Zweitcodierung". Sie schließt an den primären Code des Religionssystems Immanenz/Transzendenz an und interpretiert diesen. Luhmann versucht, die Existenz einer Zweitcodierung für sämtliche Funktionssysteme der modernen Gesellschaft nachzuweisen. Sie konkretisieren und interpretieren jeweils den Primärcode. Die in Kapitel 5.1.2 genannten Codes der einzelnen Funktionssysteme wie Zahlung/Nichtzahlung (für die Wirtschaft), Recht/Unrecht (für das Rechtssystem) usw. sind bereits als solche Zweitcodierungen zu verstehen. So konkretisiert z.B. nach der Einführung des modernen Zahlungsverkehrs der sekundäre Code Zahlung/Nichtzahlung die primäre Unterscheidung Haben/Nichthaben etc.

Für Luhmann besteht eine der wesentlichen aktuellen Schwierigkeiten der (christlichen) Religion darin, daß die Konkretisierung mit Hilfe eines zweiten Codes weitgehend durch Moral, also durch den Code gut/ schlecht bzw. Achtung/ Mißachtung, geschieht. Dieser Code beinhaltet jedoch einige prinzipielle Probleme. Er läßt sich zum einen nur unter großen Schwierigkeiten aus den biblischen Texten heraus aktualisieren. "Der Religion geht es nach ihrer Tradition primär um die Differenz von Immanenz und Transzendenz, und diese Differenz wird mit Hilfe einer moralischen Zweitcodierung ergänzt und operationalisiert, ... daß überhaupt zwischen gut und schlecht unterschieden werden kann, ist für sie unabdingbar. Die spezifischen Achtungs-/Mißachtungs-Programme der Moral können variieren. Sofern die Religion an heilige Texte ihrer Tradition gebunden ist, entstehen daraus freilich Probleme, denn diese Texte haben immer auch zeitgenössische Moralvorstellungen fixiert und bedürfen jetzt im Hinblick darauf der Interpretation."[111]

Die Konzentration der Religion auf Moral wird zum anderen nach Luhmann unter heutigen Bedingungen problematisch, weil die "Individualisierung der Gesamtverantwortung des einzelnen für sich selbst" und die "gesellschaftliche Freigabe höherer Autorität" der unmittelbaren Relevanz dieser moralischen Zweitcodierung entgegenwirken.[112] Traditionelle Moral kann unter den Bedingungen der Moderne auch in der christlichen Religion offenbar nicht einfach unverändert weiterwendet werden. Die Unterscheidung vollmächtiger Dienst/Nichtdienst könnte an dieser Stelle der christlichen Religion gewissermaßen als Zweitcodierung neue Perspektiven eröffnen. Sie konkretisiert die Kommunikationen und Handlungen im Bereich der christlichen Religion in einer Weise, die in der heutigen Gesellschaft wahrscheinlich besser zu plausibilisieren ist als der moralische Code. Das beweist z.B. die hohe Akzeptanz der diakonischen Arbeit in der Bundesrepublik. Offensichtlich ist dieser Code zumindest in der gesellschaftlichen Umwelt der christlichen Religion akzeptiert und wird von ihr auch auf das Christentum zugerechnet. Möglicherweise erlaubt dieser Code eine klarere Identifikation des Christentums in der modernen Gesellschaft als der Rekurs auf Moral - vorausgesetzt, daß er von innen heraus und mit Bezug auf die biblischen Texte entsprechend interpretiert wird.

---

[111] N. Luhmann: Gesellschaftsstruktur und Semantik, Bd. 3, S. 298.
[112] A.a.O., S. 300.

Eine Konzentration auf den Dienstaspekt ist im Kapitel 5.3.2.4 dargestellten Sinne zumindest von Gal 5,13f her auch theologisch sinnvoll. Denn es geht bei der Frage um rechtes christliches Reden und Handeln eben nicht um Moral, also lediglich um eine Erfüllung von Verhaltensvorschriften. Auch die Konzentration auf das Gebot der Liebe trifft nicht das eigentliche Ziel der christlichen Paränese. Es ist vielmehr der Dienst am anderen, auf den sowohl das Liebesgebot als auch dessen Konkretion durch einzelne Verhaltensregeln hinzielen. Dieser Dienst ist im oben beschriebenen Sinne dabei immer zugleich als Bevollmächtigung zu verstehen. Er muß daher mit Hilfe der Unterscheidung vollmächtiger Dienst/Nichtdienst formuliert werden.

Die entscheidende Umstellung könnte damit die von Moral auf Dienst sein. Das gilt zunächst für das gesamte System der christlichen Religion. Speziell für die diakonische Theologie wird damit unter diesen Voraussetzungen das Augenmerk von der Definition christlichen Redens und Handelns durch eine bestimmte moralische Gesinnung auf den Leitbegriff des Dienstes verschoben. Die Unterscheidung vollmächtiger Dienst/Nichtdienst *in einem von den biblischen Texten her zu erläuternden Sinn* tritt an die Stelle der moralischen Unterscheidung gut/schlecht bzw. Achtung/Nichtachtung.

Es gibt in der diakonischen Theologie bereits einen sehr bekannten Entwurf, der zumindest in die hier vorgeschlagene Richtung geht. In seiner "Christozentrischen Diakonie" beschreibt Paul Philippi diese dienend-vollmächtige Grundhaltung des Christentums als "genus diaconicum".[113] Philippi geht dabei bewußt über den spezifisch diakonischen Handlungsbereich hinaus. Er verankert das "genus diaconicum" in der Christologie und entwickelt von dort aus ein spezifisches Verständnis des Dienstes, dessen grundlegende Bedeutung für das Christentum er entfaltet. Philippi meint, daß innerhalb der christlichen Dogmatik das sogenannte "genus tapeinoticum", also die Betonung der Niedrigkeit Christi, im Gegensatz zum "genus majestaticum", der Hervorhebung der Herrlichkeit Christi, zu wenig beachtet worden sei. Die Erniedrigung Christi sei häufig als zeitweiliger Verzicht auf die göttlichen Attribute verstanden worden und damit in ihrer Tiefgründigkeit unterschätzt worden. Demgegenüber plädiert Philippi dafür, die Bedeutung dieses Aspektes der Christologie ernst zu nehmen und ihn dogmatisch deutlicher hervorzuheben. Er schlägt deshalb vor, die dargestellte Ambivalenz von Vollmacht und Dienst, von Hoheit und Niedrigkeit, analog zur Zweinaturenlehre fest in der Christologie zu verankern. "Denn Knechtsgestalt und Majestätsgewalt enthalten auf der Ebene qualitativer Unterscheidungen nicht mehr Widersprüchliches als die Paradoxien der Zweinaturenlehre auf ihrer Ebene."[114]

Die Bedeutung des Dienstes für das Christentum kann also für Philippi nur angemessen wahrgenommen werden, wenn der Dienst Christi dogmatisch auch in entsprechender Weise berücksichtigt wird und wenn dabei die Spannung von Herrschaft und Dienst Christi bewußt hervorgehoben wird. Dienst muß als Grundbestandteil der Christologie, als aktive Erniedrigung Christi in seine Menschlichkeit, neu zur Geltung kommen. "Freilich eine forma servi, bei der... dem διακονεῖν und seiner Struktur folgend, mit der Äußerung (exinanitio) und unter der gehorsamen Unterord-

---

[113] P. Philippi: Christozentrische Diakonie. Ein theologischer Entwurf; 2. Aufl. Stuttgart 1975. Zu diesem Konzept vgl. bereits Kap. 1.4.3.1. Die Darstellung konzentrierte sich dort auf Philippis Rezeption der Zweireichelehre.

[114] Philippi, a.a.O., S. 219.

nung zum gebietenden Gott-Vater (tapeinosis) die aktive, positive, gemeinschaftsstiftende freie Zuwendung zu dem des Dienstes Bedürftigen zu entfalten wäre. Das vernachlässigte genus tapeinoticum muß als genus diaconicum in die Dogmatik eingeführt werden."[115]

Verankert man in dieser Weise das genus diaconicum in der Christologie, so wird Dienen - in seiner Spannung zur vollmächtigen Herrschaft - zur bestimmenden Grunddimension christlichen Lebens, die das Christentum von anderen Religionen, aber auch vom Reden und Handeln in anderen Bereichen der modernen Gesellschaft deutlich unterscheidbar macht. "Die christologische Qualität des genus diaconicum erweist sich gegenüber allen anderen Religionen als dasjenige Besondere christlicher Verkündigung und Wirklichkeit, das - denkerisch so gut wie im Lebensvollzug - mit innerer Notwendigkeit zur ihr angemessenen zwischenmenschlichen Relation 'drängt' (2. Kor. 5,14)... Es wendet jede religiöse oder philosophische Fragestellung (1. Kor. 1) in die Diene-Beziehung mitmenschlich-helfender Gegenseitigkeit, weil die Wahrheit der Religion nur diejenige von Gottes Wirklichkeit sein kann, diese aber nur in Christus - und damit nur in der Qualitas Christi - 'für uns' da ist."[116]

Es ist also nur solches Handeln als im eigentlichen Sinne christlich zu bezeichnen, welches in der Nachfolge des dienenden Christus in eine "Diene-Beziehung mitmenschlich-helfender Gegenseitigkeit" tritt. Das genus diaconicum ist deshalb für Philippi exklusiv auf die christliche Gemeinde bezogen. Nur innerhalb der Gemeinde wird im dargestellten Verständnis Dienst ausgeübt. Umgekehrt formuliert: dort, wo dem genus diaconicum gemäß gehandelt wird, konstituiert sich die christliche Gemeinde. "Diakonie ist das (christologische) Prinzip der innergemeindlichen Relation, nach dem jede Stärke in der Gemeinde auf die entsprechende Schwachheit, jeder Besitz auf den entsprechenden Mangel, jedes Oben auf seinen Gegenpol Unten so bezogen ist, daß es sich ihm frei in der Agape unterordnet."[117]

Problematisch an dieser Auffassung Philippis ist zum einen, daß der grundlegende Begriff des Dienstes mit dem Gemeindebegriff identifiziert wird. "Wer von der Diakonie recht reden will, muß von der rechten Gemeinde reden."[118] Die Differenziertheit heutigen christlichen Lebens läßt sich jedoch mit dem Gemeindebegriff schwerlich zusammenfassen. Auch ist nicht einzusehen, warum Diakonie im dargestellten Sinne eine ausschließlich innergemeindliche Angelegenheit sein soll. Das Besondere des diakonischen Handelns besteht zum erheblichen Teil gerade darin, daß es bewußt und absichtlich über die Grenzen des gemeindlichen Lebens hinausgeht und sich gerade dadurch als christlich erweist. Problematisch ist zum zweiten das Verständnis des Dienstbegriffes bei Philippi. Obwohl der Begriff dogmatisch in seiner Spannung zur Majestät entwickelt wird, hat er in seiner Verwendung und Füllung deutlich den Sinn von Unterordnung und Ergebenheit. Sozialgeschichtlich ist der Dienstbegriff bei Philippi deshalb eher in eine bereits vergangene Epoche der Diakoniegeschichte einzuordnen, in der die diakonische Arbeit hierarchisch strukturiert war und in der Dienst deshalb Unterordnung unter den Vorgesetzten oder den Hilfsbedürftigen bedeutete. Ohne Zweifel kann diese Auffassung des Dienstbegriffes kaum für eine den

---

[115] Philippi, a.a.O., S. 220 f.
[116] Philippi, a.a.O., S. 221.
[117] Philippi, a.a.O., S.248.
[118] Philippi, a.a.O., S. 249.

Erfordernissen heutiger Zeit entsprechende Formulierung des diakonischen Dienstes herangezogen werden.

Zutreffend ist demgegenüber, daß Philippi Diakonie als exklusives Charakteristikum christlichen Lebens und Handelns definiert und das Diakonische dogmatisch fest in der Christologie verankert. Diesen Grundgedanken gilt es im folgenden weiterzuverfolgen. In systemtheoretischer Terminologie formuliert, wird damit die Orientierung an der Leitunterscheidung vollmächtiger Dienst/Nichtdienst im Kapitel 5.3.2 explizierten Sinne zum Spezifikum christlichen Handelns und Kommunizierens. Die Einheit dieser Unterscheidung kann im Dienst und der Herrschaft Jesu Christi reflektiert werden. Die Systemgrenzen des Christentums werden dabei nicht durch die Grenzen der christlichen Gemeinde oder irgendwelcher anderen christlichen Institutionen gesetzt. Sie sind Kommunikations- und Handlungsgrenzen. Die Leitunterscheidung vollmächtiger Dienst/Nichtdienst bestimmt selbst die Abgrenzung nach außen. Alles, was im beschriebenen Sinne als Dienst geschieht, gehört zum System der christlichen Religion; jede Kommunikation oder Handlung, die sich nicht an der Leitunterscheidung vollmächtiger Dienst/Nichtdienst orientiert, gehört zur gesellschaftlichen Umwelt des Christentums.

Das systemtheoretische Schema der Religion (vgl. Abb. 18) läßt sich damit unter den genannten Vorbehalten modifizieren.

|  | Code | Programme |
|---|---|---|
| Reflexion der Einheit | Jesus Christus | Offenbarung |
| Struktur der Operationen | vollmächtiger Dienst/Nichtdienst | Lebensführungsregeln der Heiligen Schrift |

Abb. 19: Codierung und Programmierung der christlichen Religion

## 5.3.4 Vollmächtiger Dienst/Nichtdienst als spezifische Leitunterscheidung christlich-diakonischen Redens und Handelns

Nachdem zunächst die grundsätzliche Bedeutung des Dienstbegriffes für das Christentum insgesamt hervorgehoben wurde, ist in einem letzten Schritt nach den Konsequenzen zu fragen, die sich aus der Orientierung an der Leitunterscheidung vollmächtiger Dienst/Nichtdienst speziell unter diakonischem Aspekt ergeben. Im Kontext der in diesem Kapitel dargestellten Problematik ist dabei vor allem zu fragen, welche Vorteile der Kirche, der Theologie und besonders der Diakonie für die Gestaltung ihrer eigenen Identität daraus erwachsen können, wenn sie ihr Reden und Handeln nach dieser Leitdifferenz ausrichten.

Wesentliche Fortschritte bringt die Orientierung an diesem Code zunächst für den inneren Zusammenhang der Diakonie mit Theologie und Kirche und damit für eine Durchdringung sämtlicher Bereiche des Christentums mit dem diakonischen Gedanken. Wenn vollmächtiger Dienst/Nichtdienst die zentrale Leitunterscheidung des Christentums ist, dann müssen auch dessen einzelne Teilbereiche, also Kirche, Theologie und Diakonie und deren innerer Zusammenhang zentral von diesem Leitgedanken her verstanden werden.

*Theologie* ist demnach nicht nur ein bestimmtes, ausdifferenziertes Teilsystem, in dem Reflexionsleistungen für die christliche Religion erbracht werden. Die theologische Reflexion kann sich vielmehr unmittelbar am Begriff des Dienstes orientieren. Sie muß sich bemühen, die vielfältigen Erscheinungsformen des Dienstes innerhalb des Christentums angemessen und differenziert wahrzunehmen und zu begleiten. Diese Dienste hat sie immer wieder an den einen Dienst Jesu Christi zurückzubinden und damit allen christlichen Diensten eine christologische Grundorientierung zu geben. In diesem Kontext wird sie sich selbst in mehrfachem Sinne als Dienst verstehen können. Zum einen hat sie dieser christologisch dienenden Gesamtausrichtung des Christentums zu dienen und erfährt von dorther ihre spezielle Aufgabe und Berechtigung. Sie kann dazu die Orientierung am Leitbegriff des Dienstes immer wieder in den verschiedenen theologischen Disziplinen und für die verschiedensten theologischen Probleme zur Geltung bringen. Nicht nur die Praktische Theologie, sondern auch die Systematische Theologie, die Kirchengeschichte und die exegetischen Fächer müssen deshalb von einem diakonischen Grundgedanken durchzogen sein.

Zum anderen hat die Theologie in besonderer Weise gegenüber der Kirche eine Aufgabe zu erfüllen, indem sie diese ebenfalls am Leitbegriff des Dienstes mißt. Sie sollte dazu die Kirche und ihre Gemeinden immer wieder kritisch hinterfragen, ob es sich bei ihrem Reden und Handeln um einen Dienst im dargestellten Sinne handelt. Dabei kann sie sich z.B. an folgenden Leitfragen orientieren: Dient die jeweilige kirchliche Handlung bzw. Kommunikation den von ihr betroffenen Menschen (den Gemeindegliedern, den kirchlichen Mitarbeiterinnen und Mitarbeitern, aber auch den Pfarrerinnen und Pfarrern)? Orientiert sie sich dabei an dem oben dargestellten paulinischen Verständnis des Dienstes? Versteht sie sich selbst als vollmächtiger Dienst in der Nachfolge Christi? Durch solche kritische Begleitung kirchlichen Redens und Handelns kann die Theologie der Kirche helfen, sich immer wieder auf die Grundlagen ihrer selbst zu besinnen und von dort aus wirksam zu werden.

In besonderer und weitaus intensiverer Weise als bisher wird sich jedoch die Theologie, sofern sie sich an der Unterscheidung vollmächtiger Dienst/Nichtdienst orientiert, mit dem diakonischen Bereich beschäftigen und ihn theologisch durchdringen. Sie hat dazu die diakonische Arbeit als genuinen und konstitutiven Teil des Christentums wahrzunehmen und zu begleiten. Auch an die Diakonie muß sie dabei immer wieder die kritische Frage stellen, inwiefern die jeweilige diakonische Handlung bzw. Kommunikation als Dienst im dargestellten Sinne verstanden werden kann. Sie wird besonders die Diakonie immer wieder an die theologischen Grundlagen ihres Dienstes erinnern, damit sich die diakonische Arbeit nicht in ihren Außenbezügen und in der Eigendynamik ihres Handelns verliert. Der Dienst der Theologie an der Diakonie kann deshalb darin bestehen, ihr in allen Bereichen ihres Handelns den Leitbegriff des vollmächtigen Dienstes kritisch und richtungsweisend vor Augen zu halten.

Die Orientierung an der Leitunterscheidung vollmächtiger Dienst/Nichtdienst könnte der Theologie dazu verhelfen, fest im Gesamtsystem der christlichen Religion verankert zu bleiben und den Kontakt zu Kirche und Diakonie zu halten. Dadurch würde vermieden, daß sie lediglich einen speziellen Teil des Wissenschaftssystems bildet, der nach dem Code wahr/unwahr operiert oder daß sie lediglich als universitäre Ausbildung für spätere Theologinnen und Theologen fungiert und damit nach dem Code Karriere/Nichtkarriere primär einen Teil des Erziehungssystems darstellt. Es ist deshalb vom diakonischen Gesamtinteresse her entscheidend, das Kommunizieren und Handeln im Bereich der Theologie selbst am Leitbegriff des vollmächtigen Dienstes zu messen. So ist bei jeder theologischen Kommunikation (z.B. Aufsätze, Vorträge, Bücher) danach zu fragen, inwiefern sie sich - neben der wissenschaftlichen Kompetenz und Vollmacht - an diesem bestimmten Begriff des Dienstes orientiert und ob sie damit anderen Bereichen christlichen Redens und Handelns dienlich ist. Dient die jeweilige Kommunikation den Lesern bzw. Hörern, die sich davon Orientierung für ihr christlich-diakonisches Leben erwarten? Dient sie der Kirche, indem sie ihr Handeln und Kommunizieren kritisch vom Leitbegriff des Dienstes her hinterfragt? Berücksichtigt sie in angemessener Weise die diakonischen Arbeitsbereiche und versucht sie, diesen wichtige Grundorientierungen zu geben? Eine Theologie, die nicht in dieser Weise als Dienst geschieht und sich nicht am Leitbegriff des vollmächtigen Dienstes orientiert, steht in der Gefahr, zum Selbstzweck zu werden und den inneren Zusammenhang mit kirchlichem und diakonischem Reden und Handeln zu verlieren. Zugleich wird sie dabei als Wissenschaft auch an ihren spezifischen intellektuellen Vollmachten und Fähigkeiten festhalten und diese bewußt für ihren Dienst am System der christlichen Religion einsetzen.

Analog zur Theologie muß sich auch der Bereich *kirchlichen* Handelns und Kommunizierens an der Unterscheidung vollmächtiger Dienst/Nichtdienst orientieren. Das hat erhebliche Konsequenzen sowohl für die interne Struktur der Kirchen und Gemeinden als auch für ihr Wirken. Kirche muß sich selbst nach innen zugleich als vollmächtige wie auch als dienstbare Gemeinschaft verstehen und auch als solche organisieren. Weder eine einseitig hierarchisch verstandene Gliederung nach EKD-, Landes- und Kreissynoden und Presbyterien und die Unterscheidung zwischen kirchlichen Amtsträgern, kirchlichen Mitarbeitern und Laien darf ihre vornehmliche Ordnung darstellen, noch die einseitige devote Unterordnung unter irgendwelche gesellschaftlichen oder innerkirchlichen Personen oder Zwänge. Dem Priestertum aller Gläubigen ist also ein Dienertum aller Gläubigen zur Seite zu stellen, das aus der Ambivalenz von Dienst und Vollmacht heraus wahrgenommen wird. Das schließt notwendige Leitungsstrukturen der Kirche nicht aus, relativiert sie aber in ihrer Bedeutung für die Existenz und Gestaltung der Kirche und verpflichtet vor allem die Leitungspersonen, ihre Vollmachten als Dienst an den anderen Christen und an der Kirche insgesamt zu verstehen. Auch die beliebte Unterscheidung von Kirchenfernen und -nahen, also eine Differenzierung der Kirchenmitgliedschaft in Zentrum und Peripherie, trägt dem Leitbegriff des Dienstes kaum Rechnung. Wer der Kirche näher oder ferner steht, entscheidet sich nicht an der Häufigkeit der Teilnahme an Gemeindeveranstaltungen und Gottesdiensten, sondern an der Bereitschaft, im dargestellten Sinne anderen Menschen vollmächtig zu Diensten zu sein. Die Leitunterscheidung vollmächtiger Dienst/Nichtdienst kann damit den internen Aufbau der Kirche neu strukturieren helfen. Eine organisatorische Konsequenz wäre z.B., daß diakonische Berufe wie Diakon(in), Diakonisse und andere innerhalb der kirchlichen Institutionen wesentlich aufgewertet werden müßten, um die Vollmächtigkeit der diakonischen Tätigkeiten deutlicher herauszuheben. So ist in dieser Sicht kaum verständlich, warum der Dienst der Diakoninnen und Diakone trotz einer aufwendigen Doppelausbildung der Tätigkeit der Theologinnen und Theologen an Wort und Sakrament kirchenrechtlich bislang so deutlich untergeordnet ist.

Auch für das Wirken der Kirche hat die Orientierung an der Leitunterscheidung vollmächtiger Dienst/Nichtdienst erhebliche Konsequenzen. Sämtliche kirchlichen Handlungen und Kommunikationen müssen sich danach hinterfragen lassen, inwiefern sie wirklich Dienst im beschriebenen Sinne sind. Zu fragen ist beispielsweise: Stellen die sogenannten kirchlichen Amtshandlungen wie Taufe, Konfirmation, Trauung und Beerdigung einen Dienst an den Betroffenen dar oder sind sie routinemäßig ausgeführte Standardhandlungen kirchlicher Amtsträger? Führt der kirchliche Unterricht in das christliche Verständnis des Dienstes ein oder werden primär die Inhalte der landeskirchlichen Stoffpläne zum kirchlichen Unterricht vermittelt? Verstehen die Unterrichtenden oder Predigenden ihre Tätigkeit als Dienst an der Gemeinde oder vermitteln sie in erster Linie amtskirchliche Autorität? Wo die Kirche sich in ihrem Reden und Handeln nicht an diesem Leitbegriff vollmächtigen Dienstes orientiert, steht sie in der Gefahr, ihre genuine Herkunft aus dem biblischen Dienstverständnis zu vergessen und zum Selbstzweck zu degenerieren.

Unter dem zentralen Aspekt des Dienstes kann es jedoch nicht nur darum gehen, die Notwendigkeit einer diakonischen Durchdringung von Theologie und Kirche hervorzuheben. Es muß zugleich auch aufgezeigt werden, welche Konsequenzen die Orientierung an diesem Aspekt speziell *im Bereich der Diakonie selbst* hat. Die Verwendung der Leitunterscheidung vollmächtiger Dienst/Nichtdienst erlaubt besonders für das Kommunizieren und Handeln innerhalb der Diakonie eine klare Definition dessen, was im eigentlichen Sinne als diakonisch bezeichnet werden kann. Alles Reden und Handeln, welches in der gemeinhin so bezeichneten diakonischen Arbeit geschieht, muß sich von dieser Unterscheidung her hinterfragen lassen, ob es sich dabei im dargestellten Sinne um einen Dienst handelt. Wenn das diakonische System, wie es hier vorgeschlagen wird, von der Leitunterscheidung vollmächtiger Dienst/Nichtdienst her definiert wird, dann kann es dabei weder auf die vorhandenen diakonischen Institutionen noch auf die in ihnen tätigen Personen, also auf die Mitarbeiter und die diakonisch Betreuten, reduziert werden. Entsprechend der systemtheoretischen Überlegung, daß Systeme aus Handlungen und Kommunikationen bestehen, die sich nach bestimmten Leitunterscheidungen richten, läßt sich der Umfang des diakonischen Systems nicht durch diakonische Institutionen wie Altenheime, Krankenhäuser oder Kindergärten definieren. Er richtet sich vielmehr danach, ob im jeweiligen konkreten Falle nach der Leitunterscheidung vollmächtiger Dienst/Nichtdienst gehandelt bzw. kommuniziert wird oder nicht.

Die Grenze des sozialen Systems Diakonie geht damit nicht nur quer durch alle diakonischen Institutionen hindurch, sondern auch über sie hinaus. *Jede Handlung und Kommunikation innerhalb der Gesellschaft, die sich an der Unterscheidung vollmächtigerDienst/Nichtdienst im erläuterten Verständnis orientiert, gehört zum diakonischen System.* Insofern ist die zu Anfang dieser Untersuchung bewußt eingeführte Beschränkung des Diakoniebegriffs auf die Dachorganisation "Diakonisches Werk der EKD" ergänzungsbedürftig. Nicht die Zugehörigkeit zum Diakonischen Werk, sondern die Orientierung am Leitbegriff des vollmächtigen Dienstes entscheidet darüber, ob eine Handlung oder Kommunikation diakonisch ist. Die Leitunterscheidung vollmächtiger Dienst/Nichtdienst wird damit zum exklusiven Unterscheidungskriterium des diakonischen Systems, durch die sich dieses von allen anderen (Dienst- oder Hilfe-)Systemen in der Gesellschaft unterscheiden und dadurch eine eigene Identität aufbauen kann.

Entscheidend ist dabei in der hier vorgeschlagenen Fassung des Dienstbegriffes, daß es sich um die Handhabung eines ambivalenten Dienstverständnissses handelt, bei der im Dienst immer zugleich auch die Bevollmächtigung zum Dienst mit enthalten ist. Mit dieser Ambivalenz muß jeweils *innerhalb des diakonischen Systems* gearbeitet werden. Der Aspekt des Vollmächtigen bezeichnet dabei die Kehrseite des Dienstes, durch den dieser erst näher qualifiziert wird. Durch diesen Begriff wird die Fähigkeit und Bevollmächtigung zur Hilfe zum Ausdruck gebracht, die zu einem sich lediglich unterordnenden Dienst im Gegensatz steht. In der Ambivalenz von Dienst und Vollmacht, nicht in der einseitigen Festlegung auf den Dienst, wird deutlich, daß es sich bei der diakonischen Hilfe nicht um eine hierarchische Unterordnung unter den Nächsten handeln kann, sei es unter den Dienstvorgesetzten oder unter den Hilfsbedürftigen. Vielmehr muß von dem oben ausgeführten Verständnis her (vgl. Kap. 5.3.2) der Dienst immer zugleich auch eine Komponente der Vollmacht und Befähigung enthalten, die jede Unterordnung, auch die des Hilfsbedürftigen unter den Helfenden, ausschließt.

Die Unterscheidung vollmächtiger Dienst/Nichtdienst erlaubt zugleich, bei jeder diakonischen Kommunikation und Handlung mitlaufend zu reflektieren, daß auch das Nichtdienen möglich bleibt. Helfende wie Hilfsbedürftige werden dadurch für andere Möglichkeiten freigehalten. So müssen z. B. die diakonischen Mitarbeiter(innen) die Leistung des Dienstes auch verweigern können, wenn entsprechende Voraussetzungen nicht gegeben sind (z.B. bei Überlastung einer diakonischen Einrichtung oder eines Mitarbeiters). Umgekehrt müssen auch die Hilfsbedürftigen grundsätzlich die Möglichkeit behalten, den Dienst abzulehnen. Erst dadurch wird Dienst im diakonischen Sinne qualifizierbar. Es wird im diakonischen System entscheidbar, ob und unter welchen Bedingungen Dienst geschehen soll. *Von Dienst im diakonischen Sinne kann deshalb nach der hier vorgeschlagenen Definition nur gesprochen werden, wenn er in der Ambivalenz von Dienst und Vollmacht geschieht, die zugleich auch den (möglichen) Nichtdienst mit reflektiert.*

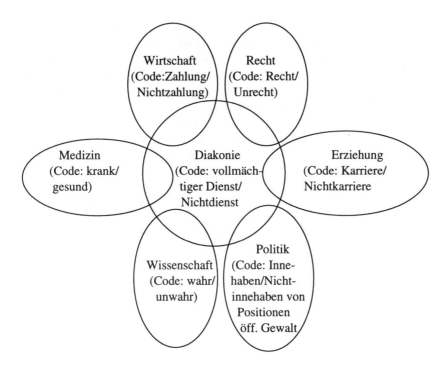

Abb. 20: Der Operationsmodus des diakonischen Systems im Kontext der Systeme in seiner gesellschaftlichen Umwelt

Diakonie kann sich also dadurch eindeutig von Einflüssen aus anderen Funktionssystemen in der gesellschaftlichen Umwelt abgrenzen und auf diese Weise diakonische Identität erzeugen, daß sie ihr Reden und Handeln nicht an fremden Leitunterscheidungen wie krank/gesund oder Zahlung/Nichtzahlung, sondern an der Differenz vollmächtiger Dienst/Nichtdienst orientiert. Für die diakonische Identitätsbildung müssen Innen- und Außenbezug dabei miteinander korrespondieren. Die Berücksichtigung von Codes aus anderen Funktionssystemen muß sich jederzeit an der eigenen Leitunterscheidung vollmächtiger Dienst/Nichtdienst orientieren und von dieser her kritisch hinterfragen lassen. Andererseits muß mit dieser Unterscheidung so gearbeitet werden, daß der Bezug auf die Systemabläufe in den relevanten anderen Funktionssystemen nicht unmöglich wird. Der Dienst muß bezahlbar, rechtlich vertretbar, politisch durchsetzbar, medizinisch sachgerecht, ausbildungsmäßig fundiert und wissenschaftlich reflektiert sein. Im ausgewogenen Zusammenspiel von Innen- und Außenbezug kann jedoch eine deutliche Profilierung diakonischer Arbeit geschehen. Diese Definition des diakonischen Systems durch die Verwendung einer bestimmten Leitunterscheidung läßt sich für die bereits dargestellten, verschiedenen Bereiche diakonischen Handelns differenzieren und konkretisieren. Im Gesellschafts-, Organisations- und Interaktionsbereich resultieren aus der Orientierung an der dargestellten Leitunterscheidung jeweils spezifische Konsequenzen, die im folgenden auszuführen sind.

Zunächst hat sich die diakonische Arbeit in den Makrostrukturen, also im *Gesellschaftsbezug*, an der Leitunterscheidung vollmächtiger Dienst/Nichtdienst zu orientieren. Die Berücksichtigung von Abläufen in der gesellschaftlichen Umwelt muß deshalb so geschehen, daß sie mit der diakonischen Gesamtorientierung an dieser Unterscheidung vereinbar sind. Wo der Bezug auf Abläufe in anderen Gesellschaftsbereichen ohne diesen Vorbehalt erfolgt, droht tatsächlich eine Überflutung durch fremde Systemeinflüsse, wie sie zu Beginn dieses Kapitels beschrieben wurde (vgl. Kap. 5.1). Wenn z.B. angesichts von ökonomischen Engpässen im sozialen Hilfesystem der BRD innerhalb der Diakonie nach neuen Wegen diakonischer Selbstfinanzierung gesucht wird, dann müssen sich solche Vorstöße in jedem Fall fragen lassen, ob sie den Beteiligten wirklich im beschriebenen Sinne dienen oder lediglich das Eigenkapital des diakonischen Trägers und damit die Vollmacht der Diakonie steigern (vgl. Kap. 5.2.2). Wenn die Möglichkeiten rechtlicher Verselbständigung intensiv genutzt werden, muß dies nach dem Gesichtspunkt geschehen, ob es den Mitarbeitern und Hilfsbedürftigen der betreffenden Einrichtung wirklich ein Dienst ist oder nur die Autonomie der Einrichtung stärkt (vgl. Kap. 5.2.3). Auch bei der Schaffung diakonieeigener Ausbildungs- und Fortbildungsmöglichkeiten muß die Hauptfrage sein, ob solche Initiativen ein Dienst an den Auszubildenden und den von ihrem Handeln Betroffenen sind oder nur ein Versuch, das Ansehen diakonischer Berufe dadurch aufzuwerten (vgl. Kap. 5.2.4). Ebenso machen Ansätze zur Entwicklung einer wissenschaftlichen (Selbst-)Reflexion der Diakonie nur Sinn, wenn sie dabei auch in der Theoriebildung vom Leitbegriff des Dienstes ausgehen, wenn also diese Theorie wirklich der Praxis dient und ihr zugleich eine angemessene theoretische Reflexion des Begriffes Dienst liefert (vgl. Kap. 5.2.5). Schließlich sind auch die Bemühungen der Diakonie im Bereich von Politik und Medizin am Begriff des Dienstes zu messen. Politische Einflußnahme kann nur aus dem Interesse heraus geschehen, daß damit die Dienstfähigkeit der Diakonie gesteigert wird - und nicht lediglich deren politische Macht. Ebenso sind auch medizinische Neuentwicklungen nur dann aufzunehmen und zu fördern, wenn dadurch Kranken und Behinderten wirksam gedient werden kann - und nicht zur Eigenprofilierung der diakonischen Einrichtung (vgl. Kap. 5.2.6). Für den Bezug der Diakonie auf andere Funktionssysteme der Gesellschaft ist unter dem Aspekt des Dienstes zusätzlich zu beachten, daß die Aktivitäten der Diakonie im gesellschaftlichen Kontext auch als Dienst an diesen Gesellschaftsbereichen zu verstehen sind. Was Luhmann die Systemreferenz "Leistung" nennt, also der Bezug des Christentums auf andere Teilsysteme der Gesellschaft, der für ihn als Diakonie geschieht, kann theologisch als vollmächtiger Dienst an der Gesellschaft aufgefaßt werden. Die Diakonie gewinnt ihr spezifisches Profil gerade dadurch, daß sie sich um Probleme kümmert, die in anderen gesellschaftlichen Funktionssystemen erzeugt werden, aber von ihnen selbst nicht gelöst werden können und daß sie dies als Dienst an der Gesellschaft versteht. Für ihren Dienst an anderen Gesellschaftsbereichen wird die Diakonie sich dabei, ganz im Sinne des dargestellten systemtheoretischen Verständnisses, vor allem an den Folgen orientieren müssen, die die in anderen Funktionssystemen auftretenden Probleme *für bestimmte Personengruppen* haben. "Für Diakonie ist bezeichnend, daß *sozialstrukturelle* Probleme in *personalisierter* Form, also an Personen wahrgenommen werden... Diese Wahrnehmungsweise ermöglicht es dem Religionssystem, Zuständigkeiten für 'Restprobleme' oder Personenbelastungen und Schicksale in Anspruch zu nehmen, die in anderen Funktionssystemen erzeugt, aber nicht behandelt werden."[119]

Dienst an anderen Funktionssystemen ist in diesem Sinne immer Dienst an den von ihren Problemen betroffenen Menschen. So betont z.B. Michael Welker, daß deshalb gerade durch die diakonische Arbeit Menschen geholfen werden kann, die in anderen Gesellschaftsbereichen deutlich benachteiligt sind. "Man sollte... sehen, daß dadurch die Kirche prinzipiell frei wird zur Orientierung hin auf Benachteiligte und Schwächere, die bislang außerhalb des öffentlichen, politischen, moralischen und rechtlichen Bewußtseins standen. Die Sensibilität einer Gemeinschaft für Benachteiligung, für Notlagen und Gefahr kann so lebendig gehalten, sie kann differenziert und gesteigert werden."[120] Diakonie kann deshalb der Gesellschaft und ihren Teilsystemen vor allem dadurch dienen, daß sie sich in besonderer Weise um Menschen kümmert, die in anderen Gesellschaftsbereichen nicht mehr angemessen berücksichtigt und betreut werden. Dieser Dienst kann nicht in der gesellschaftlichen Not selbst begründet sein, sondern nur in der Orientierung an der Unterscheidung vollmächtiger Dienst/Nichtdienst, die sich jeweils aus den biblischen Quellen herleiten muß. Solcher Dienst muß dabei gleichwohl bestimmte, auch gesellschaftlich wahrnehmbare Konsequenzen haben.

Es gehört z.B. zum Dienst der Diakonie am System der Krankenbehandlung, wenn sie entgegen den bedingungslosen Versuchen der Medizin, Krankheiten zu heilen bzw. einzugrenzen, sich in besonderer Weise um diejenigen bemüht, denen die Medizin unter diesen Voraussetzungen nicht mehr helfen kann: z.B. um die unheilbar kranken und behinderten Menschen. Wenn man davon ausgeht, daß das medizinische System sich am Code krank/gesund orientiert und sich dabei einseitig um die Überführung von Krankheit in Gesundheit bemüht, dann muß die diakonische Hilfe gerade denjenigen gelten, bei denen diese Überführung nicht gelingt. Ulrich Eibachs Kritik an dem geläufigen medizinischen Gesundheitsbegriff ist in dieser Hinsicht durchaus zuzustimmen.[121] Gerade die besondere, geschichtlich gewachsene Kompetenz der Diakonie im Umgang mit diesen Personengruppen kann dabei als wirkungsvolles Korrektiv gegenüber einem System der Krankenbehandlung eingebracht werden, welches so völlig auf die erfolgreiche Behandlung von Krankheit fixiert ist, daß es die Prämissen und Grenzen des eigenen Handelns oft nicht ausreichend reflektiert.

Ebenso kann es ein Dienst am Erziehungssystem sein, wenn sich Diakonie vor allem um diejenigen kümmert, die aus dem System der Karrierebildung herausgefallen sind, weil sie dessen Anforderungen nicht angemessen entsprechen können: z.B. die behinderten und lernschwachen Menschen, aber auch körperlich und psychisch kranke Menschen und solche, die aufgrund ihrer Sozialisation ihre Ausbildungsmöglichkeiten nicht nutzen können. Auch hier hat die Diakonie eine geschichtlich gewachsene Kompetenz im Umgang z.B. mit sogenannten "Schwererziehbaren", Waisenkindern und behinderten Menschen. Gegen die harten Karriereanforderungen des Erziehungssystems kann sie im Interesse dieser Gruppen zur Geltung bringen, daß jeder Auszubildende gemäß seinen individuellen Möglichkeiten zu fördern ist. Sie hat gegenüber der Gesellschaft deutlich zu machen, daß auch kleinste, im herkömmlichen

---

[119] N. Luhmann: Funktion der Religion, S. 58; Hervorhebungen von Luhmann.

[120] M. Welker: Warum in der Kirche bleiben? Fünf Antworten an Außen- und Innenstehende; in: Evangelische Kommentare 24 (1991), S. 335-341, dort S. 337.

[121] Vgl. U. Eibach: Ist Gesundheit das höchste Gut? In: Diakonie 19 (1993), S. 52-56.

Erziehungssystem kaum meßbare Lernfortschritte z.B. für einen behinderten Menschen sehr wohl erstrebenswert und sinnvoll sind. Für ihre eigene erzieherische Arbeit muß die Diakonie deshalb - neben der wichtigen Kindergartenarbeit - vor allem für die Betreuung der genannten Personengruppen erheblichen Aufwand einsetzen.

Der Dienst der Diakonie gegenüber dem Wirtschaftssystem kann vor allem darin bestehen, Menschen zu helfen, die über so wenig finanzielle Mittel verfügen, daß sie am ökonomischen Prozeß der Abwicklung von Zahlungen kaum teilhaben können: z.B. Personen, die juristisch nicht geschäftsfähig sind, Kinder, die noch über keine eigenen Mittel verfügen können, aber auch solche Menschen, die - etwa bei Krankheit und Pflegebedürftigkeit oder durch Naturkatastrophen und Kriege - ihr ganzes Vermögen verloren haben oder keine Möglichkeit haben, sich Vermögen zu erwerben. Gerade sie müssen von der Diakonie so betreut werden, daß ihnen dennoch ein Leben ermöglicht wird, welches ihren elementaren (auch wirtschaftlichen) Bedürfnissen entspricht. Die (wirtschaftlichen) Interessen dieser Personengruppen müssen von der Diakonie in der Öffentlichkeit dabei zugleich so vertreten werden, daß deren Bedeutung für das Wirtschaftssystem und die Gesellschaft insgesamt deutlicher wird.[122]

Im Hinblick auf das politische System hat die diakonische Arbeit besonders denen zu gelten, die aufgrund ihrer Situation nicht an den politischen Abläufen der Besetzung von Positionen öffentlicher Gewalt mitwirken können und die deshalb ihre eigenen Nöte und Anliegen politisch auch nicht angemessen zur Sprache bringen können. Das gilt etwa für all jene Menschen, die nicht über Wahlen direkt auf die Politik Einfluß nehmen können: z.B. Asylbewerber, ausländische Mitbürger, Jugendliche etc. Möglicherweise rühren zahlreiche soziale Spannungen daher, daß sich diese nicht wahlberechtigten Gruppen innerhalb des politischen Systems zu wenig äußern können. Die Diakonie muß auch hier ihre geschichtliche Erfahrung bei der Arbeit mit Fremden und Jugendlichen für die Integration dieser Gruppen in die Gesellschaft einbringen. Dabei kann sie einerseits ihren politischen Einfluß bewußt für die Lösung der bei diesen Personenkreisen anstehenden Probleme einsetzen. Andererseits kann sie zugleich ihre eigene Arbeit bewußt auf die Betreuung dieser Menschen konzentrieren, z.B. durch ein ausgeweitetes Beratungsangebot speziell für Fremde und Jugendliche, durch Begegnungszentren für diese Personengruppen und durch Kommunikationsangebote innerhalb der Kirchengemeinden.

In bezug auf das Rechtssystem sollte die diakonische Hilfe vor allem denen gelten, die innerhalb des Systems erhebliche Schwierigkeiten haben, weil sie entweder mit dem Recht kollidiert sind oder ihre Rechte nicht voll wahrnehmen können, also z.B. Straffällige, juristisch Unmündige oder Rechtsunkundige. Gerade sie haben kaum Möglichkeiten, ihre besonderen Problemlagen zur Geltung zu bringen. Auch hier kann die Diakonie ihre geschichtlich gewachsene Kompetenz, z.B. in der Gefängnisseelsorge und der Behindertenarbeit, dahingehend einbringen, daß sie die Interessen und Probleme der genannten Personen in der Öffentlichkeit vertritt und im Rahmen ihrer Möglichkeiten darauf hinwirkt, daß deren Rechte im größtmöglichen

---

[122] Erst seit kurzem ist im Bereich der Wirtschaftswissenschaften erkannt worden, daß es sich bei der diakonischen Arbeit, die sich speziell um die genannten Personengruppen bemüht, auch um einen sehr wichtigen Bereich des Wirtschaftssystems mit einem großen Geldaufkommen handelt (vgl. E. Goll: Die freie Wohlfahrtspflege als eigener Wirtschaftssektor. Theorie und Empirie ihrer Verbände und Einrichtungen; Baden-Baden 1991).

Maße gewahrt, ausgebaut und genutzt werden. Zugleich muß sie diese Menschen in ihrer Arbeit ganz besonders begleiten.

Schließlich kann die Diakonie ihre besondere Fähigkeit zum Dienst an der Gesellschaft auch im Wissenschaftsbereich zur Geltung bringen. Sie sollte dazu gegenüber dem Fortschrittsoptimismus, der mit der Gewinnung immer neuer wissenschaftlicher Erkenntnisse verbunden ist, darauf hinweisen, daß der wissenschaftliche Fortschritt sich nicht zuletzt daran messen lassen muß, ob auch die Schwachen und Benachteiligten in der Gesellschaft von ihm profitieren. Das kann etwa dadurch geschehen, daß die Diakonie die Probleme und Bedürfnisse schwacher, kranker und benachteiligter Menschen so gezielt und engagiert in die wissenschaftliche Diskussion einbringt, daß daraus in der Forschung besonders für diese Menschen wirksame Hilfen entwickelt werden können. Das bereits genannte Projekt einer epileptischen Neurochirurgie in den v. Bodelschwinghschen Anstalten Bethel sei hier ausdrücklich noch einmal erwähnt. Es geht nicht darum, durch Großprojekte das wissenschaftlich Erreichbare auszutesten, sondern wissenschaftliches Wissen konkret im Interesse bedürftiger Menschen zu erweitern und anzuwenden. Darauf hat die Diakonie in ihrer eigenen Arbeit und, im Rahmen ihrer Möglichkeiten, auch im Wissenschaftsbereich zu insistieren. Sie kann dabei ihre reiche Erfahrung mit konkreten menschlichen Notlagen gezielt einbringen.

Neben dem Dienst der Diakonie im Gesellschaftsbezug hat die Orientierung an der Leitunterscheidung vollmächtiger Dienst/Nichtdienst auch für die diakonische Arbeit im *Organisationsbereich* Konsequenzen. In den diakonischen Organisationen mit ihren fest umschriebenen Arbeitsgebieten konkretisiert sich der von den biblischen Quellen her zu verstehende Dienst in einer fest institutionalisierten und gesellschaftlich akzeptierten Form. Der Leitbegriff des Dienstes als inhaltlicher Zusammenfassung der diakonischen Arbeit versteht sich innerhalb diakonischer Einrichtungen, Werke und Verbände gewissermaßen von selbst, er ist geradezu tautologisch. Bereits im Hinblick auf die Gründung des Centralausschusses für die innere Mission, also der ersten organisatorischen Zusammenfassung der diakonischen Arbeit in Deutschland, hat deshalb Johann Hinrich Wichern alle diakonischen Aktivitäten vom Begriff des Dienstes her verstanden. "Die ganze innere Mission ist ein Dienst, und wo sie im anderen Geiste wirken wollte, hörte sie auf zu sein, was sie ist und sein soll. Was der Centralausschuß will, ist ein Dienst, den er im Dienste des Herrn derjenigen Liebe, die schon da ist oder die erst erweckt werden soll, darbietet."[123] Aber auch wenn dieser Grundgedanke des Dienstes scheinbar selbstverständlich ist, muß unter organisatorischem Aspekt gefragt werden, ob sich die diakonischen Institutionen heute mit ihren Entscheidungen und ihrem organisatorischem Aufbau tatsächlich an diesem Leitbegriff orientieren. Die organisatorische Berücksichtigung der Unterscheidung vollmächtiger Dienst/Nichtdienst muß für diakonische Organisationen heute einen dreifachen Aspekt haben.

Sie bezieht sich erstens auf das Verhältnis der diakonischen Mitarbeiterinnen und Mitarbeiter untereinander. Wenn Diakonie sich an dieser Unterscheidung orientiert, dann müssen auch die internen Strukturen diakonischer Institutionen danach ausge-

---

[123] Die innere Mission der deutschen evangelischen Kirche. Eine Denkschrift an die deutsche Nation, im Auftrage des Centralausschusses für die innere Mission, verfaßt von J.H. Wichern (1849); in: ders.: Sämtliche Werke; hrsg. v. P. Meinold; Bd. I. Die Kirche und ihr soziales Handeln; Berlin und Hamburg 1962, S. 175-366, dort S. 352.

richtet sein. Die Tätigkeit in diakonischen Leitungspositionen kann dann nicht die Herrschaft des einen Mitarbeiters über den anderen bedeuten, sondern sie ist als Dienst eines leitenden Mitarbeiters an allen anderen und an der diakonischen Institution zu verstehen. Hierarchische Machtstrukturen sind deshalb zu erkennen und im Interesse des gemeinsamen und gegenseitigen Dienstes zu ersetzen. Das bedeutet nicht, daß an die Stelle autoritativer Entscheidungskraft geschwisterliche Entscheidungsschwäche zu treten hätte. Die Kompetenzen innerhalb der diakonischen Arbeit müssen organisatorisch klar strukturiert sein, Entscheidungen müssen schnell und verbindlich möglich bleiben. Aber diese Vorgänge sind der Gesamtorientierung des Dienstes unterzuordnen. Entscheidungen müssen gefällt und durchgesetzt werden, damit in den jeweiligen Einrichtungen Dienst möglich bleibt, Kompetenzen müssen so verteilt werden, daß sie dem Gesamtinteresse des Dienstes förderlich sind. Auch im persönlichen Kontakt der diakonischen Mitarbeiter untereinander muß der Dienstgedanke leitend sein. Dabei geht es nicht um ein devotes Unterordnen des einen unter den anderen, sondern um eine Gemeinschaft des vollmächtigen Dienstes, die in der Art des Umgangs miteinander zum Tragen kommt.

Der Grundgedanke des Dienstes bezieht sich zweitens auf die Relation zwischen Hilfsbedürftigen und diakonischen Mitarbeitern in diakonischen Organisationen. Er richtet sich zum einen gegen Herrschaftsansprüche der Mitarbeiter gegenüber den - oft wehrlosen - Betreuten. Aber auch hier meint Dienst nicht die Unterordnung des Helfers unter den Bedürftigen. Aus der diakonischen Praxis sind die Situationen hinreichend bekannt, in denen Hilfsbedürftigkeit zum Terror werden kann und in denen der Dienst des Mitarbeiters am Betreuten dadurch in eine Herrschaft des Betreuten über den Mitarbeiter umschlagen kann. Die Orientierung an der Unterscheidung vollmächtiger Dienst/Nichtdienst meint deshalb, daß das Verhältnis von diakonischen Mitarbeitern und Betreuten gegenseitig als Dienst verstanden werden muß. Ebenso wie die Mitarbeiter mit ihrer Hilfe den Bedürftigen zu Diensten sein sollen, kann auch das liebevolle und dankbare Annehmen dieser Hilfe von seiten der Hilfsbedürftigen ein Dienst an den Mitarbeitern sein. Man macht dementsprechend immer wieder die Erfahrung, daß gerade die diakonischen Mitarbeiter(innen) ihre Tätigkeit als Bereicherung empfinden, wenn sie entsprechend angenommen wird. Die Mitarbeiter(innen) geben nicht nur, sondern sie empfangen zugleich. Sie dienen nicht einseitig, sondern ihnen wird in diesem speziellen Sinne auch gedient. Wenn das Reden und Handeln in diakonischen Organisationen in dieser Weise als wechselseitiger Dienst geschieht, kann es mit Recht als diakonisch bezeichnet werden.

Drittens erlaubt die Unterscheidung vollmächtiger Dienst/Nichtdienst auch eine klare Definition dessen, was speziell im Leitungsbereich im dargestellten Sinne als diakonisch gelten kann. Demnach erfüllen Entscheidungen diakonischer Leitungsgremien erst dann diese Voraussetzungen, gehören also nur zum diakonischen System, wenn sie sich bewußt am Leitbegriff des Dienstes orientieren. Organisatorische Maßnahmen, die lediglich den Bestand der Institution sichern wollen und sich gleichsam pragmatisch nach den konkreten Erfordernissen richten, erfüllen dieses Kriterium sicherlich nicht. Was im organisatorischen Bereich im eigentlichen Sinne als Teil des diakonischen Systems angesehen werden kann, entscheidet sich also nicht daran, ob das Leitungsorgan formal einer diakonischen Institution angehört. Nicht der Entscheidungsträger legitimiert die jeweilige Entscheidung als diakonisch, auch wenn es sich dabei um höchste Leitungsgremien der organisierten Diakonie handeln sollte, sondern jede getroffene Entscheidung muß sich dadurch als diakonisch erweisen, daß sie in Orientierung am Leitgedanken des vollmächtigen Dienstes gefällt wird. Dieser Dienst hat sich dabei primär auf die am diakonischen Handeln beteiligten Personen zu beziehen: auf die diakonische Mitarbeiterschaft und die diakonisch Betreuten. Bei jeder diakonischen Planungsentscheidung ist deshalb konkret zu fragen, inwiefern sie den von ihr betroffenen Mitarbeitern und Betreuten dient und ob sie dem zwischen Mitarbeitern und Betreuten geschehenden Dienst förderlich ist. Für die leitenden Mitarbeiter in der Diakonie hat das zur Folge, daß sie bei ihren Entscheidungen jederzeit die Ambivalenz von (institutionalisierter) Vollmacht, die ihnen gegeben ist, und Dienst bewußt aushalten müssen.

Auch im Interaktionsbereich hat die Orientierung an der Unterscheidung vollmächtiger Dienst/Nichtdienst bestimmte Folgen, auf die abschließend eingegangen werden soll. Es ist derzeit eine sehr kontrovers diskutierte und schwierig zu entscheidende Frage, ob das Spezifikum diakonischer Arbeit noch aus der Motivation der diakonischen Mitarbeiterschaft abgeleitet werden kann. Ist wirklich noch ein großer Teil der innerhalb der Diakonie tätigen Mitarbeiterschaft in ihrem Handeln eindeutig christlich motiviert? Hat das für den Umgang mit den in der Diakonie betreuten Menschen bestimmte, klar aufweisbare Konsequenzen? Läßt sich Diakonie damit auf der Ebene zwischenmenschlichen Redens und Handelns durch die liebevollere Art des Umgangs von Mensch zu Mensch wirklich vom Hilfehandeln in anderen Institutionen unterscheiden? Angesichts dieser Fragen wird man einerseits aufgrund des enormen Wachstums der Zahl diakonischer Mitarbeiter(innen) davon ausgehen müssen, daß eine eindeutig christliche Motivation zur diakonischen Arbeit wohl nicht mehr durchgängig vorausgesetzt werden kann. Auch die stark zurückgehende Mitgliederzahl in den diakonischen Schwesternschaften ist ein sicheres Indiz dafür, daß diakonische Mitarbeit und christliche Motivation mittlerweile nicht mehr miteinander identifiziert werden können. Die Abläufe innerhalb des sozialen Systems Diakonie und die persönliche Motivation der an diesen Abläufen beteiligten Menschen divergieren offensichtlich erheblich. Die systemtheoretische Unterscheidung von sozialem System und Mensch (vgl. Kap. 3.1.6) gewinnt damit in der Diakonie zunehmend Relevanz.

Andererseits wird man, auch wenn diakonische Mitarbeiterschaft nicht mehr selbstverständlich christliche Überzeugung voraussetzt, im bestimmten Rahmen dennoch davon ausgehen können, daß die in der Diakonie Tätigen nach wie vor bereit sind, sich mit der Institution, in der sie arbeiten, zu identifizieren und sich für deren Ziele zu engagieren.[124] Wenn von theologischer Seite entschieden auf dem Proprium diakonischer Arbeit beharrt wird und wenn deshalb von der diakonischen Mitarbeiterschaft erwartet wird, daß dieses Spezifikum der Diakonie durch ihre persönliche christliche Einstellung und die daraus folgenden konkreten Handlungen ausgewiesen werden muß, so kann das jedoch leicht paradox wirken. Die einseitige theologische

---

[124] Vgl. dazu eine interne Studie des Perthes-Werkes in Münster, nach der für einen Großteil der Mitarbeiter eine gewisse Identifikation mit der diakonischen Einrichtung, in der sie tätig sind, durchaus möglich ist. So bejahen 73,3 % der befragten Mitarbeiter die Aussagen: "Wenn über unsere Einrichtung schlecht geredet wird, wehre ich mich dagegen". Immerhin 53,2 % sind "ein bißchen stolz, gerade in dieser Einrichtung mitzuarbeiten". Und 41 % der Mitarbeiter finden: "Der Begriff der Dienstgemeinschaft ist bei uns keine Worthülse, sondern Praxis". (Vgl. Fragebogenaktion im Evangelischen Perthes-Werk. Einführung und Gesamtauswertung; unveröffentlichtes Manuskript; Münster 1992, Gesamtauswertung S. 4 und 6.).

Forderung nach einer christlichen Grundeinstellung der Mitarbeiter und einem daraus resultierenden Handeln gemäß dem christlichen Liebesgebot führt wohl eher zu einer inneren Distanzierung der Mitarbeiterschaft von ihrer Arbeit als zur Identifikation. Bei dieser schwierigen Frage nach dem Identifikationsgrad diakonischer Mitarbeiter(innen) und seinen Konsequenzen für das konkrete Handeln im zwischenmenschlichen Bereich kann es hilfreich sein, sich im dargestellten Sinne auch im Interaktionsbereich an der Unterscheidung vollmächtiger Dienst/Nichtdienst zu orientieren. Auf dieser Ebene erlaubt die Unterscheidung eine präzise Handlungsorientierung für die an den Abläufen des diakonischen Systems beteiligten Personen, ohne dabei ihre persönliche Einstellung vorschnell mit den Zielen der diakonischen Institution zu identifizieren.

Nach der vorgeschlagenen Definition sind am Reden und Handeln des diakonischen Systems diejenigen Personen beteiligt, die im dargestellten Sinne anderen dienstbar sind oder die diesen Dienst empfangen, also im geläufigen Verständnis die diakonischen Mitarbeiter(innen) und die von ihnen Betreuten. Die Zugehörigkeit zum diakonischen System läßt sich jedoch im hier vorausgesetzten Verständnis weder durch Arbeitsvertrag noch durch das Innehaben eines Betreuungsplatzes in einer diakonischen Einrichtung definieren. Sie wird von der betreffenden Person durch die konkrete Tat oder das konkrete Wort erworben, sofern sich diese am Leitbegriff des vollmächtigen Dienstes orientieren. Wer im beschriebenen Sinne dient oder wer diesen Dienst empfängt, der agiert damit innerhalb des diakonischen Systems. Er ist jedoch nur so lange diesem System zugehörig, wie er nach dem Leitbegriff des Dienstes redet oder handelt bzw. behandelt wird. Der Personenkreis, der dem diakonischen System und seinen Abläufen zuzuordnen ist, kann deshalb nur sehr dynamisch beschrieben werden. Er besteht aus denjenigen Menschen, die jeweils am konkreten Vollzug des Dienstes beteiligt sind. Damit ist keine bestimmte, sondern eine jeweils wechselnde Gruppe von Personen bezeichnet, die sich jeweils durch ihr konkretes Handeln und Reden als diakonisch erweisen muß.

Die Zugehörigkeit zum sozialen System Diakonie ist in diesem Sinne nicht an bestimmte Aufnahmebedingungen, wie z.B. die formale Kirchenmitgliedschaft gebunden. Sie steht jedem Mitglied der Gesellschaft grundsätzlich frei. Kriterium für die Zugehörigkeit ist jeweils allein die Frage, ob die konkrete Handlung oder Kommunikation, die dem jeweiligen Menschen zuzurechnen ist, als vollmächtiger Dienst im dargestellten Sinne beschrieben werden kann. Das gilt für Betreuende und Betreute im gleichen Maße. Die diakonische Mitarbeiterschaft wird damit zugleich entlastet und gefordert. Sie wird von der Option befreit, daß der einzelne durch seine persönliche Motivation für die Identität und das Proprium diakonischer Arbeit verantwortlich sei. Wenn man systemtheoretische Einsichten berücksichtigt, dann kann sich die Identität des sozialen Systems Diakonie nicht allein aus der Summe der Motivation der diakonischen Mitarbeiter(innen) ergeben. Persönliche Einstellung der Mitarbeiterschaft und spezifisches Profil des diakonischen Systems sind vielmehr zu unterscheiden. Diakonische Identität muß dann vom System selbst hergestellt werden und läßt sich nicht unter Rückgriff auf die persönliche Motivation der beteiligten Personen begründen. Unter dieser Voraussetzung sind jedoch die diakonischen Mitarbeiter gefordert, den Leitbegriff des Dienstes für ihr konkretes Reden und Handeln als Orientierung ständig zugrunde zu legen. Ihre Kommunikationen und Handlungen sind nur dann dem diakonischen System zuzurechnen, wenn sie dieser Anforderung genügen. Die Ambivalenz von Dienst und Vollmacht, wie sie exemplarisch anhand der genannten Bibelstellen aus den Paulusbriefen dargestellt wurde, muß dabei jeweils konkret in der diakonischen Interaktion, also im persönlichen Kontakt zwischen den beteiligten Menschen, ausgehalten werden. Als Maxime innerhalb der Diakonie läßt sich damit formulieren: *Handle und rede so, daß du deine Vollmachten jederzeit im Sinne des Dienstes an anderen Menschen gebrauchst. Wenn du in dieser Ambivalenz vollmächtigen Dienstes tätig bist, geschieht das im diakonischen System.*

Faktisch werden dadurch den am diakonischen System beteiligten Personen für ihr Verhalten deutliche Orientierungen an die Hand gegeben. Auch wenn der Zutritt zur Diakonie jedem Mitglied der Gesellschaft offensteht, orientiert sich die tatsächliche Zugehörigkeit zur Diakonie an der genannten Maxime und damit an der Frage, ob der- oder diejenige in der Lage ist, in seinem oder ihrem Reden und Handeln die beschriebene Spannung von Dienst und Vollmacht auszuhalten. Nicht die persönliche christliche Glaubenseinstellung ist dafür primär entscheidend, wohl aber die Fähigkeit, innerhalb der dargestellten Ambivalenz tätig zu sein und sie für das konkrete diakonische Reden und Tun fruchtbar werden zu lassen. Es ist dabei anzunehmen, daß diese Spannung vor allem solche Menschen akzeptieren und aushalten können, die in der widersprüchlichen Existenz Jesu Christi als Herr und Diener die Orientierung für ihr persönliches Leben gefunden haben.

# Zusammenfassung und Ausblick

Die vorliegende Arbeit bemüht sich angesichts der beschriebenen, sehr komplexen Situation der heutigen Diakonie um Präzisierungen und Weiterführungen der aktuellen theologischen Debatte. Mir geht es darum, die Arbeit der Diakonie und die bereits vorhandene Literatur zur Diakonie so zu strukturieren, daß eine Diskussion möglich wird, die über Einzelprobleme hinausgeht und nach Gesamtperspektiven für die diakonische Arbeit sucht. Das erscheint mir um so dringlicher, je weiter sich das Handeln der Diakonie ausdifferenziert und kompliziert. Die akademische Theologie hat sich mit der Reflexion dieser Entwicklungen meist schwer getan. In der bislang unzureichenden theologischen Berücksichtigung der Diakonie äußert sich ein grundlegendes Defizit der Entwicklung der theologischen Wissenschaft selbst. Es wird darin eine mangelnde Sensibilität für strukturelle, gesamtgesellschaftliche Probleme deutlich, die aus einer traditionellen Konzentration auf den individuellen, im Wort vermittelten Glauben resultiert. Diakonie ist einerseits ein innerhalb des herkömmlichen theologischen Begriffs- und Lehrsystems nur sehr schwer zu bearbeitender Problembereich. Andererseits bietet die Auseinandersetzung mit diakonischen Fragestellungen der Theologie die Chance, ihre eigenen Selbstbeschränkungen wahrzunehmen und sich selbst in Richtung auf die Aufarbeitung sozialer, gesellschaftlicher und institutioneller Zusammenhänge weiterzuentwickeln.

Wenn man sich auf die Vielfältigkeit diakonischer Arbeit intensiv einläßt, zeigt sich sehr bald, daß dies die engen Grenzen derjenigen Begrifflichkeit überschreitet, die man als Theologe gelernt hat. Ich habe versucht, in dieser Situation meinen Blick zu weiten und nach neuen Begriffen zu suchen, die möglicherweise helfen können, die anstehenden diakonischen Probleme präzise zu beschreiben und einer Lösung näher zu führen. Daß dies ein Wagnis ist, weiß jeder, der sich als Theologe einmal mit "fremden" Fachbereichen wie z.B. Linguistik, Psychologie, Wirtschaftswissenschaften und anderen befaßt hat. In der vorliegenden Untersuchung besteht dieses Wagnis in der Beschäftigung mit Systemtheorie. Ich habe versucht, die Vielgestaltigkeit der Diakonie unter der Berücksichtigung von systemtheoretischen Gedanken möglichst präzise und differenziert in einer Gesamtperspektive zusammenzufassen und dabei meinen theologischen Standpunkt nicht aufzugeben, sondern vielmehr neu zu finden.

Beim Ausflug in die Systemtheorie habe ich Begriffe bzw. Unterscheidungen aufgenommen, von denen ich glaube, daß sie der Theologie und auch der Diakonie selbst für ein detailliertes Verständnis der derzeitigen Bedingungen diakonischer Arbeit hilfreich sein können: Interaktion, Organisation und Gesellschaft; System und Umwelt; Kommunikation und Handlung; Selbstreferenz und Identität; hierarchische und funktionale Differenzierung; Code und Programm etc. Ich habe mich bemüht, diese Begriffe in bezug auf Diakonie theologisch reflektiert zu gebrauchen und damit den Wortschatz der diakonischen Theologie anzureichern. Zugleich wollte ich diese Begriffe als Theologe so verwenden, daß auch Soziologen verstehen können, was ich damit meine. Das erfordert mitunter einen erheblichen Übersetzungsaufwand. Ich habe dabei jedoch den Eindruck gewonnen, daß das Erlernen der systemtheoretischen "Sprache" ähnliche Chancen birgt wie die Kenntnis einer Fremdsprache. Man besitzt mehr Worte und kann dadurch Sachverhalte differenzierter ausdrücken. Durch die hinter einer anderen Sprache stehende Denk- und Lebensart kann man umdenken und möglicherweise Alternativen eröffnen - ohne dabei die theologische Herkunft zu vergessen. Durch das Erlernen einer fremden Sprache erweitert sich nicht zuletzt auch der Kreis derjenigen, mit denen man über die in der Diakonie anstehenden Probleme reden kann.

In Auseinandersetzung mit der Systemtheorie Luhmanns kommt die Diskussion zwischen Sozialwissenschaften und Theologie in eine neue Phase. Der universal ansetzende theoretische Zugriff seiner *allgemeinen Theorie* macht auch an den Grenzen der christlichen Religion nicht halt. Luhmann wagt sich mit seinen Theoriekonkretisierungen und Verbesserungsvorschlägen bis in das ureigene Gebiet christlicher Religion und deren theologischer Reflexion vor. Diese Konstellation kann theologisch Vor- und Nachteile haben. Wo die systemtheoretische Analyse die theologische Reflexion zu verdrängen beabsichtigt, ist sie in ihre (soziologischen) Grenzen zu weisen. Wo sie jedoch ihre weitläufige Theorieerfahrung für Problemstellungen innerhalb des Christentums einbringt, ist ihr theologisch aufgrund der Plausibilität ihrer Thesen erhöhte Aufmerksamkeit zu schenken. Denn die Theologie bedarf zur Wahrnehmung ihres Auftrags jeweils auch einer detaillierten Kenntnis der derzeitigen gesellschaftlichen Verhältnisse. Vorteile bietet diese systemtheoretische Sicht ohne Zweifel dort, wo es um sehr komplexe soziale Sachverhalte geht. Nachteile hat sie vor allem an den Stellen, wo es darum geht, die Bedeutung menschlicher Personalität für die Gestaltung sozialer Zusammenhänge angemessen wahrzunehmen. Um unter diesen Voraussetzungen die theologische Auseinandersetzung mit Luhmann nicht nur inhaltlich, sondern auch methodisch zu kontrollieren, ist gegen eine einfache "Indienstnahme" der Systemtheorie sowie gegen eine unkritische "fremdprophetische" Rezeption ihrer Aussagen ein dritter Weg zu beschreiten. Es muß darum gehen, den Dialog von Theologie und Sozialwissenschaften auf gemeinsame Interessen und Optionen zu beziehen. Der diakonische Bereich kann in dieser Hinsicht besonders wichtig werden. Der Umstand, daß die Arbeit der Diakonie in einer Zwischenposition zwischen Kirche und anderen gesellschaftlichen Teilbereichen stattfindet, verlangt nach einer Reflexion dieser Praxis im Zwischenbereich von Theologie und Sozialwissenschaften. Der interdisziplinäre Dialog muß sich dabei nicht nur auf abstrakte wissenschaftstheoretische Überlegungen beschränken. Er kann zugleich im gemeinsamen Bezug auf eine diakonische Praxis stattfinden, die sich bereits interdisziplinär vollzieht.

Ich gehe davon aus, daß gerade auf einem komplexen und sehr vielfältigen Arbeitsfeld wie Diakonie die verschiedenen Fachbereiche künftig wesentlich intensiver zusammenwirken müssen - in der Theorie wie in der Praxis. Dies aber wird ohne das gegenseitige Erlernen verschiedener Sprachen und Denkweisen kaum möglich sein. Die vorliegende Untersuchung ist deshalb, entstanden aus der ausführlichen Auseinandersetzung mit diakonischen Fragen, auch als Versuch eines Brückenschlages zu den Sozialwissenschaften zu verstehen. Wenn andere Theologinnen und Theologen andere Brücken bauen werden, etwa zur Medizin, zu den Wirtschaftswissenschaften, zur Rechtswissenschaft oder zu anderen Fachbereichen, und wenn diese ihrerseits Verbindungen zur Theologie schaffen, mag dadurch eine Vielsprachigkeit entstehen, die einem besseren Verständnis der Vielgestaltigkeit diakonischer Arbeit nur zuträglich sein kann. Dabei wird es gewiß auch Leserinnen und Leser geben, für die bei solchen Dialogversuchen die theologische Position nicht deutlich genug heraustritt. Ich denke jedoch, daß die Theologie nicht nur darauf zu achten hat, ihr Proprium gegenüber anderen Sichtweisen zu verteidigen und zu bewahren, sondern daß sie es zugleich in Auseinandersetzung mit ihnen immer neu finden und bestimmen muß. Theologie darf dabei niemals Selbstzweck sein, sondern sie muß sich in Auseinandersetzung mit fachfremden Theorien mit den konkret anstehenden Problemen des heutigen christlichen Glaubens und Lebens beschäftigen und sich um Klärung und Orientierung bemühen.

Dafür wird sie im diakonischen Bereich bei den faktischen Gegebenheiten derzeitiger diakonischer Arbeit ansetzen müssen. Eine diakonische Theologie, die lediglich gut gemeinte, theologisch korrekte Forderungen an die diakonische Praxis stellt, dabei jedoch an den realen Vorfindlichkeiten der Diakonie vorbeigeht, wird kaum in der Lage sein, für diese Praxis zugunsten eines klareren diakonischen Profils Veränderungen zu bewirken. Es ist also nötig, sich auf die tatsächlich anstehenden Problemstellungen heutiger Diakonie soweit wie möglich einzulassen, *bevor* man zu theologischen Problemlösungen kommt. Erst das geduldige Nachvollziehen der derzeitigen Konstellationen diakonischer Arbeit kann die Basis für theologische Konzeptionen bieten, die diakonische Realität gestalten können, weil sie sie vorher ausgiebig zur Kenntnis genommen haben.

Die vorliegende Arbeit ist der Versuch, die komplexen Strukturen der heutigen Diakonie aufzuzeigen, um damit die Basis für theologische Neuorientierungen zu liefern. Dieser Versuch konnte durchaus an schon vorhandene theologische Untersuchungen anknüpfen, mußte sie jedoch zugleich ausweiten und konkretisieren. In der vorliegenden Untersuchung wird vorgeschlagen, für die theologische Neuorientierung diakonischer Arbeit auch systemische Aspekte bewußt mit einzubeziehen und sie für die Wahrung und Gestaltung des diakonischen Profils zu nutzen. Man kann eigendynamische Systembildungsprozesse in der Diakonie nicht dadurch vermeiden, daß man sie theologisch prinzipiell ablehnt oder einzudämmen versucht. Die vorliegende Untersuchung bemüht sich vielmehr, aufzuzeigen, daß soziale Systembildung in der Diakonie derzeit vielfach geschieht und daß man dies beim besten theologischen Willen kaum wird vermeiden können, weil Diakonie heute notwendigerweise unter den Bedingungen der modernen Gesellschaft existieren und arbeiten muß. Wenn deutlich geworden ist, *daß* in der Diakonie systemische Abläufe stattfinden und *wie* sie strukturiert sind, dann wäre ein wichtiges Ziel dieser Untersuchung erreicht.

Mir ist dabei bewußt, daß die Behauptung, in der Diakonie fände soziale Systembildung statt, eine theoretische, genauer gesagt eine systemtheoretische Behauptung ist. Allerdings scheint mir diese Theorie hinreichend Bezug auf die derzeitige gesellschaftliche und diakonische Realität zu haben. Daß in der Diakonie (wie auch in Theologie und Kirche) selbstreferentielle Systembildungsprozesse laufen, muß jedoch theologisch nicht prinzipiell disqualifiziert werden. Es hilft nicht weiter, reale Sachverhalte zu verleugnen oder zu meiden, nur weil sie einem nicht gefallen. *Vielmehr muß versucht werden, eigendynamische diakonische Systembildungsprozesse nicht zu negieren, sondern sie theologisch aktiv zu gestalten.* Dabei kann es einerseits nicht darum gehen, solche Prozesse als legitime "Eigengesetzlichkeiten" des "weltlichen" Bereiches im Sinne einer simplifizierenden (neulutherischen) Zweireichelehre theologisch zu sanktionieren. Andererseits lassen sich diese eigendynamischen Prozesse auch nicht pauschal disqualifizieren, weil sie sich angeblich grundsätzlich gegen den Menschen richten.

Die theologische Auseinandersetzung mit solchen gesellschaftlichen Vorgängen muß vielmehr differenzierter geführt werden. Man neigt als Theologe dazu, bei sozialstrukturellen Problemstellungen allzu schnell und zu einseitig nach den von ihnen betroffenen oder hinter ihnen stehenden Menschen zu fragen. Das ist ohne Zweifel eine wichtige Sichtweise, aber nicht die einzig mögliche. Ich meine vielmehr, daß gerade im Sinne einer diakonischen Arbeit, die die Menschen in der Komplexität ihrer heutigen sozialen Zusammenhänge ernst nimmt, auch die systemischen Abläufe in ihrer eigenen Logik und Berechtigung wahr- und ernstgenommen werden müssen. Nicht nur die Frage nach den Menschen, sondern auch die Erforschung der systemischen Abläufe, mit denen diese Menschen leben müssen, hat heute ein unverzichtbarer Teil theologischer Arbeit zu sein. Dazu muß man als Theologe zunächst Berührungsängste abbauen, man muß das Wagnis unternehmen, Systemabläufe zu verstehen und nachzuvollziehen, damit im Sinne einer theologischen Neuorientierung diese Abläufe auch verändert werden können. Wenn es gelungen ist, speziell bei Theologen, aber auch innerhalb der Diakonie, ein Interesse an solchen Systemabläufen zu wecken, wäre ein weiteres wichtiges Ziel dieser Arbeit erreicht.

Vorausgesetzt, daß Prozesse sozialer Systembildung in Funktionssystemen in der diakonischen Umwelt stattfinden und daß deren Einfluß auf die Arbeit der Diakonie tatsächlich und unumgänglich vorhanden ist, kann also nicht die Frage sein, wie man sie vermeidet, sondern wie man theologisch verantwortet mit ihnen umgehen kann. Die genannten Möglichkeiten einer Berücksichtigung und gleichzeitigen Abgrenzung von Systemabläufen in der diakonischen Umwelt (vgl. Kap. 5.2) haben ihren Zweck nicht in sich selbst. Sie müssen sich im Interesse diakonischer Identitätsbildung *im Innenbezug* an einem theologischen Leitbegriff orientieren, der das Spezifikum diakonischer Arbeit zutreffend bestimmt und der dadurch Abläufe innerhalb der Diakonie von ihrer gesellschaftlichen Umwelt unterscheidbar macht. Dieser Begriff ist aus der Heiligen Schrift als dem alleinigen Kriterium christlichen Glaubens und Handelns zu entwickeln. Er muß dabei, über die diakonische Arbeit hinausgehend, auch im Bereich von Theologie und Kirche relevant sein, um die Separierungstendenzen von Diakonie, Theologie und Kirche nicht noch weiter zu fördern.

In der vorliegenden Untersuchung wurde vorgeschlagen, den Begriff des *vollmächtigen Dienstes* als Leitbegriff christlich-diakonischen Redens und Handelns verstärkt aufzunehmen. Es ging mir darum, den Dienstgedanken nicht nur für Systemabläufe in der Diakonie, sondern für den gesamten Bereich des heutigen christlichen Redens und Handelns neu zur Geltung zu bringen. Die Leitdifferenz vollmächtiger Dienst/ Nichtdienst kann gerade in der modernen, leistungsorientierten Gesellschaft ein Unterscheidungskriterium an die Hand geben, um christliches Reden und Handeln eindeutig von seiner gesellschaftlichen Umwelt abzuheben. Wenn die grundlegende Bedeutung des Dienstgedankens in diesem Sinne deutlich geworden ist und wenn dieser dadurch in Theologie, Kirche und Diakonie an Plausibilität gewonnen hat, wäre ein drittes wichtiges Ziel dieser Untersuchung erreicht.

Es ging mir jedoch darüber hinaus darum, speziell im Bereich der diakonischen Arbeit den Grundgedanken des Dienstes neu einzubringen. Es mag tautologisch, ja geradezu überflüssig klingen, wenn man die Diakonie zentral von diesem Leitbegriff her definiert. Ich denke jedoch, daß dieser scheinbar allzu selbstverständliche Maßstab, wenn man ihn an die aktuelle Gestalt diakonischer Arbeit anlegt, öfter als vermutet zu Überraschungen führen wird. Das gilt zum einen für das konkrete zwischenmenschliche Handeln im Interaktionsbereich, es gilt aber besonders auch für organisatorische und gesellschaftsbezogene diakonische Abläufe. Wenn der Leitgedanke des Dienstes im dargestellten Sinne als kritischer Orientierungspunkt für sämtliche (System-)Abläufe in der Diakonie neu zur Geltung käme, wäre ein weiteres und sicherlich nicht das unwichtigste Ziel der vorliegenden Arbeit erreicht.

Unter diesen Voraussetzungen muß es deshalb darum gehen, sämtliche (System-) Abläufe innerhalb der Diakonie an der internen Unterscheidung *vollmächtiger Dienst/Nichtdienst* zu orientieren. Das Verständnis dieses Dienstes richtet sich dabei nach den biblischen Texten, in der vorliegenden Untersuchung z.B. nach dem Corpus Paulinum. Im ständigen Bezug darauf müssen deshalb sämtliche Aufgaben und Tätigkeiten innerhalb der Diakonie ebenfalls als vollmächtiger Dienst verstanden werden. Diese Grundorientierung bedeutet, daß nur solches Reden und Handeln im strengen Sinne zum diakonischen System gehört, welches sich an der Leitunterscheidung vollmächtiger Dienst/Nichtdienst im dargestellten Verständnis orientiert. Alle Vorgänge innerhalb der diakonischen Arbeit, die sich nicht primär an dieser Leitdifferenz, sondern an den Codes anderer Funktionssysteme orientieren, sind hingegen zur Umwelt des sozialen Systems Diakonie zu rechnen.

Der vorliegende Versuch, eine diakonische Theologie in systemtheoretischer Perspektive zu entwerfen, steht im Kontext neuerer Ansätze diakonischer Theologie, die sich etwa seit Beginn der achtziger Jahre beobachten lassen. Damit versteht sich von selbst, daß die systemtheoretische Sicht nicht die einzige derzeit mögliche ist. Getreu der aus der Systemtheorie bekannten Prämisse, daß bezüglich konkreter Sachverhalte in der modernen Gesellschaft immer eine Pluralität verschiedener Beobachtungspositionen vorausgesetzt werden muß, versteht sich der vorgelegte Ansatz deshalb als eine *weitere* mögliche Perspektive diakonischer Theologie. Wenn sie mit anderen, mehr personal orientierten Ansätzen, kombiniert wird, kann sich daraus möglicherweise ein vielgestaltiges Bild diakonischer Arbeit entwickeln, das der Realität möglichst nahe kommt.

Der hier vorgelegte Ansatz ist, obwohl er sich an verschiedenen Stellen um Kontakt zur Praxis bemüht, in erster Linie ein theoretischer. Inwiefern er nicht nur für die Weiterentwicklung einer Theorie der Diakonie, sondern auch für die diakonische Praxis relevant ist, wird sich in der Praxis erweisen müssen. Gegenüber relativ einfachen wissenschaftstheoretischen Vorstellungen, die von einer direkten Anwendbarkeit der Theorie in der Praxis ausgehen, wird der Gewinn der vorliegenden Theorie für die diakonische Praxis komplizierter und indirekter gesehen werden müssen. Er besteht m. E. vor allem darin, daß diakonische Praktikerinnen und Praktiker in Auseinandersetzung mit den hier ausgeführten Überlegungen die Chance bekommen, von den alltäglichen praktischen Problemen Abstand zu bekommen und diese in einem größeren Kontext einzuordnen. Ich gehe dabei davon aus, daß dieses Heraustreten aus der eigenen Situation und deren Einordnung in größere Zusammenhänge neue Verhaltensmöglichkeiten eröffnet, die sich auf die diakonische Praxis positiv auswirken können. Die Verifikation dieser These bleibt jedoch den Praktikern überlassen.

Die hier vorgelegte theologische Grundlegung diakonischer Praxis in Auseinandersetzung mit Niklas Luhmann könnte in verschiedenen Richtungen weiterentwickelt werden. Zum ersten wäre es möglich, die dargestellte systemtheoretische Sicht im Hinblick auf die Gestaltung von Organisationsstrukturen in diakonischen Einrichtungen zu konkretisieren. Dabei wären dann im Sinne Alfred Jägers vor allem Fragen diakonischen Managements zu behandeln. Es ist offensichtlich, daß sich vom systemtheoretischen Ansatz Luhmanns her Bezüge zur Managementtheorie herstellen lassen. So ist in den letzten Jahren, z.B. auf der Hochschule in St. Gallen, ein systemtheoretisches Verständnis des Managements entwickelt worden. Auch der Gedanke der "Selbstorganisation" in der neueren Organisationstheorie zeigt deutliche Konvergenzen mit dem Luhmannschen Konzept der "Autopoiesis". Die konkreten Leitungsprobleme diakonischer Einrichtungen ließen sich mit solchem systemtheoretischen und managementtheoretischen Instrumentarium sicherlich näher beleuchten. Eine derartige Untersuchung war jedoch im Rahmen der vorliegenden Arbeit nicht möglich.

Zweitens könnten die hier vorgenommenen Überlegungen sich fruchtbar für das weitere Gespräch zwischen Theologie und Systemtheorie und vielleicht sogar für eine Präzisierung der Theorie Luhmanns erweisen. Neben den bereits in den vorigen Kapiteln genannten Punkten scheint mir besonders ein Aspekt wesentlich, auf den mich Franz-Xaver Kaufmann hingewiesen hat. Er betrifft die systemtheoretische Unterscheidung von Organisationen und gesellschaftlichen Teilsystemen. Luhmanns Ausführungen sind an dieser Stelle m.E. nicht eindeutig. In seiner Theorie betont er zwar klar diesen Unterschied. Es gibt zum einen Funktionssysteme in der Gesellschaft, die sich mit Hilfe binärer Codes ausdifferenzieren. Zum anderen gibt es Organisationssysteme, die zwar einem solchen Funktionssystem zugeordnet werden können, dabei jedoch zugleich mit anderen Funktionssystemen (und deren Codes) kommunizieren können müssen. Diese theoretisch klare Unterscheidung wird jedoch von Luhmann bei der Anwendung seiner Theorie auf konkrete Organisationen undeutlich. So verwendet er z.B. die Begriffe Kirche und Diakonie als bestimmte Aspekte des Funktionssystems Religion. Die Begriffe sind jedoch von ihrem geläufigen Verständnis her als Bezeichnung bestimmter Organisationen gemeint und werden auch von Luhmann gelegentlich so gebraucht. Es ist deshalb kein Zufall, daß die Kritiker Luhmanns vor allem an seinem Verständnis von Organisation Anstoß nehmen. Diese Unklarheit des Organisationsbegriffes hat sich in gewisser Weise auch auf die vorliegende Arbeit ausgewirkt. Diakonie ist hier zum einen als wesentlicher Aspekt der christlichen Religion insgesamt aufgefaßt und zum anderen als Organisationssystem (und schließlich noch als Interaktion). Die Frage ist dabei, ob die unmittelbare Einwirkung anderer Funktionssysteme auf die Diakonie nur im organisatorischen Bereich geschieht, wie man wohl mit Luhmann meinen müßte, oder ob sie sich auch im Gesellschaftsbereich und im Interaktionsbereich aufweisen läßt. In der vorliegenden Untersuchung wurde versucht zu zeigen, daß diese Fremdeinflüsse derzeit in allen drei Systemtypen innerhalb der diakonischen Arbeit stattfinden. Diese Feststellung unterscheidet sich in gewissem Sinne von den theoretischen Grundannahmen Luhmanns und stellt diese in Frage. Größere Klarheit in diesem und den anderen in Kapitel 3 bis 5 genannten Punkten kann hier aber wohl nur der Dialog zwischen Systemtheorie und Theologie bringen.

Schließlich müßte die vorliegende Arbeit ohne Zweifel im Hinblick auf die biblisch-theologische Grundlegung noch weitergeführt werden. Zum einen wäre das biblische Verständnis des Dienstes weitaus gründlicher zu untersuchen, als es hier geschehen konnte, damit die theologische Reflexion der Diakonie exegetisch auf eine solide Basis gestellt wird. Zum anderen wäre es m.E. weiterführend, auch im Bereich der Exegese mit dem Kommunikationsmodell der Unterscheidung zu arbeiten. Bisher ist die wissenschaftliche Auslegung der Heiligen Schrift doch sehr auf die Untersuchung von einzelnen Begriffen festgelegt. Berücksichtigt man jedoch die systemtheoretische Einsicht, daß jeder Begriff nur von seinem Gegenteil her "Sinn" bekommt, dann könnte die exegetische Forschung ihre Methodik von einfacher Begifflichkeit auf Unterscheidungen umstellen. Sie könnte damit dem Umstand Rechnung tragen, daß in der Bibel oft mit Begriffspaaren und nicht mit eindeutigen Begriffen gearbeitet wird. Neben den johanneischen Dualismen und den paradoxen Formulierungen bei Paulus ließen sich zahlreiche weitere Beispiele nennen und systematisch erforschen.

Über die drei genannten Punkte hinaus kann man sicherlich auch an anderen Stellen die in der vorliegenden Arbeit begonnene Diskussion weiterführen. Ich hoffe abschließend, daß die hier ausgeführten Überlegungen in der Theologie wie auch in der Systemtheorie „anschlußfähig" sind und daß dadurch die Kommunikation angeregt wird.

# Verzeichnis der verwendeten Literatur

Adamy, W., Steffen, J.: Zwischenbilanz von Sozialdemontage und Umverteilungspolitik seit 1982; in: U. Claußen (Hrsg.): Sozialstaat in der Klemme. Ausgewählte Texte zu Aufgaben, Grenzen und Möglichkeiten der sozialen Marktwirtschaft; Materialien des Sozialwissenschaftlichen Instituts der Evangelischen Kirche in Deutschland; Bochum 1984, S. 163-172.

Albert, J.: Diakonik - Geschichte der Nichteinführung einer praktisch-theologischen Disziplin; in: Pastoraltheologie. Wissenschaft und Praxis in Kirche und Gesellschaft 72 (1983), S.164-177.

Bach, U.: Boden unter den Füßen hat keiner. Plädoyer für eine solidarische Diakonie; 2. Aufl. Göttingen 1986.

Bach, U.: Dem Traum entsagen, mehr als ein Mensch zu sein. Auf dem Wege zu einer diakonischen Kirche; Neukirchen-Vluyn 1986.

Bach, U.: "Heilende Gemeinde"? Versuch, einen Trend zu korrigieren; Neukirchen-Vluyn 1988.

Bach, U.: Getrenntes wird versöhnt. Wider den Sozialrassismus in Theologie und Kirche; Neukirchen-Vluyn 1991.

Barth, K.: Christengemeinde und Bürgergemeinde; München 1946.

Beyreuther, E.: Geschichte der Inneren Mission und Diakonie in der Neuzeit; 3. Aufl. Berlin 1983.

Bloth, P.C. u.a. (Hrsg.): Handbuch der Praktischen Theologie; Bd. 2, Praxisfeld: der einzelne/die Gruppe; Gütersloh 1981; Bd. 3, Praxisfeld: Gemeinden; Gütersloh 1983; Bd. 4, Praxisfeld: Gesellschaft und Öffentlichkeit; Gütersloh 1987.

Boff, L.: Die Kirche als Sakrament im Horizont der Welterfahrung. Versuch einer Legitimation und einer struktur-funktionalistischen Grundlegung der Kirche im Anschluß an das II. Vatikanische Konzil; Paderborn 1972.

Borgmann-Quade, R.: Gewinnung finanzieller Ressourcen und Verbändepolitik; in: Wohlfahrtsverbände zwischen Selbsthilfe und Sozialstaat, hrsg. v. Dietrich Tränhardt u.a.; Freiburg i.B. 1986, S. 150-167.

Brandt, W.: Dienst und Dienen im Neuen Testament; Gütersloh 1931.

Brandt, W.: Der Dienst Jesu; in: H. Krimm (Hrsg.): Das diakonische Amt der Kirche; 2. Aufl. Stuttgart 1965, S. 15-60.

Bukow, W.-D.: Gesellschaftliche Probleme des diakonischen Prozesses; in: Zeitschrift für Evangelische Ethik 24 (1980), S. 209-221.

Bundesarbeitsgemeinschaft der freien Wohlfahrtspflege (Hrsg.): Die Spitzenverbände der freien Wohlfahrtspflege - Aufgaben und Finanzierung; Freiburg 1985.

Bundesverband der katholischen Arbeitnehmerbewegung (Hrsg.): Texte zur katholischen Soziallehre, 3. Aufl. Kevelaer 1976.

Busch, J.: Leitung verantworten. Was heißt Leitung zwischen Management und Seelsorge? In: G. Röckle (Hrsg.): Diakonische Kirche; Neukirchen-Vluyn 1990, S. 86-105.

Campenhausen, A. Frhr. v., Erhardt, H.-J. (Hrsg.): Kirche, Staat, Diakonie. Zur Rechtsprechung des Bundesverfassungsgerichtes im diakonischen Bereich; Hannover 1982.

Collmer, P.: Das Bundessozialhilfegesetz und unsere Arbeit; in: Evangelische Stimmen zum Bundessozialhilfesetz und Jugendwohlfahrtsgesetz, hrsg.v. G. Suhr; Stuttgart 1962, S 154-181.

Csipai, A.: Diakonie als Ausdruck christlichen Glaubens in der modernen Welt; Gütersloh 1971.

Dahm, K.-W.: Beruf: Pfarrer. Empirische Aspekte zur Funktion von Kirche und Religion in unserer Gesellschaft; 3. Aufl. München 1974.

Dahm, K.-W., Mahrhold, W.: Theologie der Gesellschaft. Der Beitrag Heinz-Dietrich Wendlands zur Neukonstruktion der Sozialethik; in: Zeitschrift für Evangelische Ethik 34 (1990), S. 174-199.

Daiber, K.-F.: Grundriß der Praktischen Theologie als Handlungswissenschaft; München/ Mainz 1977.

Daiber, K.-F.: Diskreditiert die Beratungsarbeit die Kirche? In: Wege zum Menschen 35 (1983), S. 148-157.

Daiber, K.-F.: Die Zusammenarbeit von Theologen und Nichttheologen in der Diakonie; in: Wege zum Menschen 37 (1985), S. 178-187.

Daiber, K.-F.: Diakonie und kirchliche Identität. Studien zur diakonischen Praxis in der Volkskirche; Hannover 1988.

Dallmann, H.-U.: Die Systemtheorie Niklas Luhmanns und ihre theologische Rezeption; Stuttgart, Berlin, Köln 1994.

Degen, J.: Diakonie und Restauration: Kritik am sozialen Protestantismus in der BRD; Neuwied 1975.
Degen, J.: Diakonie im Interventionsstaat; in: Diakonie. Impulse - Erfahrungen - Theorien; Zeitschrift des Diakonischen Werkes der Evangelischen Kirche in Deutschland 4 (1978), S.12-14.
Degen, J.: Diakonie im Sozialstaat; in: Theologia Practica 20 (1985), S. 235-250.
Degen, J.: Diakonie im Widerspruch. Zur Politik der Barmherzigkeit im Sozialstaat; München 1985.
Degen, J.: Diakonie als Agentur im Wohlfahrtsstaat; in: Concilium 24 (1988), S. 319-324.
Degen, J.: Finanzentwicklung und Finanzstruktur im Bereich der Diakonie. Ein Überblick; in: W. Lienemann (Hrsg.): Die Finanzen der Kirche. Studien zu Struktur, Geschichte und Legitimation kirchlicher Ökonomie; München 1989, S. 250-272.
Degen, J.: Diakonie als soziale Dienstleistung; Gütersloh 1994.
Diakoniewissenschaftliches Institut der Theologischen Fakultät, Universität Heidelberg (Hrsg.): Hinweise zum Aufbaustudium Diakoniewissenschaft; Manuskript Heidelberg 1992.
Diakonisches Werk der Evangelischen Kirche in Deutschland, Präsident K. H. Neukamm (Hrsg.): Statistische Informationen; Stuttgart, im Juni 1993 (verantwortlich: W. Schmitt).
Diakonisches Werk der Evangelischen Kirche in Deutschland, Präsident K. H. Neukamm (Hrsg.): Statistische Informationen; Stuttgart, im Juli 1995 (verantwortlich: W. Schmitt).
Diem, H.: Luthers Lehre von den Zwei Reichen, untersucht von seinem Verständnis der Bergpredigt aus. Ein Beitrag zum Problem "Gesetz und Evangelium"; Evangelische Theologie, Beiheft 5; München 1938.
Dietrich, H.: Finanzielle Absicherung des Pflegerisikos; in: Diakonie-Jahrbuch 1991, hrsg. v. K. H. Neukamm, S. 73-76.
Duchrow, U., Huber, W., Reith, L. (Hrsg.): Umdeutungen der Zweireichelehre Luthers im 19. Jahrhundert; Gütersloh 1975.
Drehsen, V.: Neuzeitliche Konstitutionsbedingungen der Praktischen Theologie. Aspekte der theologischen Wende zur sozialkulturellen Lebenswelt christlicher Religion; 2 Bände, Gütersloh 1988.
Dziewas, R.: Der Mensch - ein Konglomerat autopoietischer Systeme? In: W. Krawietz, M. Welker (Hrsg.): Kritik der Theorie sozialer Systeme. Auseinandersetzungen mit Luhmanns Hauptwerk; 2. Aufl. Frankfurt/Main 1992, S. 113-132.
Eibach, U.: Medizin und Menschenwürde. Ethische Probleme aus christlicher Sicht; Wuppertal 1976.
Eibach, U.: Recht auf Leben, Recht auf Sterben. Anthropologische Grundlegung einer medizinischen Ethik; 2. Aufl. Wuppertal 1977.
Eibach, U.: Experimentierfeld werdendes Leben. Eine ethische Orientierung; Göttingen 1983.
Eibach, U.: Sterbehilfe - Tötung auf Verlangen? Eine theologisch-ethische Stellungnahme zur Frage der Euthanasie; Wuppertal 1988.
Eibach, U.: Heilung für den ganzen Menschen? Ganzheitliches Denken als Herausforderung von Theologie und Kirche; Theologie in Seelsorge, Beratung und Diakonie, Bd. 1; Neukirchen-Vluyn 1991.
Eibach, U.: Der leidende Mensch vor Gott. Krankheit und Behinderung als Herausforderung unseres Bildes von Gott und dem Menschen; Theologie in Seelsorge, Beratung und Diakonie, Bd. 2; Neukirchen-Vluyn 1991.
Eibach, U.: Ist Gesundheit das höchste Gut? Überlegungen zu den Prioritäten diakonischen Handelns im Gesundheitswesen; in: Diakonie 19 (1993), S. 52-56.
Eichhorn, P.: Diakonische Zielsetzungen und unternehmerische Entscheidungen; in: Soziale Arbeit 12 (1982), S. 532 ff.
Evangelisches Perthes-Werk Münster (Hrsg.): Fragebogenaktion im Evangelischen Perthes-Werk. Einführung und Gesamtauswertung; unveröffentlichtes Manuskript; Münster 1992.
Feldhoff, N., Dünner, A.(Hrsg.): Die verbandliche Caritas. Praktisch-theologische und kirchenrechtliche Aspekte; Freiburg i.B. 1991.
Fischer, M.: Zur gegenwärtigen Diskussion um die Diakonie - Stand und Perspektiven; in: I. Cremer, D. Funke (Hrsg.): Diakonisches Handeln. Herausforderungen - Konflikte - Optionen; Freiburg i.B. 1988, S. 13-24.
Foerster, H. v.: Sicht und Einsicht. Versuche zu einer operativen Erkenntnistheorie; Braunschweig 1985.
Foss, Ö.: Die Diakonie der evangelischen Kirche und die Sozialgesetzgebung der Bundesrepublik Deutschland 1960/61, Heidelberg 1985.

Fremde, Heimat, Kirche: Ansichten ihrer Mitglieder. Erste Ergebnisse der dritten EKD-Umfrage über Kirchenmitgliedschaft; hrsg.v. der Studien- und Planungsgruppe der EKD; Hannover 1993.

Freyer, H.: Theorie des gegenwärtigen Zeitalters; Stuttgart 1955.

Fuchs, P.: Niklas Luhmann - beobachtet. Eine Einführung in die Systemtheorie; Opladen 1992.

Funke, A.: Diakonie und Universitätstheologie - eine versäumte Begegnung? In: Pastoraltheologie 72 (1983), S. 152-164.

Gerstenmaier, E.: Reden und Aufsätze; Bd. 1; Stuttgart 1956.

Gerstenmaier, E.: "Wichern Zwei". Zum Verhältnis von Diakonie und Sozialpolitik; in: H. Krimm (Hrsg.): Das diakonische Amt der Kirche; 2. Aufl. Stuttgart 1965, S. 467-518.

Gerstenmaier, E.: Staat ohne Kirche? in: K. Aland, W. Schneemelcher (Hrsg.): Kirche und Staat. Festschrift für Hermann Kunst; Berlin 1967, S. 91-104.

Gestrich, Chr.: Gemeindeaufbau in Geschichte und Gegenwart; in: Pastoraltheologie 75 (1986), S. 2-15.

Glatzel, N., Pompey, H. (Hrsg.): Barmherzigkeit oder Gerechtigkeit? Zum Spannungsfeld von christlicher Sozialarbeit und christlicher Soziallehre; Freiburg i.B. 1991.

Goll, E.: Die freie Wohlfahrtspflege als eigener Wirtschaftssektor. Theorie und Empirie ihrer Verbände und Einrichtungen; Baden-Baden 1991.

Grote, Christof: Ortsgemeinden und Diakoniestationen; Bielefeld 1995.

Habermas, J., Luhmann, N.: Theorie der Gesellschaft oder Sozialtechnologie - was leistet die Systemforschung? Frankfurt/Main 1971.

Hanselmann, J., Hild, H., Lohse, E. (Hrsg.): Was wird aus der Kirche? Ergebnisse der 2. EKD-Umfrage über Kirchenmitgliedschaft; Gütersloh 1984.

Heimbrock, H.-G.: Pädagogische Diakonie. Beiträge zu einem vergessenen Grenzfall; Neukirchen-Vluyn 1986.

Heimbrock, H.-G.: Nicht unser Wollen oder Laufen. Diakonisches Lernen in Schule und Gemeinde; Neukirchen-Vluyn 1990.

Henning, H.: Daseinsvorsorge im Rahmen der staatlichen Sozialpolitik des Deutschen Kaiserreichs 1881-1918; in: M. Schick, H.Seibert, Y.Spiegel (Hrsg.): Diakonie und Sozialstaat; Gütersloh 1986, S. 10-28.

Herbst, M.: Missionarischer Gemeindeaufbau in der Volkskirche; Stuttgart 1987.

Hierold, A.E.: Grundlegung und Organisation kirchlicher Caritas. Unter besonderer Berücksichtigung des deutschen Teilkirchenrechts; St. Ottilien 1979.

Hild, H. (Hrsg.): Wie stabil ist die Kirche? Bestand und Erneuerung. Ergebnisse einer Meinungsbefragung; Gelnhausen und Berlin 1974.

Höhn, H.J.: Kirche und kommunikatives Handeln. Studien zur Theologie und Praxis der Kirche in Auseinandersetzung mit den Sozialtheorien Niklas Luhmanns und Jürgen Habermas'; Frankfurt/Main 1985.

Hollweg, A.: Theologie und Empirie. Ein Beitrag zum Gespräch zwischen Theologie und Sozialwissenschaften in den USA und Deutschland; 3. Aufl. Stuttgart 1974.

Hollweg, A.: Gruppe, Gesellschaft, Diakonie. Praktische Erfahrung und theologisches Erkennen; Stuttgart 1976.

Hollweg, A.: Trendwende in der Diakonie. Kritik und Neuorientierung; in: Pastoraltheologie 73 (1984), S. 196-211.

Hollweg, A.: Diakonie und die Paradigmenproblematik in der Theologie; in: Pastoraltheologie 78 (1989), S. 19-33.

Huber, W.: Welche Volkskirche meinen wir? Über Herkunft und Zukunft eines Begriffs; in: Lutherische Monatshefte 14 (1975), S. 481-486.

Ihmig, H.: Diakonische Ausbildung und diakonische Theologie; in: Pastoraltheologie 79 (1990), S. 380-398.

Jäger, A.: Diakonie als christliches Unternehmen. Theologische Wirtschaftsethik im Kontext diakonischer Unternehmenspolitik; 3. Aufl. Gütersloh 1990.

Jäger, A.: Diakonische Unternehmenspolitik. Analysen und Konzepte kirchlicher Wirtschaftsethik; Gütersloh 1992.

Jäger, A.: Konzepte der Kirchenleitung für die Zukunft. Wirtschaftsethische Analysen und theologische Perspektiven; Gütersloh 1993.

Jänicke, M.: Wie das Industriesystem von seinen Mißständen profitiert; Opladen 1979.

Kaefer, H.: Religion und Kirche als soziale Systeme. N. Luhmanns soziologische Theorie und die Pastoraltheologie; Freiburg i.B. 1977.

Kaiser, J.-Chr.: Die Innere Mission in der Weimarer Republik; in: Schick, M., Seibert, H., Spiegel, Y. (Hrsg.): Diakonie im Sozialstaat; Gütersloh 1986, S. 76-96.

Kaiser, J.-Chr.: Sozialer Protestantismus im 20. Jahrhundert; München 1989.

Kaulitz, J.: Die Stiftung als Träger diakonischer Einrichtungen; in: Haushalterschaft als Bewährung christlichen Glaubens. Gnade und Verpflichtung; hrsg. v. Th. Schober, HbZDK Band V; Stuttgart 1981, S. 204-213.

Kirchenamt der EKD (Hrsg.): Grundsätze für die Ausbildung und Fortbildung der Pfarrer und Pfarrerinnen der Gliedkirchen der EKD; Manuskript Hannover 1988.

Kiss, G.: Grundzüge und Entwicklung der Luhmannschen Systemtheorie; 2. Aufl. Stuttgart 1990.

Kleinert, U.: Sozialarbeit gehört zum Glauben. Berufspraxis der Gemeindediakonie; Freiburg i.B. 1991.

Klemm, H. G.: Das Gleichnis vom barmherzigen Samariter. Grundzüge der Auslegung im 16./17. Jahrhundert; Stuttgart 1973.

Krawietz, W., Welker, M. (Hrsg.): Kritik der Theorie sozialer Systeme. Auseinandersetzungen mit Luhmanns Hauptwerk; 2. Aufl. Frankfurt/Main 1992.

Krimm, H.: Art. "Hilfswerk der Ev. Kirche in Deutschland"; in: Religion in Geschichte und Gegenwart, 3. Aufl.; III. Bd.; Tübingen 1959, Sp. 323-326.

Krimm, H.: Das diakonische Amt der Kirche; 1. Aufl. Stuttgart 1953, 2. überarbeitete Aufl. Stuttgart 1965.

Krimm, H.: Quellen zur Geschichte der Diakonie; Bd. 1: Altertum und Mittelalter; Stuttgart 1960; Bd. 2: Reformation und Neuzeit; Stuttgart 1963; Bd. 3: Gegenwart; Stuttgart 1963.

Krimm, H.: Art. "Diakonie"; in: Evangelisches Soziallexikon; hrsg. v. Fr. Karrenberg; 4. Aufl., Stuttgart 1963, Sp. 255-259.

Krimm, H.: "Gesellschaftliche Diakonie"? In: Zeitschrift für Evangelische Ethik 10 (1966), S. 361-367.

Kuhn, Th. S.: Die Struktur wissenschaftlicher Revolutionen; 2. Aufl. Frankfurt/Main 1979.

Leitlinien zum Diakonat und Empfehlungen zu einem Aktionsplan; in: Diakonie 1 (1975), S. 206-212.

Leudesdorff, R.: "Verstaatlichung" der Diakonie? In: Diakonie 4 (1978), S. 11-12.

Liese, W.: Geschichte der Caritas, Band 1; Freiburg i.B. 1922.

Lindner, H.: Programme - Strategien - Visionen. Eine Analyse neuer Gemeindeaufbaukonzepte; in: PTh 75 (1986), S. 210-229.

Luhmann, N.: Die Organisierbarkeit von Religionen und Kirchen; in: J. Wössner (Hrsg.): Religion im Umbruch. Soziologische Beiträge zur Situation von Religion und Kirche in der gegenwärtigen Gesellschaft; Stuttgart 1972; S. 245-285.

Luhmann, N.: Religion als System. Religiöse Dogmatik und gesellschaftliche Evolution; in: K.-W. Dahm, N. Luhmann, D. Stoodt: Religion - System und Sozialisation; Darmstadt und Neuwied 1972, S. 11-132.

Luhmann, N.: Formen des Helfens im Wandel gesellschaftlicher Bedingungen; in: H.-U. Otto, S. Schneider (Hrsg.): Gesellschaftliche Perspektiven der Sozialarbeit, Erster Halbband; Neuwied und Berlin 1973, S. 21-43.

Luhmann, N.: Funktion der Religion; Frankfurt/Main 1977.

Luhmann, N.: Grundwerte als Zivilreligion. Zur wissenschaftlichen Karriere eines Themas; in: Soziologische Aufklärung 3. Soziales System, Gesellschaft, Organisation; Opladen 1981, S. 293-308.

Luhmann, N.: Organisation und Entscheidung; in: ders.: Soziologische Aufklärung 3. Soziales System, Gesellschaft, Organisation; Opladen 1981, S. 335-389.

Luhmann, N.: Politische Theorie im Wohlfahrtsstaat; München 1981.

Luhmann, N.: Autopoiesis, Handlung und kommunikative Verständigung; in: Zeitschrift für Soziologie 11 (1982), S. 366-379.

Luhmann, N.: Liebe als Passion. Zur Codierung von Intimität; Frankfurt/Main 1982.

Luhmann, N.: Soziale Systeme. Grundriß einer allgemeinen Theorie; Frankfurt/Main 1984.

Luhmann, N.: Die soziologische Beobachtung des Rechts; Frankfurt/Main 1985.

Luhmann, N.: Selbst-Thematisierungen des Gesellschaftssystems; in: Ders.: Soziologische Aufklärung 2. Aufsätze zur Theorie der Gesellschaft; 3. Aufl. Opladen 1986, S. 72-102.

Luhmann, N.: Interaktion, Organisation, Gesellschaft. Anwendungen der Systemtheorie; in: ders.: Soziologische Aufklärung 2. Aufsätze zur Theorie der Gesellschaft; 3. Aufl. Opladen 1986, S. 9-20.
Luhmann, N.: Ökologische Kommunikation. Kann die moderne Gesellschaft sich auf ökologische Gefährdungen einstellen? Opladen 1986.
Luhmann, N.: Brauchen wir einen neuen Mythos? In: Soziologische Aufklärung 4. Beiträge zur funktionalen Differenzierung der Gesellschaft; Opladen 1987, S. 254-274.
Luhmann, N.: Die Unterscheidung Gottes; in: Soziologische Aufklärung 4. Beiträge zur funktionalen Differenzierung der Gesellschaft; Opladen 1987, S. 236-253.
Luhmann, N.: Läßt unsere Gesellschaft Kommunikation mit Gott zu? In: Soziologische Aufklärung 4. Beiträge zur funktionalen Differenzierung der Gesellschaft; Opladen 1987, S. 227-235.
Luhmann, N.: Die Wirtschaft der Gesellschaft; Frankfurt/Main 1988.
Luhmann, N.: Wie ist Bewußtsein an Kommunikation beteiligt? In: H. U. Gumbrecht/K. L. Pfeiffer (Hrsg.): Materialität der Kommunikation; Frankfurt/Main 1988, S. 884-905.
Luhmann, N.: Die Ausdifferenzierung der Religion; in: ders.: Gesellschaftsstruktur und Semantik. Studien zur Wissenssoziologie der modernen Gesellschaft, Band 3; Frankfurt/Main 1989, S. 259-357.
Luhmann, N.: Beobachter: Konvergenz der Erkenntnistheorien? München 1990.
Luhmann, N.: Der medizinische Code; in: Soziologische Aufklärung 5. Konstruktivistische Perspektiven; Opladen 1990, S. 183-195
Luhmann, N.: Paradigm lost. Über die ethische Reflexion der Moral. Rede anläßlich des Hegelpreises 1989; Frankfurt/Main 1990.
Luhmann, N.: Die Weisung Gottes als Form der Freiheit; in: Soziologische Aufklärung 5. Kontruktivistische Perspektiven; Opladen 1990, S. 77-94.
Luhmann, N.: Die Wissenschaft der Gesellschaft; Frankfurt/Main 1990.
Luhmann, N.: Soziologie des Risikos; Berlin 1991.
Luhmann, N.: Beobachtungen der Moderne; Opladen 1992.
Luhmann, N.: Stellungnahme; in: W. Krawietz, M. Welker (Hrsg.): Kritik der Theorie sozialer Systeme. Auseinandersetzungen mit Luhmanns Hauptwerk; 2. Aufl. Frankfurt/ Main 1992, S. 371-386.
Luhmann, N.: Das Recht der Gesellschaft; Frankfurt/Main 1993.
Luhmann, N.: Gibt es in unserer Gesellschaft noch unverzichtbare Normen? Heidelberg 1993.
Luhmann, N.: Die Kunst der Gesellschaft; Frankfurt/Main 1995.
Luhmann, N.: Gesellschaftsstruktur und Semantik. Studien zur Wissenssoziologie der modernen Gesellschaft, Band 4; Frankfurt/Main 1995.
Luhmann, N.: Soziologische Aufklärung 6. Die Soziologie und der Mensch. Opladen 1995.
Luhmann, N.: Die neuzeitlichen Entwicklungen und die Phänomenologie; Wien 1996.
Luhmann, N.: Die Realität der Massenmedien; 2. Aufl. Opladen 1996.
Luhmann, N., Fuchs, P. (Hrsg.): Reden und Schweigen; Frankfurt/Main 1989.
Luhmann, N. und Pannenberg, W.: Die Allgemeingültigkeit der Religion, in: Evangelische Kommentare 11 (1978), S. 350 und S. 355-357.
Luhmann, N, Pfuertner, S. H.: Theorietechnik und Moral; Frankfurt/Main 1978.
Luhmann, N., Schorr, K.E.: Reflexionsprobleme im Erziehungssystem; Stuttgart 1979.
Luhmann, N., Schorr, K.E. (Hrsg.): Zwischen Absicht und Person. Fragen an die Pädagogik; Frankfurt/Main 1992.
Luther, M.: Von den guten Werken; in: M. Luther, Studienausgabe, hrsg.v. H.-U. Delius; Bd. 2, Berlin 1982, S. 15-88.
Luther, M.: Von weltlicher Obrigkeit. Wieweit man ihr Gehorsam schuldig sei; in: M. Luther, Studienausgabe, hrsg. v. H.-U. Delius; Bd. 3, Berlin 1983, S. 31-71.
Lutter, M.: GmbH-Gesetz. Kommentar; 11. Aufl. Köln 1985.
Lyotard, J.-F.: La condition postmoderne: rapport sur le savoir; Paris 1979; deutsche Übersetzung: Das postmoderne Wissen: Ein Bericht; hrsg. v. P. Engelmann; Graz 1986.
Manderscheid, H.: Kirchliche und gesellschaftliche Interessen im Kindergarten. Ein pastoraltheologischer Beitrag zur Frage nach dem diakonischen Profil; Freiburg i.B. 1989.
Marx, R.: Ist Kirche anders? Möglichkeiten und Grenzen einer soziologischen Betrachtungsweise; Paderborn 1990.

Maturana, H.R.: Erkennen: Die Organisation und Verkörperung von Wirklichkeit. Ausgewählte Arbeiten zur biologischen Epistemologie; 2. Aufl., Braunschweig 1985.

Mechels, E.: Kirche und gesellschaftliche Umwelt. Thomas - Luther - Barth; Neukirchen- Vluyn 1990.

Metz, J. B.: Die Zielperspektive: Identitätsbildung aus Nachfolge; in: R. Zerfaß (Hrsg.): Mit der Gemeinde predigen; Gütersloh 1982, S. 13-21.

Meyer, O.: "Politische" und "Gesellschaftliche Diakonie" in der neueren theologischen Diskussion; Göttingen 1974.

Moltmann, J.: Diakonie im Horizont des Reiches Gottes. Schritte zum Diakonentum aller Gläubigen; Neukirchen-Vluyn 1984.

Möller, Chr.: Lehre vom Gemeindeaufbau; Bd. 1: Konzepte - Programme - Wege; Göttingen 1987.

Nassehi, A.: Wie wirklich sind soziale Systeme? Zum ontologischen und epistemologischen Status von Luhmanns Theorie selbstreferentieller Systeme; in: W. Krawietz, M. Welker (Hrsg.): Kritik der Theorie sozialer Systeme. Auseinandersetzungen mit Luhmanns Hauptwerk; 2. Aufl. Frankfurt/Main 1992, S. 43-70.

Nell-Breuning, O. v.: Soziallehre der Kirche. Erläuterungen der lehramtlichen Dokumente, hrsg. v. der katholischen Sozialakademie Österreichs; Wien 1977.

Neuhoff, K., Schindler A., Zwingmann, H.-J.: Stiftungshandbuch, Schriftenreihe zum Stiftungswesen; hrsg. v. Stiftungszentrum im Stifterverband für die deutsche Wissenschaft, Band 10; Baden-Baden 1983.

Neumann, V.: Rechtsgrundlagen der finanziellen Beziehungen zwischen Sozialstaat und Diakonie; in: W. Lienemann (Hrsg.): Die Finanzen der Kirche; München 1989, S. 273-302.

Nordhues, P. (Hrsg.): Handbuch der Caritasarbeit. Beiträge zur Theologie, Pastoral und Geschichte der Caritas mit Überblick über die Dienste in Gemeinde und Verband; Paderborn 1986.

Noske, G. (Hrsg.): Heutige Diakonie in der evangelischen Kirche. Formen und Aufgaben ihrer karitativen und sozialen Arbeit; Berlin 1956.

Pannenberg, W.: Religion in der säkularen Gesellschaft. Niklas Luhmanns Religionssoziologie; in: Evangelische Kommentare 11 (1978), S. 99-103.

Parsons, T., Shils, E. (Hrsg.): Toward a General Theory of Action; Cambridge Mass. 1951.

Parsons, T.: Christianity and Modern Industrial Society; in: ders.: Sociological Theory and Modern Society; New York/London 1967, S. 385-421.

Philippi, P.: Christozentrische Diakonie. Ein theologischer Entwurf; 1. Aufl. Stuttgart 1963; 2. Aufl. Stuttgart 1975.

Philippi, P.: Artikel "Diakonie, I. Geschichte der Diakonie"; in: Theologische Realenzyklopädie, Bd. 8; hrsg. v. G. Krause und G. Müller; Berlin und New York 1981, S. 621-644.

Philippi, P.: Diakonik - Diagnose des Fehlens einer Disziplin; in: Pastoraltheologie 72 (1983), S. 177-186.

Philippi, P.: Reich Gottes oder Gemeinde? Eine Auseinandersetzung mit Arnd Hollweg; in: Diakonie 10 (1984), S. 369-371.

Philippi, P., Strohm, Th.: Forschung und Studium im Fachgebiet "Diakoniewissenschaft" in der theologischen Fakultät der Universität Heidelberg; in: Theologia Practica 20 (1985), S.293-298.

Pollack, D.: Religiöse Chiffrierung und soziologische Aufklärung. Die Religionstheorie Niklas Luhmanns im Rahmen ihrer systemtheoretischen Voraussetzungen; Frankfurt/ Main 1988.

Rassem, M.: Art. "Wohlfahrt, Wohltat, Wohltätigkeit, Caritas"; in: Geschichtliche Grundbegriffe. Historisches Lexikon zur politisch-sozialen Sprache in Deutschland, hrsg. v. O. Brunner, W. Conze und R. Koselleck; Bd. 7, Stuttgart 1992, S. 595-636.

Rau, G.: Theologie und Sozialwissenschaften - Theoretische Ansätze zu ihrer Integration; in: K.-F. Daiber, I. Lukatis (Hrsg.): Die Praxisrelevanz von Theologie und Sozialwissenschaften. Ein Symposion; Frankfurt/Main 1984, S. 175-198.

Rendtorff, T.: Gesellschaft ohne Religion? Theologische Aspekte einer sozial-theoretischen Kontroverse (Luhmann/Habermas); München 1975.

Rendtorff, T., Rich, A.: Humane Gesellschaft. Beiträge zu ihrer sozialen Gestaltung; Hamburg 1970.

Renn, H.: Sozialrecht im Dienst konzeptionsloser Sozialpolitik - Zur Veränderung der Sozialgesetzgebung seit 1980; in: M. Schick, H. Seibert, Y.Spiegel (Hrsg.): Diakonie und Sozialstaat; Gütersloh 1986, S. 379-408.

Rich, A. Christliche Existenz in der industriellen Welt; 2. Aufl. Zürich 1957.

Rich, A.: Die Weltlichkeit des Glaubens. Diakonie im Horizont der Säkularisierung; Zürich 1966.

Rich, A.: Wirtschaftsethik; Bd. 1: Grundlagen in theologischer Perspektive; Gütersloh 1984; Band 2: Marktwirtschaft, Planwirtschaft, Weltwirtschaft aus sozialethischer Sicht; Gütersloh 1990.

Röckle, G. (Hrsg.): Diakonische Kirche; Neukirchen-Vluyn 1990.

Roloff, J.: Artikel "Apostel/ Apostolat/ Apostolizität. I. Neues Testament"; in: TRE, Bd. 3; Berlin, New York 1978, S. 430-445.

Rückert, M.: Diakonie und Ökonomie. Verantwortung - Finanzierung - Wirtschaftlichkeit; Gütersloh 1990.

Rückert, M.: Diakonie und Macht; in: I. Bohn u.a. (Hrsg.): Impulse; Bielefeld 1991, S. 169-184.

Rudolph, H.: Evangelische Kirche und Vertriebene 1945 bis 1972; Bd. 1, Göttingen 1984.

Schäfer, G. K.: Aspekte und Linien der theologischen Diskussion um die Diakonie nach 1945. Zur Diskrepanz von Theologie und Diakonie; in: Diakonie-Jahrbuch 1988/89; hrsg. v. K. H. Neumann, S. 134-139.

Schäfer, G.K.: Diakonie - Biblische Grundlagen: ein Arbeitsbuch zur theologischen Verständigung über den diakonischen Auftrag; 2. Aufl. Heidelberg 1994.

Schäfer, G. K.: Gottes Bund entsprechen. Studien zur diakonischen Dimension christlicher Gemeindepraxis; Heidelberg 1994.

Schaper, J.: Die Pflegekostenregelung; in: Beiträge zur Chronik des Collegium Augustinum 1989; hrsg. v. Collegium Augustinum; München 1989, S. 227-234.

Scharfenberg, J.: Religion zwischen Wahn und Wirklichkeit. Gesammelte Beiträge zur Korrelation von Theologie und Psychoanalyse; Hamburg 1972.

Schaub, F.: Die katholische Caritas und ihre Gegner; Mönchengladbach 1909.

Schibilsky, M. (Hrsg.): Kursbuch Diakonie; Neukirchen-Vluyn 1991.

Schick, M., Seibert, H., Spiegel, Y. (Hrsg.): Diakonie und Sozialstaat. Kirchliches Hilfehandeln und staatliche Sozial- und Familienpolitik; Gütersloh 1986.

Schmidt, R.K.W.: Zur Konstruktion von Sozialität durch Diakonie. Eine Untersuchung zur Systemgeschichte des Diakonischen Werkes; Frankfurt/Main und München 1976.

Schmidtchen, G.: Katholiken im Konflikt. Überblick über die Ergebnisse der Synoden-Untersuchung und einige Schlußfolgerungen; in: K. Forster (Hrsg.): Befragte Katholiken - Zur Zukunft von Glaube und Kirche; Freiburg, Basel, Wien 1973, S. 164-184.

Schmitt, W.: Organisationsentwicklungen im Diakonischen Werk (Fachverbände); in: Das Recht im Dienst einer diakonischen Kirche; HbZDK Band III, hrsg. v. Th. Schober; Stuttgart 1980, S. 125-129.

Schmitt, W.: Zur Situation diakonischer Ausbildungsstätten; in: Diakonie-Jahrbuch 90, hrsg. v. K.-H. Neukamm, S. 118-126; Tabellen, a.a.O., S. 127-159.

Schmitt, W.: Statistik des Diakonischen Werkes der EKD, Stand: 1.1.1990; in: Diakonie- Jahrbuch 91; hrsg. v. K.-H. Neukamm, S. 315-336.

Schmitt, W.: Statistik des Diakonischen Werkes der EKD, Stand: 31.12.1991; in: Diakonie-Jahrbuch 93, hrsg. v. K.-H. Neukamm, S. 265-290; Statistik des Diakonischen Werkes der EKD, Ostdeutschland; Stand: 31.12.1991, a.a.O., S. 291-309.

Schober, Th. (Hrsg.): Gemeinde in diakonischer und missionarischer Verantwortung. HbZDK II; Stuttgart 1979.

Schober, Th. (Hrsg.): Das Recht im Dienst einer diakonischen Kirche. HbZDK III; Stuttgart 1980.

Schober, Th. (Hrsg.): Gesellschaft als Wirkungsfeld der Diakonie. Welt - Kirche - Staat; HbZDK IV; Stuttgart 1981.

Schober, Th. (Hrsg.): Haushalterschaft als Bewährung christlichen Glaubens; HbZDK V; Stuttgart 1981.

Schober, Th. (Hrsg.): Theologie - Prägung und Deutung kirchlicher Diakonie; HbZDK VI; Stuttgart 1982.

Schober, Th. (Hrsg.): Ökumene - Gemeinschaft einer dienenden Kirche; HbZDK VII; Stuttgart 1983.

Scholz, F.: Freiheit als Indifferenz. Alteuropäische Probleme mit der Theorie Niklas Luhmanns; Frankfurt/Main 1982.

Schröder, J.: Arbeit und Bedeutung der Diakonischen Konferenz; in: Th. Schober (Hrsg.): Das Recht im Dienst einer diakonischen Kirche, HbZDK III, Stuttgart 1980, S. 119-125.

Schuchardt, E.: Durch Krisen zu einer neuen Lerngemeinschaft. Partnerschaft und Beziehungsfähigkeit von Männern und Frauen in Diakoniewerken und in der Kirche; in: Diakonie 15 (1989), S. 194-200.

Schütz, H.-G.: Mobile Standort-Bestimmung. Diakonie zwischen Kirche und Gesellschaft; in: M. Schibilsky (Hrsg.): Kursbuch Diakonie; Neukirchen-Vluyn 1991, S. 127-142.

Seibert, H.: Diakonie - Hilfehandeln Jesu und soziale Arbeit des Diakonischen Werkes. Eine Überprüfung der gegenwärtigen Diakonie an ihrem theologischen und sozialen Anspruch; 2. Aufl. Gütersloh 1985.

Spencer Brown, G.: Laws of Form; Neudruck New York 1979.

Starnitzke, D.: Theoriebautechnische Vorentscheidungen, Differenzhandhabung und ihre Implikationen, in: W. Krawietz, M. Welker (Hrsg.): Kritik der Theorie sozialer Systeme. Auseinandersetzungen mit Luhmanns Hauptwerk; 2. Aufl. Frankfurt/Main 1992, S. 71-85.

Steinkamp, H.: Zum Verhältnis von Praktischer Theologie und Sozialwissenschaften; in: N. Mette, H. Steinkamp: Sozialwissenschaften und Praktische Theologie; Düsseldorf 1983, S. 164-176.

Steinkamp, H.: Diakonie - Kennzeichen der Gemeinde. Entwurf einer praktisch-theologischen Theorie; Freiburg i.B. 1985.

Strohm, Th.: "Theologie der Diakonie" in der Perspektive der Reformation - Zur Wirkungsgeschichte des Diakonieverständnisses Martin Luthers; in: ders., P. Philippi (Hrsg.): Theologie der Diakonie; Heidelberg 1989, S. 175-208.

Strohm, Th.: Ist Diakonie lehrbar? Plädoyer für ein neues Verständnis theologischer Ausbildung; in: M. Schibilsky (Hrsg.): Kursbuch Diakonie; Neukirchen-Vluyn 1991, S. 145-160.

Strohm, Th.: Heinz-Dietrich Wendland (1900-1992). Sein Beitrag zur theologischen Begründung der Diakonie; in: Zeitschrift für Evangelische Ethik 37 (1993), S. 5-9.

Strohm, Th. und Thierfelder, J. (Hrsg.): Diakonie im "Dritten Reich". Neuere Ergebnisse zeitgeschichtlicher Forschung; Heidelberg 1990.

Strunk, R.: Vertrauen. Grundzüge einer Theologie des Gemeindeaufbaus; Stuttgart 1985.

Talazko, H.: Neubeginn des Central-Ausschusses für die Innere Mission der Deutschen Evangelischen Kirche nach dem Krieg; in: Th. Schober (Hrsg.): Das Recht im Dienst einer diakonischen Kirche, HbZDK III, Stuttgart 1980, S. 111-119.

Talazko, H.: 45 Jahre Diakonie Evangelischer Kirchen in Ost- und Westdeutschland. Stationen des Mit- und des Nebeneinander; in: Diakonie 16 (1990), Sondernummer: Das gemeinsame Haus der Diakonie. Bewährtes behalten - Neues gestalten, S. 71-75.

Thermann, G.: Wie finanziert sich die Diakonie? In: Diakonie im Rheinland 19 (1982), S.18-21.

Thermann, G.: Was es kostet - wer es zahlt. Aufwand und Finanzierung diakonischer Arbeit; in: Diakonie 11 (1985), S. 137-140.

Tödt, H.-E.: Theologie der Gesellschaft oder theologische Sozialethik? Ein kritischer Bericht über Wendlands Versuch einer evangelischen Theologie der Gesellschaft; in: Zeitschrift für Evangelische Ethik 5 (1961), S. 211-241.

Turre, R.: Diakonik. Grundlegung und Gestaltung der Diakonie; Neukirchen-Vluyn 1991.

Ulrich, H.-H. (Hrsg.): Diakonie in den Spannungsfeldern der Gegenwart. Herausforderung und Antwort; HbZDK I; Stuttgart 1978.

Ulrich, H.-H.: Stellungnahme zu W.-D. Bukow: "Gesellschaftliche Probleme im diakonischen Prozeß"; in: Zeitschrift für Evangelische Ethik 24 (1980), S. 221-225.

Ulrich, H.: Die Unternehmung als produktives soziales System; 2. Aufl. Bern und Stuttgart 1970.

Ulrich, H.: Unternehmungspolitik; 2. Aufl. Bern und Stuttgart 1987.

Vorstand evangelischer Einrichtungen für geistig und seelisch Behinderte e.V. (Hrsg.): Das sogenannte Dreiecksverhältnis zwischen Sozialhilfeträger, Sozialempfänger, Einrichtungsträger; Stuttgart 1987.

Wagner, F.: Was ist Religion? Studien zu ihrem Begriff und Thema in Geschichte und Gegenwart; Gütersloh 1986.

Wagner, H.: Ein Versuch der Integration der Diakonie in die Praktische Theologie; in: Pastoraltheologie 72 (1983), S. 186-194.

Weber, H.: Gelöste und ungelöste Probleme des Staatskirchenrechts; in: Neue Juristische Wochenschrift 1983, Heft 45, S. 2541-2554.

Weber, W.: Wenn aber das Salz schal wird... Der Einfluß sozialwissenschaftlicher Weltbilder auf theologisches und kirchliches Sprechen und Handeln; Würzburg 1984.

Weiser, A.: Artikel διακονέω ;in: Exegetisches Wörterbuch zum Neuen Testament, hrsg. v. H. Baltz und G. Schneider; 2. Aufl. Stuttgart 1980, S. 726-731.

Welker, M. (Hrsg.): Theologie und funktionale Systemtheorie. Luhmanns Religionssoziologie in der theologischen Diskussion; Frankfurt/ Main 1985.

Welker, M.: Die neue 'Aufhebung der Religion' in Luhmanns Systemtheorie; in: ders. (Hrsg.): Theologie und funktionale Systemtheorie, Frankfurt/Main 1985, S. 93-119.

Welker, M.: Kirche ohne Kurs? Aus Anlaß der EKD-Studie "Christsein gestalten"; Neukirchen-Vluyn 1987.

Welker, M.: Der Heilige Geist; in: Evangelische Theologie 49 (1989), S. 126-141.

Welker, M.: Warum in der Kirche bleiben? Fünf Antworten an Außen- und Innenstehende; in: Evangelische Kommentare 24 (1991), S. 335-341.

Welker, M.: Einfache oder multiple doppelte Kontingenz? Minimalbedingungen der Beschreibung von Religion und emergenten Strukturen sozialer Systeme; in: W. Krawietz, M. Welker (Hrsg.): Kritik der Theorie sozialer Systeme; 2. Aufl. Frankfurt/Main 1992, S. 355-370.

Welp, M.: Die Willensunterweisung bei August-Hermann Francke unter besonderer Berücksichtigung der Erziehungspraxis in den Franckeschen Anstalten; Dissertation Dortmund 1977.

Wendland, H.-D.: Botschaft an die soziale Welt; Hamburg 1958.

Wendland, H.-D.: Die Kirche in der modernen Gesellschaft. Entscheidungsfragen für das kirchliche Handeln im Zeitalter der Massenwelt; Hamburg 1958.

Wendland, H.-D.: Die dienende Kirche und das Diakonenamt; in: H. Krimm (Hrsg.): Das diakonische Amt der Kirche; 2. Aufl. Stuttgart 1965, S. 519-554.

Wendland, H.-D.: Person und Gesellschaft in evangelischer Sicht; Köln, Bachem 1965.

Wendland, H.-D.: Das Recht des Begriffes "Gesellschaftliche Diakonie"; in: Zeitschrift für Evangelische Ethik 10 (1966), S.171-179.

Wendland, H.-D.: Die Kirche in der revolutionären Gesellschaft. Sozialethische Aufsätze und Reden; 2. Aufl. Gütersloh 1968.

Wendland, H.-D.: Grundzüge der evangelischen Sozialethik; Köln 1968.

Wendland, H.-D.: Sozialethik im Umbruch der Gesellschaft; Göttingen 1969.

Wendland, H.-D.: Die Krisis der Volkskirche. Zerfall oder Gestaltwandel? Opladen 1971.

Wendland, H.-D.: Einführung in die Sozialethik; 2. Aufl. Berlin/New York 1971.

Weth, R. (Hrsg.): Diskussion zur "Theologie des Gemeindeaufbaus"; Neukirchen-Vluyn 1986.

Wichern, J.H.: Die innere Mission der deutschen evangelischen Kirche. Eine Denkschrift an die deutsche Nation, im Auftrage des Centralausschusses für die innere Mission verfaßt (1849); in: ders.: Sämtliche Werke, hrsg. v. P. Meinhold, Band I; Berlin und Hamburg 1962, S. 175-366.

Wichern, J.H.: Die Schriften zur Pädagogik, Sämtliche Werke; hrsg. v. P. Meinold, Bd. VII; Hamburg 1975.

Winkler, K.: Die ernüchterte Phantasie vom ganzen Menschen. Anmerkungen zum notwendigen Gespräch zwischen den Humanwissenschaften; in: Wort und Dienst, Jahrbuch der Kirchlichen Hochschule Bethel, Bd. 21; hrsg. von H.-P. Stähli; Bielefeld 1991, S. 305-322.

Wischnath, J.M.: Innere Mission - Evangelisches Hilfswerk - Diakonisches Werk seit 1945; in: M. Schick, H. Seibert, Y. Spiegel (Hrsg.): Diakonie und Sozialstaat, Gütersloh 1986, S.179-193.

Wischnath, J.M: Kirche in Aktion. Das Evangelische Hilfswerk 1945-1957 und sein Verhältnis zu Kirche und Innerer Mission; Göttingen 1986.

Wünsch, G.: Evangelische Wirtschaftsethik; Tübingen 1927.

Zeleny, M.: Autopoiesis - A theorie of living organization; New York 1981.

Zellfelder, P.-H.: Heilen im Horizont diakonischen Gemeindeaufbaus; Dissertation Heidelberg 1989.

VERLAG FÜR GEISTES-, SOZIAL- UND WIRTSCHAFTSWISSENSCHAFTEN

Hans-Ulrich Dallmann
# Die Systemtheorie Niklas Luhmanns und ihre theologische Rezeption

1994. 232 Seiten, 4 Abbildungen. Kart. DM 79,-
ISBN 3-17-012689-X

Die "funktionale Systemtheorie" Niklas Luhmanns entwirft ein Bild des Sozialen, in dem konkrete Individuen nurmehr als Umwelt sozialer Systeme ihren Platz haben. In seiner Theorie rezipiert er sowohl die soziologischen Klassiker (vor allem T. Parsons) als auch konstruktivistische Theoriefragmente der neueren Diskussion.
Die Systemtheorie Luhmanns wird in ihren drei grundlegenden Theoriesträngen (System-, Kommunikations- und Evolutionstheorie) und den jeweiligen Grundbegriffen (Komplexität, Sinn, doppelte Kontingenz usw.) rekonstruiert. Ein besonderes Augenmerk liegt dabei auf Luhmanns religionstheoretischen Arbeiten insbesondere zur Funktion der Religion. Neben der Rekonstruktion der Luhmannschen Theorie wird deren Rezeption in der theologischen Diskussion untersucht. Die wichtigsten theologischen Rezipienten werden kritisch gesichtet und theologische Zusammenhänge der Luhmann-Rezeption aufgezeigt.

W. Kohlhammer GmbH · 70549 Stuttgart · Tel. 0711/78 63 - 280